目次
CONTENTS

第5章 画像 77

第6章 テキストとフォント 115

第7章 レイアウトと組版 135

第8章 ネットワーク 157

第9章
出力&プリプレス 167

第10章
印刷&製本 193

付録
資料編 213

HOW TO USE THIS BOOK

本書の使い方

本書はDTPと印刷に関する、ハード、ソフト、デザイン、出力、製版などさまざまなカテゴリーについて、ビジュアルを多用してわかりやすく解説しています。本書は、一部を除いてすべて見開き2ページ構成で解説していますので、通読していただいても、目的に応じて関連パートから読んでいただいてもかまいません。

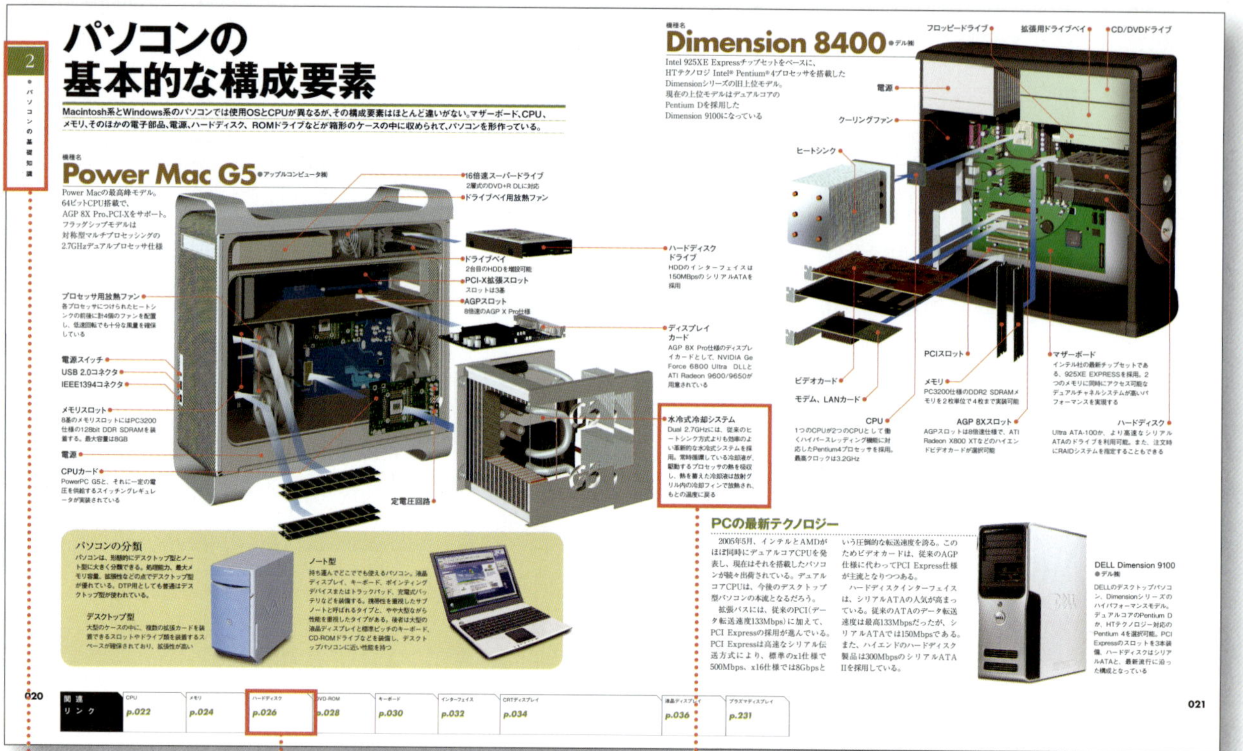

2 ●パソコンの基礎知識

パソコンの基本的な構成要素

Macintosh系とWindows系のパソコンでは使用OSとCPUが異なるが、その構成要素はほとんど違いがない。マザーボード、CPU、メモリ、そのほかの電子部品、電源、ハードディスク、ROMドライブなどが箱形のケースの中に収められて、パソコンを形作っている。

機種名
Power Mac G5 ●アップルコンピュータ(株)

Power Macの最高峰モデル。64ビットCPU搭載で、AGP 8X Pro,PCI-Xをサポート。フラッグシップモデルは対称型マルチプロセッシングの2.7GHzデュアルプロセッサ仕様

16倍速スーパードライブ
2層式のDVD+R DLに対応
ドライブベイ用放熱ファン
ドライブベイ
2台目のHDDを増設可能
PCI-X拡張スロット
スロットは3基
AGPスロット
8倍速のAGP X Pro仕様
プロセッサ用放熱ファン
各プロセッサにつけられたヒートシンクの前後に計4個のファンを配置し、低速回転でも十分な風量を確保している
電源スイッチ
USB 2.0コネクタ
IEEE1394コネクタ
メモリスロット
8基のメモリスロットにはPC3200仕様の128bit DDR SDRAMを装着する。最大容量は8GB
電源
CPUカード
PowerPC G5と、それに一定の電圧を供給するスイッチングレギュレータが実装されている
定電圧回路
ハードディスクドライブ
HDDのインターフェイスは150MBpsのシリアルATAを採用
ディスプレイカード
AGP 8X Pro仕様のディスプレイカードとして、NVIDIA GeForce 6800 Ultra DLLとATI Radeon 9600/9650が用意されている
水冷式冷却システム
Dual 2.7GHzには、従来のヒートシンク方式よりも効率のよい革新的な水冷式システムを採用。常時循環している冷却液が、駆動するプロセッサの熱を吸収し、熱を蓄えた冷却液は放射グリル内の冷却フィンで放熱され、もとの温度に戻る

パソコンの分類

パソコンは、形態的にデスクトップ型とノート型に大きく分類できる。処理能力、最大メモリ容量、拡張性などの点でデスクトップ型が優れている。DTP用としても普通はデスクトップ型が使われている。

デスクトップ型

大型のケースの中に、複数の拡張カードを装着できるスロットやドライブ類を装着するスペースが確保されており、拡張性が高い

ノート型

持ち運んでどこでも使えるパソコン。液晶ディスプレイ、キーボード、ポインティングデバイスまたはトラックパッド、充電式バッテリなどを装備する。携帯性を重視したサブノートと呼ばれるタイプと、やや大型ながら性能を重視したタイプがある。後者は大型の液晶ディスプレイと標準ピッチのキーボード、CD-ROMドライブなどを装備し、デスクトップパソコンに近い性能を持つ

機種名
Dimension 8400 ●デル(株)

Intel 925XE Expressチップセットをベースに、HTテクノロジ Intel® Pentium® 4プロセッサを搭載したDimensionシリーズの旧上位モデル。現在の上位モデルはデュアルコアのPentium Dを採用したDimension 9100になっている

フロッピードライブ
拡張用ドライブベイ
CD/DVDドライブ
電源
クーリングファン
ヒートシンク
PCIスロット
ビデオカード
モデム、LANカード
メモリ
PC3200仕様のDDR2 SDRAMメモリを2枚単位で4枚まで実装可能
CPU
1つのCPUが2つのCPUとして働くハイパースレッディング機能に対応したPentium4プロセッサを採用。最高クロックは3.2GHz
AGP 8Xスロット
AGPスロットは8倍速仕様で、ATI Radeon X800 XTなどのハイエンドビデオカードが選択可能
マザーボード
インテル社の最新チップセットである、925XE EXPRESSを採用。2つのメモリに同時にアクセス可能なデュアルチャネルシステムが高いパフォーマンスを実現する
ハードディスク
Ultra ATA-100か、より高速なシリアルATAのドライブを利用可能。また、注文時にRAIDシステムを指定することもできる

PCの最新テクノロジー

2005年5月、インテルとAMDがほぼ同時にデュアルコアCPUを発表し、現在はそれを搭載したパソコンが続々出荷されている。デュアルコアCPUは、今後のデスクトップ型パソコンの本流となるだろう。
拡張バスには、従来のPCI(データ転送速度133Mbps)に加えて、PCI Expressの採用が進んでいる。PCI Expressは高速なシリアル伝送方式により、標準のx1仕様で500Mbps、x16仕様では8Gbpsという圧倒的な転送速度を誇る。このためビデオカードは、従来のAGP仕様に代わってPCI Express仕様が主流となりつつある。
ハードディスクインターフェイスは、シリアルATAの人気が高まっている。従来のATAのデータ転送速度は最高133Mbpsだったが、シリアルATAでは150Mbpsである。また、ハイエンドのハードディスク製品は300MbpsのシリアルATA IIを採用している。

DELL Dimension 9100
●デル(株)

DELLのデスクトップパソコン、Dimensionシリーズのハイパフォーマンスモデル。デュアルコアのPentium Dか、HTテクノロジー対応のPentium 4を選択可能。PCI Expressのスロットを3本装備、ハードディスクはシリアルATAと、最新流行に沿った構成となっている

020

関連リンク: CPU p.022 / メモリ p.024 / ハードディスク p.026 / DVD-ROM p.028 / キーボード p.030 / インターフェイス p.032 / CRTディスプレイ p.034 / 液晶ディスプレイ p.036 / プラズマディスプレイ p.231

021

関連する、技術・用語・考え方など、参考になるほかのページへリンクします。

リアルイラストや実例を豊富に掲載し、難易度の高いテーマやなかなか見ることのないハードウェアの内部がビジュアルから理解できる作りになっています。

カテゴリ別 INDEX

1 DTPとは?
DTPを始めるにあたって必要な基礎知識および制作ワークフローや成果物を紹介します。

2 パソコンの基礎知識
制作に欠かせないハードウェアであるパソコンと周辺機器のしくみについて解説します。

3 OSとアプリケーションソフト
制作に欠かせないソフトウェアであるOSとアプリケーションソフトについて解説します。

4 カラー環境
DTP制作で知っておくべき知識であるカラーマネージメントのしくみと考え方について解説します。

5 画像
デジタル画像を扱うために知っておくべき知識全般とスキャナとデジタルカメラのしくみについて解説します。

6 テキストとフォント
文字と書体の基礎知識から、デジタルフォントや文字コード、外字について解説します。

7 レイアウトと組版
デザイン、レイアウトに必要な基礎知識、文字組版のルールなどについて解説します。

8 ネットワーク
原稿や校正の送稿、入稿に欠かせないネットワークの基本の知識について解説します。

9 出力&プリプレス
プリンタ・イメージセッタのしくみからデジタルデータ出力に関する基礎知識について解説します。

10 印刷&製本
紙とインキの基礎知識、代表的な印刷方式のしくみなど印刷と製本に関して解説します。

付録

資料編
パソコンで使われるさまざまな単位、校正記号、用紙のサイズ、配色など。必要に応じて参照してください。

関連用語集
さらに知識を深めるための関連用語を掲載しています。

BOOK GUIDE
さらに知識を深めるために参考となる書籍を紹介します。

索引
聞き覚えのある語句は、索引を活用し逆引きすることで、知識が身につきます。

1

DTPとは?

DTP（デスクトップパブリッシング）とは？

**DTPが誕生して約20年。印刷物のほとんどがDTPで作られるようになった。
デジタル化は、私たちに何をもたらしたのか？　ここではDTPと従来工程を比較し、DTPの魅力を探ってみよう。**

DTPの登場

かつて「紙とエンピツだけでできる仕事」と言われていた、編集・デザインの業務は、米国アルダス社の創業者ポール・ブレナードが提唱した「DTP」という新しい概念、手法によって劇的に変容した。特にいくつもの細かな工程に支配されていた印刷前工程が、DTPによって制作側自らが最終形を作ることができるようになり、全体として効率的でありかつ自由度の高い環境が整ったのである。

DTP（デスクトップパブリッシング）が一挙に普及したのは、そのプラットフォームとして登場したMacintoshが、視覚的な認識によって使い方を誘導する（GUI: Graphical User Interface、グーイ）というシステムを持っていたからだ。コマンド入力などしなくても自分の手で触っているような感覚でパソコン操作ができる、モニタ上で直接、各種の編集アイテムを切り貼りしている感覚で作業できる、それらの思想が編集者やデザイナーに非常に受け入れられたのである。また仕上がりと同じように、モニタ上で文字組みが確認できる（WYSIWYG: What You See Is What You Get、ウィジウィグ）ことや表示・印字品質を向上させるPostScript技術も不可欠であった。

DTP誕生の歴史

1982	アドビシステムズ社、ページ記述言語PostScript 発表
1984	アップルコンピュータ社　Macintosh 発表
1985	アルダス社　PageMaker1.0 発表 アップルコンピュータ社、PostScriptを搭載のLaserWriter 発表
1987	アルダス社　PageMaker2.0 日本語版 発表
1987	アドビシステムズ社　Illustrator 日本語版 提供開始
1989	アップルコンピュータ社、日本語PSフォント搭載のレーザープリンタNTX-J発表 クォーク社　QuarkXPress 日本語版 発売
1991	アドビシステムズ社　Photoshop 日本語版 提供開始
2000	アドビシステムズ社　InDesign 日本語版 提供開始

DTPからデジタル・プリプレスへ

ひとたび制作側に受け入れられたシステムは一挙に高度に進化し、今日のDTPの普及につながった。またDTPの機能が充実してきただけでなく、デザインやいわゆるクリエイティブな作業を行うためのソフトウェアが次々と登場したことで、「手作業のかわりに使う」というレベルから、ヒトの手ではできない複雑で自由度の高い創作へとパソコンの機能が高度化していった。

印刷業全体のなかでは、もはやDTPシステムは制作者側の便利なシステムという領域から、印刷機（プレス）にかける直前までの工程をすべてこなしてしまうシステム（デジタル・プリプレス）という捉え方に変わってきた。制作サイドでも、数人単位で、従来の編集・デザインだけでなく組版・製版工程までこなす制作プロダクションが成立するようになった。

DTPをまず理解するためのキーワード

DTP
desktop publishingの略語。米アルダス社が提唱した簡易型の出版システム。かつてはMacintoshとLaserWriter（ともにアップルコンピュータ社）、そしてAldus PageMaker（現在はアドビシステムズ社のソフトウェア）があれば個人でも出版が可能になると言われた。

WYSIWYG
What You See Is What You Get、ウィジウィグ。説明は本文中に。Macintosh DTPが普及する以前は電算組版の世界でも追求されていた。GUIとWYSIWYGでMacintosh DTPが一挙に標準になり、さまざまな電算組版ソフトは飛躍する機会を失った。

PostScript
ポストスクリプトと読む。アドビシステムズ社が開発したページ記述言語。OSや出力機器に依存しないで、高精細な出力ができるのが特徴。現在のDTP技術の基盤をなす。

DTPの魅力とは？

DTPの魅力を印刷物の制作をベースに従来工程と比較して考えてみよう。DTPになった現在、文字は写植からテキストデータ、校正出しはプリントアウト、写真分解はスキャナ、集版はレイアウトソフトに置き換えることができるようになったのである。

それぞれの工程は専門スタッフによって行われるが、いままで、印刷会社で行っていたすべての工程のなかで印刷前工程をデザイナー、編集者、オペレータが受け持つ（専門知識を身につける）ことで、いままで印刷会社とのやり取りに使っていた時間が必要なくなり、ぎりぎりまで校正ができるため、質の向上につながる、原稿の機密性が守られる、などがメリットとしてあげられる。もちろん従来より納期が短縮され、コストも大幅に削減できるようになったことも大きい。

さらに、DTP＝デジタルデータならではの大きなメリットがある。情報の一元化と再利用だ。編集・出版系なら基本情報や過去の記事などをデータベース化しておき、記事作成を支援する。制作系なら過去の組版データやパーツを蓄積しておき、類似した仕事に活用するといったことが可能だ。これらは運用年数が長くなればなるほど効果が大きくなる。

関連リンク
DTPワークフロー p.012
Photoshop p.092
Illustrator p.102
活字と写植 p.116
InDesign p.142
QuarkXPress p.144
製版フィルムの基礎知識 p.184

DTPと従来工程との比較

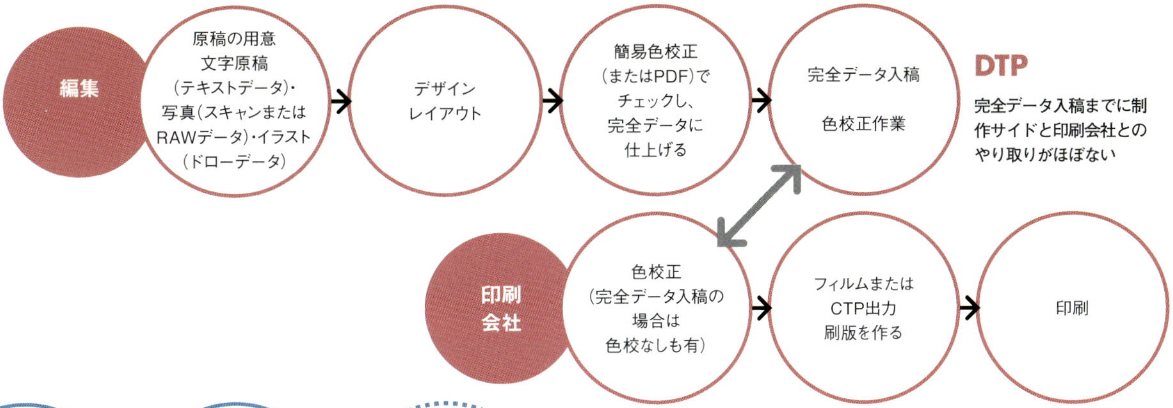

編集
原稿の用意
文字原稿
(テキストデータ)・
写真(スキャンまたは
RAWデータ)・イラスト
(ドローデータ)
デザイン
レイアウト
簡易色校正
(またはPDF)で
チェックし、
完全データに
仕上げる
完全データ入稿
色校正作業
印刷
会社
色校正
(完全データ入稿の
場合は
色校なしも有)
フィルムまたは
CTP出力
刷版を作る
印刷

DTP

完全データ入稿までに制作サイドと印刷会社とのやり取りがほぼない

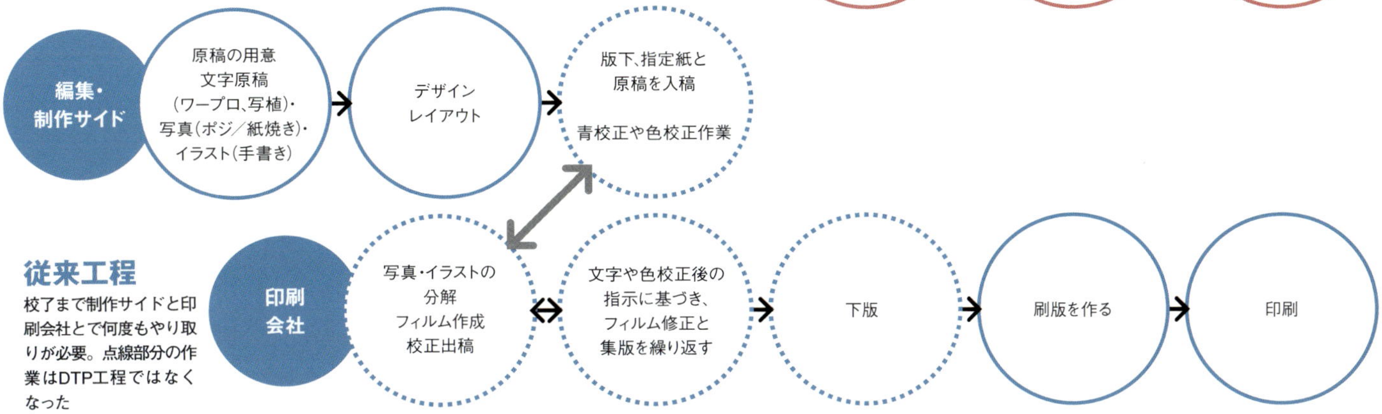

編集・
制作サイド
原稿の用意
文字原稿
(ワープロ、写植)・
写真(ポジ/紙焼き)・
イラスト(手書き)
デザイン
レイアウト
版下、指定紙と
原稿を入稿
青校正や色校正作業
印刷
会社
写真・イラストの
分解
フィルム作成
校正出稿
文字や色校正後の
指示に基づき、
フィルム修正と
集版を繰り返す
下版
刷版を作る
印刷

従来工程

校了まで制作サイドと印刷会社とで何度もやり取りが必要。点線部分の作業はDTP工程ではなくなった

従来工程を理解するためのキーワード

版下と指定紙

版下は製版にかかる直前の原稿のこと。ケント紙などの台紙に、写植や写真のアタリを示すものを貼り(罫線は手書き)、それを製版カメラで撮影しネガを作る。その後の集版工程で使う網の濃度や色の掛け合わせはデザイナーの書いた指定に従う

色(製版)指定紙
版下
撮影
ネガフィルム

写真の色分解

階調のある原稿はスキャナで色分解し網ネガフィルムにする。スキャナはDTPで普段使われるスキャナとは違い、フィルムユニットが一体化したダイレクトスキャナ。集版では、絵柄の倍率やシャープネスを変更できないので、スキャナ分解時に仕上がりのサイズにし、シャープネスもかけておく必要があった

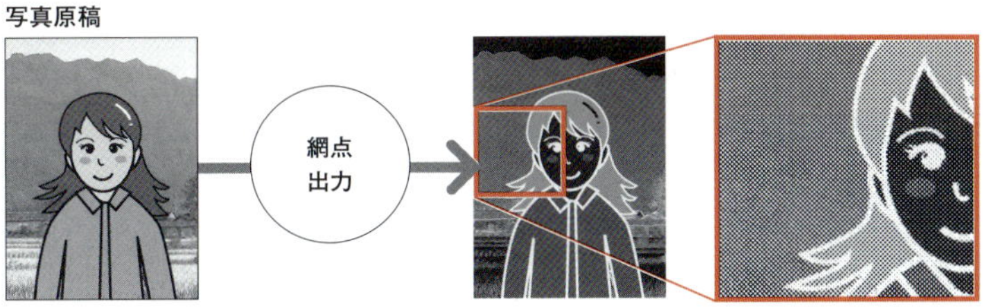

写真原稿
網点
出力

フィルム集版

フルページフィルム出力ができるまでは、版下と色指定紙をもとにすべて職人の手作業で行われた。M50Y50の指定なら、M版とY版に50%の網点フィルムを露光させる。切り抜き合成も赤いフィルムを使ってカッターナイフで切ってマスクとして、必要なところだけを露光させる。このように何回もマスク作成や露光を繰り返す。職人には手先の器用さはもちろん最短の方法でフィルムを完成させる工程を考える能力が求められた

マスク版
露光
露光
DTPWORLD
切り抜きされた写真の
ポジフィルムを作る

従来工程 p.190
オフセット印刷のワークフロー p.204
CTS p.222
Adobe Creative Suite p.222
版下 p.230
プリプレス p.231

DTPに必要な道具を把握しよう

DTPで使う道具はたくさんある。まずはハードウェアとソフトウェアで最低限どんなものを使うのか概略を掴むことが大事だ。それぞれの道具についての詳しいしくみは各関連ページを参照してほしい。

DTPに必要なハードウェアはどんなもの？

DTP(desktop publishing)の環境は、DTP作業の内容、作業スペース、投資できる金額などいろいろな条件や状況によって構築すべき内容が異なる。実際、パソコンとモニタだけでデータ作成をしている現場(ミニマム装備)もあれば、画像入力からフィルムの出力まですべて内製化している現場(マキシマム装備)もあり、ほとんどの現場が両者の間のどこかに位置しているはずである。おおまかに言えば、パソコンとモニタは必須であり、入力系と出力系の機器は制作物の内容や担当する作業の範囲で変わってくる。原稿の送稿に必要なサーバやインターネットなどネットワーク環境の整備も同様だ。

パソコンにはいろいろな種類があるが、DTPで使われるマシンは、現在Macintoshが主流となっている。Windows環境もMacとデータ互換性のあるソフトとOpenTypeフォントがもっと普及すれば、構築も進んでいくだろう。入力系では、ポジやプリントの写真をデジタル画像として取り込むためのスキャナ、出力系では、完成したページイメージを紙の上で確認するためのプリンタ、データの受け渡しやバックアップに不可欠なDVD、CD-R、MOなどのストレージなどが必要だ。

フォント

フォントには、PostScriptフォントとTrueTypeフォントがあるが、DTPではPostScriptフォントを使う。フォント形式は現在PSフォントのCIDが一般的(滑らかな画面表示が可能なATMフォントと、出力用のプリンタフォントがある)で、Mac OS X環境への移行でOpenTypeフォントも増えている

ディスプレイ

液晶ディスプレイは、フラットな画面や省スペースで人気が高い。高品位モデルの登場で色にシビアな制作現場でも対応できるようになっている。画面サイズは19インチ以上あると使い勝手がよい

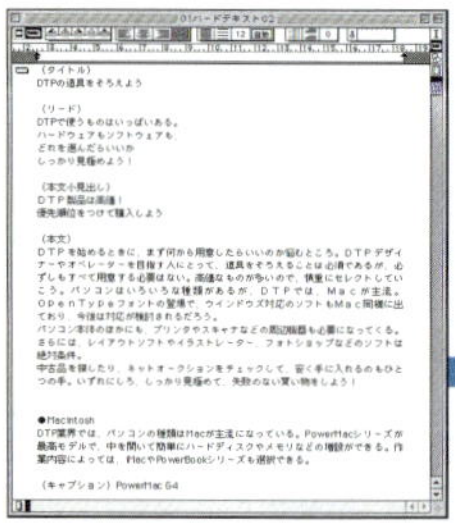

テキストエディタ

原稿を書いたり、整理するときに使うソフト。MacintoshにはSimpleText(OS 9)、テキストエディット(OS X)がOS標準でついているが、検索・置換機能などに優れたYooEditやJeditなどがあると便利だ

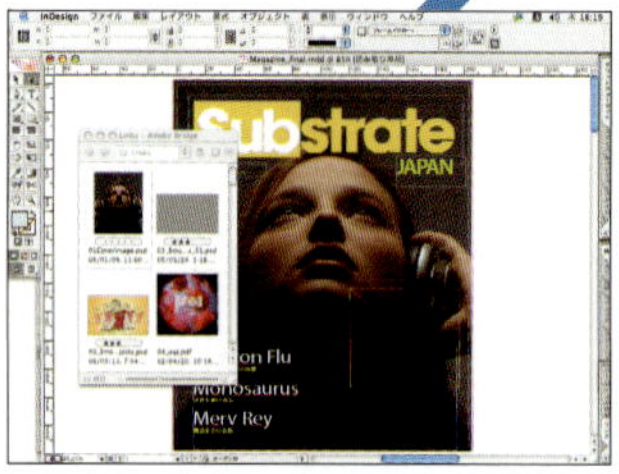

レイアウトソフト

画像や文字、イラストを配置して最終的な誌面を作るソフト。ページ物を制作する際は必要。OS 9環境ではQuarkXPress、OS X環境ではInDesignが主流だ

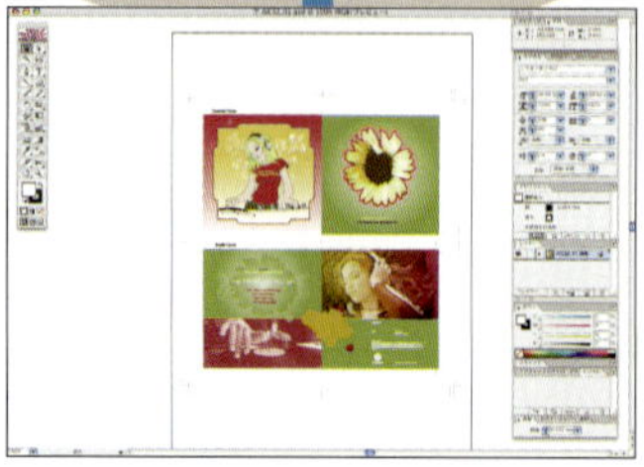

ドローソフト

イラストやロゴ、地図などあらゆるオブジェクトを自由自在に描いたり、塗ったりするソフト。この市場ではIllustratorが圧倒的なシェアを誇る

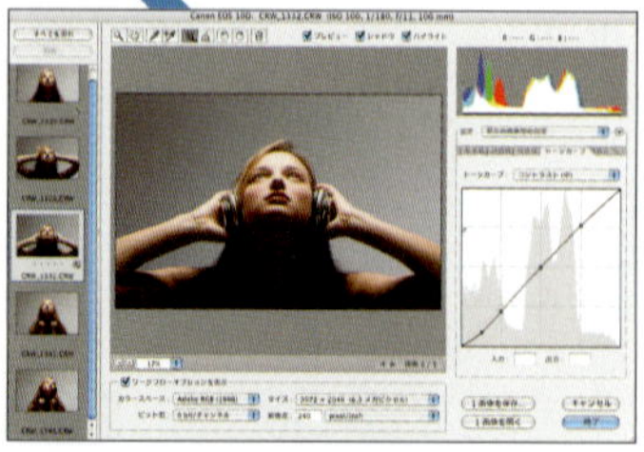

フォトレタッチソフト

スキャニングした写真画像などの色調補正や合成、ペイントなどの画像処理を行う。ここはPhotoshopの独断場で、デジカメのRAWデータの補正もサポートしている

関連リンク
パソコンの構成要素 p.020
CPU p.022
メモリ p.024
ハードディスク p.026
液晶ディスプレイ p.036
外部記録メディア p.038
DTPソフトの役割 p.054

DTPに必要なソフトウェアはどんなもの?

DTPには最低限、ページレイアウトを行うレイアウトソフト、イラストを描くドロー系ソフト、画像のレタッチ(補正)をしたりピクセル画像を描いたりするペイント系ソフトの3つが必要になる。

レイアウトソフトは、一般的にはInDesignもしくはQuarkXPressを選択する。EDICOLORという選択肢もあるが、身近な人に気楽に質問できるか、雑誌などから情報が豊富に収集できるかという点で考えれば、やはり前二者に一日の長がある。印刷会社や出力会社も、この2つなら間違いなく対応している。

ロゴやイラストの作成をする場合にはドローデータを扱うIllustratorだ。ペラ物や数ページの媒体などはドローソフト上で組版してしまうデザイナーもいる。

写真を扱うレタッチソフトでは、ほぼPhotoshopの独壇場といっても過言ではない。写真を修正したり特殊効果をつけるだけでなく、また解像度やサイズを変更してレイアウトソフトに貼り込める形式で保存する役割も持ってる。

そのほか、フォントも忘れてはならない。フォントはMacintoshの場合、PostScriptフォントという選択肢になる。余力があれば、写真やクリップアートの素材集を揃えておくといいだろう。

内部構造

CPU
人間の脳にあたる部分で、処理能力を決める

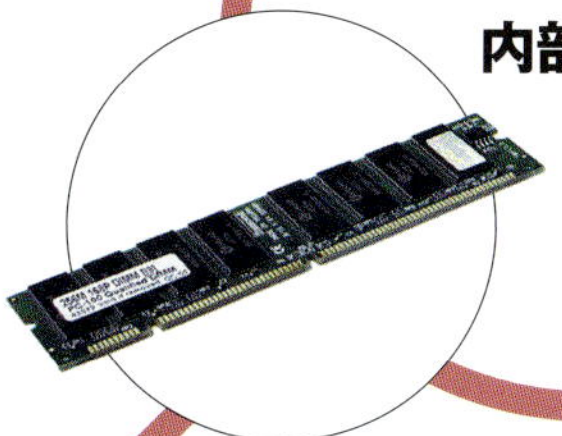

メモリ
内部記憶装置。作業内容を一時的に記憶しておく場所

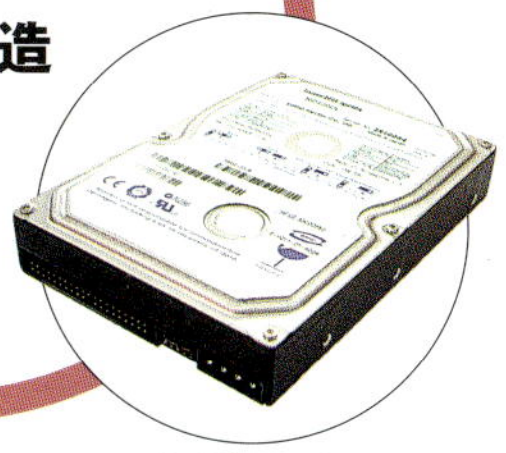

ハードディスク
システムやファイルを保存する。容量は160～200GBを搭載しているものが多い

スキャナ
ポジフィルムやネガフィルムなどの透過原稿や、紙焼き、印刷物などの反射原稿をデジタルデータに変換する機器。フラットベッドタイプと呼ばれるものが主流(写真)。透過原稿専用のフィルムスキャナもある

Macintosh
DTP業界で制作用に使われているパソコンの種類はMacintoshが主流。現在最上位のPowerMac G5シリーズはデュアルプロセッサとMac OS Xを搭載したデザイン、出版、映像編集までパワフルにこなすフラッグシップモデル

インクジェットプリンタ
安価なものから、カラーコントロールの効くプロフェッショナルなものまでさまざま。A3ノビ対応モデルも充実している。基本的に非PostScriptプリンタだが、PostScript RIPモデルもあり、色校正にも使用されている

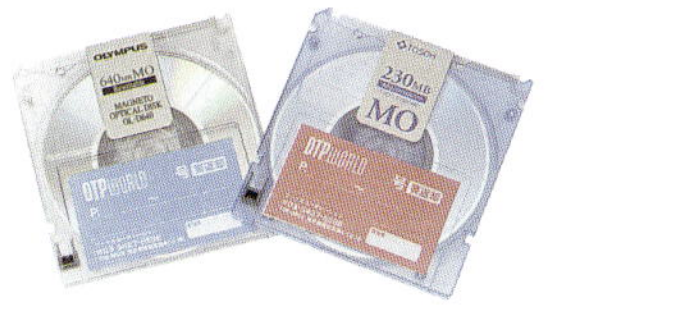

ストレージ
バックアップ用に外付けハードディスクドライブ、データの受け渡し用にMOドライブ、DVDやCD-Rドライブがあると便利

レーザープリンタ
高速なので、大量の出力に最適。文字の出力程度であれば、モノクロを使用すると、高速で低コストになる。A3ノビ対応で、PostScript RIP搭載モデルが基本。カラーレーザープリンタも普及している

テキストエディタ p.056
フラットベッドスキャナ p.082
フォトレタッチソフト p.092
ドローソフト p.102
ネットワーク p.160
インクジェットプリンタ p.172
レーザープリンタ p.174

DTPワークフローを理解しよう

DTPは制作作業を1人で行うことを可能にしたが、高品質を求められる商業印刷物の場合はそうはいかない。多くの専門スタッフのコラボレーションで作り上げられていく。まずは仕事の流れを理解しよう。

ワークフローに関わるスタッフと役割

商業印刷物を作り上げるには、各工程で実にさまざまな人が関わる。執筆、編集、素材制作やデザイン、レイアウト作業、出力、印刷という作業を多くの専門スタッフが数ヶ月を費やして行うことになる。これらのスタッフはそれぞれ、コンピュータの知識やソフトの習熟、文字の組み方のルール、カラーマネージメントや印刷技術の理解などの専門スキルをもっていることが前提だ。

このように多くのスタッフが1つの仕事を円滑に効率的に、かつ納期内に進めるには、的確なワークフローの組み立てと人員の配置が重要になる。それによって仕事の成否が決まるといっても過言ではないだろう。そのためには①印刷物の仕様を決定する、②適切なページ構成を計画する、③作業体制を組み立てスタッフに的確な指示を出す、④各段階で品質を管理し、的確な修正指示を出す、⑤納期・コスト・著作権などを管理する、といったディレクション業務を行う「ディレクター」という人が不可欠になってくる。

だが実際には「制作ディレクター」という呼称の役職はほとんど存在せず、仕事の内容や形態によってそのつどそのプロジェクトのなかで、全体が把握できる立場の人がディレクション業務を兼任している。

出版社であれば編集デスク、一般企業であれば広報宣伝部の担当者、広告代理店ではコンテンツディレクター・プランニングディレクター・営業担当者が行う場合が多い。デザイン事務所のアートディレクターもしくはデザイナー本人がその役割を果たすこともある。

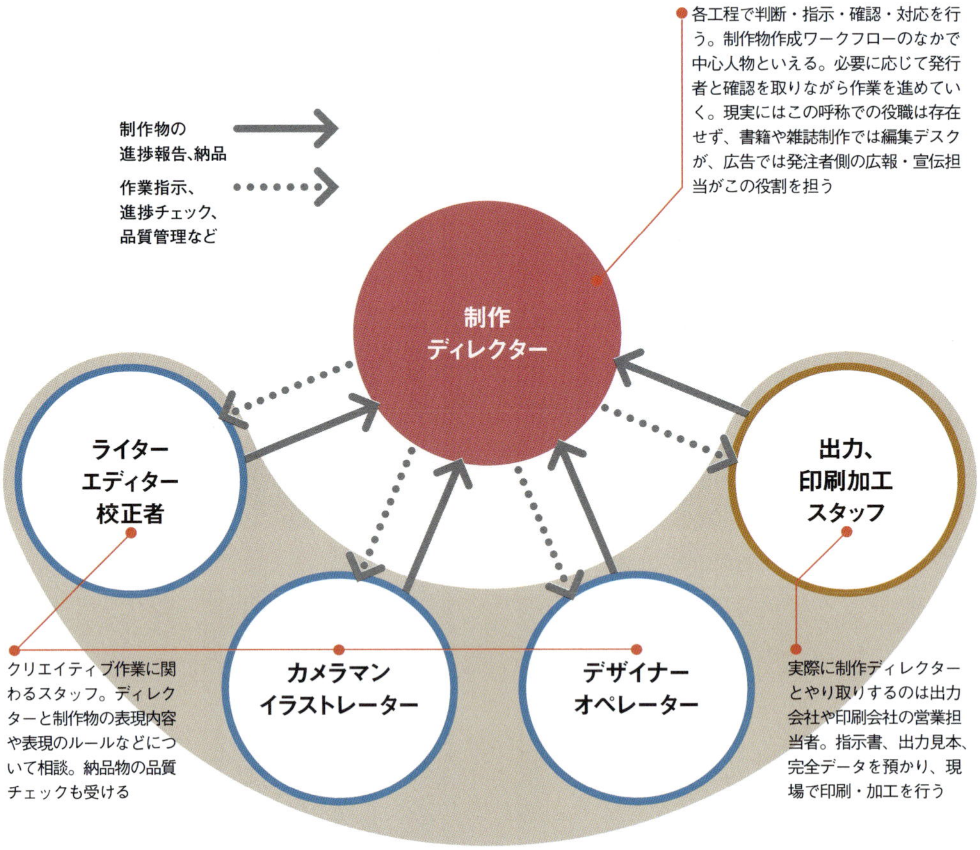
制作物の
進捗報告、納品
作業指示、
進捗チェック、
品質管理など
各工程で判断・指示・確認・対応を行う。制作物作成ワークフローのなかで中心人物といえる。必要に応じて発行者と確認を取りながら作業を進めていく。現実にはこの呼称での役職は存在せず、書籍や雑誌制作では編集デスクが、広告では発注者側の広報・宣伝担当がこの役割を担う
制作
ディレクター
ライター
エディター
校正者
出力、
印刷加工
スタッフ
カメラマン
イラストレーター
デザイナー
オペレーター
クリエイティブ作業に関わるスタッフ。ディレクターと制作物の表現内容や表現のルールなどについて相談。納品物の品質チェックも受ける
実際に制作ディレクターとやり取りするのは出力会社や印刷会社の営業担当者。指示書、出力見本、完全データを預かり、現場で印刷・加工を行う

印刷物作成の鍵を握るディレクター

さまざまな場面で判断・指示・確認・対応を行い、業務をスムーズに進行させるのが「ディレクター」だ。ディレクターは、体裁も、表現方法も、制作スタッフの選定も、個々の制作工程の進行状況も、すべて責任を持って管理・監督する役割だ。

ディレクター不在の仕事は、印刷物作成工程が大きく混乱することになり、納期やコストに無理や矛盾が生じたり、読者に不親切な印刷物や品質に問題のある印刷物に仕上がったり、場合によっては印刷物作成行程そのものがストップしてしまうこともある。

DTPの浸透により、労力・時間・コストなどの面では多くのメリットが生まれた。しかし現実的には確かな実力を持ったディレクターが不足しているため、前述したようなトラブルが発生するケースが決して少なくない。今後、多くの企業が確実にDTPのメリットを享受するためには、数多くのディレクターがどうしても必要となってくるはずだ。

関連リンク
さまざまな形態の印刷物 p.016
本の構成要素と名称 p.136
紙見本 p.226
商業印刷物 p.227
台割 p.228
ページ物 p.231

本はこうして作られる

STEP 1

企画

どのような内容にするか決定する。テーマはもちろん、想定読者や部数、必要な費用や予定価格、刊行時期などを検討し、企画書を作る。編集長（または発行者）から正式決定がでれば実際の作業に入ることになる。デザイナーなどスタッフの選定も行っておく。なお広告媒体の場合は、クライアントの意向や目的、必要な時期や予算に応じて企画を考えることが重要だ。

2

取材

テーマに沿って情報を集めるのが取材だ。人に会って話を聞くこともあるし、撮影が必要な場所や物品がある場所を訪れることもある。取材を通して、新たな企画が生まれることも多い。雑誌では編集者やライターが企画のたびに取材する。書籍の原稿は、著者の取材や経験の蓄積であるといえる。企画と並ぶ編集者の重要な仕事だ。

3

撮影

本に掲載する製品などの写真は、現場の取材だけでなく専用のスタジオでフォトグラファーが撮影することが多い。被写体の選定や配置、構図の決定には編集者とフォトグラファーに加えデザイナーも携わることが多い。デザイン性が求められる印刷物ほど、デザイナーが早い段階から作業に加わることが望ましい。写真が誌面の仕上がりを決めるといっても過言ではない。

4

素材整理

取材で得た情報から原稿を書き、撮影した写真を選ぶなどして、ページを構成する素材を用意する。企画通りに原稿や写真が得られるのがベストだが、そうでない場合は追加取材や撮影、誌面構成の変更などを検討する。この段階以降に大きな変更が生じると、労力や時間の無駄が大きくなるので注意したい。

5

デザイナーへ入稿する

文字や写真などを整理し、それぞれの順序や関連づけ、大小の優先順などをまとめて、一通りの素材をデザイナーへ渡す。これを原稿を入れることから、「入稿」と呼ぶ。この際、本全体の構成がわかるようにした台割表と呼ばれるものや、誌面のラフやスケジュールなども一緒に渡し、デザイナーが本の内容や読者層を理解しやすいようにし、期日までに仕上げられるかどうかを確認する。デザイナー側は素材を受け取る際に編集者の意図を把握し、疑問などがあれば話し合ってこの段階で解決しておく。レイアウトを依頼する際の方法としては、写真と見出しなどの主要な文字要素を渡し、本文やキャプションの文字原稿はおおまかな字数のみ指定し、レイアウト後に字数を調整して入稿する「先割り」と、写真はもちろんすべての文字要素をレイアウト時にまとめて渡す「後割り」と呼ばれる方法がある。いずれにしても、誌面の構成にふさわしい点数の写真と大小のバランス、文章量を見越して用意しておくことが、美しいレイアウトを実現する条件だ。

台割表やラフ

全頁を一覧表にまとめたものが台割だ。台（折）ごとのページの振り分けが一目でわかる（左）。各ページのレイアウトイメージや図番号が書かれたラフ（下）

写真要素

デジタルの場合はデータとプリントアウトを、フィルムなどの場合は現物を渡す。これらにもレイアウトに必要な事項を記しておく

文字要素

データだけでなく、必ずプリントアウトを用意し、それに誌面での順序や扱い方などの指示を書き込んでおく。プレーンなテキスト形式が望ましい

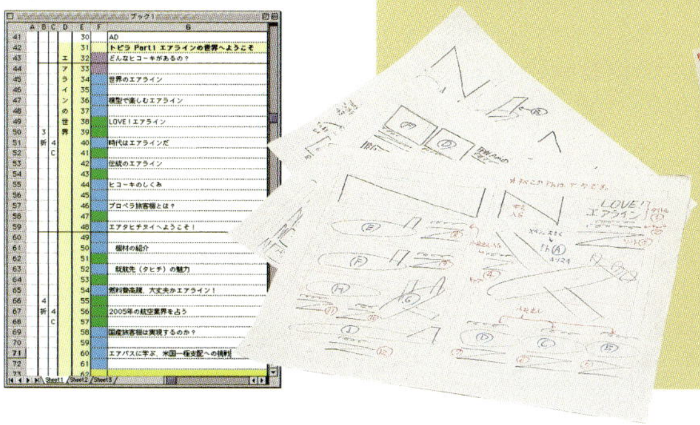

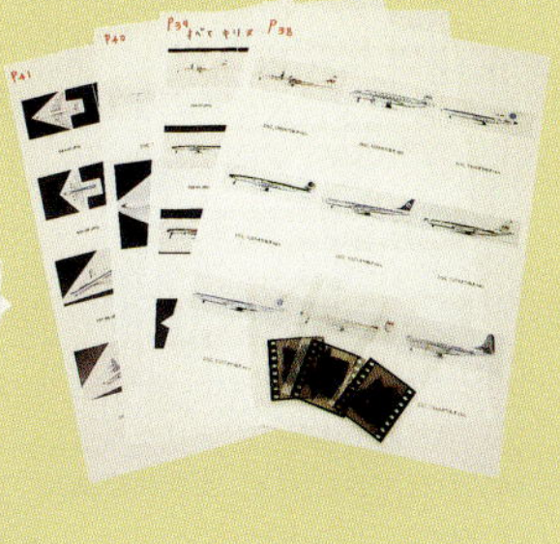

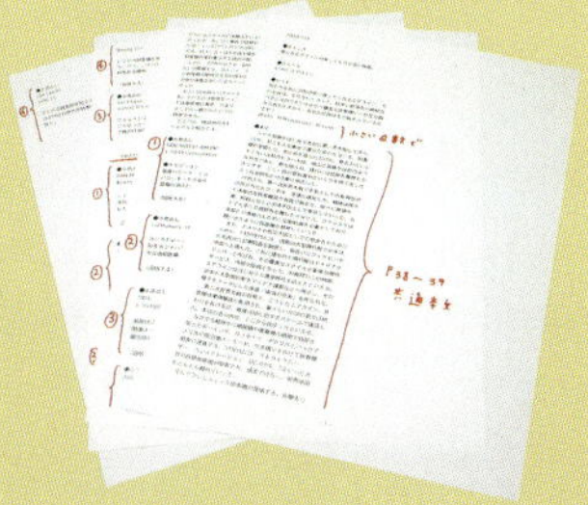

STEP 6

デザインラフ

入稿された素材に基づいて、デザイナーは誌面上での効果的な見せ方を考えていく。いきなりレイアウトソフトなどを使ったDTP作業に入るよりも、紙に鉛筆でラフスケッチを書くなどして、デザインの方向性を大まかに決めておいたほうが作業がスムーズに進む。DTPでは文字や写真の大きさ、配置などが詳細に決定できるため、かえって考えをまとめるのに時間がかかることもある。

7

レイアウトソフトに向かう

渡されたデータを自分が使うパソコンにコピーしたら、いよいよDTP作業が始まる。フィルムなどデータになっていない写真がある場合は、スキャナで入力する必要がある。デザイナーが行うスキャンはレイアウトを決めるためのアタリとし、実際に使うためのスキャンは印刷会社などであらためて行うのが一般的だ。InDesignやQuarkXPressといったレイアウトソフトに文字や絵柄を配置し、その大きさや位置を常に確認しながら作業を進めていくことになる。DTPでは、デザイナーが見出しの文字組みはもちろん、すべてのスタイルを作る。またレイアウトの段階でどこまで組版を行う必要があるのか、事前に編集責任者に確認しておき、作業の範囲を明確にしておくべきだろう。

画像の修正や加工

明るさや色味の調整といった補正作業や、切り抜きのためのパス作成などをレイアウトの前に行っておく。これらは印刷会社などに任せることも多い

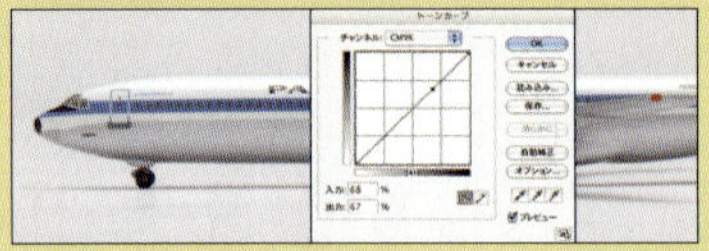

各ソフトを使い分ける

画像の補正はPhotoshopで、解説図やロゴの作成はIllustratorで、それらと文字をレイアウトするのはInDesignといったように、目的に応じたソフトを使い分けて作業を進めていく

8

レイアウトチェック

一通り完成したレイアウトをプリントアウトして出来栄えを確認し、編集者や制作ディレクターに渡す。先方の意向にそわない箇所や間違いがあった場合は、速やかに修正しなければならない。なお、プリントアウトを渡さず、PDFとして電子メールなどで送って確認してもらう方法も一般的になってきた。PDFによって印刷物製作のワークフローは変わりつつある。

9

文字組版

レイアウトがOKとなったら、本文などの文字組版を進めていく。レイアウトフォーマットをもとにオペレーターが組む場合が多いが、デザイナーが組版まで行うこともある。写植や活字組版ではレイアウトと組版の作業者は完全に分業で、専門技術を共有しなくても品質に影響しなかったが、DTPの場合は両者ともに文字組版の知識とオペレーション技術が必要だ。

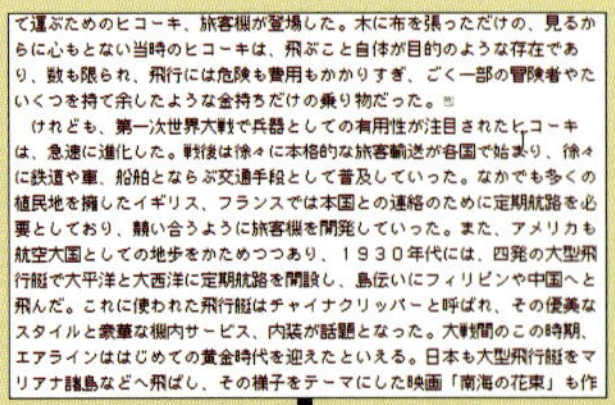
て運ぶためのヒコーキ、旅客機が登場した。木に布を張っただけの、見るからに心もとない当時のヒコーキは、飛ぶこと自体が目的のような存在であり、数も限られ、飛行には危険も費用もかかりすぎ、ごく一部の冒険者やたいくつを持て余したような金持ちだけの乗り物だった。

けれども、第一次世界大戦で兵器としての有用性が注目されたヒコーキは、急速に進化した。戦後は徐々に本格的な旅客輸送が各国で始まり、徐々に鉄道や車、船舶とならぶ交通手段として普及していった。なかでも多くの植民地を擁したイギリス、フランスでは本国との連絡のために定期航路を必要としており、競い合うように旅客機を開発していった。また、アメリカも航空大国としての地歩をかためつつあり、１９３０年代には、四発の大型飛行艇で大平洋と大西洋に定期航路を開設し、島伝いにフィリピンや中国へと飛んだ。これに使われた飛行艇はチャイナクリッパーと呼ばれ、その優美なスタイルと豪華な機内サービス、内装が話題となった。大戦間のこの時期、エアラインははじめての黄金時代を迎えたといえる。日本も大型飛行艇をマリアナ諸島などへ飛ばし、その様子をテーマにした映画「南海の花束」も作

10

校正、修正、校了

文字が正しく組まれているか、誤字や脱字がないかを確認するのが校正作業だ。納品の前には内校正を忘れないようにしたい。また原稿整理の段階で、単純な誤字や脱字を修正してデザイナーに渡すようにすれば、校正と修正作業の負担が軽減するはずである。校正、修正が終了すれば校了だ。印刷会社に入稿するためのフォントや画像をまとめたデータを作る。

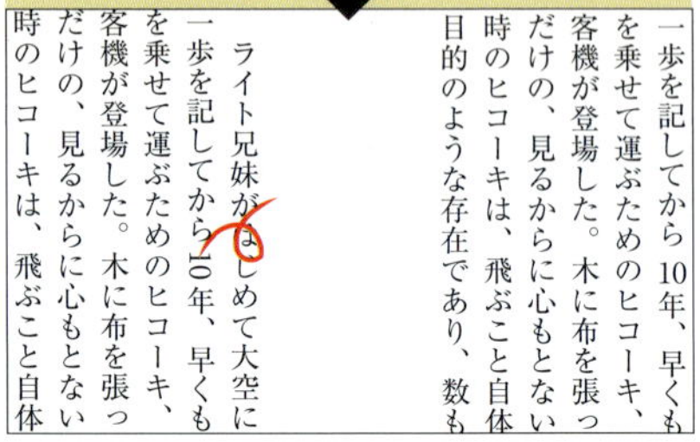
一歩を記してから10年、早くもを乗せて運ぶためのヒコーキ、客機が登場した。木に布を張っだけの、見るからに心もとない時のヒコーキは、飛ぶこと自体目的のような存在であり、数も

ライト兄妹がはじめて大空に一歩を記してから10年、早くもを乗せて運ぶためのヒコーキ、客機が登場した。木に布を張っだけの、見るからに心もとない時のヒコーキは、飛ぶこと自体

関連リンク
レイアウト p.138
日本語組版 p.152
見出しの役割 p.154
ネットワーク送稿 p.164
オフセット印刷のワークフロー p.204
印刷トラブル p.208
製本のしくみと工程 p.210

11

データ入稿

校了したデータは、出力見本であるプリントアウト、入稿指示書といっしょに印刷会社へ送る。通常、データはMOやCD-Rに入れて渡されるが、最近では、サーバを介してのネットワーク入稿対応の印刷会社も増えてきた。

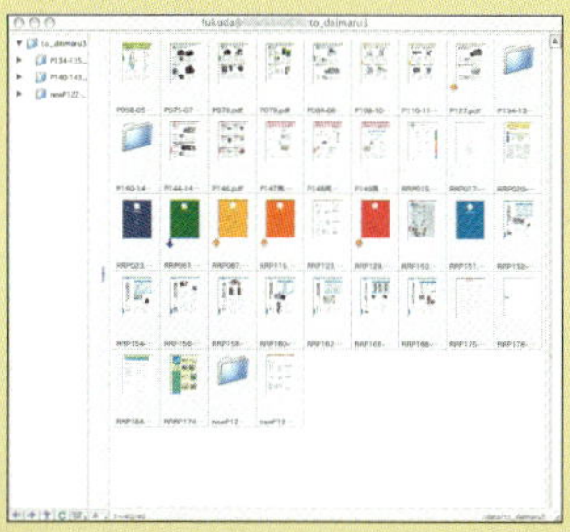

12

データチェック

データを受け取った印刷会社の作業はデータチェックからスタートする。フォント、画像のリンクなど、データに問題がないかどうかプリフライト（出力前チェック）を行う。画像がポジフィルムで入稿の場合は、アタリデータとポジを分解した本データとの差し替え作業が行われる。PDFで入稿したデータは、印刷に適したデータであるかの確認作業をする。

13

面付け

PSファイルに書き出されたデータを面付け専用ソフトに読み込んで面付けを行う。最近では、専用RIPを用いて、データがマシンに送られた後はすべて自動で面付け作業が行われる。

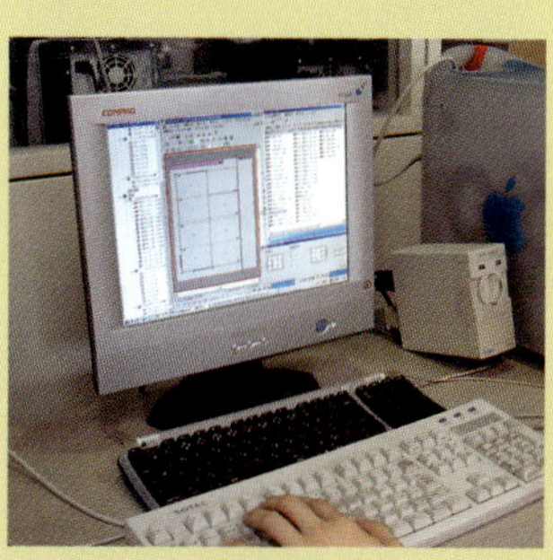

14-15

フィルム出力→刷版（印刷に使う版）の作成

イメージセッタでデータを各版のフィルムに出力。次に殖版機でフィルムをPS版に密着させ、露光させてから焼き付ける。ページごとにフィルム出力する場合は、集版、面付けがフィルム出力の後工程となる。

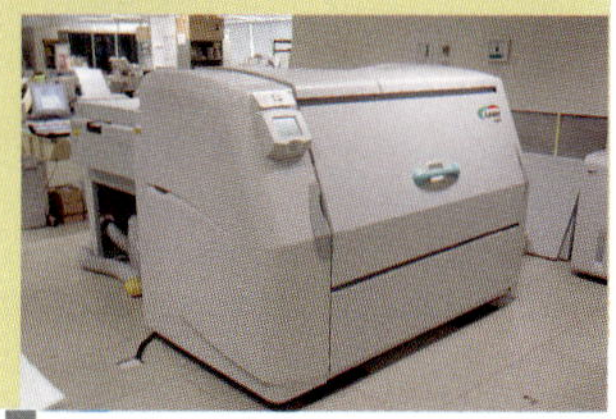

15

CTPによる刷版（印刷に使う版）の作成

各版をデータから直接プレートに出力する。フィルム製版より1〜2工程が省略される。版完成までフルデジタルで行うCTPは1％の網点も正確に再現でき、見当精度も高い。

16

印刷から製本まで

刷版が印刷機にセットされ、印刷が始まる❶。途中インキ調整や品質チェックが行われる。印刷が完了すると今度は製本工程に移り❷、刷り上がった用紙は折って集めて❸、背に糊が付けられ綴じられる。最後に本の天、地、小口の三方が断裁され、本が完成する❹。

17

完成

仕上がった完成品は、指定どおりに刷り上がっているか、造本に問題ないかを確認する。制作者の大切な仕事だ。

さまざまな形態の印刷物

紙を媒体にした情報伝達ツールが印刷物だ。本、チラシ、新聞などが代表例だが、商品パッケージなどの立体物もある。ここでは身近な印刷物の代表例と、その用途や造りを紹介していく。

「本」と呼ばれる印刷物の種類

印刷物の代名詞として、誰もが思い浮かぶのが「本」だろう。ただし、「本」はあまりにも対象範囲が広い言葉なので、より正確に対象を示すためには、「雑誌」や「書籍」などというように、外観や発行形態、販売方法の違いなどによって区別して呼んでいる。

雑誌や書籍は「出版物」と呼ばれ、それ自体の制作や販売を目的とした印刷物だ。広告が目的のパンフレットやチラシ、包装を目的にした印刷物とは違い、印刷物そのものが価値を生んでいるのが最大の特徴だ。

寸法（判型）や製本の方法によって、雑誌や書籍は外観上の特徴を区別することができる。そこにデザインという表現方法の工夫が加わることによって、内容や伝えたい読者にふさわしい印刷物に仕上げられている。

雑誌

週刊や月刊といったように、定期的に発行される出版物が雑誌だ。表紙と中身を針金で一緒に綴じる「中綴じ」（写真右下）や、接着剤で背と中身をつける「無線綴じ」（写真右上）が採用されている。これらは並製本といわれる簡易的な方法だが、雑誌は文字や写真の並べ方、色使いなどにデザイン性が強く表れる出版物だ

無線綴じ

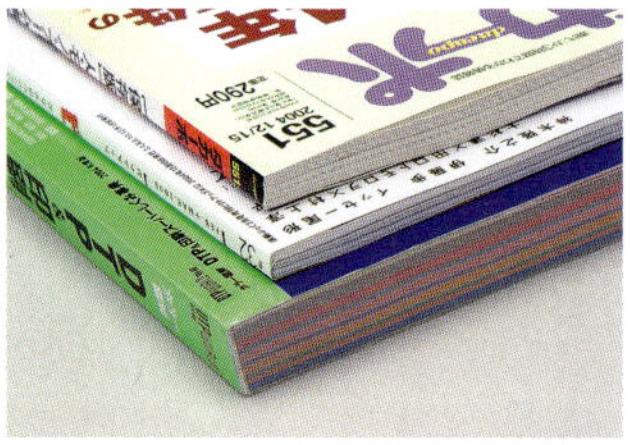

中綴じ

上製本

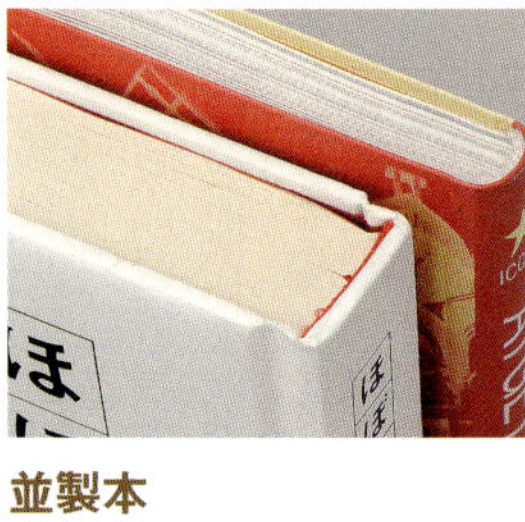

並製本

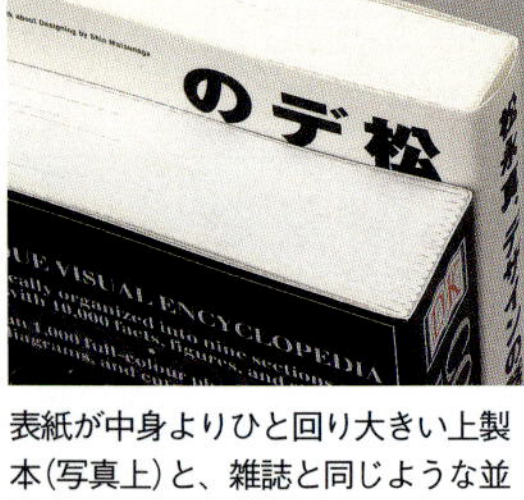

表紙が中身よりひと回り大きい上製本（写真上）と、雑誌と同じような並製本（写真下）

書籍

雑誌のように定期的に新しい内容と入れ替わらず、書店や読者のもとで長く保存されるのが書籍だ。ひとまわり大きな表紙に芯を入れ、中身を糸で綴じた「上製本（本製本）」など堅牢な造りが特徴だ。コストを抑えるために並製本を採用することも多いが、書籍では判型や用紙など手にとったときの感覚や所有欲までも考えたデザインが必要とされる

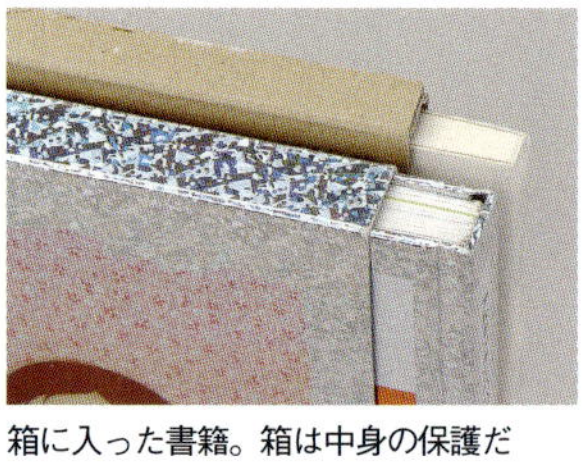

箱に入った書籍。箱は中身の保護だけでなく、デザインの一部としても注目されている

関連リンク
書体 p.116
本の構成要素 p.136
造本設計 p.194
紙とインキ p.194
印刷目的で変わる印刷機の種類 p.206
配色 p.220

大部数に適した新聞

ニュースを伝えるための定期的な刊行物が新聞だ。なるべく短い間隔で発行されることが求められるため、大きな用紙を折って切るだけで綴じていないのが一般的だ。ニュースを伝えるだけでなく、読者を限定した専門紙や広報などのフリーペーパーも、新聞と同様の体裁を採用したものが多い。

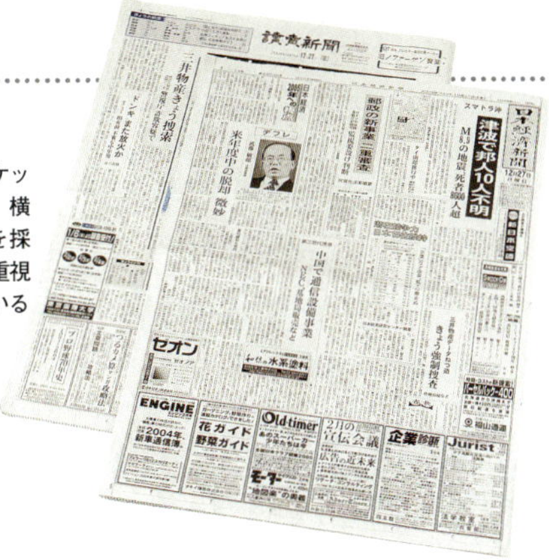

日刊紙

大手の新聞社はブランケット判という縦546mm、横406mmの大きな判型を採用しており、速報性を重視した紙面構成となっている

専門紙

各種の専門紙や、市町村が発行する広報誌、フリーペーパーなどではブランケット判を半分にしたタブロイド判(406×273mm)が採用されることが多い

パンフレットやチラシ

雑誌や書籍以外の印刷物としてもっとも身近なのがパンフレットやチラシと呼ばれるもので、広告宣伝のために作られることが多い。パンフレットはある程度以下のページ数の印刷物で、小冊子のこと。チラシは新聞への折り込み広告が代表例で、綴じてないもの。リーフレットともいわれる。

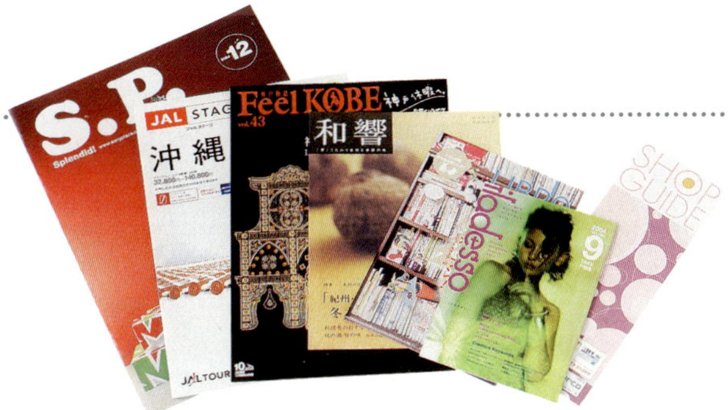

パンフレット

サービスや製品の紹介、取り扱い方法などを伝える手段として用いられる複数ページを綴じた印刷物

チラシ

広告宣伝のために配付される印刷物で、日本では江戸時代から用いられているスタイルだ

立体的な印刷物

「水と空気以外は何でも刷れる」といわれるほど、印刷という複製技術はさまざまなシーンで活用されている。プラスチックやビニールといった樹脂をはじめ、繊維、金属などに印刷が可能だ。

デザインのノウハウや、実際の印刷に使用する機械などは目的や素材ごとに異なるが、原稿となるデータを作るのは、雑誌や書籍と同じようにDTPソフトが利用される。そのため、最近では1人のデザイナーがさまざまな印刷物を手がける機会が増えてきている。

こういったミニチュアモデルのカラーリング再現にも、印刷技術が利用されている

パッケージ

製品を包むための箱や容器などにも、印刷とデザインは欠かせない要素。立体的な箱の場合は、それを平面にした展開図が必要となり、ビニールや金属といった容器へ印刷する場合は、使用可能な色(インキ)の種類や適性などを確認しておく

CDやDVD

レーベル面にも紙と同じように印刷できるが、印刷範囲や色(インキ)が限定されることもある

プリント

織りや染色よりも、圧倒的に速く低コストで絵柄を再現できるのが、印刷のメリットだ

さらに知識に磨きをかけたい人の関連図書案内

※書籍の内容に関しては、各出版社にお問い合わせください

基礎から始めたいデザイナー、編集者のためのDTP&印刷ガイドブック

玄光社企画編集部 編
2,205円
玄光社

基礎からDTP&印刷を学びたいという人のためのエッセンスが体系だてて解説されている。基礎からDTPの勉強を始めたいデザイナーや編集者の入門書とし最適な一冊だ。印刷・DTPの基礎知識や、画像データのハンドリング基礎講座のほかに入力から色校正まで実践DTPのワークフローも解説されている。

DTP デザイナー1年生

オブスキュア 編
2,520円
ワークスコーポレーション

実際にDTPデザイナーはどのような仕事をするのか、どのような仕事の進め方をするのかを、わかりやすく解説した本。専門学校や美大などを卒業後、デザイン事務所、DTP、製版、組版、編集プロダクションに勤めた新入社員を登場人物に仕立て、実際の仕事を疑似体験しながら覚えていく構成だ。まさにDTP&印刷業界1年生、または1年生をめざす人にうってつけの良書。

標準DTPデザイン講座 基礎編

生田信一、板谷成雄 著
2,520円
翔泳社

印刷物の種類や文字の基礎知識、レイアウトの基本とアプリケーションごとの操作方法など、DTPのあらゆる基礎となる知識を図版とともにわかりやすく解説。DTPのワークフローや印刷製本までの流れを系統立てて追っていくことができるので、これからDTPに関わる人にも、作業を円滑に進めるために全体の工程を知っておくべき編集者やデザイナーにも役立つ一冊。

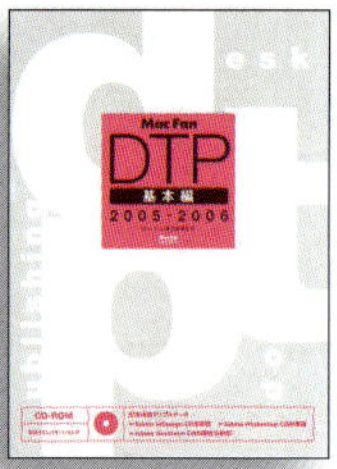

Mac Fan DTP 基本編 2005-2006

Mac Fan書籍編集部 編
1,995円
毎日コミュニケーションズ

DTP制作に必要な基本のひとことおりを解説したムック。年次物で毎年発刊される。基本知識+新しいキーワードも盛り込み、レイアウトデータの作成から製本までのワークフローなどやファイル形式の違いやフォントのフォーマット、解像度の意味などを解説。入門者にはうってつけのムックだ。付属のCR-ROMにレイアウトソフトの体験版を収録している。

DTPワークフロー入門

亀尾敦、諌山研一、大橋幸二、小國文男、川崎勉 著
2,940円
エムディエヌコーポレーション

普及したと一般的にいわれているDTPではあるが、その速度があまりに急だったためワークフローの一部で技術についていけない人達も出てくるようになった。本書では、原稿整理から画像の下処理、組版データの作成、入稿準備から出力までの流れで陥りがちなミスなどをわかりやすく解説している。とくに『ページレイアウトデータのブラッシュアップ』は必見。

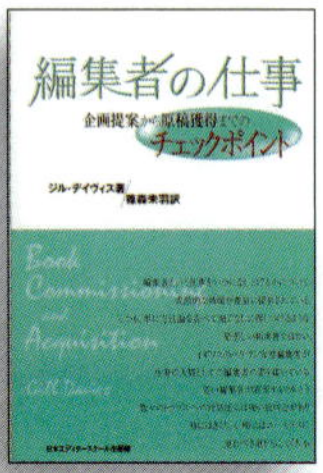

編集者の仕事

ジル デイヴィス 著／篠森未羽 訳
2,310円
日本エディタースクール出版部

英国の女性編集者が編集者の役割を原稿依頼の基礎的なプロセスとそのために必要な技術から説いた本。「編集」とは？「出版」とは？「コミュニケーションの担い手の役割」とは？ 訳者あとがきの「編集者は本という商品の力を信じる人たち」との言葉が示唆しているように、通読後には編集者のめざすべきものが見えてくるはずだ。

DTPテクニカルキーワード250 改訂7版

東陽一 著／郡司秀明 監修
3,870円
日本印刷技術協会

DTPに関するあらゆるキーワードを詳細に解説した一冊。DTPのワークフローの中で登場する技術的な事柄を、具体的な実例と図版でわかりやすく紹介している。DTPの基礎から画像処理、ページレイアウトやPDFワークフローなど、業界の最前線となる情報を網羅している。DTPに関わるすべての人に役立つ解説書。

DTPお助けハンドブック

影山史枝 著
2,940円
毎日コミュニケーションズ

DTP環境を整えたからといって、すぐに業務の効率化、コストの削減が実現されるわけではない。システムの構造を理解せず、アプリケーションの使い方を把握していなければ、無駄にトラブルを起こして自縄自縛するばかりである。本書では、そうならないために必須の知識をアプリケーションやワークフローごとに、実例とトラブルを回避するための方法を具体的に解説している。

2

パソコンの基礎知識

パソコンの基本的な構成要素

Macintosh系とWindows系のパソコンでは使用OSとCPUが異なるが、その構成要素はほとんど違いがない。マザーボード、CPU、メモリ、そのほかの電子部品、電源、ハードディスク、ROMドライブなどが箱形のケースの中に収められて、パソコンを形作っている。

機種名

Power Mac G5

●アップルコンピュータ㈱

Power Macの最高峰モデル。64ビットCPU搭載で、AGP 8X Pro、PCI-Xをサポート。フラッグシップモデルは対称型マルチプロセッシングの2.7GHzデュアルプロセッサ仕様

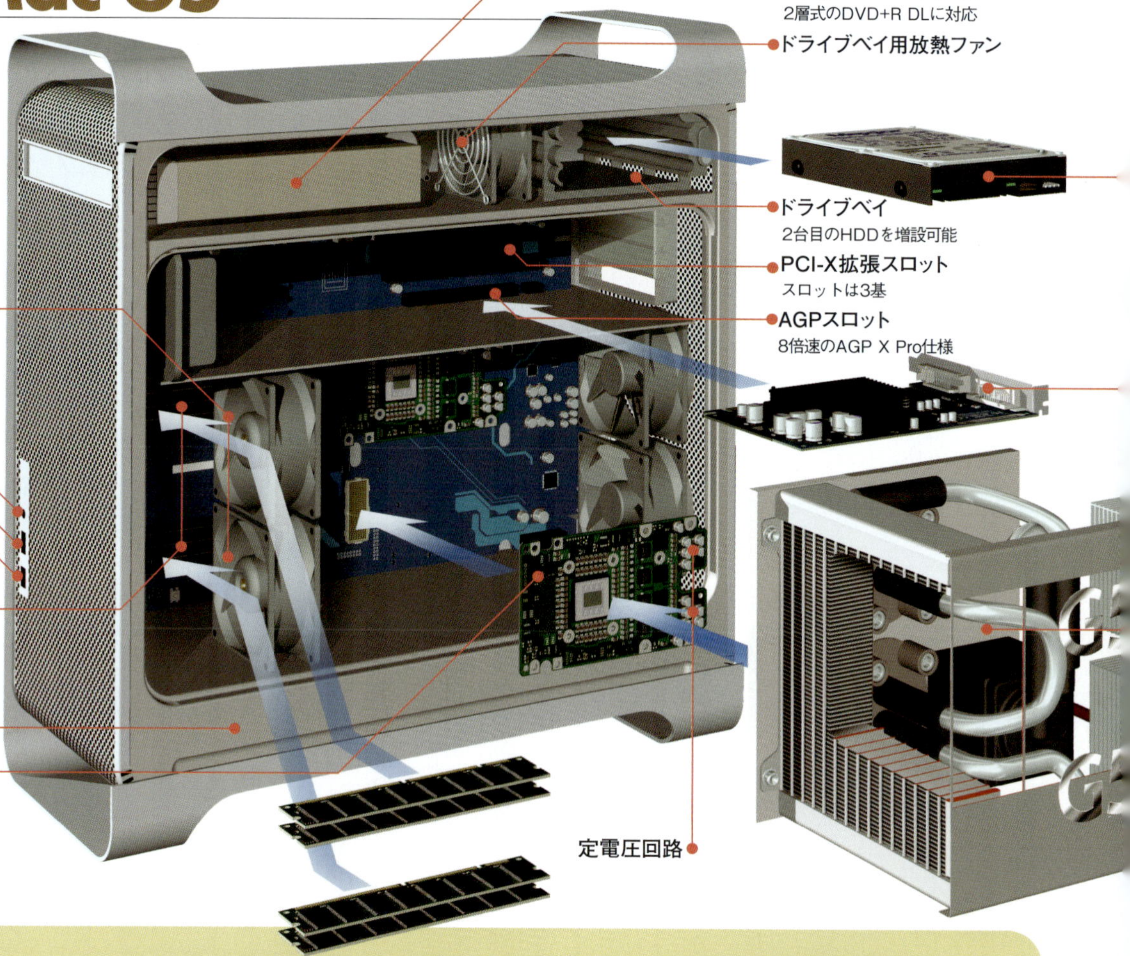
●16倍速スーパードライブ
2層式のDVD+R DLに対応
●ドライブベイ用放熱ファン
●ドライブベイ
2台目のHDDを増設可能
●PCI-X拡張スロット
スロットは3基
●AGPスロット
8倍速のAGP X Pro仕様
プロセッサ用放熱ファン●
各プロセッサにつけられたヒートシンクの前後に計4個のファンを配置し、低速回転でも十分な風量を確保している
電源スイッチ●
USB 2.0コネクタ●
IEEE1394コネクタ●
メモリスロット●
8基のメモリスロットにはPC3200仕様の128bit DDR SDRAMを装着する。最大容量は8GB
電源●
CPUカード●
PowerPC G5と、それに一定の電圧を供給するスイッチングレギュレータが実装されている
定電圧回路●

パソコンの分類

パソコンは、形態的にデスクトップ型とノート型に大きく分類できる。処理能力、最大メモリ容量、拡張性などの点でデスクトップ型が優れている。DTP用としても普通はデスクトップ型が使われている。

デスクトップ型

大型のケースの中に、複数の拡張カードを装着できるスロットやドライブ類を装着するスペースが確保されており、拡張性が高い

ノート型

持ち運んでどこででも使えるパソコン。液晶ディスプレイ、キーボード、ポインティングデバイスまたはトラックパッド、充電式バッテリなどを装備する。携帯性を重視したサブノートと呼ばれるタイプと、やや大型ながら性能を重視したタイプがある。後者は大型の液晶ディスプレイと標準ピッチのキーボード、CD-ROMドライブなどを装備し、デスクトップパソコンに近い性能を持つ

関連リンク
CPU p.022
メモリ p.024
ハードディスク p.026
DVD-ROM p.028
キーボード p.030
インターフェイス p.032
CRTディスプレイ p.034

機種名

Dimension 8400

●デル㈱

Intel 925XE Expressチップセットをベースに、HTテクノロジ Intel® Pentium® 4プロセッサを搭載したDimensionシリーズの旧上位モデル。現在の上位モデルはデュアルコアのPentium Dを採用したDimension 9100になっている

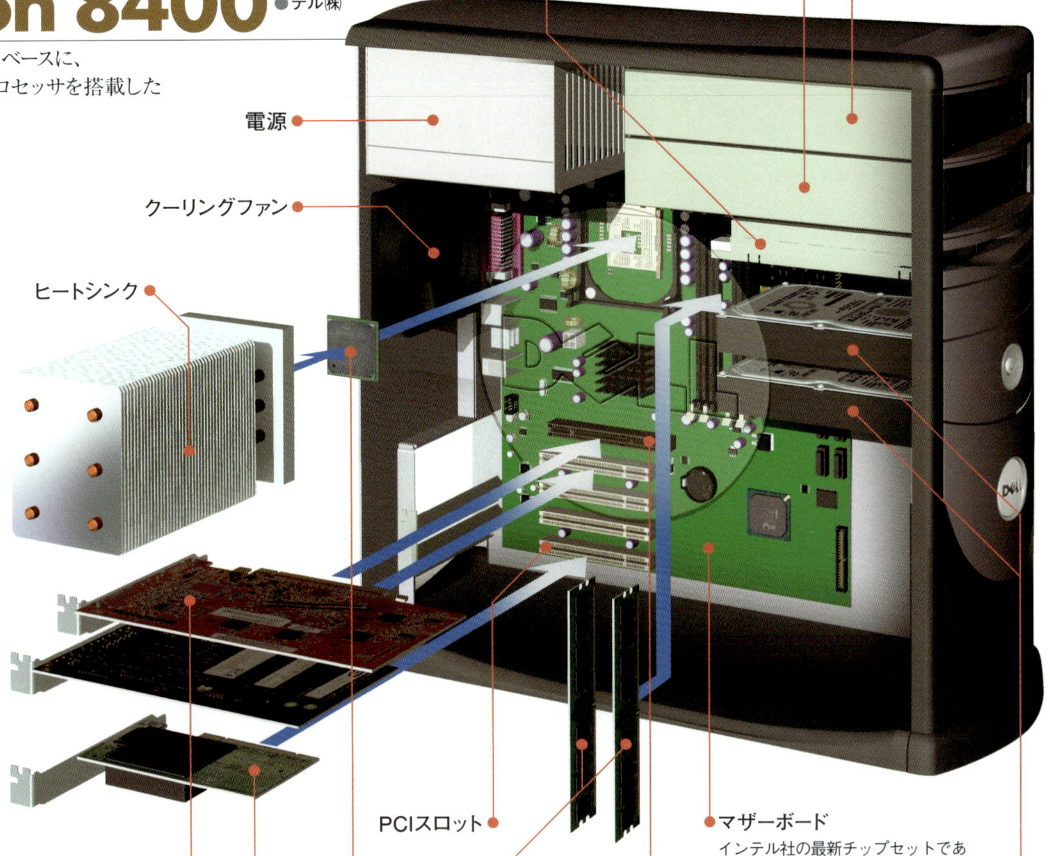

フロッピードライブ
拡張用ドライブベイ
CD/DVDドライブ
電源
クーリングファン
ヒートシンク
ハードディスクドライブ
HDDのインターフェイスは150MBpsのシリアルATAを採用
ディスプレイカード
AGP 8X Pro仕様のディスプレイカードとして、NVIDIA GeForce 6800 Ultra DLLとATI Radeon 9600/9650が用意されている
水冷式冷却システム
Dual 2.7GHzには、従来のヒートシンク方式よりも効率のよい革新的な水冷式システムを採用。常時循環している冷却液が、駆動するプロセッサの熱を吸収し、熱を蓄えた冷却液は放射グリル内の冷却フィンで放熱され、もとの温度に戻る
ビデオカード
モデム、LANカード
CPU
1つのCPUが2つのCPUとして働くハイパースレッディング機能に対応したPentium4プロセッサを採用。最高クロックは3.2GHz
PCIスロット
メモリ
PC3200仕様のDDR2 SDRAMメモリを2枚単位で4枚まで実装可能
AGP 8Xスロット
AGPスロットは8倍速仕様で、ATI Radeon X800 XTなどのハイエンドビデオカードが選択可能
マザーボード
インテル社の最新チップセットである、925XE EXPRESSを採用。2つのメモリに同時にアクセス可能なデュアルチャネルシステムが高いパフォーマンスを実現する
ハードディスク
Ultra ATA-100か、より高速なシリアルATAのドライブを利用可能。また、注文時にRAIDシステムを指定することもできる

PCの最新テクノロジー

2005年5月、インテルとAMDがほぼ同時にデュアルコアCPUを発表し、現在はそれを搭載したパソコンが続々出荷されている。デュアルコアCPUは、今後のデスクトップ型パソコンの本流となるだろう。

拡張バスには、従来のPCI(データ転送速度133Mbps)に加えて、PCI Expressの採用が進んでいる。PCI Expressは高速なシリアル伝送方式により、標準のx1仕様で500Mbps、x16仕様では8Gbpsという圧倒的な転送速度を誇る。このためビデオカードは、従来のAGP仕様に代わってPCI Express仕様が主流となりつつある。

ハードディスクインターフェイスは、シリアルATAの人気が高まっている。従来のATAのデータ転送速度は最高133Mbpsだったが、シリアルATAでは150Mbpsである。また、ハイエンドのハードディスク製品は300MbpsのシリアルATA IIを採用している。

DELL Dimension 9100
●デル㈱

DELLのデスクトップパソコン、Dimensionシリーズのハイパフォーマンスモデル。デュアルコアのPentium Dか、HTテクノロジー対応のPentium 4を選択可能。PCI Expressのスロットを3本装備、ハードディスクはシリアルATAと、最新流行に沿った構成となっている

液晶ディスプレイ p.036
プラズマディスプレイ p.231

代表的なCPUのしくみと役割

CPUは数千万個のトランジスタが複雑に配線されたパソコンの頭脳だ。四則演算と条件判断など単純な仕事しかできないが、1秒間に10億回も演算を処理可能であり、その結果として高度な仕事を高速に処理する。

PowerPC G5

第5世代のPowerPCであり、64ビット構造をとっているのが特徴。スーパースケーラ、多段パイプライン、大容量キャッシュメモリ、レジスタリネーム、複数データの一括処理など、CPUの高速化技術をフルに採用した強力なプロセッサだ

5,800万個のトランジスタを集積している。トランジスタ間の配線には、電気抵抗の少ない銅を採用

表面

裏面

パッケージはBGA(Ball Grid Array)を採用。裏面に並んだハンダボールが基板にハンダ付けされるため、CPUの交換はできない

Pentium D

Pentium Dは1つのパッケージにCPUダイを2つ実装し、デュアルCPUとして機能する。インテルは同様の構造のPentium Extreme EditionというCPUも出荷しているが、こちらは1つのCPUコアが2つのCPUとして働くハイパースレッディングテクノロジーに対応しているため、4プロセッサとして機能する

まったく同じ性能のCPUダイを、2つ並べて実装する。トランジスタは合計1億3,000万個

表面

裏面

パッケージは従来のPGAに変えてLGA(Land Grid Array)を採用。平面状の端子が格子状に配置されており、各端子に接触する板バネ状の接点がソケット側に生えている

Athlon 64 X2

Athlonシリーズは、Pentiumとソフト的に互換性のあるCPUで、Pentium搭載パソコン用に作られたWindowsとそのソフトを実行できる。Athlon 64 X2は、1つのCPUダイ上にCPUの回路を2つ集積しており、デュアルCPUとして働く

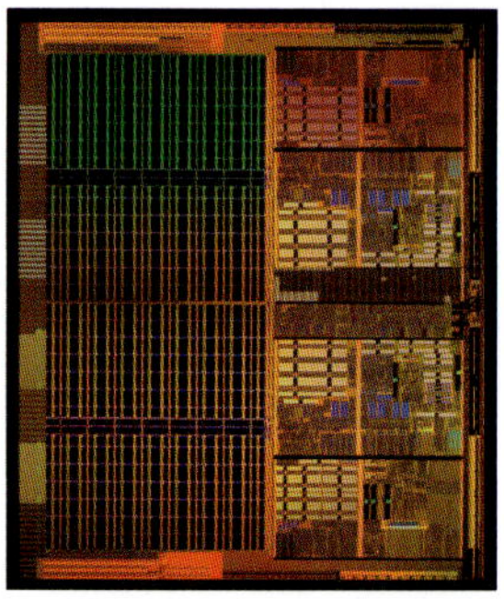

1つのCPUダイの上に、CPUの回路を2つ分集積。トランジスタ数は1億3,000万個

表面

裏面

パッケージは剣山のようにピン状の端子が並んだ伝統的なPGA(Pin Grid Array)を採用

関連リンク
パソコンへの搭載 p.020
メモリ p.024
キャッシュ p.025
マザーボード p.032

CPUの仕事

CPUの仕事は、与えられたプログラムに従って処理を行うことである。プログラムは単純な命令をたくさん並べて書かれている。CPUは、メモリ内に用意された命令を順番に読んで実行する。演算を行う命令、メモリを読み書きする命令、データの入出力を行う命令などがある。

CPUの特徴は、演算の結果を見て、プログラムの流れを変えることができる点だ。これにより、条件判断を伴う処理が可能となっている。

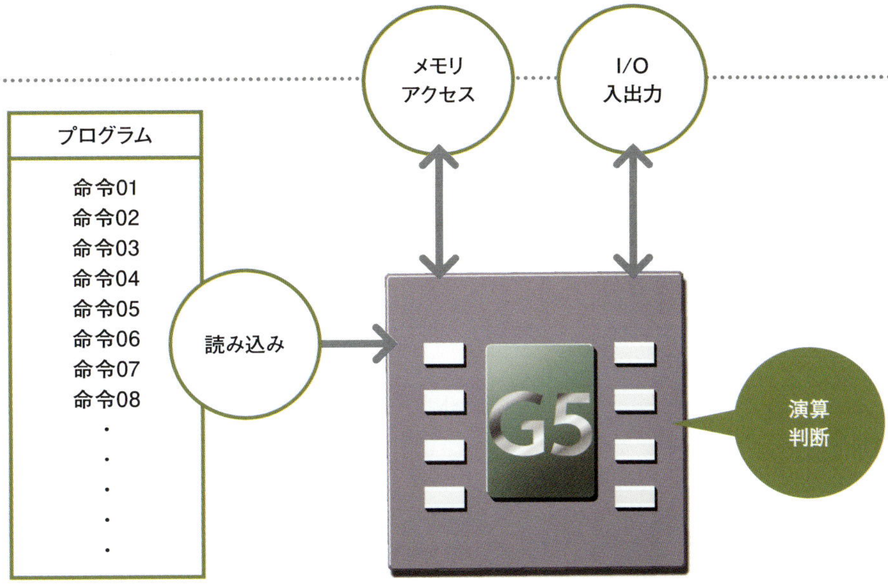

メモリ
アクセス
I/O
入出力
プログラム
命令01
命令02
命令03
命令04
命令05
命令06
命令07
命令08
読み込み
G5
演算
判断

マルチプロセッサ

誕生以来CPUの性能は向上し続けてきたが、駆動クロックの向上等による性能の向上はそろそろ限界に達しようとしている。そこで注目されているのが、1台のコンピュータに複数のCPUを搭載するマルチプロセッサシステムである。WindowsやMac OS Xはマルチプロセッサに対応しており、複数のアプリケーションの実行を各CPUに割り振って並列処理する。ただし、マルチプロセッサシステムはCPUの他に冷却システムも2系統必要でコストが高くなる。
最近、1つのCPUに2つのCPUコアを実装したデュアルコアCPUがあいついで登場したが、これにより低コストで手軽にマルチプロセッサのパソコンが入手できるようになった。

CPUの実装

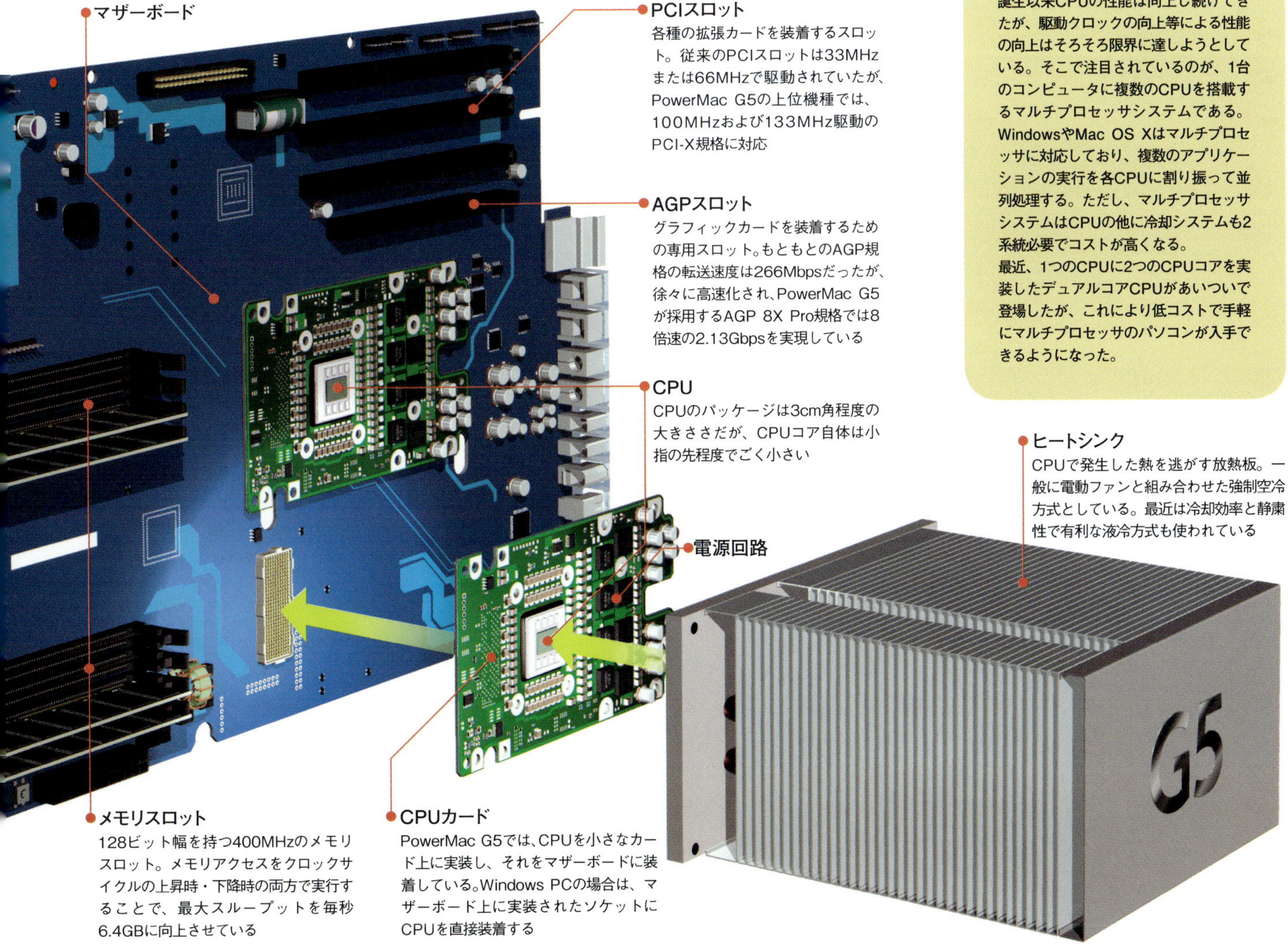

マザーボード
PCIスロット
各種の拡張カードを装着するスロット。従来のPCIスロットは33MHzまたは66MHzで駆動されていたが、PowerMac G5の上位機種では、100MHzおよび133MHz駆動のPCI-X規格に対応
AGPスロット
グラフィックカードを装着するための専用スロット。もともとのAGP規格の転送速度は266Mbpsだったが、徐々に高速化され、PowerMac G5が採用するAGP 8X Pro規格では8倍速の2.13Gbpsを実現している
CPU
CPUのパッケージは3cm角程度の大きさだが、CPUコア自体は小指の先程度でごく小さい
ヒートシンク
CPUで発生した熱を逃がす放熱板。一般に電動ファンと組み合わせた強制空冷方式としている。最近は冷却効率と静粛性で有利な液冷方式も使われている
電源回路
メモリスロット
128ビット幅を持つ400MHzのメモリスロット。メモリアクセスをクロックサイクルの上昇時・下降時の両方で実行することで、最大スループットを毎秒6.4GBに向上させている
CPUカード
PowerMac G5では、CPUを小さなカード上に実装し、それをマザーボードに装着している。Windows PCの場合は、マザーボード上に実装されたソケットにCPUを直接装着する
G5

メモリのしくみと役割

メモリは、CPUに処理させるプログラムやデータを入れておく、半導体でできた記憶装置である。これまでの主流はDDRというインターフェイスを採用したSDRAMだったが、これをさらに高速化したDDR2の採用が始まった。

DDR2 SDRAM

DDRを高速化したインターフェイスを備える次世代SDRAM。Windows PCで採用が始まっている。これまで一部のPCで採用されていたRIMM（ラムバス社のメモリインターフェイスを採用したメモリ）は今後は使われず、DDR2が標準になる。

DDR SDRAM

DDRはダブルデータレートの頭文字。基本的には、同期信号に同期してデータを転送するSDRAM（シンクロナスDRAM）の一種だが、同期信号の上がりと下がりの両方のタイミングでデータを転送することで高速化を実現している。現行のPowerMac G5はこのメモリを使用する。

FBGAパッケージ
DDR2のSDRAMチップは、FBGAと一般に呼ばれるパッケージを採用しており、端子が見えない

端子

ノッチ
ノッチの場所と数はメモリのタイプによって異なっているため、対応しないメモリはソケットに装着することができない

SPD ROM
メモリ容量や対応クロックなど、そのメモリの仕様データが書き込まれている

メモリ素子
1枚のメモリモジュールに、8個から16個のメモリ素子が実装されている。1つの素子の記憶容量と実装個数で全体の容量が決まる

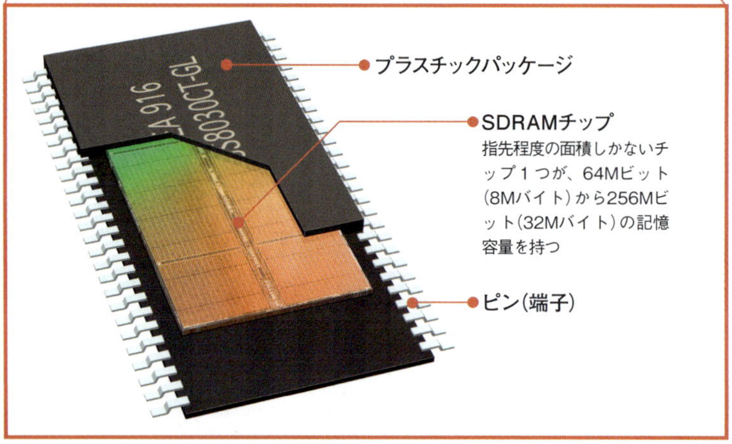

プラスチックパッケージ

SDRAMチップ
指先程度の面積しかないチップ1つが、64Mビット（8Mバイト）から256Mビット（32Mバイト）の記憶容量を持つ

ピン（端子）

メモリの構成

DRAMの1ビットの記憶回路は、トランジスタ1つにコンデンサ1つという単純な構造をしており、この回路がチップ上に数百万個格子状に形成されている。行（ROW）アドレスと列（COL）アドレスを入力して目的の1ビットを指定すると、その内容を読み出すことができる

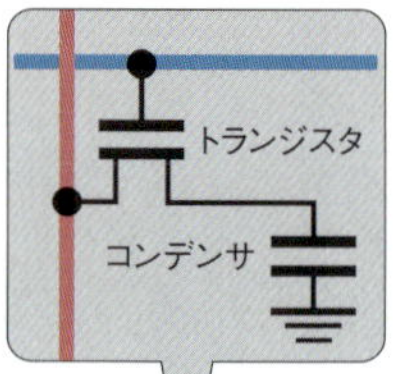

トランジスタ
コンデンサ

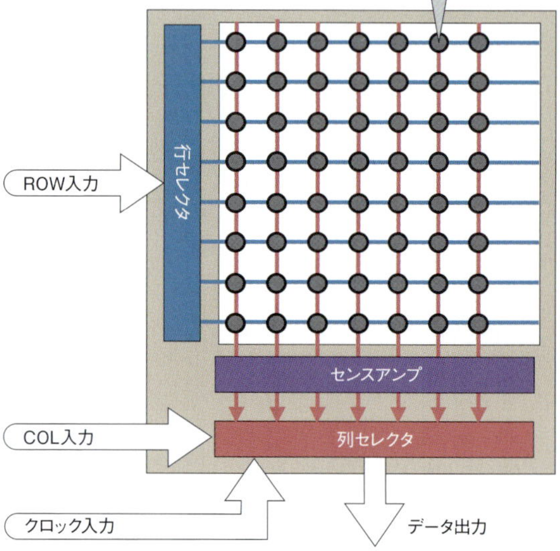

ROW入力
行セレクタ
センスアンプ
COL入力
列セレクタ
クロック入力
データ出力

DDR SDRAMの動作タイミングチャート

行アドレス信号(RAS)と列アドレス信号(CAS)を入力すると、クロック信号の立ち下がりと立ち上がりに同期してデータが順番に出力されてくる。
CASを入力してからデータの出力が始まるまでの時間をns単位で示したのがアクセスタイムで、クロック時間で示したのがCASレイテンシ(CL)だ

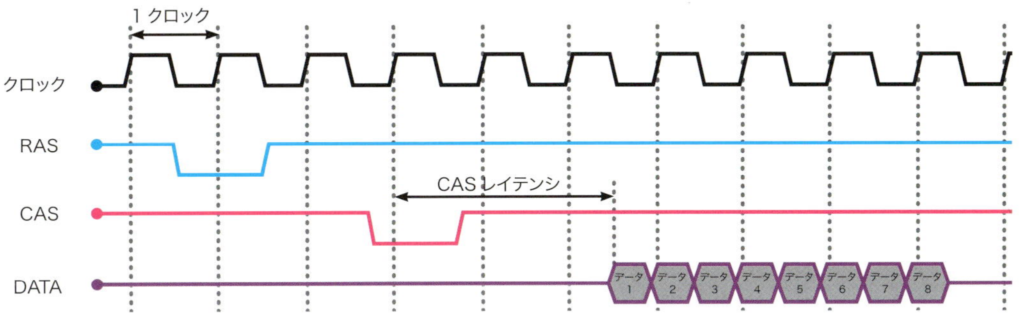

キャッシュの働き

CPUが処理すべき命令やデータは通常メインメモリに存在するが、メインメモリはアクセス速度が遅いため、いちいちここから命令やデータを読んだのでは処理が非常に遅くなってしまう。そこで、CPUが一度読み込んだ命令やデータは、高速なSRAMで構成された1次キャッシュおよび2次キャッシュに登録しておき、次回はここから高速に読み込んで処理するようになっている

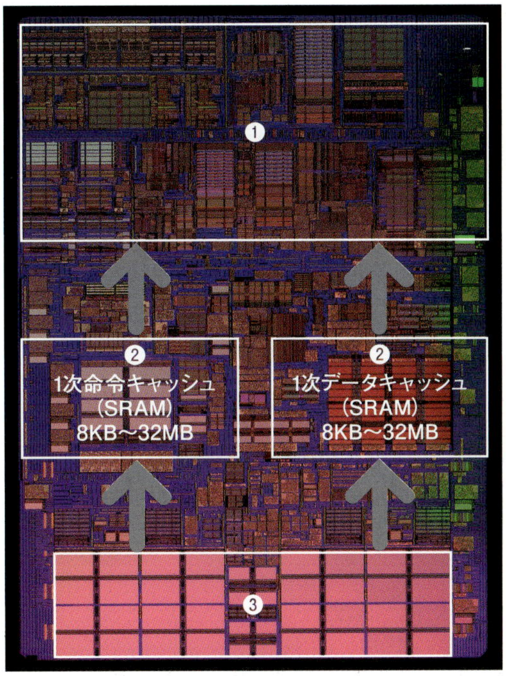

①CPU
最近のCPUは、チップ上に1次キャッシュと2次キャッシュの回路を内蔵している。左はPowerPC G5のチップ写真

②1次キャッシュ(SRAM) 8KB〜32KB
CPUは、処理すべき命令やデータを1次キャッシュから読み出そうとする。必要な命令やデータが1次キャッシュに入っている場合、CPUはそれをもっとも高速に処理することができる。なお、1次キャッシュは命令用とデータ用で分離しているのが一般的だ

③2次キャッシュ(SRAM) 256KB〜2MB
1次キャッシュの容量の少なさを、比較的大容量の2次キャッシュが補う。ただし2次キャッシュは1次キャッシュよりも低速だ。2次キャッシュには、命令とデータが混在して記録される

メインメモリ(SDRAM) 64MB〜8GB
2次キャッシュにも入っていないときには、メインメモリにアクセスする

ハードディスク 1GB〜400GB
仮想記憶機能を利用している場合は、必要な命令やデータがメインメモリの中にもないことがある。そのときは、もっとも低速なハードディスクにアクセスする ことになる

ハードディスクのしくみ

ハードディスクは外部記憶装置である。OSやアプリケーションソフトはハードディスクに記憶されているため、ハードディスクがなければパソコンは起動すらできない。40年以上に及ぶハードディスクの歴史は、容量拡大の歴史であったといって過言ではない。

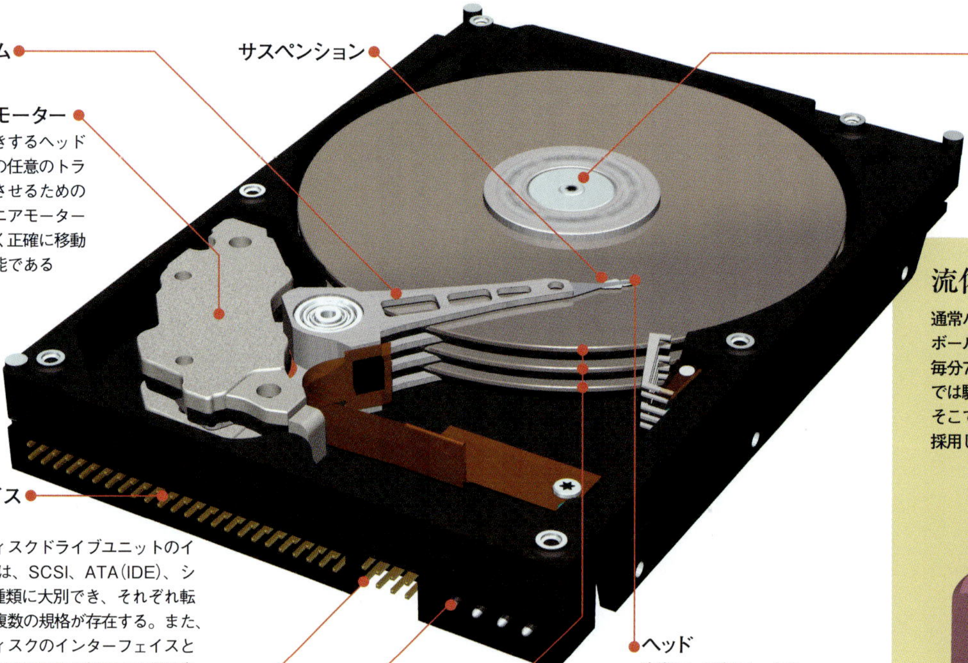

スイングアーム

サスペンション

スピンドルモーター
複数枚のプラッタを、高速で回転させるためのモーター。長時間安定した一定の回転を供給できる。現在のハードディスクの回転数は5,400、7,200、10,000rpmの3種類が主流

ボイスコイルモーター
データを読み書きするヘッドを、ディスク上の任意のトラックの上に移動させるための装置。原理はリニアモーターと同じで、素早く正確に移動させることが可能である

インターフェイスコネクタ
現在、ハードディスクドライブユニットのインターフェイスは、SCSI、ATA(IDE)、シリアルATAの3種類に大別でき、それぞれ転送速度の異なる複数の規格が存在する。また、外付けハードディスクのインターフェイスとしては、この他にUSB2.0やIEEE1394を使う製品もある

ヘッド
実際に、磁気データの読み書きを行う部分

電源コネクタ

プラッタ
データが保存されるディスク。材質はアルミまたはガラス製で表面に磁性体層が形成されている。直径は3.5インチが主流だが、ノート型PC用は2.5インチ、マイクロドライブ用は1インチのものが使われる。通常2〜10枚程度のプラッタがシャフトでつながれ、その両面を記録面として使用する

ショートピン
ハードディスクの各種設定を行うためのスイッチだが、内容は製品によって異なっている。インターフェイスがシリアルATAの製品は、ショートピンによる設定が不要となっている

流体軸受け

通常ハードディスクのモーター軸はボールベアリングで支持されるが、毎分7,000回転以上の高速ドライブでは騒音が大きくなる問題がある。そこで一部の機種は、流体軸受けを採用して回転音を低く押さえている。

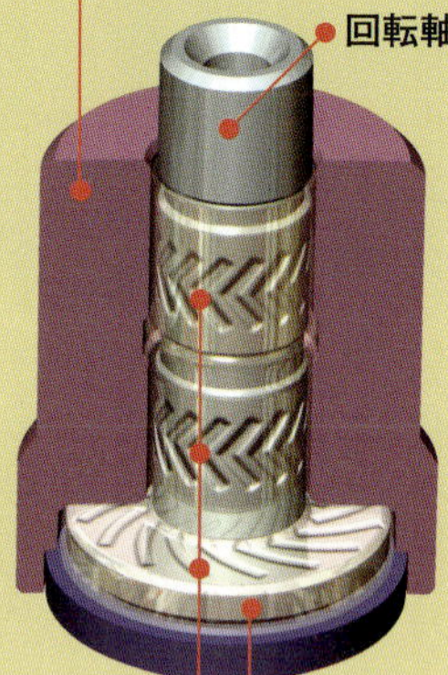

スリーブ

回転軸

オイル

クサビ型の凹み
軸が高速回転すると、この凹みがオイルを巻き込んで薄膜を作り、スリーブと軸が接触しない状態を保つ

RAIDカード

RAID処理を行うコントローラとハードディスクのインターフェイスを併せ持つ拡張カード。ハードディスクを複数台接続することでRAIDシステムを実現する。各種のRAIDカードが存在し、対応するインターフェイスや接続可能なハードディスクの台数が異なる。図はシリアルATA仕様で4台接続可能なものだ。

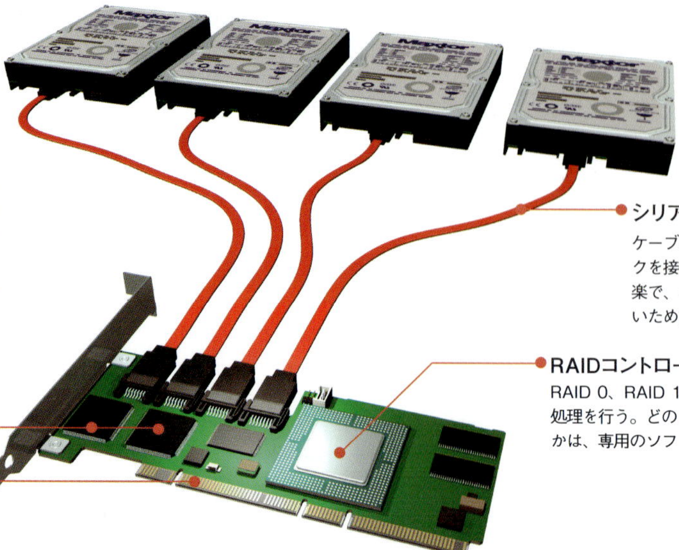

シリアルATAケーブル
ケーブルが細いため、複数台のハードディスクを接続する場合にもケーブルの取り回しが楽で、パソコン内部の空気の流れを阻害しないため放熱性の点でもメリットがある

RAIDコントローラ
RAID 0、RAID 1、RAID 5などの処理を行う。どのレベルを利用するかは、専用のソフトで設定する

シリアルATAコントローラ

PCIコネクタ

関連リンク
パソコンへの搭載 p.020
キャッシュ p.025
インターフェイスコネクタ p.032
リムーバブルディスク p.038
ディスクユーティリティ p.062
データ容量 p.214

外付けRAIDシステム

ハードディスクアレイとRAIDコントローラがユニットになったもので、パソコン本体からは高速で信頼性の高い外付けハードディスクユニットとして扱うことができる。

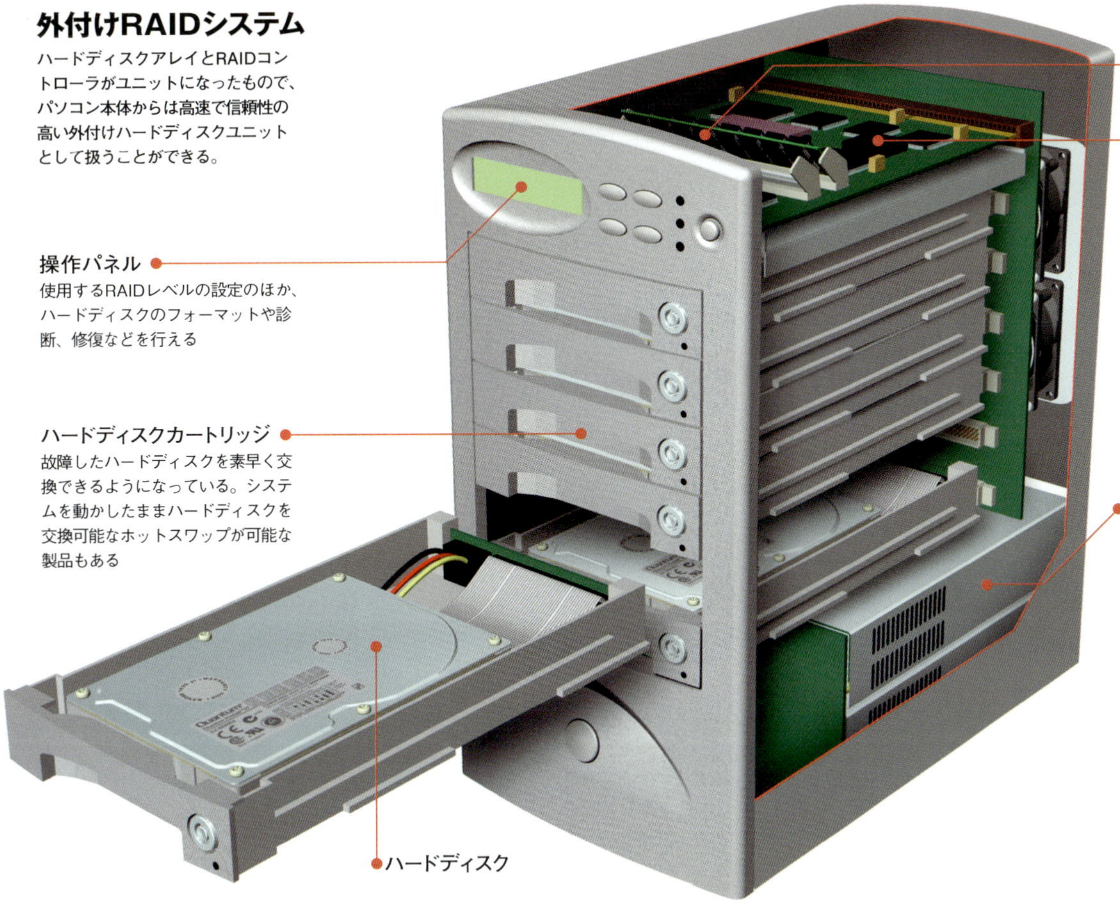

キャッシュメモリ
RAIDコントローラ
操作パネル
使用するRAIDレベルの設定のほか、ハードディスクのフォーマットや診断、修復などを行える
ハードディスクカートリッジ
故障したハードディスクを素早く交換できるようになっている。システムを動かしたままハードディスクを交換可能なホットスワップが可能な製品もある
電源ユニット
本格的なシステムでは、電源ユニットも2組装備して、片方が故障してもすべてのドライブに電源を供給可能になっている
ハードディスク

RAIDのしくみとレベル

複数のハードディスクを並列に接続して、同時にデータの読み書きを行うことで速度を向上させたり、故障によるデータ消失に備えて冗長情報(パリティ)を記録して信頼性を向上させるのがRAID(レイド)の役割である。RAIDには、データ書き込みの方法によっていくつかの種類(レベル)がある。

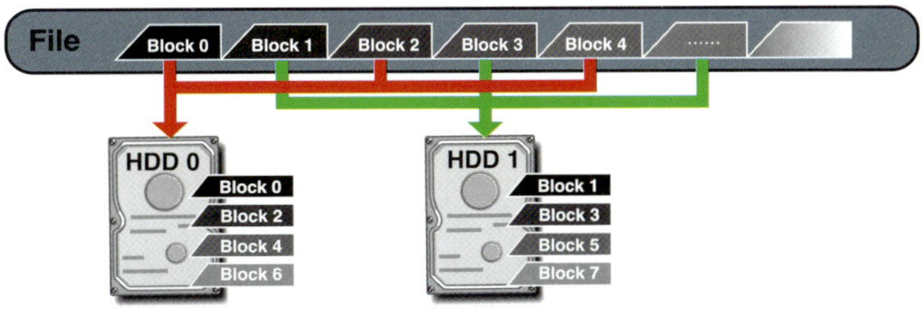

File
Block 0
Block 1
Block 2
Block 3
Block 4
……
HDD 0
Block 0
Block 2
Block 4
Block 6
HDD 1
Block 1
Block 3
Block 5
Block 7

RAID 0

複数のハードディスクにデータを分散して同時にアクセスすることで、パフォーマンスの向上を図る。ハードディスクが2台の場合、データの読み書きの時間は約半分になる。ただし故障が発生した場合のデータ再生機能はない

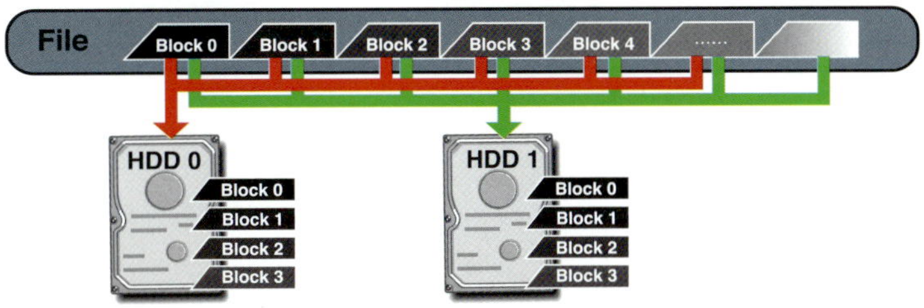

File
Block 0
Block 1
Block 2
Block 3
Block 4
……
HDD 0
Block 0
Block 1
Block 2
Block 3
HDD 1
Block 0
Block 1
Block 2
Block 3

RAID 1

2台のハードディスクに同じデータを書き込む。パフォーマンスの向上は望めないが、片方のハードディスクが故障してももう一方のハードディスクからデータ再生が可能。RAID 0とRAID 1を組み合わせたRAID 0+1という方式もあるが、この場合、4台のハードディスクが必要となる

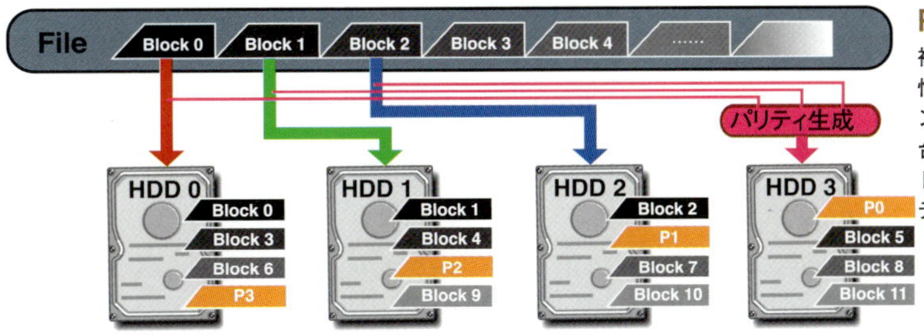

File
Block 0
Block 1
Block 2
Block 3
Block 4
……
パリティ生成
HDD 0
Block 0
Block 3
Block 6
P3
HDD 1
Block 1
Block 4
P2
Block 9
HDD 2
Block 2
P1
Block 7
Block 10
HDD 3
P0
Block 5
Block 8
Block 11

RAID 5

複数のハードディスクに、データとパリティ情報を分散して書き込むことで、パフォーマンスと信頼性の両方を得ることができる。1台のハードディスクが故障しても、残るハードディスクに記録されたパリティ情報を元にデータ再生が可能

CD/DVD-ROM ドライブのしくみ

CD-ROMは、音楽用CDの規格を利用して作られた記録メディアだ。700Mバイトという容量は、最近までスタンダードメディアであったが、ファイルサイズの肥大化によりギガバイト級のデータを余裕で記録できるDVD-ROMの利用も高まっている。

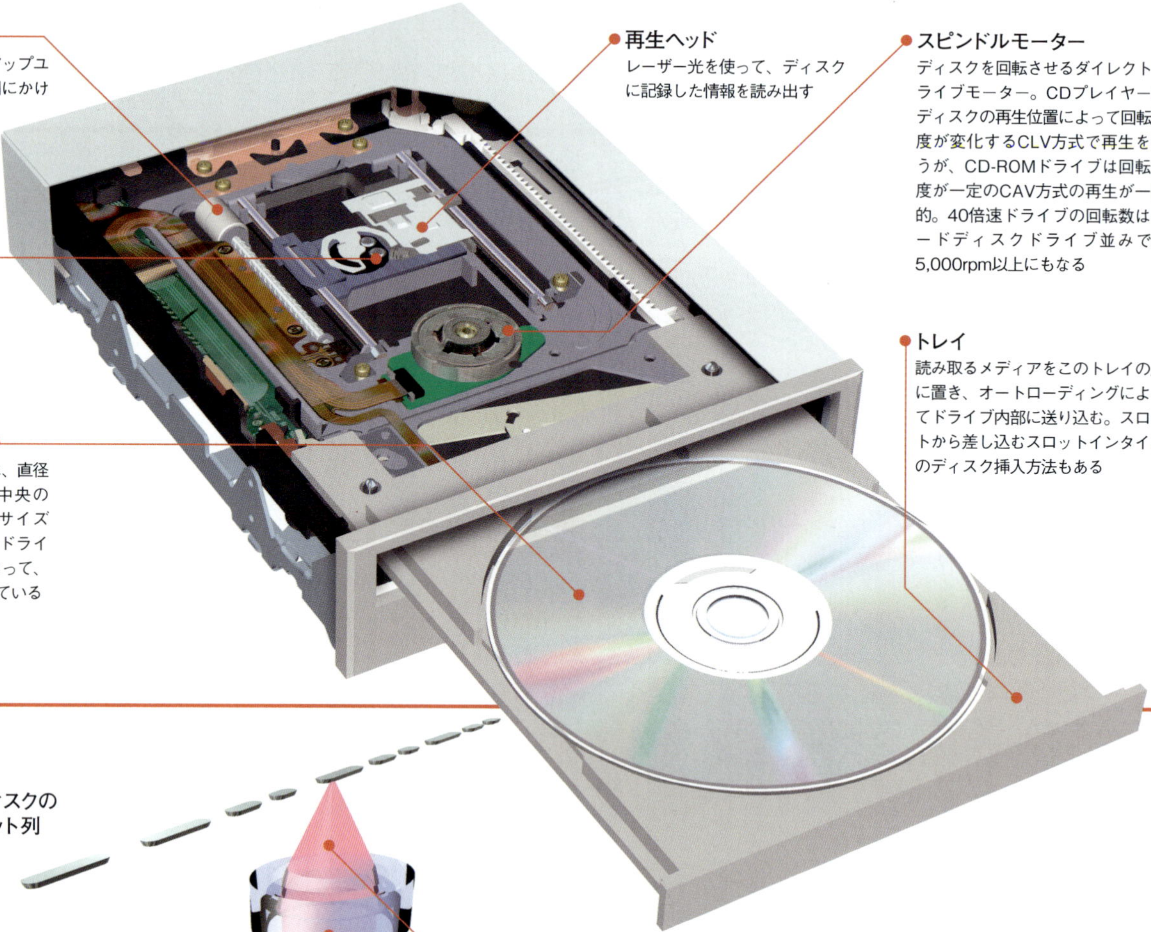

スレッドモータ
情報を読み取るピックアップユニットを、内周から外周にかけて水平移動するモータ

レンズ

CD/DVDディスク
CDとDVDのディスクは、直径12cm、厚さ1.2mm、中央の穴は直径15mmと同じサイズである。すべてのDVDドライブは、光学系の工夫によって、CDの再生も可能になっている

再生ヘッド
レーザー光を使って、ディスクに記録した情報を読み出す

スピンドルモーター
ディスクを回転させるダイレクトドライブモーター。CDプレイヤーはディスクの再生位置によって回転速度が変化するCLV方式で再生を行うが、CD-ROMドライブは回転速度が一定のCAV方式の再生が一般的。40倍速ドライブの回転数はハードディスクドライブ並みで、5,000rpm以上にもなる

トレイ
読み取るメディアをこのトレイの上に置き、オートローディングによってドライブ内部に送り込む。スロットから差し込むスロットインタイプのディスク挿入方法もある

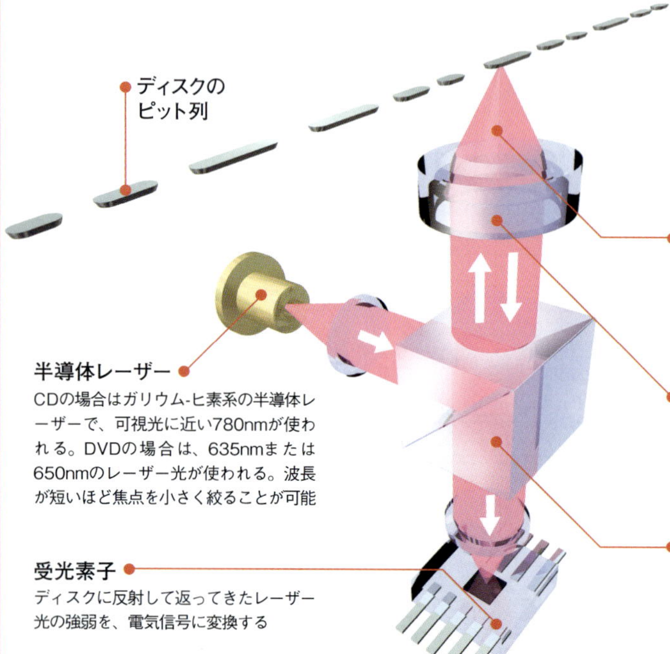

ディスクのピット列

レーザービーム
ディスクの表面ではビームの直径が1mm以上あるため、ディスクに多少のキズやゴミがついていても問題なく再生できる

半導体レーザー
CDの場合はガリウム-ヒ素系の半導体レーザーで、可視光に近い780nmが使われる。DVDの場合は、635nmまたは650nmのレーザー光が使われる。波長が短いほど焦点を小さく絞ることが可能

レンズ
レーザービームを絞り込み、ピットに焦点を合わせる

受光素子
ディスクに反射して返ってきたレーザー光の強弱を、電気信号に変換する

ビームスプリッタ
半導体レーザーからのレーザー光をディスクに導き、ディスクからの反射光を受光素子へと透過させている

光再生のしくみ

再生ヘッドに搭載された半導体レーザーから発射されたレーザー光は、レンズで細く焦点が絞られ、ディスクのトラック上に当てられる。そのレーザーの反射光を用いて、トラック上に記録されたピットとランドを検出する。ランドではレーザー光が強く反射するのに対し、ピットでは拡散して弱くなる。その反射光の強弱を読み取ることによって、記録されているデジタル情報を取り出している。

関連リンク
パソコンへの搭載 p.020
ATAPIコネクタ p.032
リムーバブルディスク p.038
データ容量 p.214

CDディスクの構造

厚さ1.2mmの透明樹脂のディスクを基板とし、その裏側にアルミを蒸着した記録層が形成されている。記録層の表面には薄い保護層が形成され、その上にラベル印刷が行われる。ディスク基板の素材には、レーザー光が通過する際の光学的な特性や耐熱性、成形性などを考慮して、ポリカーボネートが使われている。記録層には、平坦なランド部と出っ張ったピット部がある。

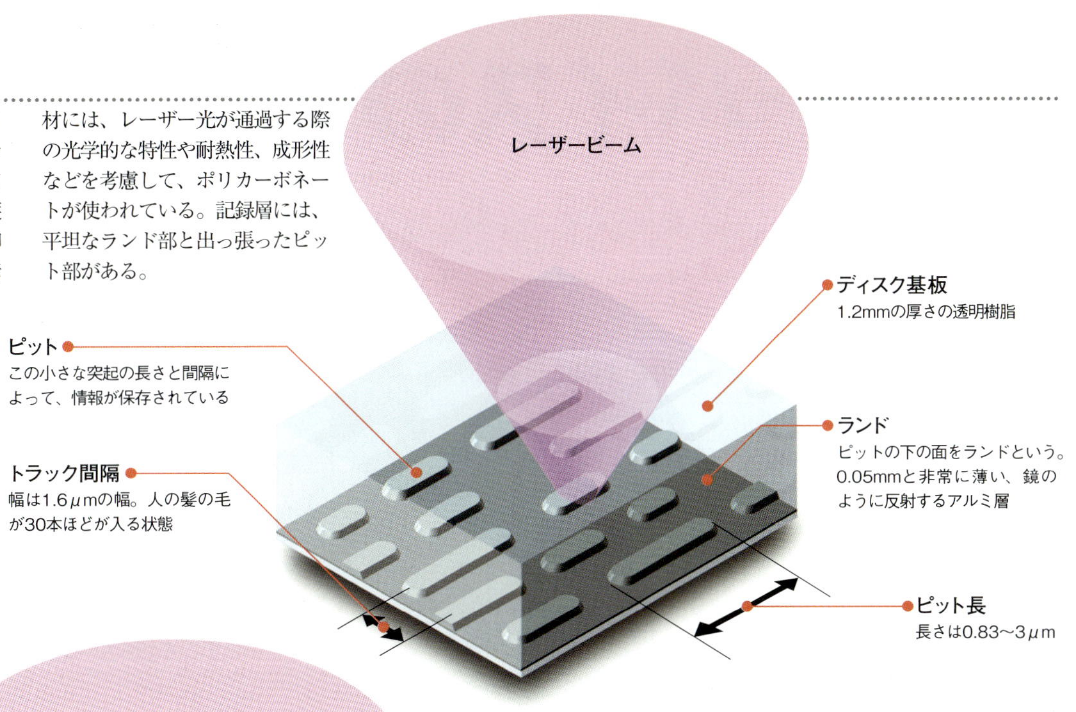

レーザービーム
ディスク基板
1.2mmの厚さの透明樹脂
ピット
この小さな突起の長さと間隔によって、情報が保存されている
ランド
ピットの下の面をランドという。0.05mmと非常に薄い、鏡のように反射するアルミ層
トラック間隔
幅は1.6μmの幅。人の髪の毛が30本ほどが入る状態
ピット長
長さは0.83〜3μm

DVDディスクの構造

0.6mmのディスク基板を、2枚接着剤で張り合わせた構造となっており、片面に2層の記録層を持たせることができ、最大両面で4層の記録が可能である。下層記録層はアルミなどの薄膜で完全に反射する層であるが、その約55μm上に上層記録層があり、金などの非常に薄い金属をメッキした半透明な極薄層である。

2つの記録層のそれぞれに、ピックアップのピントを合わせることによって正しくデータを読み出すことが可能であるが、2層の場合、1層のときよりも検出効率が悪くなるため記録密度を下げて効率とマージンを確保している。

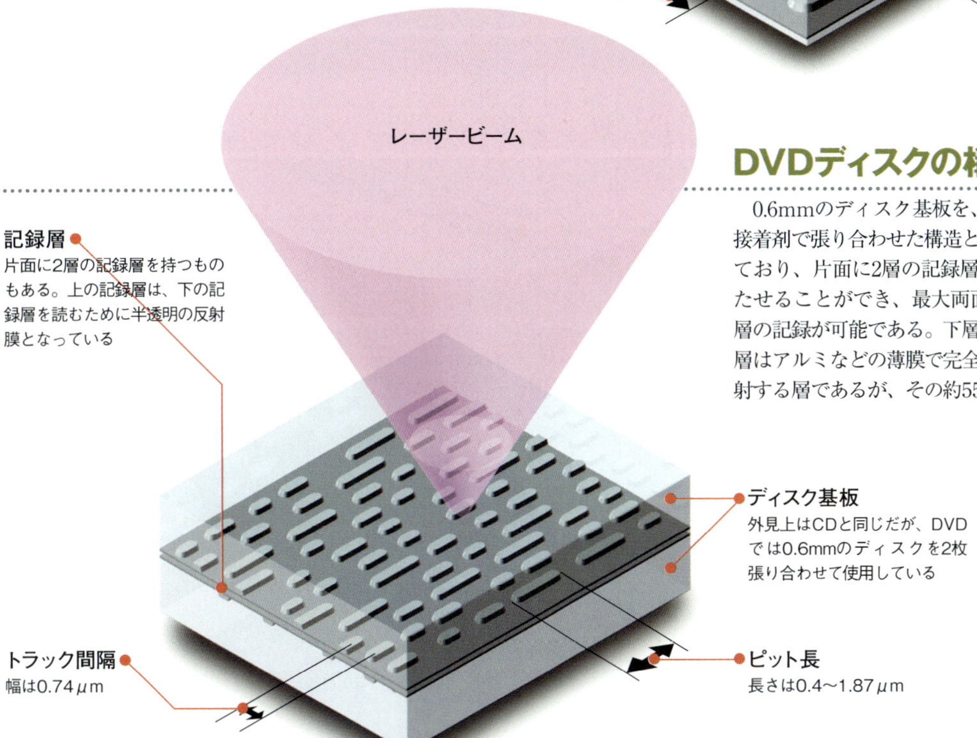

レーザービーム
記録層
片面に2層の記録層を持つものもある。上の記録層は、下の記録層を読むために半透明の反射膜となっている
ディスク基板
外見上はCDと同じだが、DVDでは0.6mmのディスクを2枚張り合わせて使用している
トラック間隔
幅は0.74μm
ピット長
長さは0.4〜1.87μm

DVDディスクの種類

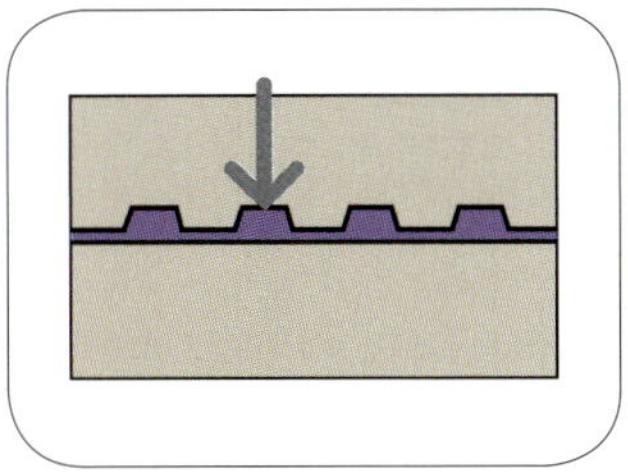

DVD-5規格
片面単層ディスク
記録容量4.7GB

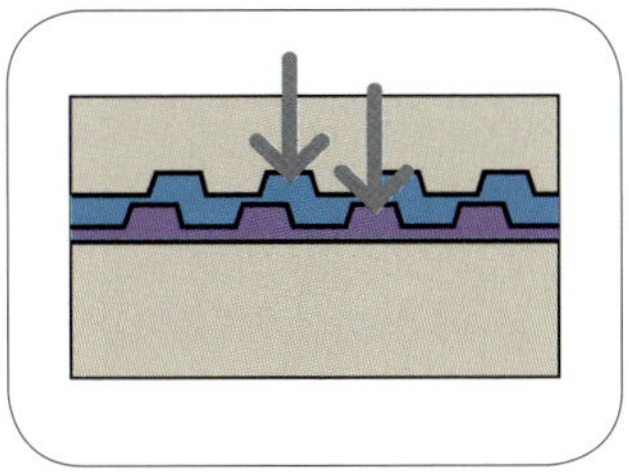

DVD-9規格
片面2層ディスク
記録容量8.5GB

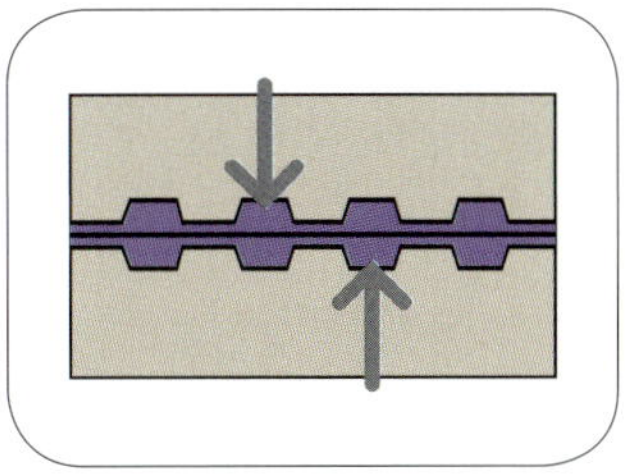

DVD-10規格
両面2層ディスク
記録容量9.4GB

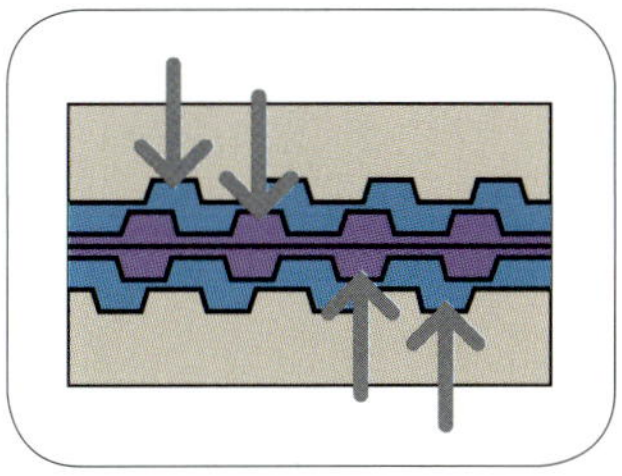

DVD-17規格
両面4層ディスク
記録容量17GB

入力デバイスのしくみ

パソコンに文字を入力するための装置であるキーボードは、キーが押されるとスイッチが導通して、押されたキーを判断する単純な構造だ。画面上の座標を1ドット単位で素早く指示するための装置としては、一般にはマウスが利用されている。

Apple Keyboard

キーの数は全部で100以上もある。以前は一つひとつのキーが独立したスイッチを持っていたが、現在のキーボードはコストが低い全面シートスイッチを採用している。

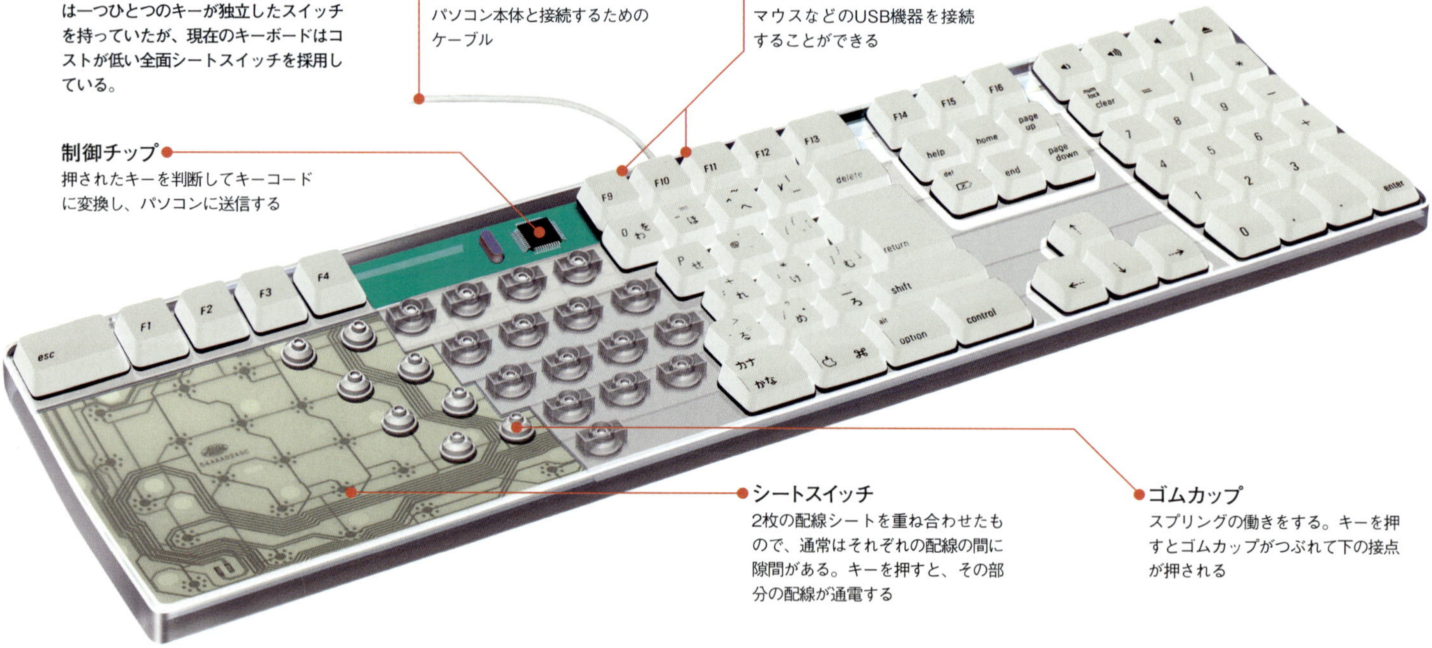

接続ケーブル
パソコン本体と接続するためのケーブル

USBコネクタ
マウスなどのUSB機器を接続することができる

制御チップ
押されたキーを判断してキーコードに変換し、パソコンに送信する

シートスイッチ
2枚の配線シートを重ね合わせたもので、通常はそれぞれの配線の間に隙間がある。キーを押すと、その部分の配線が通電する

ゴムカップ
スプリングの働きをする。キーを押すとゴムカップがつぶれて下の接点が押される

JISキーボード

国内向けのMacintoshに標準で付属するキーボード。JISコードを基準にしているため、「英数」や「カナ」といった日本語を扱うための専用キーが設けられている。ソフト固有の機能を活用するため、12個ないし15個のファンクションキーが付属するタイプがDTPでは好まれる

ASCIIキーボード

英数字を扱うためのASCIIコードに対応するキーボード。基本的なアルファベットの配置はJISキーボードと同じであり、両タイプとも問題なく英数字・日本語を入力できるが、記号類の配列が異なる。QuarkXPressなどキーボードショートカットが多いソフトでは、ASCIIキーボードの配列のほうが都合がよい

関連リンク
USB p.032
ADB p.033
ASCII p.222

Apple Mouse

画面のカーソルを、素早く思い通りに動かすための入力デバイス。操作面(机上)に対するマウスの移動量を、光学的センサーで読み取る方式のマウス。従来のボール式のマウスに比べてスリップがなく、正確でスムーズな操作感が特徴。クリーニングも不要だ。以前の光学式マウスは専用のパッド上でないと使えなかったが、最近ではパッド不要の光学式マウスがほとんどだ。

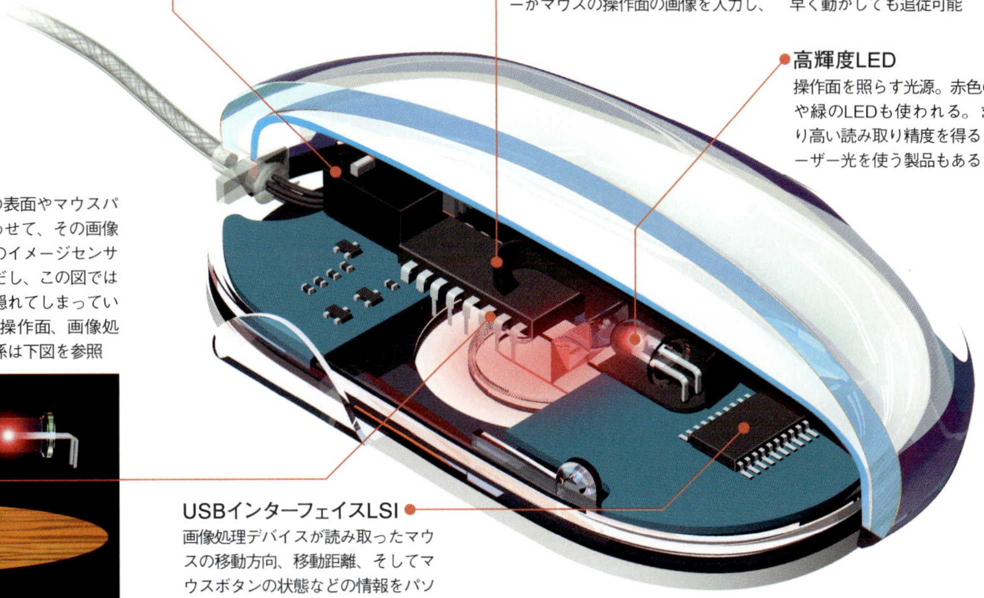

マイクロスイッチ
マウスボタンが押されたことを検出するスイッチ。Apple Mouseは上部カバー全体がボタンとなったユニークなデザインを採用している

画像処理デバイス
イメージセンサーと画像処理回路を混在したLSI。裏面に画像入力用の小穴が開いており、その中にイメージセンサーがある。イメージセンサーがマウスの操作面の画像を入力し、画像処理回路によって画像の移動方向と移動距離を判断する。画像の入力と処理は毎秒1,000回以上という高速で行われるため、マウスを素早く動かしても追従可能

高輝度LED
操作面を照らす光源。赤色の他に青や緑のLEDも使われる。また、より高い読み取り精度を得るためにレーザー光を使う製品もある

レンズ
マウスの操作面(机の表面やマウスパッド)にピントを合わせて、その画像を画像処理デバイスのイメージセンサー部に投影する。ただし、この図ではレンズはデバイスに隠れてしまっている。LED、レンズ、操作面、画像処理デバイスの位置関係は下図を参照

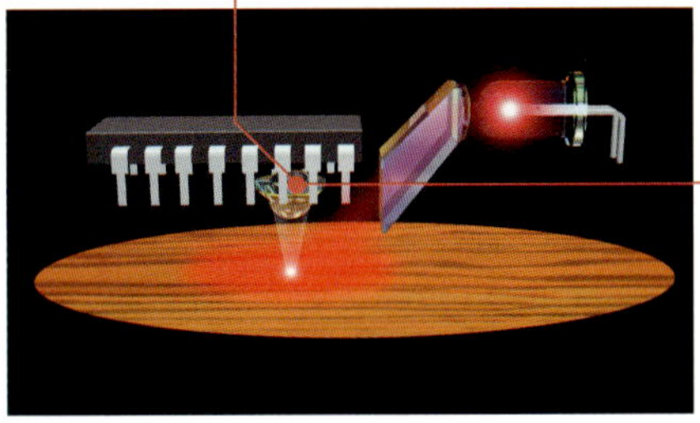

USBインターフェイスLSI
画像処理デバイスが読み取ったマウスの移動方向、移動距離、そしてマウスボタンの状態などの情報をパソコン本体に伝える

ワイヤレスマウス

通常のマウスは、コンピュータの本体とケーブルで接続している。これに対しワイヤレスマウスは、パソコンとマウスの受信機をケーブルで接続し、受動機とマウス本体を電波や赤外線で通信できるようにしたマウスのことである。ケーブルがないため、自由に操作できるというメリットがある反面、マウス本体にも電源が必要で、電池が切れると操作ができないといった欠点も見られる。また、Bluetoothで通信するタイプもある。

レシーバー
マウスから送られてくる電波を受信し、データをパソコンに中継する。受信範囲は1m程度

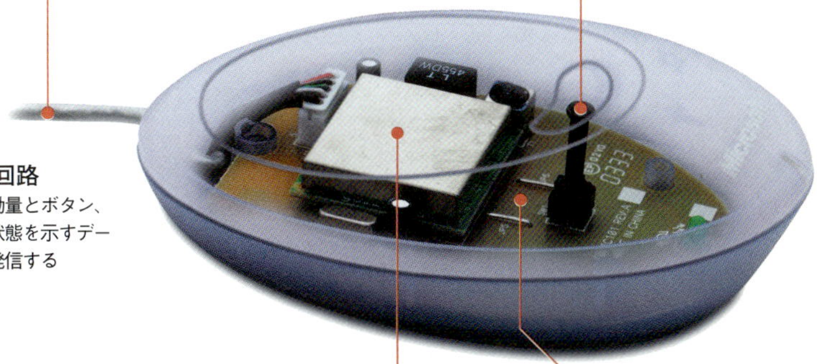

ケーブル
パソコンのUSB端子に接続

接続ボタン
マウスと無線通信を開始させるボタン

無線通信モジュール
無線周波数は民間に開放されている27MHz帯を使用

プリント基板
裏面のプリント配線面にアンテナのパターンが形成されている

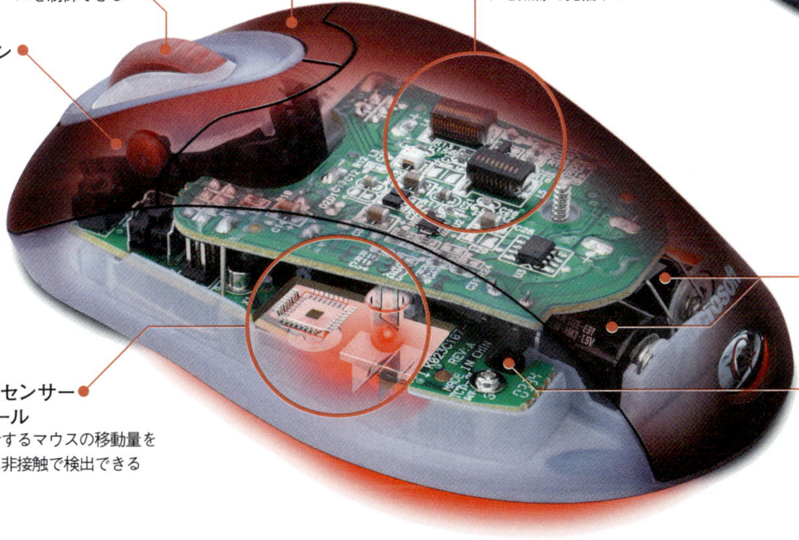

チルトホイール
前後の回転と、左右に傾けることで上下左右の4方向にスクロールを制御できる

右ボタン

無線通信回路
マウスの移動量とボタン、ホイールの状態を示すデータを無線で発信する

左ボタン

電池
乾電池を使う製品のほか、充電式で電池交換を不要とした製品もある

光学式センサーモジュール
机面に対するマウスの移動量を光学的に非接触で検出できる

無線チャンネル切り替えスイッチ
2種類の無線チャンネル(周波数)を切り替え可能。他の無線機器と干渉する場合に操作する

※内部構造は当社調べによるもの

インターフェイスの種類

パソコンと周辺機器を接続する接点がインターフェイスだ。インターフェイスにはいろいろな種類があり、コネクタの形状だけでなく、制御方法や転送速度、接続方法や接続可能な最大機器数が異なってくる。

SCSI

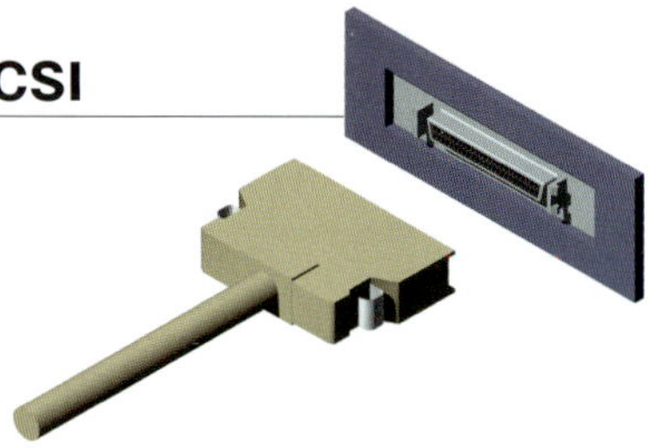

Small Computer System Interfaceの略。ハードディスクなどの記憶デバイスのほか、スキャナ、プリンタ用として利用されてきた汎用インターフェイス。コネクタにはいろいろな形状が存在するが、現在はこの小型の50ピンタイプが標準。最初は転送速度が5MB/秒だったが、のちに高速化した新しいSCSI規格が各種登場した。しかし現在では、ほかの規格の転送速度が速くなったため、この規格を採用する機器は少なくなっている

USB 1.1／USB 2.0

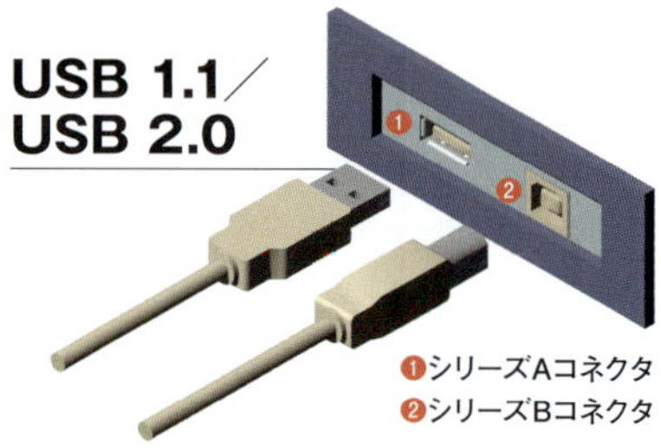

①シリーズAコネクタ
②シリーズBコネクタ

Universal Serial Busの略。現在もっとも一般的な汎用インターフェイスの一つ。USB 1.1とUSB 2.0の2つの規格があり、キーボードやマウスなど、比較的データ転送速度の速さが求められない機器の接続にはUSB 1.1、ハードディスクやスキャナなど、高速データ転送が要求される機器にはUSB 2.0が利用される

IEEE1394／IEEE1394b

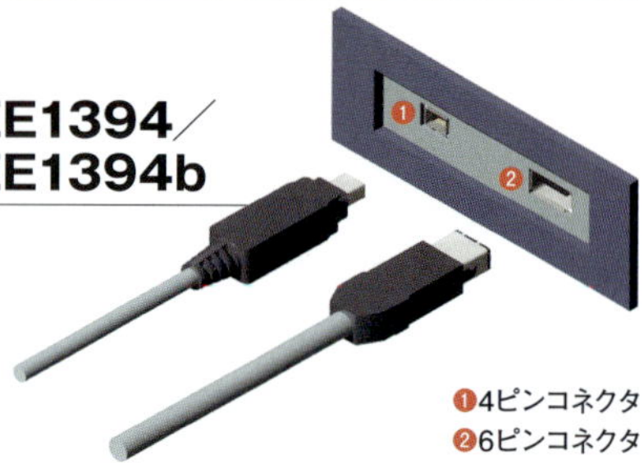

①4ピンコネクタ
②6ピンコネクタ

デジタルビデオの入出力まで可能な汎用高速インターフェイス。アップルコンピュータ社が開発し、IEEEが規格化した。アップルコンピュータ社はFireWire、ソニー社はi.Linkと呼んでいる。IEEE 1394のコネクタは4ピンと6ピンの2種類があり、6ピンでは電源をサポートしているため、2.5インチのハードディスクなど、電力が小さい機器はAC電源が不要になる。IEEE1934b規格は9ピンコネクタで接続、800Mbpsの高速転送が可能

ATA／ATAPI

内蔵型ハードディスクのインターフェイスは、ATA規格が主流だ。ATA規格をCDドライブ用に拡張したのがATAPI規格である。ATAでは接続に幅の広いフラットケーブルを使用するのでパソコンの内部で邪魔になりがちだが、新しく登場したシリアルATA規格では小型コネクタと細いケーブルを採用し、取り回しが良くなっている。データ転送速度もシリアルATAのほうが高速だ

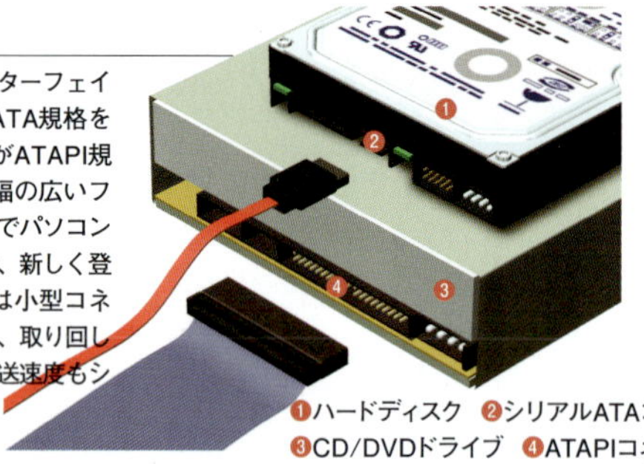

①ハードディスク ②シリアルATAコネクタ
③CD/DVDドライブ ④ATAPIコネクタ

シリアル・パラレル

Windows系のパソコンでは、パラレル×1、シリアル×2のインターフェイスを標準的に装備しているが、これらは徐々になくなり、USBなどに置き換わっていくだろう。プリンタ、モデム、マウスなどの接続に利用されてきた

①パラレルコネクタ
②シリアルコネクタ

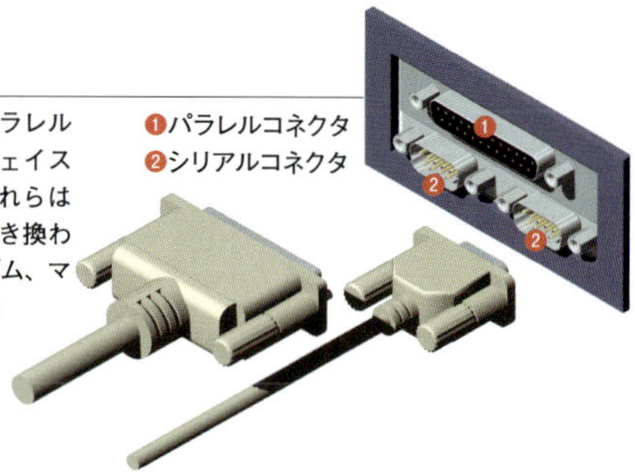

マザーボード上の各種インターフェイスコネクタとバススロット

IEEE1394以外の主要なインターフェイスは、マザーボードにあらかじめ実装済みの場合が多い。IEEE1394インターフェイスを装備しないマザーボードでも、PCIスロットにIEEE1394カードを装着することで利用可能だ。
最近は古いインターフェイスであるパラレルとシリアルコネクタを廃止したマザーボードも増えている

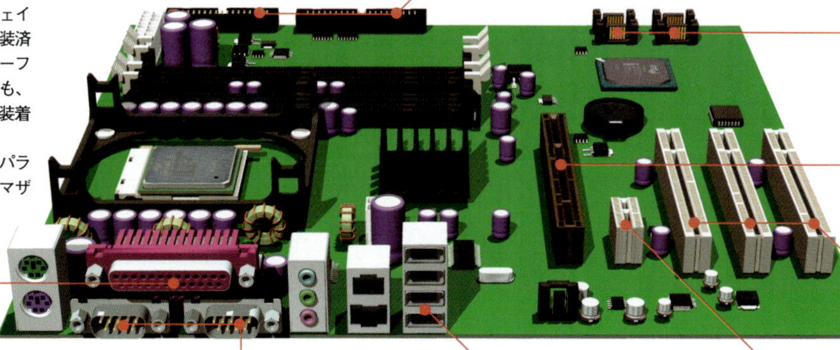

ATAコネクタ
ATA/ATAPI仕様の内蔵ハードディスクやCD-ROMドライブを接続する。一般的なマザーボードにはATAコネクタが2つ装備されており、それぞれに2台、合計4台のデバイスが接続可能

シリアルATAコネクタ
シリアルATA対応のハードディスクを接続する。コネクタは従来のATAよりもかなり小さい

AGPバス
グラフィックカード専用のバス。汎用性がない代わり、PCIバスよりもデータ転送速度が速い

PCIバス
現在主流のPCIバスは、Windows系のパソコンとPower Macの両者が採用している

パラレルコネクタ
Windows系のパソコンで、プリンタやスキャナの接続に使われてきた

シリアルコネクタ
モデムやプリンタ、タブレットなどの接続に使われてきた

USBコネクタ
USBコネクタを2つ以上装備するパソコンが増えており、キーボードやマウスの接続に利用されている

PCI Expressバス
シリアル伝送方式を採用した次世代PCIバス

関連リンク
チップセット p.021
ハードディスク p.026
CD-ROM p.028
DVD-ROM p.028
キーボード p.030
グラフィックカード p.035
USB接続スキャナ p.083

SCSIの接続形態

デイジーチェインといって、各機器を直列に接続していく。最大8台までの機器を接続できるが、機器ごとに異なるID番号を設定する必要がある。末端の機器にはターミネータをつける

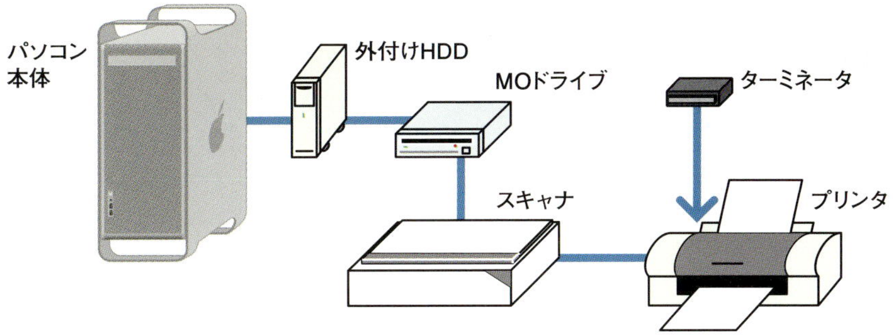
パソコン
本体
外付けHDD
MOドライブ
ターミネータ
スキャナ
プリンタ

USBの接続形態

ハブ(分配器)を使ってタコ足状に機器を接続していく。USBインターフェイスは電源の供給も行っており、タブレットやZipドライブなど、比較的消費電力の小さい機器ならば駆動することができる。パソコンの電源を入れたまま接続/切り離しができるのもUSB機器の特徴

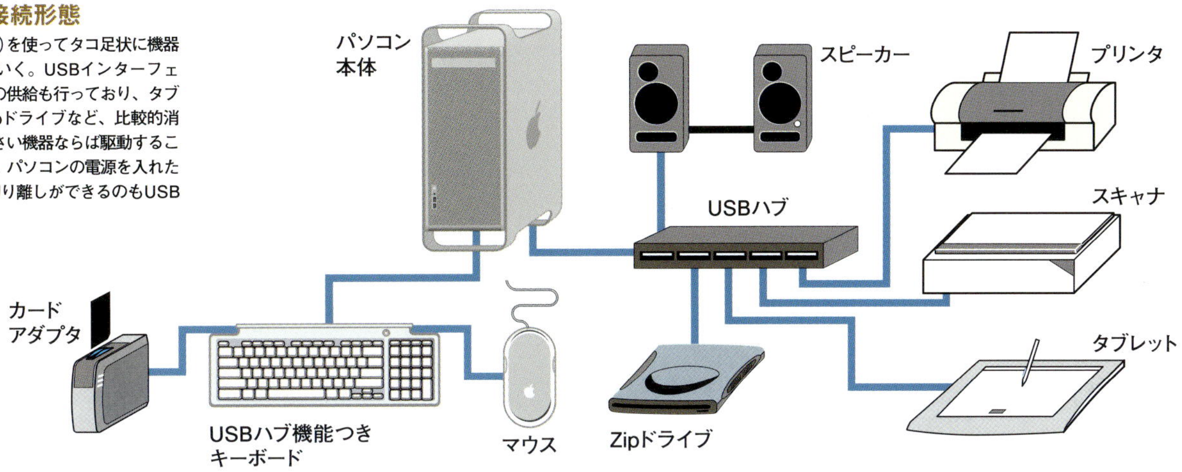
パソコン
本体
スピーカー
プリンタ
USBハブ
スキャナ
カード
アダプタ
タブレット
USBハブ機能つき
キーボード
マウス
Zipドライブ

IEEE1394の接続形態

デイジーチェインもタコ足配線も可能という柔軟性が特徴。接続できる機器は最大63台。IEEE1394規格では、1本のケーブル長は最大4.5mと決められているが、IEEE1394b規格では、ガラス光ファイバーケーブルを利用することによって、100mまでケーブルを延長することができる

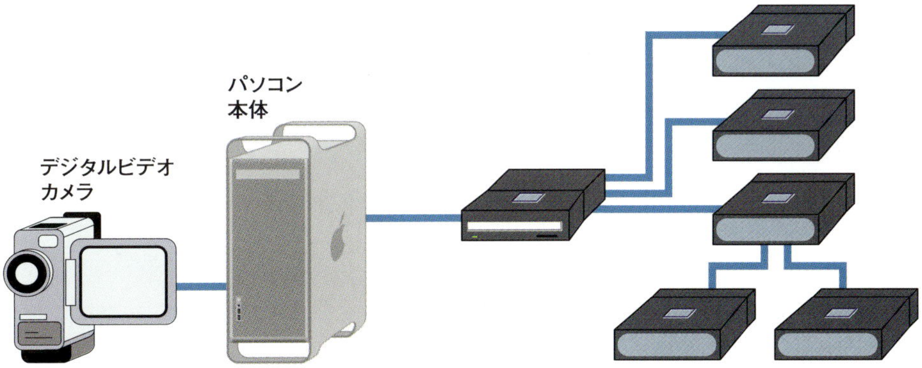
パソコン
本体
デジタルビデオ
カメラ

パラレルインターフェイスの速度

SCSI	5MB/s
FAST SCSI-2	10MB/s
WIDE SCSI-2	20MB/s
ULTRA SCSI	20MB/s
ULTRA WIDE SCSI	40MB/s
ULTRA2 SCSI	40MB/s
ULTRA2 WIDE SCSI	80MB/s
ULTRA160	160MB/s
ULTRA320	320MB/s
ULTRA ATA33	33MB/s
ULTRA ATA66	66MB/s
ULTRA ATA100	100MB/s
ULTRA ATA133	133MB/s

シリアルインターフェイスの速度

USB 1.1 12Mbps	1.5MB/s
USB 2.0 480Mbps	60MB/s
IEEE1394 100Mbps	12.5MB/s
IEEE1394 200Mbps	25MB/s
IEEE1394 400Mbps	50MB/s
IEEE1394b 800Mbps	100MB/s
ULTRA SATA1500	187MB/s

バスインターフェイスの速度

PCI 33MHz	133MB/s
PCI 66MHz	533MB/s
AGP	266MB/s
AGP 2x	533MB/s
AGP 4x	1.06GB/s
AGP 8x	2.13GB/s

ネットワーク
p.160

CRTディスプレイのしくみ

CRT (Cathode-Ray Tube)ディスプレイは、テレビのブラウン管と基本的に同じものだが、精細度と表示精度が格段に高く設計されている。画面の大きさと精細度はDTPの作業効率に大きく影響するので、可能な限り高性能な製品を選びたい。

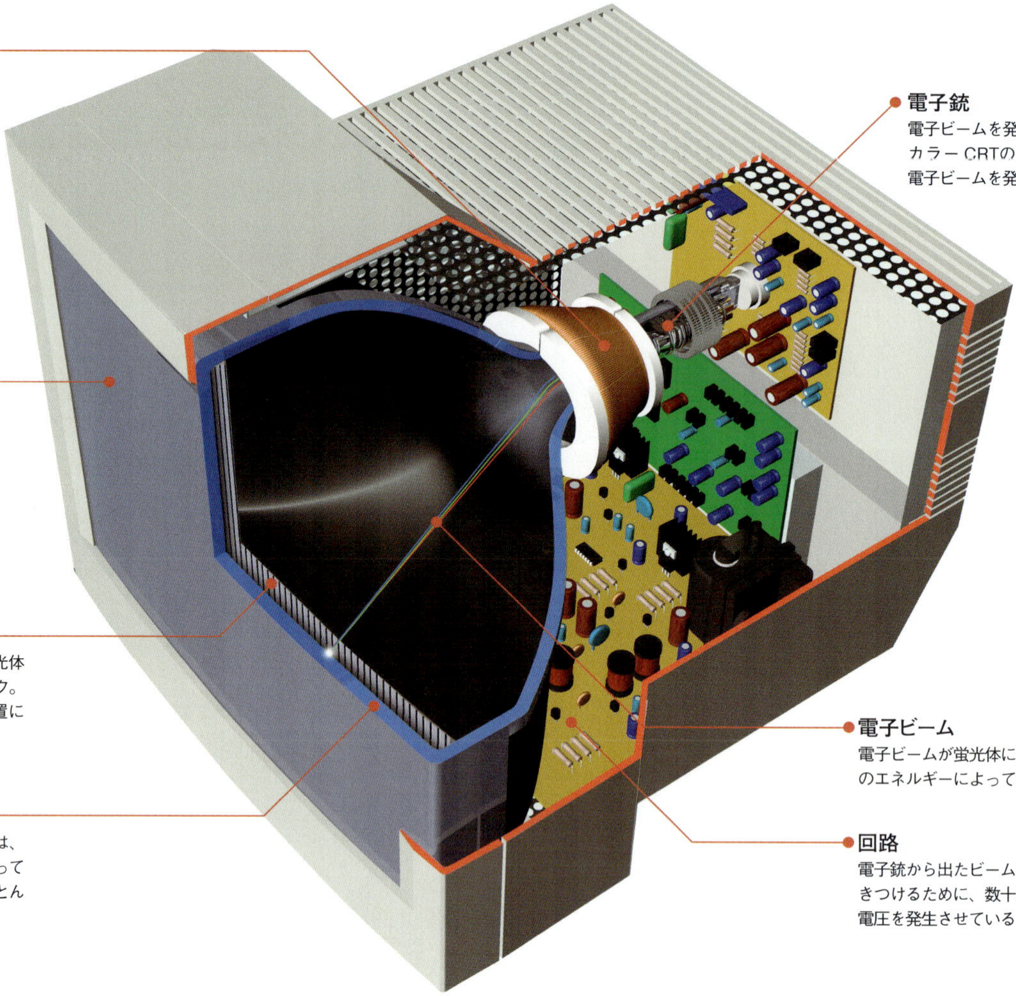

偏向ヨーク
磁界を発生させて、電子ビームの進行方向を曲げ、画面の走査を行うためのコイル。水平偏向ヨークと垂直偏向ヨークが2重になっている

電子銃
電子ビームを発射する装置。カラーCRTの場合は3本の電子ビームを発射する

管面
従来のCRTの管面は曲面または円筒面状をしていたが、最近は平面のものが登場している。表面は反射防止、帯電防止などの処理が施され、裏面には赤、緑、青の3色の蛍光体が塗布されている

アパーチャグリル
3本の電子ビームと、3色の蛍光体を正確に対応させるためのマスク。蛍光面の後ろ10mmほどの位置にある

電子ビーム
電子ビームが蛍光体に当たると、そのエネルギーによって蛍光体が発光

チューブ
CRTの外形を構成するガラスは、大気圧に耐えるために分厚くなっている。ディスプレイの重量のほとんどはCRTが占める

回路
電子銃から出たビームを蛍光面に引きつけるために、数十万ボルトの高電圧を発生させている

マスクの役割と種類

電子銃からは3本の電子ビームが発射されるが、そのままでは各ビームが赤、緑、青のすべての蛍光体に当たってしまう。そこで、各色用の電子ビームを、それぞれの蛍光体だけに対応させるために、蛍光面の後ろにマスクが配置されている。マスクは、スダレ状のアパーチャグリルと、無数の穴が空いたシャドウマスクの2種類があり、それに対応して蛍光体のパターンにも違いがある。

トリニトロン管・ダイアモンドトロン管

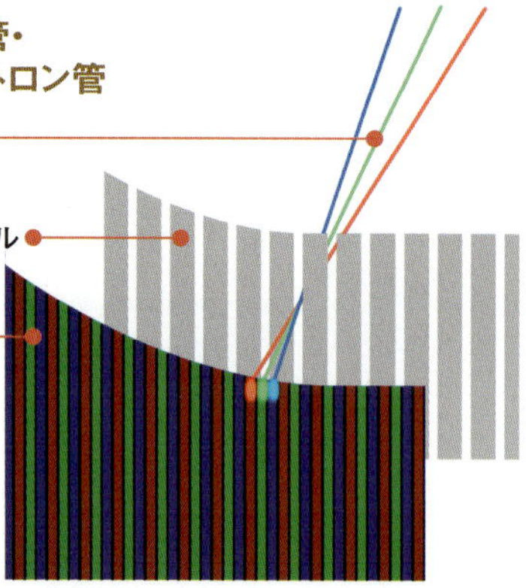
電子ビーム
アパーチャグリル
蛍光面

シャドウマスク管

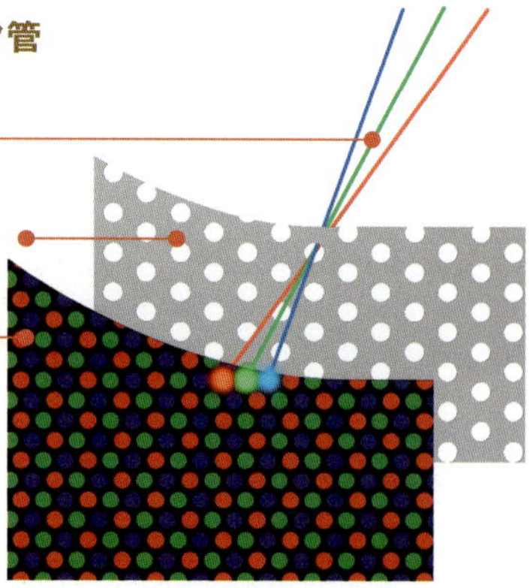
電子ビーム
シャドウマスク
蛍光面

関連リンク
メモリ p.024
AGPバス p.032
PCIバス p.032
カラーモデル p.068
OSD p.071
モニタガンマ p.071
カラーマネージメント p.072

電子銃と偏向ヨーク

電子銃から発射される電子ビームは3本1組しかなく、広い画面の中のただ1点しか一度には光らせることができない。偏向ヨークで電子ビームの向きをねじ曲げ、高速に蛍光面上を走査することで、画面全体に画像を表示することが可能になる。

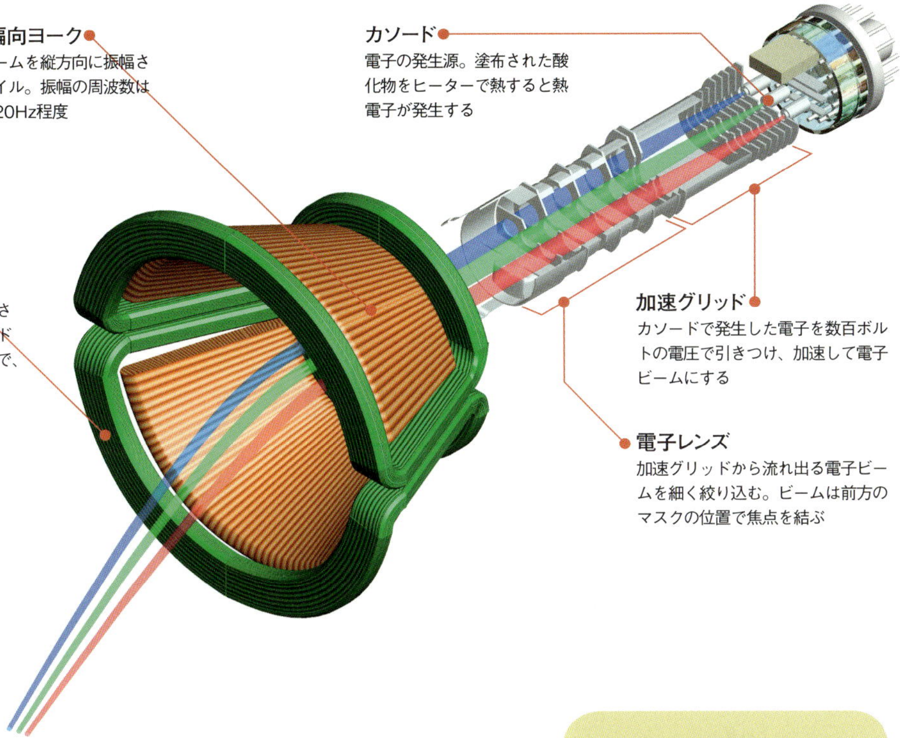

垂直偏向ヨーク
電子ビームを縦方向に振幅させるコイル。振幅の周波数は50～120Hz程度

カソード
電子の発生源。塗布された酸化物をヒーターで熱すると熱電子が発生する

水平偏向ヨーク
電子ビームを横方向に振幅させるコイル。振幅のスピードは縦振幅の1,000倍以上で、周波数は30～120KHz

加速グリッド
カソードで発生した電子を数百ボルトの電圧で引きつけ、加速して電子ビームにする

電子レンズ
加速グリッドから流れ出る電子ビームを細く絞り込む。ビームは前方のマスクの位置で焦点を結ぶ

グラフィックカード

ビデオメモリ(VRAM: Video Random Access Memory)の中にはパソコンの画面のビットマップデータが保持されており、それが毎秒50～100回程度読み出されて映像信号に変換され、ディスプレイへと送られる。ディスプレイカード、ビデオカードともいう。
ビデオメモリへの2D/3D描画処理はGPU(グラフィックプロセッシングユニット)が行い、その性能によって描画速度が決まる。

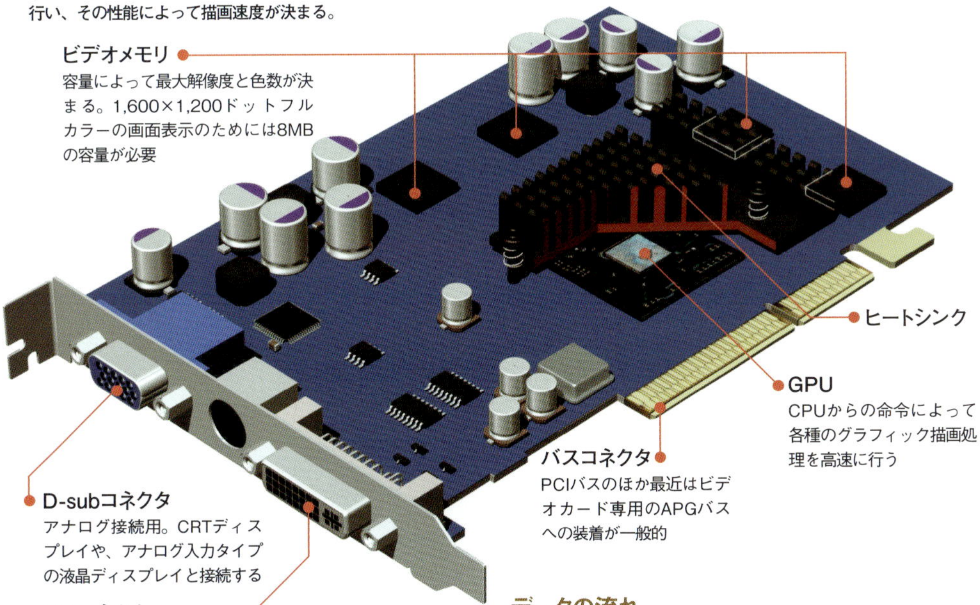

ビデオメモリ
容量によって最大解像度と色数が決まる。1,600×1,200ドットフルカラーの画面表示のためには8MBの容量が必要

ヒートシンク

GPU
CPUからの命令によって各種のグラフィック描画処理を高速に行う

バスコネクタ
PCIバスのほか最近はビデオカード専用のAPGバスへの装着が一般的

D-subコネクタ
アナログ接続用。CRTディスプレイや、アナログ入力タイプの液晶ディスプレイと接続する

DVIコネクタ
デジタル接続用。デジタル入力対応の液晶ディスプレイと接続する

データの流れ

ビデオカードの役割は2つある。1つはビデオメモリ内の画像情報を映像信号に変換してディスプレイへと出力すること。もう1つは、ビデオメモリに描画を行うことだ。高速に線や円を描画したり、領域を塗りつぶす2D機能の他、最近では3D描画機能を備える製品が一般化している

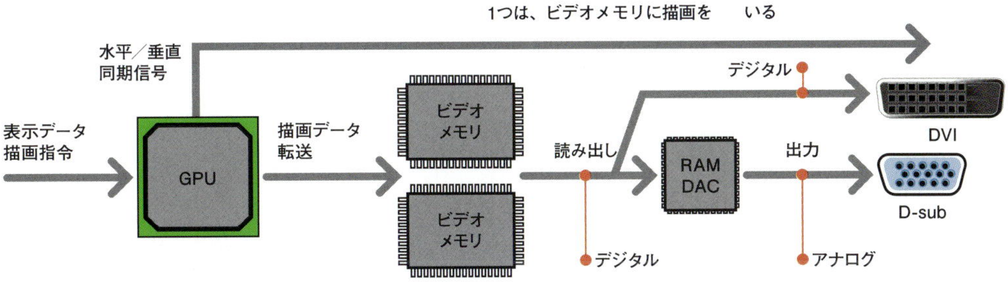

Adobe RGB 対応モニタ

CRTモニタの色域は、sRGBが一般的だ。しかし、プロフェッショナル向けデジタルカメラ(デジタル一眼レフカメラ)では、sRGBより広範囲の色を表現できるAdobe RGBが使われるようになり、最近ではこれが標準になってた。インクジェットプリンタでも、Adobe RGBの色域をカバーする機種も登場してきた。Adobe RGBの色域の写真をsRGBモニタで表示すると、当然ながら色がシフトし、正しい色で表示することはできない。これにより、より広範囲の色域を報じできるモニタの必要性も高まってきた。下の写真は、三菱電機の三菱ダイヤモンドトロンUWG「RDF225 WG」22型広色域CRTディスプレイ。Adobe RGBの色度域に97.6%まで対応し、幅広い色度域で本来の色を正しく表示することが可能だ。

モニタ解像度
p.078

液晶ディスプレイのしくみ

完全フラット画面、省スペース、低消費電力、高いシャープネスなどの特徴を持つ液晶ディスプレイ(LCD:Liquid Crystal Display)が標準になりつつある。最近は、DTP用として通用する性能の製品も登場しており、検討に値するだろう。

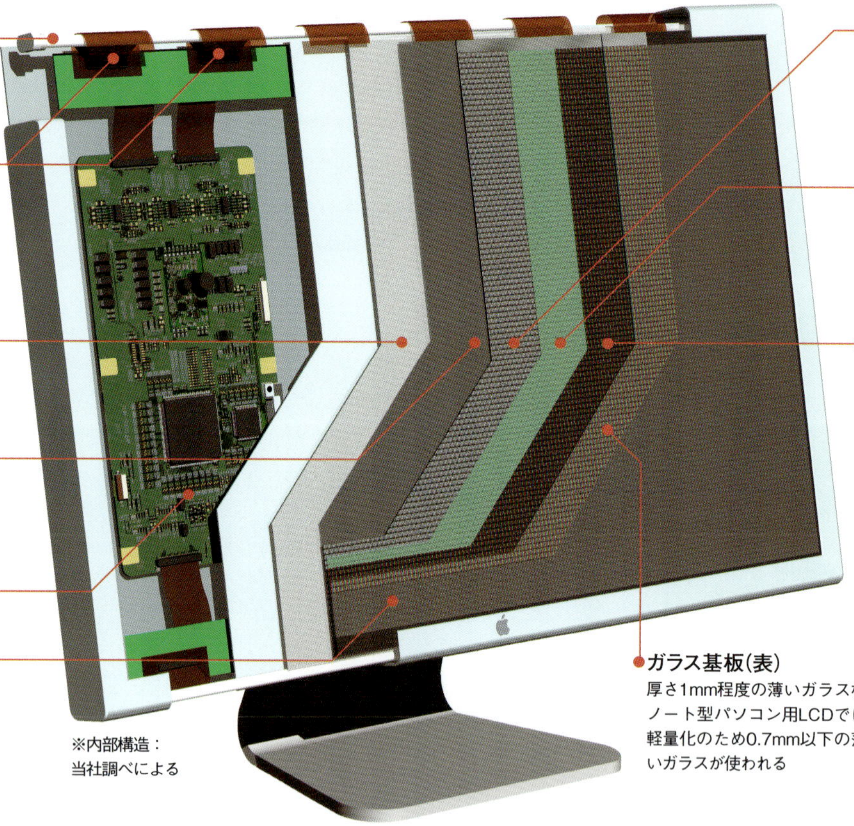

蛍光管
直径2mm程度の小型蛍光灯。これがLCD画面全体の光源となる

LCDドライバ
碁盤の目のように構成されている配線(たとえば解像度が1,024×768ドットだとすれば1,024×768本)に電圧をかけ、実際に液晶画素を駆動させる

導光パネル
光をLCD画面全体にまんべんなく行き渡らせる

偏光板(裏)
バックライトの光のうち、横振幅の成分を吸収し、縦振幅成分だけを前方に透過する

制御回路

偏光板(表)
バックライトの光のうち、横振幅の成分を吸収し、縦振幅成分だけを前方に透過する

※内部構造:当社調べによる

ガラス基板(裏)
表面には、1ピクセル当たり3個、全体では数百万個の薄膜トランジスタ(TFT)が形成されている

液晶層
層の厚さは数μmと非常に薄い。一定の厚さを保つために、液晶層にμm単位の極小ビーズを多数混入させている

カラーフィルタ
カラーLCD画面の1ピクセルは、赤、緑、青の3画素からなる。各画素の光に赤、緑、青の色をつけるのがカラーフィルタの役目。ガラス基板の裏面に、赤、緑、青の3色のカラーフィルタパターンが印刷されている

ガラス基板(表)
厚さ1mm程度の薄いガラス板。ノート型パソコン用LCDでは軽量化のため0.7mm以下の薄いガラスが使われる

液晶のしくみと動作

液晶ディスプレイは2枚のガラス板の間に液晶を封入し、前後に偏光板を配置した構造をしている。裏側の偏光板によって、液晶層には縦偏光の光だけが入っていく。

液晶に電圧をかけない状態では、液晶分子が90度ねじれた状態にあるため、それに沿って光の偏光方向も90度ねじれて横偏光となり、上側に配置した偏光板を透過することができる。

液晶に電圧をかけると、液晶分子が垂直に並ぶ。光は縦偏光のまま液晶層を通過し、上側の偏光板で遮られる。

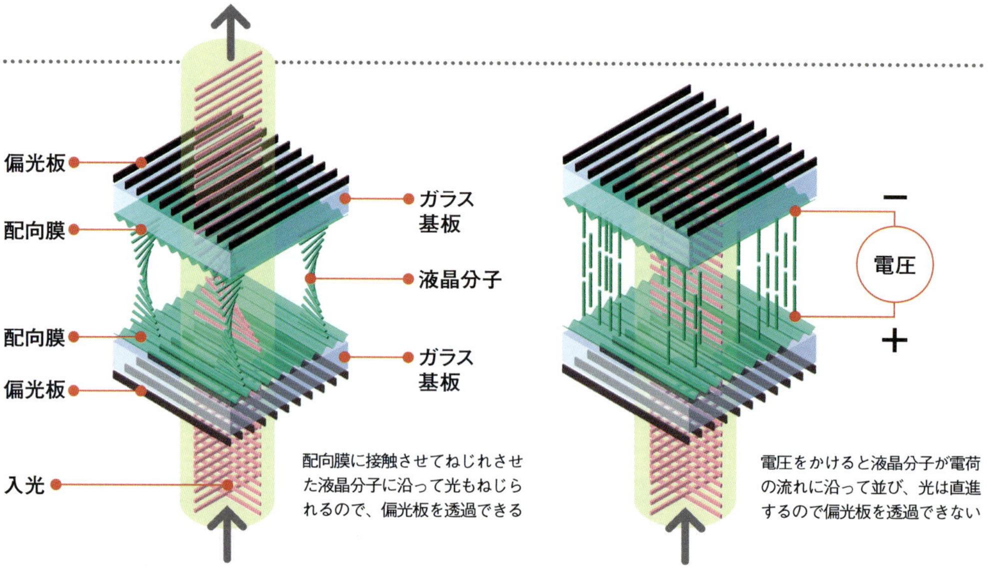
偏光板
配向膜
ガラス基板
液晶分子
配向膜
ガラス基板
偏光板
入光
電圧
−
+

配向膜に接触させてねじれさせた液晶分子に沿って光もねじられるので、偏光板を透過できる

電圧をかけると液晶分子が電荷の流れに沿って並び、光は直進するので偏光板を透過できない

関連リンク
グラフィックカード p.035
モニタ表示 p.070
プラズマディスプレイ p.231

液晶パネルの種類と駆動方式

高級な液晶ディスプレイでは、各画素を1つのトランジスタで駆動するTFT駆動方式を採用している。トランジスタがガラス基板上に薄膜として形成されているところから、TFT（Thin Film Transistor）と呼ばれる。一方、低価格な液晶ディスプレイでは、透明電極をマトリクス状に配置し、1ライン単位で駆動する単純マトリクス方式を採用している。TFTに比べて応答速度や表示品質が劣る。

TFT

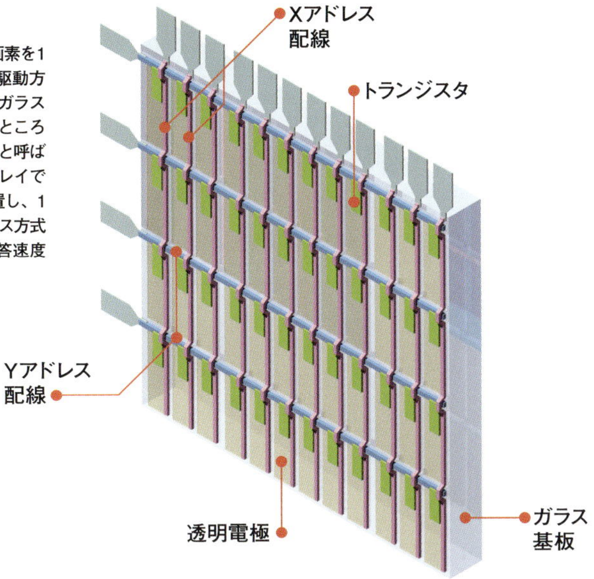

Xアドレス配線
トランジスタ
Yアドレス配線
透明電極
ガラス基板

単純マトリクス

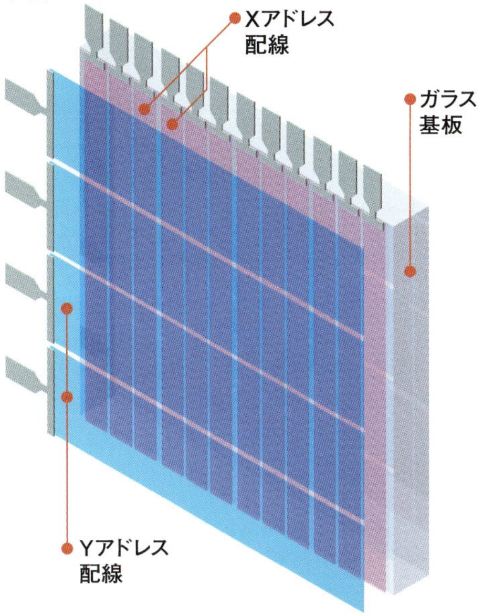

Xアドレス配線
ガラス基板
Yアドレス配線

アナログインターフェイス

液晶ディスプレイはデジタル信号で駆動する構造をしているが、従来のビデオカードは、CRTの接続を前提にしているため、映像信号がアナログ形式だ。このため、ビデオカード側でビデオメモリ内のデジタル画像をRAMDACでアナログ化し、それをLCDディスプレイ側のADC（アナログ/デジタルコンバータ）で再びデジタル信号に戻すという無駄なことをしなければならない。アナログ/デジタル変換時およびケーブル伝送中に信号が劣化し、画質が低下しやすい。

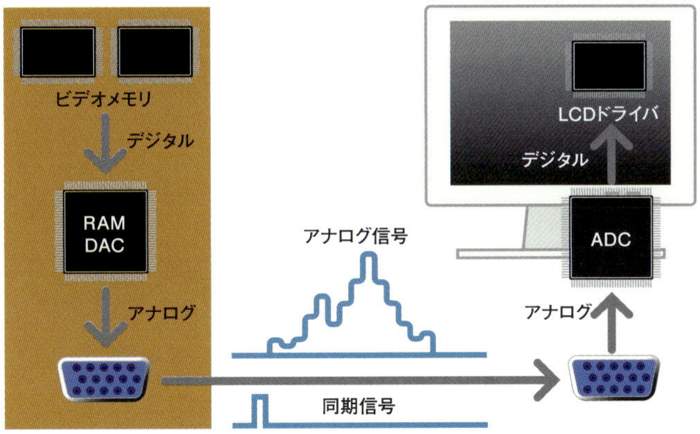

ビデオメモリ
デジタル
RAM DAC
アナログ
アナログ信号
同期信号
LCDドライバ
デジタル
ADC
アナログ

デジタルインターフェイス

LCDディスプレイ専用のデジタルインターフェイスを備えたビデオカードも、少数ながら存在する。ビデオメモリからLCDまでの全経路がデジタル信号のまま処理されるため、信号の劣化がない。また、1画素ごとに同期用のクロック信号が出力されるため、LCDの各画素の位置と表示するドットの位置のずれがなく、シャープな表示が実現する。

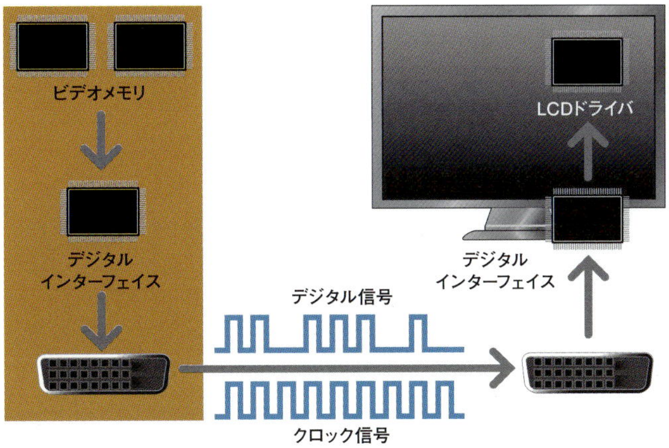

ビデオメモリ
デジタルインターフェイス
デジタル信号
クロック信号
LCDドライバ
デジタルインターフェイス

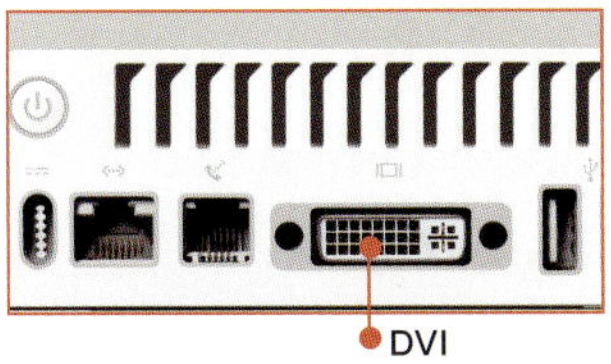

DVI

Mac miniの後部。DVIコネクタはアナログ信号の出力にも対応しており、VGA変換ケーブルを介してCRTディスプレイに接続可能

Adobe RGB対応液晶モニタ

高品位の液晶モニタの登場により、デジタル画像のレタッチや色調整はCRTモニタでという常識もひと昔前のものとなってきた。また、最近では、一眼レフデジタルカメラなど、Adobe RGBに対応したデジタル機器により、幅広い色域を表現できるモニタの必然性も高まってきた。こういった流れの中で登場したのが、EIZO「ColorEdge CG220」だ。CG220は、Adobe RGBの広い色域に対応しているのでアプリケーションやOSのカラーエンジンによる色変換の影響を受けず、Adobe RGBの色域で、レタッチや色調整ができ、Adobe RGBデータ画像の確認用モニタとして利用できる。また、従来のsRGB対応モニタではカバーされていなかった印刷業界での標準的な色域とされているJMPAカラーやJapanColorを忠実に再現できる。

外部記録メディアとドライブのしくみ

画像ファイルの保存やハードディスクのバックアップに、外部記録メディアは不可欠だ。
以前は、日本ではMO、海外ではZipがポピュラーだったが、最近では国内外ともにCD-RやDVDが主流になっている。

MO

光磁気記録方式を採用した記録メディア。5インチディスクの製品もあるが、3.5インチディスクが一般的で、容量は128MB、230MB、540MB、640MB、1.3GB、2.3GBなどの種類がある。書き込み時には消去処理が必要なためやや遅いが、読み出しは比較的高速。

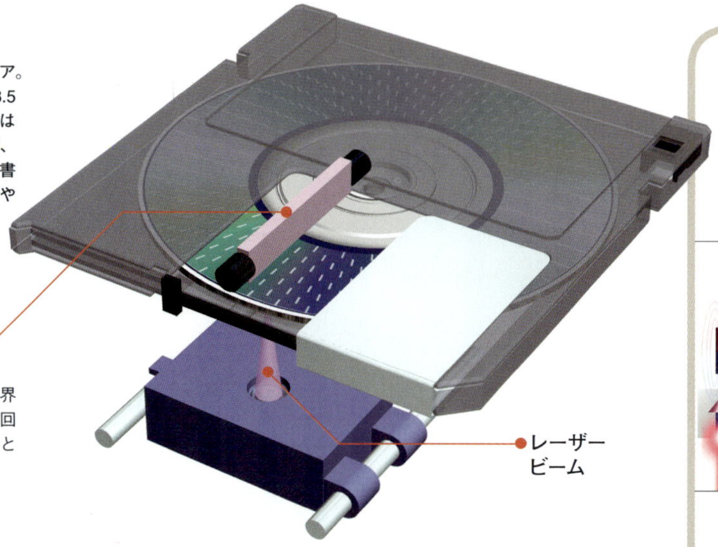
バイアスマグネット
MOディスクに一定方向の磁界を与える永久磁石。180度回転して磁界の向きを変えることができる
レーザービーム

MOの記録方式

消去モード(1周目)
一定方向の磁界を与えつつ、レーザービーム照射によりキュリー点以上の温度にすることで、記録層の磁化方向を一定方向に揃える

❶バイアスマグネット❷記録層の磁化方向
❸レーザービーム

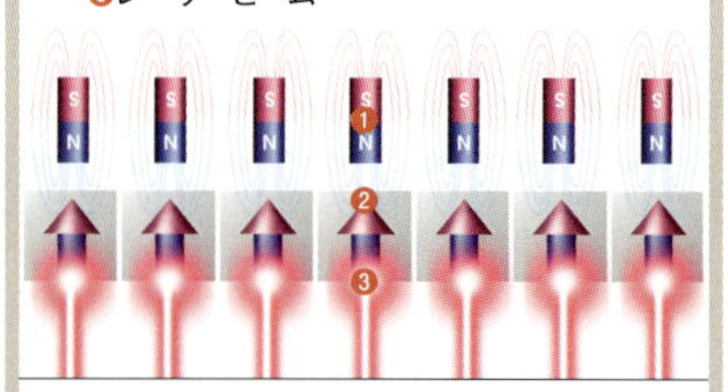

書き込みモード(2周目)
磁界を逆向きにして、書き換えたい場所にだけレーザービームを照射する

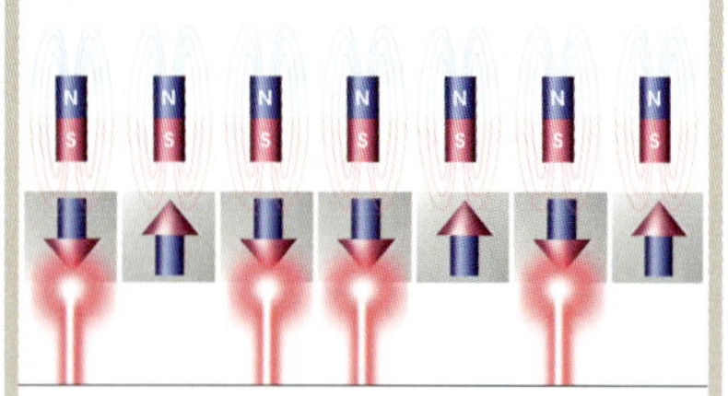

CD-R

一度しか書き込みできないが、書き込んだディスクは普通のCD-ROMドライブで再生可能。8倍速書き込みのドライブなら650MBのデータを10分程度で書き込み可能。ディスクが非常に安いのも特徴だ。

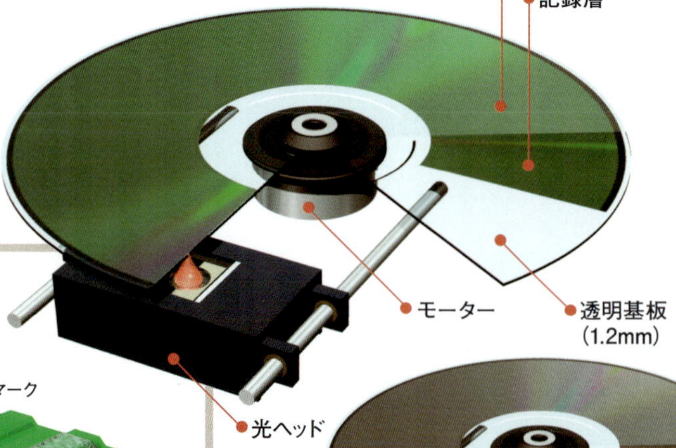
保護膜
記録層
モーター
透明基板
(1.2mm)
光ヘッド

CD-Rの記録方式

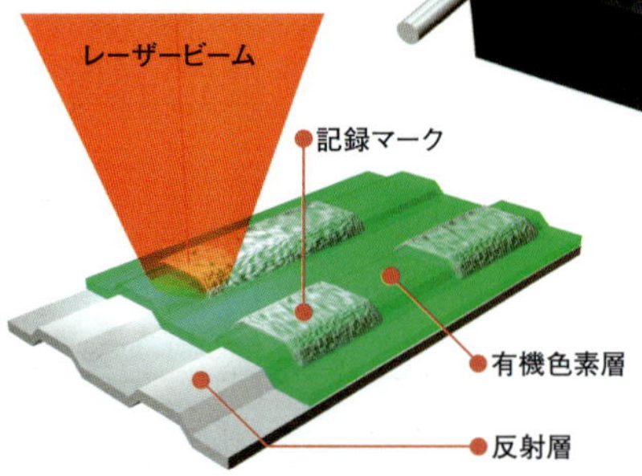
レーザービーム
記録マーク
有機色素層
反射層

CD-RW

形状はCD-Rと同じ。違う点は何度でも書き換えが可能なこと。1つのディスクで書き換えは1,000回くらい行える。しかし、読み取りのためのレーザーが通常のCD-Rと異なるため、旧型のCD-ROMドライブによっては読めないものもある。

CD-RWの記録方式

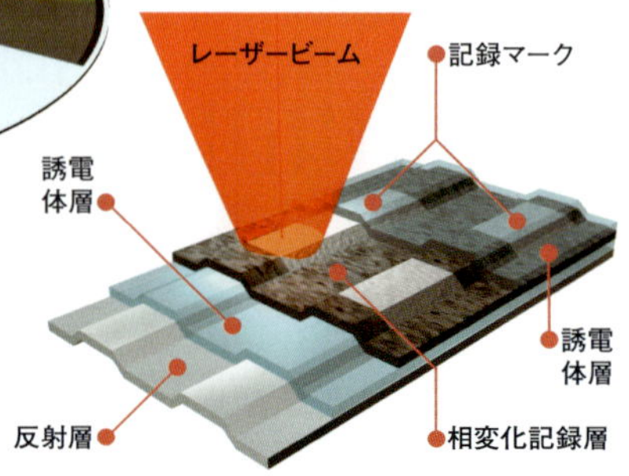
レーザービーム
記録マーク
誘電体層
誘電体層
反射層
相変化記録層

関連リンク
ハードディスク p.026
CD-ROM p.028
DVD-ROM p.028
転送速度 p.033
データ容量 p.214

DVD-RAM

Gバイトクラスの記憶が可能な12cmサイズの記録メディアで、信頼性向上のためにディスクは専用ケースに封入されている。記録原理としてはPDと同じ相変化記録方式を採用しており、何度でも書き換え可能だ。DVD-ROMドライブとは完全な互換性がない。

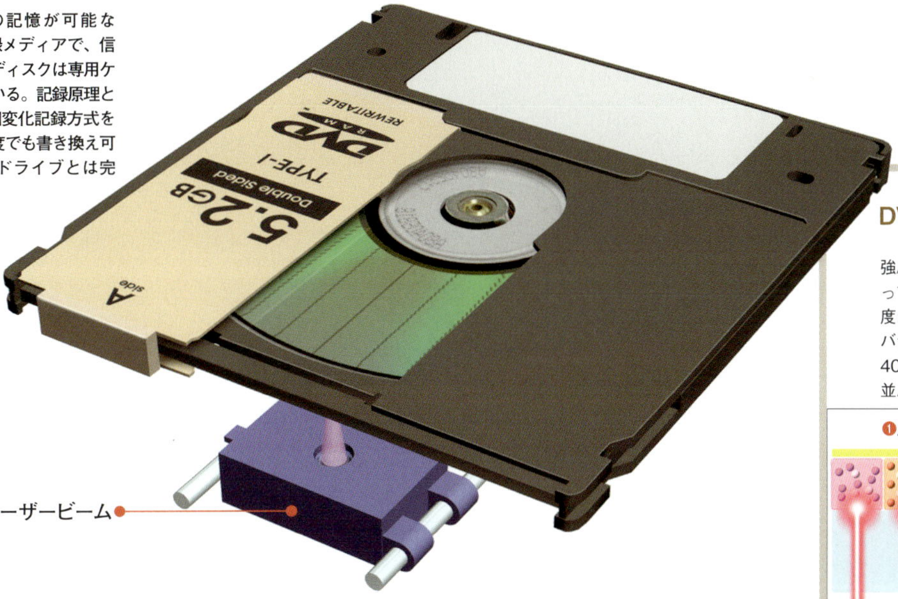
5.2GB
Double Sided
TYPE-I
DVD
RAM
REWRITABLE
side A
レーザービーム

DVD-RAMの記録方式

強/中2段階のビームを使い、発熱によって記録層の結晶状態を変化させる。温度が600℃になった部分は分子配列がバラバラなアモルファス状態に、温度が400℃になった部分は分子がきれいに並んだクリスタル状態になる

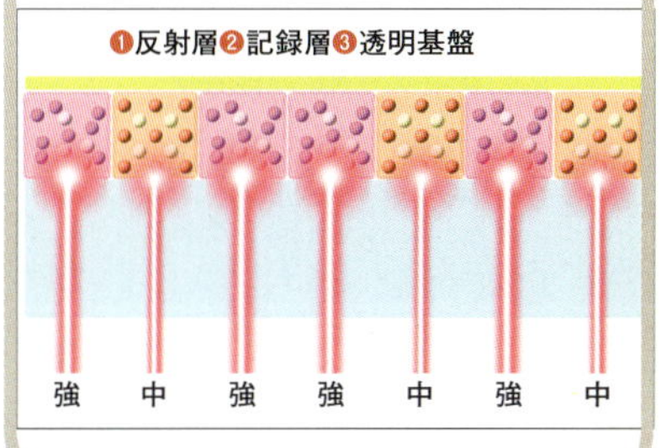
❶反射層❷記録層❸透明基盤
強
中
強
強
中
強
中

DVD-R/DVD+R

一度しか書き込みできないが、書き込んだディスクは普通のDVD-ROMドライブで再生可能。8倍速書き込みのドライブなら650MBのデータを10分程度で書き込み可能。ディスクが非常に安いのも特徴だ。

保護膜
記録層
透明基板
(0.6mm)
モーター
光ヘッド

DVD-Rの記録方式

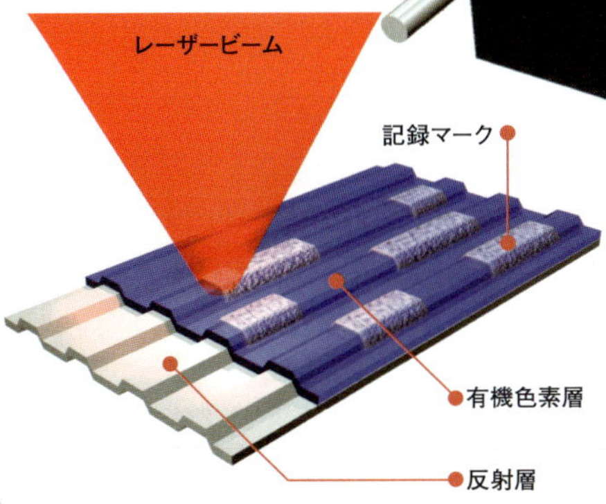
レーザービーム
記録マーク
有機色素層
反射層

DVD-RWの記録方式

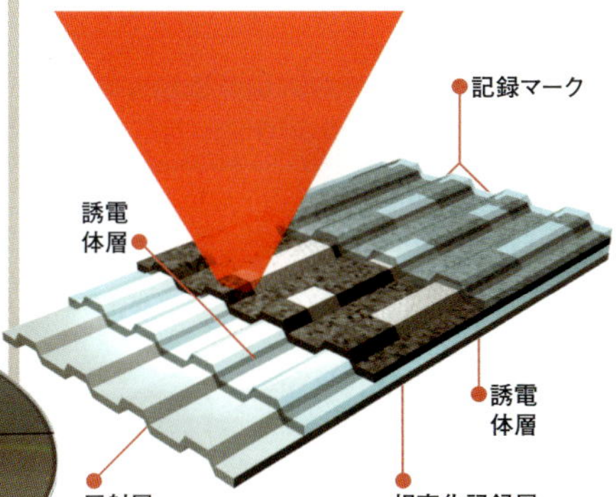
記録マーク
誘電体層
誘電体層
反射層
相変化記録層

DVD-RW/DVD+RW

形状はDVD-Rと同じ。違う点は何度でも書き換えが可能なこと。1つのディスクで書き換えは1,000回くらい行える。

マルチドライブ

1台のドライブで、各種の記録メディアに対応可能な製品をマルチドライブと言う。

松下電器のLF-M821の場合、DVD-RAM、DVD-R、DVD-R DL、DVD+R、DVD+R DL、CD-R、CD-RWに対応している。

CD/DVDの記録型メディアについて

多くの種類のメディアが存在し、また各メディアが4倍速、8倍速などの書き込みスピードの異なる製品が複数あるため、購入時には間違わないようにしよう。

海外製の安いメディアは品質が悪く、書き込みエラーが多発したり、書き込んだデータがしばらくすると読めなくなる等のトラブルが多いので注意したい。

記録型DVDのメディアには、PCデータ記録用と録画用が販売されている。録画用のメディアの販売価格には著作権保護のための私的録画保証金が含まれている。

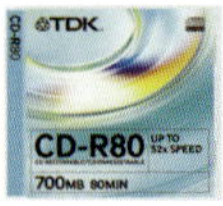

CD-R

データを一度だけ書き込み可能な追記型で、CDと高い互換性のあるメディア。最高で52倍速で記録できるものまでが発売されている。容量は650MB～700MB。

CD-RW

相変化記録方式を採用し、くりかえし書き換え可能な記録型CDメディア。1,000回程度書き換えができる。

DVD-RAM

書き換え回数が10万回以上で、ランダムアクセスにも強いという点が他のDVD系メディアと異なる。DVD-RAMのメディアには、カートリッジの有無、片面、両面など、いくつかのタイプがあり、容量は2.6GB～9.4GB。

DVD-R

データを一度だけ書き込み可能な追記型で、DVDと高い互換性のあるメディア。現在16倍速で記録できるものまでが発売されている。

DVD-RW

くりかえし書き換え可能な記録型DVDメディア。書き換え保証回数は1,000回程度。容量4.7GB。

DVD-R DL

追記型のDVD-Rを片面2層化したもので8.5Gバイトの容量を実現する。2005年末に規格化予定。

DVD+R

DVD-RがDVD規格に含まれるいわば本家なのに対し、DVD+RWアライアンスが独自に提唱したメディア。本家以上にDVD-ROMとの互換性が高いという。容量4.7GB。

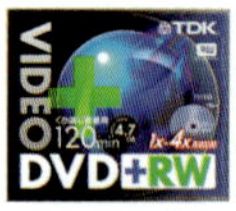

DVD+RW

DVD+RWアライアンスが提唱する、書き換え可能なDVDメディアで、DVD-ROMとの高い互換性を特徴とする。書き換え回数は1,000回程度。容量4.7GB。

DVD+R DL

追記型のDVD+Rを片面2層化したもの。容量は1層ディスクの4.7Gバイトに対して8.5Gバイトとなっている。

DVDドライブとメディアの再生互換性

○ 再生可能　△ドライブによっては再生できない場合がある　×再生できない可能性が高い

メディアの種類	DVD-ROM	DVD-Video	DVD-RAM	DVD-R	DVD+R	DVD-RW	DVD+RW
ドライブの種類（パソコン用）							
DVD-ROMドライブ	○	○	×	○	△	△	△
DVD-RAMドライブ	○	○	○	○	△	△	△
DVD-Rドライブ	○	○	×	○	×	△	×
DVD+Rドライブ	○	○	×	○	○	△	△
DVD-RWドライブ	○	○	×	○	×	○	×
DVD+RWドライブ	○	○	×	×	○	△	○

関連リンク
ハードディスク p.026
CD-ROM p.028
DVD-ROM p.028
転送速度 p.033
データ容量 p.214

各種ディスクメディアの比較

メディア	記録方式	メディア容量	転送速度	コスト	普及度	備考
フロッピーディスク	磁気	1.4MB	×	○	○	以前は標準的なメディアだったが、容量が少ないため現行の多くのパソコンではドライブが標準搭載されていない
MO	光磁気	128MB～1.3GB	△	△	△	日本では人気の高かったメディアだが、最近はCD-RW等に押され気味
CD-R	物理変化	650MB／700MB	△	◎	◎	一度だけ書き込めるCD。読み込みは普通のCDドライブで行える
CD-RW	相変化	650MB／700MB	△	○	◎	くり返し書き換え可能なCD。CD-ROMとの互換性は低い
DVD-RAM	相変化	2.6GB～9.4GB	△	△	△	何度でも書き込みと消去が可能。ランダムアクセスに強く、パソコンの外部記憶メディアとして適している
DVD-R, DVD+R DVD-R DL, DVD+R DL	物理変化	4.7GB～8.5GB	△	○ ±R　△ ±R DL	○	一度だけ書き込みできるDVD。読み込みは普通のDVDドライブで行える。8.5GBの容量を実現した2層メディアもある
DVD-RW, DVD+RW	相変化	4.7GB	△	△	○	くりかえし書き換え可能なDVD。DVD-ROMとの互換性は高くない。DVD-RWとDVD+RWの間での互換性はない

外付け2.5インチハードディスク

以前は、接続のインターフェイスの問題もあり、ハードディスクは気軽に持ち運べるものではなかったが、USB 2.0やIEEE1394（FireWire）などで簡単に接続できるようになったため、コンパクトで書き込みの速い、外付けの2.5インチハードディスクは、ノート型パソコンなどのモバイルには欠かせないアイテムとなっている。いろいろな使用形態が考えられるため、インターフェイスは、USB 2.0（ミニプラグも含む）、IEEE1394（4ピン、6ピン）など、複数に対応している製品が多い。1394の4ピンで接続するタイプ以外は、パソコンから電源が供給されるため、AC電源は不要だ。ただし、USBの場合は電力が弱いため、接続するコンピュータによってはAC電源が必要なものもある。
DTPでも、MOやCD-ROMの容量では書き込み切れないデータも増え、DVD-Rでは書き込みに時間がかかるため、外付け2.5インチハードディスクにデータをコピーして入稿するという使い方をする場合もある。

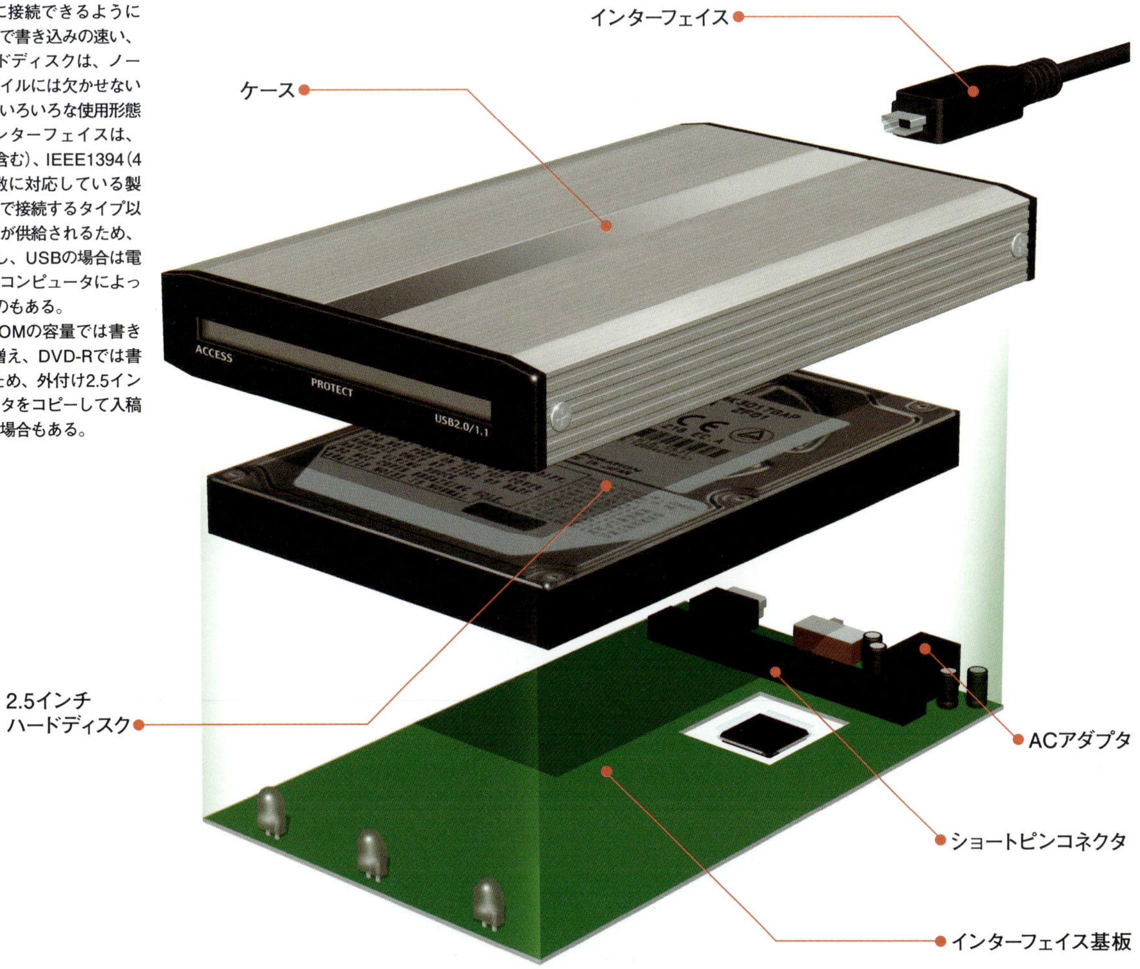

さまざまな記憶メディアの特長と利用法

デジタルカメラや携帯音楽プレーヤー、PDAなどにはコンパクトな記憶メディアが用いられている。多くは小型機器での利用が主だが、記憶容量の拡大や利便性の向上により、パソコンでも積極的な活用が進んでいる。

メディアの規格や容量は多種多様

小型の記憶メディアは、大きく分けて不揮発性メモリ素子を用いたものと、ハードディスクと同様の機構を小さくパッケージングしたものがある。前者はコンパクトフラッシュメモリやSDカード、メモリースティックなどが該当し、数百MB～1GBほどの容量を備える。後者はマイクロドライブやカード型ハードディスクの類が当てはまり、記憶容量は1GBから最大6GBと大きめだ。

パソコンのメモリは電源を切ると内容が消去されるが、メモリカードの類は通電しなくても内容が保持される。可動部品がないので衝撃に強く、取り扱いが容易だ。理論上、読み書き可能な回数に制限があり、まったく劣化しないわけではない。頻繁な読み書きを繰り返すなど利用状況によっては、読み書き時にエラーが起こることもある。念のため予備を用意しておくなどの配慮をしておくとよいだろう。

ハードディスク型のメディアは、内部に可動部品が増えるため衝撃にやや弱く、読み書き速度も若干遅めという点に改善の余地がある。それでもコンパクトで大容量というメリットは代え難く、扱うデータ量が大きいデジタル一眼レフカメラなどを中心にサポートされている。

ノート型パソコンはもとより、最近はデスクトップ型のパソコンでも、これらのメディアを直接扱えるスロットを備えたものが増えている。デジタルカメラや携帯音楽プレーヤーとの連携がごく当たり前になったことの表れといえる。

PCカード コンパクトフラッシュ

名刺サイズのPCカードタイプや、その半分ほどの大きさのコンパクトフラッシュと呼ばれるタイプは、小型の記憶メディアの中でも一般的な製品であり、多くのノート型パソコンがPCカードとコンパクトフラッシュのスロットを装備している。

メモリースティック

ソニーが開発した記憶メディア。スティック型のメモリモジュールで、同社のデジタルカメラやVAIOシリーズ、テレビ・オーディオなどさまざまな製品が対応している。小型機器向けの「メモリースティックDuo」や、最大2GBの記憶容量を備える「メモリースティックPRO」もラインナップされている。

小型メモリカード

薄型・小型のメモリカード製品はいくつか種類がある。PCカードよりも小さく、スロット部をコンパクトにできるので、デジタルカメラや音楽プレーヤーなどで主に採用されている。富士写真フイルムのスマートメディア、その後継として富士写真フイルムとオリンパスが共同開発したxDピクチャーカード、東芝と松下電器が共同開発したSDカードなど、メーカーごとに規格が異なる。最近のカメラつき携帯電話では、SDカードのバリエーションとなる「miniSDカード」が用いられている。マルチメディアカード（MMC）は、サイズはSDカードと同じで厚さが2/3と薄く、SDカードスロットに挿入して使用可能な場合もある。

ハードディスク系

PCカード系の製品と同じサイズながら、超小型ハードディスクを内蔵している。IBMが開発した1インチ型のハードディスクを使ったコンパクトフラッシュサイズの製品はマイクロドライブと呼ばれ、容量は1GB～6GB。一部のデジタルカメラでも利用可能だ。1.8インチ型ハードディスクを内蔵するPCカードサイズの製品は、最近はパソコン系では使われないが、iPodに内蔵されて大活躍している。

関連リンク
ノート型パソコン p.020
メモリ p.024
ハードディスク p.026
USB p.032
リムーバブルディスク p.038
デジタルカメラ p.090

手軽で便利なUSBメモリ

記憶メディアとして新たに登場し、活用が進んでいるのがUSBメモリだ。これはパソコンのUSBインターフェイスに直接装着するもので、ほかの記憶装置と同様に外部ドライブとして認識される。容量は32MB～2GBとバリエーションが多く、価格も安価だ。USB 2.0対応製品であれば、読み書き速度も十分に高速だ。最近のパソコンはほぼすべてがUSBインターフェイスを備えているので利用しやすく、手軽な記憶メディアとして重宝されるようになっている。もっぱらスティックタイプの製品が多く、中にはデザインに凝ったユニークなものもある。

首からストラップで下げている人をよく見かけるが、これは小さなメディアゆえの紛失を防ぐという意味合いもある。

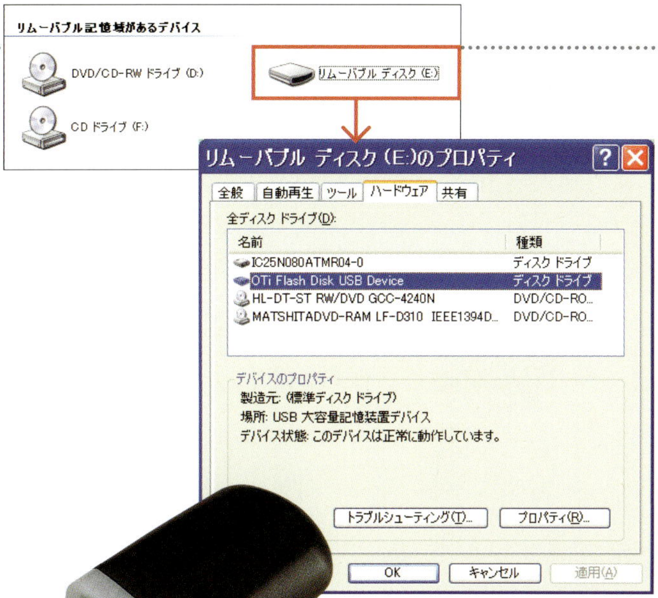

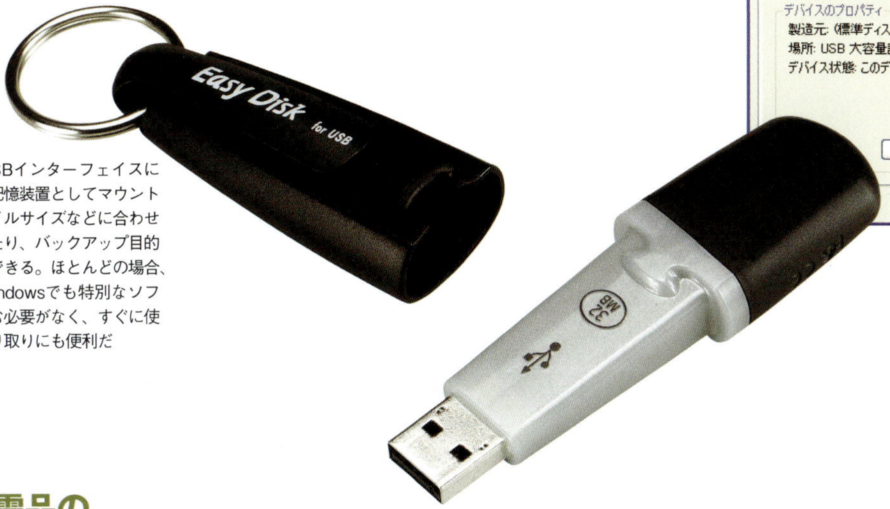

コネクタ部分をUSBインターフェイスに差し込むと、外部記憶装置としてマウントされる。扱うファイルサイズなどに合わせて製品を使い分けたり、バックアップ目的に利用することもできる。ほとんどの場合、MacintoshでもWindowsでも特別なソフトウェアを組み込む必要がなく、すぐに使えるので相互のやり取りにも便利だ

いまや必需品の外付けカードリーダー

コンパクトタイプのデジタルカメラや携帯音楽プレーヤーとの連携を踏まえ、最近のパソコンはメモリカード用スロットを標準装備するものが増えている。もし手元のパソコンにそうしたスロットがなくても、外付けのカードリーダを接続すればすぐに利用可能だ。

カードリーダーの多くは、USBインターフェイスに接続するようになっている。データの転送速度を気にする場合は、IEEE1394インターフェイスに対応した製品を使うといいだろう。いずれの場合も、パソコンにつなげばすぐ利用できるようになるリーダーがほとんどだ。最近は1台でさまざまなタイプのメディアを扱えるマルチタイプが多く、ひとつ用意しておくと重宝するだろう。

一部のデジタルカメラなどでは、メディアのフォーマットに独自形式を用いていたりして、そのままではパソコンに認識されないこともある。その場合は、製品付属のユーティリティを利用したり、カメラや機器をパソコンと直接接続するなど、別の方法で対処する。汎用メディアとして利用するなら、MS-DOS形式のフォーマットがもっとも融通がきく。

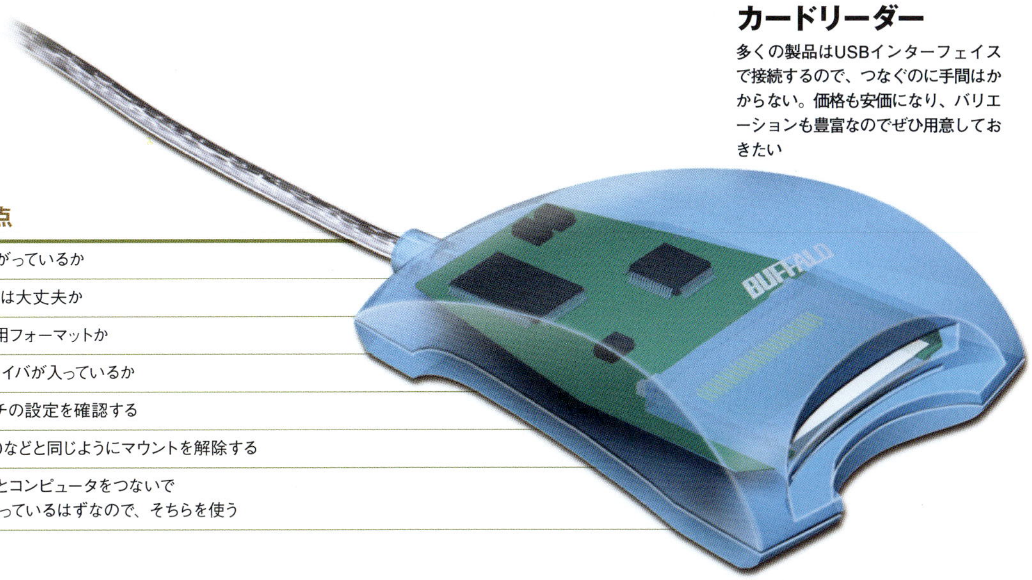

カードリーダー

多くの製品はUSBインターフェイスで接続するので、つなぐのに手間はかからない。価格も安価になり、バリエーションも豊富なのでぜひ用意しておきたい

記憶メディアを使用する際の注意点

- カードリーダーはきちんとコンピュータにつながっているか
- カードリーダーが対応しているメディアの形式は大丈夫か
- メディアのフォーマットはMS-DOS形式の汎用フォーマットか
- データを読み出すコンピュータにデバイスドライバが入っているか
- データを書き込むときは、書き込み禁止ノッチの設定を確認する
- カードリーダーからメディアを外すときは、MOなどと同じようにマウントを解除する
- 専用フォーマットの場合は、カメラや各機器とコンピュータをつないで専用ソフトを利用してやり取りできるようになっているはずなので、そちらを使う

さらに知識に磨きをかけたい人の関連図書案内

※書籍の内容に関しては、各出版社にお問い合わせください

2005-'06年版［最新］パソコン用語事典

大島邦夫、堀本勝久 著／岡本茂 監修
1,565円
技術評論社

コンピュータに関する用語を掲載した定番の事典。dpiやイメージセッタなどをはじめとしたDTP用語のほか、ブルーレイディスクやXviDといった最新技術の解説まで、幅広く網羅している。詳細な用語解説のほか、図版による説明も豊富に取り入れ、よりわかりやすくなっている。情報処理技術者試験用語などもマークされ、実践的に使える事典だ。

日経パソコン用語事典(2005年版)　CD付

日経パソコン 編
2,730円
日経BP社

基礎から最新語まで約4,000語を収録した用語事典。図版と写真が多用されており、わかりやすい。内容はすべて最新情報にブラッシュアップされており、その内容が1冊まるごと入ったCD-ROMつき。検索することでさらに活用範囲の広がる電子辞書としても使える。巻末には携帯電話・PHS関連の用語、デジカメ活用の必須用語、最新AV機器の用語集がついている。執筆は日経パソコン誌の記者があたっている。

標準パソコン用語事典

秀和システム第一出版編集部、赤堀侃司 著
1,733円
秀和システム

2002年刊に次ぐ第5版で、最新のインターネット、通信技術、各種資格試験、eビジネス等コンピュータとIT関連最新用語をカバーしたフルカラーの用語事典。見出し項目数は8,000語、解説語句12,000語、図版・写真1,500点が収録されている。なかでもコンピュータの歴史を作った人物や研究所、Apple Ⅱ、X68k、Alto、AMIGAなどの記念すべきマシンの写真も豊富に載っている。

見てわかるパソコン解体新書 Vol.5

大島篤 著
2,100円
ソフトバンクパブリッシング

ハードウェアやソフトウェアがどのように動作しているのかを、リアルな3Dイラストでわかりやすく解説した名著。ハードディスクやマウスなどの機械的な構造はもちろん、GPSシステムやCD-R/RWの構造、プログラミング言語やストリーミング技術といった、通常では目で見ることのできない構造も、3Dを駆使したイラストで具体的に理解することができる。

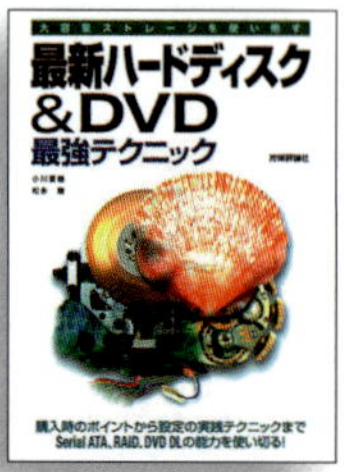

大容量ストレージを使い倒す最新ハードディス&DVD最強テクニック

小川夏樹、松永融 著
1,869円
技術評論社

DTP作業でのデータ容量は肥大化する一方だ。ストレージも高速化&大容量化が必然となっている。本書はHDD、DVDを増設・交換したい人向けに購入時のアドバイスから設定方法まで丁寧に解説した本だ。用途で異なる必要となるデータ容量、カタログスペックを読み解くなど初心者にもやさしい解説となっている。Serial ATAの設定やRAIDの活用法も解説。2005年6月発売。

コンピュータのしくみを理解するための10章

馬場敬信 著
2,079円
技術評論社

コンピュータはどのように動くのか、基本の基本から学んでみてはいかがだろう。この本は、0と1のコンピュータの世界を、10ステップで学習できるようになっている。通読するとディジタル回路、機械命令……といったハードウェア面から順に知識を積み上げて、ソフトウェア面・アルゴリズムの考え方までが身につくはずだ。

パソコンのしくみと周辺機器がわかる本

指月としのり 著
1,029円
技術評論社

いわゆるコンピュータ解説書とは一線を画して作られた「コンピュータスタイルブック」。パソコンの使い方を提案しながら「知りたいこと、やりたいこと」から考えていこうというテーマがベースになっている。イラストも多く、まずはここを入り口にするというのもおすすめだ。内容は、コンピュータの基本としくみ、マザーボード、CPU、周辺機器はどこにつなぐの？ などしっかり解説されている良書だ。

アップルデザイン アップルインダストリアルデザイングループの軌跡

ポール・クンケル 著／大谷和利 訳
8,400円
アクシスパブリッシング

1985年に衝撃的デビューを果たしたMacintosh。本書は、アップルコンピュータのインダストリアルデザイングループの作品を多数掲載した貴重本だ。開発に携わったデザイナーのインタビューからモノづくりへの情熱とこだわりが伝わってくる。製品にならなかったモックアップモデルや開発コードネーム、開発コンセプトやいきさつなども詳しく紹介されている。マニア必読の書だ。

3

OSとアプリケーションソフト

パソコンで利用可能な主なOSとその役割

DTP作業に限らず、パソコンを利用するときはさまざまなソフトウェアやハードウェアを組み合わせることになる。
そうした各種の製品を円滑に作動させるために欠かせないのが「OS」、つまりオペレーティングシステムと呼ばれる基本ソフトウェアだ。

パソコン利用の基盤となる環境

パソコンは、CPUやメモリ、ハードディスクや光学式ドライブ、拡張カードや各種インターフェイスといった部品で構成されている。それらをうまく利用するには、それぞれの同期を取り、互いが円滑に作動するよう仲を取り持つ存在が必要となる。オペレーティングシステム（以下OS）が担っているのはまさにこの部分であり、OSなくして現在のパソコンは成り立たない。

アプリケーションソフトの利用に際しても、OSは仲介役として機能している。複数のソフトウェア同士ではもちろんだが、ファイルの読み書きやネットワークを介しての通信など、ハードウェアとの連携においても同様だ。こうした相互のやり取りを一貫して管理することが、OSの第一の役割である。

現在のOSは、ユーザーが利用する操作体系（ユーザーインターフェイス）を提供することも主要な役割となっている。求める作業環境を構築するために必要なアプリケーションや周辺機器が適切に選択・利用できるか、納得できる処理速度を得られるかどうかが、OSや母体となるパソコン選択の重要なポイントといえる。

※2005年7月現在　Mac OS X 10.4が最新版

Mac OS（Mac OS X）

アップルコンピュータ社が提供するOSで、同社のMacintoshハードウェアでのみ作動する。現在の主力はMac OS X（P.50を参照）で、Mac OS 9までのバージョンはすでにサポートなどが終了している。新型Macintoshの起動OSはMac OS Xに一本化されており、一般市場・ユーザーの移行は緩やかに進んでいる。現在販売されている製品では、Mac OS 9シリーズでの起動はできないため、OS X上でMac OS 9対応アプリケーションを利用するには、Classic環境を利用することになる。なお、DTP市場ではいまもMac OS 8～9シリーズの運用が続いているケースも見られるが、Mac用DTPアプリケーションのほとんどはMac OS Xに移行している。今後、Mac OS Xへ移行することは必然と言っていい

Windows

マイクロソフト社が開発・販売しているOS製品で、インテル社およびその互換CPUを搭載したほぼすべてのパソコンで作動する。一般市場における現在の主力はWindows XP（P.52を参照）。業務用途ではWindows 2000も多く運用されている。フォントやアプリケーションの面でDTP作業に向かないといわれてきたが、一方で新聞組版や多言語組版、また社内報作成などのビジネスDTPといわれる分野では運用率が高い。アプリケーションや周辺機器の選択肢が非常に豊富であり、ビジネス・一般市場からCG・映像編集など専門的な市場まで幅広くカバーする

関連リンク
パソコン p.020
CPU p.022
メモリ p.024
ハードディスク p.026
Mac OS X p.050
Windows XP p.052

OSの役割を個別に見てみる

OSはパソコンというハードウェア環境全体を管理することや、それらをユーザーが円滑に利用できるようにすること、そして各種ソフトウェアの安定した運用を可能にすることを担っている。ハードウェアの管理とは、バックグラウンド処理も含めたCPUの処理能力配分、メモリやハードディスクとのデータのやり取りや同期、ディスプレイやプリンタ、DVDドライブといった周辺機器の認識や接続インターフェイスの管理、ネットワーク利用時の同期処理といったものが代表的な例だ。

アプリケーションや周辺機器用ドライバソフトは、OS本体の修正やバージョンアップに応じて、逐次改良されていくことが多い。これはもっぱら、確認されている不具合の修正やパフォーマンスの向上といった目的で行われる。

OS本体が頻繁にバージョンアップするような場合、利用しているソフトウェアが正しく使えるかどうかを確認する必要が生じる。まずはソフトウェアベンダーの対応を調べることが重要だ。同時にユーザーの立場でも、不具合がないかどうかチェックしたほうがいい。自動アップデートの類いは無意識に行わず、いつどのように対処したかを適確に把握できるようにしておこう。

インターフェイス部分

ユーザーが直接操作するGUIは、アプリケーションの操作方法における1つの基準でもあり、大きな意味を持つものだ。現在は、どのOSでも基本的な操作方法や概念は似たものなので、どれか1つを習熟すれば、おのずとほかのものも使えるようになるだろう。UNIX系製品のコマンド入力は専門性が強く、なじみにくい人が多いが、そのほうが効率的に作業できる状況も多々ある。それぞれの方式に一長一短があるということだ。決して、GUIのほうが優れているということではない。

コマンド入力

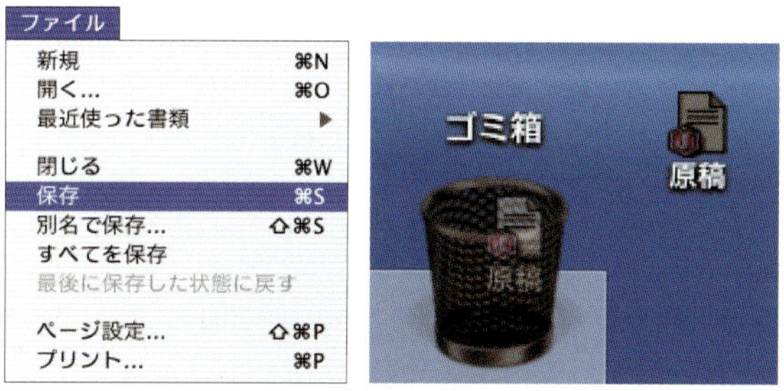

GUI

インターフェイス管理

内蔵されているハードディスクやCD/DVD用光学ドライブの接続・制御、ネットワークインターフェイスの管理なども、OSの重要な役割となる。これもデバイスドライバとの組み合わせで実現しているものがほとんどだ。Macintoshはアップルコンピュータ社だけがロジックボードの開発生産を行っており、対応機器におけるサポートの煩雑さは少ない。

一方Windowsパソコンはロジックボードや BIOSのバリエーションが多数あり、実装されるインターフェイスの構成も異なっているため、OSやデバイスドライバによる管理は非常に重要なポイントだ。

CPU・メモリ管理

CPUの処理能力を適正に用いるようにすることと、演算処理のためにメモリとのやり取りを円滑に行うことは、OSの際たる役割といえる。ノート型パソコンの場合は、CPUの作動速度を制御することでバッテリの持続時間を向上させたりしている。アプリケーションが扱うデータサイズによってメモリの割り当てを変動させるなど、臨機応変な対応が可能なのはOSの能力による(Mac OSはメモリ割り当てが固定化されており、状況に合わせた変動は生じない)。マルチタスクやマルチプロセッサへの対応は、カーネルと呼ばれる非常に根幹的な部分でなされており、内部的な処理の同期をうまく行えるかどうかはこの部分の出来に左右される。コンピュータの能力を発揮できるかどうかを判断する基準となることも多い。

周辺機器管理

OS本体が備える汎用サポート機能と、デバイスドライバという各製品固有の機能をサポートするものの組み合わせで実現されている。最近は前者のサポートレベルが高くなっており、一通りのことは標準状態でも可能だ。接続されている機器を自動認識して設定を行う機能も備わるようになっており、ユーザーにとっての利便性は確実に高まっている。接続インターフェイスそのものも進歩しており、以前よりも使いやすくなっている。

Mac OS 9による DTP作業環境

DTP作業の基盤環境として、今なお多く用いられているMac OS 9。
対応製品の多くがサポートが終了している現在でも、なぜ利用されているのか。その系譜と特長を、DTPという視点から見てみよう。

DTPにおける標準的な環境として

Mac OS 9は、1984年に登場したMacintosh以来、面々と続いてきたシステムソフトウェアの最終バージョンだ。Mac OSという名称になったのはMac OS 8からで、それまでは日本語版については「漢字Talk」という名称が用いられていた。Mac OS Xの登場に伴い、現在ではバージョンアップや不具合の修正などすべてのサポートは停止している。

MacによるDTPという新しい作業フローは、早い時期にプリンタ記述言語のPostScriptに対応し、自社のプリンタにもPostScript対応モデルを投入したことや、アルダス社(現在はアドビシステムズ社に吸収)が発表したレイアウトソフト「PageMaker」によるパソコン主体のパブリッシング環境が注目されたことなどによって生まれた。

画面で見たレイアウトやイメージがほぼそのまま印刷出力される「WYSIWYG」を実現していたことも、Macがパブリッシングに強いと言われた所以だ。日本語DTPにおいては、日本語対応アプリケーションやフォントの充実を待たねばならず、実用的なレベルになったのは1990年代前半〜半ばと考えていい。

MacintoshのOSは特にDTP向きの機能を備えているわけではないが、前述のPostScript対応や、カラーマネージメント機能の走りといえる「ColorSync」を実装したりといったことが、強いて言えばDTP向きだ。制作環境はもとより、フォントや周辺機器の管理も他社製品によって実現しており、あくまで基盤となるプラットフォームとして利用されていた。

逆を言えば、それら商業DTP向けの選択肢が用意されていたから、DTPユーザーはMac OSを選んでいたわけで、これは仕事のためのツール選びとしては当然のことだ。主要なDTP関連製品がMacintoshとWindowsの双方に対応している現状と違って、当時はMacしか選びようがなく、それがMacがDTP環境の基盤として定着した大きな理由と言える。

DTP向けのさまざまなソフトウェア

フォント管理

アドビシステムズ社のATM Deluxe(画面上)や、Extensis社のSUITCASE(画面下)が代表的。制作するドキュメントに応じてフォントセットを作成し、随時切り替えて利用できるようにする。フォントを多数読み込むとメモリ不足に陥りやすいので、それを防ぐ意味でも重要な役割のツールだ。Mac OS XではATMはラインアップから外れたが、SUITCASEは対応版がリリースされている

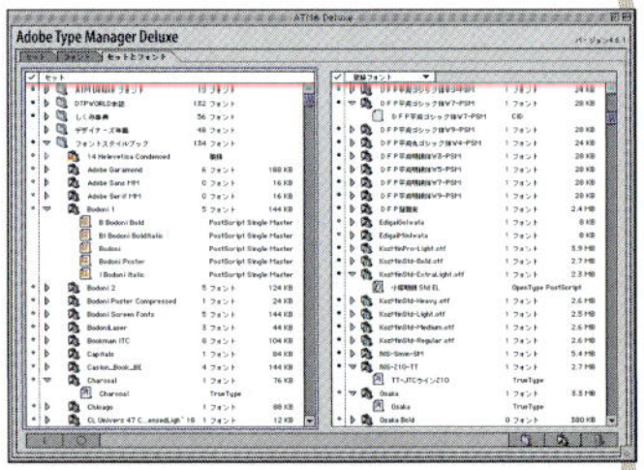

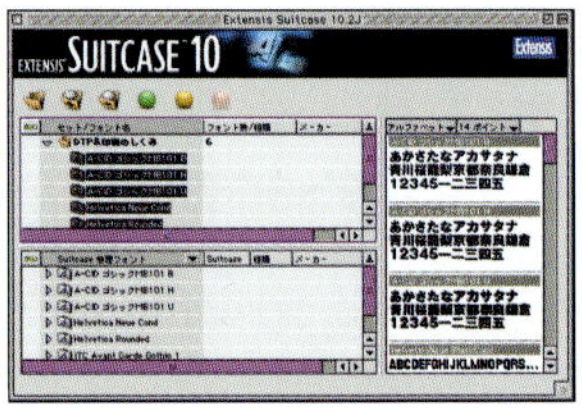

Mac OS 9はマルチユーザーでの利用が可能なほか、オンライン経由の自動アップデート機能を備えていた。安定性もまずまずだが、メモリやアプリケーション処理能力の割り振りは融通が利かない。こうした点がMac OS Xでは解消されている

関連リンク
DTPの登場 p.008
WYSIWYG p.008
PostScript p.008
Mac OS X p.050
DTP用ソフト p.054
フォント p.120
外字 p.132

レイアウト

QuarkXPressやPageMakerを主流に、日本語組版機能が充実したEDICOLORや、鳴り物入りで登場したInDesignなど、エディトリアル系のレイアウトソフトはメジャーどころが揃っていた。広告など単ページものの制作ではIllsutratorが活躍することが多い。これらはすべてMac OS Xに移行している。画面はクォーク社のQuarkXPress 4.1

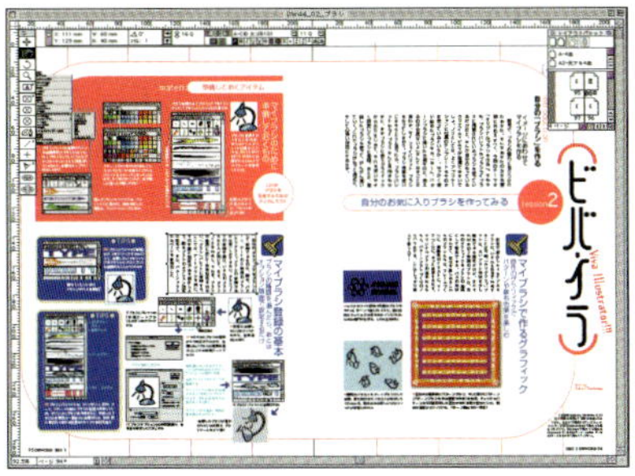

画像処理

フルカラー表示を高速に行うグラフィックボード製品が多数リリースされ、Photoshopの処理を高速化するためのアクセラレーター製品もあった。また、LivePictureやxResといった独自の使い勝手を備えた画像編集ソフトも登場し、用途に応じて使い分けることもあった。画面はアドビシステムズ社のPhotoshop 6.0

素材管理

画像素材など、大量のファイルを効率的に管理するのに欠かせないのが画像データベースソフトの類い。Cumulus（画面）のような専用アプリケーションを導入したところも多いだろう。ファイルやデータのバックアップは、もっぱらMOやCD-Rで行っていた

フォント作成

Fontographer（画面）というアプリケーションを使って、外字フォントの作成などを行うことができた。このアプリケーションはMac OS 9までの対応で、Mac OS Xでは利用できない。Mac OS Xでは、フォントをカスタマイズする手段としてInDesign CS2とSING外字エディタが登場し、同様の作業が行えるようになった

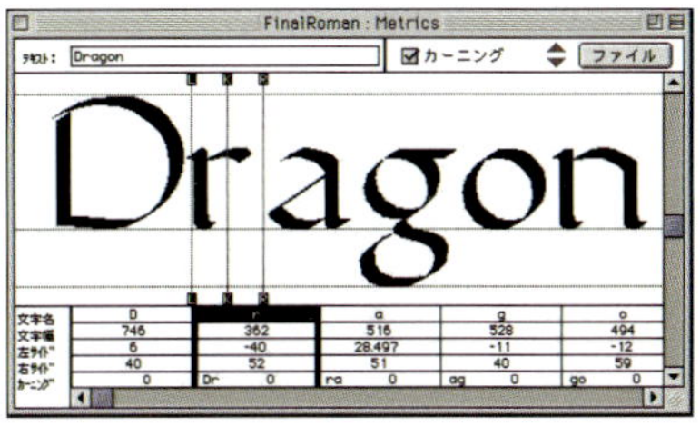

DTP関連製品の現状と今後

フォントについて、ODFフォント、CIDフォント、TrueTypeフォントに対応しており、フォント管理ツールの「ATM」を利用すればOTFフォントも扱える。このうち、OCFフォントはベンダーからの供給ならびにサポートは終わっているが、CIDフォントはまだMac OS 9対応の製品が流通している。

アプリケーションは、アドビシステムズ社の製品やクォーク社の製品など、メジャーなものの現行バージョンはMac OS X専用となっており、最新版は利用できない。また、旧バージョンは店頭や正規の流通ルートでは購入できなくなっているので、実質的に入手不可能だ。アドビ製品については、最新版をライセンス購入した後でダウングレードするという形で入手できるものの、現実的とは言えないだろう。

周辺機器は、大半が接続インターフェイスがUSBやIEEE1394になり、Mac OS 9が利用できるMacにこれらのインターフェイスが標準で備わっていて、かつ周辺機器メーカーがMac OS 9対応ドライバを提供していれば利用できる（Power Mac G5で搭載されたUSB 2.0に対応している機器は、旧機種では性能をフルに発揮できない）。こちらもアプリケーションと同様に、現在購入可能な機器は実質的に利用できないと考えたほうがいい。従来のSCSI接続のスキャナなどはメーカーサポートが終了しているものも増えている。

Mac本体に関しては、Mac OS 9で起動できるのはPower Mac G4のMDD（Mirrored Drive Door）モデルまで。モデル終了間際に安価で販売されたこともあって多くの人が購入したが、この当時のMac本体の処理能力ではMac OS Xをベースにした DTPアプリケーションを利用する際に体感速度が遅くなってしまうため、痛し痒しの状態になるようだ。今でも中古市場でMac OS 9の起動が可能なモデルの人気は高いようだが、それらはあくまで中古だ。メーカーの保証がないことは肝に命じておきたい。

Mac OS 9が今でも利用されている背景には、アプリケーションや機材の入れ替えに伴うコストへの躊躇や、これまで制作してきたデータ素材の蓄積を無駄にしたくないといった考えが強くあると思われる。

しかしながら、データ素材は最新版のDTPアプリケーションでもほぼ流用できるため、旧環境を無理に維持しなければならない理由は薄れている。ハードウェア機材が不調になったときの代替機の調達など、いつまでも旧環境に固執することがかえって管理コストの増大や作業の効率を落とすことになっていることは否めず、早かれ遅かれ踏ん切りをつける必要に迫られるのは間違いない。

Mac OS Xの機能と特長

度重なるアップデートによって全体の完成度を高めているMac OS X。Power Mac G5の登場でMacintoshハードウェアの処理能力もさらに向上した。DTP制作の現場では、OS 9環境がまだ主流と言われるが、OS Xへの移行は必然となってきている。

DTP作業に使う環境として十分な状況に

現在販売されているMacintosh本体は、Mac OS Xのみを起動OSとしている。CPUの処理能力向上やOSそのものの改良もあって、さまざまな作業を充分にこなせるだけの実力を備えている。体感速度や実際の処理速度の面でも、ほぼ遜色ないレベルだ。

Mac OS Xでは、OS内部のしくみが刷新されたことを受けて、メモリ管理や処理能力配分の自由度が高まり、従来のMac OSよりも扱いやすいのが特長。作動の安定性も向上しており、複数のソフトウェアを併用したり負荷の大きな処理を行っても、エラーなどの不具合が生じにくい。デジタルカメラで撮影した画像など、サイズの大きなデータを扱うことが多いDTP作業において、これらの特徴は明確な恩恵として実感できるだろう。

標準で音楽再生ソフトやデジタルカメラ画像管理ソフト、スケジューラなどが一通り備わっており、最新バージョンの10.3からはWebブラウザもアップル純正の「safari」が用意された。これら純正ソフトウェアも含め、OSのアップデートはオンラインを介して、ほぼ自動で行われる。この際、アップデートによって他社製ソフトウェアや周辺機器の作動に不具合が生じることがあるので、各メーカーの対応状況などを確認してから行うようにしたい。

現在の最新バージョンであるMac OS X 10.4の画面。検索機能やフォント管理などが強化され、より使い勝手を向上させている

10.4で追加された新機能のSpotlightは、コンピュータに保存しているファイルやデータを素早く簡便に探し出せる

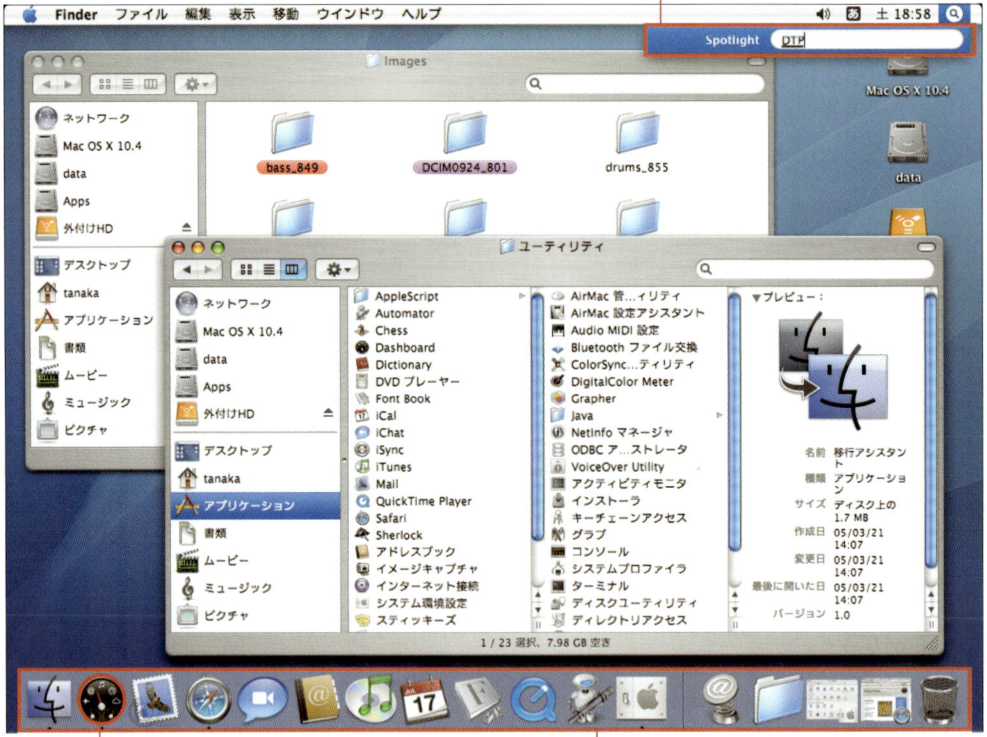

新機能のDashboardは、電卓やカレンダー、アドレスブックなど細かなツール群を素早く利用できる

アプリケーションやフォルダ、書類などのランチャーとして機能する「Dock」

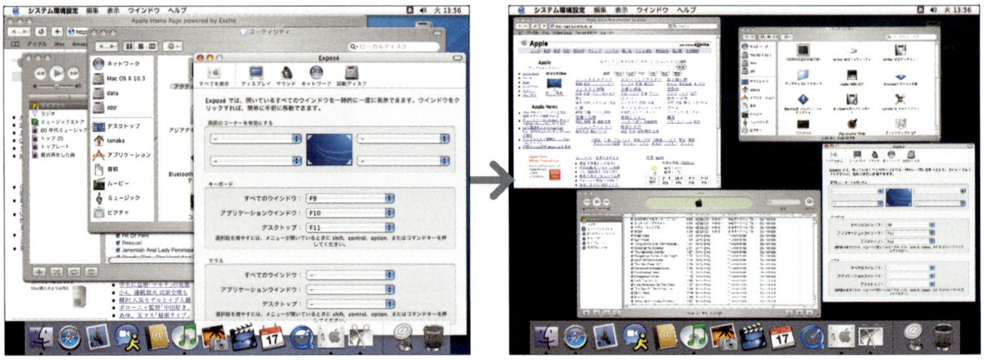

開いている複数のウインドウを、画面上にすべて並べて表示する「Exposé」。10.3で追加された新機能だ。作業ウインドウの整理などに役立つ

Mac OS Xの特長

メモリ管理

アプリケーションが利用するメモリ領域は、扱うファイルやデータのサイズに応じて自動的に変更される。物理的に搭載しているメモリのほか、ハードディスクの空き領域も活用して、柔軟な運用が行えるようになっている。Mac OS 9までのように、個別にメモリ割り当ての数値を設定する必要はない

処理能力の配分

Mac OS Xは、利用しているアプリケーションの処理内容に応じてCPUの能力を効果的に配分するようになっている。そのため、前面の処理に集中的に処理能力を割り振っていたMac OSよりも複数の作業を円滑に進めやすい

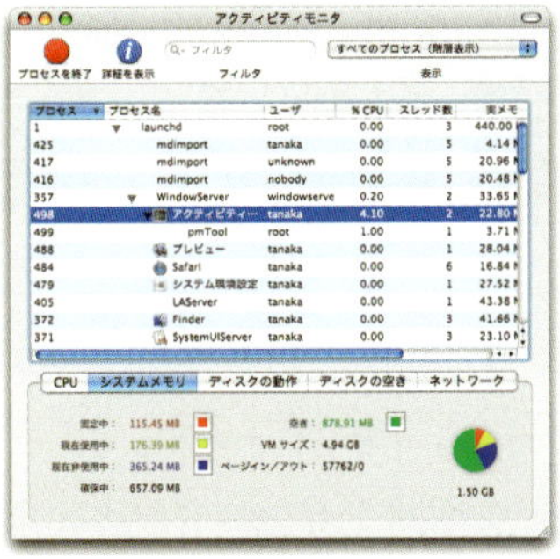

Mac OS 9互換

Mac OS 9までに対応していたMac OS用アプリケーションを利用するために「Classic」という互換環境が用意されている。QuarkXPress 4.1は、この環境でUSBドングルを使えば利用できる。ただし、扱えるフォントはCIDフォント(sfnt形式)とTrueTypeが基本となる

フォント管理

Font Bookは、ユーザーごとに特定のフォントの使用／未使用を切り替えたり、使用するフォントのライブラリを作成することが可能だ

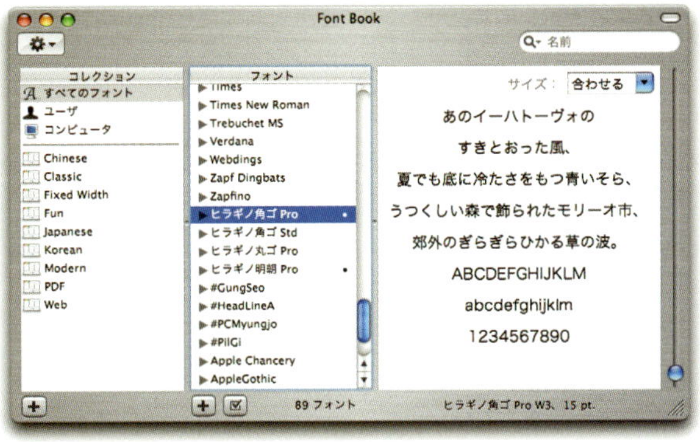

OTFヒラギノ書体

OSに標準でヒラギノ系6書体のOTFフォントが付属する。フォント名は同じだが、OSのバージョンに応じて若干内容が異なっていることに注意。Mac OS Xの複数のバージョンが混在している場合は、フォントのバージョンについてもきちんと把握しておこう

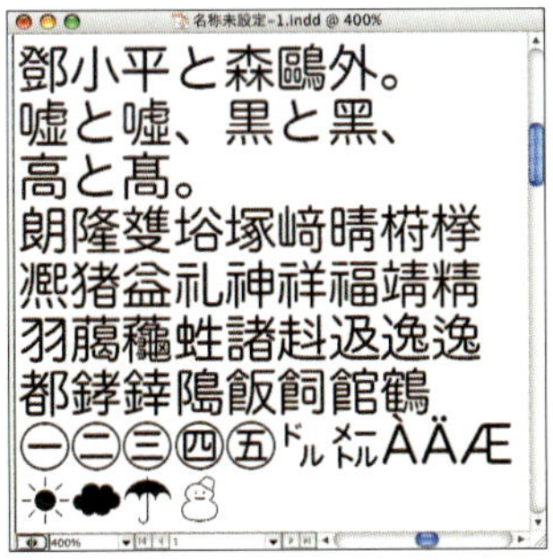

ヒラギノ書体バージョンアップ遍歴（Pro版）

Mac OS X 10.0〜10.0.4	15,444文字を収録(AdobeJapan 1-4準拠)
Mac OS X 10.1〜10.1.2	20,296文字を収録(一部字形変更)
Mac OS X 10.1.3〜10.1.5	20,296文字を収録。ユニコード規格(Extension-B)への対応など一部仕様を変更
Mac OS X 10.2〜10.3.2	20,299文字を収録。AdobeJapan 1-5準拠という位置づけ
Mac OS X 10.3.3〜10.4.1	20,317文字を収録。AdobeJapan 1-5準拠という位置づけ

DTP関連製品の対応状況

アドビシステムズ社のAcrobat 7.0やAdobe Creative Suite、クォークジャパン社のQuarkXPress 6日本語版がMac OS X専用になるなど、Mac OS Xへの移行は確実に進んでいる。これは、アップルコンピュータ社がMac OS 9の開発サポートを打ち切ったことを考えれば当然の成り行きであり、現在DTP用ソフトウェアの多くがMac OS Xへの移行をほぼ終えていると言っていいだろう。

フォント環境に関しては、OSが標準でOpenType形式をサポートしており、このほかTrueType／CID(sfnt)／PostScript Type1の各フォントが扱える。Naked形式CIDフォントとOCFフォントは利用できない。CIDフォントのサポートは、実質的にClassic環境(Mac OS 9)との整合性を保つためと考えてよいだろう。

OS標準の機能としてアウトラインフォント描画が可能なので、「ATM」(Adobe Type Manager)は不要だ。周辺機器はおおむね対応済みとなり、プリンタやスキャナ、外部記憶装置などの利用にあたっては大きな支障はない。デジタル一眼レフカメラに付属するユーティリティの対応も順次行われ、入出力環境を整えることは問題ない状況といえる。

一方で市場規模などの兼ね合いから新規参入が見込めず、製品の選択肢が限定されがちという状況は相変わらずのようだ。手元で稼働しているDTP用のシステムが不具合なく運用できているなら、Mac OS Xにあわてて移行する理由はないとも言える。しかし、サポートが打ち切られている旧環境に固執することは、それらの維持管理に余計な労力を必要とする。また、Mac本体の処理能力向上が見込めなければ、生産性を高めることも難しい。時期はともかくとして、今後移行することは必然と捉え、情報収集やノウハウの蓄積を怠らないようにしたい。

Windows XPの機能と特長

圧倒的なユーザー数や市場規模を誇るWindowsは、対応するアプリケーションや周辺機器のバリエーションが多い。国内のDTP制作で使われることは少ないが、ビジネス一般からクリエイティブな分野まで幅広く使われている。

高い安定性を実現処理速度も十分

2001年10月にリリースされて以降、マイクロソフト社からは大幅なアップデートとして「Service Pack 2」(SP2)が提供されており、現在の店頭パッケージ版もこれに準じている。細かなアップデートやセキュリティ対策パッチはオンライン経由で提供され、随時更新されている。

自動更新機能は標準で備わっており、とくに手間はかからない。アップデート内容が広範にわたる場合は、周辺機器やアプリケーションの対応を見定めてから適用したほうが確実だ。安定した作業環境を維持するうえで必要な対処といえる。

OSとして重要視される安定性については、実用上不足のないレベル。これはOSの中核部分が、同社の業務向け製品ラインとして用意されてきたWindows NT〜同2000系列のものに統合されたことが理由だ。結果的にエントリーユーザー向けと位置づけられるHome Editionでも、基幹業務向けと位置づけられるProfessionalと同等の安定性を有することになっており、こと業務でパソコンを使うユーザーにとって、この点は大きなメリットとなるだろう。

標準のユーザーインターフェイスは好みが分かれるが、作動するパソコン本体の処理速度が飛躍的に向上している現状では、速度面のストレスを感じることはまずない。これは各種アプリケーションの利用が非常に快適であることを意味する。パソコン本体の価格も含めたコストメリットや生産性の向上を考えるときに、極めて重要な点だ。

Windows製品のラインアップと系譜

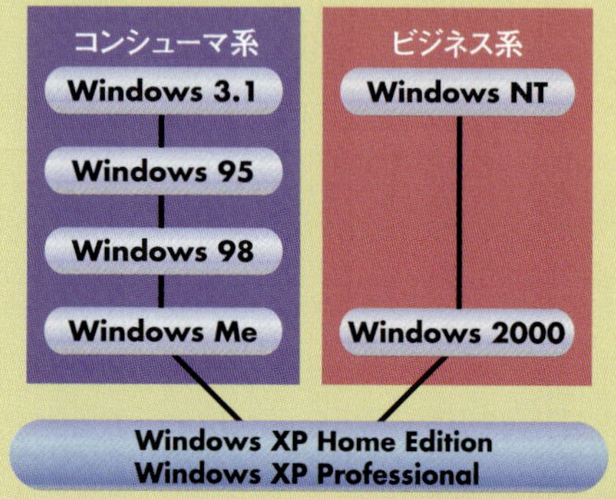
コンシューマ系
Windows 3.1
Windows 95
Windows 98
Windows Me
ビジネス系
Windows NT
Windows 2000
Windows XP Home Edition
Windows XP Professional

Windows XPで統合され、基本的な技術要素に違いはなくなった。現在はタブレットPC向けのWindows XP Tablet PC Editionと、テレビの視聴や録画、ミュージックサーバといったAV機能を備えたWindows XP Media Center Edition(右はメニュー画面)が追加されている。これらはパッケージとしては提供されず、プリインストールのみとなる

● 各ウインドウの左側に、選択した項目に対して実行可能な作業や呼び出せるフォルダなどを一覧表示する欄がある

Windows XPの基本画面。パッケージとしてはHome EditionとProfessionalの2製品がラインナップされているが、外観上の違いはなく、実装機能による差別化が図られている(次ページを参照)

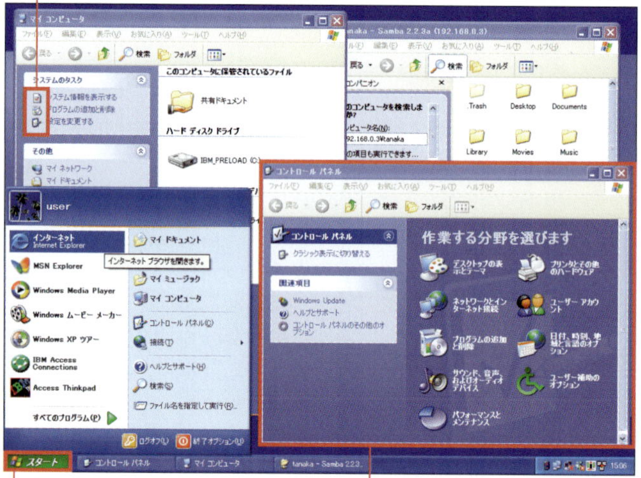

● おなじみとなった「スタート」ボタン。ここからアプリケーションなどを呼び出す。新しいプログラムがインストールされると、それを自動的にハイライト表示するなど、わかりやすさを指向した機能が備わる

● 各種設定を行う「コントロールパネル」は、目的別に項目分けされている。従来の形式に設定することも可能

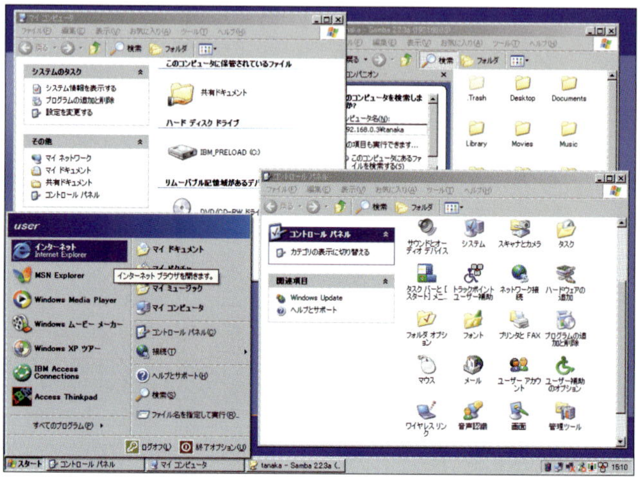

インターフェイスの見た目を、「クラシック」という以前のWindows系OSの外観に設定した状態

ProfessionalとHome Editionの違い

Professionalには、マルチプロセッサへの対応や、サーバ用途で利用する際に必要なボリュームのバックアップやアクセス管理・暗号化、遠隔地から操作できるリモートデスクトップといった機能が備わる。また、ドメイン構築されているネットワーク環境への参加や、共有フォルダの細かな設定もProfessionalのみの機能となる。

Home Editionは安価なパソコンにプリインストールされているので導入しやすいが、ドメイン参加や共有フォルダ設定などを重視するならProfessionalを組み込んでいるパソコンを選んだほうがよい。アプリケーションを利用するクライアントとしては、どちらを選んでも差はない。

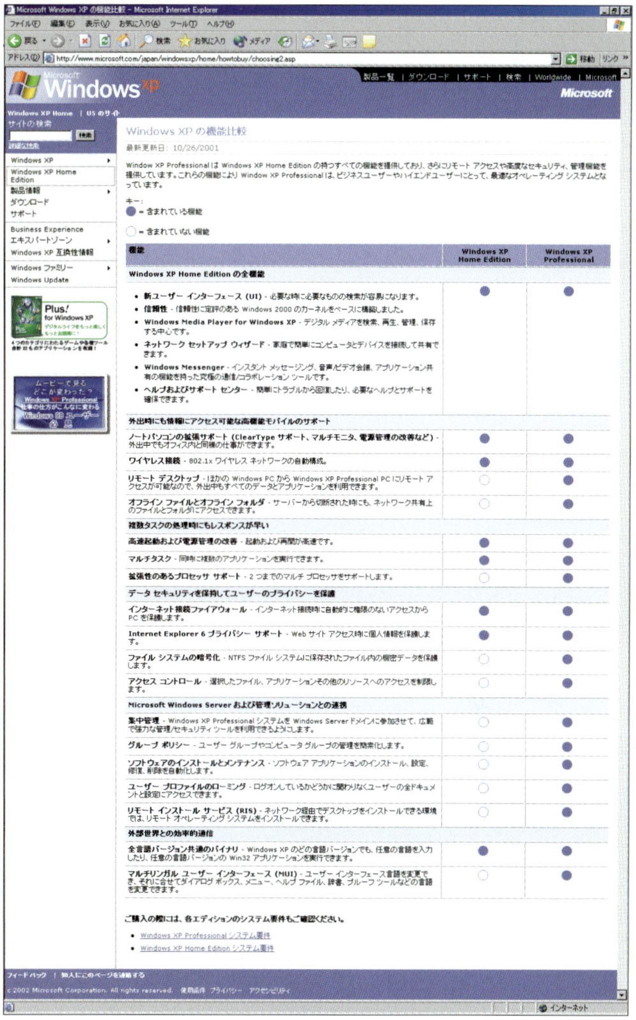

ProfessionalとHome Editionの機能の違いは、マイクロソフト社のWebサイトにまとめられている(右の画面)。このほかにもQ&A形式のものなど、わかりやすく紹介されているページが用意されている
http://www.microsoft.com/japan/windowsxp/home/howtobuy/choosing2.asp

DTPでの利用はどこまで可能か

端的にいって問題はない。レイアウト、画像処理、イラストレーションなど各種ソフトウェアのバリエーションは豊富であり、Macintoshプラットフォームよりも選択の自由度は高い。

アドビシステムズ社製品や「EDICOLOR」といった主なソフトでは、Macintosh版とのファイル互換性も維持されている。データ入稿での出力も、「Windows版で作成したデータだからできない」というケースはないといってよい。

フォント環境はOpenTypeおよびTrueTypeの両形式をサポートしており、他社製日本語フォントも問題なく扱える。パソコン本体の処理能力が高いので、描画などでもストレスを感じることもないだろう。ただ、Macintoshプラットフォームにある「ATM」のようなフォント管理ユーティリティが、サードパーティ製品として見あたらないのは弱点といえる。

周辺機器のWindows XP対応はほとんど終わっており、こちらの選択肢もMacintoshプラットフォームより多様だ。接続インターフェイスとしてUSB 2.0が主流となっているが、より確実性を求めるならIEEE1394インターフェイスを追加するなどしたほうがよいだろう。

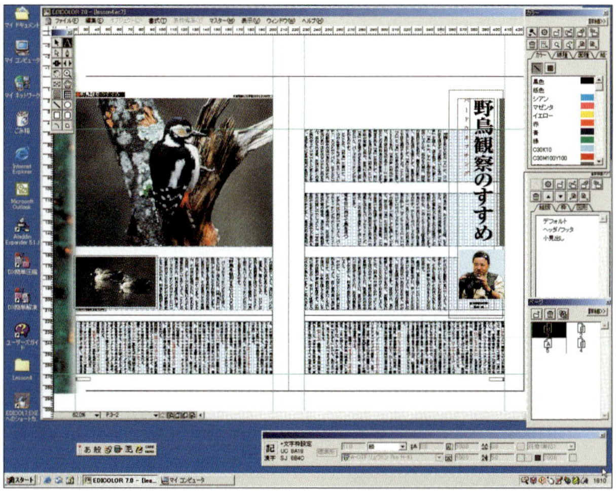

Windows対応レイアウトソフトは、ビジネス資料作成向けの製品も含め、実は意外と多い。選択肢が実質的に限定されてしまうMacintoshプラットフォームと比べ、制作物に応じた製品を導入できるのはメリットといえる。PDF入稿が一般的になれば、OSプラットフォームへの依存度はより低くなり、処理能力や生産性を重視する傾向が強まるだろう。上の画面はキヤノンシステムソリューションズ社からリリースされている「EDICOLOR 7.0」

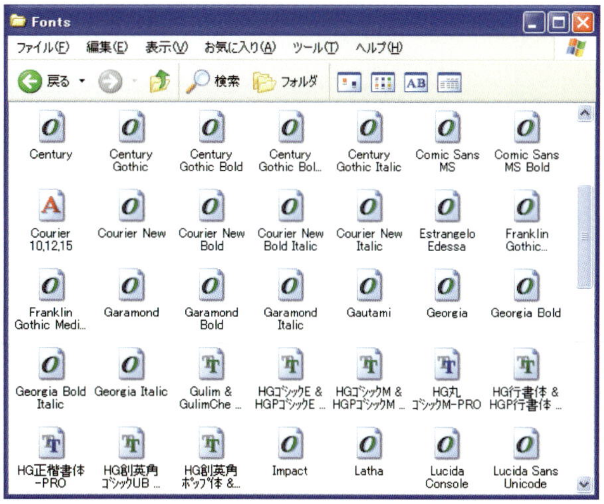

フォントフォルダを開いてみると、欧文フォントのほとんどがOpenType形式であることがわかる。標準の日本語フォントはTrueType形式なので、他社製OpenTypeフォントを組み込んで利用する

DTP用ソフトの役割としくみ

DTPは専門分業化していた印刷物の制作作業を、机上のコンピュータとプリンタで完結できる画期的なシステムとして、広まったものだ。現在では、ハードウェア・ソフトウェアの進化により、印刷物の多くがDTPで制作されている。

それぞれのソフトが持つ得意分野を使い分ける

パソコン1つといくつかのソフト、そしてプリンタさえあれば、誰でも本を作ることができる。それがDTPの原点だ。それまで専門業者に頼らざるを得なく、必然的にある程度の資金力がなければ不可能だった出版・印刷物制作を個人でも可能にし、誰でも情報発信者になれる……。いまではインターネットがそうした文化の中心になっているが、DTPが生まれた背景にも、そうした考えがある。

DTPの最大のメリットは、モニタで見たままの状態をそのままプリンタ、最終的には印刷物でも得ることができることだ。いまや当たり前だが、文字と写真や図など絵柄要素を一緒に扱うことができるのも、DTPが急速に普及した理由だ。

DTPソフトといわれるものは、大きく分けて3種類ある。全体の誌面構成を受け持つレイアウトソフト、写真などの画像データを補正するフォトレタッチソフト、図形やイラストを作り込むためのドロー・グラフィックソフトだ。ここではそれぞれの特長を解説する。

最近では、これらDTPに欠かせない3つの機能を持った統合ソフトや、レイアウト機能を持つワープロソフトも多いが、DTPの基本は各分野を得意とする専用のソフトを組み合わせて作業することだ。

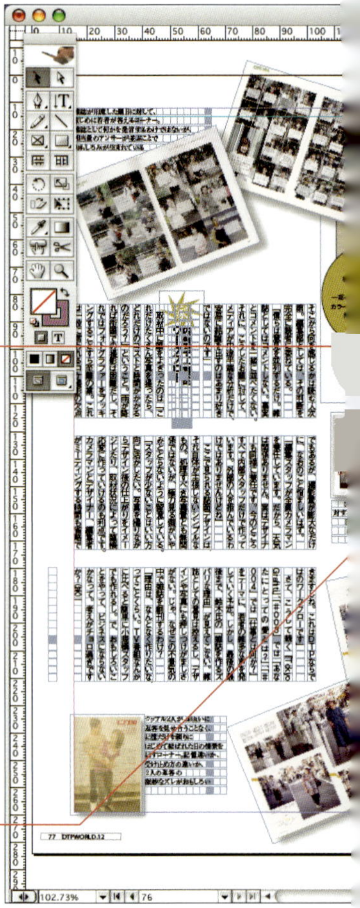

フォトレタッチソフト

とくに写真画像の処理を得意とし、明るさや色調の補正など、これまで暗室内で行われていた専門的な作業をすべてコンピュータ上で可能にするソフト。滑らかで自然な表現を得意とするが、単にピクセルを増やして拡大すると絵柄を崩して品質が落ちる。あらかじめ使用サイズを念頭に置いた解像度のデータを用意する必要がある。Adobe Photoshopが代表的なソフト。

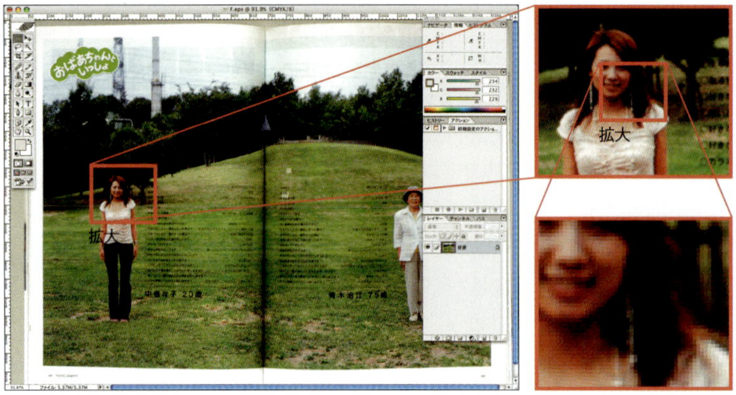

ドロー・グラフィックソフト

点の位置と、それらの点の間をつなぐ線の方向を指定することで、図形を表現する。輪郭線や輪郭内の描画は数学的に関数曲線で処理されるので、拡大・縮小しても滑らかさは失われない。これをベクトルデータという。写真画像や階調のあるイラストの表現には向かないが、表組みや図形、イラストなどのパーツ作成を得意とする。またデザイン的な自由度の高さから、チラシやポスターなどペラ物のデザインやレイアウトに使われることが多い。DTPではAdobe IllustratorやMacromedia FreeHand、CorelDRAWなどが代表的なソフト。

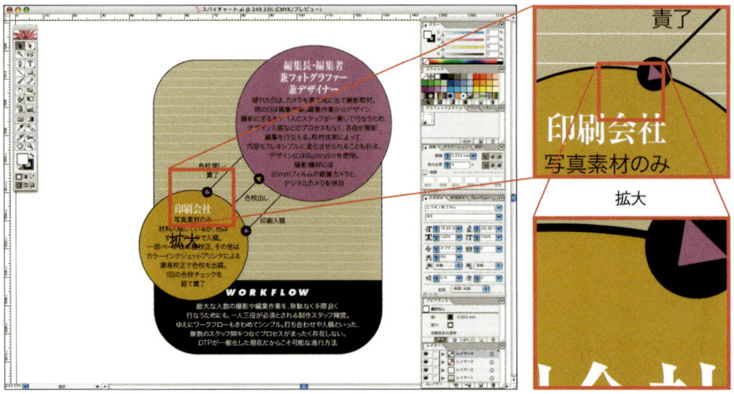

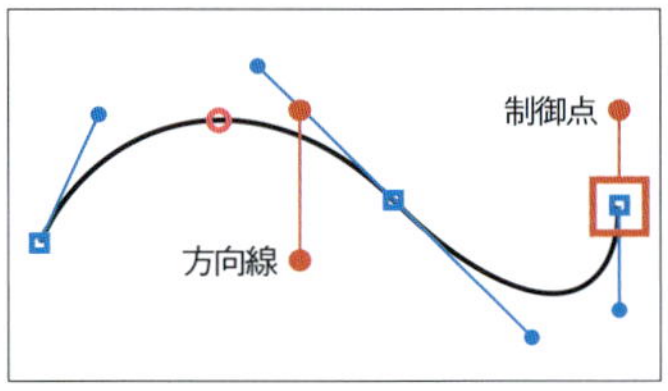

関数曲線は制御点と方向線で成り立つ。図は代表的な関数曲線「ベジェ曲線」

関連リンク
DTPとは？ p.008
必要な道具 p.010
ワープロ・テキストエディタ p.056
カラーモデル p.068
Photoshop p.092
Illustrator p.102
レイアウト p.138

レイアウトソフト

テキスト、画像、図版など個別に作られたデータを1つの誌面にまとめ上げるためのソフト。「テキスト」と「画像」を入れる枠(フレームやボックス)を作って要素を配置していくのが基本機能で、DTPワークの中核となる。数多くのレイアウトソフトがあるが、印刷を目的とした本格的なDTPでは、Mac OS 9環境まではQuarkXPressが圧倒的な支持を得ているが、Mac OS X環境では圧倒的にAdobe InDesignが使われている。EDICOLORも一部で支持を得ている。

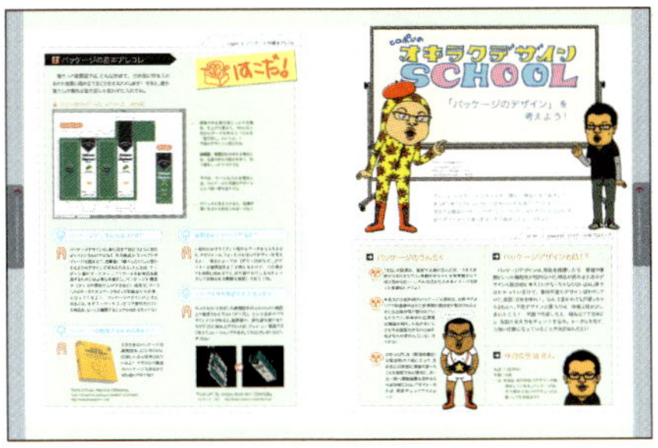

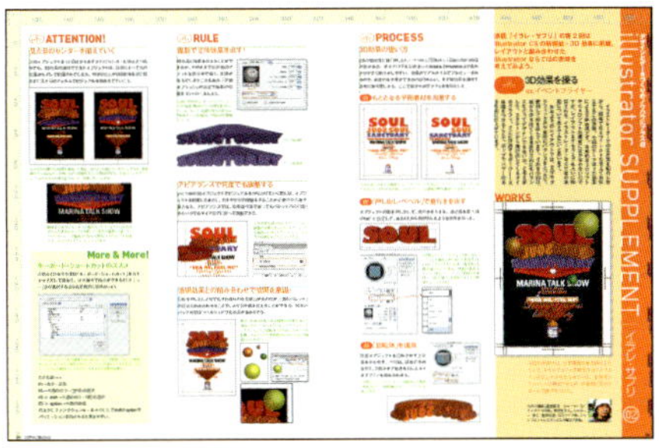

OS X環境の新しいDTPワークフロー

Adobe Creative Suite

デザインワークにおいては1つのアプリケーションで完結するケースは少なく、ほとんどの場合、複数のアプリケーションを連携させて完成させることになる。Adobe Creative Suiteは、Photoshop、Illustrator、InDesign、AcrobatなどDTP作業に必要なアプリ間の連携機能を強化しスムーズにすることを目的に開発された、統合パッケージだ。最新版のCreative Suite2 ではアプリ間をつなぐBridge が搭載され、ハブの役割を果たすようになった。すべてのアプリケーション、ファイルの出入り口として機能し、ファイルを開く・閉じる、検索する、管理する、StockPhotos(23万点のストックフォトサービス)にそれぞれの作業を中断することなくアクセスするなどといった事がすべてBridgeから行える。効率的で合理的なワークフローが実現できる

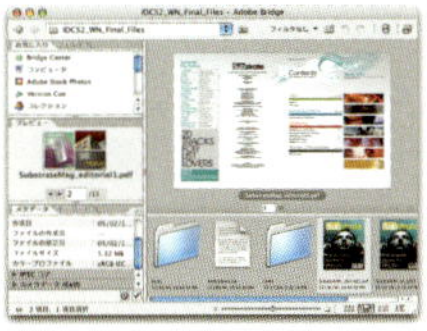

テキストエディタ・ワープロソフト

レイアウトソフト上で直接テキストを入力することも可能だが、より普及しているテキストエディタやワープロソフトで行うことがほとんど。

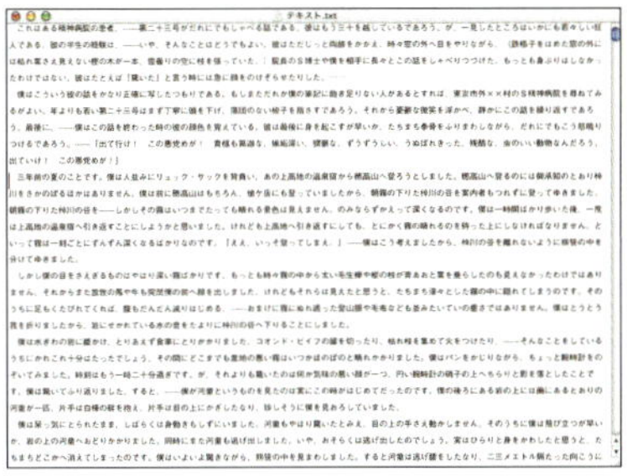

プラグイン&XTension

DTPで使うソフトの多くは「プラグイン(Plug-In)」という機能拡張ファイルを所定のフォルダに入れることで、簡単に機能を追加できる。また、最初からプラグインによって実現している機能も多い。とくにQuarkXPress、Photoshop、Illustratorの3つのソフトには数多くのプラグイン(QuarkXPress用のプラグインは「XTension(エクステンション)」という)が存在する。

Shape of Things.axt

星型ツール

照明効果

ジグザグ

InDesign p.142
QuarkXPress p.144
組版の基礎知識 p.150
デジタルデータ出力 p.168

ワープロソフト・テキストエディタのしくみ

入力に関する機能に特化したシンプルなソフトがテキストエディタで、レイアウト機能もある総合的な文書作成が可能なのがワープロソフトだ。DTPでは、検索・置換機能に優れ、動作が軽く、メモリを消費しないテキストエディタのほうが使われる。

DTPに必要なワープロ・エディタの機能

ワープロソフトもテキストエディタも文章を書くことができるアプリケーションだが、DTPにおける両者の役割は、一般的なビジネス文書の作成時とは異なる。DTPでは、レイアウトや図形の作成はそれぞれに特化した専用のソフトを使うため、ワープロ、テキストエディタに求められるのは、効率よく、正しいテキストを作成する機能だ。

文字コードの違い

文書をやり取りするときに困るのが、相手とファイル形式や文字コードが違うケース。Windows 98やMac OS 9以前ではシフトJISが文字コードとして採用されていたが、Mac OS XやWindows XPではユニコードに本格的に対応した。ユニコードはOS X付属のテキストエディタなら問題なく読み書きできる。最新OS間でのやり取りでない場合は、シフトJISで作成したほうが安全だ

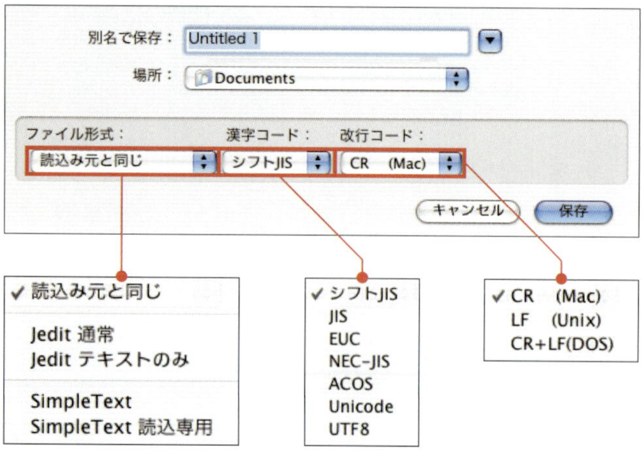

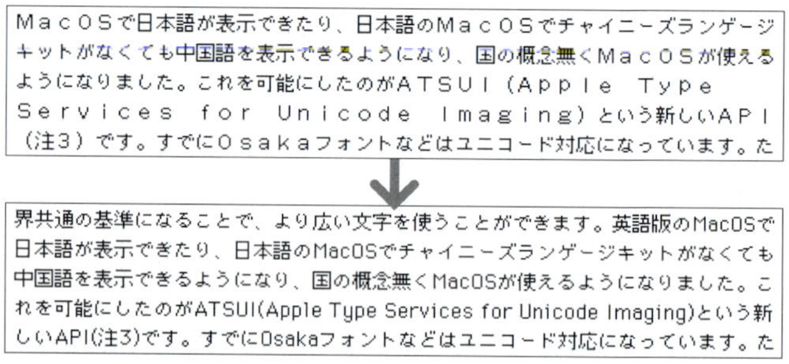

原稿整理に必要な機能

文字には、1バイト（半角）と2バイト（全角）があり、その違いはレイアウトした際、文字組に大きく影響する。これらの変換・統一をするマクロ機能や検索・置換機能が必要となる

入力効率を上げる機能

効率よく作業するうえで、行番号表示や字数計算機能が必須。選択した単語を括弧でくくるなどの文書作成支援機能が非常に充実しているソフトもある

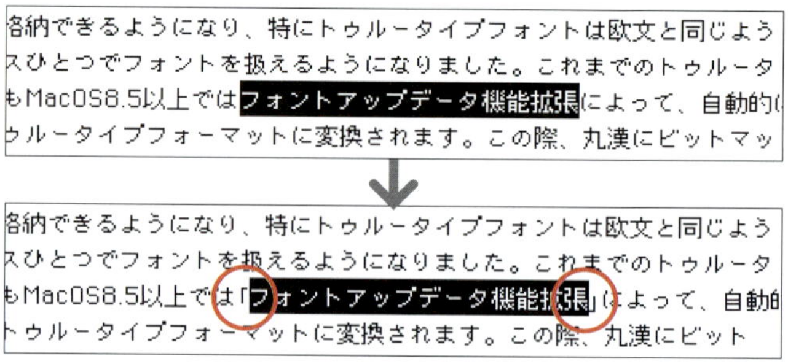

入力プログラムのしくみ

IM(Imput Method)と呼ばれるソフトが、漢字やかなの変換をして入力する役目を担っている。古くはFEP(Front End Processor)とも呼ばれた。最初はあまり変換効率が高くなくても、自分で辞書に登録したり使い込んだりするうちに、どんどん使い勝手がよくなっていく。Mac OS標準の「ことえり」のほかに数多くの市販IMがあるが、ジャストシステム社の「ATOK」がとくに評価が高い。DTPを支える名脇役といえる。

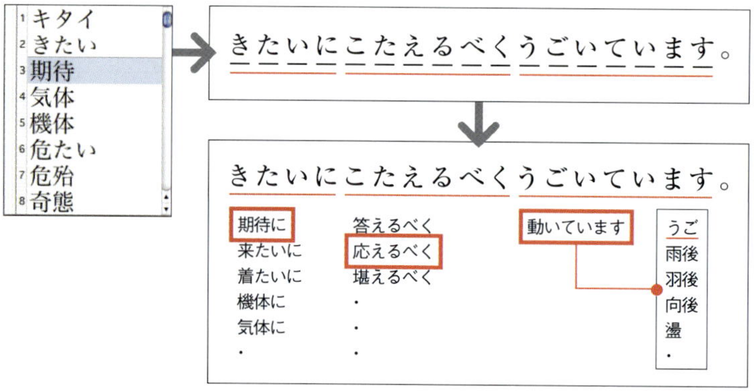

文節としてではなく、ばらばらに認識されてしまうとうまく変換されない（黒線）。間違った文節で区切られてしまったときは、まず文節を指定し直してやるとよい（赤線）。正しい文節に区切ったあとは、いくつかの候補の中から自分の欲しい語を選ぶ

関連リンク
テキストファイル p.058
改行コード p.059
文字コード p.128
Unicode p.129
シフトJIS p.129
1バイト・2バイト p.130

代表的なワープロ・入力ソフト

Microsoft Word
ワード／マイクロソフト

Windows環境でもっとも普及しているマイクロソフト社のワープロソフト。「Office」パッケージの中にも含まれる。Macintosh版もあり、Mac OS Xにも対応。多くのWindowsパソコンにプリインストールされ、多様なテンプレートと高度な図形描画機能によって、ビジネスユースの文書作成で幅広く使われている。立体的なロゴの作成なども可能。同じOfficeソフトであるExcelの表を取り込んだり、Wordで作った文書スタイルをそのままHTML形式に書き出すことができるなど、充実した機能を誇っている。

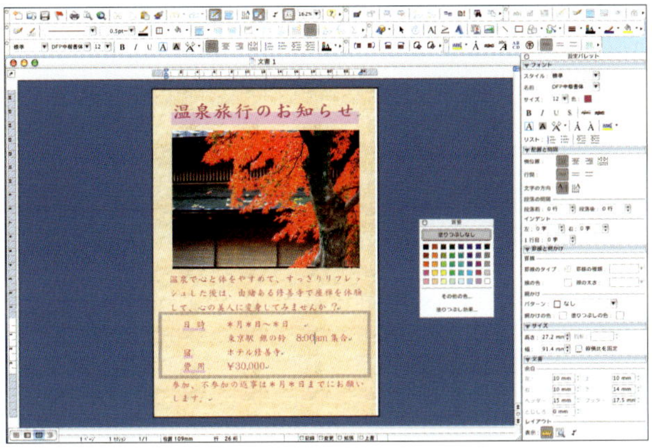

EGWORD
イージーワード／エルゴソフト

EGWORDは、エルゴソフト社の高機能ワープロソフト。Unicodeに対応し、Mac OS Xが採用しているヒラギノフォント約2万文字を扱える。ヒラギノフォントに内蔵されたDTP用の外字にも対応しており、人名の異体字や囲み文字も簡単に入力できる。また、数式エディタを搭載し、根号や分数をはじめ、微積分やΣ、集合、行列式なども扱える。そのほか、Adobe InDesignのタグつきテキスト形式の読み書きにも対応。EGWORDで入力した外字などを正確にInDesignで読み込むことができる。

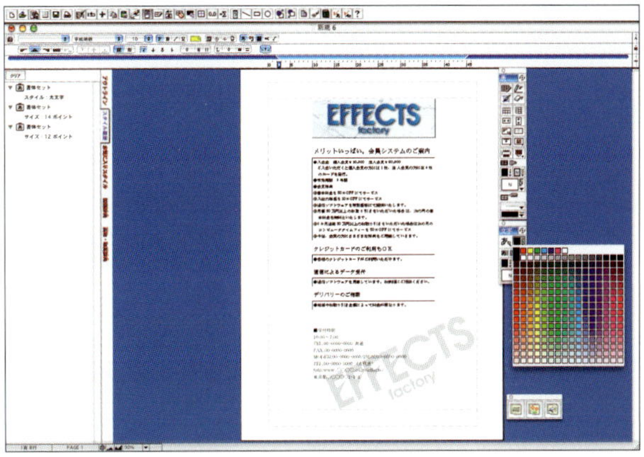

ATOK
エイトック／ジャストシステム

DOS時代からユーザーの支持の高かったIMで、一太郎 Ver.5の登場からはMacintoshユーザーの間でも高く評価されてきた。ATOK 16からUTF-16に対応し、約2万字種をフルサポートするようになった。また、「第三・第四水準漢字辞書」も標準搭載し、人名や地名などで使われている文字にも完全対応。前後の文脈を正しく認識し、高機能な変換エンジンが正しい日本語に変換してくれる。さらに「〜しちゃった」「〜だよね」といった口語表現も正確に変換してくれる。最新のMacintosh版はATOK17。

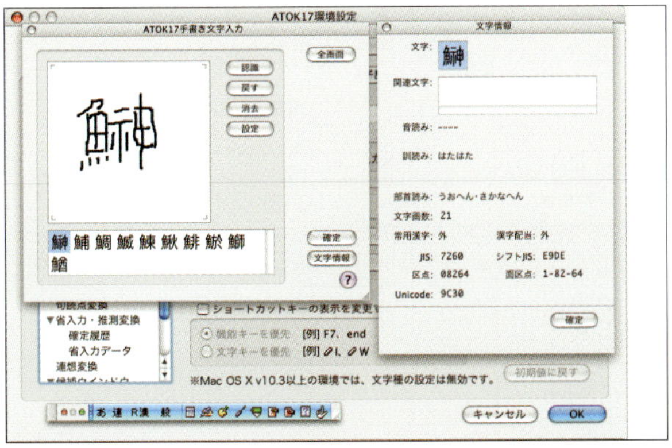

ことえり
ことえり／アップルコンピュータ

Mac OSに付属する入力プログラム。以前はほかに比べ、収録単語数が少なく、文節区切り、かな・漢字変換の精度もやや劣る印象だったが、現在は辞書の収録語彙も追加され、同音異義語にも強くなっている。キーボードを使わずに文字入力できる50音表を備えるなど、初心者にも扱いやすい。また、ヒラギノフォント2万字種をフルサポートしており、同音異義語の意味表示などの新機能が加わった。収録単語を増やすための辞書が市販または、フリー・シェアウェアとして数多く販売・配付されているのも特長だ。

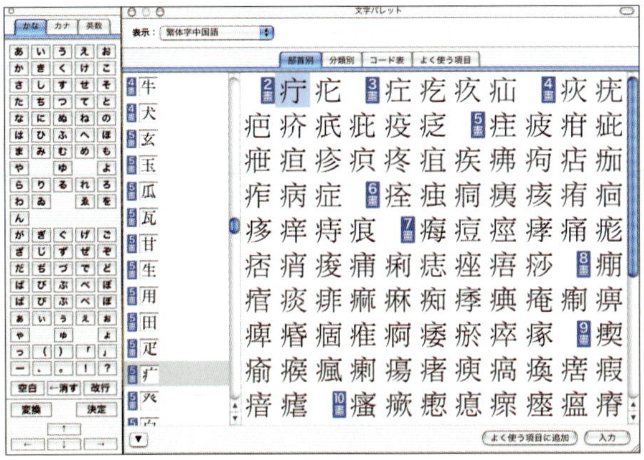

ファイル形式と互換性

ファイルのやり取りをするときは、双方の持っているソフトとそのバージョンを確認したうえで、お互いが開けるファイル形式で受け渡しをするのが基本。ここでは、OSをまたぐデータのやり取りの際に困らないように注意点を解説する。

アプリケーションソフトごとのファイル形式

ファイル形式には、そのソフトでしか開けない独自の形式と、ほかのソフトでも開ける互換性を備えた形式とがある。ソフトのバージョンによっても、ファイル形式は異なる場合がある。

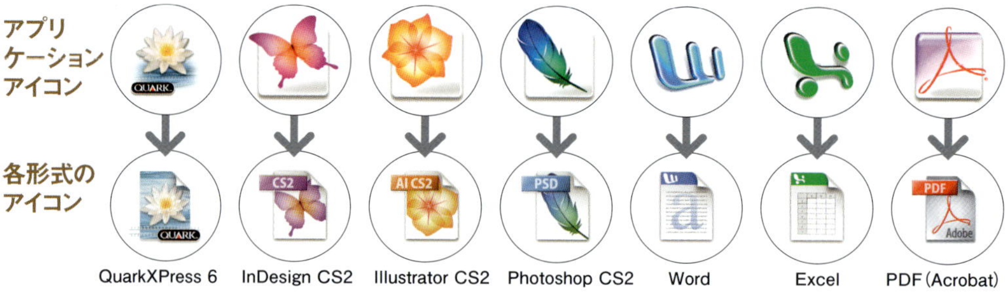
アプリケーションアイコン
各形式のアイコン
QuarkXPress 6
InDesign CS2
Illustrator CS2
Photoshop CS2
Word
Excel
PDF (Acrobat)

MacintoshとWindowsのデータのやり取り

Mac OS 9まではファイル内部に、どのアプリケーションで作られたのか、どんなファイル形式かという情報も含まれているので、拡張子がなくても正しく識別されるが、Windowsにファイルを渡すときは、あらかじめ拡張子をつけておく必要がある。また、Windows、Mac OS X間では拡張子でファイル形式を判断しているので、拡張子をつけてやり取りする。

DTP.ai
Macintosh
Windows

Mac OS Xでは、アプリケーションによっては、拡張子がなくても正しく識別される場合もある。ただし、Windowsでは拡張子でファイル形式を判断するので、やり取りする場合は拡張子が必要になる

拡張子の役割

拡張子はファイル形式を示すもので、ファイル名の末尾につけられる、「.」(ピリオド)と作成元ソフトの頭文字などに関連づけられた2〜4文字で表現される。Windows、Mac OS Xでは自動的に新規ファイルの名前に拡張子がつくが、Mac OS 9以前ではつかない。拡張子によってひと目でファイル形式を判別できるので、よく使う基本的なものは覚えておきたい。

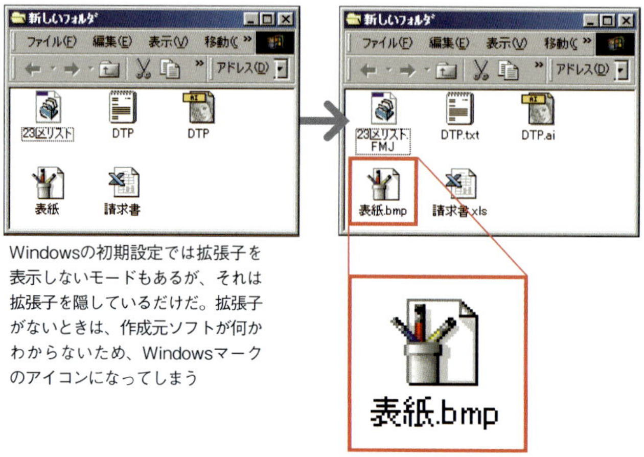
新しいフォルダ
ファイル(F) 編集(E) 表示(V) 移動(
アドレス(D)
23区リスト
DTP
DTP
表紙
請求書
23区リスト.FMJ
DTP.txt
DTP.ai
表紙.bmp
請求書.xls
表紙.bmp

Windowsの初期設定では拡張子を表示しないモードもあるが、それは拡張子を隠しているだけだ。拡張子がないときは、作成元ソフトが何かわからないため、Windowsマークのアイコンになってしまう

DTPに関係する主なファイル形式の拡張子

テキストファイル	.txt
PICTファイル	.pct
EPSファイル	.eps
JPEGファイル	.jpg
ビットマップファイル (Windows用標準画像ファイル)	.bmp
QuarkXPressドキュメント	.qxd
InDesignドキュメント	.indd
Photoshopファイル	.psd
Illustratorファイル	.ai
PDF (Acrobat) ファイル	.pdf

関連リンク
改行コード p.059
画像ファイル形式 p.112
文字コード p.128
ネットワーク p.160

MacintoshとWindowsのテキストデータ

MacintoshとWindowsで、テキストデータをシフトJISでやり取りする場合、「改行がなくなった」「文末の文字が化けた」などということがある。これは改行コードが違っているためだ。Macintoshの改行コードは「CR」(Mac OS Xは「LF」)、Windowsは「CR+LF」。改行コードを統一するは高機能のエディタやワープロを利用すれば、自動または手動で処理が可能だ。

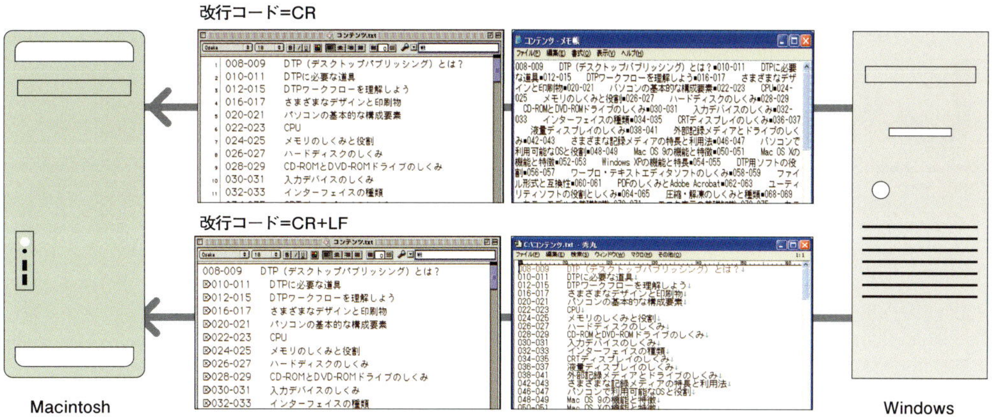

MacintoshとWindows間でのメール添付によるファイル交換

電子メールにファイルを添付して送る。よくあるデータ受け渡しの方法だが、これもMacintosh側からWindows側へ送るときは、注意が必要だ。基本的にインターネットを流通するのはその規格上、文字のみとなっている。そのためメール添付でファイル(=バイナリデータ/テキストファイルを含む)を送る際には、エンコーディング(符号化=テキスト化)する必要がある。

そのエンコーディング方法には、Mac用のものとしてApple Double、BinHex、Windowsのほか一般用としてBase64(MIME)、UNIX用としてUUEncodeなどがある。Apple DoubleでWindows側へ送るとリソースフォークとデータフォークが分割されて送られる。Windowsへ送る際には、Base64(MIME)が基本だ。

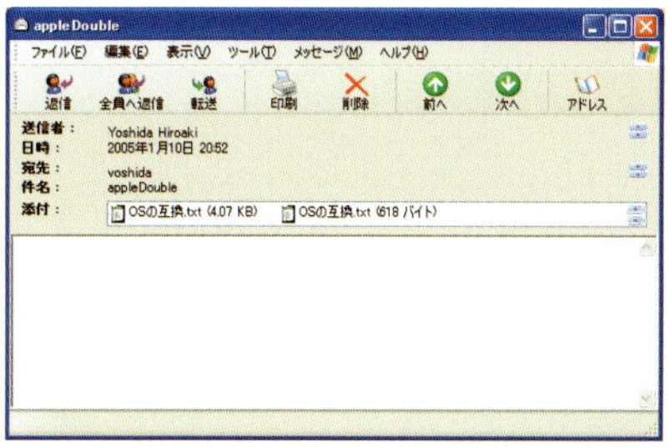

添付ファイル(AppleDouble形式でエンコード)をWindowsのOutlookで受信したもの。Macでは1つのファイルだったものがリソースフォークとデータフォークに分割されている。特に容量の少ない方(左図では618バイトのもの)がリソースフォークだ

ネットワークによるやり取り

Macintosh(OS 9)とWindowsをEthernetなどのネットワークでつないでLANを構築しても、そのままではネットワークプロコトルが異なるのでファイルをやり取りできない。

Windowsの数が少なければ、ディアイティ社のPC MACLANやケミカルリサーチ社のCOPSTalk IPなどの変換ソフトをWindowsマシン側に、逆にMacintoshの数が少なければ、Macintosh側に変換ソフトを用意すれば、もっとも手軽にお互いのファイルをやり取りできる。Windowsマシンの数が多ければ、両者のプロトコルを理解することができるWindows NT Serverなどサーバ用OSをインストールしたマシンをLANに介在させ、データの橋渡しをしてもらうことになる。Mac OS Xの場合は、Windowsと問題なくファイルをやり取りできる。

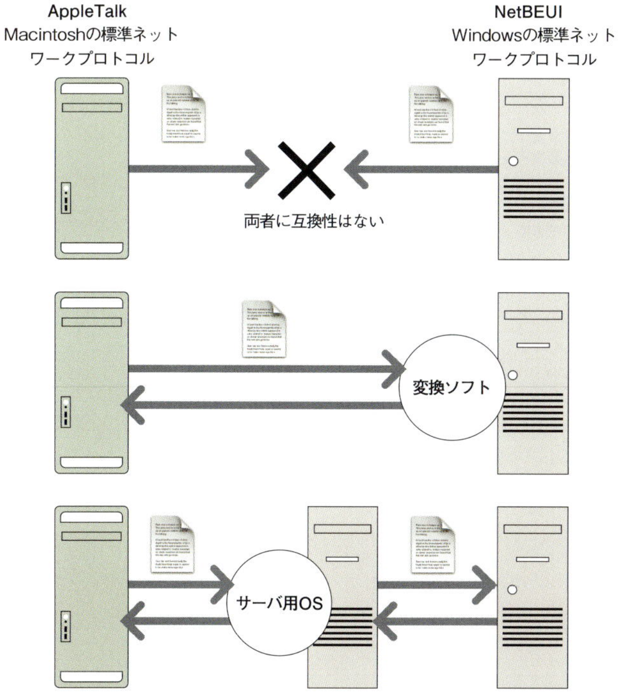

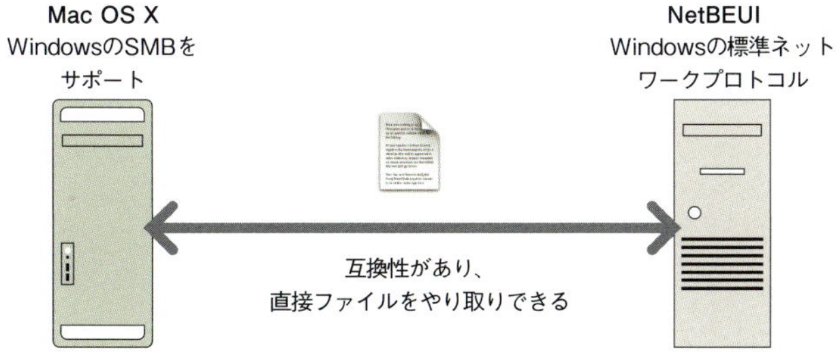

PDFのしくみ

PDFとは、アドビシステムズ社が開発・公開した電子文書の規格。異なるOS間でも同じ表示が可能で、データサイズが小さく、そのまま印刷用や電子配信用のデータとしても利用できるPDFは、DTPワークフローにも広く浸透している。

PDFの利点は？

PDFの最大の利点は、MacintoshやWindowsといったOSの違いを越え、ドキュメントを同じように表示・印刷できることにある。PDF作成時の設定で使用フォントを文書に埋め込むことができ、同じフォントがない環境でも、作成時の体裁を再現できる。また、変換前に比べ、容量も軽くなるので、インターネットとの相性もよい。セキュリティ機能も充実し、電子文書の公開、配信に適したファイル形式といえる。さらに、オンライン校正・入稿が可能なことや、貼り込み画像などのリンクファイルが不要なこと、高解像度プリンタフォントが不要なことから、出力フォーマットとしても広く利用されつつある。

書き出し機能を持たないアプリケーション

DTPワークフローでPDFを使うのであれば、まずPSファイルに書き出し、それをDistillerでPDFに変換するのがよいだろう

PSプリンタドライバ
OS 9環境では「セレクタ」で「Adobe PS」を、プリンタは「仮想プリンタ」、PPDは「Acrobat Distiller J」を選択する

PSファイル
プリンタドライバから書き出されるファイル

Adobe PDFの作成

各アプリケーションで作成した書類は、「Adobe PDFの作成」を使えば、PSファイルを書き出すことなく、フォントを埋め込んだPDFファイルを作成することができる

Acrobat Distiller

目的に合わせ、互換バージョン、フォントのエンベット、カラー設定、圧縮率といったジョブオプションに基づき詳細な設定が可能。PSファイルをPDFに生成する

Acrobat

PDFの高度な編集・加工をするにはAcrobatが必要。「TouchUp」ツールを使えば、テキストの差し替え・削除、書体・サイズの変更や、図形・写真の位置を変更できる。そのほか、しおりの作成、文書の暗号化などのセキュリティ、注釈や電子署名などの校正、画像やテキスト再利用のためのデータ書き出しなどを行うことができる

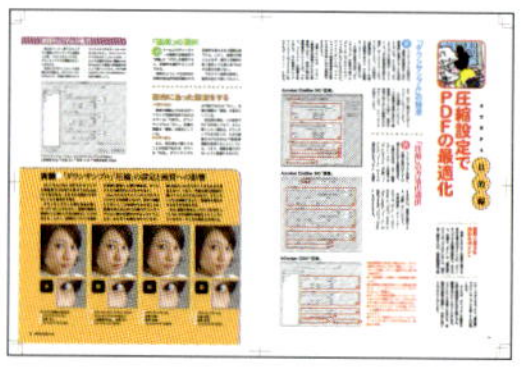

PDFファイル

生成・編集

表示

書き出し機能を持つアプリケーション

InDesign、Illustrator、Photoshopなどのアプリケーションは、PDFを直接書き出す機能を持つ。より精度の高い設定をする場合はPSファイルを書き出し、Distillerを使うこともできる

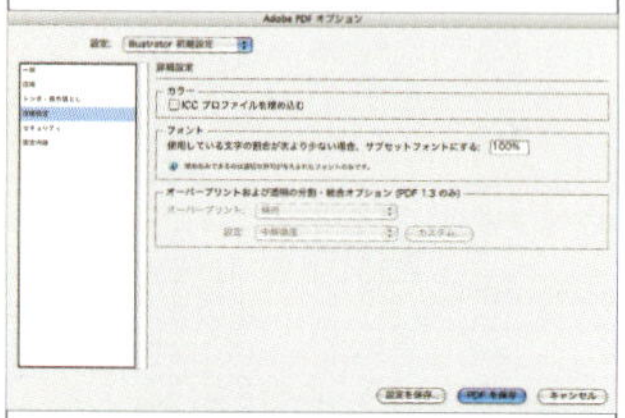

フォントの埋め込み、画像の解像度・圧縮、セキュリティなどの詳細な設定ができる。直接PDFを生成するには、InDesignは［データ書き出し］、Illustrator、Photoshopでのは［別名で保存］コマンドでPDFを選択する

Microsoft Office製品など

マイクロソフト社の、Mac OS X対応のOffice製品では、Acrobatをインストールするとツールバーに追加される「Adobe PDFに変換」機能を使って、直接PDFを書き出すこともできる

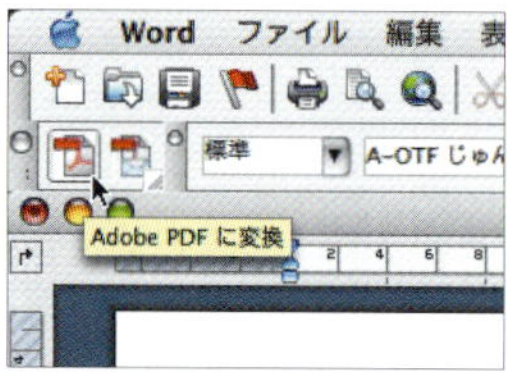

Mac OS X

Mac OS Xから、［ファイル］メニュー→［プリント］で「PDFとして保存」を選択すると、PDFとして保存できる。ただし、これは印刷用PDFとしては詳細な設定ができないので、入稿用データにするのであれば、Acrobatを使って作成する

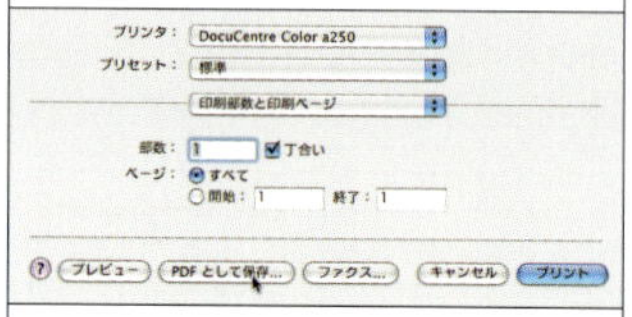

Adobe Reader

PDFファイルは、無償配付されているAdobe Readerさえあれば、環境に左右されることなく作成時と同じ体裁でファイルを表示・印刷できる。PDFはすでに、Webページの一部として表示させたり、メールでのやり取りやCD-ROMを利用した商品カタログや電子マニュアルなど、さまざまな場面で使われている

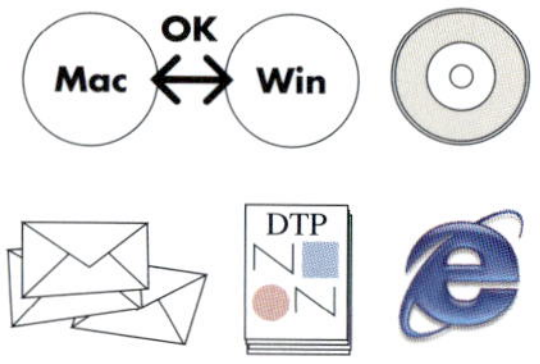

関連リンク
OS p.046
Mac OS X p.050
CIDフォント p.121
OpenTypeフォント p.124
インターネットのしくみ p.158
ネットワーク送稿 p.164
リモートプルーフ p.190

Adobe Acrobat Professinal
アクロバット プロフェッショナル

Acrobatは単なるPDF編集ツールではなく、電子フォーム作成、ハイエンド印刷に対応したフォーマット作成、IT業務やデベロッパー向けに特化した機能も備える、電子文書処理ソフトだ。メール送信した注釈の自動取り込み機能、PDF/X-1aおよびPDF/X-3の制作と検証、トンボ・裁ち落としやカラーマネージメントを制御する詳細印刷オプションなども備える。最新のAdobe Acrobat 7.0 Professionalでは、色空間や特性ごとのオブジェクト表示、オーバープリント・リッチブラックの表示、ヘアラインの修正、JDFデータの直接入力・編集のほか、プリフライト機能向上により、問題箇所の警告表示、プロファイルの複製・編集、不適ファイルのPDF/X変換などの機能が加わっている。

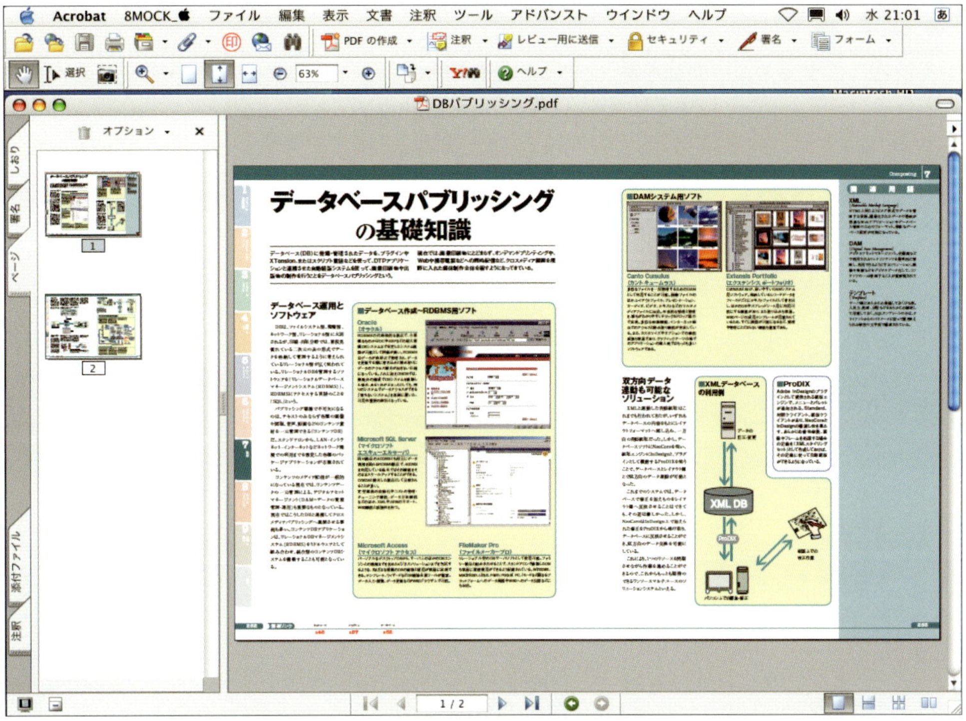

Acrobat Distiller
アクロバット ディスティラー

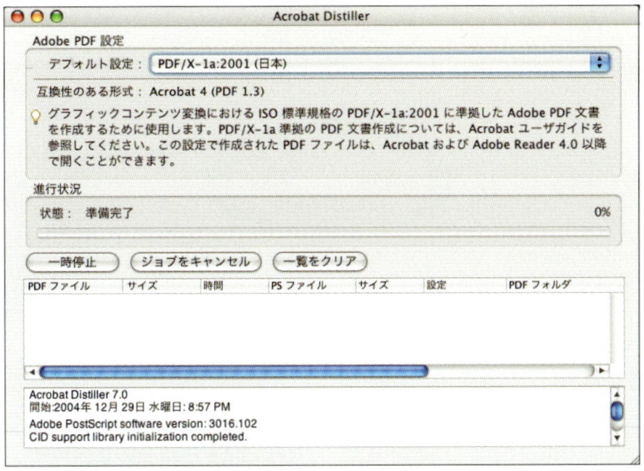

いったんPostScriptファイルとして書き出したドキュメントデータをPDFに変換するためのアプリケーション。Acrobat Professionalに同梱されている。互換バージョンの指定や画像の圧縮率、カラーモード、フォントの埋め込み、サムネールの作成など詳細な設定が必要な場合はDistillerを使って、用途に応じたPDFを作成することができる。印刷用データとして使用するPDFの設定も可能だ。ジョブオプションでは、「プレス品質（プリプレス印刷用）」、「最小ファイルサイズ」（画面表示向け）などのほかに、PDF/X-1aやPDF/X-3に準拠した形式で書き出す設定がある。

Adobe Reader
アドビ リーダー

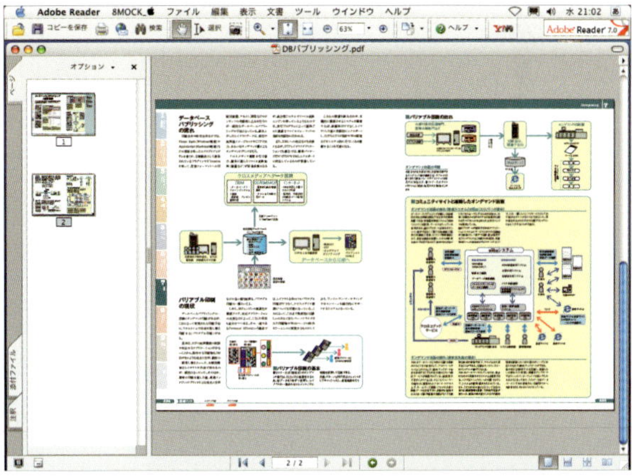

PDFを表示・印刷するための無償のアプリケーション。プレゼンテーションなどに使えるPDFファイルの全画面表示によるアニメーション効果つきのスライドショーも可能。PDFの作成・修正はできないが、7.0からは、Acrobatで注釈編集を許可されたドキュメント上では、注釈の書き込みができるようになっている。入手するにはアドビ社のWebサイトからダウンロードする。PDF文書にCJKフォントが埋め込まれているときに、追加の日中韓言語フォントのインストールが必要な場合があるが、これらはファイルを開いたときにその場でダウンロード・インストールできる。

PDF/X-1a
p.223

ユーティリティソフトの役割としくみ

パソコンを快適に使う、足りない機能を補うといった役割のアプリケーションソフトをユーティリティソフトと総称する。ここでは市販のユーティリティソフトの中から、DTPの日常業務の中でトラブル防止のために役立つものも紹介する。

ディスクドライバの機能と役割

ディスクドライバは、ハードディスクやMOドライブの情報をOSやアプリケーションに伝える役割を持ち、ディスクの初期化、ドライバの設定、マシンに接続しているメディアの検出、認識などを行うソフトである。そのほか、ディスクの状態をチェックする機能を持つソフトも多い。ディスクのフォーマットはMac OS X標準の「ディスクユーティリティ」でも可能だが、市販のディスクドライバは、不良セクタを除外してディスクの表面にトラックとセクタを編成する「物理フォーマット」機能など、より多彩な設定が可能。

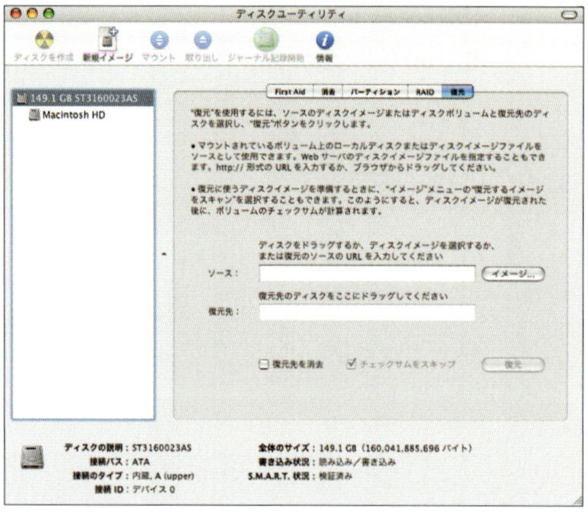

ディスクユーティリティ

Mac OS Xに標準で付属するフォーマッタ。以前の「Disk First Aid」と「ドライブ設定」が統合され、単独のユーティリティになった。ディスクの検証・修復を行う「First Aid」、ディスクの初期化を行う「消去」、ディスク領域の分割を行う「パーティション」、さらに保存の効率や信頼性を高めるRAID機能の設定を行う「RAID」、ディスクイメージを使ってディスクの使用状態を復元する「復元」といったパネルで構成される

修復ツールのしくみ

ハードディスクやリムーバブルメディアのデータのメンテナンス、修復に活躍するのがNorton Utilitiesなどの修復ツールだ。

簡単な操作で、媒体、パーティション、ディレクトリ、ファイルの詳細な検証を行い、エラーを発見するとそれを修復してくれる。修復したことで、不具合が起きた場合に備え、修復前の状態に復元するオプションも用意する。また、ハードディスクの性能低下を招く断片化も解消できるので、自分のマシンの調子が悪いときはこういったツールでチェックしてトラブルを解消したい。一度消してしまったデータや損傷したデータを復活させる機能を持つものもあり、DTP業務で常備したいツールといえる。

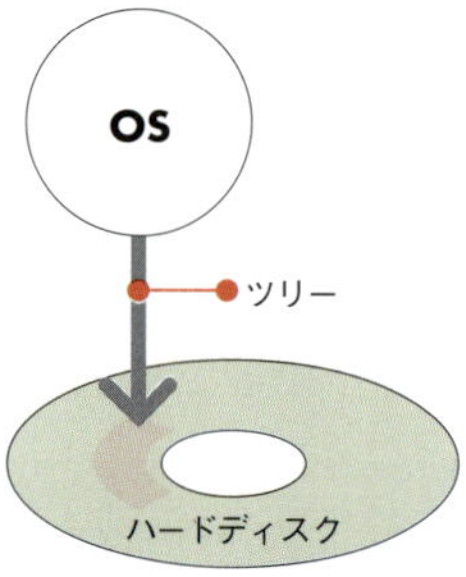

ハードディスクを修復するしくみ

ハードディスクの物理的な問題やファイル構造などを順にチェックしていく。間違った日付やツリー構造、不良ブロックなどがあれば、修正したり適切な処置をする

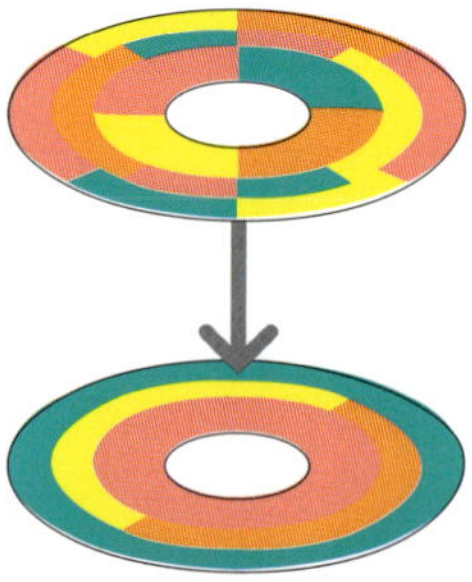

断片化によって性能が低下する

データの書き込みや削除を繰り返すことでハードディスクに書き込んであるデータ部が虫食いのようになる現象を断片化という。ハードディスクの動作が鈍くなるので、整理が必要になる

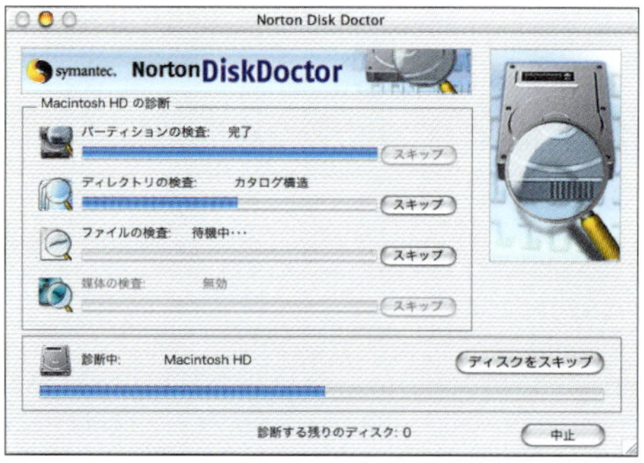

Norton Disk Doctor

シマンテック社のNorton Utilitiesに含まれるハードディスク修復ツール。個々のファイルのデータ内容も含め、ディスク構造に問題がないかどうかを検出・修復してくれる

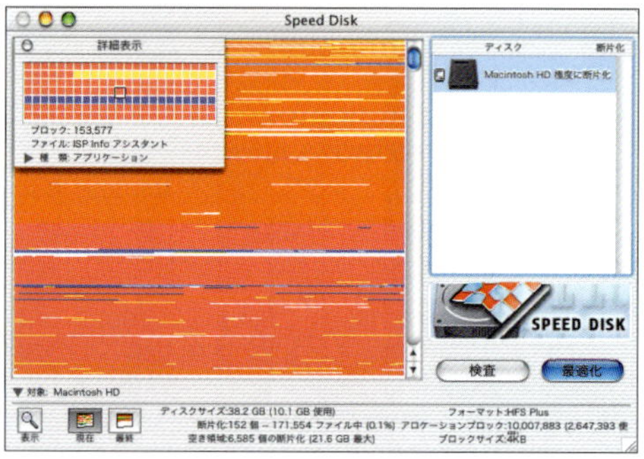

Speed Disk

同じくシマンテック社のNorton Utilitiesに含まれる断片化解消ツール。ファイルの断片化(ファイルの性質別に色分けして表示される)が解消されいく様子が、目で確認できるようになっている

関連リンク
ハードディスク p.026
RAID p.027
リムーバブルディスク p.038
OS p.046
コンピュータウイルス p.227

ウイルスの種類と感染経路

コンピュータウイルスとは、生物のウイルスと同じように感染→潜伏→発病といった動作をする不正プログラムのこと。その種類は多岐にわたり、メッセージや画像を表示するいたずら的なものから、ハードディスクのデータを破壊してしまう危険なものまでさまざまだ。WordやExcelなどのマクロ機能を利用して感染するものもある。感染経路のほとんどは電子メール、それも添付ファイルを実行したときに感染する。怪しい添付ファイルはすぐに開かないほうがよいだろう。また、HTMLメールの本文やWebページを見ただけで感染してしまうものも出現した。Mac OSではウイルスによる大きな被害はあまり出ていない。しかし、自分のマシンで発病しなくてもメールを送った相手のマシンで発病したり、大量のメール送信でサーバがダウンするということはありえるので、日頃から注意が必要だ。

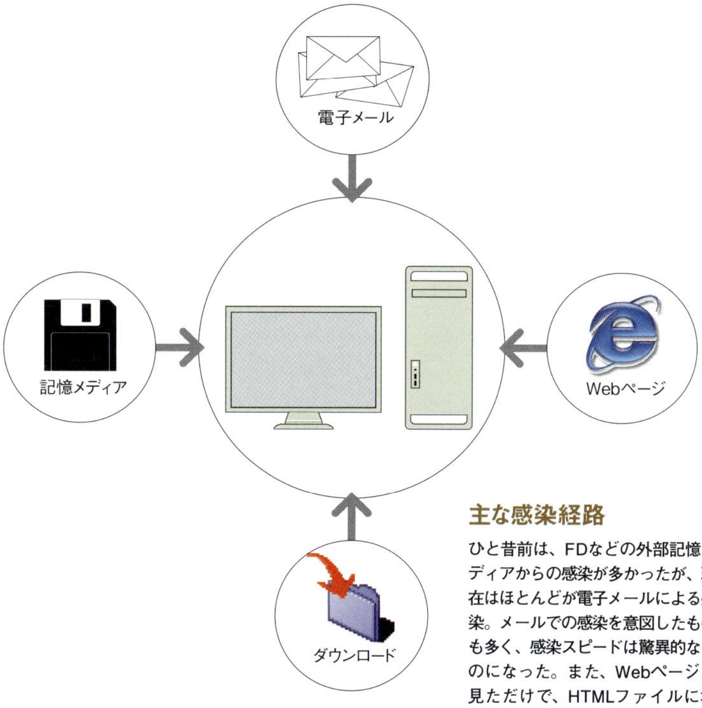

主な感染経路

ひと昔前は、FDなどの外部記憶メディアからの感染が多かったが、現在はほとんどが電子メールによる感染。メールでの感染を意図したものも多く、感染スピードは驚異的なものになった。また、Webページを見ただけで、HTMLファイルに埋め込まれたスクリプトによってウイルスを自動実行させるものも出回り、便利さを求めた自動化機能を利用したものも増えている。オンラインウェアなどもウイルスチェックを行っているサイトでダウンロードしたい

ワクチンソフトのしくみ

ワクチンソフトの主な役割はコンピュータ上のウイルスの検索、駆除、システムの修復、ウイルス侵入の監視である。ワクチンソフトはウイルス定義ファイルを持ち、インストール後にメモリに常駐して、新しく入ってくるデータをその定義ファイルに照合してウイルスを検知する。発見したウイルスは自動的に駆除し、システムの修復をしてくれる。

ウイルスが未知のものである場合は、ワクチンメーカーのサイトにアクセスし、定義ファイルをアップデートすると駆除できることが多い。なお、1台のマシンに複数のワクチンソフトをインストールすると、機能が干渉して問題を発生する原因になるので注意したい。

Norton AntiVirus
ノートン アンチウイルス

シマンテック社のワクチンソフト。ウイルスの発見と駆除を行う。次々と新しいものが登場するウイルスに対抗するために、オンラインでのウイルス定義ファイル更新機能や、ウイルス活動によく見られるコードリソースや起動書類、システムファイルの修正や追加を監視して未知のウイルスも検出できる「ブラッドハウンド」機能を備える。

Norton AntiVirusのウイルス検出の流れ

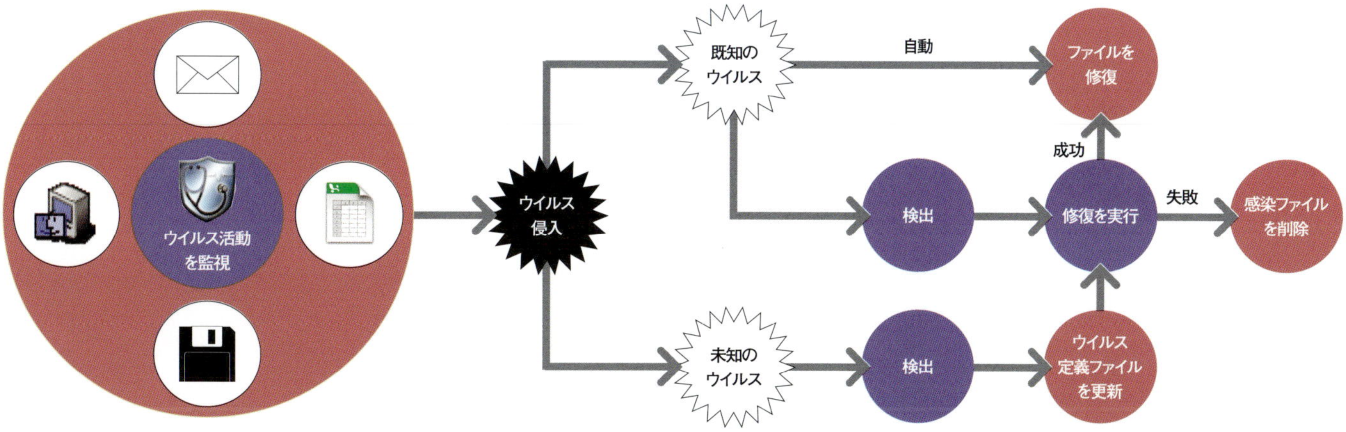

圧縮・解凍のしくみと種類

圧縮・解凍は、大きなデータのやり取りやメールでのファイル交換をスムーズに行うために欠かせないものとなっている。圧縮にはさまざまな形式があり、相手側の解凍環境に合わせた形式で渡す配慮が必要だ。

圧縮・解凍とは?

圧縮とはデータサイズを小さくすること。さまざまな種類と形式があり、主に圧縮ソフトを使って行う。ファイルを圧縮すると、保存スペースの節約やデータ転送時の時間短縮などのメリットがある。また、圧縮したデータはそのままでは使えず、もと通りに復元する必要がある。これを解凍または展開、伸張などといい、解凍ソフトを使う。

圧縮の方法には可逆圧縮と、非可逆圧縮の2通りがある。前者は複雑な数学理論を使って、データを置き換えたり並べ換えたりすることで、容量を小さくする。圧縮ソフトを使って行うのがこれで、元データを完全に復元できる。後者は情報を間引くことで容量を小さくする方式。高圧縮率を誇るが、データは劣化し復元することができない。圧縮ソフトは用いず、ファイル形式が圧縮をサポートしているので解凍の必要もない。

圧縮のメリット

ファイルを圧縮するとデータ容量が小さくなるので保存スペースを節約できる。電子メールやネットワークでのデータ送受信も短時間で済む。ほとんどの圧縮ソフトは複数のファイルを1つにまとめる機能を持っていて、その中から必要なデータだけを抜き出すことができるものもあり、ファイル管理に役立つ。一度に送受信できないような大きなファイルを複数に分割して圧縮できるソフトもある

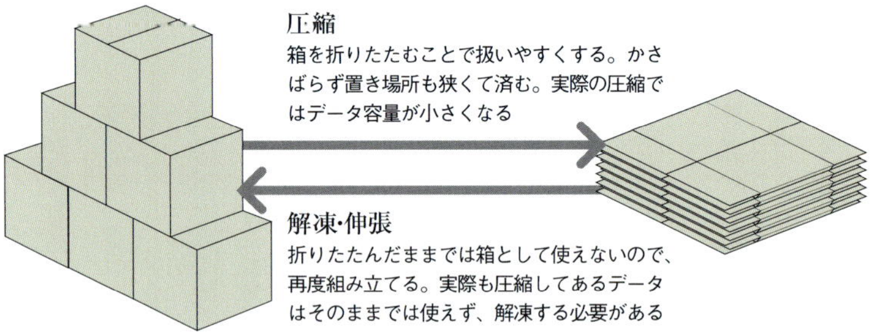

圧縮
箱を折りたたむことで扱いやすくする。かさばらず置き場所も狭くて済む。実際の圧縮ではデータ容量が小さくなる

解凍・伸張
折りたたんだままでは箱として使えないので、再度組み立てる。実際も圧縮してあるデータはそのままでは使えず、解凍する必要がある

可逆圧縮のしくみ

圧縮ソフトを使った圧縮・解凍は、一定の規則に従い情報の置き換え、並べ替えなどをしてデータを簡略化し容量を小さくしたり、復元したりしている。ランレングス法はもとのデータを同データ×連続回数に置き換え文字数(データ量)を減らし、LZ法は2度以上出てくる単語を別の1文字に置き換えることで文字数を減らしている。同じルールに従って復元も可能だ。実際にはより複雑な数学理論が用いられ、このほかに多数存在する圧縮方式と組み合わせて圧縮が行われる

ランレングス法

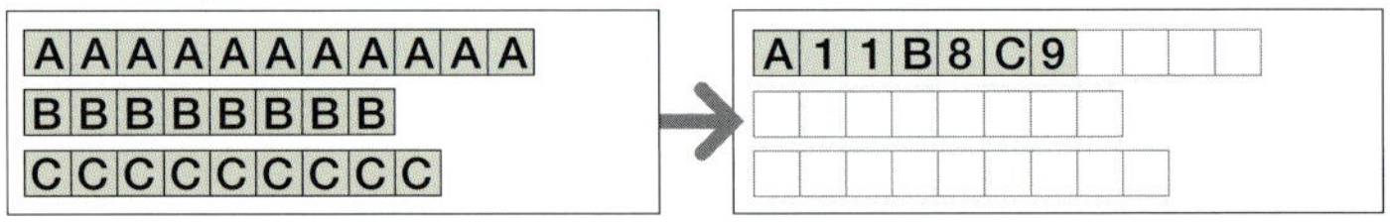

AAAAAAAAAAA
BBBBBBBB
CCCCCCCCC
A11B8C9

計28文字　計7文字

LZ法

下村さんはPower Mac G4を買った。中村さんはiBookを買うか、PowerBook G4を買うか迷っている。
村さんは=A・Power=B・G4を=C・Book=D・買うか=E　とすると
下ABMacC買った。中AiDをE、BDCE迷っている。

計56文字　計28文字

非可逆圧縮のしくみと種類

非可逆圧縮は、削除しても影響の少ないデータを間引くなどして、容量を小さくする圧縮方式。可逆圧縮に比べ圧縮率が高く、より容量を小さくできる。反面、データは劣化し、情報を削除しているため完全な復元はできない。代表的な圧縮形式は、画像ファイルのGIF、JPEGなどの形式、音楽ファイルのMP3、WMAなどの形式、動画ファイルのMPEG、RMなどの形式

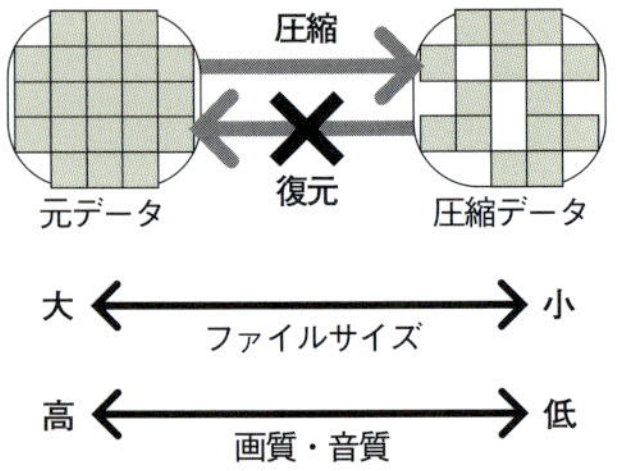

圧縮
復元
元データ
圧縮データ
大
小
ファイルサイズ
高
低
画質・音質

画像ファイルの圧縮形式

GIF	色数を256色以下に減色して圧縮する形式
JPEG	フルカラー対応で写真画像などに適した形式

音声・動画ファイルの圧縮形式

MP3	高音質・高圧縮の定番音楽ファイル形式
WMA	Windows Media Playerで作成できる音楽ファイル形式
MPEG	3つの規格を持つ動画ファイルの代表的な圧縮形式
RM	RealPlayerで再生可能な動画ファイル圧縮形式

元画像(3097KB)
下の画像は拡大率300%。可逆圧縮は解凍後この状態になる

JPEG高圧縮率(362KB)
容量は約10分の1になったがノイズが目立つ。完全な復元は不可

関連リンク　ファイル形式 p.058　画像ファイル形式 p.112　ディスク容量 p.214　圧縮率 p.224　自己解凍型 p.227

圧縮形式と圧縮・解凍ソフト

圧縮のための形式は多数存在し、WindowsではLHA、ZIP、EXE、MacintoshではSIT、SEAなどが一般的。それらを扱えるソフトもまた多数あり、オンラインウェアとして手に入れられるものが多い。

Macで圧縮と言えばStuffItが定番中の定番だ。またCompactProなども、OS 9まではよく使われていた。一方WindowsではOSがZIP形式の圧縮・解凍を標準でサポートするほか、日本特有の状況としてLHA形式も使われる。どの圧縮形式を使うかは、OSやユーザーの好みで実にさまざまで、圧縮ファイルを受け取る方は混乱しがちだ。StuffIt ExpanderやWindowsなら解凍レンジなど、複数の圧縮形式に対応した解凍ソフトもあるが、グループワークを行う際は、ある程度のルールを決める必要があるだろう。

Macintoshの場合

形式		圧縮・解凍ソフト
SIT	圧縮	DropStuff
	解凍	Stuffit Expander
SEA	圧縮	DropStuff、CompactPro
	解凍	自己解凍形式
CPT	圧縮	CompactPro
	解凍	Stuffit Expander、CompactPro
LHA	圧縮	MacLHA
	解凍	MacLHA、Stuffit Expander、LHA Expander
ZIP	圧縮	Zipit
	解凍	Zipit、Stuffit Expander
EXE	圧縮	DropStuff
	解凍	Zipit、LHA Expander　条件によりどちらかで解凍できる

Windowsの場合

形式		圧縮・解凍ソフト
SIT	圧縮	Aladdin DropStuff
	解凍	Aladdin Expander
SEA	圧縮	不可能(Ver.8.5から可能)
	解凍	Aladdin Expander
CPT	圧縮	不可能
	解凍	不可能
LHA	圧縮	LHAユーティリティ32
	解凍	LHAユーティリティ32
ZIP	圧縮	LHAユーティリティ32、WinZIP、Aladdin DropStuff
	解凍	LHAユーティリティ32、WinZIP、Aladdin Expander
EXE	圧縮	WinZIP、LHAユーティリティ32
	解凍	自己解凍形式

主な圧縮・解凍ソフト

Windowsとのやり取りに便利なMac用アーカイバ

MacLHA

作者●石崎一明／フリーウェア

Macintosh用アーカイバとして定番の国産ソフト。Windows、UNIXでおなじみのLHA、Lharcなどの圧縮・解凍が可能。オプションで、Macバイナリの削除やテキストファイルの改行コード変換など、異OS間用のファイル交換機能も充実している。

入手先●

http://www.vector.co.jp/soft/mac/util/se032737.html

ほとんどの圧縮形式に対応する定番解凍ツール

Stuffit Expander

作者●Allume Systems, Inc／フリーウェア

Macintoshの標準解凍ツール。StuffIt形式ファイルはもちろん、CPT形式、ZIP形式、LHA形式など多数のファイル形式に対応。操作は解凍したいファイルをExpanderのアイコンにドラッグ＆ドロップするだけと簡単。Mac OS Xにも対応。Windows版もある。

入手先●

http://www.act2.co.jp/StuffIt/

LHA、ZIPに対応のWindows用アーカイバ

LHA ユーティリティ32

作者●大竹和則／フリーウェア(カンパウェア)

LZH形式の圧縮、LHA、ZIP、CAB、TAR形式の解凍ができるWindows用アーカイバ。ドラッグ＆ドロップや、ファイル・フォルダの右クリックメニューから直接圧縮することができる。動作にはUNLHA32.DLLなどの外部DLLが必要になる。

入手先●

http://lhut32.com/

さらに知識に 磨きをかけたい人の 関連図書案内

※書籍の内容に関しては、各出版社にお問い合わせください

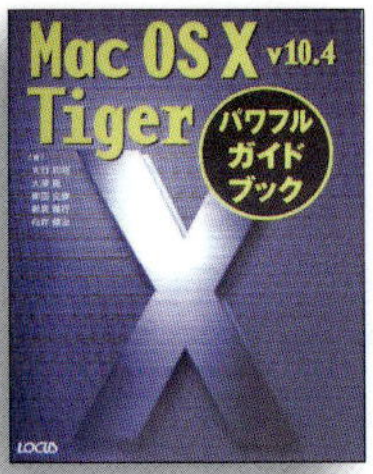

Mac OS X v10.4 Tiger パワフルガイドブック

大谷和利、大津真、柴田文彦、
新居雅行、向井領治 著
3,150円
ローカス

Mac OS X 10.4 Tigerを徹底的に使いこなすためのガイドブック。導入、デスクトップ環境、アプリケーション、システム設定、UNIXとしてみたMac OS X、ネットワークの利用、Mac OS Xの開発環境といった機能とその利用法や操作法を詳細に解説。初心者からパワーユーザーまで使える、最強の一冊だ。

Mac OS X 10.4 Tiger パーフェクトガイド

マックピープル編集部 編
1,550円
アスキー

「Tiger」を購入した人、または購入を検討している人に便利なリファレンス。インストールガイドとして使える。操作方法はもちろんベストなインストールプランの紹介や、Tigerの新機能チェック、付属ソフトやユーティリティー、システム環境設定の使い方がわかりやすく解説されている。とくに「Dashboard」など新機能を知りたい、使いたいという方におすすめ。

Windows できる大事典 XP SP2対応

羽山博、吉川明広、松村誠一郎、
鳥羽美奈子、できるシリーズ編集部 著
2,940円
インプレス

Mac DTPユーザーとってWindowsのトラブルは非常にやっかいで、困ったときにすぐに目的の項目が探せるリファレンスは必携だ。本書はそんなニーズに応えてくれる一冊で、Windows XPを使いこなすための全機能、全操作が解説されている。目でみてわかるといった誌面になっているので、初心者にとって非常にわかりやすい。

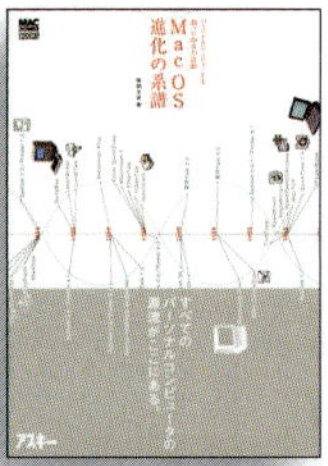

MacOS進化の系譜 パーソナルコンピュータを創ったOSの足跡

柴田文彦 著
1,680円
アスキー

最初のMacintoshが誕生してからSystem7が登場するまでのMac OSの進化の系譜が1冊になった。MacOSの歴史概観、Macの誕生、初代Finderにあふれる GUIへの確信、すべてのアプリケーションのルーツ、所有する喜びを感じる初代Macのマニュアル、まぼろしのカナ版システムで探るMacの神髄「リソース」など、Mac好きにはたまらない内容になっている。

Finderの向こう側 LAST EDITION

渡辺竜生 著
2,100円
ソフトバンクパブリッシング

Mac OS X登場後も、DTP&印刷業界では依然OS 9環境が現役だ。現場でおこりがちなトラブルを解決するには、機能拡張フォルダ、コントロールパネル、Finderなど、Mac OSについての基本知識が不可欠になる。本書はこのMac OS 9までのいわゆるクラシックマックのしくみについて掘り下げてわかりやすく解説している。文章も読みやすくリファレンスに最適な一冊だ。

図解で明解 Mac OS Xのしくみ

海上忍著
2,000 円
毎日コミュニケーションズ

NeXT STEPをベースに開発され、従来のMac OS 9とは大きく変わったインターフェイスとファイルシステムを持つ、OS Xの性質と特徴をわかりやすく紹介。操作方法は図版をもとに具体的な解説がされている。マルチユーザモードやデスクトップの概念、システム環境の設定からネットワークの構築まで、OS Xの機能をすべて使い切るためにはぜひ読んでおきたい。

はじめての Acrobat7.0

大澤文孝 著
1,995円
工学社

タイトルどおり、Acrobatを使ってPDFを作るための入門書。PDFの作成方法、編集、修正の際のツールの使い方まで初心者向けに解説されている。DTPワークフローで校正用にPDFを作る際には、ぜひ手元におきたい一冊だ。Acrobat 7.0で追加された電子印鑑や校正に必須な注釈機能についても丁寧に解説されている。

今日から始める 快適Win/Mac データ交換

岡田庄司 著
2,100円
秀和システム

MacintoshとWindowsのデータ交換は、DTP作業に携わる以上避けては通れない。本書は、MacとWinのというOSの違いや共通するハードウェアの活用の仕方、インターネット環境の共通利用、ネットワーク交換といった疑問を解決するための方法を紹介した一冊だ。不要なトラブルを防ぐためにも、基礎知識はきっちりいれておこう。

4

カラー環境

カラーモデルの基礎知識

DTPで色彩を自由に使いこなす際には、色の科学の知識をぜひ利用したい。デザインの色彩表現やデジタル画像のしくみを知るうえでも、またカラー環境を整備したりカラーマネージメントの基礎としても理解しておいてほしい。

RGBカラーモデルの特徴と用途

CIE(国際照明委員会)で定められたRGB表色系は3色表色系のうち、波長700.0nmの赤と波長546.1nmの緑、波長435.8nmの青の原色(単色)を基本として定義されている表色系だ。rg色度座標によって表す。

右ページのXYZ表色系と同様に可視光のすべてを記述できるが、分光測色値からの色度座標の計算の際の利点が少ないのでほとんど用いられない。

また、多くの画像データはRGBで記述されているが、RGB表色系や定義されたRGB値とは別物であり、あいまいな(定義されていない)RGB(Uncalibrated RGB)なので注意しなければいけない。つまり、一般のRGBデータは出力手段によって色が一定しないので、色座標系とは意味が異なる。

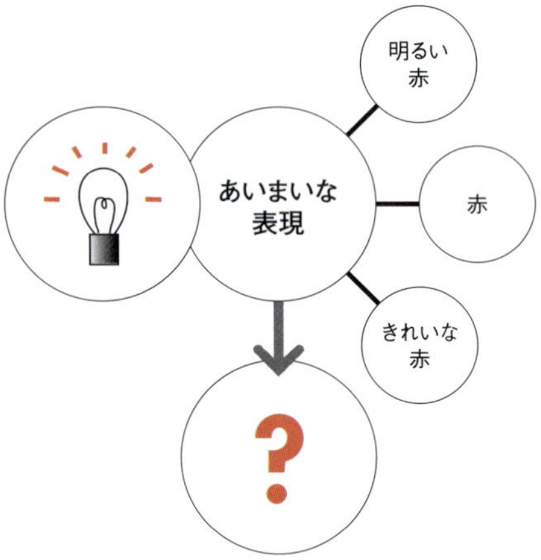
明るい
赤
あいまいな
表現
赤
きれいな
赤
?

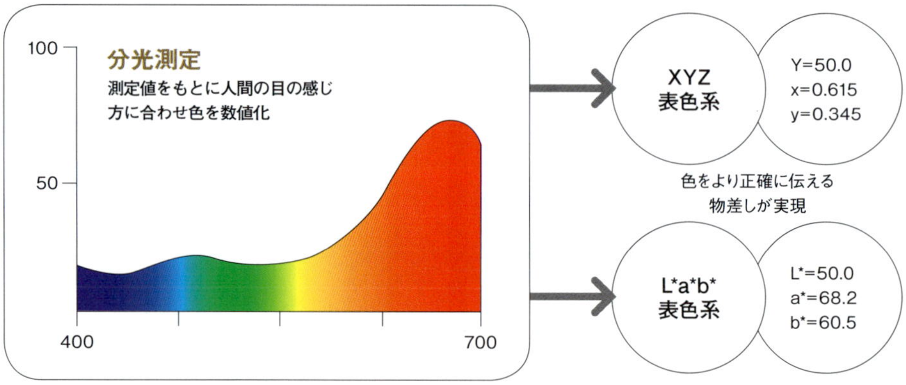
100
50
分光測定
測定値をもとに人間の目の感じ
方に合わせ色を数値化
400
700
XYZ
表色系
Y=50.0
x=0.615
y=0.345
色をより正確に伝える
物差しが実現
L*a*b*
表色系
L*=50.0
a*=68.2
b*=60.5

HSBカラーモデルの特徴と用途

色を角度方向の「色相」と、半径方向の「彩度」、垂直方向の「明るさ」の要素に分けた表色系。人間の感じ方に近い表現方法なので、色の感覚的な補正などに多用される表現である。

「色相」は色合いを表現し、各原色同士の中間色をつなげていき、輪の形となっている(色相環)。「彩度」は鮮やかさを表し、外側ほど色味が強くなっている。とくに絶対的な色を表現しているわけではないので、色の伝達には用いない。HSBとはHue、Saturation、Brightnessのそれぞれの頭文字を示している。

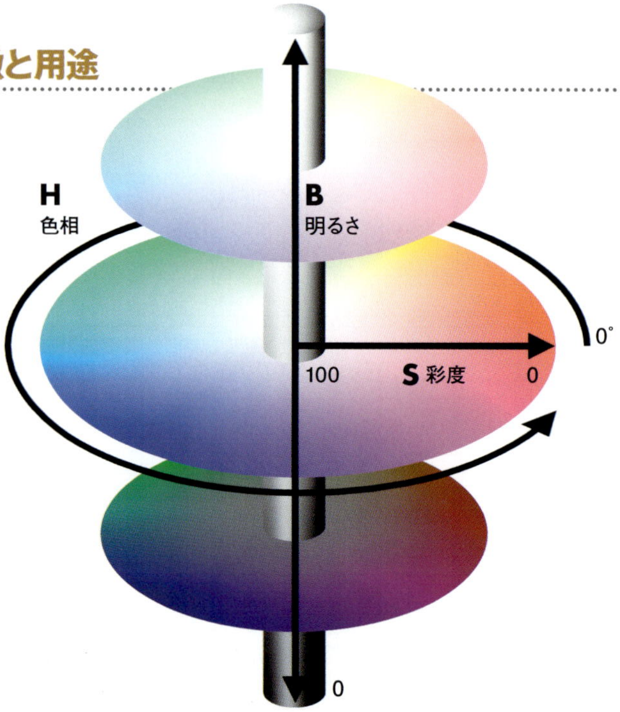
H
色相
B
明るさ
0°
100
S 彩度
0
0

色相環

色の相互関係を示すために、近い色合い同士を順に並べて作った色のリング。人間の感覚をもとにして作った「マンセルの色相環」が有名

関連リンク
カラーマネージメント p.072
Photoshopの色補正 p.092
カラー変換 p.106
配色 p.220
CIE xy p.222
HSB p.222
CIE L*a*b* p.222

Labカラーモデルの特徴と用途

詳しくはCIE L*a*b*と記述するが、CIE LAB(シーラブ)などとも書かれる。CIEの定めた規格化された色を表す尺度。L*は明度を、a*b*で色相と彩度を表現する。図のようにa*軸は赤〜緑方向の軸、b*は黄〜青方向の軸を表している。また、彩度は周辺にいくほど高くなっている。

色の絶対的な尺度なので、色を正確に伝達し再現するための基準として使用される。さらに基本となるXYZ表色系に対し、Lab表色系は色相互の相対的な距離が人間の感覚に近く、色のずれなど正確さを記述する際によく用いられる。

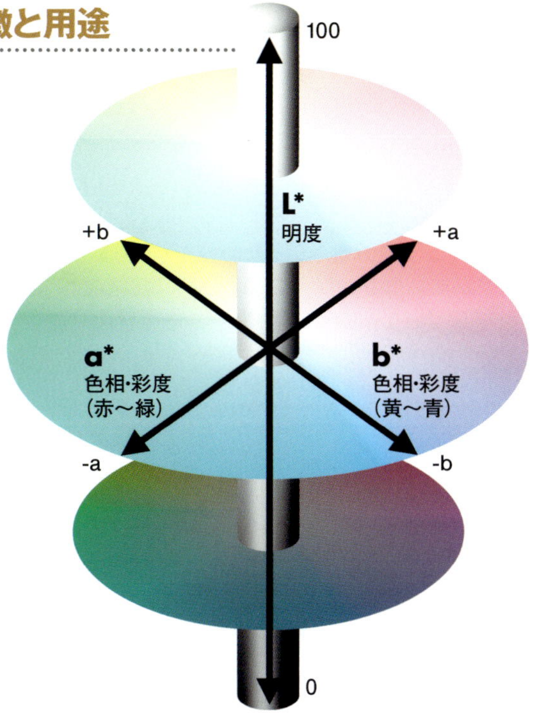

XYZ表色系の見方

CIEの定めた基本的な表色系。絶対的な色を記述する際に多く用いられる。測定上は表面色(反射物)に用いられることが多い。下図のようなU字形の領域でカラーを表す。これが人間の目で見ることのできるすべての領域で、XYが色度を表している。また、Zは紙面に対して垂直軸側で明るさ(反射率)を表す。外周ほど彩度が高く、中心部は無彩色となっている。周辺部は純色を表しており、曲線部分には左下の青から右下の赤まで波長の順に並んでいる。

すべての可視色を表現できることから、モニタなどやインキといった各デバイスの表色域(ガモット)を示すのに便利だ。

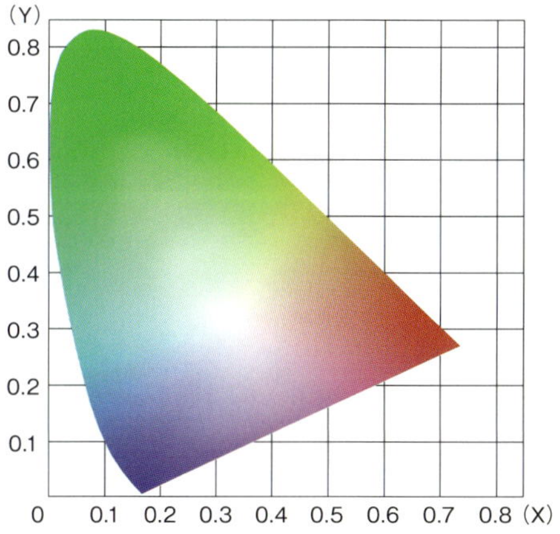

Photoshopでの色彩相互の関係

Photoshopは元来RGBを基本にしているので、カラー調整はRGB原色を基本にした調整になっている。RGBモードではトーンカーブやレベル補正などもRGBの各値に対して働いている。RGBの3色の関係からそれ以外の色がどう変化するかを知るには、色彩相互の関係をもとにすればよい。また、補色へ色分解後の色変化の方向も理解しやすい。カラーバランスのダイアログに象徴されるように、RGBとCMYの各色が補色になっていることを基本に理解する。

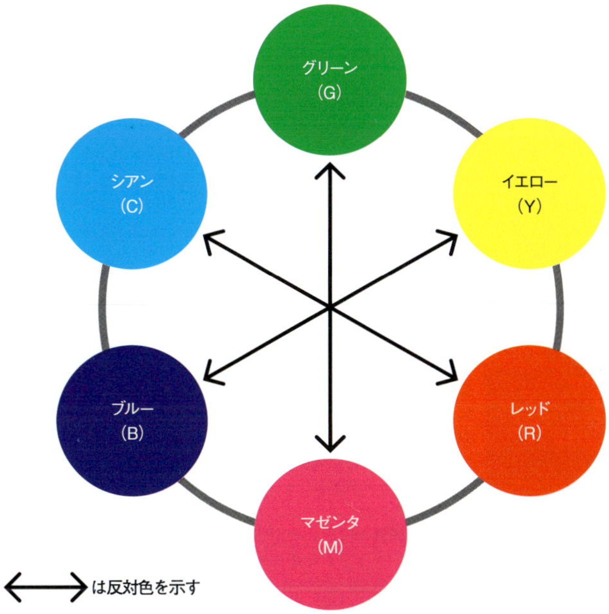

このようにレッド(R)を減らすことはシアン(C)を増やすことで、グリーン(G)を減らすことはマゼンタ(M)を増やすことである。さらにレッド(R)とグリーン(G)を増やすことはイエロー (Y)を増やすことであり、マゼンタ(M)を減らすことはレッド(R)とブルー (B)を減らすことである

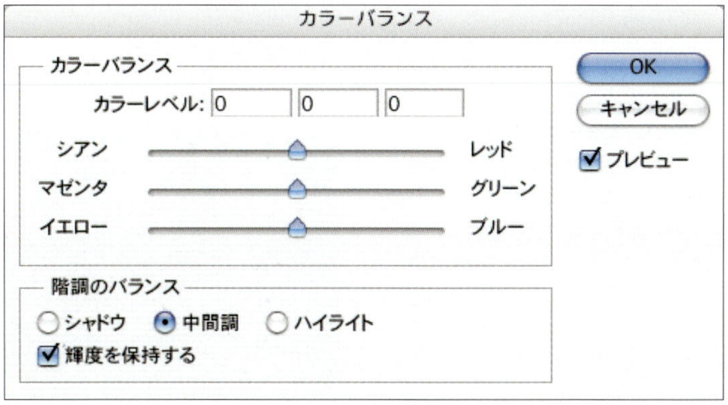

モニタ表示の基礎知識

画像を表示してくれる重要な役回りのモニタは、いわばデジタル画像を見るための「のぞき窓」ともいえる。この窓に正しく画像が映ってこそ、中の画像の把握が可能になるのだ。モニタは正しく理解してベストな状態で使いたい。

モニタの設置に注意する

モニタを扱ううえで重要なのが設置条件だ。条件によってはモニタはその性能を十分に発揮できない。とくに管面への光の映り込みは画面のコントラストを低下させる。

また、設置角度によっては画面を見上げる位置となり、長時間の観察で疲れやすい。室内照明の種類は原稿との観察色の一致のために色温度や演色性を考慮しておくとよい。

外光に注意

外光の映り込みを防ぐためには、画面に直射光が当たりにくい位置にモニタを設置し、さらにモニタに深めのフードをかぶせる。こうすることで画面のコントラストが保たれ、黒の階調を正しく観察できる。また部屋全体の対策としては、天井の照明にかぶせて拡散を防ぐOAシェードも有効だ

照明を選ぶ

カラー原稿を観察するには、色を正しく観察できる照明が望ましい。D65常用光源蛍光ランプ（標準色蛍光灯）かEX-Nタイプなどの高演色蛍光灯（3波長型）を用いるようにしたい。これらは原稿とモニタの色の一致を目指す場合の基本。カラー原稿の観察を考えると、観察用照明スタンドなども便利だ

疲れない角度

モニタの位置が高すぎると画面を見上げる姿勢となり、長時間の仕事に向かない。画面の中心が目の高さよりやや下になる、多少見下ろしぎみの位置がよいとされている。デスクトップパソコンの上に置いたモニタなどは要注意。最近は画面位置が低くなるよう設計されたモニタも現れている

モニタの調整ポイント

モニタの調整は、正しい画像再現の基礎といえる。大きな調整項目としては明るさとコントラストがあるが、意外におろそかにされている場合が多い。とくに明るさの調整は黒の再現性を決めるので重要だ。明るさとコントラストの調整の動きを把握して、適切な階調再現を維持したいものだ。さらに色温度設定も正しい色再現には重要だ。

基本は、まず明るさ調整で黒レベルをセット。次にコントラスト調整で画面の明るさを設定する。さらに黒レベル調整を繰り返す……といった手順が望ましい。Mac OSのモニタ調整アシスタントや、Photoshop付属のAdobe Gammaにはこの考え方が活かされている。

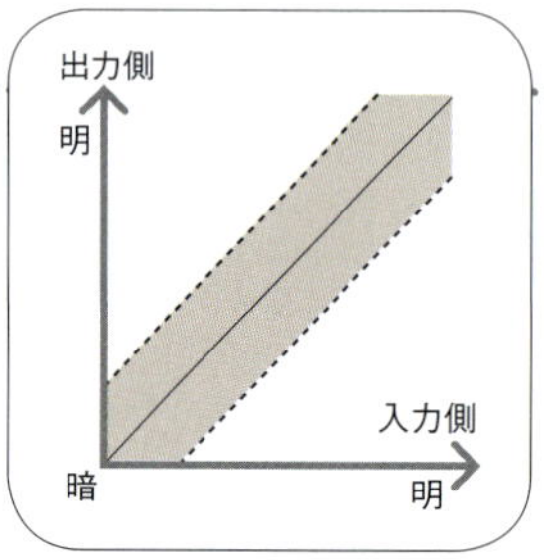

明るさ調整を変化させると黒が変わる

明るさ

モニタの明るさ調整は、図のように全体に明るさが上乗せされるように変化する。そのため、黒のレベルが変化し、表示上のシャドウポイントが変化する。黒が浮き始めるぎりぎりの点にセットするのがベスト

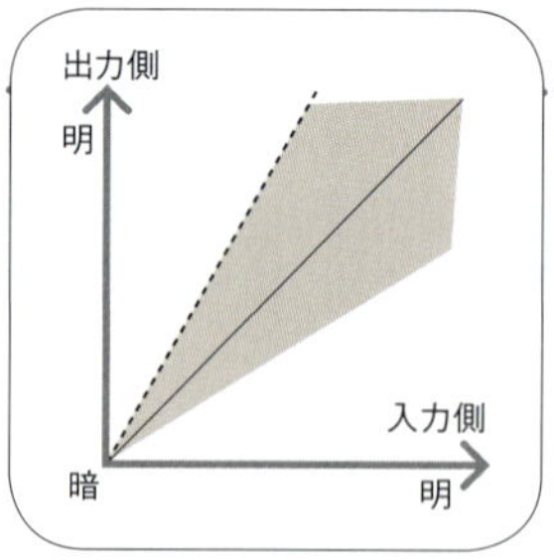

コントラストを変化させると黒の明るさはあまり変わらない

コントラスト

コントラスト調整は、図のように黒の変化を抑えつつ明るい部分が変化して明暗差が大きくなる。黒が変化しにくいので、明るさ調整にはコントラスト調整を使用したほうがよい

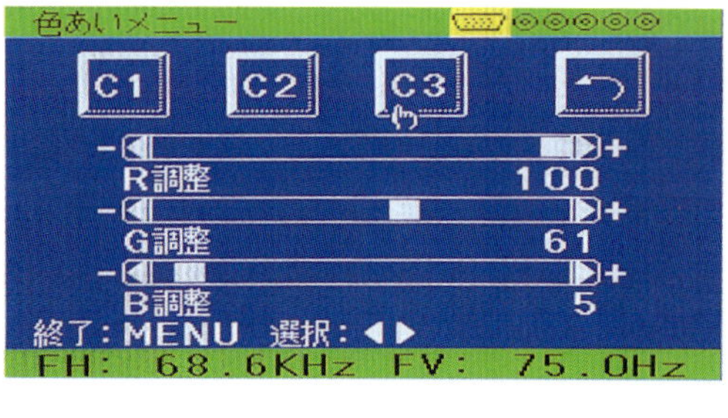

OSD

On Screen Displayの略。スクリーン上に表示してモニタの調整状況を示す表示。最近のモニタは小型のマイコンが内蔵され、ボタンの操作に従いスクリーンに表示されたメニューから調整項目を選んで調整する方式がほとんどになってきた。調整項目のほか、各調整の設定レベルや機能のON/OFFなど、さまざまなモニタの状況を表示できるようになっている

関連リンク
CRTディスプレイ p.034
液晶ディスプレイ p.036
カラーマネージメント p.072

モニタの色温度とは何だろう

モニタの白の色味を表すのが色温度。本来は高温で光っている物体から出る光の色を表す数値で、単位はK（ケルビン）。赤に寄った光は色温度が低く、青に寄った光の色温度は高い。赤すぎるモニタや青すぎるモニタではその再現色も全体に偏ることになる。

最近のモニタは、ほとんどの機種が色温度調整機能を持っており、何通りかの色温度を設定できるようになっているが、DTPに用いるならば6,500Kあるいは5,000Kといった、基準とされる色温度にセットしておくとよい。

色温度の低すぎるモニタの色合い。全体的に黄色が強く、色が赤側に偏っている

ほぼ適正な色温度（5,000〜6,500K）のモニタ。適正な色味で表示

色温度の高すぎるモニタの色合い。全体的に青色が強く、色が偏っている

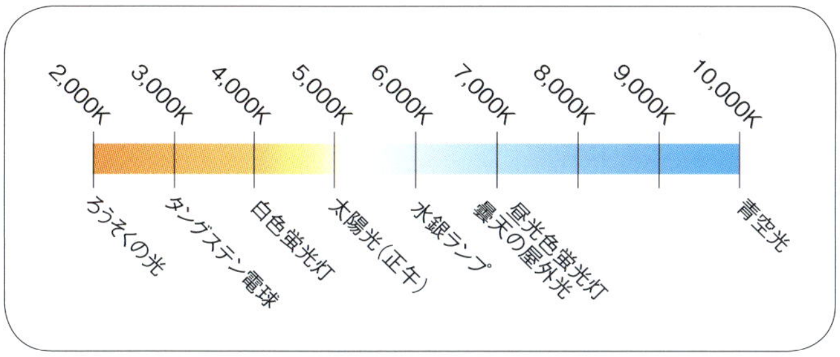
2,000K
3,000K
4,000K
5,000K
6,000K
7,000K
8,000K
9,000K
10,000K
ろうそくの光
タングステン電球
白色蛍光灯
太陽光（正午）
水銀ランプ
曇天の屋外光
昼光色蛍光灯
青空光

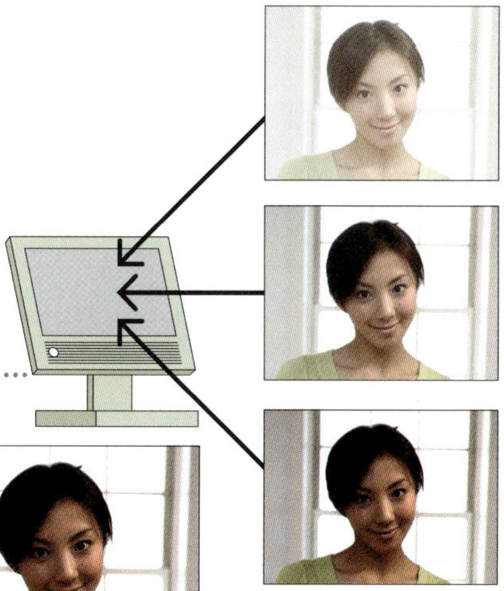
液晶モニタではガンマ値が視野角によって大きく変わるので、観察方向を決める必要がある

モニタのガンマとは何だろう

もともとモニタには、入力電圧と表示される明るさは正比例しないという性質がある。入力信号を次第に増加させていくと、入力電圧が小さい（暗い）範囲では明るさの変化がおだやかだが、入力電圧が大きくなると急激に明るさの変化が大きくなる性質がある。これをカーブで書くと、右の真ん中の図のようになる。このときのカーブは、出力＝k（入力）2.2乗の式のようになり、これをγ＝2.2のガンマカーブと呼んでいる。このままでは中間調が暗く表現されてしまう。そこでこれを打ち消すため、デジタルカメラやスキャナからやってきた画像には、図の左のように中間の明るさをより明るく持ち上げるような処理がかけられている。このときのカーブは、出力＝k（入力）0.45の形の処理で、これをγ＝0.45のガンマカーブと呼んでいる。

こうして全体を通して見ればカーブは直線（γ＝1）となり、適切な階調で画像が観察できるしくみになっている。

ガンマの低すぎる画像の例。中間調が明るすぎる

適切なガンマの画像の例

ガンマの高すぎる画像の例。中間調が暗すぎる

入力側のガンマの例

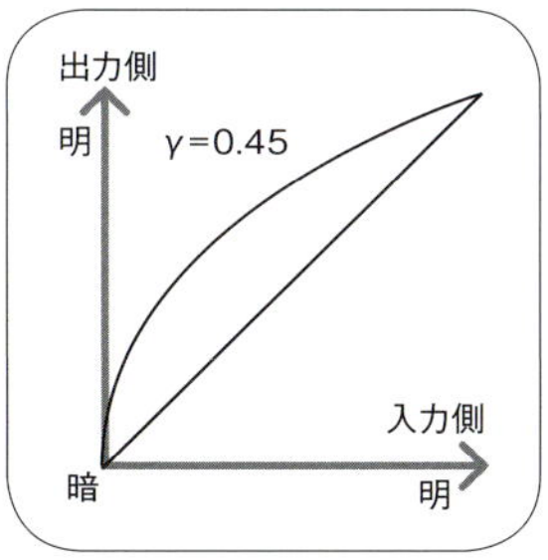
出力側
明
γ＝0.45
入力側
暗
明

モニタのガンマの例

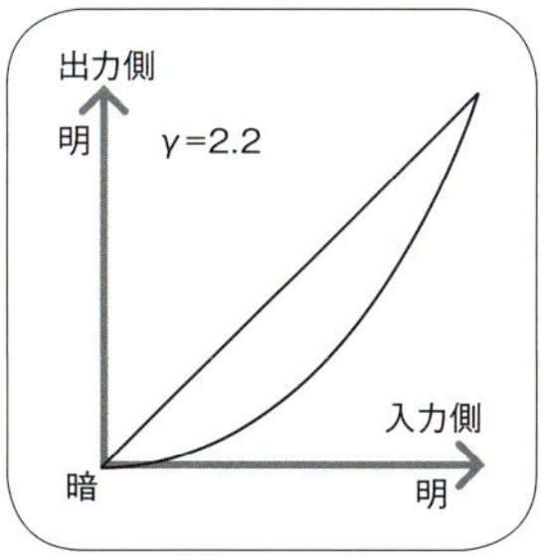
出力側
明
γ＝2.2
入力側
暗
明

ガンマ＝1.0の例

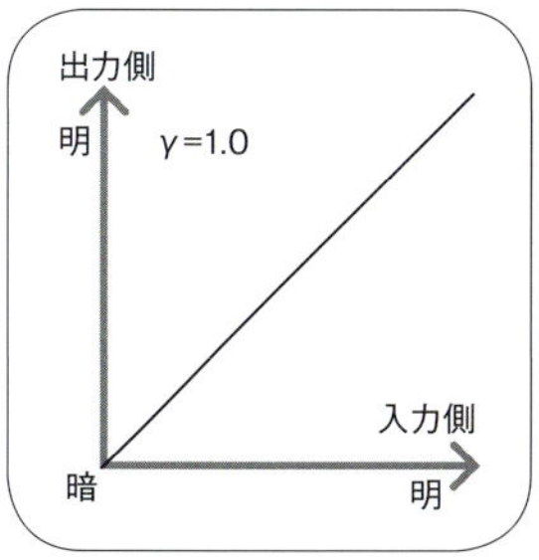
出力側
明
γ＝1.0
入力側
暗
明

カラーマネージメントのしくみと考え方

印刷会社などでCTPの導入が進むに従い、またデジタルカメラで撮影した画像データの入稿が増えるに従い、カラーマネージメントが話題に上ることが多くなった。このあたりで、カラーマネージメントについてきちんと理解しておこう。

カラーマネージメントの概要

カラー印刷が抱えている最大の問題は、正確な色が印刷が終わるまでわからないことだった。ゆえに、色校正の段階で大幅な修正が入ることが恒常的になり、多大な時間とコストの無駄が発生していたのである。そこで、最終成果物である印刷を含め、制作工程すべてにおいて色を一元的に管理し、常に同じ色を再現することが考えられるようになった。これがカラーマネージメントの考え方である。

つまり、カラーマネージメントとはモニタ、プリンタ、印刷など異なるデバイスでも、なるべく同じカラーを再現するための総合的な技術および環境だ。これまでもカラーマッチング的な発想で、たとえばモニタと印刷をマッチングするということは行われてきたが、それはいわば閉じたスキルや技術であり、印刷工程が変われば新たにマッチング作業をし直さなければならない。

しかしカラーマネージメントは、共通の色空間(たとえばCIE Labなど)を想定し、各デバイスの色空間を定義したプロファイルを用意することで、条件が変わっても、スムーズにカラーマッチングが行えるようになる。単なるマッチングではなく、総合的な共通の色空間を使ったカラー管理という意味で、カラーマネージメントと呼ばれる。

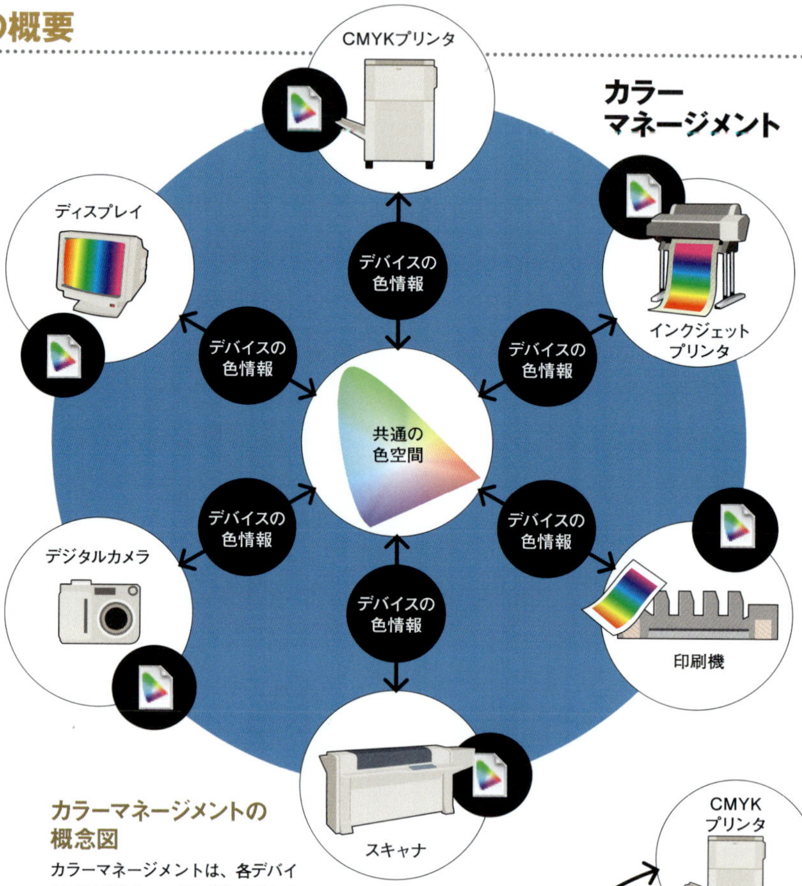

カラーマネージメントの概念図
カラーマネージメントは、各デバイスの色空間をマッチングさせるために共通の色空間を利用する。そのため、スキャナからプリンタ、スキャナから印刷といったように、フレキシブルなマッチングが可能だ。各デバイスの色空間を定義しているのがICCプロファイルである

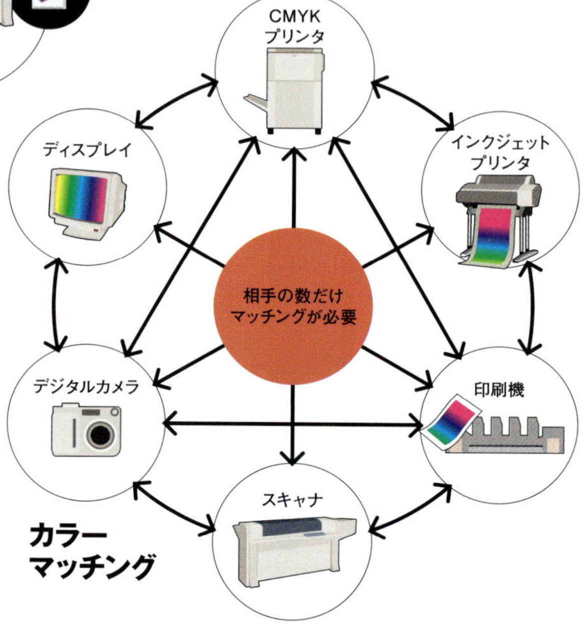

関連リンク
CRTディスプレイ p.034
液晶ディスプレイ p.036
カラーモデル p.068
デジタル画像 p.078
Photoshop p.092
色校正の基礎知識 p.186
プリンタを利用した色校正 p.188

カラーマネージメントの要素

カラーマネージメントを行う際には、カラーマネージメントに対応したOSおよびアプリケーション、そしてICCプロファイル（以下プロファイル）が必要だ。さらに印刷を行うのであれば、RIPやプリンタドライバも重要な役割をする。

いまのところ、カラーマネージメントにきちんと対応しているOSはMac OS 8～9およびMac OS Xだ。Windows XPなどもあまり積極的ではないが対応はしている。Mac OSではColorSyncが、WindowsではICMが、カラーマネージメント環境を提供している。

一方、アプリケーションだが、DTP関連の最新版アドビ製品ならすべて対応している。ただ実際にカラー変換を行うのはCMM（Color Matching Module）というカラー変換エンジンで、各アプリケーションはそれらのエンジンを利用してカラー変換を行う。

CMMにはアドビ独自のACE（Adobe Color Engine）のほか、Apple CMMやKodak CMMなどいくつかあり、選ぶことができる。アドビ製品の初期設定ではすべてACEが選ばれるが、これはMacintosh、Windowsとも同様で、このためアドビ製品を使ってカラーマネージメントエンジンにACEを使う限りは、MacintoshでもWindowsでも同じカラー再現が可能になる。

プロファイルは全工程にわたって必要だ。プロファイルにはいくつかの種類があるが、もっとも重要なものは、デバイスのカラー特性を定義した「デバイスプロファイル」だ。精度の高いプロファイルを使うと、高度なカラー再現も可能になる。

さらに、出力時にRIPやドライバがプロファイルを処理できるため、ここでもカラーマネージメントを行える。

このように挙げてみると、プロファイルの処理はOS、アプリケーション、RIP・ドライバの各段階で可能だということがわかる。ここで気をつけたいのは、プロファイルの処理を二重にしないことだ。二重の処理とは、つまり二重の色変換であり、予期しない色に仕上がってしまう。このようなミスのないように気をつけたい。

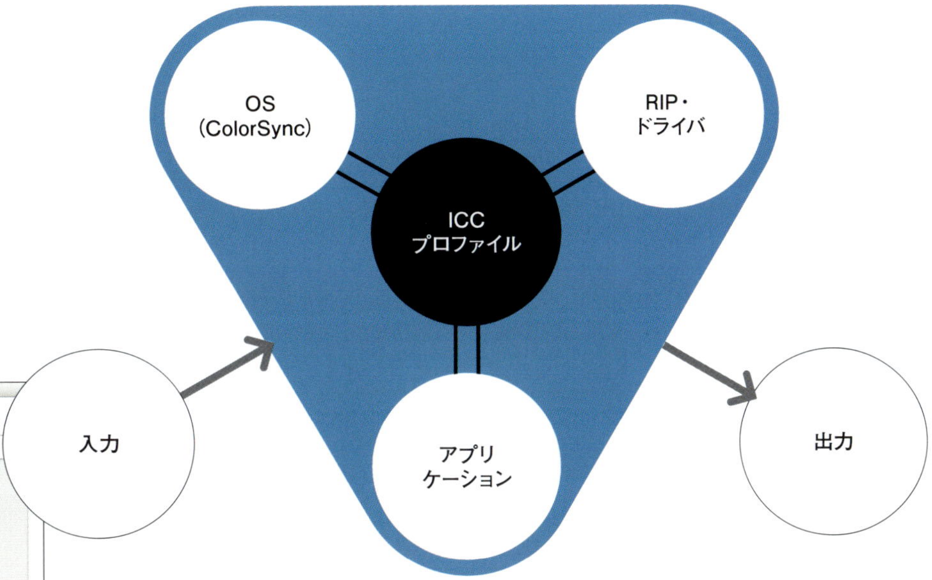

カラーマネージメントは、OS（ColorSync）、アプリケーション、RIP・ドライバと個別に機能する。そのため、カラーマネージメント処理を二重にかけることは避けなければならない

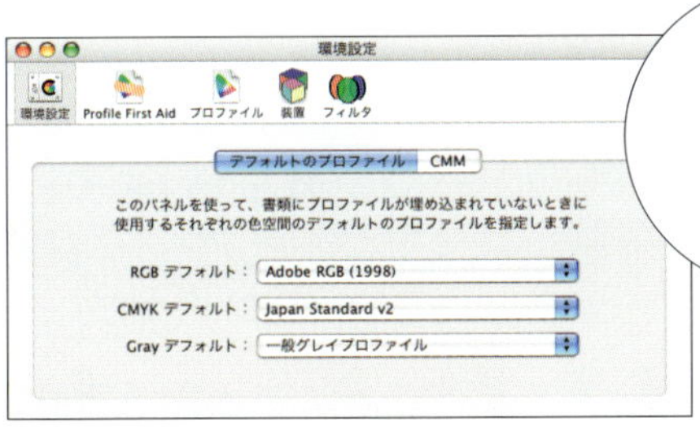

ColorSync

Mac OSに組み込まれているカラーマネージメント環境。これはMac OS XのColorSyncの設定画面。プロファイルとCMMを指定する

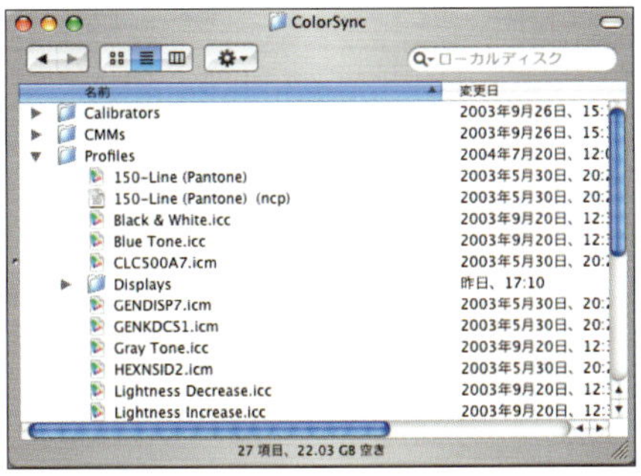

プロファイルの収納場所

プロファイルは、アプリケーションやプリンタドライバのインストール時に同時にインストールされる。Mac OS XではColorSyncフォルダの「Profiles」フォルダなどに収納される（Mac OS 9まではシステムフォルダ中の「ColorSync」フォルダに収納される）

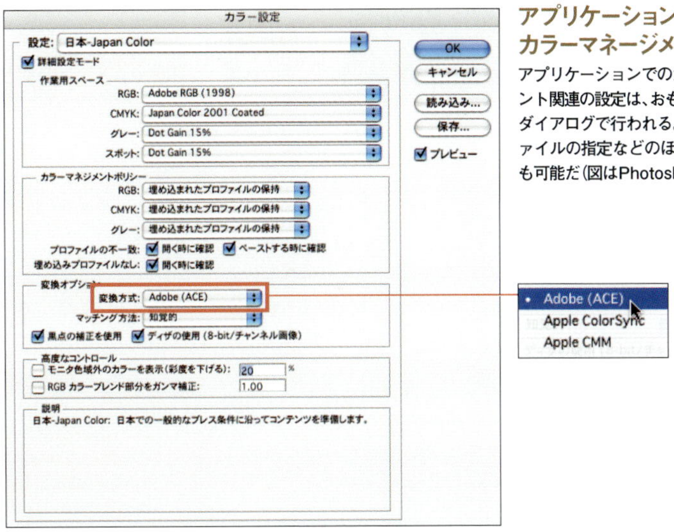

アプリケーションのカラーマネージメント設定

アプリケーションでのカラーマネージメント関連の設定は、おもに「カラー設定」ダイアログで行われる。ここではプロファイルの指定などのほか、CMMの選択も可能だ（図はPhotoshop CSのもの）

リモートプルーフ p.190
DDCP p.222
CIP3·CIP4 p.222
CMM p.222
Japan Color p.223

色空間とは

色空間とは、表現できる色の範囲のこと。これは、プロファイルとして定義される。デジタルカメラではAdobe RGBとsRGBがよく話題になるが、これはプロファイルの違いであるとともに色空間の違いでもある。

ところで、色はデジタルではデータ値(RGBなら0〜255)として指定されるが、これと色空間とははっきりと区別して考える必要がある。たとえば、広さの異なる2つの色空間があっても、色の指定方法はRGBなら0〜255でしかない。広い色空間も狭い色空間も同じデータ値で指定するとなると、そこに差が生じるのは当然だ。Photoshopなどで画像を開く際は、この色空間(プロファイル)を無視したり、きちんと指定したりしないと、色味が大きく変わることがある。画像の素性を示すプロファイルの扱いには慣れておきたい。

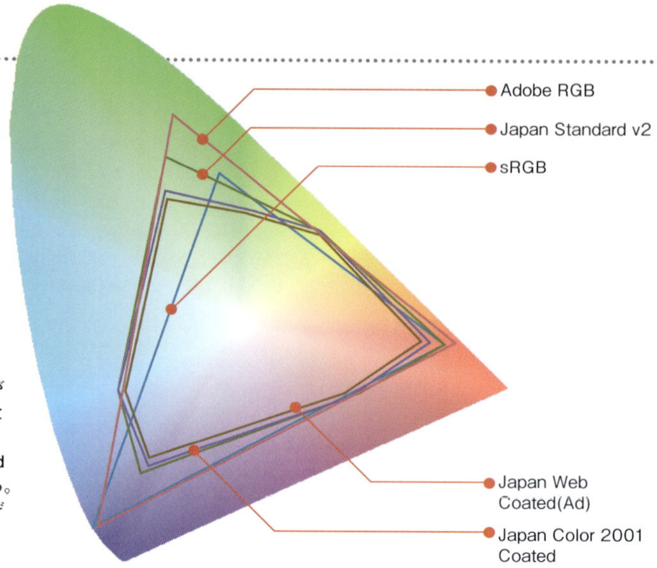
Adobe RGB
Japan Standard v2
sRGB
Japan Web Coated(Ad)
Japan Color 2001 Coated

色空間の違い

色空間はRGBとCMYKで大きな違いがあるが、同じRGBでもAdobe RGBとsRGBでは表現できる範囲に差があり、CMYKでもJapan Color 2001 CoatedとJapan Standard v2では違いがある。また、この色域の違いは、入力・出力デバイスによっても大きく変わってくる

ある画像を異なる色空間として開くと、同じRGB値であっても色空間にマッピングされる位置が異なる。そのため、表示や印刷など、アウトプットされると色が異なってしまう(下図はそれぞれの色空間での色の違いがわかるように便宜的に作成したイメージ図)

※緑の四角形は、上のスペクトラムの黒い●の位置にある「R60、G212、B49」の色。写真だけではわかりにくいので、比較対照として掲載してある

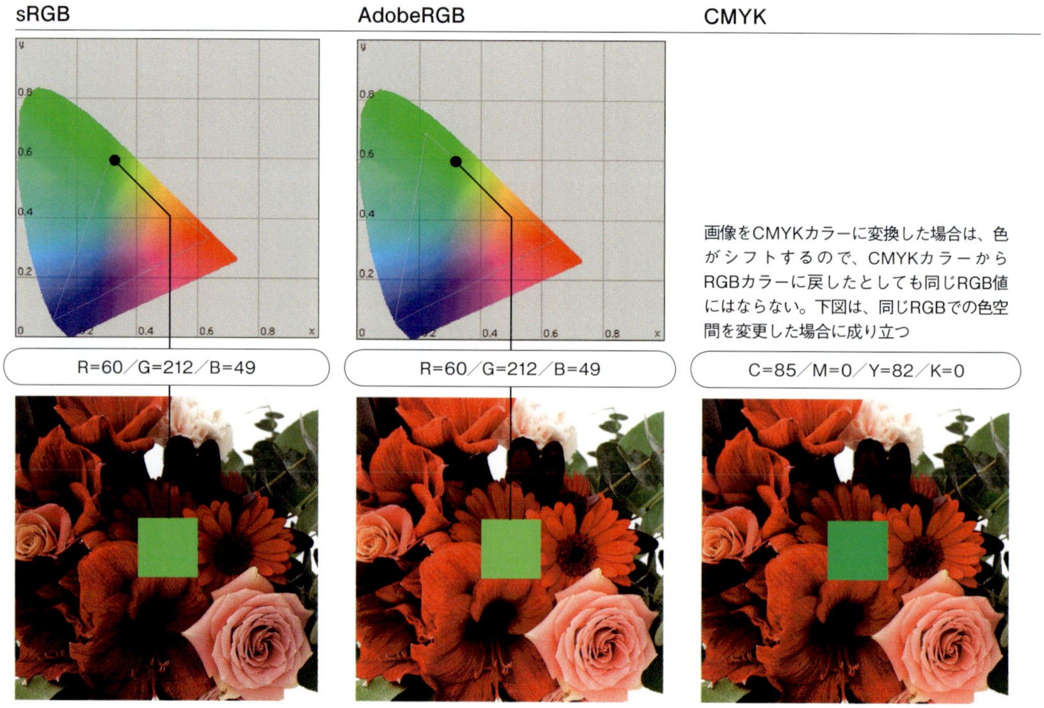
sRGB
AdobeRGB
CMYK
R=60／G=212／B=49
R=60／G=212／B=49
C=85／M=0／Y=82／K=0

画像をCMYKカラーに変換した場合は、色がシフトするので、CMYKカラーからRGBカラーに戻したとしても同じRGB値にはならない。下図は、同じRGBでの色空間を変更した場合に成り立つ

作業用スペースとは

Photoshopなどでカラー設定を開くと、RGBやCMYKのプロファイルを指定する「作業用スペース」という設定欄がある。色はさまざまなPCや環境で扱われるが、その際に色空間を共通にするという考えから作業用スペースが登場した。ワークグループ内では、この作業用スペースを統一することで、不用な色の変化を防ぐことができる。

とくにRGBの初期設定となっているAdobe RGBは、デバイスプロファイルなどではなく、作業用スペースの利用を前提に色空間のみを定義したものだ。これは、RGBとして広すぎず狭すぎず、なおかつ印刷のCMYK色空間に対しても比較的再現しやすい色空間を持つ。印刷を前提とした作業ならsRGBよりもAdobe RGBを利用したほうがよい結果が得られるはずだ。

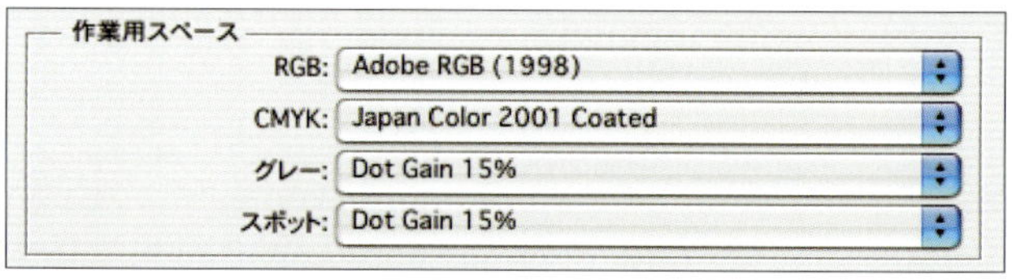
作業用スペース
RGB: Adobe RGB (1998)
CMYK: Japan Color 2001 Coated
グレー: Dot Gain 15%
スポット: Dot Gain 15%

作業用スペースの設定例

アプリケーションの作業用スペースの設定では、RGBやCMYKのプロファイルを設定する。とくに、RGBの初期設定となっているAdobe RGBは、作業用スペースを考慮して最小公倍数的に作られた色空間を持っている

関連リンク
カラーモデル p.068
デジタル画像 p.078
Photoshop p.092
Japan Color 2001 Coated p.223

カラー変換

DTPでは、デジタルカメラで撮影したsRGBの画像をAdobe RGBに変換したり、またRGB画像をCMYK画像に変換するということがよく行われる。これもつまりは、CMMとプロファイルを利用したカラー変換である。Photoshop 6.0/7.0/CSなどでは、カラー変換はCMMとプロファイルに完全に依存しており、カラー変換の作業はカラーマネージメントによる作業そのものともいえる。

ところで、カラー変換では、2つのデバイスは必ずしも同じ色空間を持っているとは限らない。そこで色の変化を最小限に抑えつつカラーを変換する必要がある。これをガモットマッピングという。とくにスキャナやデジタルカメラなどのRGBのデバイスと印刷などのCMYKデバイスを比べたとき、一般的にCMYKはRGBより色空間が狭い。そのため、RGBからCMYKへのカラー変換を行うと、ガモットマッピングにより、色空間が圧縮されてしまう。つまり、広い色空間から狭い色空間に変換すると、どうしても圧縮されるカラーが生じるのである。RGBでは彩度の高かった色がCMYKで出にくいのはこのせいだ。

もちろん、デジタルカメラのsRGBなどの色空間からAdobe RGBなどへといったRGB同士の変換でもガモットマッピングは行われるが（前頁「色空間とは」参照）、RGBの色空間はもともと広いので、RGB→CMYKに比べてカラーの変化は少ない。

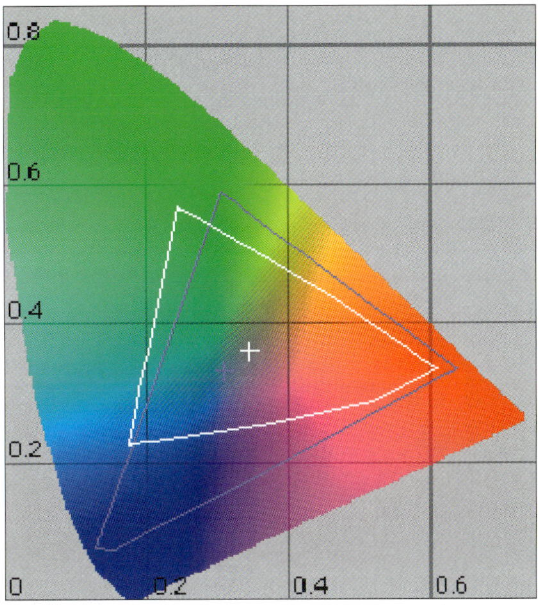

ガモットマッピングの例

ガモットマッピングによって色空間が再定義されると、このように色が変化したり、また空間が圧縮されたりする

変換方式とマッチング方法

PhotoshopやInDesign、Illustratorなどでカラー変換を行う場合、カラーマネージメントの設定で変換方式やマッチング方法を選択する

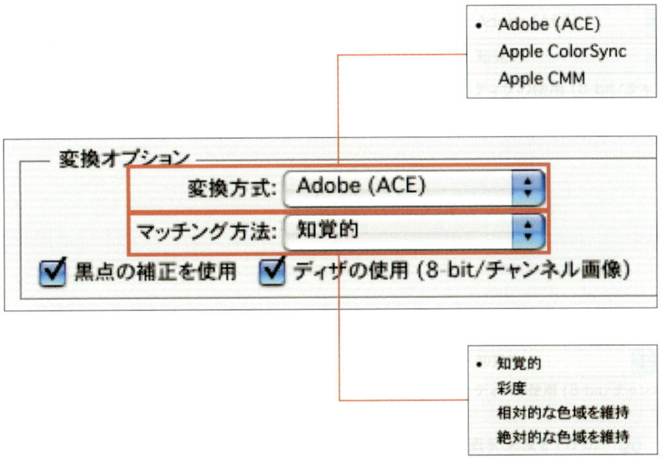

カラー変換の作業例

変換方式とマッチング方法を変えて、Adode RGBからCMYKカラーへ変換する

元画像

さらに知識に磨きをかけたい人の関連図書案内

※書籍の内容に関しては、各出版社にお問い合わせください

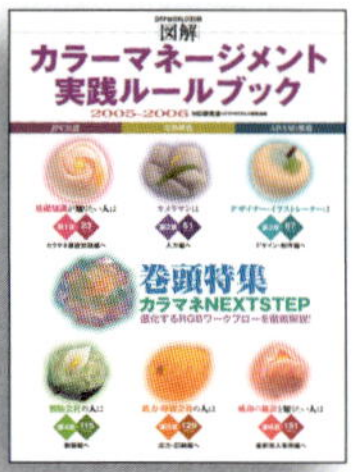

図解カラーマネージメント実践ルールブック 2005-2006

MD研究会+DTPWORLD編集部 編
2,500円
ワークスコーポレーション

カラーマネージメントの基礎知識から、各アプリケーション、入出力デバイスの設定、理想的なワークフローの提案など、カラマネのすべてを徹底解説した本。毎年発刊されており、基礎から応用までを最新導入事例を盛り込んで解説している。2005年度版では「RGBワークフロー」について徹底検証。色に関するコミュニケーションエラーが引き起こすトラブルを回避するためにも、印刷&DTP関係者はぜひ読んでほしい。

カラーマネジメント—理論と実践—

ブルース・フレイザー、クリス・マーフィー、フレッド・バンティング 著／コニカミノルタグラフィックイメージ 監修
帆風 訳
5,040円
ビー・エヌ・エヌ新社

米国でカラーマネジメントのバイブルと評価されている『Real World Color Management』の翻訳書。著者は デジタル画像と色再現の分野で広く知られた第一人者だ。色とは何かから、正確に色を再現するテクニック、主なグラフィックアプリケーションでの色管理、ICCプロファイルの作成、評価、編集について解説されている。

デジタル色彩表現

南雲治嘉 著
2,800円
グラフィック社

コンピュータで配色をする人のための本格的なトレーニングテキスト。デジタルで色彩を扱うために必要な基礎理論、カラーイメージチャート 配色技法、色の作り方、イメージトレーニングなど。本書はカラーイメージチャートという新しいシステムで実戦的な配色能力を身につけるために開発された。デジタル配色をするデザイナーにおすすめの一冊だ。

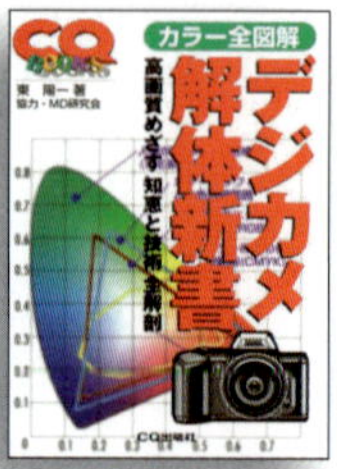

デジカメ解体新書

東陽一 著／ MD研究会 協力
2,100円
CQ出版社

商業印刷物撮影に耐えうるデジタルカメラの登場以来、ますます高品位になっていくデジカメに切り替えるプロカメラマン諸氏も多いことだろう。本書はデジタルカメラの構造や機能を解説するのはもちろん、デジタルで画像を撮るという原理から、スマートメディアなどデジカメを構成する機器についても詳細に解説されている。特に「色のしくみ」についての解説は読んでおきたい。

デジタルカメラの完璧カラーマッチング

小山壮二、冨川丈司 著
4,000円
グラフィック社

デジタルカメラで美しい発色を安定して得るための方法論とは？ まずColorSyncやICCプロファイルの役割やソフトウェアの働きを理解し、そのうえで画像はどう扱うべきかにという実践的な解説になっている。カメラマン、デザイナー、印刷会社ともにコラボレーションで写真をデジタルコントロールしなければいけない昨今、習得すべき知識は多い。基本理論から身につけよう。

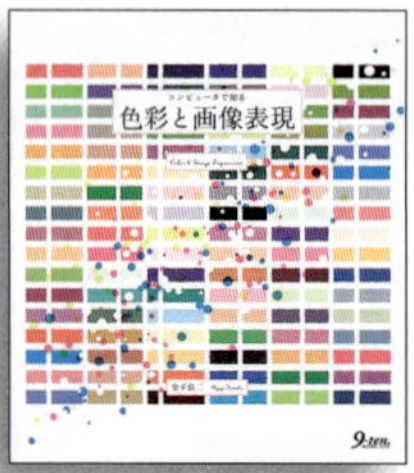

コンピュータで知る色彩と画像表現

金子良二 著
2,310円
九天社

三原色光と加法混色、色彩とカラーモデル、Webとカラー表色、写真画像と色彩、モノクローム写真と感色性、カラー写真の誕生など、デジタルで表現できる「色」について基礎から丁寧に解説した良書だ。東京工芸大学で教鞭をとる著者が、絵画と色彩表現、とくに原始美術と彩画メゾチントについても詳述している。

色彩工学　第2版

大田登 著
4,725円
東京電機大学出版局

色を定量的に表す方法について紹介。色彩工学の基礎とその発展を、CIE表色系を中心としてバランスよくまとめている。本書は、測色学の基礎、発展、応用の分野を「色彩工学」として総合的に把え、色彩工学をこれから学び応用する学生、技術者、また現在実務で色彩工学を活用している方々を念頭において執筆したものとある。色彩工学理論を体系的に習得したい人は必読の書だ。

カラー画像処理とデバイス

画像電子学会 編
小松尚久、河村尚登 監修
4,305円
東京電機大学出版局

DTPや印刷業界だけでなく、画像データはオフィスや家庭においても当たり前のように使われている。本書はさまざまな画像デバイスについての最新のハードウェアの画像・信号処理技術を解説した本。もちろんこれらのデバイス間で、画像データを交換する際に問題となる色空間やカラーマネージメントについても解説されている。

5

画像

デジタル画像の基礎知識

デジタル画像は点で構成されているのは基本だが、この並び方や点の一つひとつがどんな点なのかが画像の表現能力を決定する。デジタル画像理解のポイントである「解像度」と「色深度」＝ビット数について見てみよう。

5
画像

デジタル画像の表現方法と解像度

デジタル画像の出力は、点の集まりで表現されている。しかし、出力手段によって表示方法はさまざまだ。装置の持つドットの細かさと画像解像度は同じではなく、出力装置の持つ解像度と画像自体の解像度は区別して考える必要がある。出力対象に応じて最適解像度があり、一方パソコン内部では自由な解像度の画像生成が可能だ。

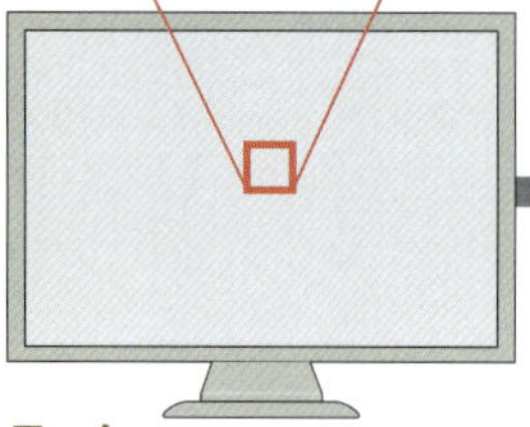

モニタ

モニタはパソコンの画像を映し出すが、モニタ自体の解像度とは区別する必要がある。モニタはRGBのドットかストライプで、その細かさは固定されている。モニタ自体の解像度は100dpi程度で、印刷用画像の細かさは表現できない

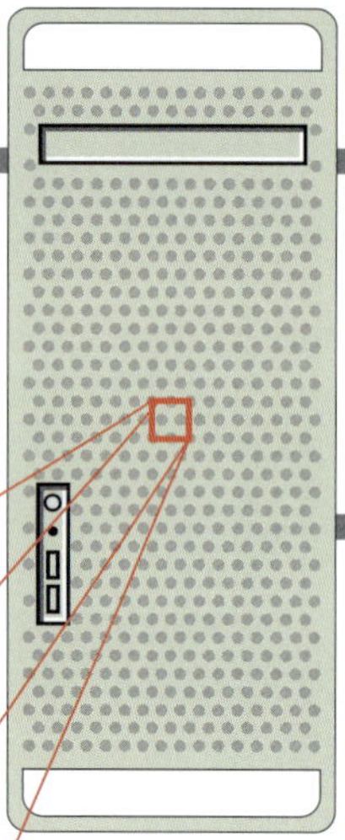

パソコン

パソコン内部の画像ファイルでは画像の細かさが自由に選べる。同じ寸法の中にピクセル（画素）がたくさん並べば解像度は高い。この細かさは後からソフトで変更可能だ。画像の解像度の考え方は、主にパソコンやディスク内に画像がある場合の話ということになる

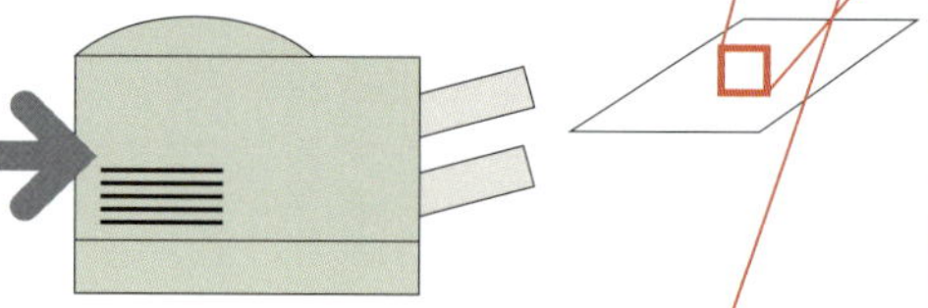

プリンタ

プリンタの解像度はプリント方式により異なり、表示の仕方も異なる。プリンタの解像度は600dpiや1,200dpiなど一定の数値だが、これはプリンタの打てるもっとも細かい点の大きさを示している数値といえる。プリンタへ送る画像の解像度はおおよその最適値があり、最適な解像度はプリンタにより異なる

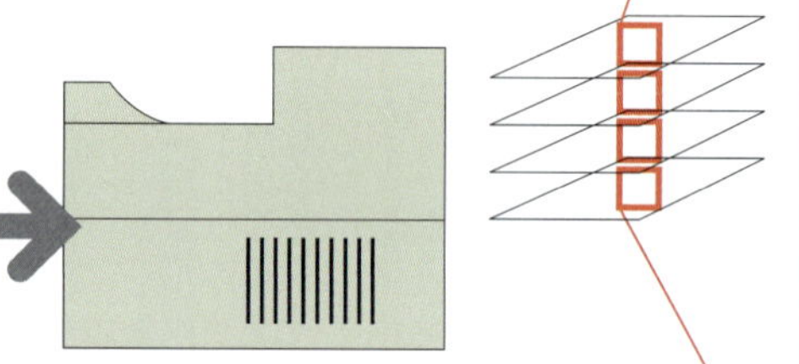

イメージセッタ

イメージセッタは2,400dpi以上ととくに高解像度で、階調を持った画像は網点で表現する。また、カラー印刷のためにはCMYK各色ごとに分版する

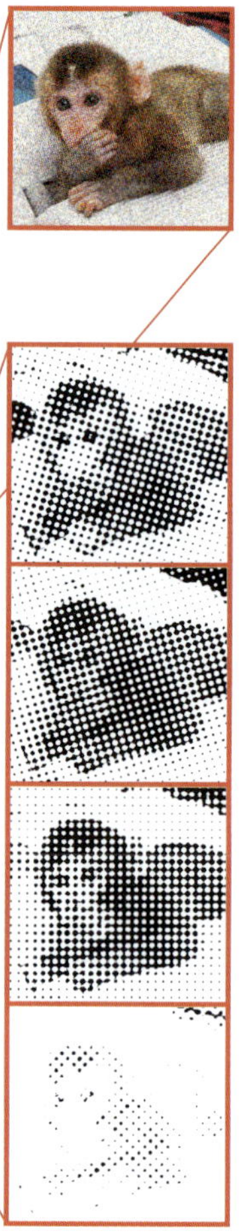

解像度小

解像度大

解像度の違い

解像度の高い画像は同じ寸法の中にたくさんのピクセル（画素）が並ぶので、滑らかで細かい表現が可能だ。1インチに300ピクセル並ぶ細かさは300ppiだが、この細かさで2インチのサイズなら600ピクセル並ぶことになる。だから、ピクセル数（画素数）は解像度×寸法で計算可能だ。逆に、解像度とピクセル数がわかれば寸法も計算できることになる。

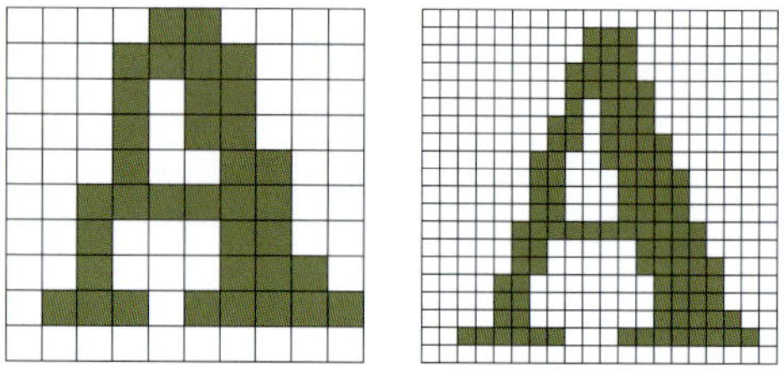

解像度 × 寸法 ＝ ピクセル数

関連リンク
ディスプレイ p.034
カラーモデル p.068
色調補正 p.092
ベクトルデータ p.100
印刷用画像データ p.106
出力解像度 p.169
プリンタ出力 p.170

ビットマップ画像とは?

ドローソフトなどによるイラスト画像と異なり、写真画像などは点を碁盤の目状に並べることで表現する。この点の並び方を記述した方式をビットマップと呼び、写真画像の基本的な扱い方であり、表現能力はビット数で決定される。ここでのビット数とは1画素に割り振る階調数のことである。

1ビット 2階調画像

1画素が2つの階調しか持たない。白と黒を適当な密度で並べていくことで濃淡を表現する

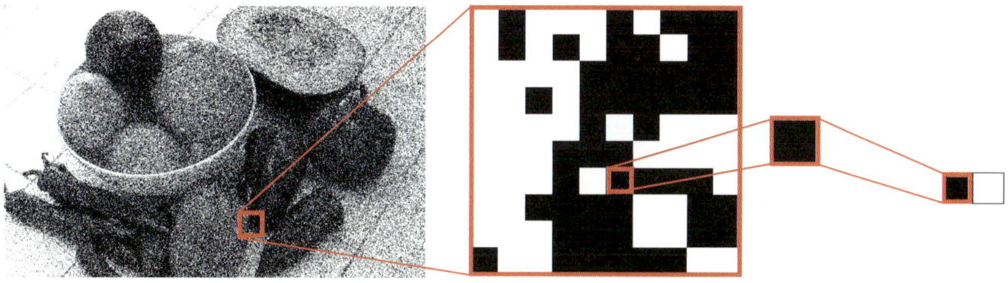

1つの画素は2通りの表現しかないので、階調を表す場合には複数の画素が必要だ

8ビット グレースケール画像

1画素が256通りの階調を持つモノクロ画像。色はないが階調を表現する十分な能力がある。モノクロ写真に用いる

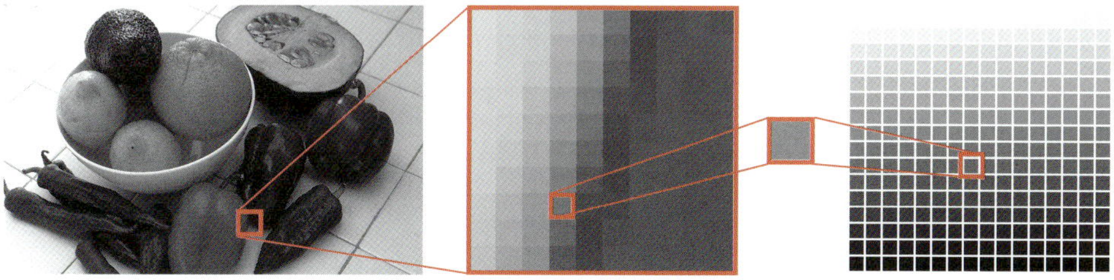

1画素は256通りなので、ほとんどの明るさ表現が可能だ。2進法の8ビットは2の8乗＝256を表せる

8ビット インデックスカラー画像

1画素が256通りのカラーを表現できる画像。256の色は1,670万色の中から選べる。写真画像には表現力が不足

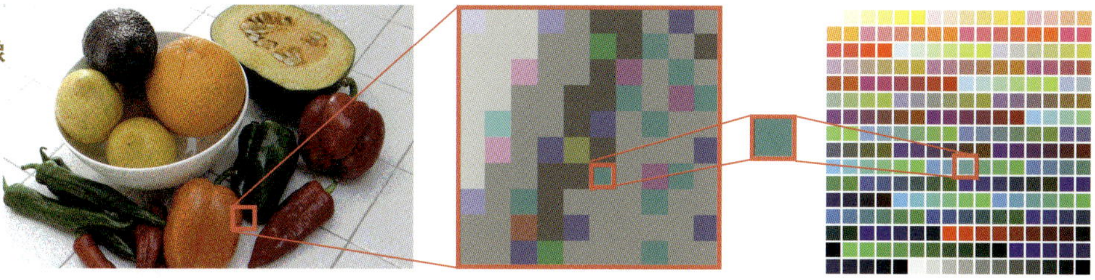

256色の組み合わせをカラーパレットと呼ぶ。目的に応じてMacintosh、Windows、Web用のパレットなどがある

24ビット フルカラー画像

1画素が1,670万色(24ビット=2の24乗≒1,670万)を表現できる画像。カラー写真画像に向いている

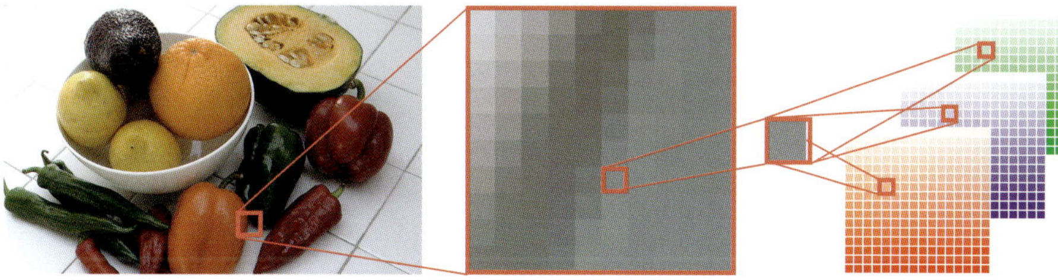

24ビット画像ではRGBの各色に256色(8ビット)ずつ割り当てる。36ビット画像では各色12ビットでさらに表現力が向上する

プリンタ p.174

イメージセッタ p.180

パソコンで使う単位 p.214

画像をデジタルデータにする方法

自然画像は光が人の目に入ることで認識される。スキャナやデジタルカメラなどの画像入力機器は、自然画像を電気の強弱に置き換え、さらにデジタル的な信号としてコンピュータへ伝達できるしくみを持っている。

5 ● 画像

光の反射を電気信号に置き換える

光の量を電気の大きさに置き換えるために、多くの機器がCCD(Charge Coupled Device)という電気部品を用いている。スキャナなどに使われるラインCCDは、帯状の受光部に当たった光の大きさに応じた電圧を出力する。各部分の電圧は端から順に取り出されて1次元信号となる(主走査)。取り出された電圧は、A/Dコンバータ(アナログ・デジタル変換器)でデジタル値に置き換えられる。1列分の電圧が取り出された後は、CCD(あるいは原稿)の位置を移動させ、次の列の電圧を取り出す(副走査)。これを繰り返して2次元の面の明るさを電圧に置き換える。

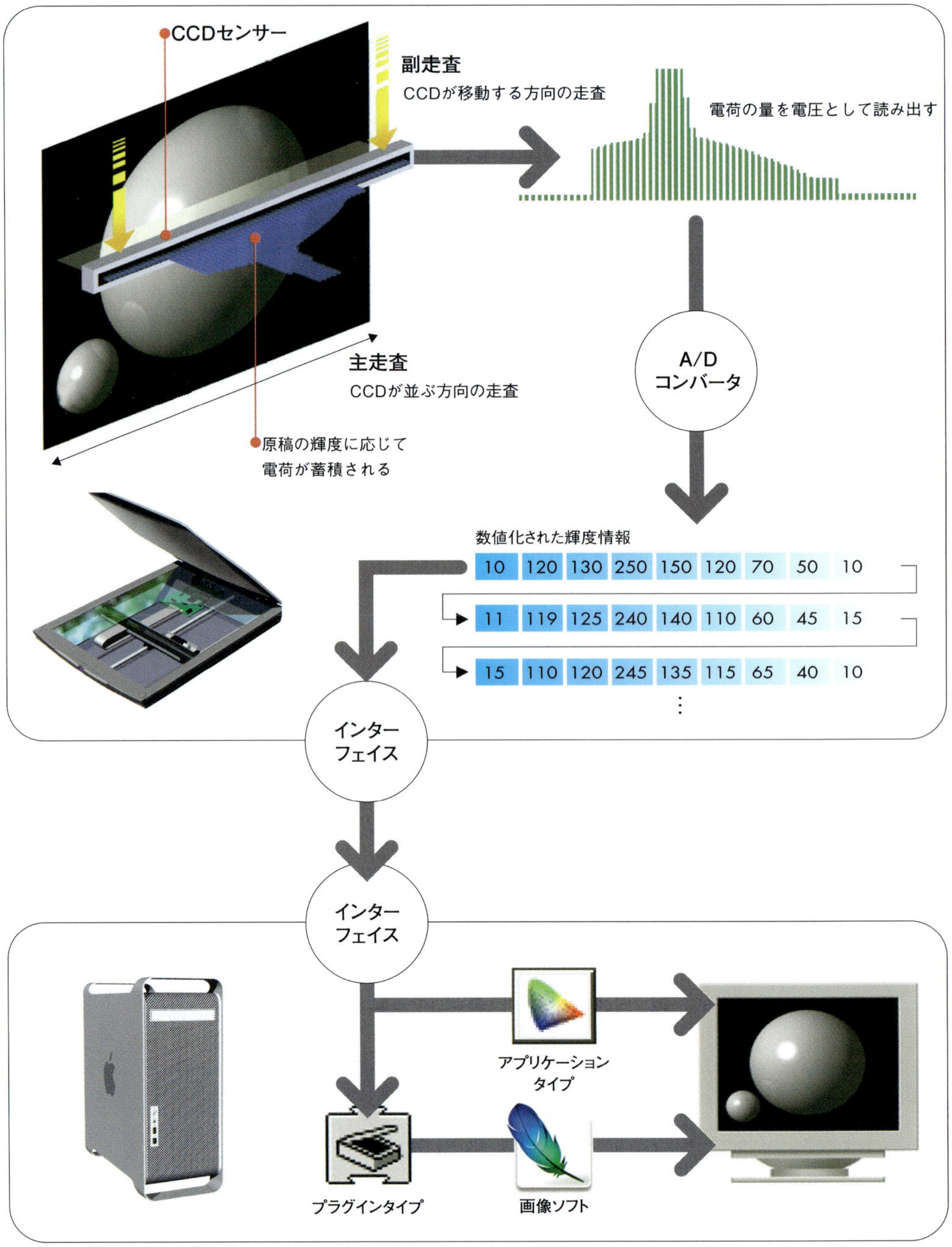

CCDセンサー
副走査
CCDが移動する方向の走査
電荷の量を電圧として読み出す
主走査
CCDが並ぶ方向の走査
原稿の輝度に応じて
電荷が蓄積される
A/D
コンバータ
数値化された輝度情報
10 120 130 250 150 120 70 50 10
11 119 125 240 140 110 60 45 15
15 110 120 245 135 115 65 40 10
インター
フェイス
インター
フェイス
アプリケーション
タイプ
プラグインタイプ
画像ソフト

こうして1列ごとに取り出されたデジタル信号は、さらにインターフェイスの形式に準じた送り方に従ってコンピュータへ送り出される。インターフェイスは低価格なパラレルや比較的高速なSCSI、あるいはUSBなどさまざまなタイプがあるが、いずれも明るさを置き換えたデジタル信号が送信される

スキャンソフト

コンピュータ上でスキャナとユーザーの仲立ちをして、スキャナをコントロールしたり、スキャナ画像を表示したり、保存させたりを可能にしているのがスキャンソフトだ。Photoshopなどのアプリケーションとともに使用するプラグインタイプと、単独で用いることのできるアプリケーションタイプとがある。

関連リンク
カラーマネージメント p.072
フラッドベッドスキャナ p.082
フィルムスキャナ p.084
エリア型CCDセンサー p.085
リニア型CCDセンサー p.085
ドラムスキャナ p.086
フォトマルチプライヤ p.087

スキャナドライバソフトの役割としくみ

スキャナドライバソフトはスキャナのコントロールを一手に引き受けている。スキャンした画像の解像度や寸法をそのまま印刷に用いるのであれば、印刷線数に基づいた適切な解像度をセットする。解像度は、印刷線数の1.5〜2倍程度が適切だ。よく用いられる175線では260〜350dpiあたりを用いる。

スキャナドライバはレタッチソフトほど補正機能は多くないが、ホワイトポイント、シャドウポイントの設定と確認や、簡単な色補正などはここで行っておくようにする。また、レタッチソフトを経由しないアプリケーションタイプの場合には、きちんとホワイトポイント、シャドウポイントの設定から正確な色補正、アンシャープマスクまでをきちんと行っておく必要がある。

また、上級スキャナ特有の機能としてカラーセパレーション(色分解)機能が挙げられる。CMYKの4色データを得られるので、そのままQuarkXPressなどのレイアウトソフトへデータを渡すことができる。こういったスキャナドライバを使用する際には、プリントプロセス設定などで分解条件をきちんとセットしておくことが必要だ。さらに、最近のスキャナドライバソフトでは、作業効率向上のためのバッチ処理機能が整ってきており、複数原稿の同時スキャンなどに威力を発揮する。

スキャニングドライバ

上位スキャナにバンドルされる高機能スキャニングドライバでは、画像補正機能があり、ICCプロファイルやColorSyncなどに対応して、スキャン画像をカラーマネージメントすることも可能。また、プロフェッショナル向けの機種については、CMYKカラーでのスキャンが可能なものもある。

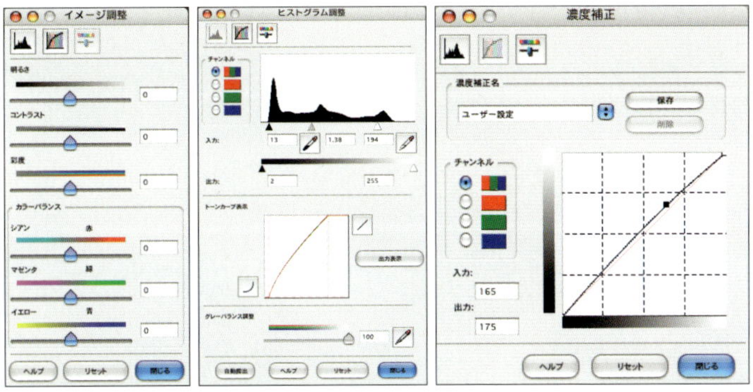

高機能なスキャニングドライバは、Photoshopに匹敵する高度な画像補正をスキャン時に行うことができる

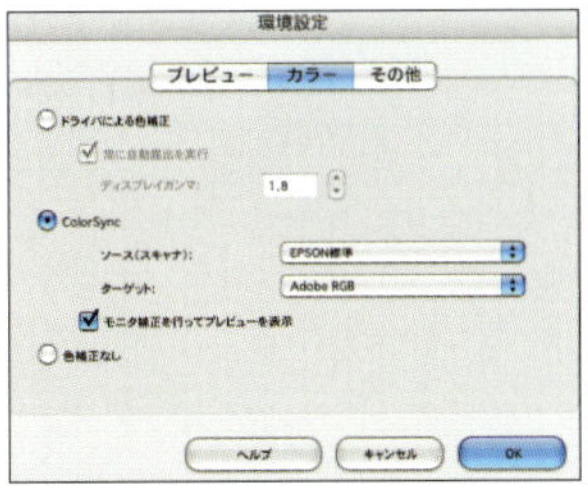

ColorSyncでスキャン画像をカラーマネージメントできる

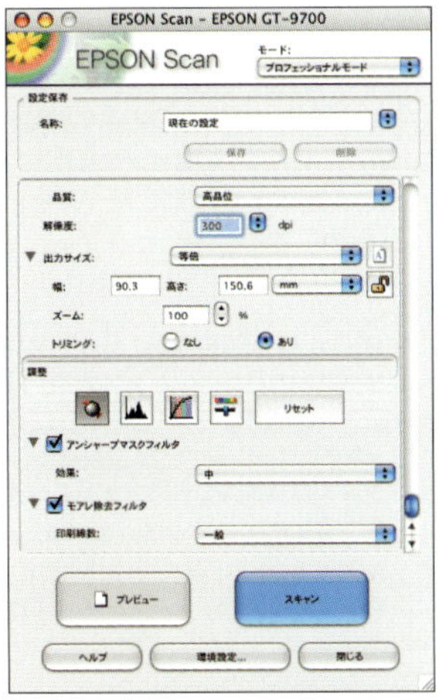

スキャン後の画像の寸法や解像度、カラーモードなどを決定するための設定画面

「プレビュー」ウインドウ。ドライバの基本的な環境設定を行い、原稿の種類を指定する

シンプルなドライバでの基本的な操作手順

ドライバソフト起動

プラグインの場合はそのアプリケーションを起動。単体の場合は、そのドライバソフトを起動する

↓

原稿セット

水平に注意して丁寧に原稿をセット。ガラス面の汚れやホコリに注意

↓

スキャンモード設定

反射原稿なのか透過原稿なのか、取り込む色数など基本的な選択をする

↓

解像度設定
解像度は線数の1.5〜2倍に

目的に応じた最適な解像度(dpi値)をセット。100%使用時には線数の1.5〜2倍にセット

↓

プレスキャン

プレスキャンさせて画像を確認。この画面上で確認しながら種々の補正設定を行える

↓

取り込み領域設定

スキャンしたい領域をトリミングして設定する

↓

倍率・サイズ設定

倍率を設定し、ダイアログ上で寸法を確認する。画面上のサイズでなくプリント時のサイズなので注意

↓

画像補正

補正機能を使い階調、色を補正。大きな偏りはここでできるだけ修正しておく

↓

本スキャン

本スキャンを行い、最終画像を取り込む

↓

画像取得

スキャンした画像の寸法、解像度などを確認。不具合がなければフォーマットを決めて保存する

デジタルカメラ p.090
アンシャープマスク p.109

フラットベッド スキャナのしくみ

フラットベッドスキャナは、平らな台に原稿をのせて動作させることで、2次元イメージをコンピュータへ取り込む。光源に照らされた原稿の映像は、CCDに投影され、像を結ぶ。スキャナのCCDはカメラでいうフィルムに相当する役割をしていることになる。

機種名

Genascan 5500

●大日本スクリーン製造㈱

ドラムスキャナに遜色ない品質と生産性をうたっている
本格デスクトップフラットベッドスキャナ。
XYズーム機構はもちろん、基本性能も光学解像度5,300dpiと十分。
A3ワイドサイズまでのあらゆる原稿に対応する高品質CCDスキャナ

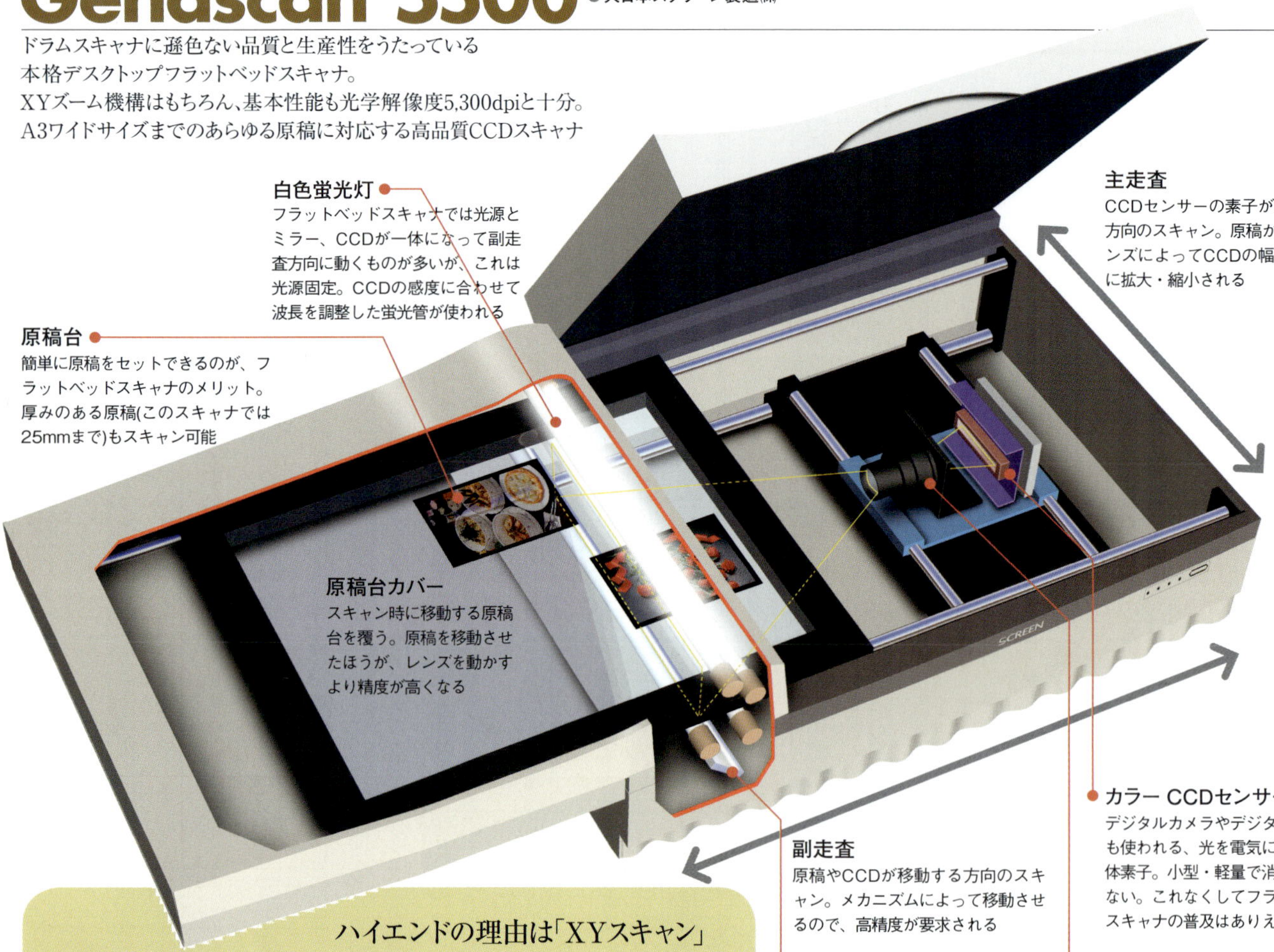

白色蛍光灯
フラットベッドスキャナでは光源とミラー、CCDが一体になって副走査方向に動くものが多いが、これは光源固定。CCDの感度に合わせて波長を調整した蛍光管が使われる

原稿台
簡単に原稿をセットできるのが、フラットベッドスキャナのメリット。厚みのある原稿(このスキャナでは25mmまで)もスキャン可能

主走査
CCDセンサーの素子が並んでいる方向のスキャン。原稿からの光はレンズによってCCDの幅に合うように拡大・縮小される

原稿台カバー
スキャン時に移動する原稿台を覆う。原稿を移動させたほうが、レンズを動かすより精度が高くなる

カラー CCDセンサー
デジタルカメラやデジタルビデオにも使われる、光を電気に変える半導体素子。小型・軽量で消費電力が少ない。これなくしてフラットベッドスキャナの普及はありえなかった

副走査
原稿やCCDが移動する方向のスキャン。メカニズムによって移動させるので、高精度が要求される

反射ミラー
水平な原稿の反射光を、レンズを介してCCDセンサーに垂直に送るためのミラー

ズームレンズ機構
普及型のフラットベッドスキャナのレンズは固定焦点で、読み取り幅全体をCCDセンサーに結像させるが、ズームレンズのあるこのスキャナでは、原稿のある箇所のみをCCDに結像できる。XYスキャン技術と合わせて、高精度スキャニングの要の部分

ハイエンドの理由は「XYスキャン」

通常のフラットベッドスキャナ　XYスキャン機能あり

フラットベッドスキャナの最新技術。光学装置が縦横両方向に移動できるので、原稿が原稿台のどこにあっても、常にCCDセンサーの全面を使った最大解像度でスキャンできる。この機能がないフラットベッドスキャナでは、原稿の位置によって品質にばらつきが出やすい。

関連リンク
USB p.032
解像度 p.078
CCDの働き p.080
リニア型CCDセンサー p.085

機種名

CanoScan LiDE 80 ●キヤノン㈱

誰でも使いこなせる気軽さを目指して開発された
USB接続スキャナ。CIS薄型スキャナで
世界初のフィルムスキャンが可能。新たなCISにより、
光学解像度2,400dpiを実現。品質感のある
デザインと際立った薄さは、手軽なスキャナの
設置と簡単操作を可能にしている

密着型カラーリニア
イメージセンサー
大型のリニアイメージセンサーとロッド型のレンズアレイを組み合わせたセンサーユニットで、CIS(Contact Image Sensor)とも呼ばれる。高輝度LEDを光源に用い、ここからの光をライトガイドで均一化しつつ原稿へ導き、小型化と信頼性を両立させた。縮小レンズを用いないので小型軽量。焦点深度(ピントの合う範囲)は狭いので平面原稿のスキャンに向いている
高輝度LED
リニアイメージセンサー
導光棒
SLA(セルフォックレンズアレイ)
USB接続
USBはパソコンの電源ON後の接続も可能。電源供給もされるので、低消費電力の本機では電源コードやアダプタも不要
メニューボタン
ボタンを押すだけでユーティリティが起動し、手軽なワンタッチスキャンなどが可能
駆動モーター
パルスのカウント数によって駆動されるステッピングモーター。正確な回転制御が可能

光学解像度とは何だろう

スキャナが見分けることのできる解像度の理論値が光学解像度だ。普通はCCDの分解能とレンズの倍率で計算される。一般用で300〜600dpi程度、プリプレス用で1,000〜5,000dpi程度だ。分解能の一つの目安となる数値。最大スキャン解像度とは異なる。スキャン解像度は光学解像度を超えた大きさにセット可能だが、原稿の細部が見えてくるわけではない。スキャナの細部表現力は最大スキャン解像度でなく光学解像度に注目すべきだ。小型のフィルムなどをスキャンする場合には光学解像度は高い必要がある。

A/Dコンバータが画像のビット数を決める

CCDからのアナログ信号をデジタル化するA/Dコンバータで得られるデジタルの信号の細かさをビット(bit)数で表現する。少し前の低価格機種は8bitが多かったが、現在はほとんどの機種が14bit、16bitといった高性能なA/Dコンバータを備える。bit数の多い機種ではスキャナ内での画像処理時の画質劣化(トーンジャンプなど)を少なくすることができる。またA/Dコンバータが多bitでも8bit出力の機種も多いが、16bit出力に対応していればPhotoshopでの処理時の劣化に対しても有利となる。

フィルムスキャナとCCDのしくみ

35mmフィルムなどの透過原稿を安価に拡大スキャンするには、解像度の高い(1,200〜3,000dpi程度)フィルムスキャナが使用される。フィルムスキャナには、大きなダイナミックレンジだけでなくメーカーによって異なるポジやネガへの対応が求められる。

機種名

SUPER COOLSCAN 5000ED ●(株)ニコン

フィルムスキャナの老舗ニコンの35mmフィルム対応機種。
LEDを使用したコンパクトな照明や高機能なドライバソフトなどが特徴。
そのままストリップフィルムを挿入可能なストリップフィルム
アダプタなどを装備。オプションでオートフィード機構などを
備えた各種フィルムアダプタを完備している

●光源
スキャナにはじめてLED光源を採用した初代COOLSCANの技術を受け継いでいる。三原色の高輝度LEDを使用し、一方向へ効率の高い照射を行っている

●原稿
アダプタに装填された原稿は固定され、光学系が移動することで走査する

●集光用光学系
LEDからの光を集光し、複雑な反射光学系を使用してフィルム面を無駄なくライン状に照らしている

●リニアCCDイメージセンサー
総合性能を左右する重要な部品。CCDの画素数をフィルム面上にどのように割り振るかで光学解像度が決定する。またCCDの持つ基本性能(感度、出力の大きさ、素子間のムラの少なさ、ノイズの少なさなど)が画質を左右する要素になる。さらにセンサーを2ライン設けることで、2倍のスキャン速度を実現している

●レンズ
CCDへの結像用のレンズ。1mmあたり100本以上という高解像度の要求されるレンズ。CCDとともに、分解能の実力を決める重要な部品だ。低品質のレンズでは高解像度を指定しても眠い画像しか得ることができない

●反射ミラー
光路を折り曲げ、光をCCD側へ導くためのミラー。光学的に平面度の高い精度が要求される

●移動用ボールネジ
送りムラが少なく精度の維持できるスクリュー状のボールネジをステッピングモーターで回転させることによって副走査を行っている

●アダプタ式フィルムローダー
交換式で、マウントされたフィルムをはじめ、スライドのオートフィーダやストリップフィルムアダプタ、APSフィルムアダプタを使用できる

Digital ICE オフ(左)
Digital ICE オン(右)

Digital ICE機能

SUPER COOLSCANシリーズで採用されるDigital ICE機能は、キズやホコリの情報をキズの検出に工夫を凝らした第4の「Dチャンネル」でスキャンし、キズやホコリのない画像を復元する画期的な技術。Dチャンネルではキズやホコリの位置や形状を記憶し、これに従いRGBスキャン画像からキズやホコリを除外した元画像を画像処理によって復元するしくみだ。便利な機能だが、ややスキャン時間が余計にかかることと、モノクロフィルムなど一部のフィルムには向かない。

関連リンク
フラットベッドスキャナ p.082
ドラムスキャナ p.086
フォトマルチプライヤ p.087
フィルムサイズ p.088

光に応じた電気信号を取り出すしくみ

　CCDには光が当たると電荷（電子やホール）を発生する「光電変換」の機能を持つ「フォトダイオード」が埋め込まれている。フォトダイオードは一列に線状に並べられていたり、面状に並べられたりして光を1次元または2次元で検出する。図の中のCCDのフォトダイオード部分（pn接合に露出した部分）に光が当たると、そのエネルギーによって電荷が発生する（光電効果）。ここで発生した電荷（この図では電子）は電極にプラスの電圧が与えられるごとに「電子に対する電位の井戸」を形成し、電子を集める。電極は交互にマイナスからプラスへと変化していくので、電位の井戸によって電子は導かれ、次々に移動していく。この電子の量を電圧として取り出すことで、明るさに応じた出力が得られる。

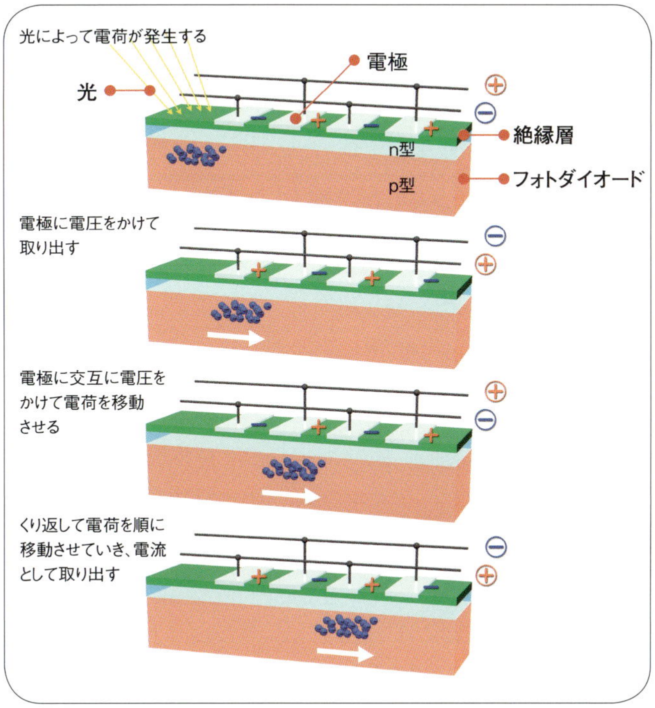

光によって電荷が発生する
光
電極
絶縁層
n型
p型
フォトダイオード
電極に電圧をかけて取り出す
電極に交互に電圧をかけて電荷を移動させる
くり返して電荷を順に移動させていき、電流として取り出す

エリア型 CCDセンサーの構造

デジタルカメラやビデオカメラに使われるエリア型のイメージセンサーは、フォトダイオードと転送路をいくつも並べた構造を持っている。それぞれに蓄積された電荷は一斉に転送路へ掃き出され、その後、順次下のレジスタへ移動していく。下の水平シフトレジスタに1列分が揃うごとに出力回路へ転送されていく。エリア型CCDでも電荷の取り出し作業は1行ごとに順に行われることになる。

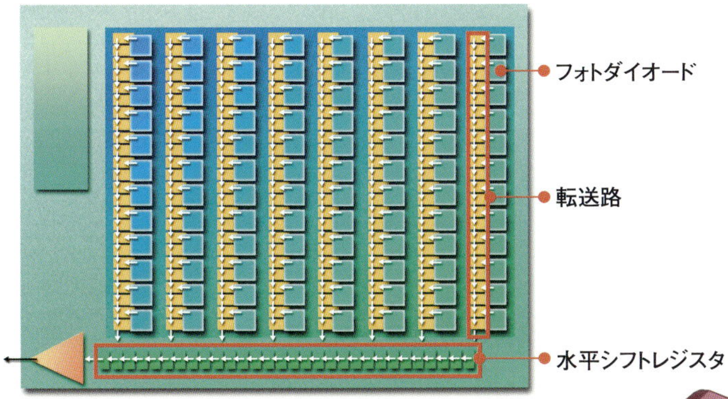

フォトダイオード
転送路
水平シフトレジスタ

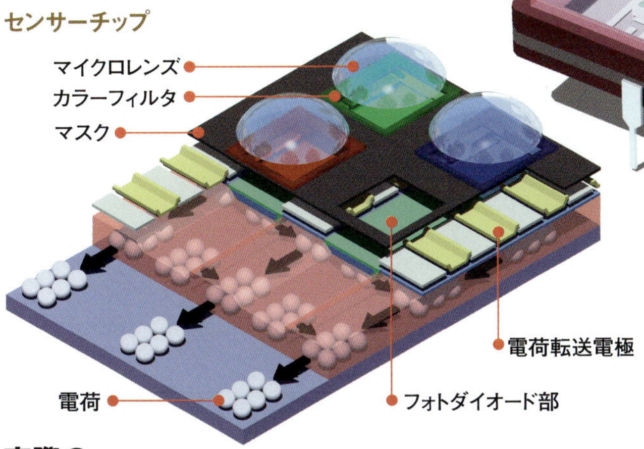

センサーチップ
マイクロレンズ
カラーフィルタ
マスク
電荷転送電極
電荷
フォトダイオード部

実際の CCDセンサーの構造

カラー画像を取得するために、CCDの各画素（フォトダイオード部分）にはカラーフィルタが規則的な順序でかぶせられている。これによってRGB各色の明るさを識別することができるのだ。また、画素の最上部にはマイクロレンズが載せられており、フォトダイオードの外側の周辺の光までを集光して感度を高める役割を果たしている。

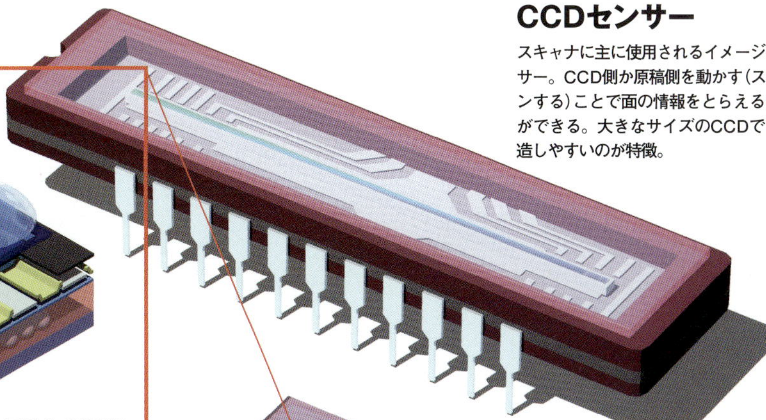

リニア型 CCDセンサー

スキャナに主に使用されるイメージセンサー。CCD側か原稿側を動かす（スキャンする）ことで面の情報をとらえることができる。大きなサイズのCCDでも製造しやすいのが特徴。

エリア型 CCDセンサー

面情報の高速な入力が可能なエリア型CCDセンサーは、ビデオカメラやデジタルカメラに用いられる。大きなサイズのCCDほど製造が難しい。

ドラムスキャナのしくみ

ドラムスキャナは、ドラムの1点を拡大レンズでとらえ、同一のセンサーで全面をくまなくスキャンする。それにより抜群の高分解能力と均一性が実現される。吟味された色分解光学系と高感度で広いレンジの入力センサーをもつ、仕上がりが信頼できるスキャナだ。

機種名

Super Genascan 8060 MarkII

●大日本スクリーン製造㈱

最高12,000dpiの光学解像度を誇る。
バッチ処理で原稿100点を連続スキャニングでき、
サイズはA2まで入力可能なハイエンドスキャナだ

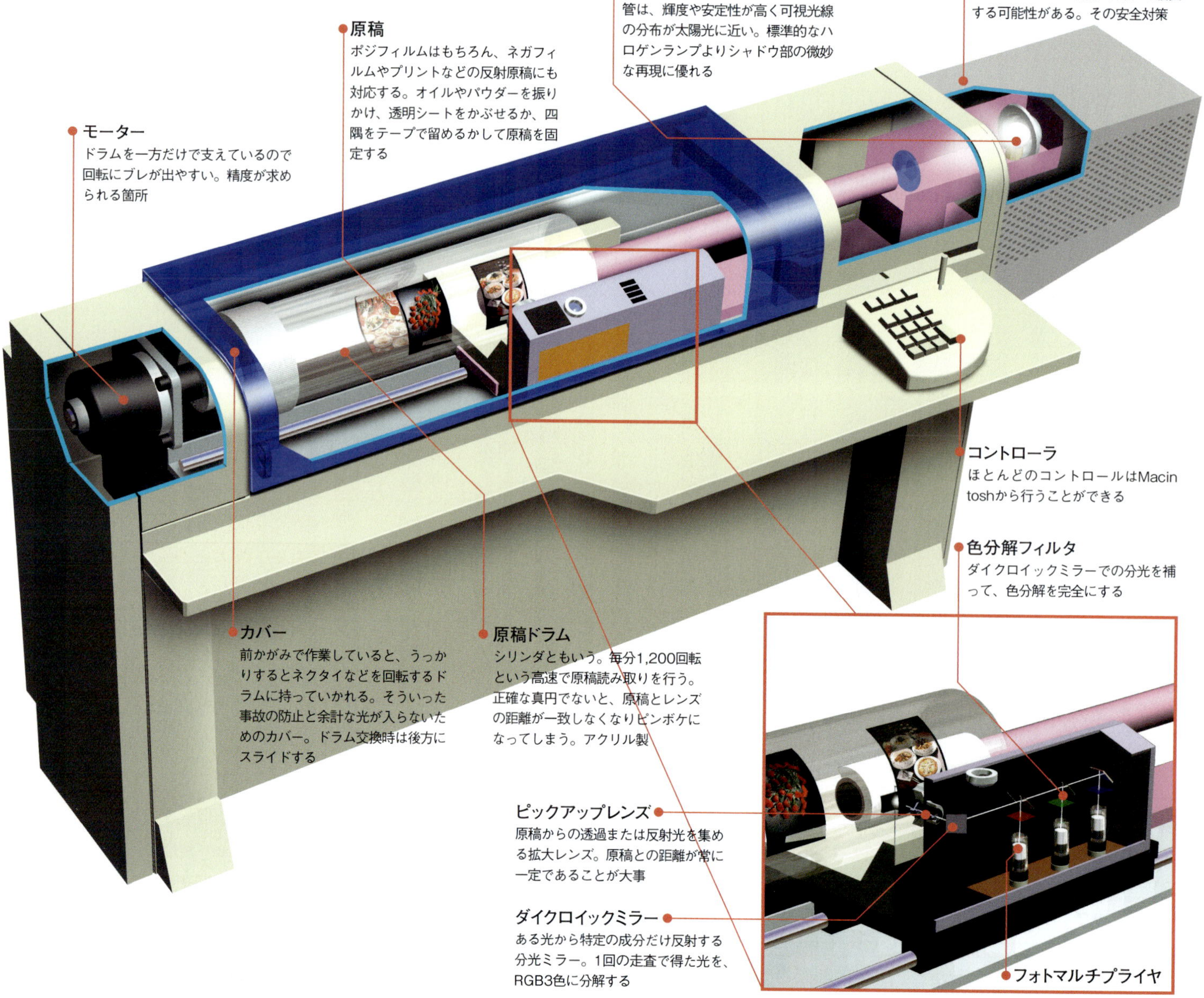
キセノンランプ
希ガスであるキセノンを使った放電管は、輝度や安定性が高く可視光線の分布が太陽光に近い。標準的なハロゲンランプよりシャドウ部の微妙な再現に優れる
カバー
キセノンランプは衝撃や汚れで破裂する可能性がある。その安全対策
原稿
ポジフィルムはもちろん、ネガフィルムやプリントなどの反射原稿にも対応する。オイルやパウダーを振りかけ、透明シートをかぶせるか、四隅をテープで留めるかして原稿を固定する
モーター
ドラムを一方だけで支えているので回転にブレが出やすい。精度が求められる箇所
コントローラ
ほとんどのコントロールはMacintoshから行うことができる
色分解フィルタ
ダイクロイックミラーでの分光を補って、色分解を完全にする
カバー
前かがみで作業していると、うっかりするとネクタイなどを回転するドラムに持っていかれる。そういった事故の防止と余計な光が入らないためのカバー。ドラム交換時は後方にスライドする
原稿ドラム
シリンダともいう。毎分1,200回転という高速で原稿読み取りを行う。正確な真円でないと、原稿とレンズの距離が一致しなくなりピンボケになってしまう。アクリル製
ピックアップレンズ
原稿からの透過または反射光を集める拡大レンズ。原稿との距離が常に一定であることが大事
ダイクロイックミラー
ある光から特定の成分だけ反射する分光ミラー。1回の走査で得た光を、RGB3色に分解する
フォトマルチプライヤ

関連リンク
フィルムスキャナ p.084
フラットベッドスキャナ p.085
色分解 p.106
製版フィルム p.184

機種名

Primescan D7100

●ハイデルベルグ・ジャパン ㈱

縦型構造を持つドラムスキャナ。
解像度11,000dpiにもかかわらず設置面積が小さいのがポイントだ。高速な1,800rpmのドラム回転数とA3プラスサイズのスキャン、バッチスキャンの利用で生産性も高い。
A2プラスサイズ対応のD8200/8400もラインナップされ、扱いやすさで評判の高い縦型構造だ。
現在、このドラムスキャナのメーカーサポートは継続されているが、販売はすでに行われていない

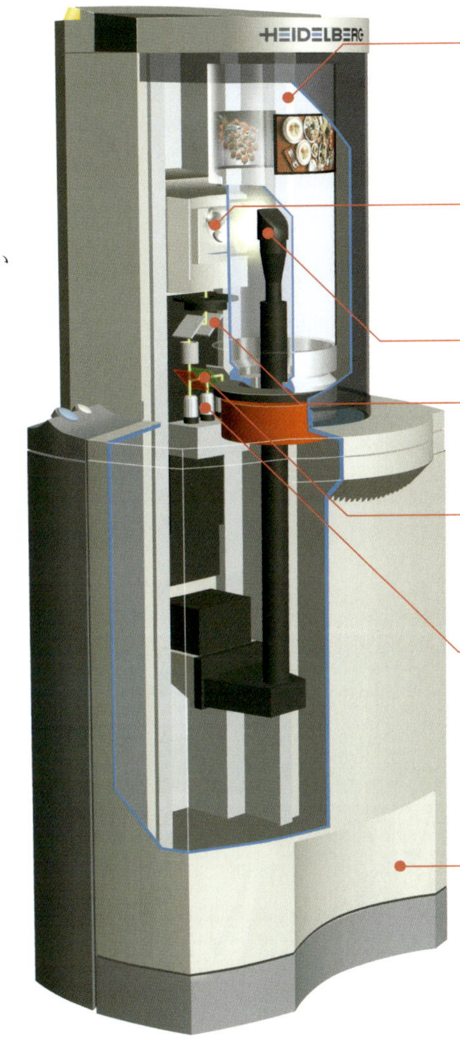
HEIDELBERG
ドラム
この透明な円柱に原稿を巻きつける。この機種では毎分1,800回転し、高解像度かつ高速なスキャニングを可能にしている
反射原稿用光源
強力な点光源を得るため、ハロゲンランプや、一部の機種ではキセノンランプを使っている
透過原稿用光源
アパーチャ
倍率や絵柄によってスキャニング・スポットサイズを調節する
色分解ユニット
RGB各色の要素にフィルタを使って光を分け、それぞれをフォトマルチプライヤに導く
フォトマルチプライヤ
設置面積
わずか62×66cm。ただし高さは、ドラム交換時にカバーが上に移動するため、2m以上必要

活躍の場を狭めつつあるドラムスキャナ

かつては、その性能と信頼性で隆盛を極めたドラムスキャナもデジタルカメラの普及に伴い、次第にその活躍の範囲を狭めてきている。フィルムをスキャンするという作業自体が極端に減少しつつあるのだ。これは作業コストとスピードの観点から不可避のものであると言える。こうして画像の流れは直接のデジタルのみの工程が主流となってきたが、それでも一部の美術品など高品位の画像取得やフィルム資産の利用に際しては、無くてはならない入力装置といえる。また、スキャナ装置自体もフラットベッドタイプの低価格化と高性能化で、使いやすさに劣るドラムタイプの活躍の場は狭まってきている。

フォトマルチプライヤの光を集める構造

フォトマルチプライヤは紫外光や可視光、近赤外光の検出に使われる、低雑音と高感度・高速性が特徴の受光素子だ。真空の容器内に陰極、陽極、電子増倍部、集束電極を設けて光を検出する構造になっている。光が陰極の光電面に当たると、ここから光電子が放出され、集束電極により電子増倍部に命中する。電子増倍部ではこの電子により、さらに2次電子が放出され電子数が増倍していく。何度か増倍を繰り返した電子は陽極から電流として取り出される。

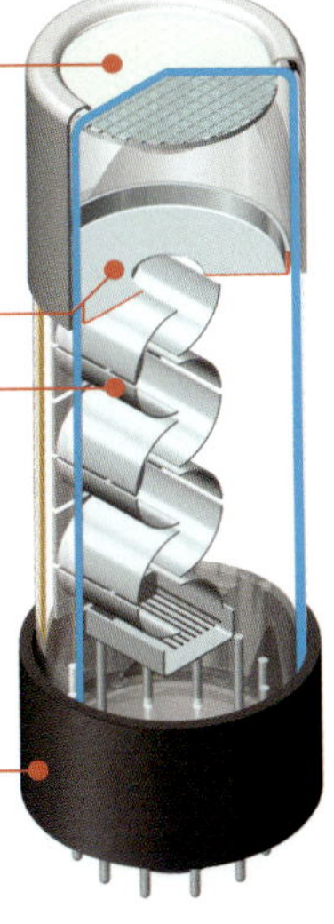
光電面
光を電子に変換、アルカリ金属元素による半導体が使用されている
集束電極
電子増倍部
光電子が衝突し、2次電子放出により次々と反射を繰り返すうちに電子が増倍していく
電流を取り出す部分
(陽極)

高品位な画像を得るしくみ

光電面に入射した光は、そのエネルギーで光電面から光電子を放出させる。光電面のある陰極は負の高圧がかけられており、電子倍像部の各電極は次第に陰極に向けて低い電圧がかけられている。光電子は、より電圧の高いほうへ移動していくので、電子増倍部の電極に次々と当たり、その都度電子の数が増倍していく。こうしてわずかな光でも十分な電流となって検出が可能になるのが、フォトマルチプライヤのしくみだ。

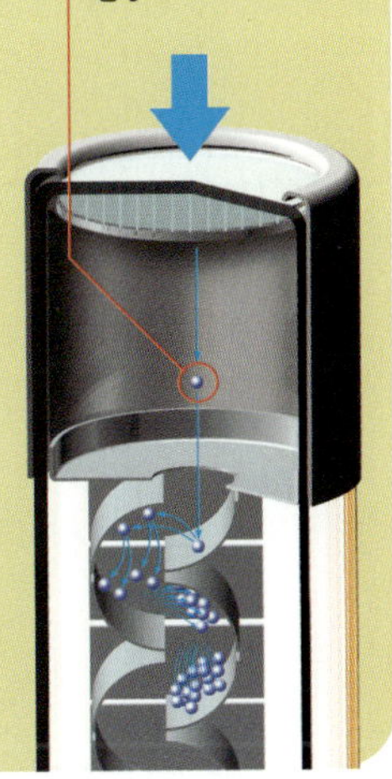
電子

カメラの原理としくみ

カメラの基本構造はシンプルなものだ。この「画像をレンズで投影する」という基本原理は、デジタルカメラやスキャナにいたるまで同様といってよいので、理解しておこう。そのあとで身近なカメラの中身をのぞいてみるとより理解が深まる。

光化学反応を利用した写真のしくみ

イオン化された銀の光による還元作用が、写真に利用されている。イオン結晶である塩化銀の中の塩素イオンは、光を受けることで電子を放出し、銀イオンは電子を受け取り、還元され銀原子となる。銀原子の集合(銀核)部分を感光核と呼び、現像液により周囲の塩化銀まで還元され、画像を形成する銀粒子となる。

定着時には、定着液により塩化銀が溶解され銀のみの安定した画像を形成する。光化学反応を利用する化合物としては、最近では青と紫に中心感度を持つ臭化銀も使用され、紫外光に寄った感度特性を持つ塩化銀と波長によって使い分けられる。また感光色素なども併用され、感度と波長がコントロールされている。

カメラの構造は、基本的に実像をフィルム面に投影するレンズと、フィルム(乾板)を暗箱に入れた構造となっている。必要に応じて、絞りやシャッターなどが光路中に置かれている。したがって、得られる画像の倍率は、レンズから結像面(フィルム面)までの距離と、被写体までの距離で決まることになる。

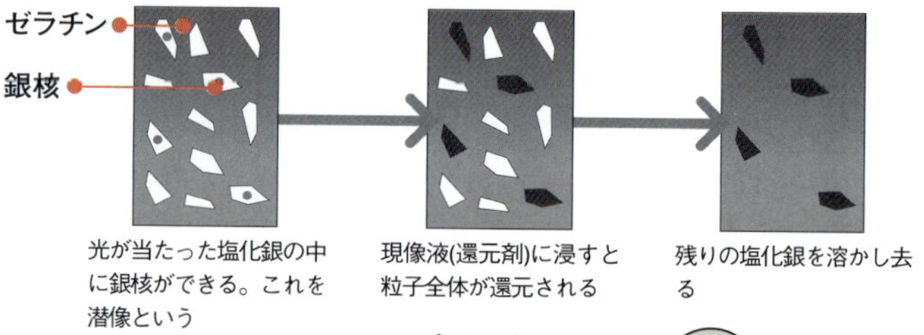
ゼラチン
銀核
光が当たった塩化銀の中に銀核ができる。これを潜像という
現像液(還元剤)に浸すと粒子全体が還元される
残りの塩化銀を溶かし去る

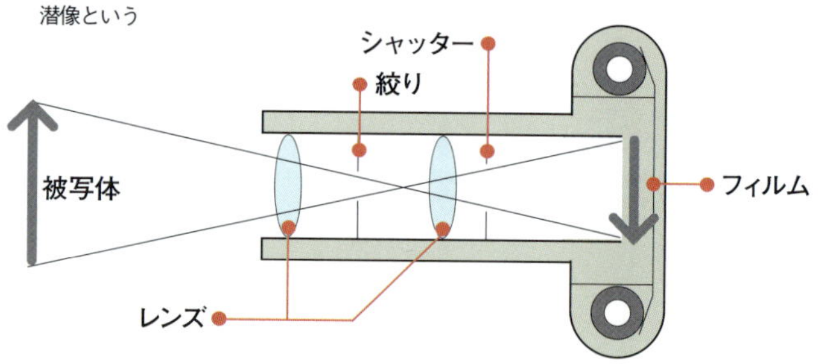
シャッター
絞り
被写体
フィルム
レンズ

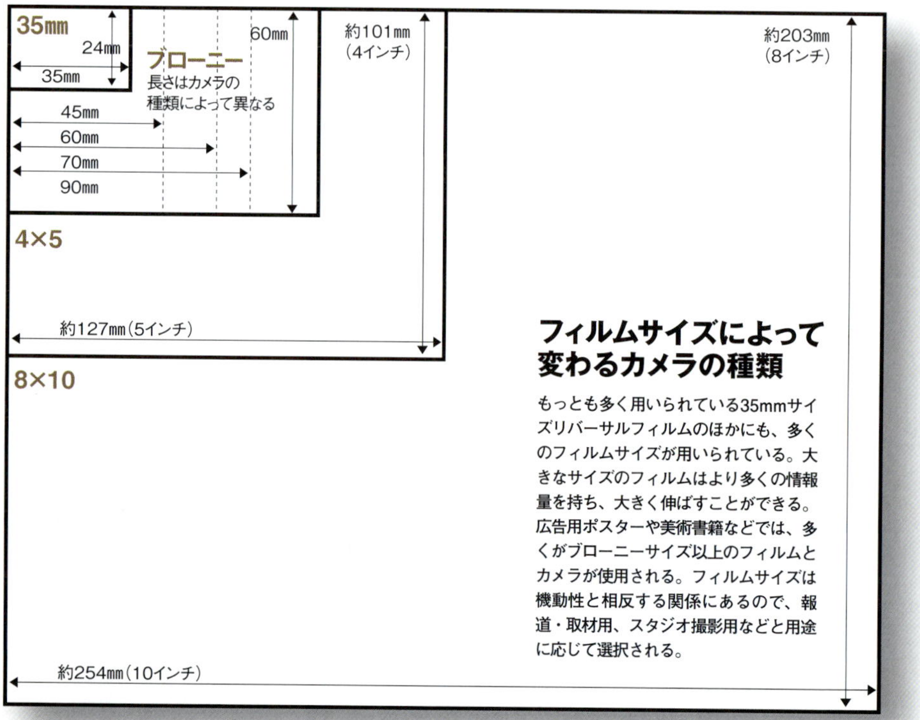
35mm
24mm
35mm
ブローニー
長さはカメラの種類によって異なる
45mm
60mm
70mm
90mm
60mm
約101mm
(4インチ)
4×5
約127mm(5インチ)
約203mm
(8インチ)
8×10
約254mm(10インチ)

フィルムサイズによって変わるカメラの種類

もっとも多く用いられている35mmサイズリバーサルフィルムのほかにも、多くのフィルムサイズが用いられている。大きなサイズのフィルムはより多くの情報量を持ち、大きく伸ばすことができる。広告用ポスターや美術書籍などでは、多くがブローニーサイズ以上のフィルムとカメラが使用される。フィルムサイズは機動性と相反する関係にあるので、報道・取材用、スタジオ撮影用などと用途に応じて選択される。

35mm：Nikon F6

速写性と多様なレンズを切り替えることができる応用性の広さが特徴

ブローニー：Mamiya RZ67 PRO IID

6×7cm判用で高精細撮影をこなすことができる。中判カメラと呼ばれる

4×5：TOYO-FIELD 45CF

フィルムをレンズに対して傾ける「あおり」が可能。画像を意図的にゆがめたり補正したりできる

関連リンク
デジタルカメラ p.090
写真方式プリンタ p.176

機種名

Nikon F100

●㈱ ニコン

ニコンの35mm本格一眼レフ。
上位機F5のAF性能、操作性、信頼性などの能力を受け継ぎ、軽量化、小型化して機動性を高めつつ低価格化したモデル。本格的なプロ仕様でありながら使いやすさを併せ持ったモデル

反射鏡

キセノンランプ
高電圧の発生回路でキセノンガスを封入した放電管を発光させる

コンデンサ
フラッシュの放電用電圧を保持しておくためのコンデンサ（蓄電器）

トリガーコイル
キセノン放電管の放電をしやすくするための外部電極

昇圧トランス
キセノンランプを放電させるための高圧を得るための変圧器

プレ照射ランプ
撮影の直前に発光させ、瞳孔を収縮させて赤目の低減を図るための照射ランプ

昇圧回路

電池

外部自動調光受光窓
TTL調光（レンズを通した光で行う調光）を行わない場合、フラッシュ自体で設定した被写体の明るさになるように、光量を調節するための調光センサーの受光窓

アクティブ補助光
暗い場所でのフォーカス性能を向上させるための補助光源

シャッターメカニズム

アクセサリーシュー
周辺装置を接続するための金具。イラストはオプションのスピードライト（ニコンにおけるフラッシュの呼称）SB28を接続した状態

ファインダー
撮影する画像の構図や露出情報などを確認するのぞき窓

ペンタプリズム
ファインダースクリーンの光をファインダーへと導く。光路変更と画像反転の働きを兼ねている

レンズマウント
多くのレンズに対応したFマウント。AFトルク駆動用のカップリング（爪）とレンズユニットCPUとの通信接点や、外部AFモーター電源などの接点を内蔵している

シャッター幕
スリットが走るフォーカルプレーン式シャッター幕。電子制御で走行スピードをコントロールする

フィルムパトローネ

測光センサー
ファインダーから見える画像の複数の位置を測光する「3D-10分割マルチパターン測光」が可能。より正確な露出を決定する

ミラー

オートフォーカスモジュール

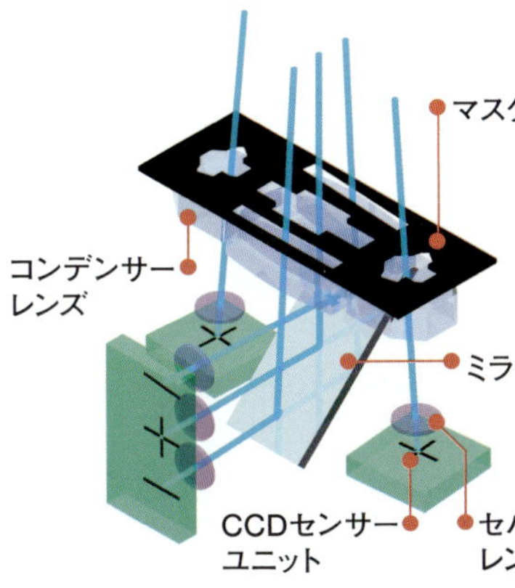

マスク
コンデンサーレンズ
ミラー
CCDセンサーユニット
セパレーターレンズ

オートフォーカスモジュールは、コンデンサレンズとセパレータレンズおよびCCDセンサーユニットなどからなっている。F100では「マルチCAM1300オートフォーカスモジュール」が使用され、5組のCCDセンサーが上下左右と中心の各エリアを担当し、撮影者は任意のエリアを選んで使用できる。

オートフォーカスのメカニズム

カメラのオートフォーカス（AF: Auto Focus）にはさまざまな方式があるが、最近の一眼レフにもっとも多く用いられているのが位相差検出方式だ。セパレータレンズで像を2つに分け、これを一対のCCDで受ける。結ばれた像の位相を比較することで焦点のずれ量と方向を知り、高速なモーターによりフォーカシングを行う方式だ。

オートフォーカス光路図

撮影レンズからの光は、ほとんどがミラーで反射されファインダーへ向かうが、一部はミラーの半透過部分を通過する。この光をミラーの裏の小さなサブミラーで反射して、カメラ底部に置かれたAFモジュールへ導くしくみだ

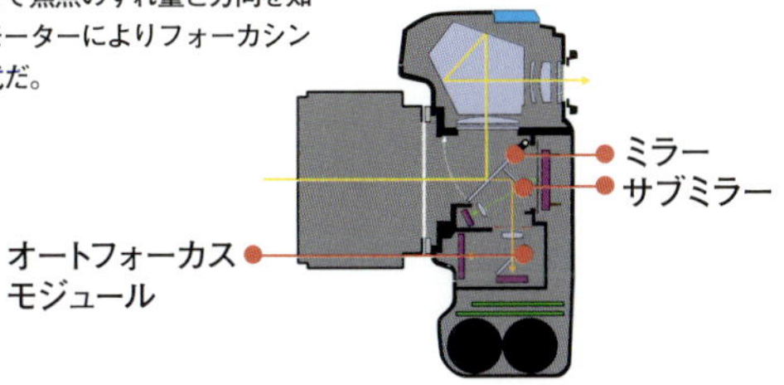

ミラー
サブミラー
オートフォーカスモジュール

デジタルカメラのしくみ

デジタルカメラのしくみはフィルム式カメラに準じているが、大きな違いはフィルムの代わりにCCDが使われていることだ。構成も高性能なプロ用はこれまでのカメラをベースにしているが、普及型では回転式の液晶モニタなど、個性的な商品群となっている。

機種名

EOS-1Ds Mark II

●キヤノン ㈱／キヤノン販売 ㈱

いち早く35mmフルサイズの撮像素子を搭載し、一眼レフデジタルカメラのウイークポイントといわれていた画角の問題を解消したEOS-1Dsの後継機種。約1,670万画素CMOSセンサーはノイズの少ないクリアな画質を実現。まさに銀塩一眼レフカメラを超えるデジタルカメラだ

マグネシウム合金製ボディ
軽量かつ高強度なボディと高級感を実現するため、マグネシウム合金に高耐久塗装を施している

コンパクトフラッシュカード
記録メディアにType Ⅱ対応のコンパクトフラッシュカードを使用。SDメモリカードのカードスロットも備えている。マイクロドライブにも対応している

シャッターチャージ ミラーアップメカニズム
DCモーターの力で、シャッターチャージとミラーアップを行う。デジタル一眼レフカメラに唯一残されたメカニカルな部分

メカニカルシャッターユニット
最高1/8,000秒という高速性と高精度・高耐久性を兼ね備えたシャッター

AFモジュール
撮影レンズを通ってきた映像の一部はこのAFモジュールに導かれ、測光と測距が行われる。測距の結果、交換レンズに内蔵されたモーターが駆動されて、AF（オートフォーカス）動作が行われる

バッテリー
1650mAhという大容量を誇るニッケル水素電源パックを搭載。高速なメカ駆動と、ゆとりある撮影枚数を確保している

映像エンジン
CMOSセンサーが捕らえた映像信号を取り込み、独自の画像処理を行って美しいカラー画像を作り出す

関連リンク
メモリ p.024
IEEE1394 p.032
ピクセル p.078
フィルム p.088
Photoshop p.092

機種名

FinePix S5000 ●富士写真フイルム㈱

富士写真フイルムが長年培ってきた技術ノウハウによって
生まれた、CCDの進化形であるスーパーCCDハニカム「HR」を搭載。
有効画素数310万画素、最大記憶画素2,816×2,120(600万画素)の
超高画質を実現し、髪の毛一本一本まで忠実に再現できる
高解像度撮影が可能。モードダイヤル機能を使えば、
本格的な撮影を行うことができる

ファインダー光学系
撮影レンズを通した視野を、そのままファインダーで確認できるのが一眼レフカメラの特徴だ

CMOSセンサー
撮像素子に1,670万画素、35mmフルサイズ、36×24mmのCMOSセンサーを採用。豊かなダイナミックレンジとノイズの少ないクリアな画質を実現した

インターフェイス端子
USB端子と、より高速なIEEE1394端子を装備

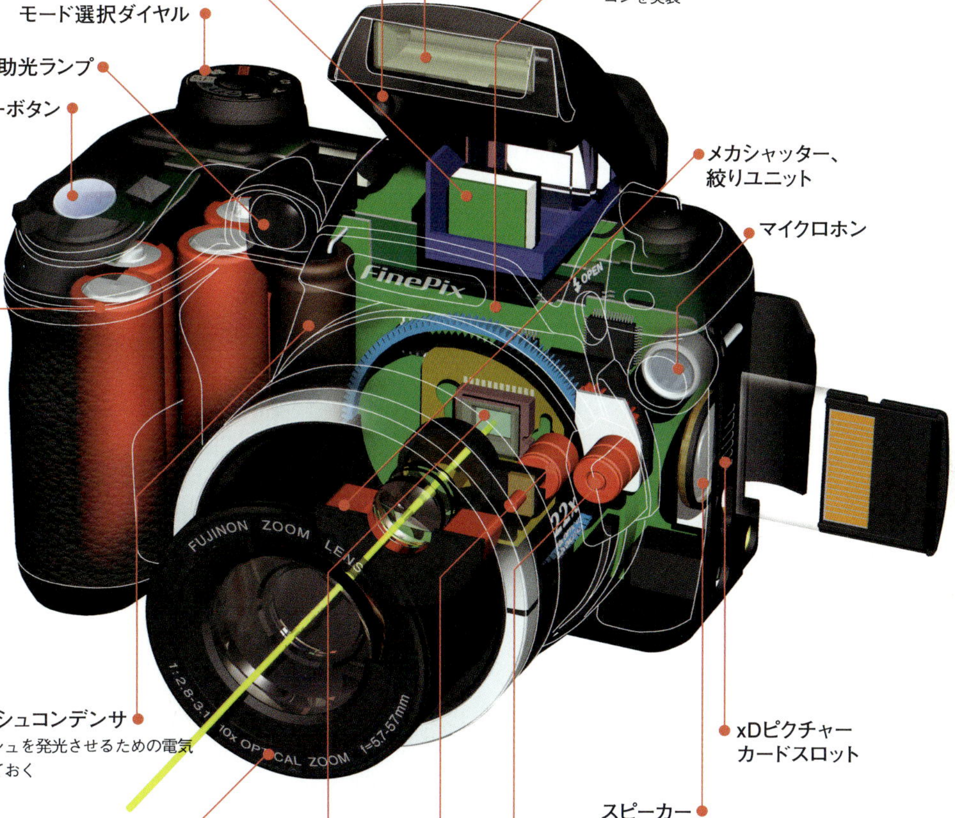

カラー液晶ビューファインダー
0.33型カラー液晶ファインダー約11.4万画素。また、ボディ裏面に1.5型カラー液晶モニタ約11.4万画素を装備している

調光センサー

フラッシュ
調光センサーによるオートストロボ

回路基盤
映像エンジンとメモリ、制御用マイコンを実装

モード選択ダイヤル

AF補助光ランプ

シャッターボタン

メカシャッター、絞りユニット

マイクロホン

電池
単3アルカリ電池4本使用

フラッシュコンデンサ
フラッシュを発光させるための電気を蓄えておく

xDピクチャーカードスロット

スピーカー
動画記録およびボイスメモ機能のためのマイクとスピーカー

ズームレンズ
光学10倍ズームレンズ。f=5.7mm〜57mm(35mmカメラ換算で37〜370mm相当)
非球面レンズ1枚を含む9群11枚構成

ズーム制御モーター

フォーカス制御モーター

イメージセンサー
1/2.7型スーパー CCDハイカムHR310万画素

EOS-1Ds Mark IIの背面

液晶モニタ
約23万画素、2インチのTFTカラー液晶モニタを搭載

ファインダー
視野率100%を実現し、被写体を的確に把握できる

コンパクトフラッシュカード収納部
Type Ⅱ対応のコンパクトフラッシュカードを使用。SDメモリカードのカードスロットも備えている。マイクロドライブにも対応している

フォトレタッチソフトの基本機能と色補正

フォトレタッチソフトの世界ではPhotoshopのライバルとなるソフトが存在しないといっても過言ではない。ここではバージョンにあまり依存しない、色補正に関する基本機能を中心に解説していく。

製品名

Adobe Photoshop ●アドビシステムズ(株)

ビットマップ画像を扱うソフトの最高峰。
色調補正や合成などレタッチからイラストを描き起こすペイントまで、あらゆる画像処理をPhotoshopだけでこなすことができる。最新バージョンは、2005年7月発売のPhotoshop CS2だ

オプションバー
さまざまなツールのオプション設定を調整するために画面上部に表示されるバー。選んでいるツールによって内容が変わる

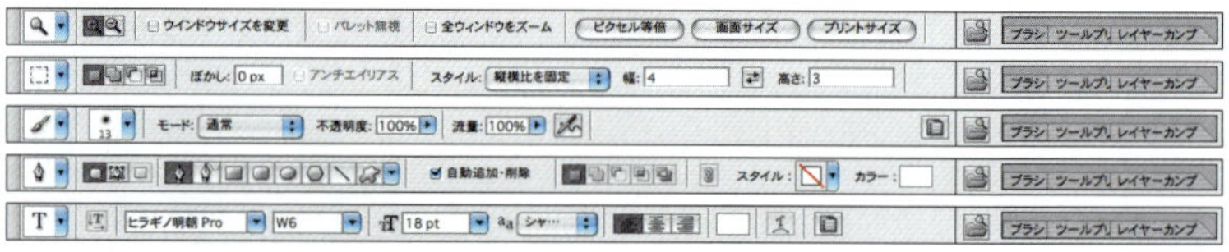

ツールボックス
画像の選択、ペイント、文字入力やベジェ曲線を描画するツールなど40種類以上のツールを収納。ブラシや消しゴムなど既存の道具に機能をたとえたものが多い

「カラー」パレット
描画色・背景色を切り替え、任意の色を指定する

「スタイル」パレット
ドロップシャドウ(影つけ)やグラデーションなどの効果を登録しておき、ワンクリックで適用することができる

「ナビゲータ」パレット
画面表示の拡大・縮小やスクロールを操作する

「レイヤー」パレット
画像を階層に分けて管理

「チャンネル」パレット
カラーモードによって画像を構成する色ごとに分けて管理する

Photoshop CS2の新機能

CS2では、多くの新機能が追加された。画像の遠近感を保持したままペイントや変形、複製を行える「バニシングポイント」、Illustrator アートワークの属性を保ったまま編集が行える「スマートオブジェクト」、「32bit HDRのサポート」、修復に最適なピクセルが自動サンプリングされる「スポット修復ツール」、フォントメニューについた「フォントプレビュー機能」など機能面の充実とデジタルフォトへの対応が強化されたバージョンに仕上がっている。

「アクション」パレット

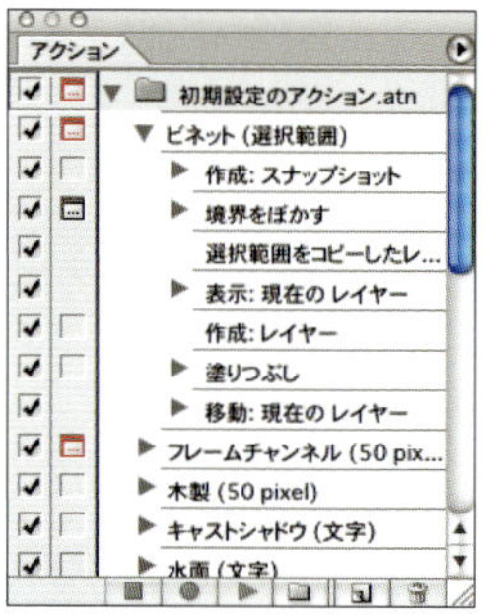

一連のコマンド処理を記録し、再生することができる。これによって決まった作業を自動化することができる

「ヒストリー」パレット

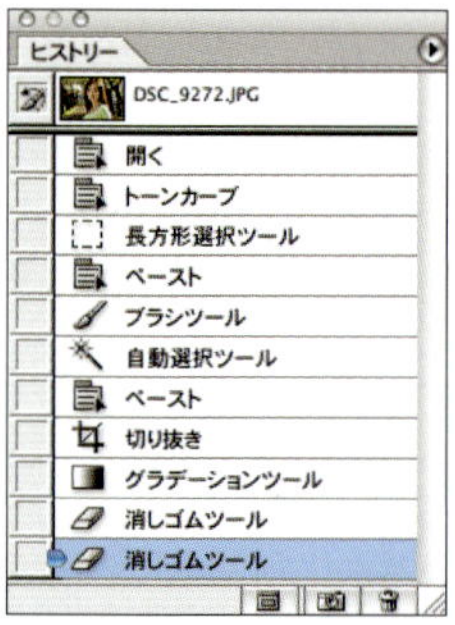

画像を変更するたびに処理を記録しておき、必要であれば変更した時点に戻り、作業をやり直すことができる

関連リンク
DTPソフト p.054
カラーモデル p.068
デジタル画像の基礎知識 p.078
レベル補正 p.098
ベジェ曲線の描き方 p.101
トーンカーブ p.097

選択範囲を作る

Photoshopでは、補正をするにせよ、合成をするにせよ、まずその画像の作業部分を選択することからスタートだ。

選択範囲を作るには、ツールボックスの選択ツール以外にもブラシで塗ってマスクを作るなど数多くの選択のためのツールや方法がある。またビットマップ画像でアンチエイリアスがかかっているので、選択範囲の境界線や隣接する色との差を考えてツールを選ぶ必要がある。自然な合成や色調補正を行うためには必須の作業だ。

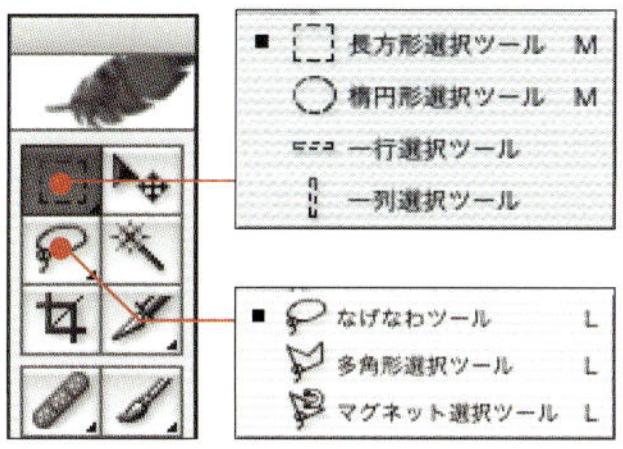

ツールボックスの選択ツール。また、ベクトルオブジェクトであるパスを作成して、それを選択範囲に変換することもできる

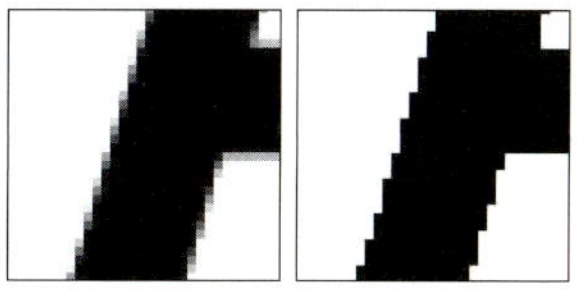

アンチエイリアス OFF　アンチエイリアス ON

アンチエイリアスとは、画像のエッジがギザギザに見えるのを防ぐための機能。ピクセル間に中間調のピクセルを配置して、滑らかに見せる

パスの作成や編集には、「ツール」パレットの「ペン」ツールを利用する

パスで領域を指定していく。「ペン」ツールのほかに「マグネットペン」ツールなども使える。パスは後から自由に変更ができる。

作成したパスを「クリッピングパス」とすれば、レイアウトソフトなどに配置した際に切り抜かれた状態になる

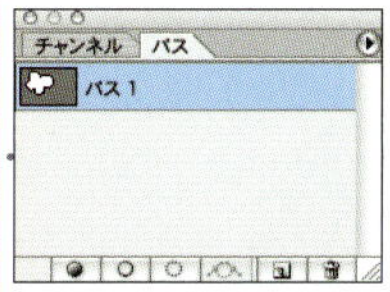

作成したパスは「パス」パレットに保存する

クリッピングパスとしてDTPアプリケーションに配置。切り抜かれるので、背景に色をつけたり、ほかの画像へ合成したりできる

パスとクリッピングパス

Photoshopでは、Illustratorと同じようにペンツールを使ってベジェ曲線での描画が可能だ。DTPでは、切り抜き画像として使う目的でクリッピングパスとして利用することが多い。パスは選択範囲に変換して領域指定に用いたりもできる。

主な色補正機能

およそ2次元で可能な画像処理はすべてこなすことができるPhotoshopだが、DTPでは写真画像を補正し、印刷用出力が可能なデータ状態・形式に加工するために使うことが多い。写真撮影後の増・減感処理や色調変更、原稿のゴミやキズ取りなど、従来は暗室や高価な設備、熟練を要した作業が、Photoshopさえあれば行うことができる。あるピクセルの値(位置や色情報)を別のピクセル値に置き換えることで、さまざまな調整を可能にしているのだ。

DTPでもっとも使用頻度が高い、画像補正に関する機能をまず知っておきたい。

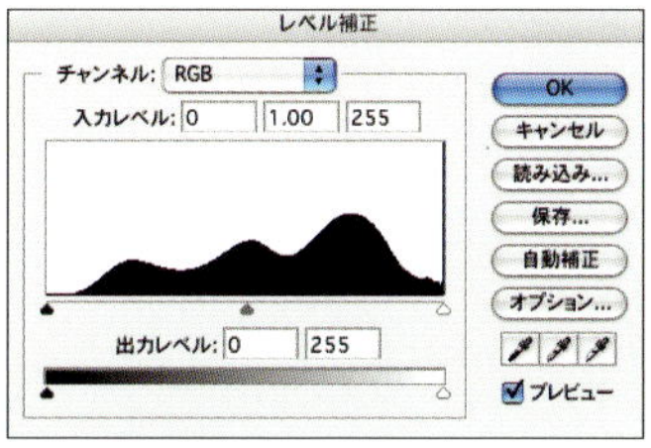

レベル補正

画像の暗部、中間調、明部それぞれのピクセルの分布を変えることで、色調の分布を変更する機能

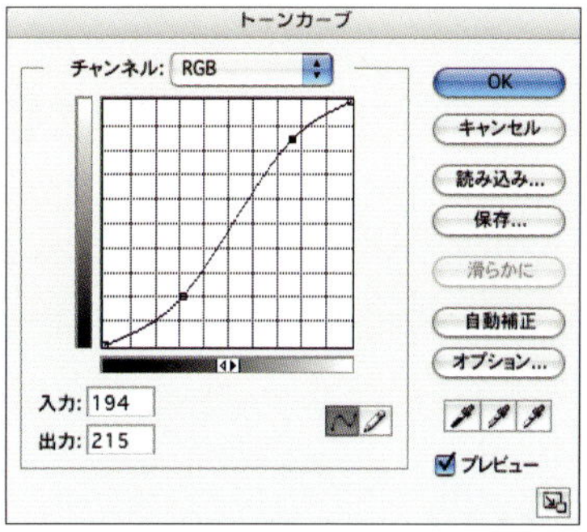

トーンカーブ

暗部、中間調、明部と3つの要素を基準にするレベル補正に比べ、トーンカーブでは0から255の範囲で任意に色調の分布を変えることができる

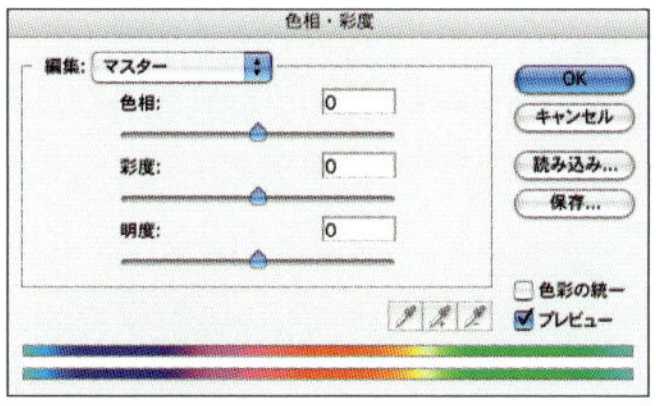

色相・彩度

色ごとに色相や彩度、明度を調整できる。画像全体の色調を大きく変化させたいときに使う

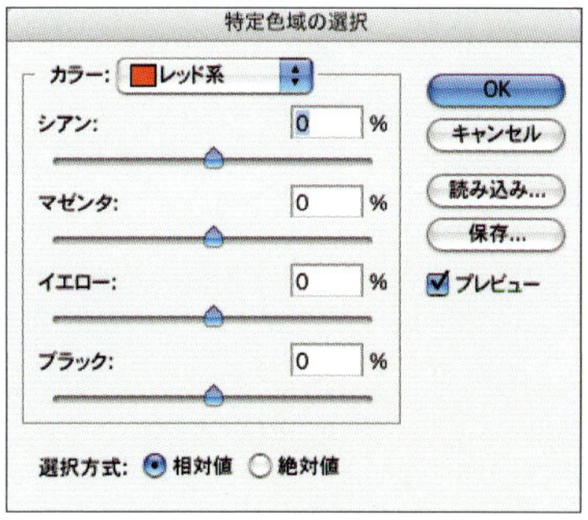

特定色域の選択

たとえば画像の緑色に含まれたシアンを大幅に減少させても、紺色に含まれたシアンは変更されないといったように、任意に選択した色の範囲を、CMYK各色要素ごとに調整・変更することができる

レイヤーの概念と便利な機能

画像をコラージュしたり、文字をレイアウトしたりといったデザイン作業では、画像の中に複数の種類の要素が組み合わさってくる。背景、アイテム、文字それぞれが組み合わさっていると、普通のビットマップ画像の場合では再編集は不可能だ。ところがレイヤーを利用することで、各要素をOHPシートのような透過原稿を重ねたかのように独立面として扱えるのだ。

実際のレイヤーは文字などだけでなく、画面構成上のあらゆるところに活用することができる。組み合わせる素材ごとにレイヤーを追加していけば、各々の素材ごとのレイアウトの見直しはもちろん、明るさや色の補正にいたるまで個別にコントロールすることができるのだ。下の例ではさまざまな背景とパーツをすべてレイヤーで構成し、デザイン上のさまざまな検討を行えるようにした例だ。

不透明度
レイヤーの透明度を設定する

テキストレイヤー
文字ツールで作成したレイヤー。ラスタライズされていないので、レイヤー作成後に文字の編集が可能

レイヤー効果
元画像を変更することなく、レイヤーにドロップシャドウやテクスチャなどの効果をつける。また、設定を変更することも可能

調整レイヤー
色補正などの効果が設定されているレイヤー。元画像に変更を加えることなく、色補正などが可能になる

レイヤーマスクつき調整レイヤー クリッピングレイヤー
調整レイヤーの効果をレイヤーマスクで制限してあるレイヤー。また、この例では、クリッピングレイヤーに設定することによって、この効果をさらにクリップされているレイヤー間だけに制限している

レイヤーマスク
レイヤーの不透明度をマスクで制限するためのレイヤー

背景レイヤー
一番下になるレイヤー。透明度を設定することはできない

レイヤーの構造

背景、文字、女性の各レイヤーを作って、「レイヤー」パレットを表示させたところ。各レイヤーの表示のON/OFF、編集対象レイヤーの切り替えが可能になる。パレットのタブを切り替えると、P.96で説明している「チャンネル」パレット、「パス」パレットへの切り替えができる。

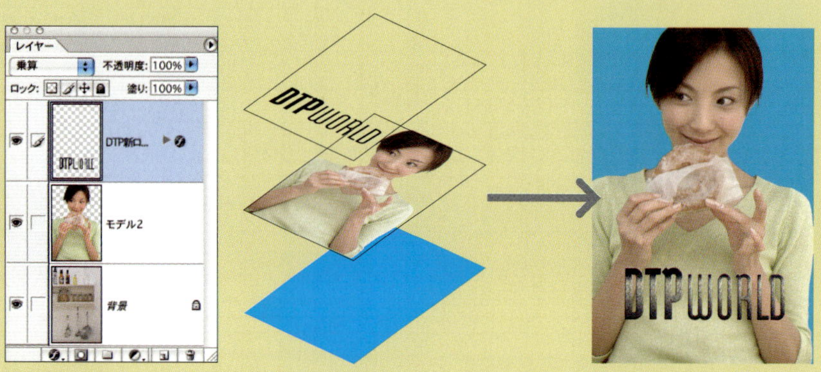

この例では背景と女性、文字という3つの階層、つまり「レイヤー」から構成されている。この例以外でも、同じ画像を得るためのレイヤー構成はいく通りも考えられる。OHPシートを重ねたように、3つのレイヤーをすべて重ね合わせて見た画像が出来上がる。

関連リンク
階調 p.079
Photoshopの色補正機能 p.092
印刷用画像 p.106

調整レイヤー

調整レイヤーは、より下の階層のレイヤーの階調や色調の補正機能を持つレイヤーだ。画像には変更を加えずに、色調補正などを行うことができ、再調整も可能。元画像を劣化させることはないので、いくらでも調整を試すことができる。
調整レイヤーには右のようないくつかの補正機能があり、色調補正メニューと同じように補正が可能だ。レイヤーなので表示/非表示を切り替えることによって、補正の有効/無効を切り替えたり、複数の調整を重ね合わせたり、色調補正を効かせるレイヤーや範囲を制限することなどもできる。IllustratorやInDesignなどPhotoshop形式に対応しているアプリケーションなら、調整レイヤーを活かしたまま配置することができる。

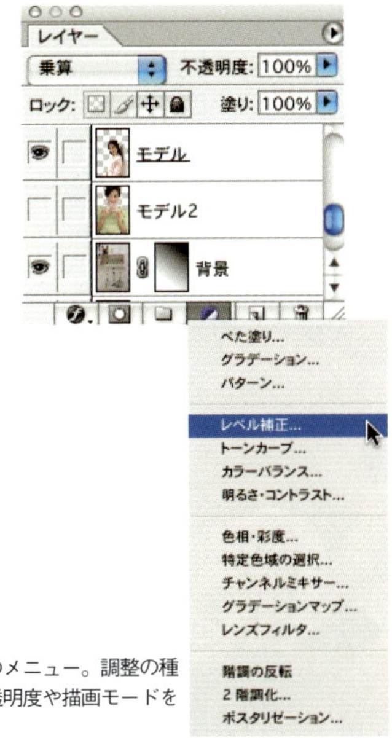

調整レイヤーのメニュー。調整の種類のほか、不透明度や描画モードを指定できる

レベル補正の
調整レイヤーを設定

調整レイヤーを非表示

調整レイヤーを非表示にすると、効果が無効になり、元画像が表示される。左図はトーンカーブ、レベル補正調整レイヤーを非表示にしたもの

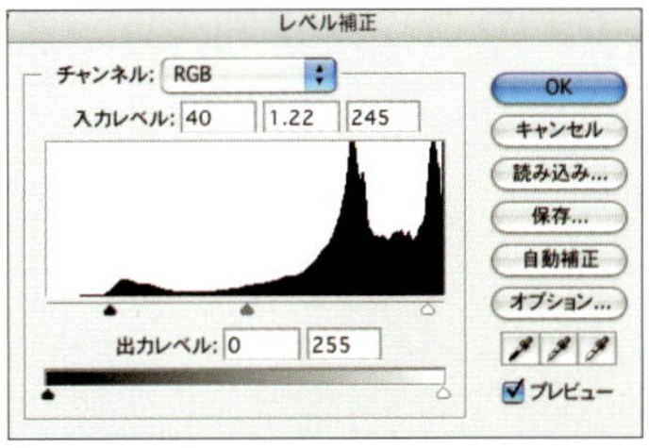

設定した調整レイヤーは、ダブルクリックしてダイアログを再表示させ、何回でも調整し直すことができるので、元画像を劣化させることがなく、色調整できる

不透明度100%

不透明度50%

不透明度10%

不透明度

各レイヤーごとに不透明度を設定することができる。不透明度を設定すると、すぐ下にあるレイヤーの画像が透けて見えるようになる。
左の例では、モデルのレイヤーの不透明度を変えたもの。調整レイヤーなどに不透明度を設定して、調整の効果を抑えることもできる。
なお、背景レイヤーには不透明度を設定することはできないが、レイヤーに変換すると設定可能になる。

描画モード

レイヤーを合成する際の描画モードを設定することができる。
たとえば、影などのレイヤーを合成する場合、影のレイヤーの描画モードを「乗算」に設定することによって、下の画像と色が混ざり合い、下の画像に合わせて明暗がついて、自然な影が作成される。
そのほかにもさまざまな合成用のモードが用意されている。

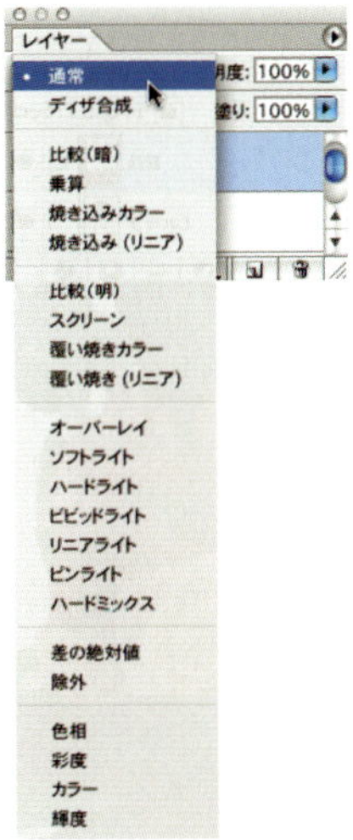

影のレイヤーの描画モードを「通常」から「乗算」に変更すると、グレーの影の色と下の写真のレイヤーの色が乗算で合成され、自然な影になる

左側にある白っぽい背景の花のレイヤーを「比較(暗)」で合成すると、右側の写真より暗いピクセルだけが表示されるようになる

チャンネルの概念

RGBモードやCMYKモード、Labモードのカラー画像は必ず複数のカラーチャンネルから成り立っている。各カラーチャンネルは色成分ごとに分かれている。RGBモードの画像なら、RGB3枚のチャンネルからできている。同様にCMYKモードの画像なら、CMYK4枚のチャンネルからできている。

各チャンネルは、1枚ごとに色調補正ツールやフィルタツールで加工できる。色調補正ツールでは、各ツールのダイアログ内でチャンネルのターゲットを設定して、特定の色だけを変えるといった作業が可能だが、「チャンネル」パレットで特定のチャンネルを選択して色を補正することも可能。右は、Bチャンネルを黒く塗りつぶし、RとGだけの画像に設定した例。

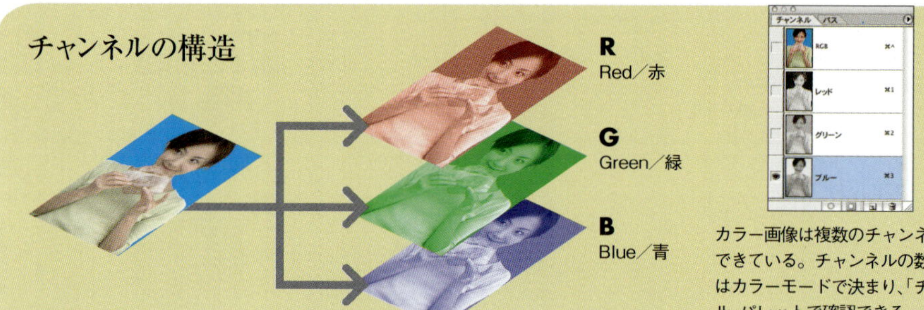

チャンネルの構造
R
Red／赤
G
Green／緑
B
Blue／青

カラー画像は複数のチャンネルからできている。チャンネルの数と種類はカラーモードで決まり、「チャンネル」パレットで確認できる

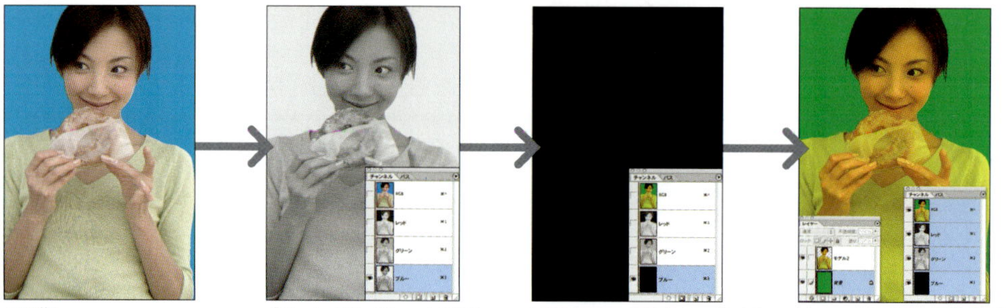

元画像

「チャンネル」パレットでBチャンネルだけを選択。各チャンネルだけを選択すると、表示はそのチャンネルの濃度がグレースケールで表示される

RGBカラーの場合は、黒くなればなるほど、そのチャンネルの色が減少する。図は真っ黒に塗りつぶしてBの色の成分をなくした状態

Bチャンネルの色の成分がないので、RとBの色が合成された色になる

レイヤーとチャンネルの関係

複数のレイヤーを持つ画像の場合、各レイヤーごとにチャンネルが存在する。したがってレイヤー数の多い画像などでは、全体のチャンネル数は膨大になる場合もある。
「チャンネル」パレットには、現在表示されているレイヤーの各チャンネルが合成されて表示されるが、「チャンネル」パレットでチャンネル単位の色調整などを行う場合、「レイヤー」パレットで選択されているレイヤーの色だけしか調整されないので、実際に画面上で見ている画像と補整している画像の結果が異なり、わかりにくい。そのため、実際にチャンネルで画像を補正したい場合は、ターゲットとなるレイヤー以外は非表示にして作業したほうがよいだろう。

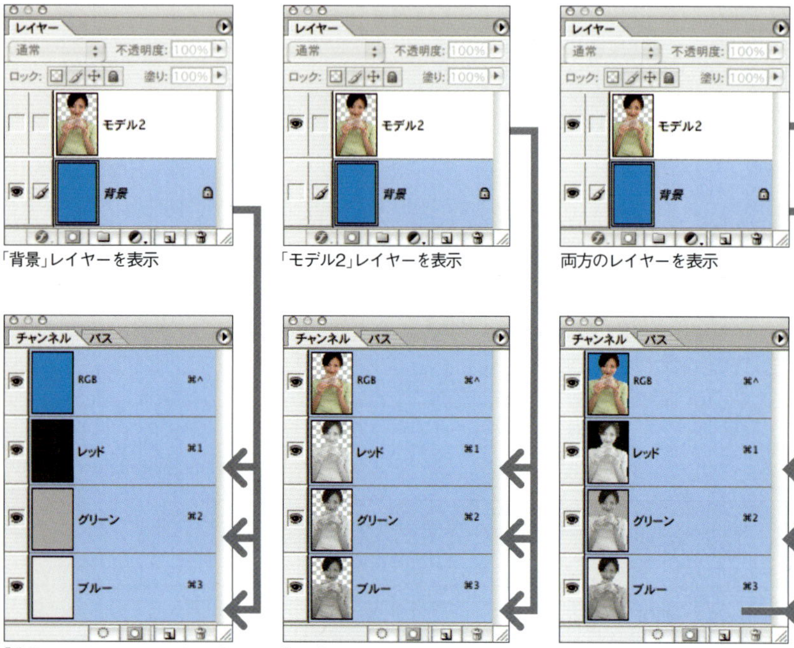

レイヤー
通常
不透明度:
100%
ロック:
塗り:
モデル2
背景
チャンネル
パス
RGB
レッド
グリーン
ブルー

「背景」レイヤーを表示

「モデル2」レイヤーを表示

両方のレイヤーを表示

「背景」レイヤーのチャンネルが表示される

「モデル2」レイヤーのチャンネルが表示される

各レイヤーの色が合成されたチャンネルが表示される

アルファチャンネル

アルファチャンネルは、マスクとして使用し、その濃度によってカラー修正やフィルタの効果を変え、画像の編集領域や保護領域を自在にコントロールできるチャンネルで、通常の色をコントロールするチャンネルとは異なる。
選択範囲をアルファチャンネルとして保存すると、選択された領域は白、選択範囲外が黒、そして半透明の選択範囲はグレーで表示され、グレーの濃度は不透明度を示すことになる。
アルファチャンネルは画像内に複数枚置くこともでき、選択範囲のアルファチャンネルへの保存や読み込みなど、さまざまに活用できる。

選択範囲
保存
読み込み
アルファチャンネル

選択範囲はアルファチャンネルとして保存しておくことができ、「チャンネル」パレットから読み込むことができる

ぼかしの効いた選択範囲を保存すると、グレースケールでぼかした範囲が表示される

関連リンク
レイヤーの概念 p.094
RGBとCMYK p.106
印刷用画像データ p.106

トーンカーブの基礎知識

トーンカーブの考え方の基本は階調(明るさ)の置き換えだ。

選択したポイントの「入力」の値を「出力」の値に置き換える。入力は元画像の値、出力は補正後の値になる。入出力値は、0から255までの階調で表す。0が黒で、255が白、中間が黒から白までの各レベルを表すので、128なら中間値の明るさのレベルになる。入力と出力の値が同じなら、そのポイントの階調は補正されず、入力の値より出力の値が小さい場合は、その部分は暗く、大きい場合は明るくなる。

最初に「トーンカーブ」ダイアログを開くと、右斜め上に伸びる45度の直線になっている。横軸が入力のレベル、縦軸が出力のレベルになっているので、このときの各ポイントの値は入力と出力の値が同じ、つまり補正が行われていない。

補正を行う場合は、基準となるレベルをクリックして選択する。トーンカーブ上に■(ポイント)が表示されるので、このポイントをドラッグして補正を行う。ポイントを上へドラッグすると出力値が高くなって明るくなり、下へドラッグすると出力値が低くなって暗くなる。基準となるポイントは複数設定できるので、調整する画像によって、明るい部分、暗い部分、中間点と基準を変えるとよいだろう。

トーンカーブの場合、選択したポイントを動かすと、ポイント間のラインがカーブになるので、色の置き換えもなめらかで自然な階調で行えるのが特徴だ。

「トーンカーブ」ダイアログ

基準となるポイントの入出力の値を設定することによってカーブを描き、階調を置き換える

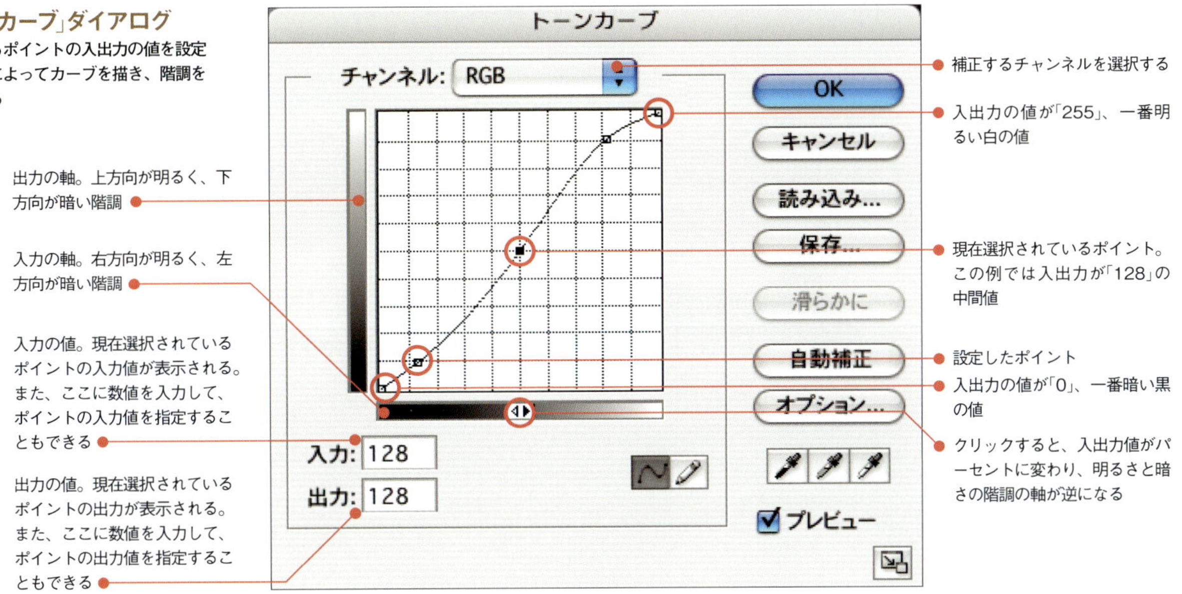

トーンカーブ
チャンネル: RGB
OK
キャンセル
読み込み...
保存...
滑らかに
自動補正
オプション...
入力: 128
出力: 128
プレビュー
出力の軸。上方向が明るく、下方向が暗い階調
入力の軸。右方向が明るく、左方向が暗い階調
入力の値。現在選択されているポイントの入力値が表示される。また、ここに数値を入力して、ポイントの入力値を指定することもできる
出力の値。現在選択されているポイントの出力が表示される。また、ここに数値を入力して、ポイントの出力値を指定することもできる
補正するチャンネルを選択する
入出力の値が「255」、一番明るい白の値
現在選択されているポイント。この例では入出力が「128」の中間値
設定したポイント
入出力の値が「0」、一番暗い黒の値
クリックすると、入出力値がパーセントに変わり、明るさと暗さの階調の軸が逆になる

トーンカーブの働き方

基本的に、画像の明るさをコントロールする場合、初期設定のトーンカーブを上へ描くようなカーブにすれば、明るくなり、下へ描くようなカーブにすれば、暗くなる。

たとえば、右上図のように中間値である「128」の値を置き換える場合、入力値「128」の出力値をそれ以上の数字にすれば、明るくなる。この例のように中間値の値を「190」に設定すると、0から128までのグレースケールが、0から190までのグレースケールに置き換えられ、さらに、128から255までのグレースケールが190から255のグレースケールに置き換えられる。つまり、明るさのレンジが広くなるため、画像全体が明るくなるというしくみになっている。なお、トーンカーブの場合は、この置き換えられる際の基準値以外のグレースケールがカーブを描いているため、比例して置き換えられるわけでなく、それぞれの値に対応した値で置き換えられるようになる

このカーブでは128の明るさが190に置き換えられ、より明るくなる。そのほかの明るさの点でもそれぞれ明るい方向へ置き換えられるので、画像全体が明るくなる

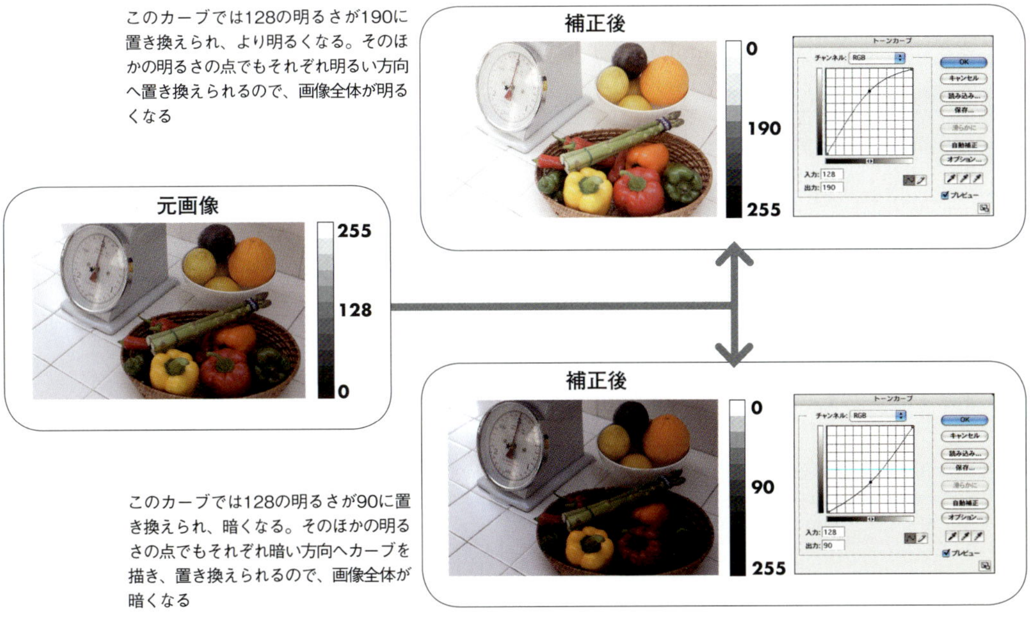

補正後
0
190
255
元画像
255
128
0
補正後
0
90
255

このカーブでは128の明るさが90に置き換えられ、暗くなる。そのほかの明るさの点でもそれぞれ暗い方向へカーブを描き、置き換えられるので、画像全体が暗くなる

レベル補正機能を使う

　レベル補正機能は各チャンネルのヒストグラムを目安に、階調の分布をコントロールできる便利なツールだ。ヒストグラム部分は、どの明るさがどのくらいの面積を占めるのかを高さで示している。下のスライドバーの三角をコントロールすることでシャドウポイントやホワイトポイント、中間調の明るさ(ガンマ)などを補正できる。

　色調補正の基本的な考え方はトーンカーブと同じだ。一番明るいところ(ホワイトポイント：白色点)と、暗いところ(シャドウポイント：黒点)、そして中間値をコントロールすることによって、画像の階調を補正する。異なるのはどれくらい詳細に階調を補正できるかというところだ。

　トーンカーブでは、入力値をトーンカーブ上の対応する出力値で置き換えたが、レベル補正では、指定したシャドウ、ホワイト、中間値の３つのポイント間のピクセルを再分布する。３つのポイントを指定するだけなので、簡単に補正できて非常に便利なのだが、複数のポイントを指定して色を補正するトーンカーブほど、複雑な補正はできない。また、再分布する際に階調が落ちて、トーンジャンプを起こしやすくなるので注意が必要だ。レベル補正もトーンカーブと同様にチャンネル単位で色補正を行うことができる。チャンネル単位で補正を行ったほうが、トーンジャンプは起きにくい。

　なお、「レベル補正」ダイアログ内にある「自動補正」と「スポイトツール」の機能は、「トーンカーブ」ダイアログ内にある機能と全く同じだ。

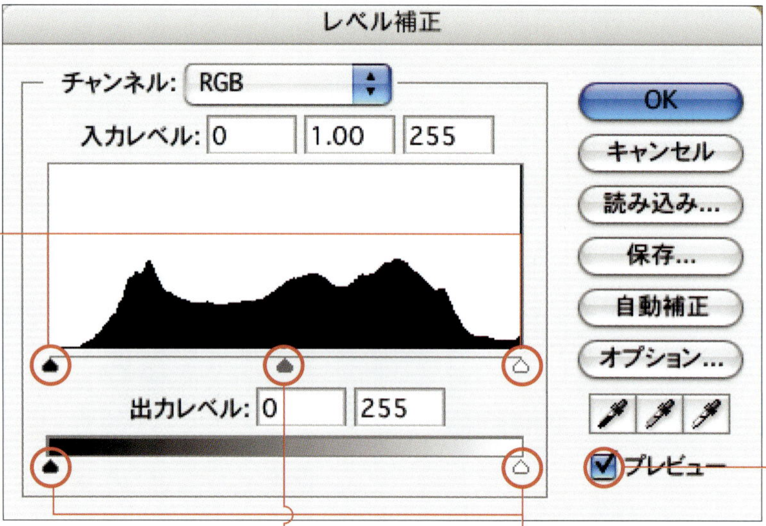

レベル補正
チャンネル: RGB
入力レベル: 0 1.00 255
出力レベル: 0 255
OK
キャンセル
読み込み...
保存...
自動補正
オプション...
プレビュー
分布(山)範囲を広げる
分布(山)の中心の移動、ガンマ(明るさ)調整
分布(山)範囲を狭める
チェックを入れないと簡易プレビューになり、開いている画像上でリアルタイムの比較ができない

「レベル補正」ダイアログ

上のスライドバーの両端の三角は、新しく両端にする部分を指定し、分布の山を広げるように働く。下のスライドバーの三角は、両端の明るさの部分が三角で指定した内側の位置へ移動し、分布の山を狭めるように働く。真ん中のグレーの三角は分布の山を左右に動かし、中間調の明るさを変更する

元画像

ヒストグラムを確認すると、明るい部分のピクセルがほとんどないことがわかる

レベル補正の働き方

指定した入力レベルを、0から255の入力レベルに再分布する。入力レベルは、上のテキストボックスに0から255の数値を入力するか、スライダ上の黒の▲(黒点)、白の△(白色点)をドラッグする。再分布は、指定した中間値(ガンマ)が基準になる。ガンマは、ダイアログ上のグレーの▲(ガンマスライダ)で指定する。左へ動かすと明るくなり、右へ動かすと暗くなる。黒点とガンマの幅が狭くなると、その部分が再分布されたときに広がるので明るくなり、逆だと暗くなる

合成チャンネルで補正

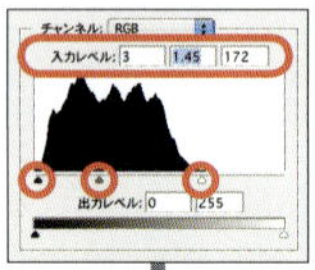

明るさだけの調整なら、合成チャンネルだけの補正で十分だ。白色点をピクセルが分布されている部分までドラッグして、現存するピクセルで一番明るいところを白に変換する。さらに、ガンマを左側へドラッグして、画像全体を明るくする。色味を調整する場合は各カラーチャンネルで補正する

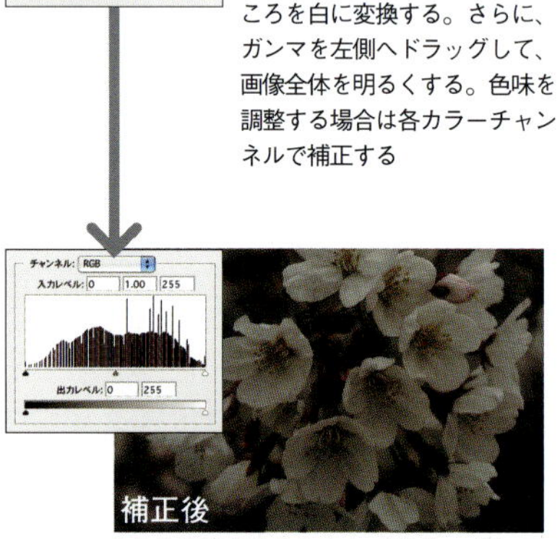

補正後

3から172までの入力レベルを、ガンマ1.45を基準に0から255までに再分布した。ヒストグラムが櫛状になっているのは、再分布によりピクセルがなくなったレベルがあることを示している

各カラーチャンネルで補正

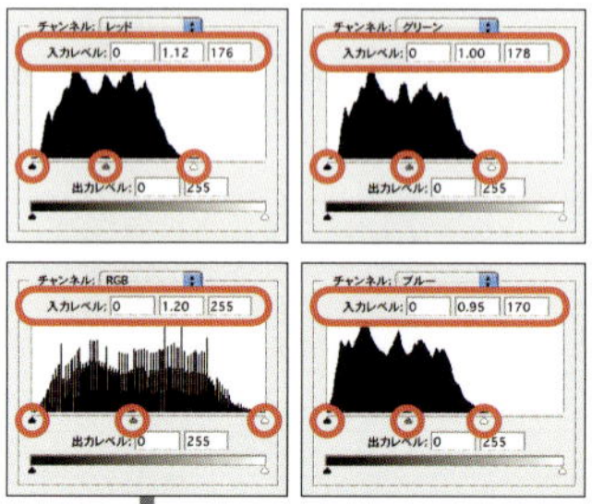

白色点をピクセルが分布されている部分までドラッグして、現存するピクセルで一番明るいところを白に変換するのが基本だが、チャンネル単位で補正する場合は、ほんの少しスライダを移動しただけでカラーがシフトしてしまうので、いったん全部のチャンネルの補正を終えてから、プレビュー画面を確認して再度調整する

補正後

各チャンネルで補正ポイントが異なるため、再分布したときに階調の抜けが少なく、合成チャンネルで補正するより、トーンジャンプは起きにくい。また、微妙な色の調整も可能

関連リンク
カラーモデル p.068
色相環 p.068
デジタル画像の基礎知識 p.078
印刷用画像データ p.106

カラーバランス

カラーバランスは、色相環の補色関係にある色の方向へシフトさせることによって色のバランスを変更するコマンドだ。基準とする、シアンとレッド、マゼンタとグリーン、イエローとブルーの3つの組み合わせを、シャドウ、中間調、ハイライトの階調で調整する。色が転んでしまっているような画像の修正や青かぶり、赤かぶりなど、全体的にトーンがかぶってしまった画像の調整に有効だ。

カラーバランスは、補色関係にある色の方向へシフトして色を調整する

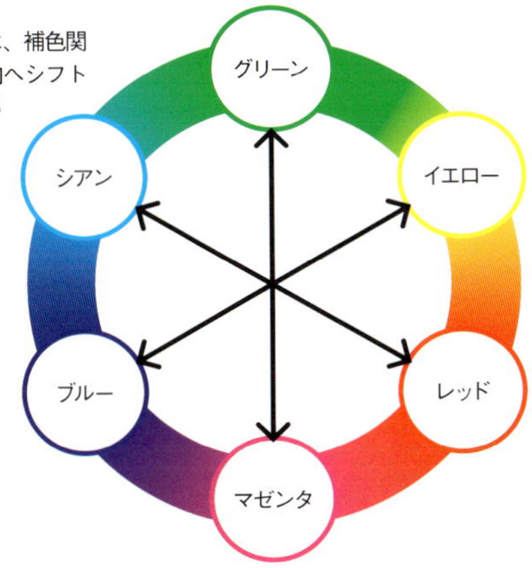

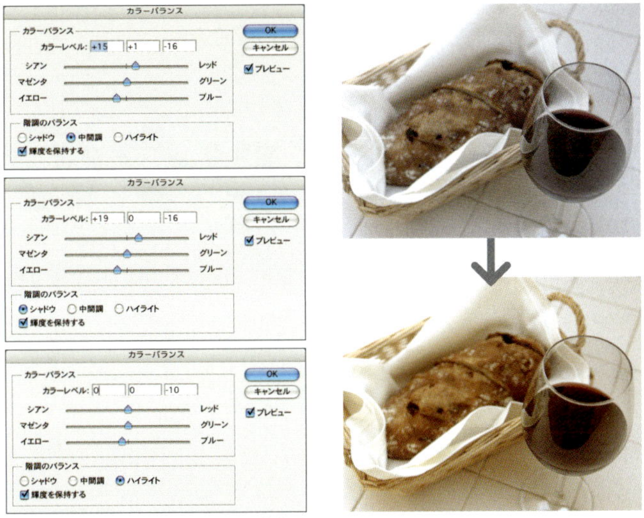

各階調を選択して、色を調整する。右上図のように、全体的に青みがかった画像をイエロー方向へシフトすることによって、暖色系の画像に変更した

色相･彩度

色相をそのままシフトさせて色を調整したり、彩度や明るさを設定することができる。ほかにもいろいろな機能があるが、画像全体の色相をシフトするので、色が転んでしまったような写真の補正に便利。

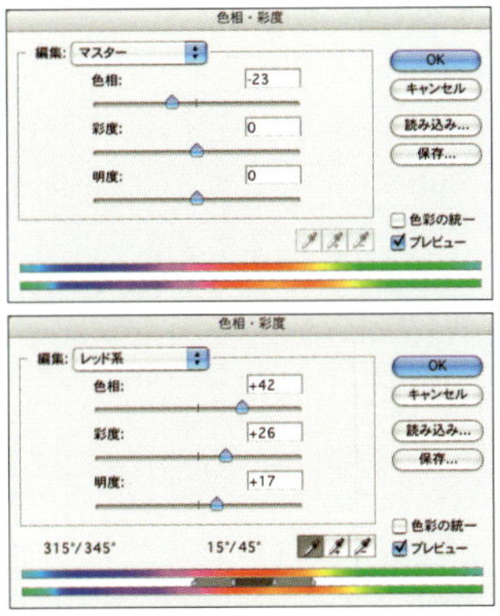

肌の色が赤く、暗くなっている画像を、「レッド系」の色相、彩度、明度で調整し、「マスター」の色相を動かして、背景の色が変わらないようにシフトさせる。コツは、「マスター」と「レッド系」を切り替えながら少しずつ調整することだ

バリエーション

バリエーションは、カラーバランスと色相・彩度を合わせた機能。色や明るさのさまざまなバリエーション画像を示し、その中から好みの画像を選択することで補正を直感的に施せる。色補正はカラーバランスと同じで、対角にあるシアンとレッド、マゼンタとグリーン、イエローとブルーの3つの組み合わせを、シャドウ、中間調、ハイライトの階調で調整する。ダイアログ画面の右の列は明るさのバリエーションがあり、何度も選択を繰り返して目的の色へ近づけていくことができる。

❶加えたい色調をクリック

6つの画像のうち、もっとも近い画像を選択していく。変化がわかりにくい場合や大きすぎる場合は、スライドバーで変化量を変えてみる

❷変化の度合いを設定

調整したい階調を選ぶ。「彩度」を選ぶと、彩度を設定する画面に切り替わる

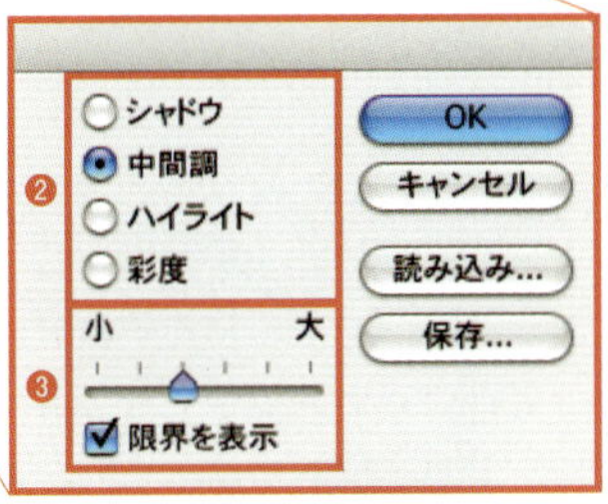

❸調整する階調･彩度を選択

ダイアログの右上のスライドバーで補正量を加減できる。変化を大きくしすぎると過補正となるので、変化がやっとわかる程度にして何度も選択を繰り返していく

ドロー グラフィックの基礎

アドビシステムズ社のIllustratorに代表されるドローソフト。DTPにおいて、どのような場面でドローソフトが必要となるのか、どういった利点があるのかを知るために、ドローソフトの特徴と描画方法の基本を押さえておこう。

作例：山本慶子

拡大・縮小が自由自在

ドローソフトでは描画した図形の状態は一時的なもので、大きさや形は作成した後でも自由に変更できる。その際、ビットマップ画像と違って劣化はしない。常に画像解像度を気にしなければならないビットマップ画像に比べ、使用目的に合わせてサイズを簡単に変更できるのが、ドローソフトの最大の魅力であり、利点である。

これは、図形を数学的に記述しているベクトルデータであるからであり、個々の図形は輪郭線の位置・形状と、輪郭内を塗りつぶす色・方法の情報を持っているにすぎない。ドローソフトでは、図形の輪郭のみを表示する「アートワーク（アウトライン）」と、輪郭内の塗り方の設定や輪郭線の種類まで表示して完成状態を表示する「プレビュー」を使い分けて作成を進めていくことになる。

PostScriptに準じたオブジェクト記述

ドローソフトの代表、Illustratorで作った図形をエディタなどで開くと、膨大なテキストデータとなる

```
%PDF-1.4
%
1 0 obj<</Pages 2 0 R/Type/Catalog/Metadata 4416 0 R>>
endobj
2 0 obj<</Count 1/Kids[6 0 R]/Type/Pages>>
endobj
3 0 obj<</ModDate(D:20041221173350+09'00')/CreationDate(
D:20041220100303+09'00')/Title(sonnyelicson 9)/
Creator(Illustrator)/Producer(Adobe PDF library 6.66)>>
endobj
5 0 obj null
endobj
6 0 obj<</Contents 4406 0 R/Type/Page/Parent 2 0 R/Thumb
4415 0 R/MediaBox[0.0 0.0 595.27557 841.88977]/BleedBox[0.0
0.0 595.27557 841.88977]/TrimBox[0.0 0.0 595.27557
841.88977]/ArtBox[266.58008 415.68066 333.17969 578.16113]/
Resources<</ColorSpace<</DefaultCMYK 4410 0 R/CS0
4410 0 R>>/XObject<</m0 4289 0 R/Im1 4296 0 R/Im2 4303
0 R/Im3 4310 0 R/Im4 4317 0 R>>/ProcSet[/PDF/ImageC]/
ExtGState<</GS0 4154 0 R>>/Properties<</MC0<</
Color[20224.0 32768.0 32768.0]/Title(本体)/Visible true/Preview
true/Editable true/Printed true/Dimmed true>>/MC1<</
Color[32768.0 32768.0 20224.0]/Title(液晶)/Visible true/Preview
true/Editable true/Printed true/Dimmed true>>/MC2<</
Color[20224.0 20224.0 32768.0]/Title(テクスチャ )/Visible true/
Preview true/Editable true/Printed true/Dimmed true>>/
MC3<</Color[32768.0 20224.0 32768.0]/Title(ハイライト)/
```

●円内はドローグラフィックをビットマップデータに書き出し、200%に拡大した例。ビットマップデータにすると、拡大したときにピクセルが拡大されるので、画像が粗くなる

●円内はドローグラフィックをビットマップデータに書き出し、100%で表示した例

関連リンク
DTP用ソフト p.054
ビットマップ画像 p.079
アウトラインフォント p.120

ドローソフトの図形の表現

ドローソフトで作成した図形には必ず前後関係があり、常にこのことを念頭に置いて作業しなくてはならない。同一レイヤーでは、最初に描いた図形が一番背面に、後から描いた図形がその上に重なっていく。重なり順を変更するコマンドが用意されているので、描画後も前後関係を自由に変更することができる。

色の設定は図形単位で行い、図形の内部と輪郭線の色は個別に指定できる。輪郭は線幅の設定も可能。塗り方の種類も豊富で、単色(ベタ)のほか、パターンやグラデーションでの塗りができる。

以前はピクセルに対して着色するビットマップソフトと違い、ぼかし、にじみといった質感の表現力が難しいドローソフトであったが、現在では、ビットマップソフトの一部の機能が取り入れられ、テクスチャで質感を表現したり、グラデーションメッシュでエアブラシのように着色して、面の複雑な立体感などを表現することもできる。そのため、工業製品のリアルなデザイン画なども表現できるようになった。

面の複雑な立体感を簡単に出すことができるグラデーションメッシュや、質感を表現できるテクスチャなども描いたオブジェクトに適用できるようになっている

図形の描画方法

ドローソフトには、四角や円といった図形を作成するツールのほかに、自由な形を作り出すためのツールが用意されている。その代表が、今日ではドローソフトの代名詞としても使われている「ベジェ曲線」である。本来、車のボディ設計を目的に開発されたベジェ曲線は、それ以前の方式と比べると、とくに曲線と曲線を自然につなぐ点で優れており、これがドローソフトの曲線を描く機能として採用された。PostScriptフォントのアウトラインの記述にもベジェ曲線が使われている。

自由曲線を描くそのほかの方式として「スプライン」と呼ばれるものがあり、G.CREWなど一部のドローソフトで採用されている。TrueTypeフォントのアウトラインの記述にはこのスプライン曲線が使われている。

これらベジェやスプラインは関数曲線と呼ばれ、どちらもどんなに複雑な図形も滑らかに描き出すことができる。それらで作ったデータは、ベクトルデータとも呼ばれる。

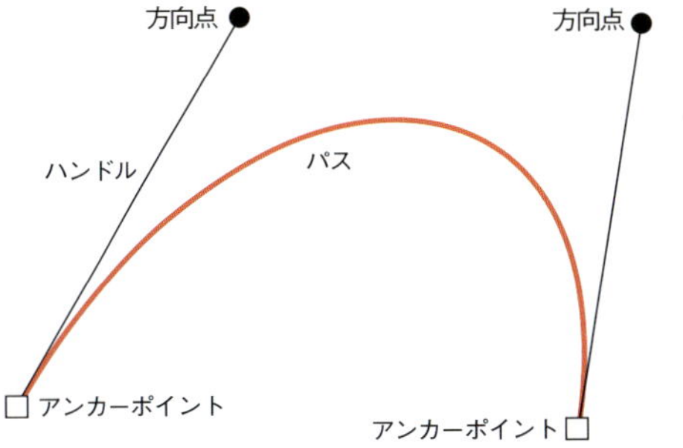

ベジェ曲線

1つのパス(曲線)を4つの点で作り出す方式。Illustratorなどのドローソフトでは、2つのアンカーポイントと2つの方向点を用い、マウスでコントロールしやすいように設計されている。Corel社のドローソフトCorelDRAWでは、パスをセグメント、アンカーポイントをノードと呼ぶ

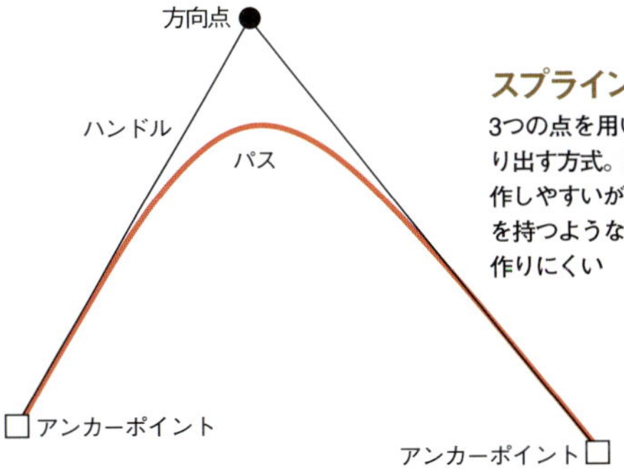

スプライン曲線

3つの点を用いて曲線を作り出す方式。感覚的には操作しやすいが、2つの方向を持つような複雑な曲線は作りにくい

ベジェ曲線の描き方

ドローソフトを使った描画では、「ペン」ツールでのベジェ曲線の操作が大きなウエイトを占めている。「ペン」ツールで描く曲線を構成する点には「アンカーポイント」と「方向点」の2つがあり、さらに方向を示すものとして「ハンドル」がある。これらはベジェ曲線をマウスで操作しやすいようにと考え出されたもので、マウスで位置を変えることで曲線の形状を変更できる。

直線の描き方

クリックしてアンカーポイントを置きながら直線を描く

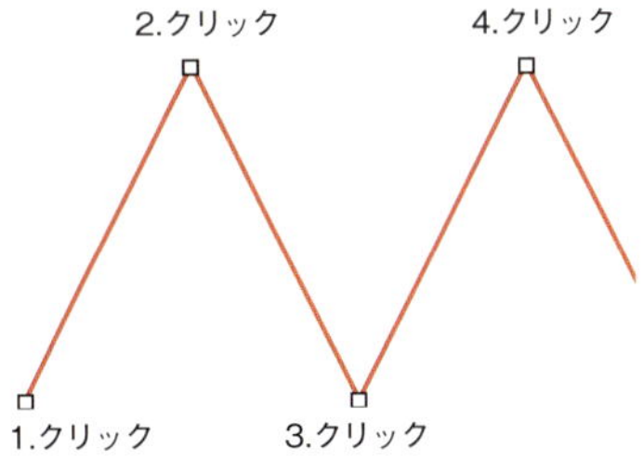

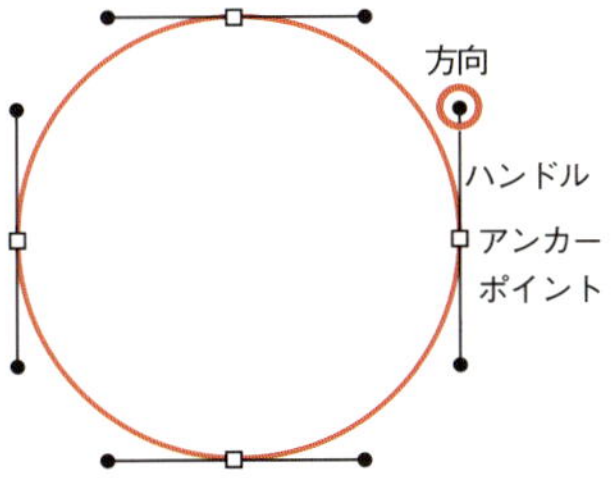

曲線の描き方

ドラッグしてハンドルを出しながら曲線を描く

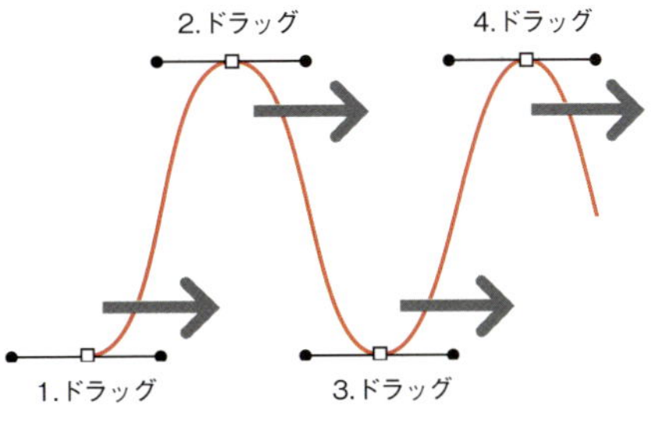

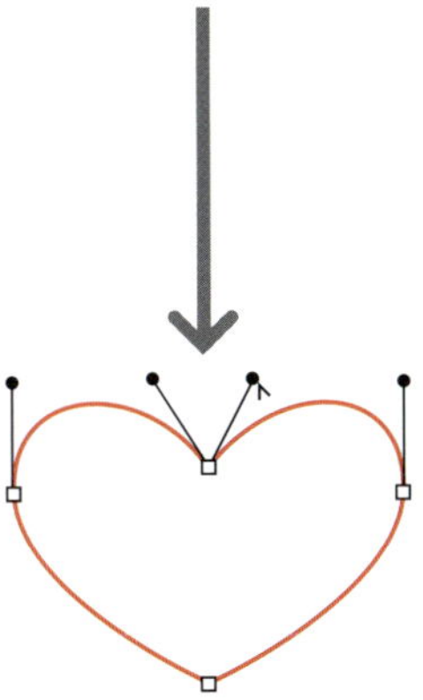

アンカーポイントから出る方向点・ハンドルの属性は変えることができる

ドローソフトの基本機能と特長

拡大・縮小や変形、オブジェクトの色や線幅の変更が自在に行えるのがドローソフトだ。テクニカルイラスト、ロゴ、地図、グラフ、Webデザインなど、さまざまな用途に幅広く利用されている。ここでは Illustratorの基本的な機能を紹介する。

製品名

Adobe Illustrator ●アドビシステムズ㈱

ベクトル画像を扱うソフトのパイオニア。イラスト作成から
ペラ物のレイアウトまで幅広い用途に対応できる。
Illustrator 10よりアピアランス機能がつき、さらに使い勝手が向上した。
最新版は、2005年7月発売のIllustrator CS2

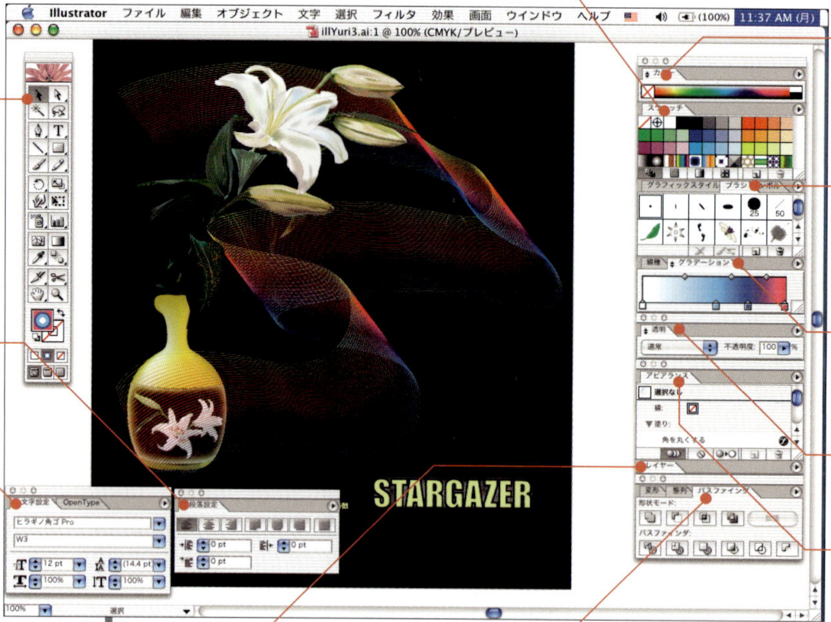

ツールボックス
オブジェクトを選択するツール、ベジェ曲線を描く「ペン」ツール、四角形や楕円形などを描く各種ドローツール、「ブレンド」ツールやグラフツールなど50種以上のツールを収納

「段落設定」パレット
行揃え、インデント、段落前後の間隔、ぶら下がり、禁則処理など、段落書式に関する設定を行う

「文字設定」パレット
フォントやサイズ、行送り、カーニングやトラッキング、文字の詰めや文字組みなど、文字書式に関する設定を行う

「スウォッチ」パレット
カラー、グラデーションなどを登録する。スウォッチをクリックするだけで、選択されているオブジェクトの塗りや色を設定できる

「カラー」パレット
オブジェクトの塗りや線に色を設定する。CMYKやRGBなどカラーモードを選択し、数値で指定

「ブラシ」パレット
線の絵柄を登録する。カリグラフィ、散布、アート、パターンの4種類のブラシを登録できる

「グラデーション」パレット
グラデーションの種類や方向、色などを設定する

「透明」パレット
オブジェクトの不透明度と描画モードなどを設定する

「アピアランス」パレット
オブジェクトに設定されている塗りや線、効果が一覧で表示され、属性を複数設定したり、効果を管理する

「レイヤー」パレット
オブジェクトの階層構造が一覧で表示され、オブジェクトの上下関係を入れ替えたり管理する

「パスファインダ」パレット
図形同士を組み合わせて、合体したり重なりのみを残すなどして、新しい図形を作成する

プレビュー表示とアウトライン表示

Illustratorでは、「プレビュー表示」と「アウトライン表示」を切り替えながら作業をする。プレビュー表示では、線の色や太さ、塗りの色やグラデーション、パターンなどの属性がすべて表示され、印刷結果とほぼ同じ状態で表示される。一方、アウトライン表示ではパスのみ表示され、線の色や太さ、塗りの属性などが表示されない

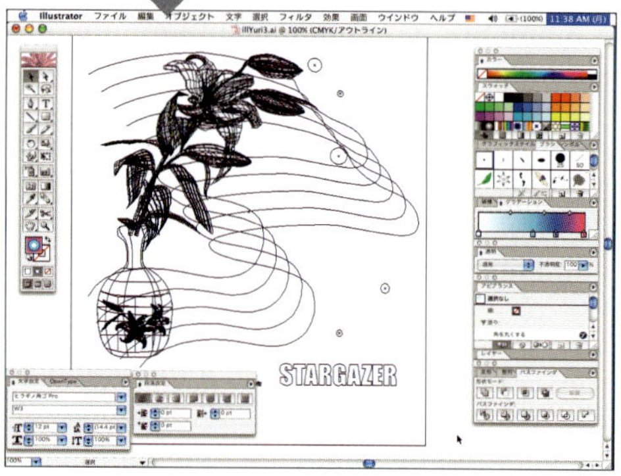

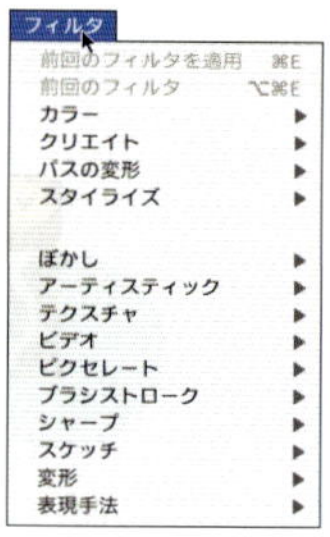

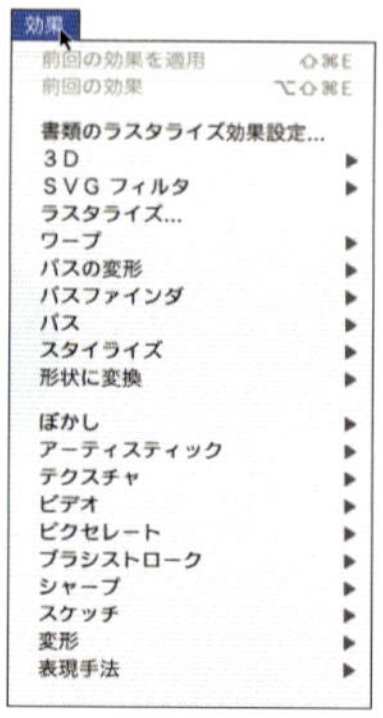

［フィルタ］メニューと［効果］メニュー

［フィルタ］メニューと［効果］メニューには、［ラフ］［ランダム・ひねり］のように同じコマンドが用意されている。両者の大きな違いは、［フィルタ］メニューではもとのオブジェクトを完全に変形するのに対し、［効果］メニューではもとのオブジェクトに変更を加えずに済むという点だ。［効果］メニューで適用した機能は、外観は変更されても、後からいくらでも修正できる

関連リンク
DTP用ソフト p.054
Photoshop p.092
プレビュー／アウトライン表示 p.100
ドローソフトによるイラスト p.104
ファイル形式 p.112

Illustratorの便利な機能

ドロー・グラフィックソフトで作成されたオブジェクトは、輪郭線の色や太さや塗りの色などの情報を数値で記述している。このため、拡大・縮小、変形、色や線幅の変更、オブジェクトの上下関係の入れ替えなど、後からいくらでも自在に行える。DTPでは、ロゴやグラフ、表組みや地図などの作成にIllustratorを使うことが多い。これらのパーツを作成するには、オブジェクトを自在に扱えるようにしておく必要がある。そのためにも、まずはIllustratorでのオブジェクトの扱い方を確実にマスターしておきたい。

移動

移動距離や角度を指定することで、選択されているオブジェクトやポイントを移動する機能。「パターン」をチェックすると、オブジェクト内のパターンが移動する

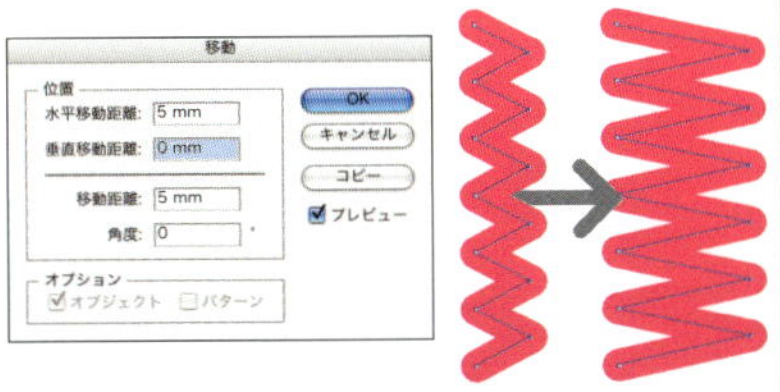

分割・拡張

ブレンドの適用されたオブジェクトや、グラデーション、パターン、スタイルの適用されたオブジェクトを、複数のオブジェクトに変換する機能

ラスタライズ

ベクトルグラフィックをビットマップ画像に変換する機能。［オブジェクト］メニューで変換すると完全に変換され、［効果］メニューで変換すると外観のみが変換される

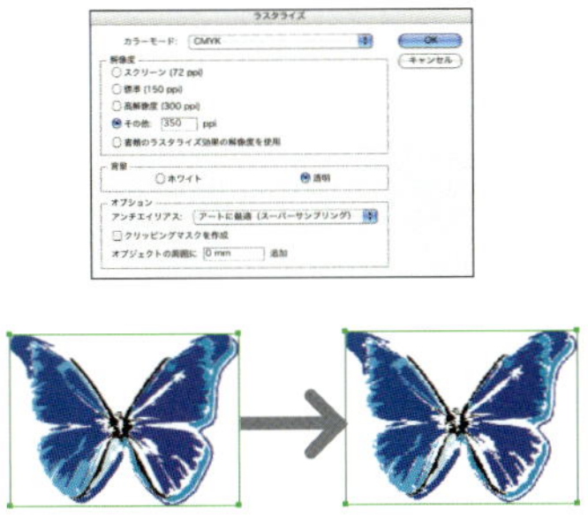

ランダム・ひねり

もとのオブジェクトからアンカーポイントを離れた位置に動かしたり、アンカーポイントを指定の距離だけ動かして、オブジェクトをランダムに変形する機能

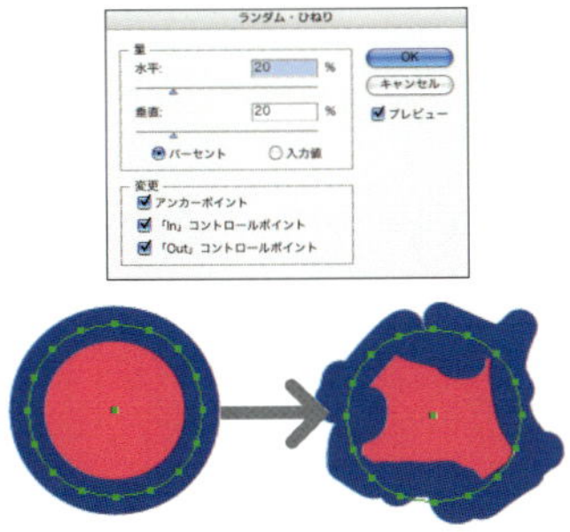

透明度

オブジェクトには透明度を設定できる。オブジェクトの不透明度を落とすと、下側にあるオブジェクトが透けて見えるようになる

グラデーションメッシュを作成

メッシュポイントごとに色を変えることで複数のグラデーションを設定し、立体的な陰影を生み出す機能。「メッシュ」ツールでは任意の位置にメッシュポイント１つが作成される

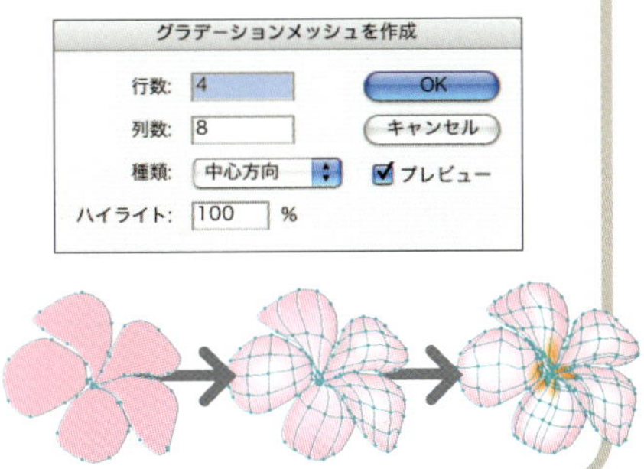

Illustrator CS2の新機能

CS2では、操作性が格段に向上している。ビットマップ画像を正確にベクター画像に変換する「ライブトレース機能」(下図)、その変換された画像に着色する「ライブペイント機能」など、制作時間が大幅に削減できる便利な機能が満載だ。またPhotoshopとの連携も強化され、レイヤーカンプを含むPSDファイルから読み込むカンプが選択できるようになった。テキスト関連はCSからあまり変更はない。操作面では、必要なツールパレットを保存してカスタムワークスペースとして使うことも可能だ。

ジグザグ

オブジェクトのアンカーポイントをジグザグに動かす機能。［フィルタ］メニューでは完全に変換され、［効果］メニューでは外観のみ変換される

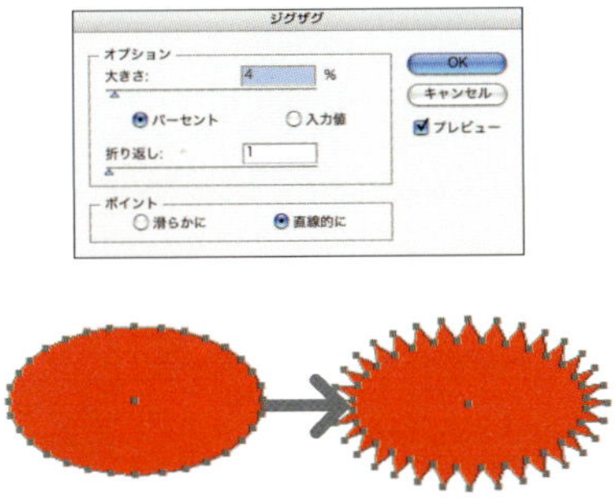

オブジェクトの選択

オブジェクトを変形したり、色や線幅を変えるときは、そのオブジェクトを選択する必要がある。通常は「選択」ツールでクリックすれば選択できるが、オブジェクトのパスやアンカーポイントは「ダイレクト選択」ツール、グループ内の任意のオブジェクトは「グループ選択」ツールで選択する。また、［選択］メニューの共通のサブメニューで選ぶことで、アートワーク内の塗りや線など、同じ条件のオブジェクトをまとめて選択することもできる

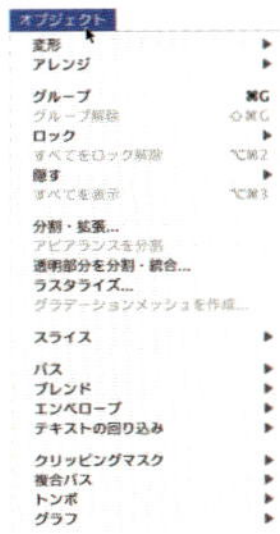

ドローソフトで描くイラストレーション

Illustrator10以降、ドローソフトの枠を超えるような機能がさらに充実してきた。グラデーションを使った陰影処理はもちろん、強弱のあるブラシストロークで手描きのような勢いや、ぼかし、にじみなどビットマップデータの利用も可能だ。

作例：山本慶子

ドローソフトの長所と短所

イラストには、作る人それぞれに独自のやり方があるが、複数の図形を組み合わせて作画していくドローソフトは、緻密なテクニカルイラストや、同じようなパーツを組み合わせて作るイラストに向いている。最近は、Illustratorをはじめ多くのドローソフトではベクトルとビットマップデータの差を意識させない自由な表現が可能になっている。

ここでは、Illustrator CSに新たに加わった「落書き」「3D」機能をフルに活用した作例を紹介する。

3D効果

Illustrator CSに備わった画期的な機能が「3D」機能である。この機能でオブジェクトに奥行きを持たせ、立体的で、よりリアルなオブジェクトを作ることが可能になった。これまではAdobe DimensionsとIllustratorの間でデータをやり取りしながら3Dオブジェクトを作らざるを得なかったうえに、Dimensionsで作成したものは複雑なパスやマスクからできていたので、修正も容易ではなかった。しかし、Illustrator CSの3D機能は内部でレンダリングをしているため、形状の修正も簡単にできる。この機能で思い通りのアイデアを楽に表現できるようになる。

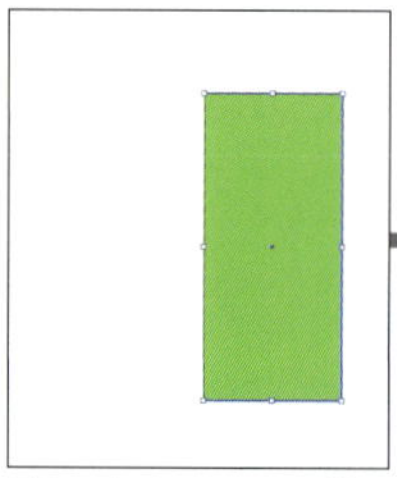

回転のためのセンター軸を考慮して、コップ半分のアウトラインを作る

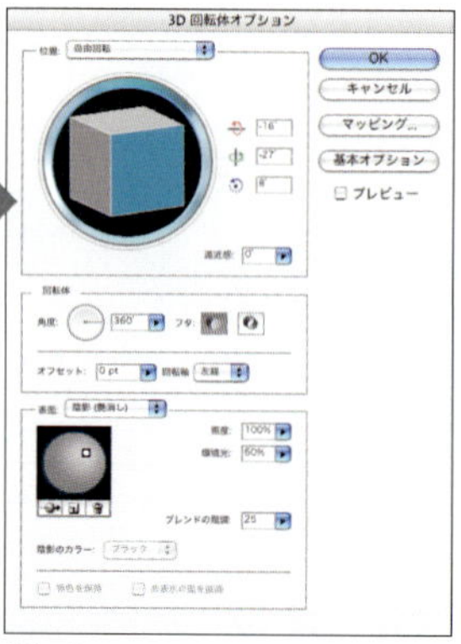

[効果]メニュー→[3D]→[回転体]でダイアログを表示。位置は「自由回転」、回転体の軸を左端に設定

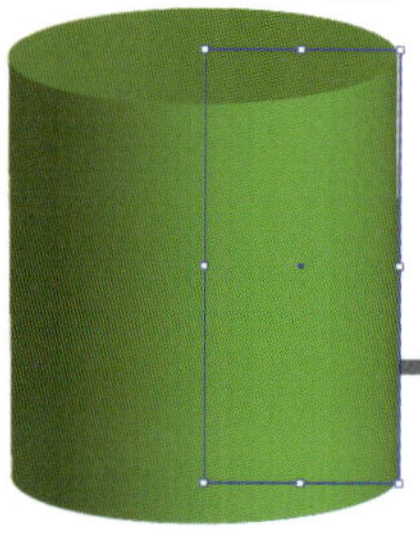

プレビューで確認しながら表面の陰影の設定などをして立体にする

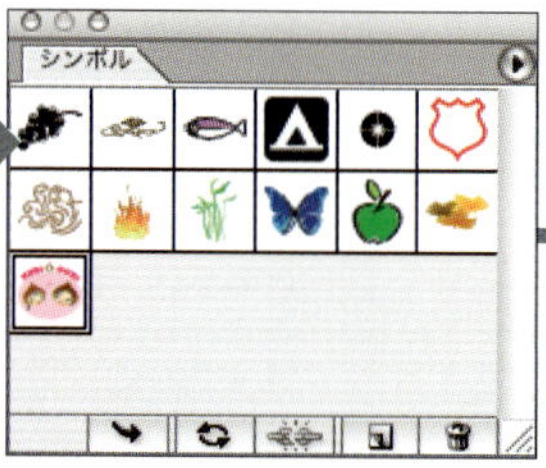

事前に作成しておいたオブジェクトをシンボルとして保存する。この後で、3D形状にしたオブジェクトの表面に沿うようにラベルや模様などをマッピングする。サイズや形状はマッピングのダイアログで調整できるので、ここでは登録するだけでよい

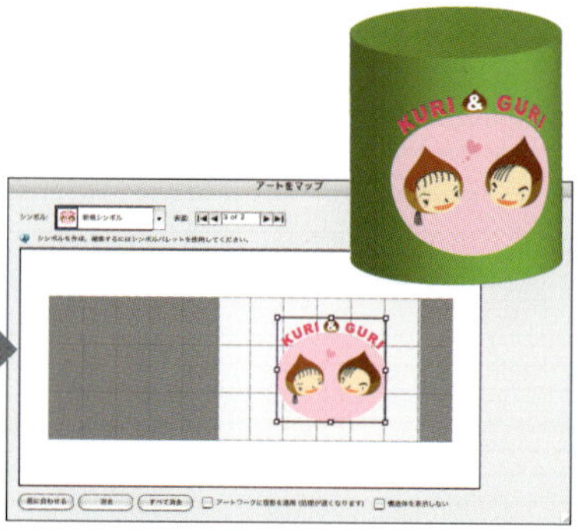

オブジェクトを選択し、「アピアランス」パレットから3D回転体をダブルクリック。ダイアログを表示させ、マッピングを設定し、シンボルメニューから登録したラベルを選択。プレビューを確認しながら、ラベルの位置を決める

関連リンク
ビットマップ画像 p.079
ドローグラフィック p.100
グラデーション p.103
配色 p.220

描画モードを設定

透明度を設定したうえで、より自然に合成されるように、描画モードを設定する。ここでは､「スクリーン」を設定し、ガラスの反射を少し柔らかく表現する。

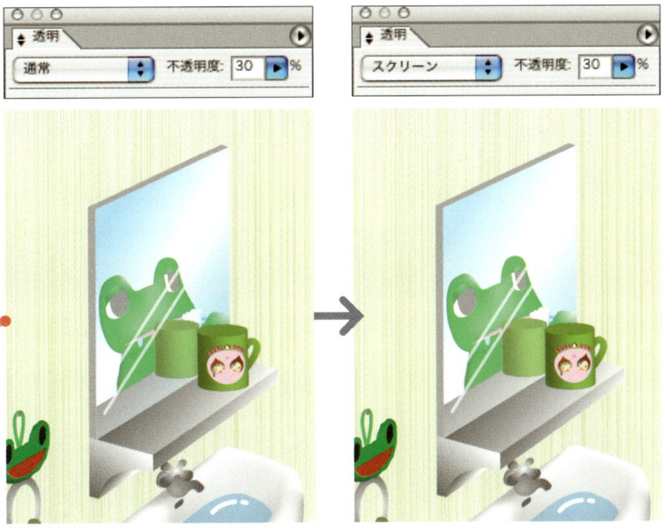

透明
通常
不透明度: 30 %
透明
スクリーン
不透明度: 30 %

アートワーク（アウトライン）表示

シンプルなアウトライン表示。プレビュー表示より表示速度が高速。

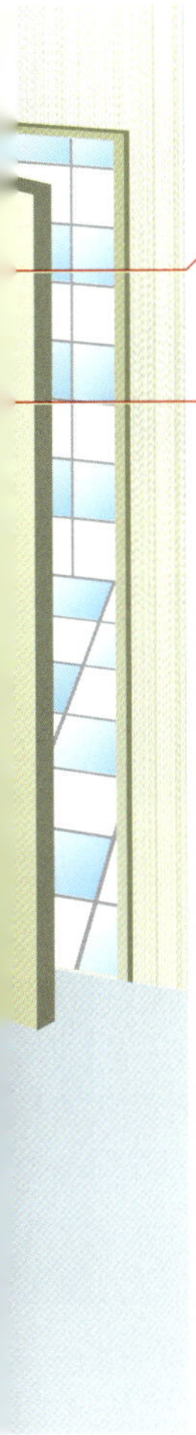

透明度を設定して表現に厚みを持たせる

ドローソフトで描くイラストは、オブジェクトを重ねただけでは表現が均一になってしまいがちである。Illustrator CSでは強力な透明機能を備えているので、これまでのドローソフトでは難しかった多彩な表現が可能となっている。

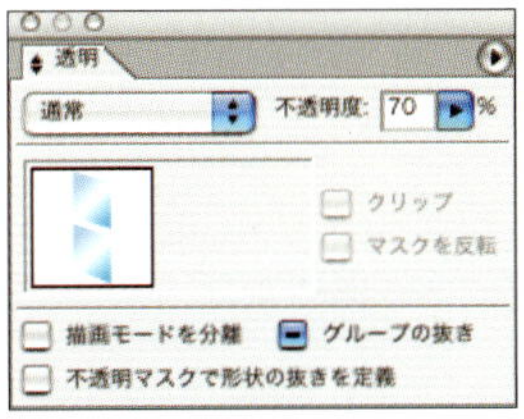

透明
通常
不透明度: 70 %
クリップ
マスクを反転
描画モードを分離
グループの抜き
不透明マスクで形状の抜きを定義

オブジェクトを透明にする

透明にしたいオブジェクトを選択し､「透明」パレットの「不透明度」の数値を入力する。この作例では、不透明度70%に設定している

落書き効果

新機能の「落書き」効果では、手描き風の親しみのあるタッチのイラストを描くことができる。この機能を使えば、いままでにない感覚でアートワークを作ることができ、これまでのドローソフトでは難しかったイメージを作成することが可能となる。

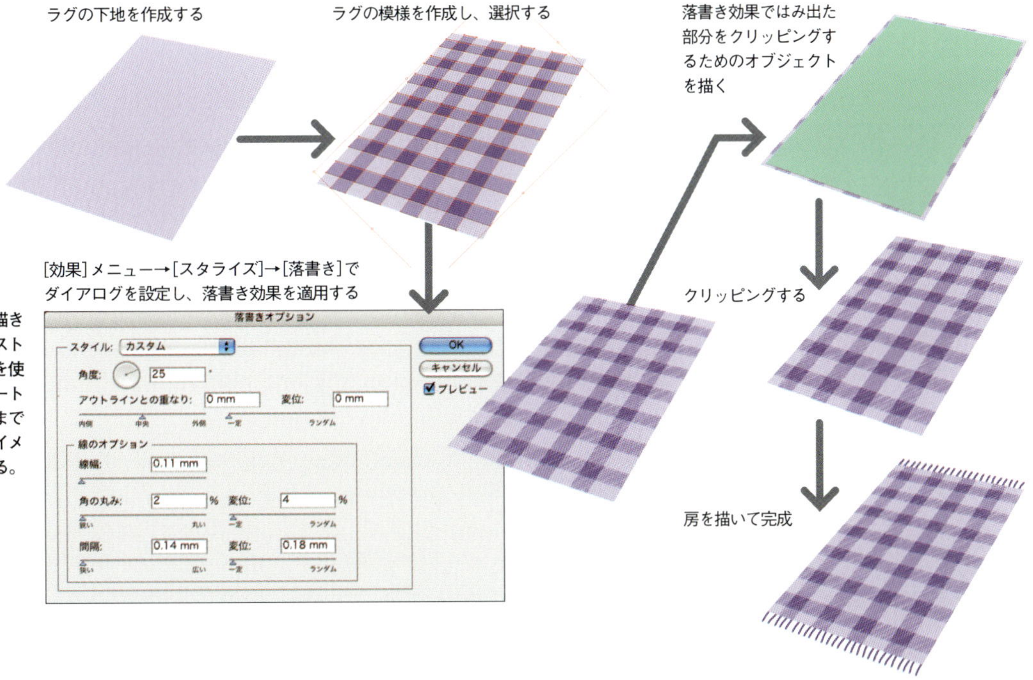

ラグの下地を作成する
ラグの模様を作成し、選択する
落書き効果ではみ出た部分をクリッピングするためのオブジェクトを描く
[効果]メニュー→[スタライズ]→[落書き]でダイアログを設定し、落書き効果を適用する
落書きオプション
スタイル: カスタム
OK
キャンセル
プレビュー
角度: 25 °
アウトラインとの重なり: 0 mm
変位: 0 mm
内側 中央 外側 一定 ランダム
線のオプション
線幅: 0.11 mm
角の丸み: 2 %
変位: 4 %
鋭い 丸い 一定 ランダム
間隔: 0.14 mm
変位: 0.18 mm
狭い 広い 一定 ランダム
クリッピングする
房を描いて完成

印刷用画像データの基礎知識

印刷に使用する画像は、特別な扱い方が必要だ。カラー印刷は通常C（シアン）、M（マゼンタ）、Y（イエロー）、K（ブラック）という4色の掛け合わせによって再現されるので、画像データもそれに合わせた画像モードに変換しておく必要がある。

5
● 画像

印刷に必要なデータの状態

印刷で最終データとして使われるのは、印刷インキの色に合わせCMYKの4色に分けることができる画像データだ。4つのチャンネルがそれぞれ各インキの画面上の濃度を表し、これを重ね合わせることで画像が表現される状態にしなければならない。つまり、RGBの画像は印刷のためにCMYKに変換する必要がある。色分解はPhotoshopの［イメージ］メニューの［モード］から［CMYKカラー］を選ぶことで行う。

RGBモード

光の三原色によって構成される。Photoshopのチャンネルも3つだ。デジタル画像ではもっとも一般的な形式。プリンタではドライバの工夫によって出力できるが、印刷用の高解像度出力には不適切な形式

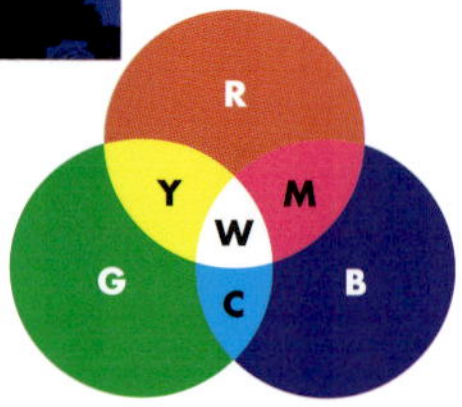

CMYKモード

色の三原色で構成される。原理的には3色ですべての色が再現できるが、印刷適正を考えて3色が重なる部分をブラック（墨）に置き換え、4色で構成する。Photoshopのチャンネルも4つになる。この状態の画像であることが、印刷用画像の最低条件だ。なお、CMYKの色再現範囲はRGBより狭いので、変換後は多少なりとも色が変わってしまう

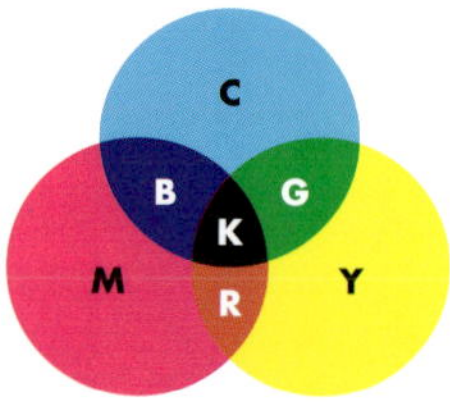

CMYKへ変換する設定と方法

CMYK変換自体は簡単だが、その設定は複雑だ。また、バージョンアップするごとに設定方法が変わっているのも混乱を招く原因だ。最新バージョンでは、ICCプロファイルを使った方法が標準となりつつある。いずれの方法にしろ、最終的な印刷の条件をどこまで反映するかがポイントだ。

CMYK変換にどんな方法を用いるかは、Photoshopメニューの「カラー設定」で指定する

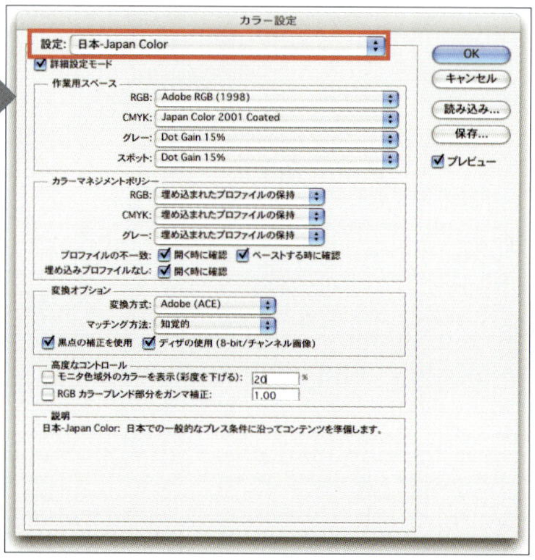

Photoshopのカラー設定

ICCプロファイルを使った変換作業が主流になりつつあるが、もとの画像にRGBプロファイルがない、印刷会社がプロファイルを提供する場合が少ないなど、課題も多い。DTPを前提に考えた場合の設定は、「日本-Japan Color」を選択すればよいだろう

関連リンク
カラーモデル p.068
製版 p.184
用紙 p.194
プロセスインキ p.195
印刷機 p.200
オフセット印刷のワークフロー p.204
トラッピング p.208

CMYK設定でどのように画像が変わるか

Photoshopの CMYK変換機能を理解するには「カスタムCMYK」設定を見るのがよい。ここでインキの色特性や用紙、墨版の作り方などを印刷条件に合わせて定める。いずれの設定も画像に大きな影響を与えるので、不用意に設定を変更するとトラブルのもとになる。品質の高いCMYK画像を得るには出力・印刷担当者との打ち合わせが必要だ。

なお、これらの要素がパッケージ化されているのがICCプロファイルである。

インキの色特性
インキメーカーによる違いや用紙による印刷結果の違いを盛り込む

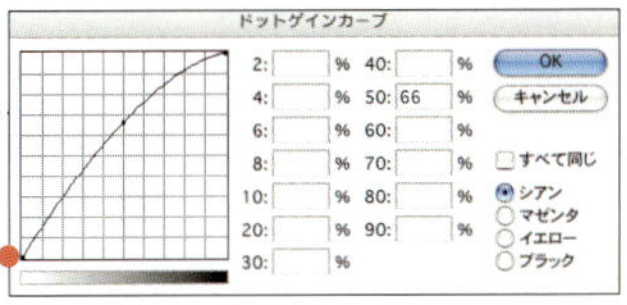

ドットゲイン
印刷時の網点の太りを予想し、あらかじめ画像を明るくしておく機能。中間部でもっともドットゲインは多く、ハイライトやシャドウ部は少ないので、トーンカーブで指定することもできる

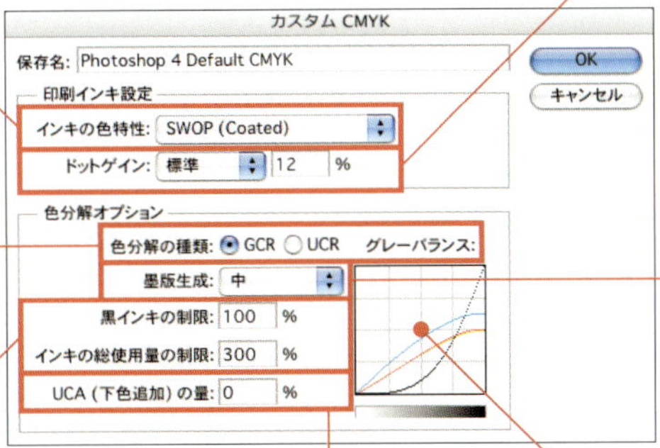

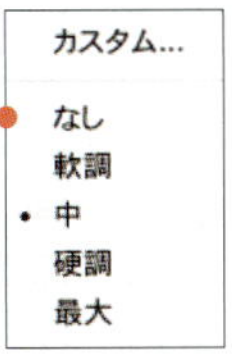

墨版生成
CMYが重なるグレー部分をどれだけ墨版に置き換えるかを指定する。グレー部分を安定して印刷するためには、GCRの設定が重要になってくる

墨版生成の状態を各色のトーンカーブで確認する

GCR･UCR
墨版の作り方に影響する。従来のドラムスキャナではUCRしかできなかったが、PhotoshopではGCRのほうがグレーバランスをうまくコントロールできる

インキ制限
4色をあまり刷り重ねると印刷時のトラブルのもとになるので、制限することができる。墨版を適切に作れば、総インキ量は300%でも十分(オフセット印刷の場合)

UCA
墨版部分にほかの色を加える。あまり設定することはないが、使い方次第で、より深みのあるシャドウ部を再現できる

墨版を作らない画像

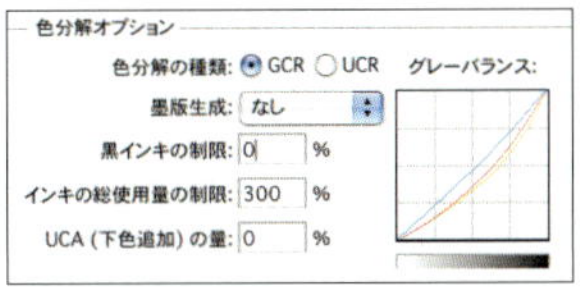

上図のCMYK設定で、「墨版生成」を「なし」にして、RGBからCMYKへ変換した。CMYですべてが再現されているが、インキ量が制限されているので、全体に深みがなく、落ち着かない。実際には墨版を作らないケースはほとんどない

標準的な墨版を持つ画像

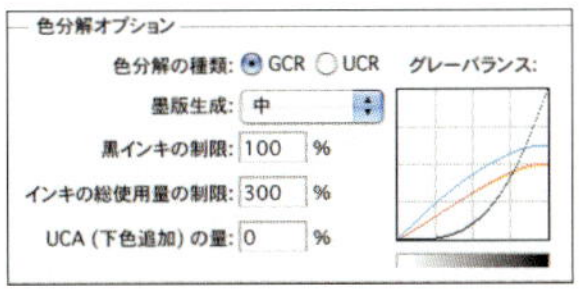

「墨版生成」を「中」にして、RGBからCMYKへ変換した。CMYがより多く重なるシャドウ部を中心に、墨版へ置き換えられている。適切な画像といえる

すべてのグレー部分を墨に置き換えた画像

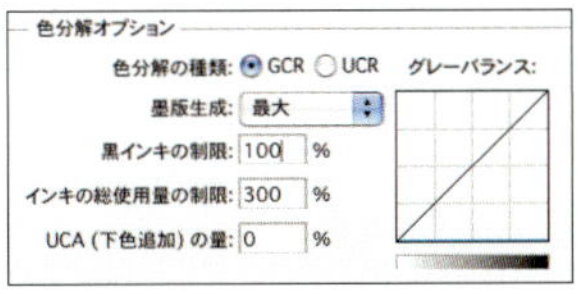

「墨版生成」を「最大」にした。自然な階調が失われている。写真画像には向かないが、スクリーンショットなどもともとグレー部分が多い場合は、墨版生成を最大にしたほうが仕上がりがよい

ドットゲイン
p.209

解像度と アンシャープマスク

**仕上がりのよい印刷用画像を得るためには適切な解像度の設定が必要だ。
アンシャープマスク（USM）も印刷用画像の作成時には必須の処理といえる。各設定値の意味を理解して最適な処理を行おう。**

解像度と寸法の関係に注意

誌面の上でどれだけの大きさで画像を扱うことができるかは、どれだけのデータ量を持っているかで変わってくる。拡大するほど解像度は落ちていくので、はじめから使用する寸法を考えたうえで画像をスキャンしたり、デジタルカメラで撮影する必要がある。

なお、Photoshopでは「画像の再サンプル」でデータ量を補完できるが、あまり画質は向上しない。

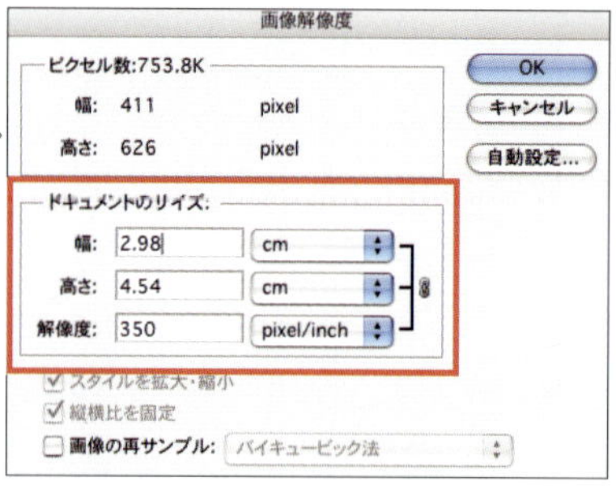
画像解像度
ピクセル数:753.8K
幅: 411 pixel
高さ: 626 pixel
OK
キャンセル
自動設定...
ドキュメントのサイズ:
幅: 2.98 cm
高さ: 4.54 cm
解像度: 350 pixel/inch
スタイルを拡大・縮小
縦横比を固定
画像の再サンプル: バイキュービック法

データ量、すなわちピクセルの数が同じである限り、解像度を変更すれば寸法（プリントサイズ）も変わってしまう。印刷用画像を扱う場合は、常に解像度を考慮して仕上がりの寸法を考える

350dpi
600dpi
同じ1MBの画像
ドキュメントのサイズ:
幅: 1.74 cm
高さ: 2.65 cm
解像度: 600 pixel/inch

画像サイズと線数・解像度の関係

「線数」とは1インチに並ぶ網点の数を示す言葉だが、画素を表す「ピクセル」と異なるのは、網点の場合は大きさ形状が一定でなく、色ごとに並び方もずれているという点だ。ピクセルを用いて網点を作るには十分な情報量を持たせるために、網点の数以上にピクセルの数が必要になる。たとえば、右のように2つの網点を作るためには4つ程度のピクセルが必要になるというわけだ。

一般に印刷時の線数の2倍程度の解像度の画像が必要といわれるのはこのためだ。線数に対して何倍の値の解像度を用いるかを「クオリティファクター」といい、およそ1.5〜2.0程度の値が使用される。日本では2.0程度が多く、海外では小さめの場合が多い。

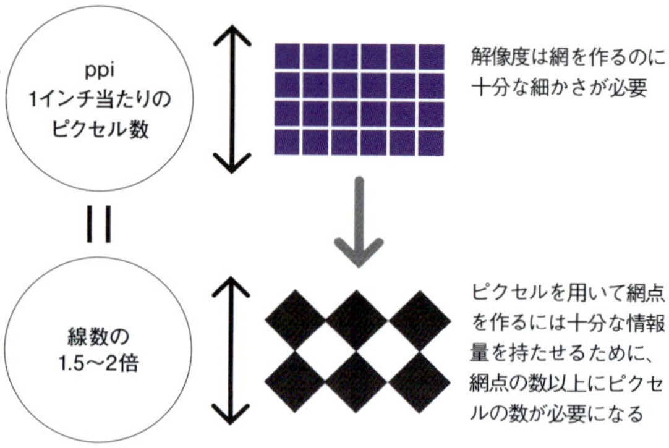
ppi
1インチ当たりの
ピクセル数
＝
線数の
1.5〜2倍
解像度は網を作るのに十分な細かさが必要
ピクセルを用いて網点を作るには十分な情報量を持たせるために、網点の数以上にピクセルの数が必要になる

ピクセルで構成されたデータ

ピクセルは1つでさまざまな色を表現できるが、モニタやプリンタを含め、あらゆる出力機は、1つのドットではピクセルのように多くの色は再現できない。とくに印刷用のドット、つまり網点は使うインキの色しか再現できない。それでも、たくさんの網点を用いることで、人の眼にはフルカラーに見える

印刷は網を使った面積階調

インキ自体は濃度が一定なので、色の変化はインキのつく面積で表す（面積階調）。インキはドット（網点）の大きさで濃度を表現しているが、CMYKで用いられる「%」の値は網点部分が占める面積の割合だ

網点での色再現

各色の網点の並びの角度を微妙にずらすことで美しいトーンの画像を表現する。各々の色面積の割合がさまざまな色彩を表現する

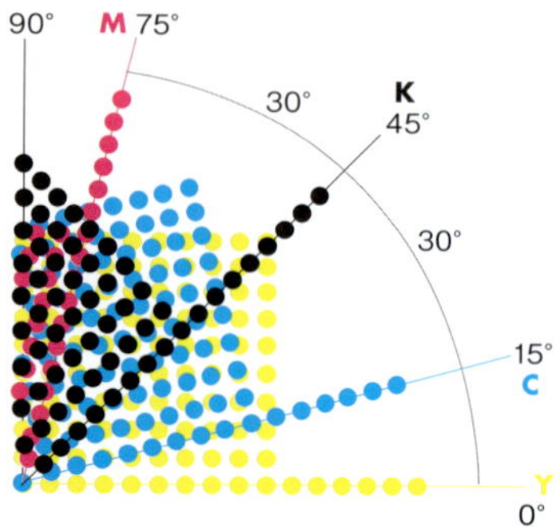
90°
M 75°
30°
K
45°
30°
15°
C
Y
0°

関連リンク
解像度 p.078
網点・線数 p.169
製版 p.184
スクリーン角度 p.185
モアレ p.185

シャープな画像再現に必須のアンシャープマスク

どんな画像でも入力から印刷までの過程で、シャープネスが劣化してしまうことは避けられない。これを補正するのが、アンシャープマスク（USM）の役割だ。

程度の差こそあれ、アンシャープマスクは必ず行うべき処理といえる。アンシャープマスク機能を持たない機器からの入力では、Photoshopのアンシャープマスク機能が活躍する。

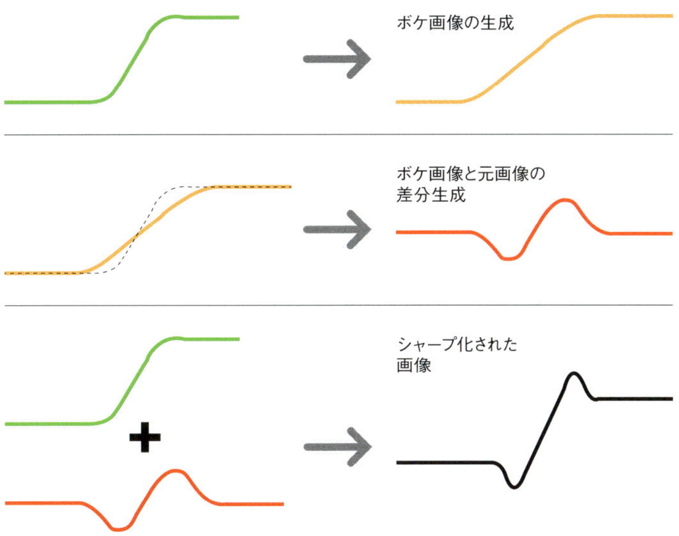
ボケ画像の生成
ボケ画像と元画像の
差分生成
シャープ化された
画像

USMのしくみ

USMは元画像とボケさせた画像との差分（輪郭成分）を利用して、元画像に輪郭を加え、よりシャープに見せる技術

Photoshopの
アンシャープマスク機能

USMの設定値は、画像の種類や目的によって最適なものをセットする。シャープネスの強さ、繊細さ、利かせたい部分などを意識して決定する。下のような機械ものの写真は、USMでキリッとしたシャープな質感を表現したい。

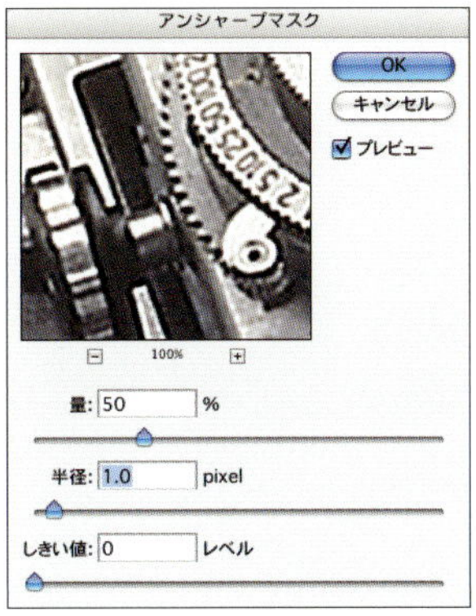
アンシャープマスク
OK
キャンセル
プレビュー
100%
量: 50 %
半径: 1.0 pixel
しきい値: 0 レベル

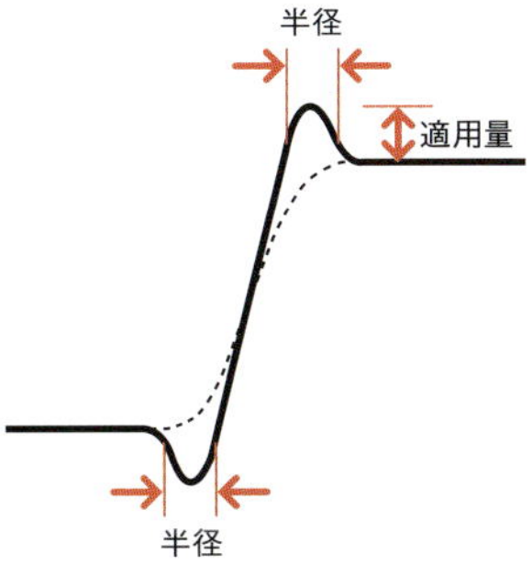
半径
適用量
半径

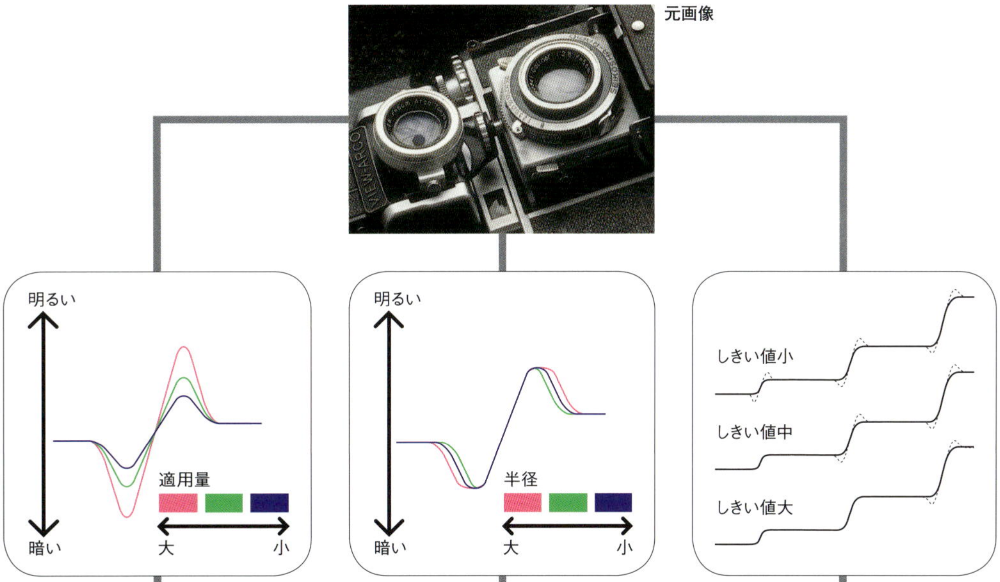
元画像
明るい
暗い
適用量
大
小
明るい
暗い
半径
大
小
しきい値小
しきい値中
しきい値大

適用量

アンシャープマスクによってつけられる輪郭の強さを変え、シャープネスの量を決定する。印刷では通常100〜200%程度が目安

半径

アンシャープマスクによってつけられる輪郭の太さを変える。力強い輪郭、繊細な輪郭などとコントロールできる。1〜2ピクセルあたりが目安

しきい値

濃度変化の小さい部分への効果を減らすことができる。値を増やすことで、背景のざらつきにアンシャープマスクが効いて汚くなるのを防いだりできる

適用量50%、半径1.0ピクセル、しきい値1レベルに設定したアンシャープマスクの結果

適用量100%、半径2.0ピクセル、しきい値2レベルに設定したアンシャープマスクの結果

適用量200%、半径3.0ピクセル、しきい値3レベルに設定したアンシャープマスクの結果

制作時に知っておきたい製版テクニック

デジタルになったからといって、アナログ時代に養われた製版テクニックが不要になったわけではない。
チラシでおなじみの2色印刷やモノクロ表現テクニック、印刷で当たり前とされてきたトラッピング処理などの製版常識について解説する。

2色で写真を表現する

通常、2色分解と呼ばれ、カラー写真を藍赤(CM)などの2色インキで印刷する。2色で刷る理由はデザイン表現手段というより、多くの場合は印刷コストの低減である。

カラー原稿を2色で印刷する

この写真はシャドウ部が少ないのでそれほどでもないが、通常はシャドウ部の網点をベタ近く、たとえばCM98%にし、中間からシャドウを重くしつつ、中間部を通常の4色印刷よりコントラストを強くする。C版とM版のみ使用して、それぞれ指定された特色で印刷する。原稿にもよるが、適切な色分解を行えば、4色印刷に迫る効果が期待できる

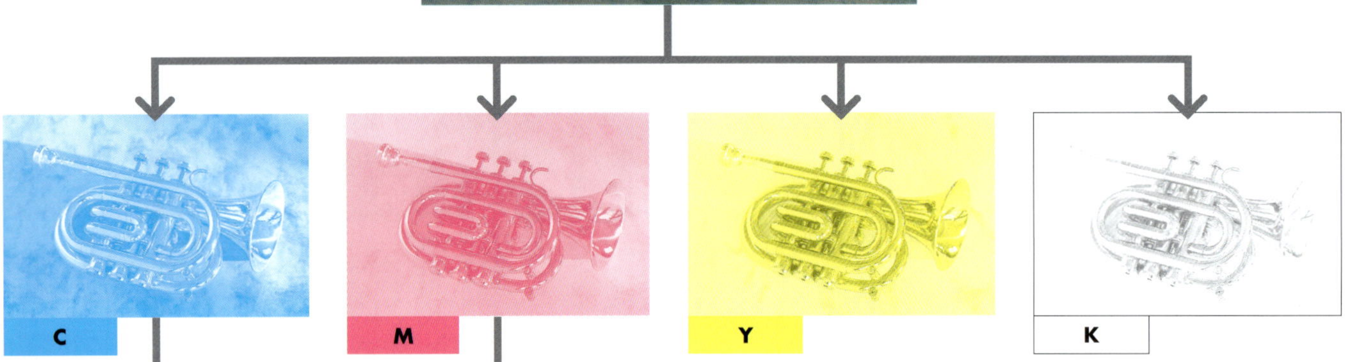
C
M
Y
K

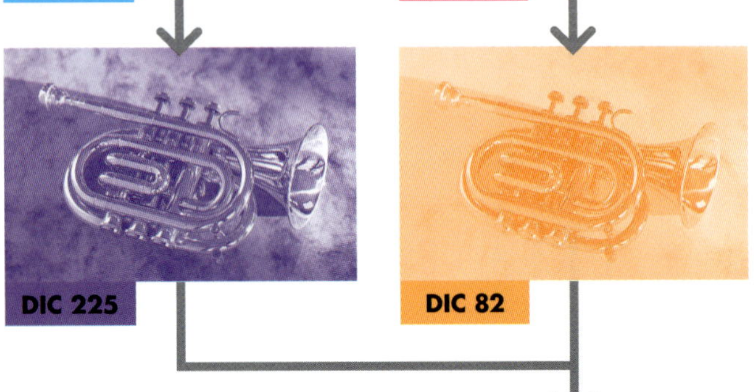
DIC 225
DIC 82

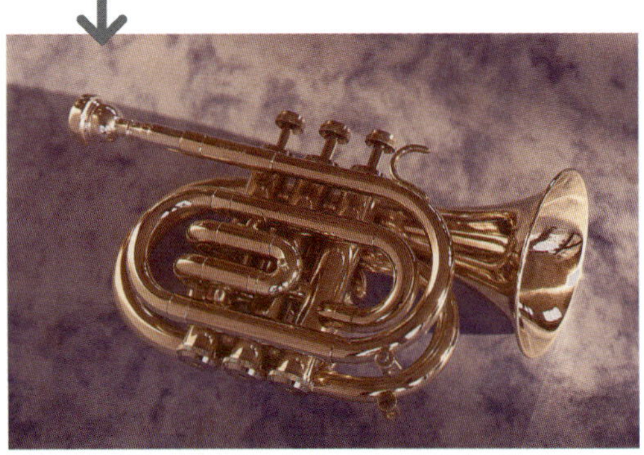

Photoshopで2色印刷用の画像を作成する場合は､｢チャンネル｣パレットを操作し、不必要なチャンネルの画像を削除するか(上)、新規スポットカラーチャンネルを追加し、そこに画像を移動させる(下)

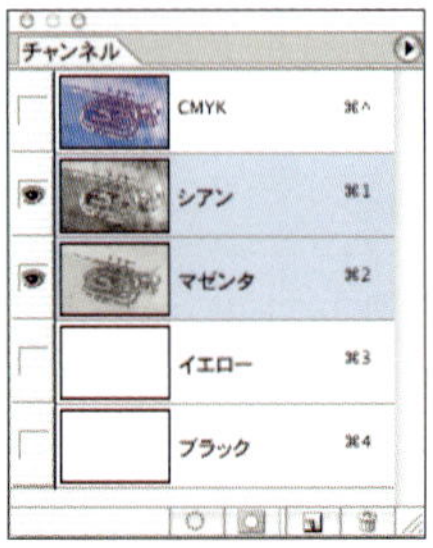
チャンネル
CMYK ⌘^
シアン ⌘1
マゼンタ ⌘2
イエロー ⌘3
ブラック ⌘4

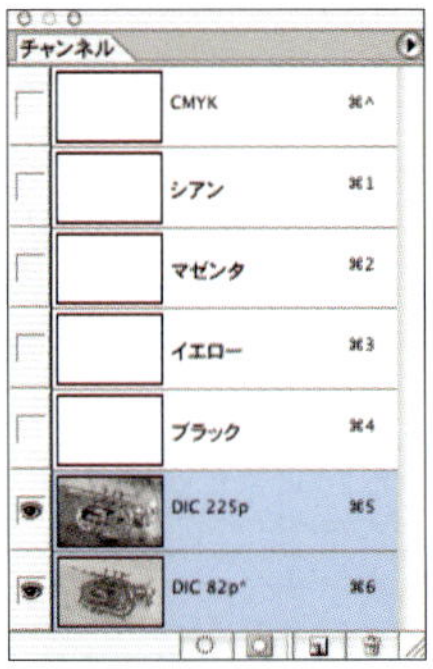
チャンネル
CMYK ⌘^
シアン ⌘1
マゼンタ ⌘2
イエロー ⌘3
ブラック ⌘4
DIC 225p ⌘5
DIC 82p* ⌘6

関連リンク
印刷用画像データ p.106
プロセスインキ p.195
特色インキ p.195
インキのトラッピング p.208

モノクロ写真に深みを与える

プロセスカラーによるカラー印刷の場合、シャドウ部では4色のインキが刷り重なるので高濃度を確保できるが、単色印刷では難しい。これではカラー印刷を見慣れている人には、単色モノクロ印刷が物足りなく見えてしまうため、白黒を4色のプロセスインキで印刷することがある。写真集、カレンダー、ポスターなどのアート紙に印刷する場合がほとんどだが、CMY3色でデザイン性を全面に押し出す場合もある。対して、ハイライト側の階調を豊かに出すために、薄いグレーと墨で刷る場合があり、デュオトーンと呼んでいる。

モノクロ原稿を4色で印刷する

通常の4色分解と同じくスキャナでCMYK版を作成するか、PhotoshopでグレースケールからCMYKモードにする。CMKの網が重なり合い、ロゼッタモアレが出やすくなるので、グレーバランスには細心の注意が必要である。墨はシャドウ部だけ網が入る「スケルトンブラック」が無難。チャンネルごとにトーンカーブを調整することで、セピア調などさまざまな効果を出すことができる

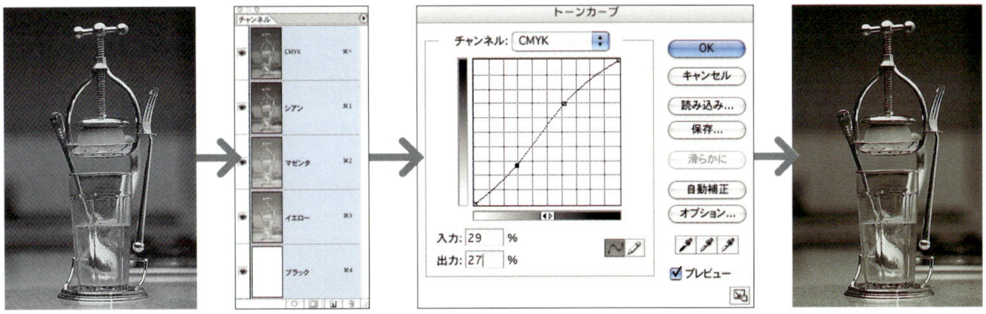

モノクロ原稿を2色で印刷する

仏像などの繊細な階調を持つモノクロ写真にはグラビア印刷が使われてきたが、オフセットでもグレーと墨インキのデュオトーンで印刷することで、高品質の印刷表現が可能である。Photoshopではダブルトーンという名称で、最大4色まで任意の色をグレースケール画像に設定できる

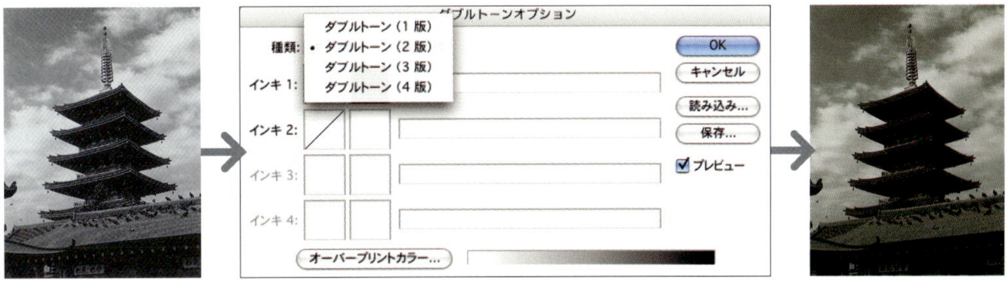

オーバープリントとトラッピング

紙は伸縮しやすく、オフセット印刷では水を使用しているので見当がずれるのはある程度容認しなくてはならないが、白地が出てしまうと見苦しいので、絵柄部分を少し膨らませ、重なるように処理する必要がある。これをトラッピング処理というが、従来は光学的に太らせて、髪の毛1本ダブらせるという意味で、毛抜き合わせと呼ばれていた。不透明度が高い墨文字の場合は、白地の必要がないので、墨を乗せる「オーバープリント処理」が常識である。

トラッピング処理

2色のチント（平網）が隣り合わせの場合、0.1mm程度重ねるのが常識とされている

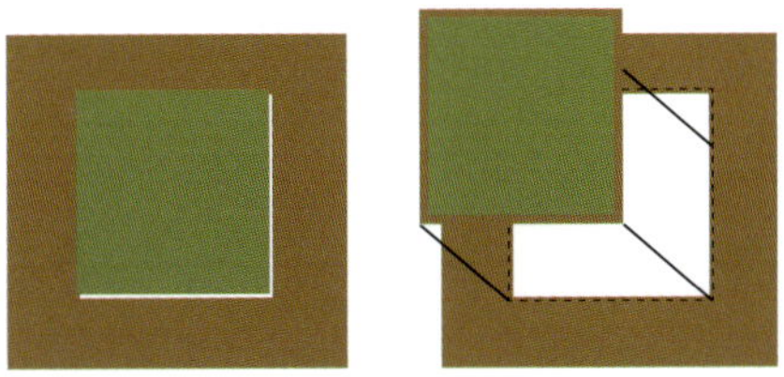

トラッピングなし　　トラッピング

オーバープリント処理

小さい墨文字では見当がずれてわずかでも白地が見えると非常に見苦しいので、オーバープリントが必須。ただし、大きい文字の場合は下地の色が墨に影響を与えることがあるので、あえてオーバープリント処理をしないこともある

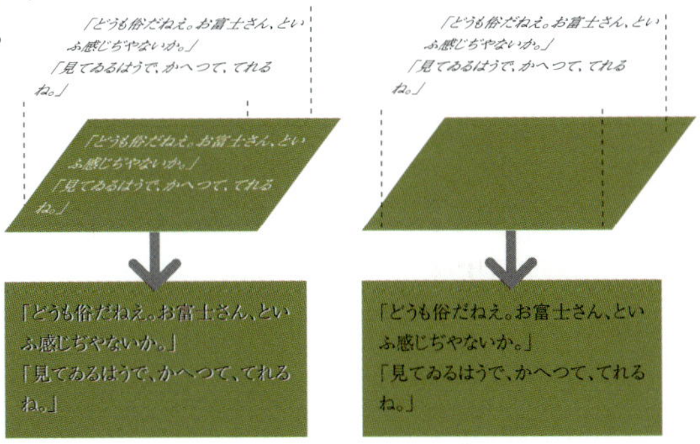

オーバープリントなし　　オーバープリントあり

トラッピング講義

かつてカラーDTPが普及し始めの頃、トラッピングを知らないとDTP界にあるまじき者として仲間から白い目で見られることがあった。まさにデジタル魔女裁判のごとき、おぞましい時代が存在したのである。欧米、とくに米国では印刷の見当精度が悪く、トラッピング量（ダブらせる幅）を0.1mm取っていないと、見当ずれで紙の白地が出てしまうという恥ずかしいトラブルが起こってしまうので、「チョーク＆スプレッド」（トラッピング処理のことをアナログ時代は「細らせ＆太らせ」と呼んでいた）は基本中の基本の製版常識であった。日本では「毛抜き合わせ」といって、髪の毛1本分をダブらせることを基本としている。

もともと、このトラッピング処理は、軟包装グラビア印刷といわれる分野（わかりやすくいえば即席ラーメンのパッケージ）では被印刷体の寸法精度が悪いので不可欠だったものだ。グラビアでは「ニゲ処理」といって、アナログ時代の版下には二重線で太らせた線が描いてあり、ちょうど紙工作での「のりしろ部分」と同じようになっていた。また、材料のフィルムは透明なので、白地をわざと刷ったりする。この白地を「白座布団」などと呼んでいる。

ほかにも、「影は墨ノセ」「写真の中の墨文字もノセ」「写真の中の色文字は白縁をつける」「平網の中の色文字は毛抜き」など、常識的なルールがたくさんある。DTPではソフトのデフォルトにまかせて、意識することが少なくなっているが、製版の常識として覚えておきたい。

さまざまな画像ファイル形式

さまざまな分野で使用されてきた画像ファイルのフォーマット。その種類は実に多岐にわたるが、用途やプラットフォームごとに多用されている定番がある。フォーマットごとの特徴を考慮して画像フォーマットを上手に使いこなしたい。

画像ファイル形式の種類と変遷

画像ファイルは大別するとビットマップ系とベクトル系に分けられる。

ビットマップ系は画像を「点を2次元に並べた構造」で表し、写真画像などに向く。ベクトル系は点の動きやラインの形状を記述する図形、線画向きの表現法だ。EPSは両者を含むことができるファイル形式の代表であり、DTPではもっとも広く使われる

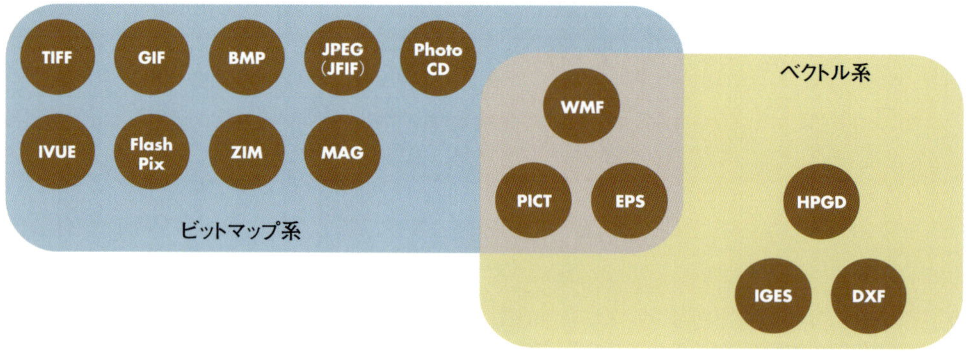
TIFF
GIF
BMP
JPEG (JFIF)
Photo CD
IVUE
Flash Pix
ZIM
MAG
ビットマップ系
WMF
PICT
EPS
ベクトル系
HPGD
IGES
DXF

主な画像フォーマットガイド

DTPで使用されるメジャーなEPS、TIFFといったファイル以外にも、多くの画像フォーマットがある。各フォーマットの特徴を取り入れて拡張されたフォーマットなども多い。また、本来は圧縮形式を示す用語であるJPEGが、フォーマット名称として使用されてしまうような方向も見られるようだ。

画像フォーマットは以下の多くの種類以外にも、ソフト固有の、あるいはマイナーなものがいくつも存在するが、ここでは代表的なもののみを挙げておこう。

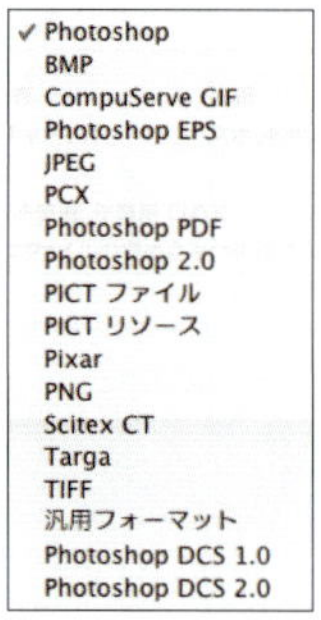
✓ Photoshop
BMP
CompuServe GIF
Photoshop EPS
JPEG
PCX
Photoshop PDF
Photoshop 2.0
PICT ファイル
PICT リソース
Pixar
PNG
Scitex CT
Targa
TIFF
汎用フォーマット
Photoshop DCS 1.0
Photoshop DCS 2.0

Photoshopで画像を保存する際にフォーマットを選択するメニュー。DTPで扱う可能性のあるすべてのフォーマットをサポートしている

EPS
Encapsulated PostScript

「カプセル化されたPostScriptフォーマット」という意味を持ち、グラフィックとテキストを記述できるファイル形式。32bitカラー対応で、RGB、CMYK、マルチカラーまでサポート。対応ソフトやRIPにより表示・プリントされる。ヘッダとしてTIFFやWMF、PICT、JPEGなどの確認用の縮小プレビュー画像がつけられる。Windowsへの互換などを考慮すればTIFFヘッダが便利。24bit画像のレイアウトされたカンプの美しさはJPEGプレビューがよい。通常は内部記述はASCIIフォーマットで書かれるが、バイナリ形式も指定可能。Photoshopではビットマップ画像として扱い、写真画像としてレタッチと出力が可能。また、貼り込み用という性格上、複数ページはサポートしない。

DCS 1.0/2.0
Desktop Color Separations

クォーク社による標準EPS形式の1つ。CMYKファイルやマルチチャンネルファイルまで保存可能。各チャンネルを別ファイルとして複数ファイルに保存できる。本来、RIPへの読み込みを版ごとに分けて、処理負担を軽減させるのが目的だが、ファイル数が増えて煩雑になるので注意が必要だ。それぞれがマスターファイルとともに同じフォルダになければならない。作成側では単一ファイル指定も可能。EPS形式の一種なので、貼り込み先での表示用としてプレビュー画像を含めることができる。また、これらに加え、スポットカラーやアルファチャンネルに対応するような機能を持たせたDCS 2.0形式がある。なお、以前はマシンスペックの問題でこの形式が多く使われていたが、最近では、マシンスペックも上がったため、この形式を使うメリットが少なくなり、さらにファイルの取り扱いからトラブルが起こることもあり、あまり使われていない。

PDF
Portable Document Format

Adobe Acrobatで作成されるPostScript技術をベースにした可搬性の高いファイル形式。書類をプラットフォームを問わずレイアウトとフォント、画像を含めて忠実に再現可能なのが特徴。ファイルサイズも比較的コンパクト。PDFファイルの閲覧とプリントの可能なAdobe Readerはフリーで配布されている。フォーマットの整った体裁のよい書類をWeb上で配布したり、電子メディアに収めたりできるので、急速に広まってきた。Photoshopではラスタライズ(ビットマップ化)とビットマップでの書き出しが可能。DTP分野でも今後の鍵となるフォーマットといえる。

PNG
Portable Network Graphics

Webでの画像表示を目指して作られたフォーマット。24bitカラー表示まで可能で、透明な背景指定が可能になっている。また、インターレース表示や画像の種類に向いた各種の圧縮をサポートしているが、まだ多くは用いられていない。

関連リンク
ファイル形式 p.058
圧縮 p.064
ビットマップ画像 p.079
ベクトルデータ p.100

汎用フォーマット
ベタファイルあるいはRawデータファイルなどと呼ばれる、バイト列で構成されたシンプルなファイル形式をベースにした読み込みと書き出しにつけられたPhotoshop上の名称。画素を並び順に収めただけなので、古いアプリケーションの間などで互換性が高い。サイズや属性などを問わないので、画素の縦横サイズやチャンネル数などをPhotoshop上で指定の必要がある。属性名の指定も可能だ。ヘッダの大きさも指定できるので、余分な部分の読み飛ばしもできる。

PICT (PICT2)
24bitカラーまで対応。圧縮はランレングス(PackBits)。Macintosh専用のグラフィックフォーマット。QuickDrawコマンドをファイル化したもの。ドローデータ、ビットマップデータいずれにも対応。古いアプリケーションでは解像度属性を持たないPICTも多かった。

TIFF
Tag Image File Format

CMYK、32bitをサポート。ハフマン圧縮、LZW圧縮に対応。WindowsやMacintoshで、広く用いられているフォーマット。Windowsでの拡張子は「.tif」。マイクロソフト社、ヒューレットパッカード社、アルダス社などの会社によって策定された。タグの集まりによって記述されるTIFFは多くの記述法があり、多くのソフトはその規格の一部分しかサポートしていない。データのバイト並びがモトローラ系、インテル系の２通りあるため、Macintosh系とWindows系で互換に注意する必要がある。Photoshopなどは両方に対応している。新しい(92年)TIFF 6.0では大きく拡張され、JPEGやCMYK、YCCカラーモードにも対応。また、色座標表記データ(L*a*b*)も扱えるようになった。

BMP
Windows Device Independent Bitmap

DIBとも呼ぶ。24bitカラーまで表示可能。ランレングス圧縮(RLE)に対応している。Windowsでポピュラーなビットマップ用のフォーマット。多くのWindowsの画像ソフトが対応している。WindowsとOS/2では形式が異なる。

WMF
Windows Meta File

メタファイルとは、WindowsのGDIファンクションをバイナリフォーマットにコード化して集めたものを収めたファイルフォーマット。Windows 95以降では新しいEMF(Enhanced Metafile Format)フォーマットもある。

GIF
Graphics Interchange Format

LZW圧縮対応。米オンラインサービスCompuServeで決められたグラフィック用のフォーマット。GIF87a、GIF89aの2バージョンある。GIF89aはインデックスカラーのパレットとして透明部分を指定でき、アルファチャンネルにも対応している。GIF形式はWeb用の基本的な画像フォーマットとしてホームページのバナー画像などによく使用される。256色まで対応で、カラーパレットはOSやWebなど用途によってふさわしいものが指定される。

PhotoCD
YCCのラスターデータ。DCT圧縮されたスケーラブルなフォーマット。以下の5階層のスケールを持つ。

- ●1/16BASE：128×192
- ●1/4BASE：256×384
- ●BASE：512×768
- ●4BASE：1,024×1,536
- ●16BASE：2,048×3,072
- ●64BASE(ProPhotoCDのみ)：4,096×6,144

JFIF (JPEGの1ファイル形式)
JPEG FileInterchangeFormat

互換用JPEG圧縮フォーマット。当初はバリエーションが多く、互換性に問題があったため、JFIFが制定された(EXIF、CIFFはデジタルカメラ用のJPEG応用のファイル形式)。「JPEG」とは、ISO、CCITT(現ITU-T)の合同委員会ISO/IEC JTC1/SC2/WG8の下に設置されたJoint Photographic Coding Expert Groupの検討に基づいて、ITU-T勧告となった圧縮方式。可逆符号化方式はDPCM(Differential Pulse Code Modulation)に基づく空間的予測符号化方式と非可逆符号化方式(DCT)の両方を持つが、一般的にはベースラインと呼ばれる非可逆符号化方式が用いられる。高い圧縮率でも十分実用的な復号画質品質を得られるのが特徴。Webでの写真画像やデジタルカメラなどではもっとも一般的に用いられる。

圧縮は8×8画素DCT変換→量子化→エントロピー符号化といった流れで行われる。

●圧縮画質の目安

圧縮率1/10以下：ほぼ識別不可

圧縮率1/20：やや画質劣化

圧縮率1/30以上：画質劣化目立つ

DXF
Drawing Exchange Format

AutoCADでCADのドローデータを扱う。フォーマットの内容はベクトルで表され、ASCIIやバイナリで記述される。

HPGL
Hewlett-Packard Graphic Language

ヒューレットパッカード社のプロッタで出力するためのファイル形式。多くのCAD系ソフトがHPGL出力をサポートしている。ソフトへの入力をサポートしているものもある。

PCX
24bitカラーランレングス圧縮に対応。ビットマップを格納するシンプルなフォーマット。Zsoft社のPhotoFinishなどで使われる。比較的ポピュラーでWindows付属の「ペイント」もサポートしている。

IFF
Amiga Interchange File Format

AMIGAというOS上で使われているグラフィック、テキスト、音などを収めるフォーマット。パソコン上では、やはりIFFの変形であるAIFF(AudioIFF)フォーマットは、Macintoshやパソコン上でサウンドデータ用として使われている。

Pixar
3D画像やアニメーションなどワークステーション上のハイエンドアプリケーション用のフォーマット。

Scitex CT
Scitex Continuous Tone

サイテックス社の製版用コンピュータで使われる画像形式。

Targa
32bitカラー(アルファチャンネルつき)まで可能。ランレングス圧縮対応。TrueVision社(TARGA BOARDビデオ入出力可)によって決められたグラフィックフォーマット。ビットマップデータ用。拡張子は「.tga」。

さらに知識に磨きをかけたい人の関連図書案内

※書籍の内容に関しては、各出版社にお問い合わせください

画像データ取扱に強くなるDTPの本

松田博嗣 著
2,415円
毎日コミュニケーションズ

パソコンの普及により、原稿や図版がデータで支給されることも増えてきたが、クライアントから「画像データです」と渡されたものがWordの貼り込みファイルだった、「データはあります」といわれて受け取ったのがPowerPointだった、そんな状況でも慌てず対処するためのヒントとテクニックをシチュエーションごとに解説している。せっぱ詰まったときには必ず役に立つ一冊。

DTP&Web画像データ事典

東陽一、伊藤哲、佐藤好彦、庄司正幸 共著
2,940円
エムディエヌコーポレーション

デジタル画像を扱うために知っておくべきルールとノウハウを紹介。画像データの基本、カラーマネージメント、レタッチなど実践的な内容を章ごとに解説。基本的な事例や確実に理解しておきたい事柄がQ&A形式で紹介されているので、ワークフローの全工程で効率化とトラブル防止に役立てることができる。編集者、デザイナー、印刷技術者を問わず、必ず読んでおきたい。

QuarkXPress 6.5マスターブック

TART DESIGN 著
2,730円
毎日コミュニケーションズ

QuarkXPress 6.5へのバージョンアップを考えているユーザー必読の書。いうまでもなく、QX6.5はOS XやOpenTypeフォントに対応した最新バージョンだ。本書は章ごとに作例を作りながらテクニックが習得できる。かつ目的の箇所から読んでも、最初から通読しても大丈夫な構成になっているのでストレスなく新機能が身につく。Windowsにも Macintosh対応した一冊。

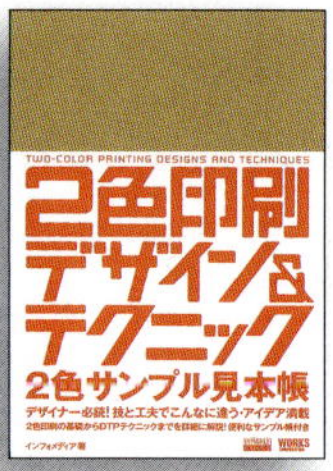

2色印刷デザイン&テクニック

インフォメディア 著
4,200円
ワークスコーポレーション

2色刷りのために必要な知識と実際の作例を掲載。解説編と2色サンプル見本帳の2冊で構成されており、解説編では色のしくみや印刷工程の基礎知識を詳しく解説し、デザインの主題とその作例を紹介。制作の際の注意点をアプリケーションごとに解説。2色サンプル見本帳編では、実際の2色のDICカラーを使ったカラーチャートと写真を掲載。

Adobe Creative Suite 2オフィシャルトレーニングブック

ワークスコーポレーション エデュケーション編集部 編
5,040円（予価）
ワークスコーポレーション

Adobe Creative Suite2に新しく追加されたBridgeほか、すべてのアプリケーションの使い方を解説。作例を作りながら学んでいくコースウェアなのでストレスなくCSが習得できる。CS2のアドビ認定エキスパートの試験予想サンプル問題と解答・解説つき。2005年10月発売予定。

InDesign乗り換え案内ハンドブック

山本英司 著
2,940円
毎日コミュニケーションズ

OS 9とQuarkXPressから、OS XとInDesignへと移行するための具体的な事例を紹介する。実在する雑誌のデータを使い、制作過程を再現しているので、実際の現場でもっとも必要とされる事柄が解説されている。OSを含めた環境の移行を考えているなら、必ず目を通しておき、トラブルを未然に防ぎたい。

早川廣行のPhotoshopCSプロフェッショナル講座

早川廣行 著
2,520円
毎日コミュニケーションズ

広告写真家である著者は、早くからデジタルに移行し、あらゆるノウハウを何冊もの本にまとめ我々に提供してくれている。本書はCSからさらにRAWデータへの対応が強化されたPhotoshopでの補正術を披露してくれている。カメラマンへのアドバイスやプリプレス現場での補正術の紹介もある。

Illustrator DTPデザインファイル

オガワ ヒロシ 編
3,045円
毎日コミュニケーションズ

ペラ物はもちろんのこと、数ページのページ物までIllustratorで作ってしまうデザイナー諸氏にとって待望の一冊が発刊された。Illustratorの DTPに特化した機能を中心に解説した本。Illustratorでの文字詰めやレイアウト、オブジェクトの編集加工などのデザイン&DTPテクニックが満載だ。いまだに多いバージョン8 ユーザーのための解説も豊富。

6

テキストとフォント

文字と書体の基礎知識

印刷で文字を表現する方法は活字から写植へと変化し、そしてコンピュータの登場とともに生まれたデジタルフォントへと変化していった。ここでは、これらを外観しながら、字体や字形、書体など、あいまいになりがちな言葉の意味を整理していく。

印刷用文字の代名詞、活字のメカニズム

木版のように、ある媒体のために使い捨てるのではなく、再利用できるように開発されたのが活字文字。15世紀のドイツ人、グーテンベルクが鉛製の活字とそれを組み合わせて印刷する活版印刷術を発明し、つい20年ほど前まで印刷の主流だった。

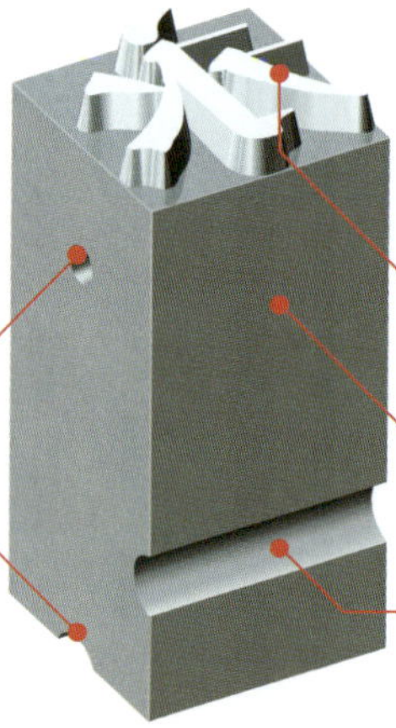

柄

足
溝があり、ひっくり返して入れると、【〓】となる。形が似ているのでゲタと呼ばれ、必要な活字がないときはとりあえずこれで対処する

活字文字

印刷物にして公にすることを「活字にする」というように、活版は文字を印刷するメカニズムとしてもっともわかりやすい。活字は鉛にアンチモン、スズを加えた合金で作られる

字面
「じづら」と読む。インキが乗る部分

腹
反対側は「背」という

ネッキ
活字を拾う際に、ネッキのくぼんだ感触で文字の向きを確認する

印刷と直結する活字

書体ごとだけでなく、使用するサイズごとに文字セットが必要となる。したがって、書体数を増やすのは大変だ。金属製の活字を並べるので、誌面デザイン・レイアウトの自由度が低く、文字幅を微妙に調整するのも難しいが、凸版印刷ならではの力強い印字が可能である

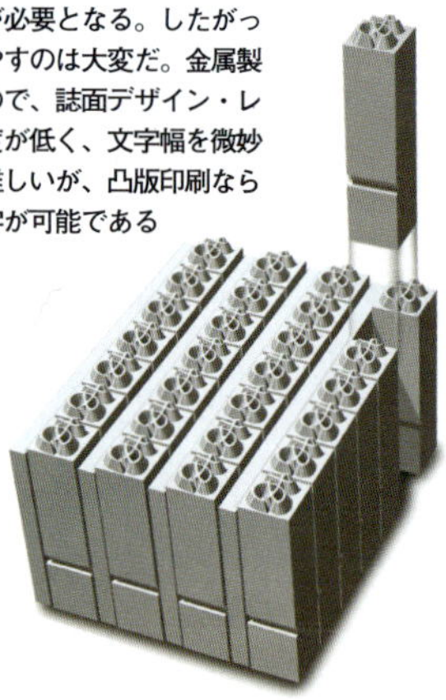

多種多様な書体を生み出した写真植字

オフセット印刷の普及により使われ出したのが写植(写真植字)だ。文字がネガの状態で並んでいる文字盤(フィルムをガラス板で挟んだもの)から、レンズを通して印画紙に文字を焼きつける。サイズごとに文字盤を用意する必要もなく、扱いやすい。

光が生み出す写植文字

レンズで文字の拡大・縮小ができるほか、平体・長体・斜体といった変形にも対応でき、「光線のタイプライター」といわれた。活字に比べて書体開発が容易で、現在使われている書体のほとんどが、写植文字として生まれた

文字盤

写真植字は昭和の初めに石井茂吉と森沢信夫によって実用化され、両者がそれぞれ設立した写研とモリサワは、いまも国内最大手の書体・組版機メーカーである(写真はリョービの小町Bの文字盤)

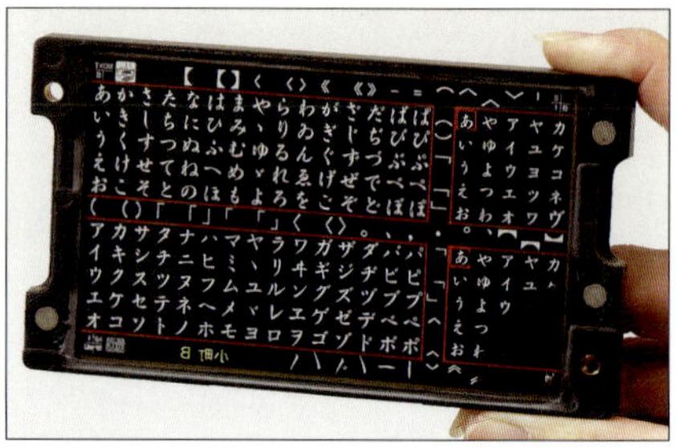

現在の主流はデジタルフォント

1960年代から始まった文字のデジタル化は、当初は伝票などに数字や欧文、かなを打ち出すだけだったが、80年代からのワープロの普及で一気に需要が増し、漢字など画数が多くてもつぶれない、高品質な文字が出力できるようになった。

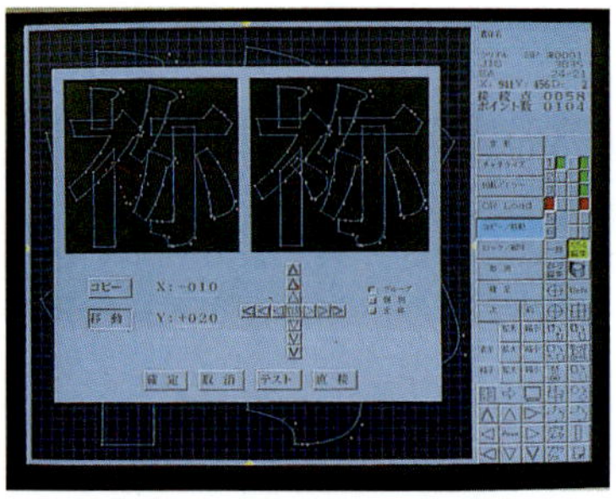

文字を作るのも使うのもコンピュータ

自動的にウェイトを変えたり、「へん」や「つくり」など文字の構成要素を組み合わせて効率よく作字することができる

0と1で表すデジタルフォント

当初は右図のように点のON/OFFにより文字の形を表す「ビットマップフォント」だったが、現在は文字の外形を関数曲線で表す「アウトラインフォント」を印刷に用いる

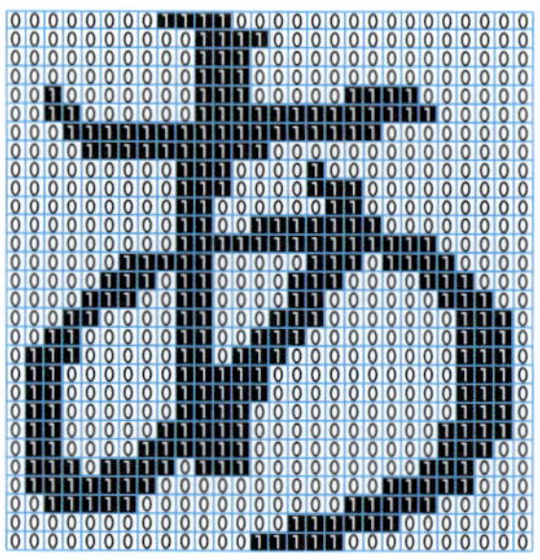

関連リンク
アウトラインフォント p.120
ビットマップフォント p.120
文字の単位 p.146
組版 p.152
活字と活版印刷 p.225
グーテンベルグ p.226

書体デザインの系統と分類

文字は篆書、隷書、行書、草書、楷書など時代と書き手によって変化し、印刷に使う文字もそれらから発展してきた。楷書体をルーツにした明朝体は印刷用文字としてもっとも洗練されていてバランスがよく、縦線が太く横線が細いのが特徴であり、三角形のうろこ(セリフ)がつく。欧文でもセリフがついた書体の使用頻度が高く、多くのバリエーションが生まれている。

ゴシック体は線の太さが均一で、一般的に力強いのが特徴。明朝体と併用して、見出しなどに使われることが多い。欧文のゴシック体はドイツ文字・亀の子文字と呼ばれる古い書体を指し、和文のゴシック体に相当する欧文書体はサンセリフ(「セリフがない」の意味)である。明朝体とゴシック体は誌面を構成する必須の書体であるため基本書体と呼ばれ、数多くのバリエーションが揃っている。

和文書体の分類

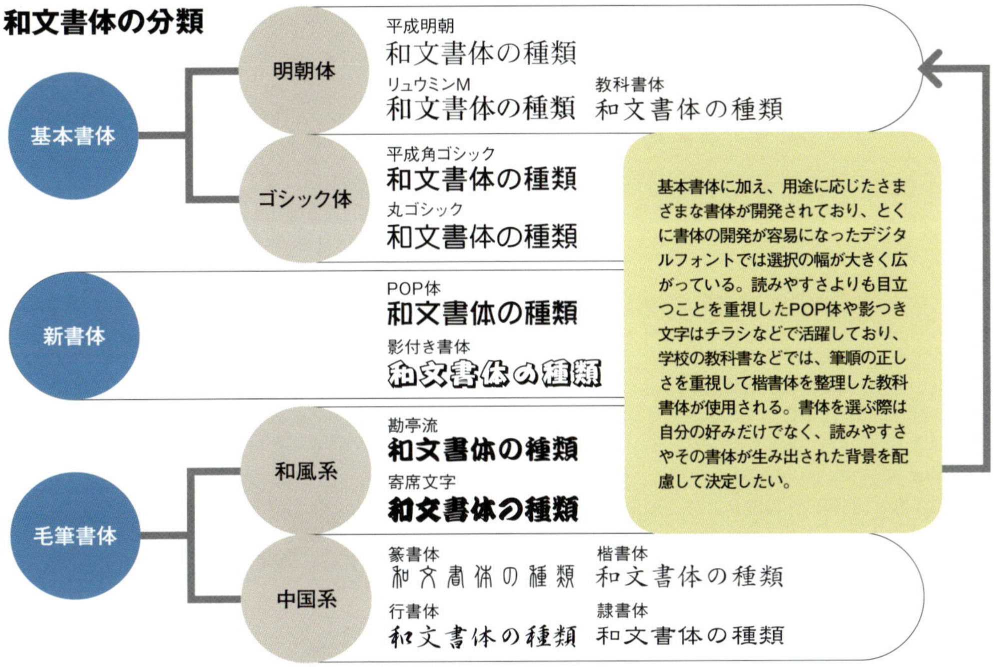

基本書体
明朝体
平成明朝
和文書体の種類
リュウミンM
和文書体の種類
教科書体
和文書体の種類
ゴシック体
平成角ゴシック
和文書体の種類
丸ゴシック
和文書体の種類
新書体
POP体
和文書体の種類
影付き書体
和文書体の種類
毛筆書体
和風系
勘亭流
和文書体の種類
寄席文字
和文書体の種類
中国系
篆書体
和文書体の種類
楷書体
和文書体の種類
行書体
和文書体の種類
隷書体
和文書体の種類
基本書体に加え、用途に応じたさまざまな書体が開発されており、とくに書体の開発が容易になったデジタルフォントでは選択の幅が大きく広がっている。読みやすさよりも目立つことを重視したPOP体や影つき文字はチラシなどで活躍しており、学校の教科書などでは、筆順の正しさを重視して楷書体を整理した教科書体が使用される。書体を選ぶ際は自分の好みだけでなく、読みやすさやその書体が生み出された背景を配慮して決定したい。

欧文書体の分類

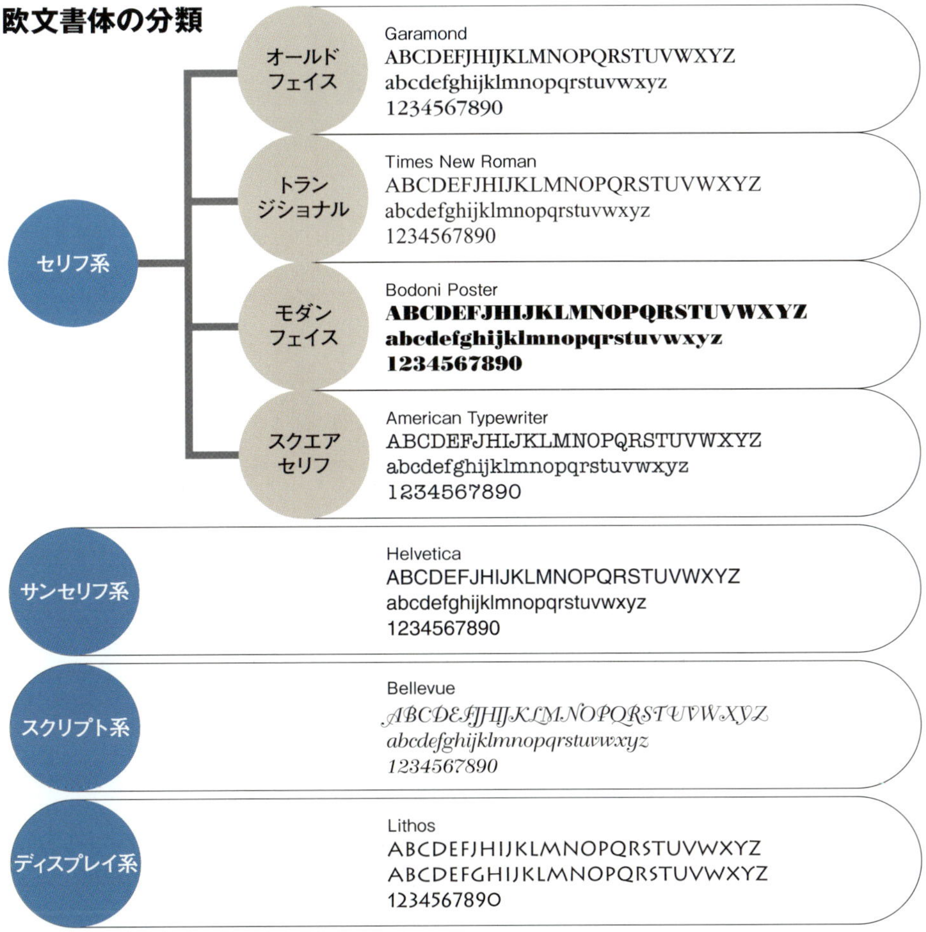

セリフ系
オールドフェイス
Garamond
ABCDEFJHIJKLMNOPQRSTUVWXYZ
abcdefghijklmnopqrstuvwxyz
1234567890
トランジショナル
Times New Roman
ABCDEFJHIJKLMNOPQRSTUVWXYZ
abcdefghijklmnopqrstuvwxyz
1234567890
モダンフェイス
Bodoni Poster
ABCDEFJHIJKLMNOPQRSTUVWXYZ
abcdefghijklmnopqrstuvwxyz
1234567890
スクエアセリフ
American Typewriter
ABCDEFJHIJKLMNOPQRSTUVWXYZ
abcdefghijklmnopqrstuvwxyz
1234567890
サンセリフ系
Helvetica
ABCDEFJHIJKLMNOPQRSTUVWXYZ
abcdefghijklmnopqrstuvwxyz
1234567890
スクリプト系
Bellevue
ABCDEFJHIJKLMNOPQRSTUVWXYZ
abcdefghijklmnopqrstuvwxyz
1234567890
ディスプレイ系
Lithos
ABCDEFJHIJKLMNOPQRSTUVWXYZ
ABCDEFGHIJKLMNOPQRSTUVWXYZ
1234567890

フォントとはそもそも何なのか?

「字体」は抽象的な文字の形状を意味し、「字形」は特定文字のデザインを、「書体」はその文字セット全体の統一されたデザインを意味する。「フォント」とは本来、欧文活字の一揃いのことを指したが、現在ではデザインされた文字セットをあるシステムで使えるように具体化したもの全般を指すようになった。とくにDTPでは書体と同義で使われることが多い。

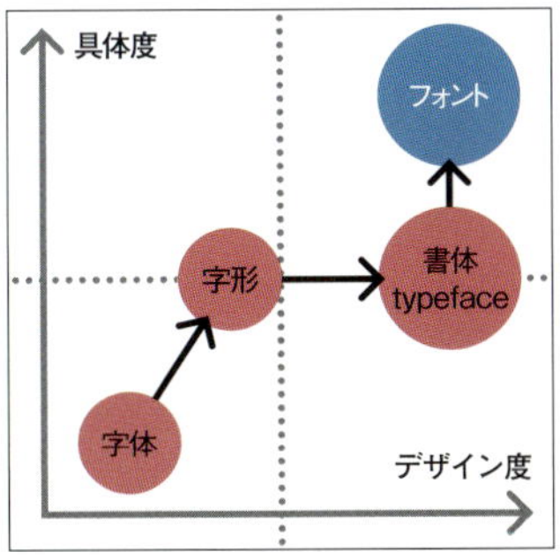

具体度
フォント
字形
書体
typeface
字体
デザイン度

タイプフェイスの基礎知識

文字は基本となるエレメント(構成要素)の組み合わせで成り立っている。ここでは和文・欧文それぞれのエレメントの名称や位置の決まりごと、ウェイトやファミリーなど、書体選択の際に必要な知識を解説する。

和文の構成要素を理解する

エレメントは、文字を構成するへんやつくりよりもさらに一段細かいレベルだ。これはもちろん、フォントのデザインによっても変化する。たとえば、明朝体なら横線の「はじめ」や「うろこ」があるが、ゴシック体にはない。文字をデザインする場合には、こうしたエレメントを先にデザインし、組み合わせることでたくさんの文字を作成していく。

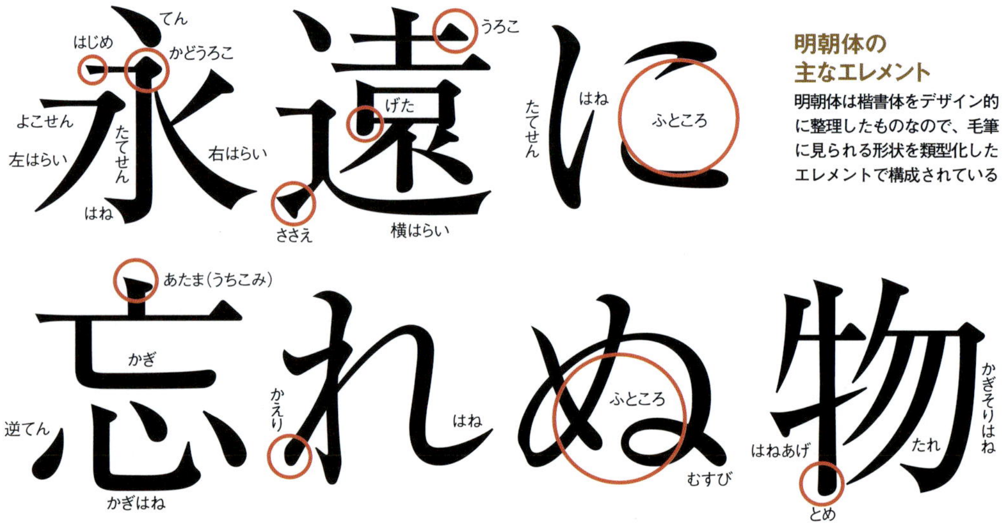

明朝体の主なエレメント

明朝体は楷書体をデザイン的に整理したものなので、毛筆に見られる形状を類型化したエレメントで構成されている

アルファベットの構成要素を理解する

欧文(アルファベット)ではエレメントの種類はさらに多くなり、それらが系統立って組み合わされ、デザイン・設計されていく。和文が手工業的に作り出されるのに比べ、欧文はより機械的に作り出されるといえる。

誌面のデザイン・レイアウトで利用する書体を選ぶときも、「D」や「P」のボール部分のデザインが同時に使用するほかの書体とマッチするかどうか、といった見方をすると選びやすい。

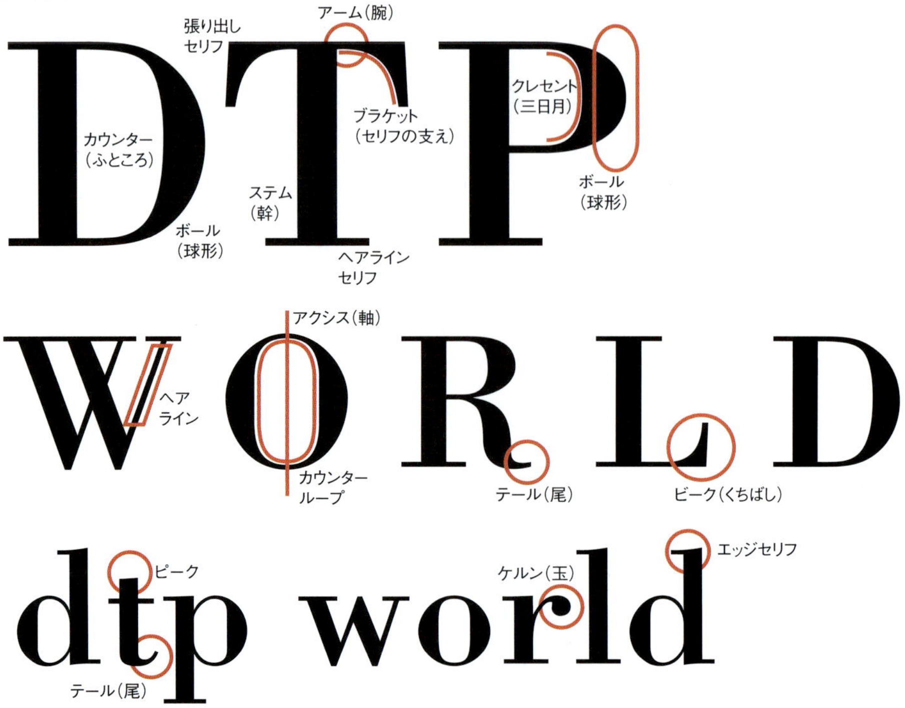

関連リンク
写植 p.116
文字の変形 p.148
文字による表現方法 p.148

書体のメトリックスとベースライン

普段はユーザーから見ることはできないが、書体には文字幅など固有の数値(メトリックス)情報がある。欧文の場合には、いくつかの基準線によってフォントのデザイン領域を定義している。これに対して、和文の場合は仮想ボディの内側に字面を配置するだけで、欧文のように細かな定義はない。

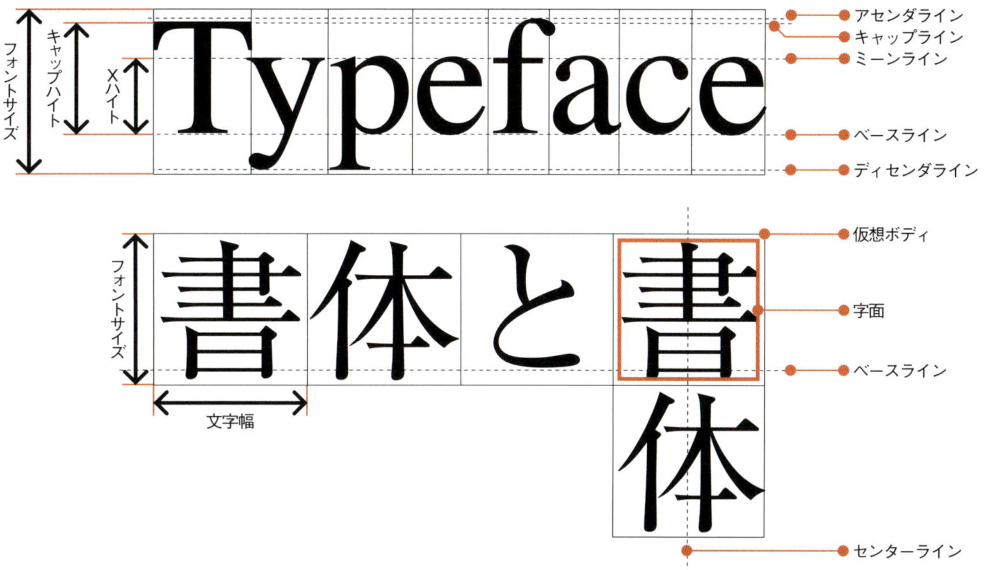

Typeface
フォントサイズ
キャップハイト
Xハイト
アセンダライン
キャップライン
ミーンライン
ベースライン
ディセンダライン
書体と書体
フォントサイズ
文字幅
仮想ボディ
字面
ベースライン
センターライン

ベースラインシフト

和文と欧文を混在させた場合(和欧混植)には、ベースラインを基準に揃える。欧文の小文字にはベースラインより下にはみ出す部分(ディセンダ)があるため、レイアウトソフトの機能やフォント組み合わせユーティリティを使ってベースラインを上下に移動し、和文との調整を図る場合がある

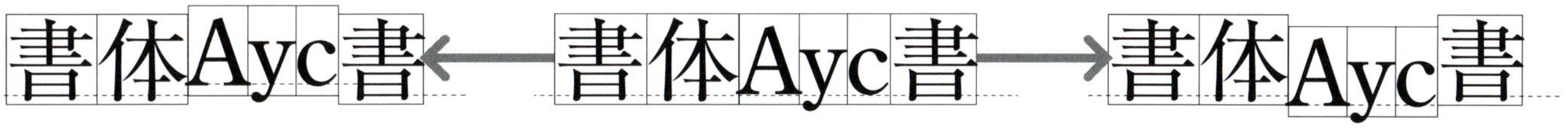

書体Ayc書
書体Ayc書
書体Ayc書

ディセンダのはみ出しが気になる場合には、欧文のベースラインを上にシフト。アセンダラインが和文の字面より上に出るようだと見苦しい

標準状態では、和文よりもディセンダラインが少し下にはみ出している。ただし、和文の字面の下端もベースラインより下にあるので、書体によっては気にならない

見出しなどでは和文の字面の下端に欧文のベースラインを合わせることもできる。この場合、上端が合わないので、欧文のサイズを少し大きくするとよい

書体のウェイトとファミリー

同じデザインで、太さや文字幅の異なる書体、斜体のかかった書体などのバリエーションを「ファミリー」と呼んでいる。ある語句を強調したりランクをつけるなど書体の太さを変えたい場合は、ファミリーの中から選ぶと、誌面に統一感が生まれる。

和文はウェイトのみでファミリーを構成する

和文の場合には同じデザインでウェイトの異なる書体を「ファミリー」と呼んでいる。もともと、和文にはファミリーという概念はなかったが、写植文字の普及以降、開発されていった

吾輩は猫である。名前はまだ無い。
吾輩は猫である。名前はまだ無い。
吾輩は猫である。名前はまだ無い。
吾輩は猫である。名前はまだ無い。
吾輩は猫である。名前はまだ無い。
吾輩は猫である。名前はまだ無い。

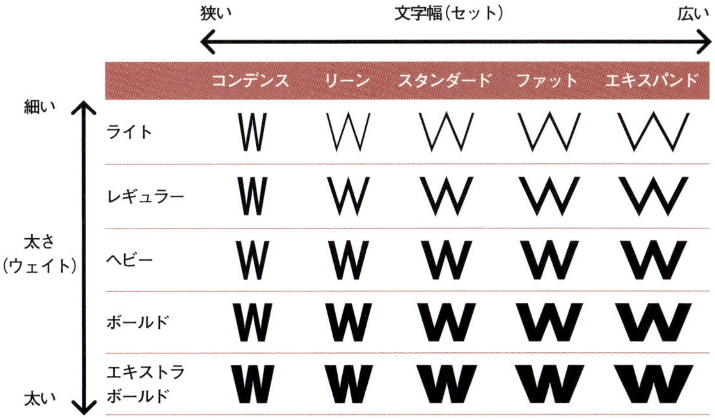

狭い
文字幅(セット)
広い
コンデンス
リーン
スタンダード
ファット
エキスパンド
細い
太さ(ウェイト)
太い
ライト
レギュラー
ヘビー
ボールド
エキストラボールド

欧文の「イタリック」と「オブリーク」の違い

イタリックはローマン体(正体)とは別にデザインされた傾斜した書体で、多くの場合、筆記体的要素が加味されている。オブリークはローマン体の斜体版としてデザインされた書体

Times Roman
Times Italic

Helvetica Condensed
Helvetica Condensed Oblique

デジタルフォントの表示とファイルの構成

スクリーン表示もプリンタ出力にもアウトラインデータを使うのが常識となった。従来から使われてきたビットマップフォントは、DTPではだんだんと出番が失われつつある。とはいえ、まずはフォントの基本である両者の特徴を押さえておきたい。

ビットマップフォントとアウトラインフォント

コンピュータは文字の形を点の集合(ビットマップ)に置き換えることで、デジタル情報にする。

ビットマップフォントは個々の文字をピクセルの集まりとして定義したフォント。高速に表示・印字できるが、拡大・縮小したり、出力機器の解像度によってはギザギザの文字になる。

アウトラインフォントは個々の文字の輪郭(アウトライン)を数学的に定義したフォント。関数曲線の主な記述方法には、ベジェとスプラインの2種類がある。出力解像度に依存しない最適な表示・印刷ができる。

どちらのフォントもモニタやプリンタではドットの印字で文字を表現する。アウトラインフォントも定義する点だけを記憶しておき、出力時に点と点の間のラインを計算し、その内側を塗りつぶして出力する。これをラスタライズという。

ビットマップフォント

ビットマップの表示は高速だが、サイズの大きなビットマップの実データを多数用意すると、大きな容量を占めることになる

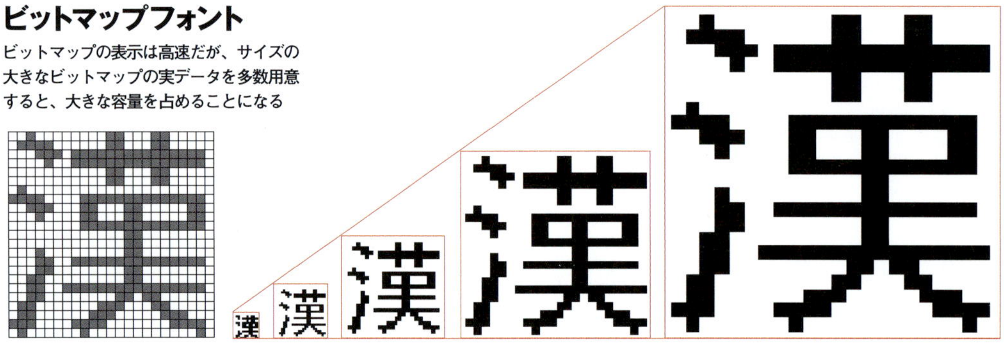

ビットマップの利点

アウトラインデータからビットマップを生成できるが、小さな文字ではもともとは点でデザインしたビットマップフォントに美しさが及ばない。そこで、アウトラインフォントにもよく使うサイズのビットマップデータはあらかじめ用意されているものもある

もともと12pt用に作られたビットマップフォントの表示

アウトラインフォントを12ptでビットマップ表示した状態

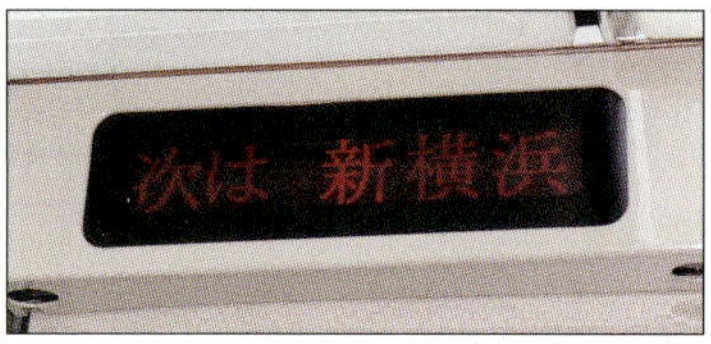

新幹線の車内掲示板。ビットマップフォントは幅広く使われている

アウトラインフォント

アウトラインフォントは出力デバイスの最高の解像度に合わせてラスタライズするので、きれいな表示や印刷ができる

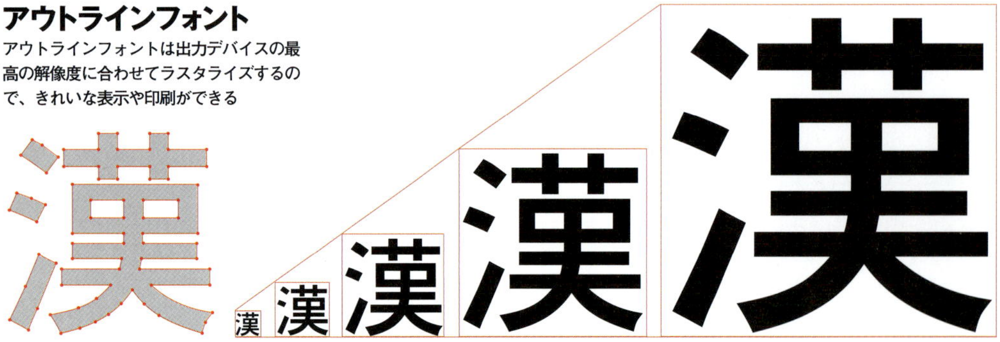

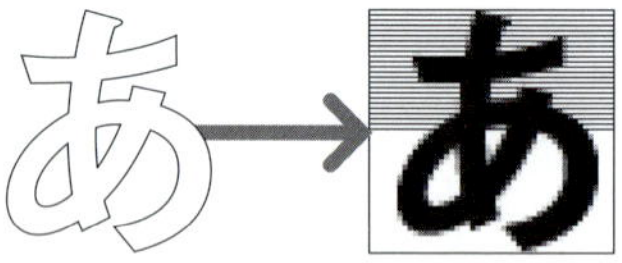

アウトラインデータをそのまま表示させたり、印刷したりすることはできない。必ず一度ビットマップデータに変換しなければならない。これをラスタライズという

アウトラインの記述に使われる関数曲線

PostScript(Type1)フォントもTrueTypeフォントもアウトラインフォントだ。前者は3次のベジェ曲線を使い、後者は2次のスプライン曲線を使って文字の外形を表現する。ベジェ曲線のほうが計算は複雑になるが、データ量は少なくて済む。

Macintoshを使ったDTPの場合、PostScriptフォント、Windowsを使ったDTPではTrueTypeフォントの使用が主流だ

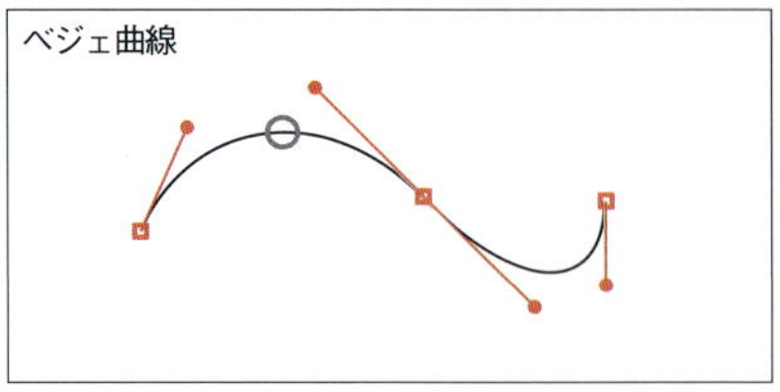

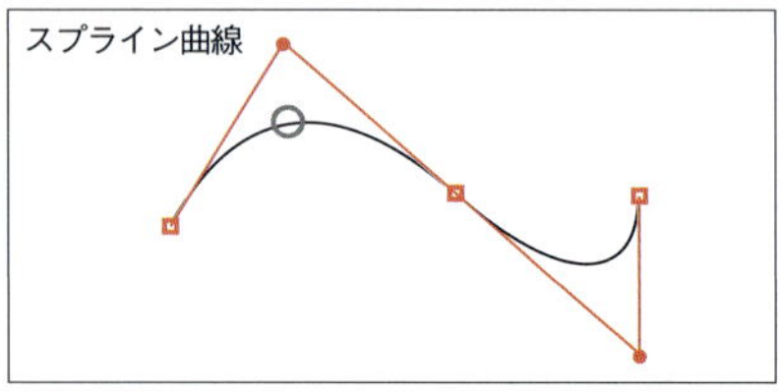

関連リンク
スプライン曲線 p.101
ベジェ曲線 p.101
デジタルフォント p.116
CIDフォント p.122
OCFフォント p.122
TrueTypeフォント p.122
PostScriptフォント p.123

フォントファイルの構成

Macintoshの初期の和文フォントのファイル構成は、ビットマップとアウトラインデータのファイルが複数必要で複雑な構成をしていたが、CIDフォントの登場でファイルがコンパクトにまとまり、ファイル容量も少なくなった。また、PostScriptフォントとTrueTypeフォントも最新のファイル構成では同じようにスーツケース1つにまとめられている。さらにOpenTypeフォントという両者を統合する新しいフォント形式も登場し、Mac OS Xではこのフォント形式が推奨されている。

Mac OS 9までのフォントファイルの構成

フォントファイルはすべて「フォント」フォルダ内に入れることになっている。古いインストーラではシステムフォルダの直下にファイルを入れることもあるが、動作に支障はない。

欧文フォントの場合

文字数が少ないためビットマップの容量が小さく、丸漢ファイルが必要ない。PSフォントもアウトラインデータのファイルが1つだけである

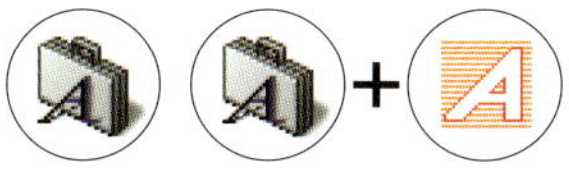

TrueType フォント　PostScript フォント

和文フォントの場合

スーツケース

フォントデータを収めるフォルダのようなもの。「A」が3つ重なったアイコンはアウトライン・ビットマップデータ、1つのものは1バイトのビットマップデータ。古いMac OSが同時に扱えるスーツケースは128個までだったが、Mac OS 9では512個まで増えている

丸漢ファイル

日本語文字のビットマップデータを収容するためのファイル。現在では、実際に字形データを収容している「fbit丸漢」と、実際にデータのある場所(スーツケース内のビットマップデータ)を示すだけの「sbit丸漢」がある

PostScriptフォントのアウトラインデータ

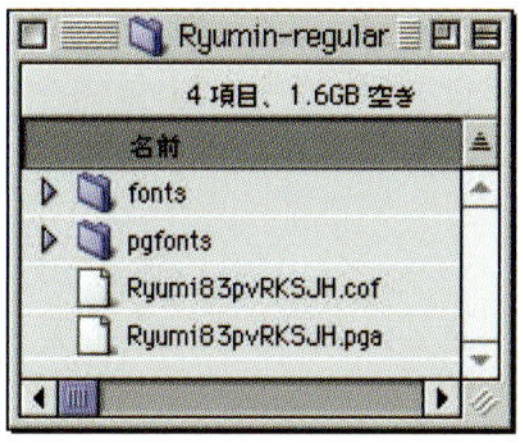

PSフォント用のアウトラインデータのファイル。ATMが使用する。ATMフォントの場合、従来はスーツケース外のフォルダにあったが、Naked CID形式の場合には、1つのファイルとしてスーツケースと同じ階層にある。最新のsfntCIDではTrueTypeと同じアイコンで、スーツケースの中にある

種類によって異なる和文フォントデータの構成

古い

ビットマップのみのフォント

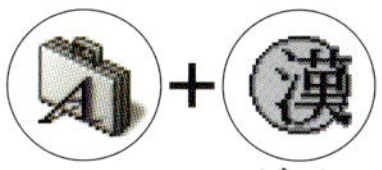

ビット マップ

ごく初期のMacintoshで使われたアウトラインデータなしのフォント。現在は姿を消している

TrueTypeフォントの構成

アウト ライン

ビットマップデータがないため、常にラスタライズが必要なTrueTypeフォント。これも現在はない

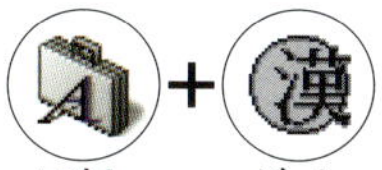

アウト ライン　ビット マップ

Mac OS 8.1以前はもっとも一般的だったTrueTypeフォントの構成

アウトラインと ビットマップ

スーツケース1つにまとまっている。また、Mac OS付属の細明朝体と中ゴシック体はアウトラインデータは持たず、出力時にPostScriptフォントを指定するための特殊なTrueTypeフォント

OCFフォント

ATMが参照するためのアウトラインデータが別ファイルとしてたくさんあり、管理がややこしい(Mac OS Xでは使用不可)

ビット マップ　アウト ライン

CIDフォント

●Naked CIDフォント

別ファイルとして存在するアウトラインデータが1つだけある。字体切り替えなどができない過渡的なCIDフォント

●SFNT CIDフォント

スーツケースにアウトラインデータを格納し、2ファイルだけになった

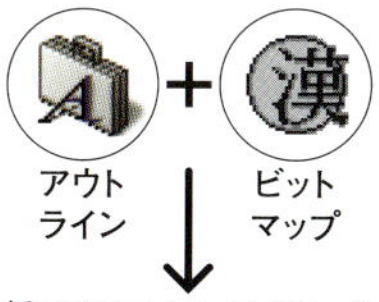

アウト ライン　ビット マップ

最新のCIDフォントでは、スーツケースに必要なデータをすべて格納している。本来は丸漢ファイルも必要ないが、一部のソフトと互換性を保つために残されている

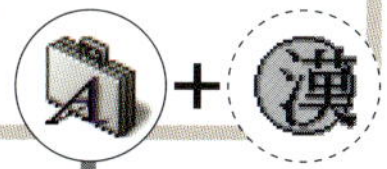

新しい

OpenType フォント

TrueType、PostScriptフォント両方の特長を利用した新しい形式。フォントファイルは1つだけだが、アイコンは2種類だ

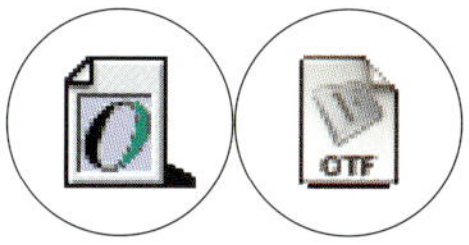

Mac OS Xのフォントファイルの構成

フォントファイルは、Mac OS Xの起動ディスク内にある3つの「ライブラリ」フォルダ内の「Fonts」フォルダ、あるいは「Fonts」フォルダ内のサブフォルダに入れる。インストールできるフォント数に制限はなくなった。また、Mac OS 9のシステムフォルダ内の「フォント」フォルダにインストールされているフォントも認識される(OCFフォントを除く)。

「FFIL」

フォントファミリーをまとめておくフォルダのようなもの。「FFIL」には、Mac OS 9以前のTrueTypeフォントやビットマップフォントが収められている

「LWFN」

PostScript Type1フォントのアウトラインデータ。ビットマップフォントのスーツケース(「FFIL」)と組み合わせる

「DFONT」

Mac OS X専用のTrueTypeフォントをまとめているスーツケース。スーツケース内のフォントを開いて見ることはできない

「TTF」

Windows TrueTypeフォント。拡張子.ttfがついているもの

OpenTypeフォント p.124
OSとフォント p.126

PostScriptフォントによる画面表示と印刷のしくみ

Mac OS 9環境でフォントを扱うには、ATM（Adobe Type Manager）の知識が不可欠だ。
ここでは、PostScriptフォントとATMの関係、さらにそれぞれの表示と出力の関係を正しく理解しよう。

Mac OS 9でのフォントの表示と印刷

Mac OS 9環境で和文フォントをきれいに表示させるには、画面表示用のPostScriptフォント（通称、ATMフォントと呼ばれる）がMac側にインストールされ、さらにシステムのコントロールパレットにATM（Adobe Type Manager）が入っていることが条件だ。ATMが入った状態でもシステムのフォントフォルダにビットマップフォントしかなければ画面上できれいに表示されない。

印刷の際には、プリンタ側にも、出力用の高解像度のPSフォントをインストールしておく。万一プリンタにPSフォントが入っていなくても、アプリケーションによっては、ATMフォントがあれば、フォントデータをラスタライズしてプリンタに送り、出力ということも可能だ（ただし、ラスタライズの際に解像度制限があるので、高解像度出力は望めない。校正に使うレベルである）。ATMフォントは、本来画面表示用に作られているので、この形でプリントアウトしてもフォントによっては縦組みが表示できない、文字化けといったことが起きるので注意が必要だ。

和文ATMフォント無の表示と出力

Mac側にビットマップフォントのみが入っている場合。画面上もビットマップデータのあるサイズ以外は「ギザギザで表示される。プリンタにもPSフォントがインストールされていなければ滑らかに表示されない

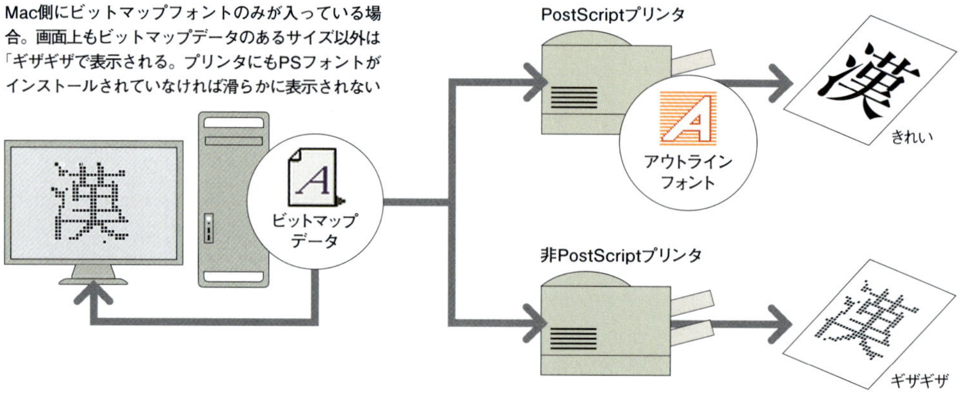
PostScriptプリンタ
漢
ビットマップ
データ
アウトライン
フォント
きれい
非PostScriptプリンタ
ギザギザ

和文ATMフォント有の表示と出力

Mac側にATMフォントがインストールされている場合。拡大縮小しても最適に表示される。プリンタにもPSフォントがインストールされていれば出力解像度で印刷される

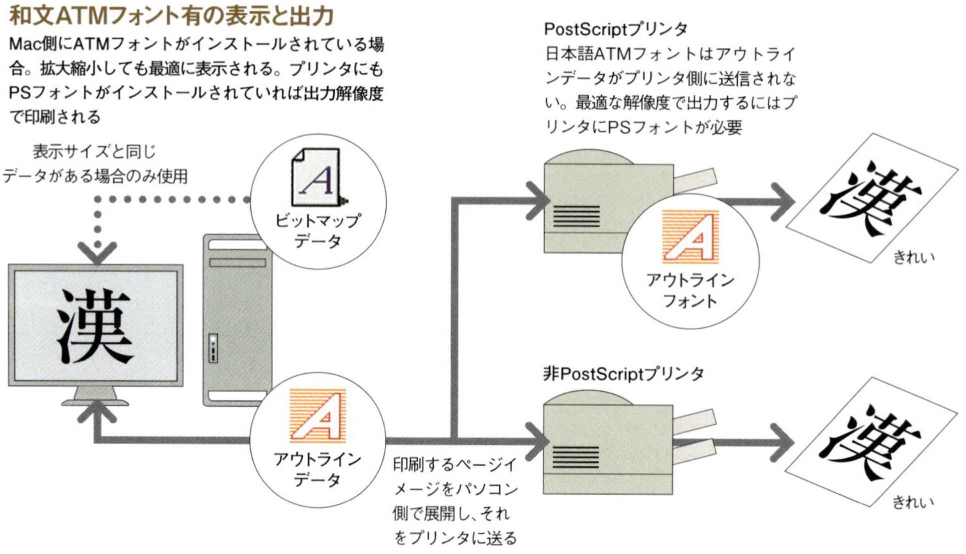
PostScriptプリンタ
日本語ATMフォントはアウトラインデータがプリンタ側に送信されない。最適な解像度で出力するにはプリンタにPSフォントが必要
表示サイズと同じ
データがある場合のみ使用
ビットマップ
データ
漢
アウトライン
フォント
きれい
非PostScriptプリンタ
アウトライン
データ
印刷するページイメージをパソコン側で展開し、それをプリンタに送る
きれい

Mac OS Xでのフォントの表示と印刷

Mac OS Xからは、画面描画のための技術が一新した。それまでPostScriptフォントを滑らかに表示するために不可欠だったATMは不要になり、使われない。Quartzと呼ばれる描画エンジンとATSUI（P.126参照）技術の連携によってフォントのレンダリングが行われる。

Mac OS Xで使用できるフォントは、PostScript Type1フォント、CID（SFNT-CIDのみ）フォント、OpenTypeフォント、TrueTypeフォントだ。OCFフォントは使用できない。

OpenTypeフォントはプリンタフォントを必要とせず、ダイナミックダウンロード（常に出力側にアウトラインデータを送信）によって高品位な出力ができる。

関連リンク
Mac OS 9のDTP作業環境 p.048
Mac OS Xの機能と特長 p.050
アウトラインフォント p.120
ビットマップフォント p.120
ラスタライズ p.120
OpenTypeフォント p.124
出力のしくみ p.168

PostScriptフォントのいろいろ

Type1とType3が有名だが、これは欧文のフォント形式である。Type3のほうが後に生まれた、より上位の仕様に思われるが、そうではない。Type1のほうがヒント情報(出力時の解像度に合わせた文字の輪郭調整機能)を持つなど、より複雑な構造となっている。和文フォントはこのType1フォントを複数組み合わせて構成したもので、本来ならばType0かType4が和文フォント用の形式であるが、一般には和文フォントもType1と呼んでいる。

次ページで解説するように、ひとくちにPostScriptといってもOCF形式とCID形式があり、さらにCID形式をベースにしたOpenTypeフォントも登場している。より正確にPostScriptフォントの形式をいい表すには、右表のようにType別で呼ぶのが望ましい。

PostScriptフォントの形式

Type0	Type1やType3のようなベースフォントを複数組み合わせたコンポジットフォント。日本語フォントに使われる
Type1	効率よく文字データを作成するために特殊なミニ言語を採用し、ヒント情報を持つことができる。256文字まで格納できる
Type2	Type1フォントよりもサイズが小さくなっているフォント形式。新しいOpenTypeフォントがこれにあたる
Type3	もっとも基本的なPostScript用のフォント形式。ヒント情報を持てない。256文字まで格納できる
Type4	Type1をベースに、コンポジットフォントのベースフォントとしてメモリ消費が少なくなるように開発された形式
Type5	Type1から派生した形式で、プリンタ内のROMに格納するためにデータ圧縮が行われている
Type9	CIDフォント形式でType1ベースで構成。ほとんどのCIDフォントはこの形式で作成されている
Type10	CIDフォント形式でType3ベースで構成。本来ならグレーやカラーのフォントも使えるが、現段階では作成するツールがない
Type11	CIDフォント形式でTrueTypeベースで構成されたもの
Type14	複数のフォントを小さくまとめて格納することができる。また、欧文フォントの形をライブラリ化する機能を持つが、詳細は非公開
Type32	バージョン2016以上のPostScriptインタープリタで使える。ビットマップデータをフォントキャッシュに直接転送でき、メモリが節約できる
Type42	TrueTypeフォントをPostScriptプリンタ内で処理するための形式。プリンタ側にTrueTypeラスタライザが必要

PostScriptフォントのもう1つの名前

フォント名には普段呼ばれる書体名以外にも、もう1つPostScriptフォント名がある。この名前には決められた規則がある。右下はモリサワの「Gothic MB101」の構造だ。

また、プリントの際に出力機がこの名前を参照する。Macintosh本体内のPostScript名と出力機側のPostScript名が一致してはじめて出力されるしくみになっている。左ページの図のように、一致するプリンタ側にPostScriptフォントがあれば、それを使ってプリンタの最高解像度に合わせた美しい文字を出力し、なければビットマップによる精度の低い出力になる。

Mac OS Xでは、Font Bookでフォントの名前を確認することができる。

フォント名

書体名	PostScriptフォント名
細明朝体	Ryumin Light 83pv RKSJ H
中ゴシック体	Gothic BBB Medium 83pv RKSJ H
太ゴ B101	FutoGo B101 Bold 83pv RKSJ H
新ゴL	Shin Go Light 83pv RKSJ H
ゴシックMB101 B	Gothic MB101 Bold 83pv RKSJ H

PostScriptフォント名の命名規則

ファミリー名
和文フォントの場合は、同じデザインでウェイトの異なるフォントグループに、同じファミリー名をつける

文字セット
83はJIS83をベースにした、漢字Talk 6.0.7時代から使われている文字セットであることを表している。pvはプラスバティカル(縦組み)追加を指す

Gothic MB101	Bold	83pv	RKSJ H

ウェイト
文字の太さを表す。ただし、和文の場合は欧文と違ってシステムと連動していないので、用いる名称に関して制約はない

エンコーディングと書式モード
文字コードの体系。RKSJ-Hはローマン・漢字でシフトJISの横組みセットを表す。EUC-VならEUCコード(UNIX用)の縦組みを表している

PostScript
p.223

OpenTypeフォントの基礎知識

OpenTypeフォントは、アドビシステムズ社とマイクロソフト社によって開発されたフォーマットで、従来のTrueTypeフォントを拡張したものに、PostScriptフォントをサポートしたものだ。OS X対応のため、OS 9環境の制作現場への浸透が遅い。

OpenTypeの構造と機能

OpenTypeフォントの構造は、TrueTypeフォントをベースにCIDフォントを融合させた形になっている。Windowsでも使われているTrueTypeフォントと同じ形式をベースとすることで、MacintoshとWindowsで共通のフォントデータとなり互換性がとれる。CIDフォントは、文字詰め機能やCMapを利用する情報をフォントデータとは別なリソースフォークに持っていたが、OpenTypeフォントはそれらの情報をフォントデータに包括した。そのため、基本的にOpenTypeはフォントデータを「Fonts」フォルダにコピーすれば使えるようになる。

OpenTypeフォントには、もともとCIDフォントであったものをOpenType化したもの（拡張子が.otf）と、TrueTypeフォントをOpenType化したもの（拡張子が.tff）の2つの形式がある。

PS-CIDフォント

CIDフォントは、文字そのもののアウトラインを含む「フォントデータ」と、文字コードの切り替えを管理するCMapファイルや文字詰め情報ファイルなどのリソースデータの2つのデータファイルで構成されている

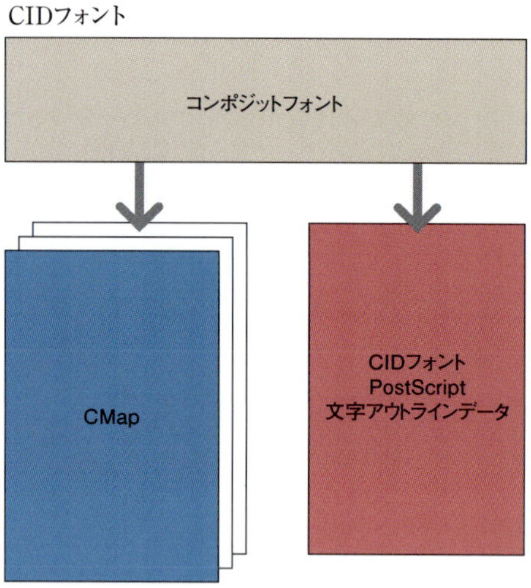
CIDフォント
コンポジットフォント
CMap
CIDフォント
PostScript
文字アウトラインデータ

OpenTypeフォント

OpenTypeフォントは、CIDフォントと同じように、コード番号によって管理されている。また縦組み用のカーニング機能を提供する「GPOS」テーブルや、異体字切り替えの機能を提供する「GSUB」テーブルを持っている

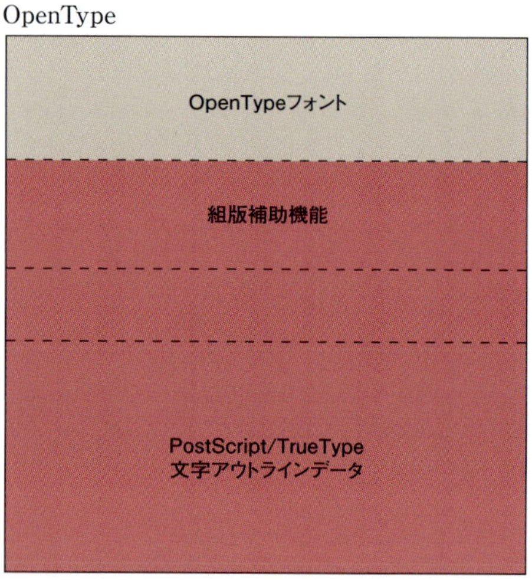
OpenType
OpenTypeフォント
組版補助機能
PostScript/TrueType
文字アウトラインデータ

OpenTypeの文字コード

OpenTypeに格納できる字形の数は65,535文字である。基本的にはUnicodeをベースにしているが、いままで使われてきたCIDフォントなどは、Adobe-Japan 1-4（AJ 1-4）に準拠しており、Unicodeに含まれない字形もあるため、異体字などはAJ1-4をアプリケーションを通して使用する。AJ 1-4は78JISと83JIS、IBM外字、JIS X 0212の異体字、旧字体などはもちろん、丸つき数字や枠つき記号類などもサポートしている。

OpenTypeのコード体系

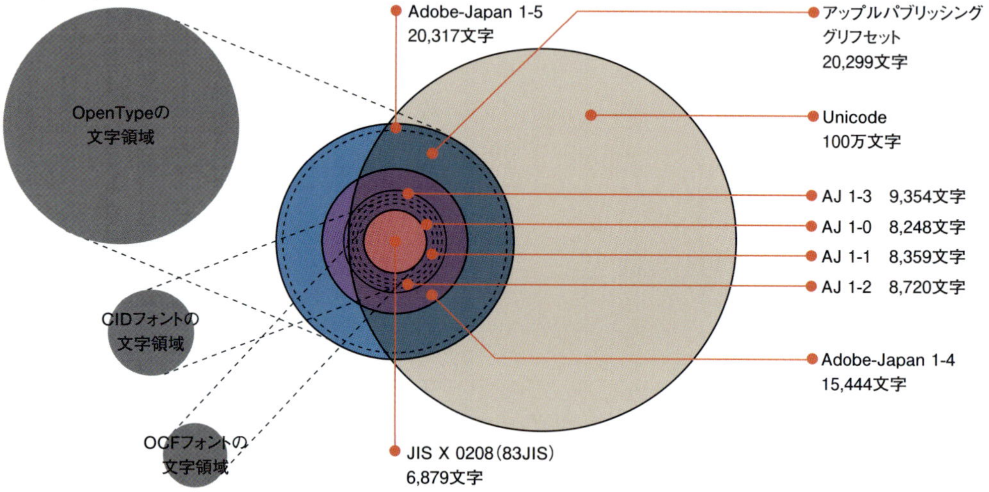
OpenTypeの
文字領域
CIDフォントの
文字領域
OCFフォントの
文字領域
Adobe-Japan 1-5
20,317文字
アップルパブリッシング
グリフセット
20,299文字
Unicode
100万文字
AJ 1-3　9,354文字
AJ 1-0　8,248文字
AJ 1-1　8,359文字
AJ 1-2　8,720文字
Adobe-Japan 1-4
15,444文字
JIS X 0208（83JIS）
6,879文字

関連リンク
CIDフォント p.121
PostScriptフォント p.122
TrueTypeフォント p.122
OSによるフォント管理 p.126
文字コード p.128
外字 p.132
InDesign CS p.142

フォントとグリフ

OpenTypeは基本的にUnicodeに準拠しているので、異体字などほぼすべての字形、約2万字近いグリフを表示できる。それに比べて、従来のTrueTypeなどでは旧コードに依存しているため、内包する字数(約８千字)に制限があり、表示できる範囲が限られる。また、文字の配列も異なるため、扱いには注意が必要だ。

コード領域比較表(一例)

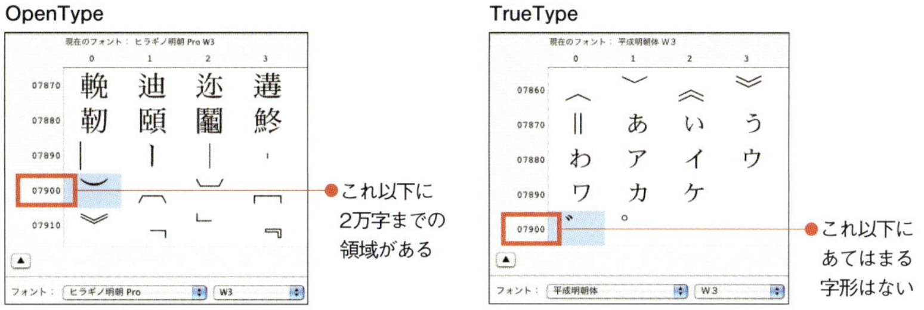

OpenType
TrueType
これ以下に
2万字までの
領域がある
これ以下に
あてはまる
字形はない

文字コード比較表(一例)

種類	OpenType				TrueType			
字形	JIS (X0213)	シフトJIS (X0208)	Unicode	グリフNo.	JIS (X0213)	シフトJIS (X0208)	Unicode	グリフNo.
高	1-25-66	8D82	9AD8	02036	1-25-66	8D82	9AD8	01879
髙	—	—	9AD9	08705	—	—	—	—

字体切り替えのしくみ

OpenTypeの特長を代表するものに異体字への対応が挙げられる。

OpenTypeのすべての字形には、文字コードとは異なる固有のCID番号が割り振られている。異体字は第1・第2水準文字など基本的な字形とは別の領域に置かれており、また字形によっては、固有の文字コードが割り振られているとは限らないので、異体字の切り替えには、対応するアプリケーションの機能によりGSUB(Glyph Substitution)テーブルにアクセスして字形テーブルを参照し、CID番号を指定して選択することが別途必要になる。

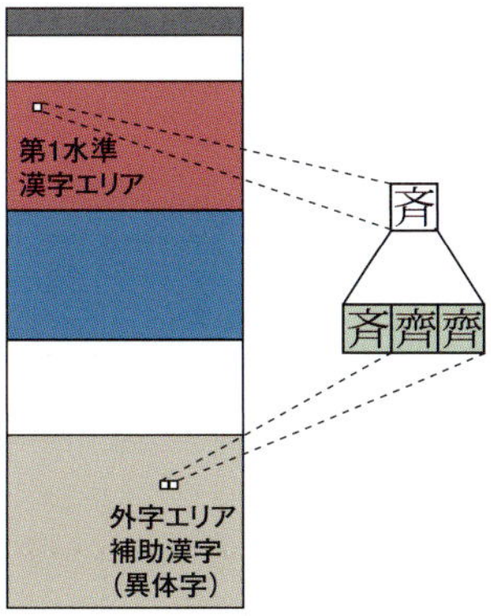

第1水準
漢字エリア
斉
斉 齊 齋
外字エリア
補助漢字
(異体字)

OpenTypeの異体字切り替えのしくみ

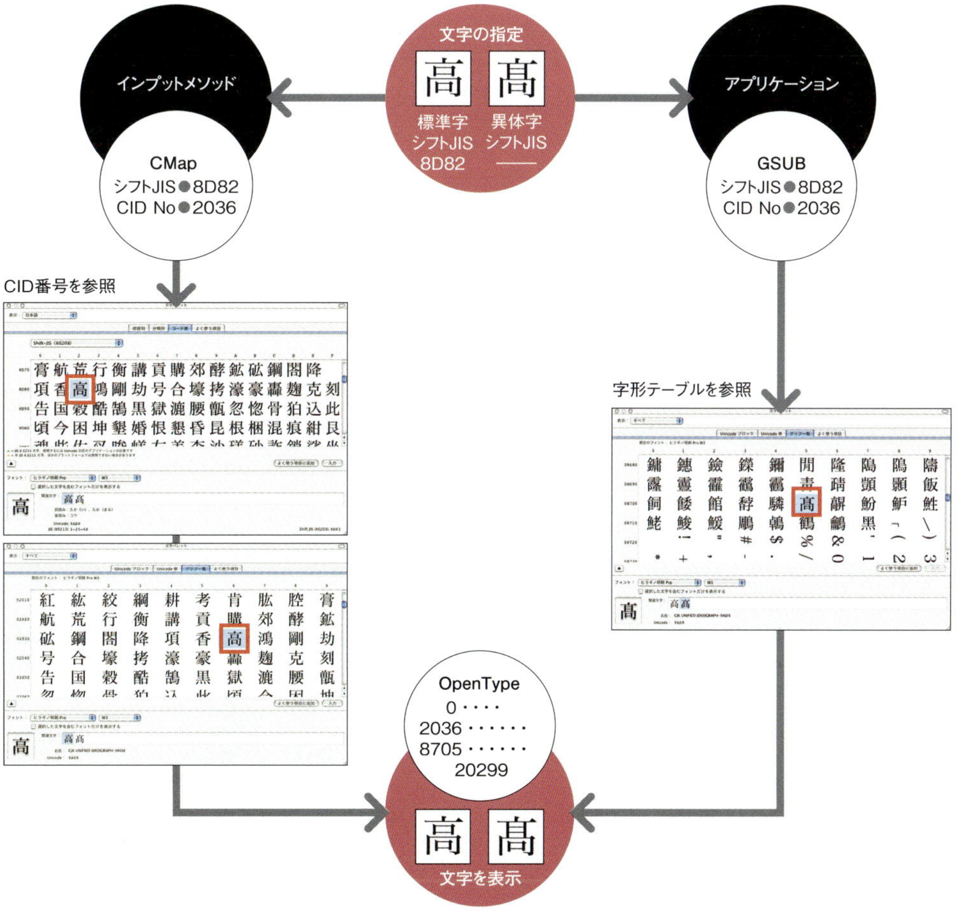

文字の指定
高 髙
標準字
シフトJIS
8D82
異体字
シフトJIS
——
インプットメソッド
CMap
シフトJIS●8D82
CID No●2036
アプリケーション
GSUB
シフトJIS●8D82
CID No●2036
CID番号を参照
字形テーブルを参照
OpenType
0・・・・
2036・・・・・・
8705・・・・・・
20299
高 髙
文字を表示

Mac OSとWindowsのフォント管理

DTPの現場では圧倒的にMac環境のDTPが主流だ。しかしデザイン重視でないマニュアル制作などはWindows環境でDTPが行われることも多い。ここでは、Mac OS、Windows環境、両方のDTP環境でのフォント管理について見ておこう。

進化するOSとフォント

これまで各国の言語ごとにOSが必要だったが、Unicodeが世界共通の基準になり、より広範囲の文字を使うことが可能になった。そのUnicodeに対応したテキストを処理する技術がMac OS 8.5から搭載されたATSUI（Apple Type Services for Unicode Imaging）だ。すでにOsakaフォントなどがUnicode対応になっている。現在は日本語以外の字形データや、対応するアプリケーションも少ないのでメリットを実感しにくいが、新しいフォントやOS、アプリケーションはすべてUnicodeを念頭に開発されている。

Mac OSはフォントの描画機構全体をOFA（Open Font Architecture）と呼ぶ構造の中に統合する計画で、ATSUIもその一部を構成する。OFAは各フォント形式のラスタライザをプラグイン形式で組み込むことができる。現状ではTrueTypeフォントのラスタライズしか機能していないが、Mac OS XではOpenTypeフォントを含むすべての形式のフォントが特別のラスタライズなしに表示・印刷が可能になった。なお、Windows 2000ではいち早くOpenTypeに対応した。CoolTypeエンジン搭載のアプリケーションは、従来のビットマップフォント名では参照していないsfnt形式のnameテーブルを参照している。

Mac OS 9.2以前

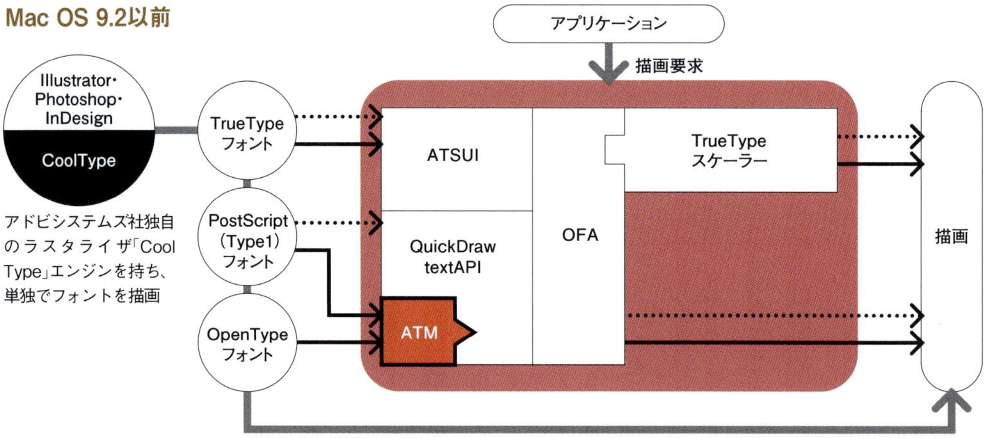
アプリケーション
描画要求
Illustrator・
Photoshop・
InDesign
CoolType
アドビシステムズ社独自のラスタライザ「CoolType」エンジンを持ち、単独でフォントを描画
TrueType
フォント
PostScript
（Type1）
フォント
OpenType
フォント
ATSUI
QuickDraw
textAPI
ATM
OFA
TrueType
スケーラー
描画

Mac OS X

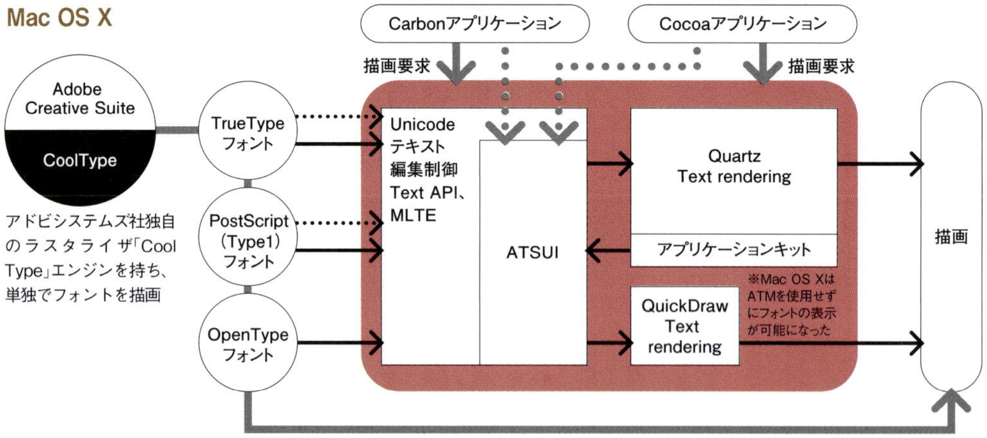
Carbonアプリケーション
Cocoaアプリケーション
描画要求
描画要求
Adobe
Creative Suite
CoolType
アドビシステムズ社独自のラスタライザ「CoolType」エンジンを持ち、単独でフォントを描画
TrueType
フォント
PostScript
（Type1）
フォント
OpenType
フォント
Unicode
テキスト
編集制御
Text API、
MLTE
ATSUI
Quartz
Text rendering
アプリケーションキット
QuickDraw
Text
rendering
※Mac OS Xは
ATMを使用せず
にフォントの表示
が可能になった
描画

Windows XP

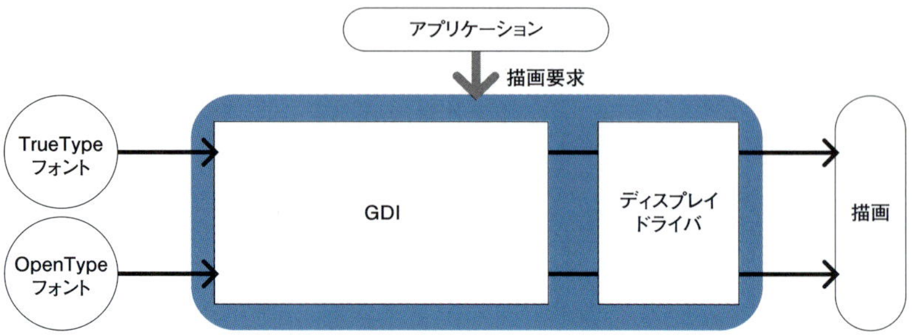
アプリケーション
描画要求
TrueType
フォント
OpenType
フォント
GDI
ディスプレイ
ドライバ
描画

関連リンク
OS p.020
Mac OS X p.050
Windows XP p.052
入力ソフト p.057
アウトラインフォント p.120
ビットマップフォント p.120
TrueTypeフォント p.122

Adobeアプリケーションのフォント環境

以前からIllustratorなど、アドビシステムズ社のアプリケーションでは、各アプリケーションがインストールされたフォルダ内に「Fonts」フォルダというフォルダが存在していた。このフォルダは別名「プライベートフォント」フォルダと呼ばれ、そのアプリケーションだけで使用するフォントをインストールしておくために使用するものだった。それが、Adobeアプリケーション内でフォントに関連する機能を司るCoolTypeエンジンやOSのバージョンアップによる機能の拡張によって、Adobeアプリケーションだけで共用できるフォントをインストールしておくフォルダが別に設けられた。Mac OS Xでは、「ライブラリ」→「Application Support」フォルダ、Mac OS 9では、「システムフォルダ」→「アプリケーションサポート」フォルダ、Windowsでは、「Program Files」→「Common Files」フォルダ内にある「Adobe」→「Fonts」フォルダである。

この「Fonts」フォルダにインストールしたフォントは、OSに依存することなく、アプリケーションで使用することができるのが特徴だ。これは、OSのフォント環境ではなく、Adobeアプリケーションに搭載されているアドビ独自のCoolTypeエンジンによる。

また、このCoolTypeエンジンにより、MacintoshでもWindowsのTrueTypeフォントを利用することができる。つまり、旧OSであるMac OS 9でも、OpenTypeフォントだけでなく、WindowsのTrueTypeフォントを利用することができ、双方のドキュメントの互換性を保つことができるようになっている。

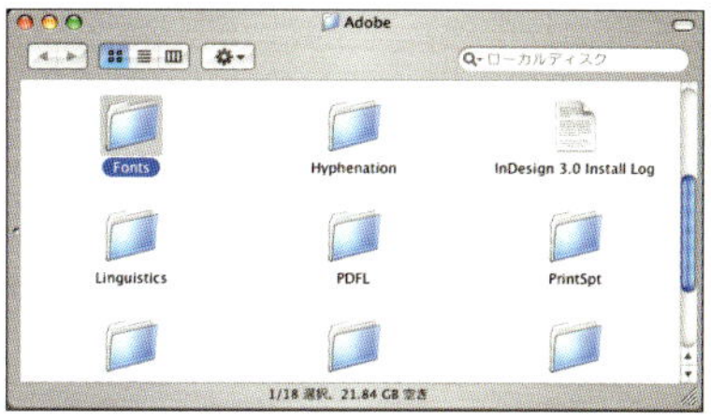

Adobe
Fonts
Hyphenation
InDesign 3.0 Install Log
Linguistics
PDFL
PrintSpt

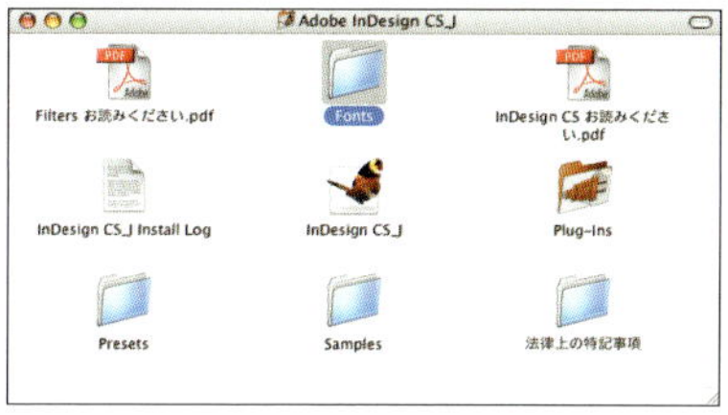

Adobe InDesign CS_J
Filters お読みください.pdf
Fonts
InDesign CS お読みください.pdf
InDesign CS_J Install Log
InDesign CS_J
Plug-ins
Presets
Samples
法律上の特記事項

アドビ製品、CSバージョン以降のフォント環境

「Adobe」フォルダ内の「Fonts」フォルダ（左上図）や「アプリケーション」フォルダ内の「Fonts」フォルダ（左下図）に入れれば、OSレベルではなく、アプリケーションレベルでフォントを使用可能にできる。このフォルダを利用すれば、Mac OS 9でも、Windows用のTrueTypeフォントを利用することも可能になる。なお、各「アプリケーション」フォルダ内の「プライベートフォント」フォルダがないアプリケーションもある

MacintoshとWindowsのフォントの互換性

InDesignなどのクロスプラットフォームに対応しているアプリケーションなら、OpenTypeフォントを利用することによって、まったく同じ字詰めでドキュメントを作成することができるなど、MacintoshとWindowsのフォント環境の互換性は、高くなってきた。さらに、OS Xの登場により、WindowsのTrueTypeフォントをMacintoshで利用できるようになった。また、MacintoshのTrueTypeフォントも、アップルコンピュータ社のフォント開発者向けツールを用いて変換すれば、Windows 2000/XPに認識させることもできる（一部のTrueTypeフォントはそのままで利用可能）。つまり、Macintosh版・Windows版と個別に提供されていたフォントが、OS Xでは同じフォントを使うことができる。

これにより、MacintoshでもWindows 2000/XPでも完全に同じ環境でDTPを行うことができるようになる。また、TrueTypeフォントをOpenTypeフォントに変換するツールがマイクロソフト社から、PostScript（CID）フォントをOpenTypeフォントに変換するツールがアドビシステムズ社から、それぞれフォント開発者向けに提供されている。

なお、販売されているフォント（OSやソフトに付属するものも含む）の使用許諾条件は、1つのCPUでの使用に限定したものがほとんどである。たとえば、Macintoshで使用しているフォントをWindowsにコピーして使うことは技術的に可能でも、ライセンスに違反した行為になるので注意が必要だ。

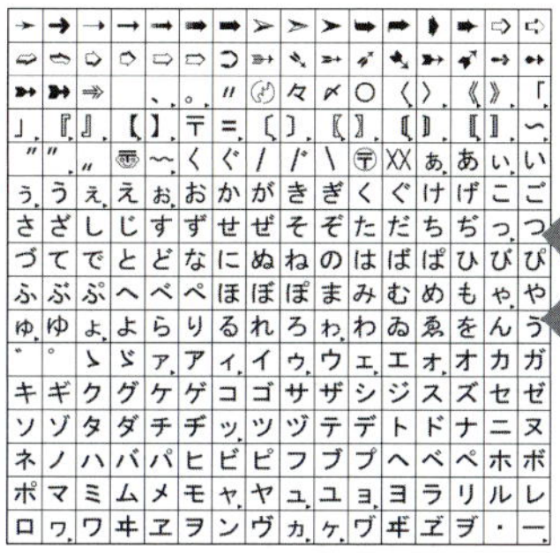

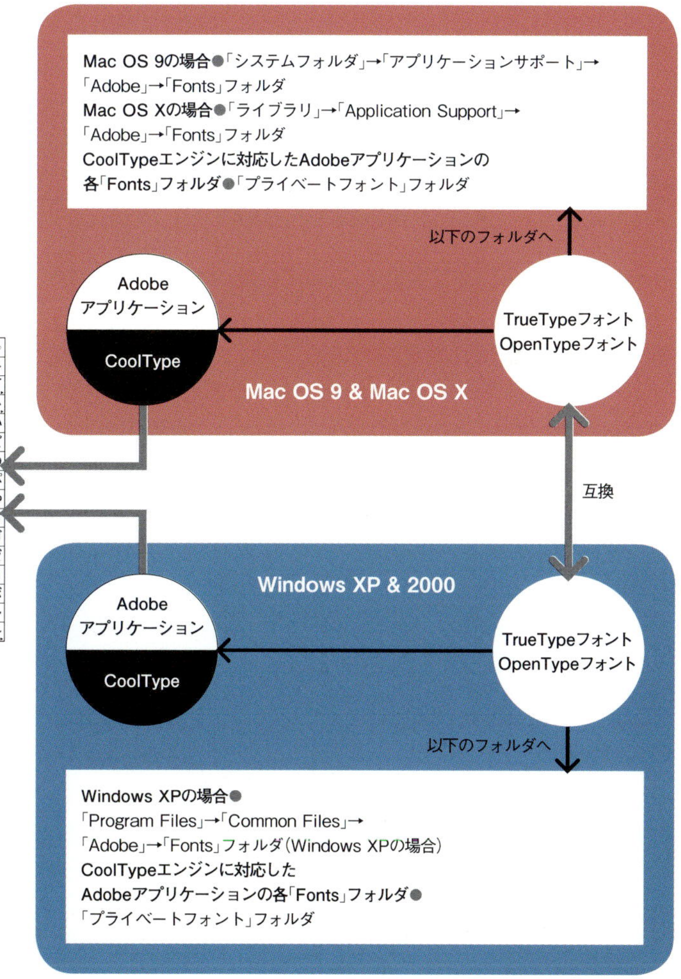

Mac OS 9の場合●「システムフォルダ」→「アプリケーションサポート」→「Adobe」→「Fonts」フォルダ
Mac OS Xの場合●「ライブラリ」→「Application Support」→「Adobe」→「Fonts」フォルダ
CoolTypeエンジンに対応したAdobeアプリケーションの各「Fonts」フォルダ●「プライベートフォント」フォルダ
以下のフォルダへ
Adobe アプリケーション
CoolType
TrueTypeフォント
OpenTypeフォント
Mac OS 9 & Mac OS X
互換
Windows XP & 2000
Adobe アプリケーション
CoolType
TrueTypeフォント
OpenTypeフォント
以下のフォルダへ
Windows XPの場合●「Program Files」→「Common Files」→「Adobe」→「Fonts」フォルダ（Windows XPの場合）
CoolTypeエンジンに対応したAdobeアプリケーションの各「Fonts」フォルダ●「プライベートフォント」フォルダ

OpenTypeフォント p.124
プリンタドライバ p.168

文字コードとテキスト

通常のレイアウト作業で文字コードを意識させられることはまずない。違う文字に入れ替わるなど、いわゆる「文字化け」などのトラブルが起きたときには、文字コードの知識があると解決できることも多いのでしっかり学んでおこう。

和文フォントの文字コードを読み解く

コンピュータの内部ではすべての文字は数値で表され、1文字ずつに「文字コード」と呼ばれる固有の文字番号をつけ、文字を符号化するしくみになっている。それらの文字の集合のことを「文字セット」または「キャラクタセット」といい、符号化することを「エンコーディング」という。

文字セットとエンコーディングの基本的な部分はJIS（日本工業規格）によって規定されている。

Macintosh用としては漢字Talk 6.0.7までの日本語フォント、および現在のPostScriptフォントに使われている83pvと呼ばれるエンコーディングと、漢字Talk 7以降にTrueTypeフォントが採用している90pvがある。

83pvではNEC製パソコンが持つシステム外字（特殊記号）との互換をとるため、①②（丸つき数字）、Ⅰ Ⅱ（ローマ数字）、単位記号などが13区に配置されているが、90pvでは9～11区に移動している。このように、同じMacintosh用のフォントでありながら、2種類のエンコーディングが存在しているために、フォントの指定を変えると文字が書き換わる、いわゆる文字化けの現象が起こることになってしまっている。

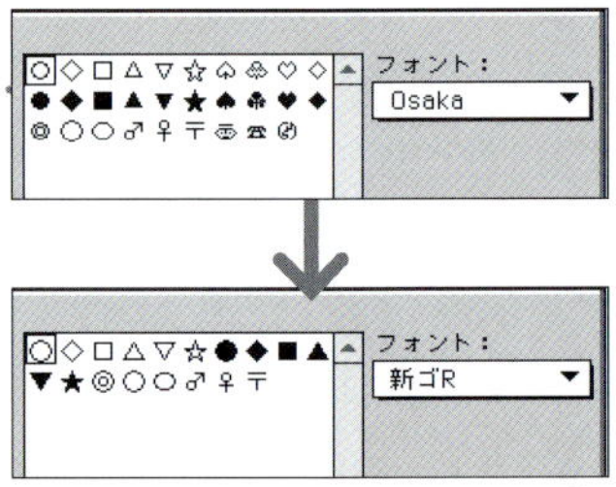
フォント：
Osaka
フォント：
新ゴR

入力ソフトの文字パレットでフォントの指定を変えてみると、記号が変わっているのがわかる

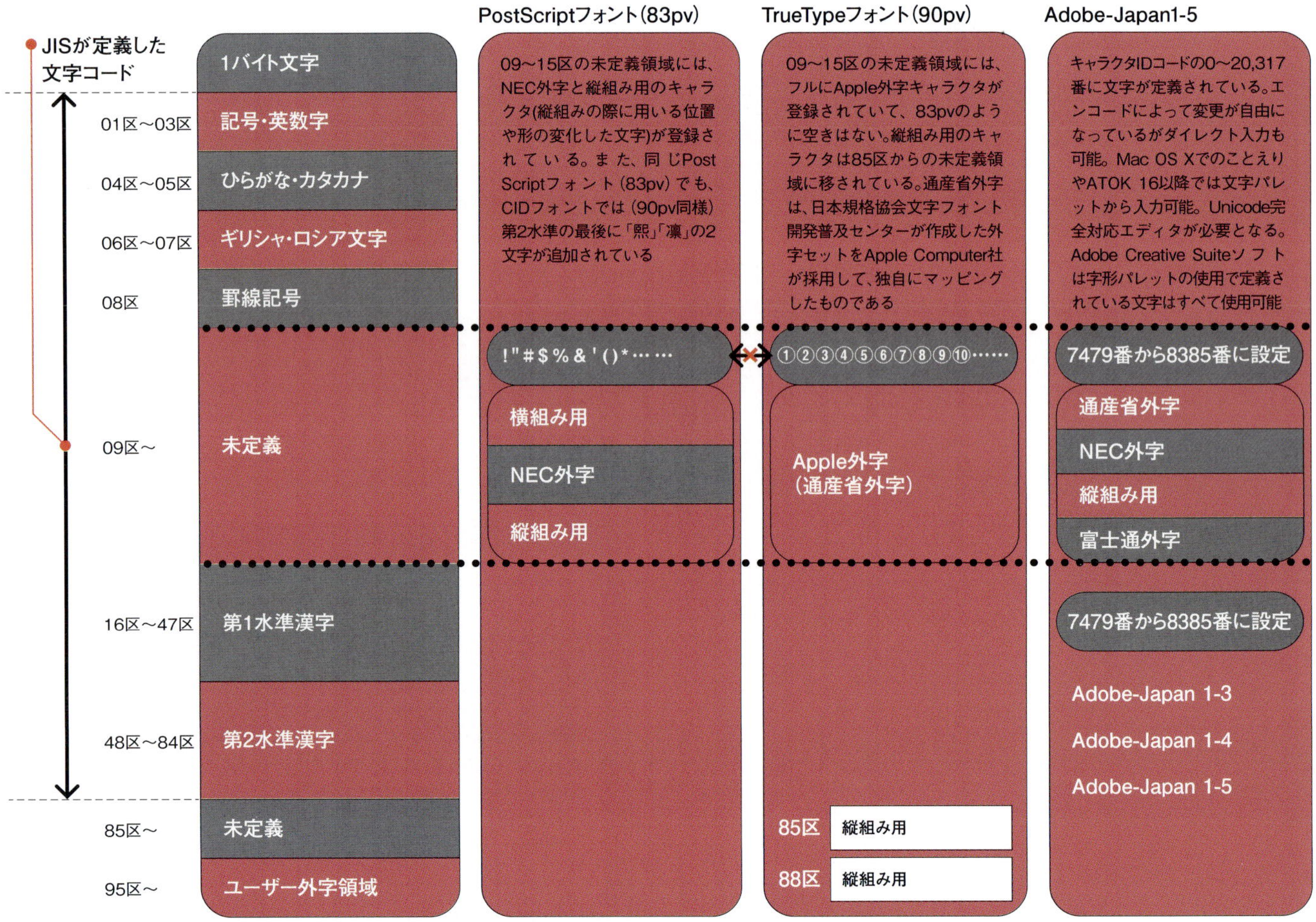
PostScriptフォント（83pv）
TrueTypeフォント（90pv）
Adobe-Japan1-5
JISが定義した文字コード
1バイト文字
01区～03区
記号・英数字
04区～05区
ひらがな・カタカナ
06区～07区
ギリシャ・ロシア文字
08区
罫線記号
09区～
未定義
16区～47区
第1水準漢字
48区～84区
第2水準漢字
85区～
未定義
95区～
ユーザー外字領域
09～15区の未定義領域には、NEC外字と縦組み用のキャラクタ（縦組みの際に用いる位置や形の変化した文字）が登録されている。また、同じPostScriptフォント（83pv）でも、CIDフォントでは（90pv同様）第2水準の最後に「熙」「凜」の2文字が追加されている
!"#$%&'()*……
横組み用
NEC外字
縦組み用
09～15区の未定義領域には、フルにApple外字キャラクタが登録されていて、83pvのように空きはない。縦組み用のキャラクタは85区からの未定義領域に移されている。通産省外字は、日本規格協会文字フォント開発普及センターが作成した外字セットをApple Computer社が採用して、独自にマッピングしたものである
①②③④⑤⑥⑦⑧⑨⑩……
Apple外字
（通産省外字）
85区
縦組み用
88区
縦組み用
キャラクタIDコードの0～20,317番に文字が定義されている。エンコードによって変更が自由になっているがダイレクト入力も可能。Mac OS XでのことえりやATOK 16以降では文字パレットから入力可能。Unicode完全対応エディタが必要となる。Adobe Creative Suiteソフトは字形パレットの使用で定義されている文字はすべて使用可能
7479番から8385番に設定
通産省外字
NEC外字
縦組み用
富士通外字
7479番から8385番に設定
Adobe-Japan 1-3
Adobe-Japan 1-4
Adobe-Japan 1-5

関連リンク
改行コード p.059
ATMフォント p.122
PostScriptフォント p.122
TrueTypeフォント p.122
OpenTypeフォント p.124
Mac OSとWindowsのフォント管理 p.126
1バイト文字と2バイト文字 p.130

文字セットとエンコーディング

同じ文字セットに対して異なるエンコーディングが行われることもある。JISが定義した文字セットは、94区94点の区点コードで表すと都合がよいのだが、これは10進数を2つ並べただけのコードなのでプログラミングには都合が悪い。そこで、これを簡単な変換式で4桁の16進数に変換したのがJISコードだ。ところが、これは1バイト文字と2バイト文字を区別するためにはシフトコードを必要とするため、これに手を加えてシフトコードを不要にしたのがシフトJISである。

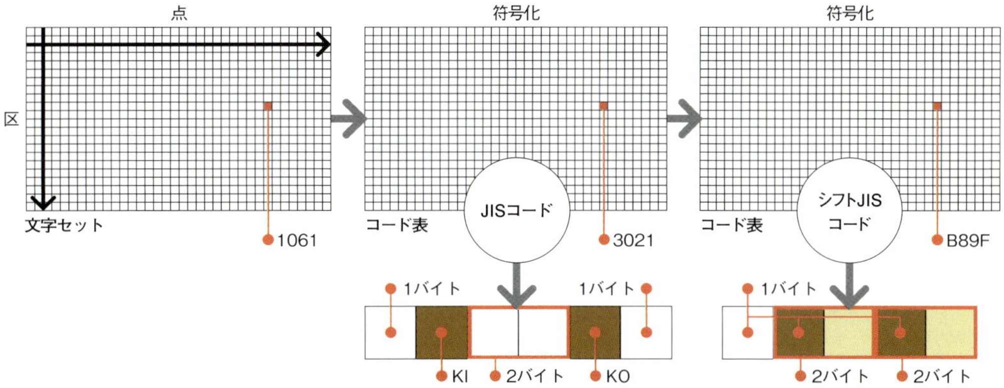

点
区
文字セット
1061
符号化
コード表
JISコード
3021
符号化
コード表
シフトJIS
コード
B89F
1バイト
1バイト
KI
2バイト
KO
1バイト
2バイト
2バイト

JISコードでは、1バイト文字から2バイト文字に移る際にKI(KanjiIn)、2バイトから1バイトへ移る際にKO(KanjiOut)コードを挟み込む。このコードは両方とも3バイトなので、頻繁に切り替えると文字コードは冗長なものとなる

シフトJISコードでは、各2バイト文字の第1バイトは必ず81以上なので、ほかが7F以下であれば、2バイト文字の先頭は簡単に区別できる。実際は1バイト文字が81以上の領域を使っていることがあるので、もう少し処理は複雑になる

JISの文字セットの変遷

まず、1978年に情報交換用漢字符号系(JIS C 6226-1978)が制定された。5年後の1983年には大がかりな改正案が作成され(JIS X 0208:1983)、異体字の配置が変わったり、第1水準の漢字が第2水準に、あるいはその逆に移動したものがある。1990年にも2文字追加などの小改正があった。補助漢字はこのときに発表された。正式にはJIS X 0212:1990と呼ばれる規格である。これまでの第1水準、第2水準に含まれない漢字が5,801文字、非漢字が266文字の合計6,067文字が収録されている。

Unicode(ユニコード)はアップルコンピュータ社、マイクロソフト社、IBM社、ノベル社などの米国系企業によって設立されたユニコード・コンソーシアムを軸にまとめられた文字コード案。すべての文字が2バイトコードで扱われ、漢字は4E00~9FA5に20,902字が収録されている。すでにWindows 98以降やMac OS 8.5以降では、内部的にはUnicode対応になっている。

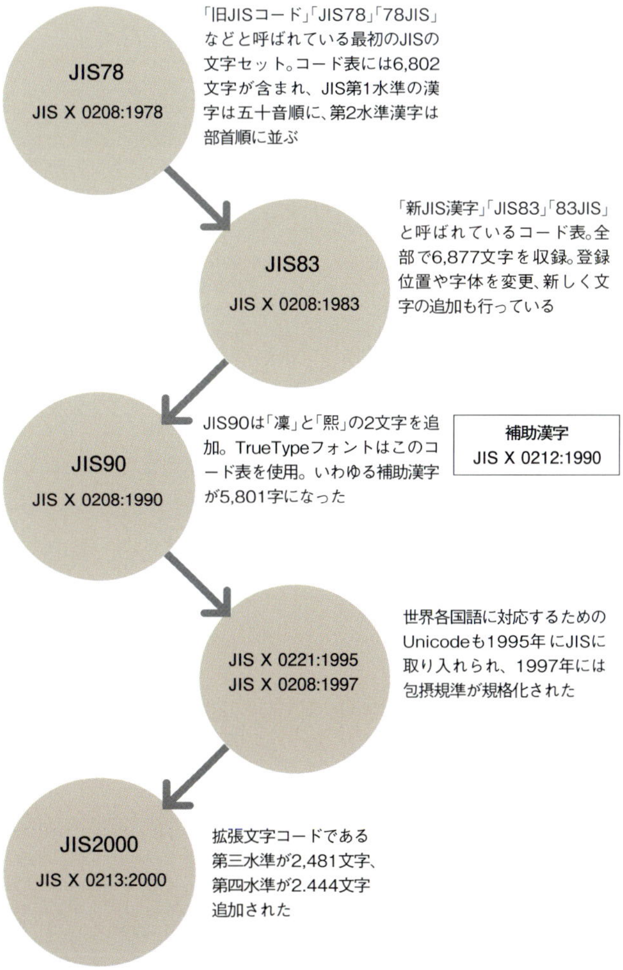

JIS78
JIS X 0208:1978
「旧JISコード」「JIS78」「78JIS」などと呼ばれている最初のJISの文字セット。コード表には6,802文字が含まれ、JIS第1水準の漢字は五十音順に、第2水準漢字は部首順に並ぶ
JIS83
JIS X 0208:1983
「新JIS漢字」「JIS83」「83JIS」と呼ばれているコード表。全部で6,877文字を収録。登録位置や字体を変更、新しく文字の追加も行っている
JIS90
JIS X 0208:1990
JIS90は「凜」と「熙」の2文字を追加。TrueTypeフォントはこのコード表を使用。いわゆる補助漢字が5,801字になった
補助漢字
JIS X 0212:1990
JIS X 0221:1995
JIS X 0208:1997
世界各国語に対応するためのUnicodeも1995年にJISに取り入れられ、1997年には包摂規準が規格化された
JIS2000
JIS X 0213:2000
拡張文字コードである第三水準が2,481文字、第四水準が2.444文字追加された

改行コードの違い

文字データのやり取りには、文字と改行コード以外は何もないシンプルなテキストファイルを使うのが普通だが、OSが異なると改行を示す制御コードが異なる。Mac OS 9以前では「CR」、Windowsでは「CR+LF」、UNIXおよびMac OS Xでは「LF」が改行を示す。したがって、WindowsやUNIXで作成したテキストをMac OS 9以前で読む場合には、この部分を変換する必要がある。

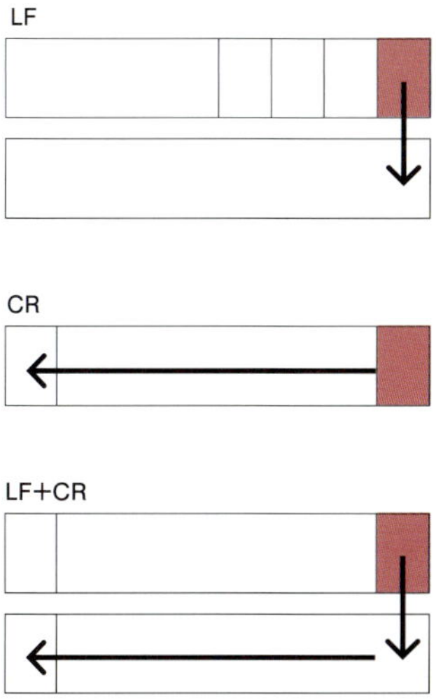

LF
CR
LF+CR

CR(Carriage Return)、LF(Line Feed)などはもともとプリンタのヘッド位置などを制御するコマンド。CRは左端に戻す、LFは行送り、の意味を持つ。Windowsの「CR+LF」は本来の意味に忠実な改行コードといえる

1バイト文字と2バイト文字の違い

文字コードで見れば、1バイト文字と2バイト文字の違いは明らかだが、活字や写植、ワープロ専用機などで用いられる見た目の文字サイズの定義である「全角・半角」と混同されることが多いので、ここでしっかり区別しておきたい。

DTPでは両者の区別は確実に行う

コンピュータは根本的にON/OFF、すなわちゼロと1の2通り(1ビット)しか区別できない。そこでゼロと1を何回か組み合わせることで、より複雑な事柄を扱う。英語圏で生まれたコンピュータは英数字しか扱う必要がなかったので、8ビット=1バイト=2の8乗=256通りで文字を表す「1バイト文字」が作られた。これがASCIIコードである。ところが、日本語や中国語など、より多くの文字を扱うには圧倒的に不足である。そこで生まれたのが「2バイト文字」。これは2の16乗=65,536種の文字を区別できるものだ。

2バイトの和文フォントにも1バイト文字が含まれているが、字形やメトリックスが異なるので注意が必要。横組みでは英数字は1バイトに統一するのが基本だが、縦組みでは2バイトを用いたり、連数字のみ1バイトを用いたりする。文字を組むソフトと表記の方針によって使い分ける必要がある。

794年(平安遷都)
1バイト数字

794年(平安遷都)
1バイト数字(連数字処理)

７９４年(平安遷都)
2バイト数字

英数字

英数字は、2バイト文字のほうが横幅が広くプロポーショナルにならない。横書きでは、英数字は1バイトを使うことが多いが、縦書きの場合はどちらが読みやすいかは微妙だ。数字の桁数が多い場合は1バイトを使うべきだろう

Ａ
2バイト

A
1バイト

カタカナ

1バイトのカタカナ文字はDTPでは使わないのが原則だ。濁点や半濁点が1文字分となってしまうので美しくないうえに、データをほかに流用する際にも問題が起きやすい

ア
2バイト

ｱ
1バイト

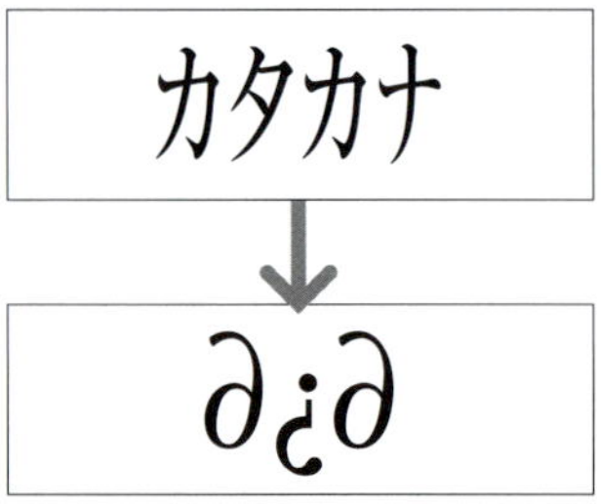

1バイトのカタカナ文字は書体を欧文に変えると字体が変わってしまう。情報交換する可能性のある文書には使ってはいけない

記号

一般に約物といわれる記号類は、2バイトだと空きすぎで1バイトだと詰まりすぎの場合が多い。1バイト文字のパーレンは2バイトよりベースラインが下がるので、和文と組み合わせないほうがよい

（
2バイト

(
1バイト

1バイトの英数字・約物を使った例

QuarkXPressなど分版(カラーセパレーション)機能を持つソフトは分解したデータをAdobePSへ送るが、Acrobat はRIPに分版をまかせることになる。

QuarkXPressなど分版(カラーセパレーション)機能を持つソフトは分解したデータをAdobePSへ送るが、AcrobatはRIPに分版をまかせることになる。

1バイト欧文の組みは美しいが、パーレンの位置が下がっている。2バイトのパーレンを使用し、字間を調整するのが一般的だ。縦組みにした場合は、横に寝てしまうので読みにくい。また、同一書体であっても1バイト文字と2バイト文字ではデザインも微妙に異なってくる

2バイトの英数字・約物を使った例

ＱｕａｒｋＸＰｒｅｓｓなど分版（カラーセパレーション）機能を持つソフトは分解したデータをＡｄｏｂｅＰＳへ送るが、ＡｃｒｏｂａｔはＲＩＰに分版をまかせることになる。

ＱｕａｒｋＸＰｒｅｓｓなど分版（カラーセパレーション）機能を持つソフトは分解したデータをＡｄｏｂｅＰＳへ送るが、ＡｃｒｏｂａｔはＲＩＰに分版をまかせることになる。

2バイト欧文はプロポーショナルピッチで送られないため、小文字が入ると字間が空きすぎて、このままでは読みにくい。英数字だけでも字間を詰めるなどの処理が必要だ。欧文を縦組みするなら2バイト文字を使うか、1バイト文字を回転させて使う

関連リンク
改行コード p.059
文字コードの違い p.128
文字セットと文字コード p.128
外字 p.132
日本語組版 p.152
バイト p.214

1バイトの文字コード

コンピュータは背番号のように文字コード(数字)を割り当てることで、文字を処理している。1バイトと2バイトではこの背番号表が異なる。

代表的な1バイトコードであるASCIIでは、00～FFまでの256個である。最初の32個と7Fに割り当てられたコードは、制御(コントロール)コードで、表示のコントロールや、機器の制御に使われる。したがって、7ビットコードの場合、表示できるのは20～7Eまでの95文字である。ASCIIコードを拡張したISOなどでは80以上のコードには、欧文の場合はアクセントつきの特殊キャラクタなどが、和文の場合は半角カタカナが登録されている。

2バイトの英数記号は、1バイト文字とは並びが異なっているため、単純には変換できない。記号は01区から、英数字は03区に登録されている。

	0	1	2	3	4	5	6	7	8	9	A	B	C	D	E	F	
0	NUL	SOH	STX	ETX	BOT	ENQ	ACK	BEL	BS	HT	LF	VT	FF	CR	SO	SI	制御文字
10	DLF	DC1	DC2	DC3	DC4	NAK	SYN	ETB	CAN	EM	SUB	ESC	FS	GS	RS	US	
20	SP	!	"	#	$	%	&	'	(	)	*	+	,	-	.	/	欧文記号・数字
30	0	1	2	3	4	5	6	7	8	9	:	;	<	=	>	?	
40	@	A	B	C	D	E	F	G	H	I	J	K	L	M	N	O	大文字
50	P	Q	R	S	T	U	V	W	X	Y	Z	[	¥	]	^	_	
60	`	a	b	c	d	e	f	g	h	i	j	k	l	m	n	o	小文字
70	p	q	r	s	t	u	v	w	x	y	z	{	¦	}	~	DEL	

2バイトフォントの内容

2バイトフォントの1バイト部分で特徴的なのは、半角のカタカナが登録されていること。ただし、DTPでは使わない。明朝系のフォントのように、「*」や「-」などの記号が極端に小さい場合は、2バイト部分の記号を使ったほうがよい

2バイトフォントの2バイト記号

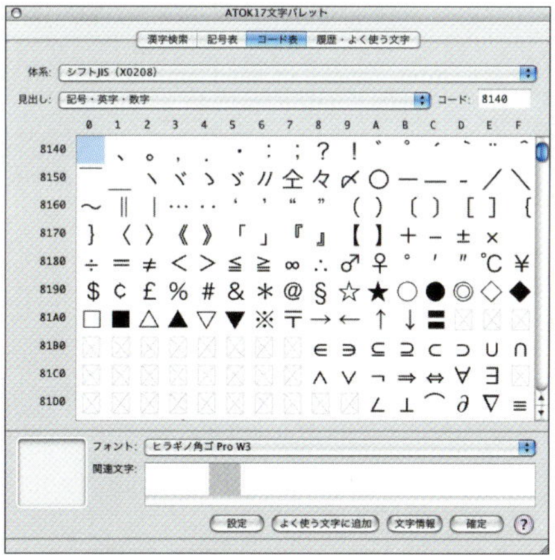

01区から登録されている和文の記号エリアには、日本語用の約物が登録されているため、1バイトの記号とは内容が異なる。マイナス記号、音引、ダーシなど紛らわしい約物を間違えずに使い分けたい

1バイトフォントの内容

1バイトフォントの00～7Fまでは、「¥」記号などわずかな例を除いては、和文フォントの1バイト部分と同じ。80以上にはアルファベット以外のさまざまな文字が登録されるが、この領域の互換性は保証されない。必要なら、文字パレットのフォントメニューを切り替えて確認する

外字を利用するための基礎知識

標準的にフォントに登録されていない文字は、別に購入するか作るしかない。この外字の作成にはフォントファイルの技術的な知識が不可欠となる。OpenTypeフォントの普及や、JISの文字セットのさらなる拡張で外字の改善を望みたい。

市販の外字用フォントを使う

JISのコード表に規定されている文字以外を外字という。フォントに含まれている文字の中にも、JISの未定義領域に登録されている「システム外字」と呼ばれる文字もある。

1つのフォントには6,000〜8,000文字(OpenTypeフォントでは15,000〜20,000字)しか登録されていないので、その10倍はあるといわれる漢字のすべてを網羅しているわけではない。また、和文だけに限らず欧文でも、必要な特殊記号は無数といっていいほどある。したがって、登録外の漢字や特殊な記号を文字として使いたい場合には、市販の外字製品を使うか、自分で文字を作成する必要がある。Mac OS XやOpenTypeフォントの登場で2万以上の字形を扱えるようになったが、それでも足りない文字がある。

アドビ社が、外字を1文字単位のフォントファイルとして保存し、対応するアプリケーションに埋め込んで使用するという、つまり表示や出力環境に依存しない「SING」という外字ソリューションを提唱した。ただし現在、対応しているのはInDesign CS2とInCopy CS2のみだ。

2バイトの外字用フォント

Biblos Font外字セット

ビブロス社の外字専用のフォントパッケージ。2バイト形式でプリンタにもダウンロードできる。製品には、セット1〜19があり、記号セットと漢字だけのセットもある。リュウミンL/中ゴシック用、太ミン、太ゴ、じゅん101用、新ゴL/M/B/U用など、モリサワ社のフォントと併せて使うことができる。サービスビューローでも用意しているところが多いので、出力まで考えている場合には便利だ。2バイトフォントなので、辞書登録(ことえり、ATOK、EGBRIDGEの各入力ソフト用辞書ファイルが付属)して、変換操作で入力できるのもメリットだ(図は収録文字の一部)。モリサワ23書体に対応したOpenTypeフォントの外字パックも発売されている

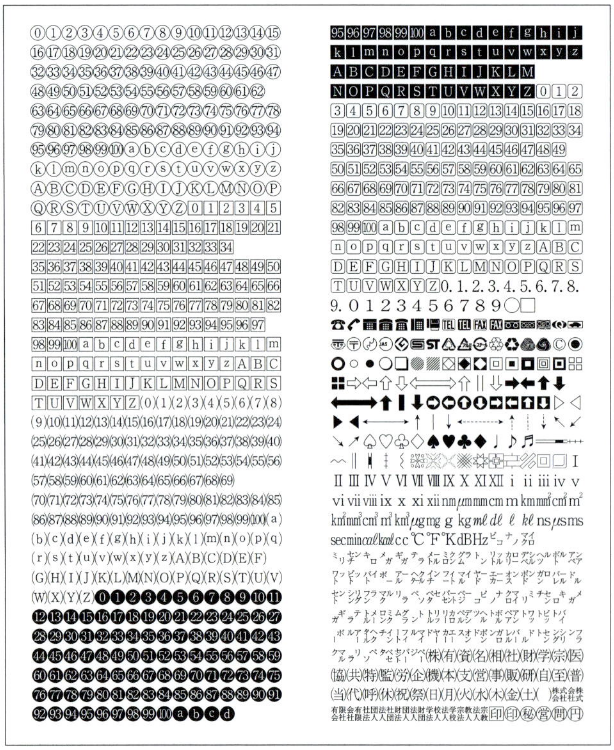

エヌフォー外字DX iEdition

モリサワ社の細明朝体、中ゴシック体用、太ミン、太ゴ、じゅんなどにマッチする外字パッケージがあり、TrueType、ATM、PostScript用の3種類が発売されている。図はインストールにフロッピーディスクを使用しない、TrueTypeフォントの製品。漢字と記号の両方が収録されており、漢字は人名用を中心に収録

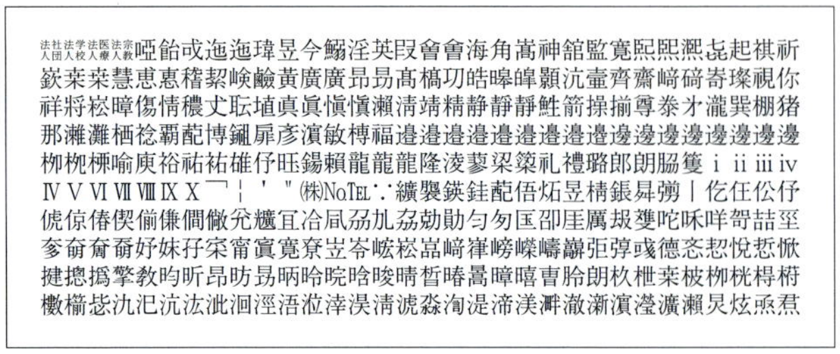

1バイトの外字用フォント

Mac OS付属のSymbol

特殊記号を収録した欧文フォントは多数ある。Symbolにはギリシャ文字や矢印、特殊なパーレン(かっこ)や数学記号など多数収録されている

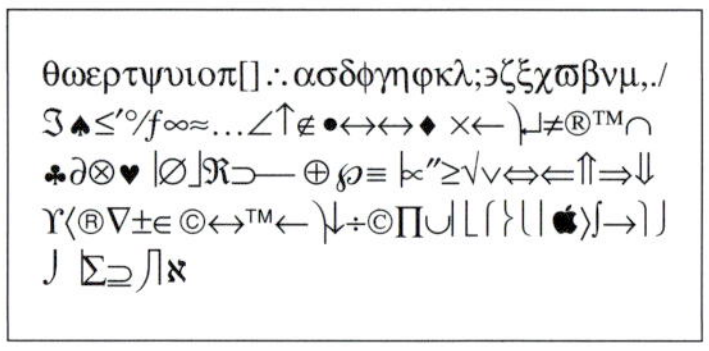

Zapf Dingbats

アドビシステムズ社の和文書体に付属の「Adobe 35基本欧文フォント」に収録されている記号フォント。Symbolは、ここにも収録されている

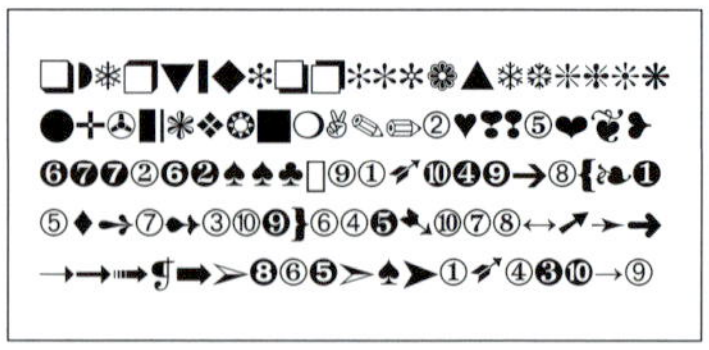

Sonata

アドビシステムズ社の音符用フォント。1字だけであれば和文フォントにもシフトJISの81F4に「♪」があるが、本格的に使うにはこのフォントが必要

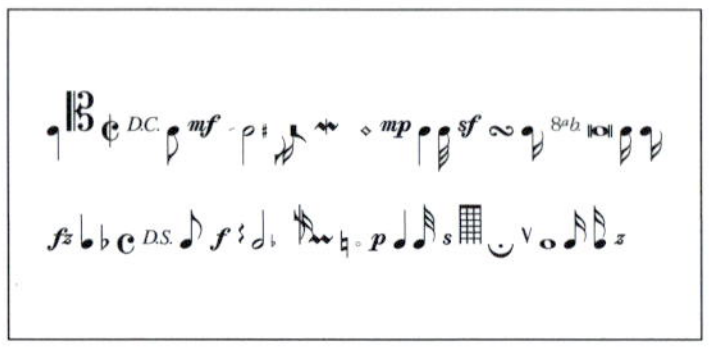

関連リンク
タイプフェイス p.118
ビットマップフォント p.120
アウトラインフォント p.120
OpenTypeフォント p.124
異体字 p.125
文字コード p.128
約物・記号 p.216

外字を自分で作成する

外字を作成するのは大変な作業だ。文字の形状を作成するのはもちろんだが、フォントに関する技術的なこともクリアしなくてはならない。市販の外字フォントの中に利用できるものがあれば、それを使ったほうが時間も費用も節約になるはずだ。

しかし、使いたい文字が製品化されていなかったり、合わせて使いたい書体用でない場合は、自分でフォントを作ることになる。1回しか使わないのであれば、Illustratorなどで作字したデータを画像として貼り込んでもよいが、せっかく作字したのであれば、フォントとしてまとめておけば、使い勝手が非常によい。ここでは、Mac OS 9環境でエヌフォー社の外字フォント作成用の統合パッケージ「GAIJI TOOLS」を使った作業の工程を紹介する。

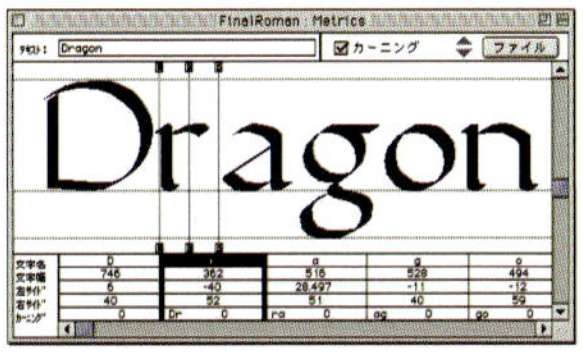

上の画面は、1バイト用フォント作成ツールの定番、マクロメディア社の「Fontographer」。パスの編集機能は強力で、Illustratorのパスファインダ機能のように、不要なパスを取り除いて、統合・整理してくれる「パス整理」コマンドがある。英数字やひらがな・カタカナのみのデザインフォントは、ほとんどがFontographerを用いて作られている(Mac OS X未対応)

作字する

Illustratorなどで望む字を作る。外字、とくに漢字を作成する場合はなんといってもこの工程がもっとも大変だ。バランスのよい字形を作るのは非常にセンスと経験を要するし、たくさんの漢字を作るのは手間もかかる。GAIJI TOOLSには仮想ボディやベースラインを指示したIllustratorのテンプレートが付属するので、大きさや位置などのバランスを取りやすい

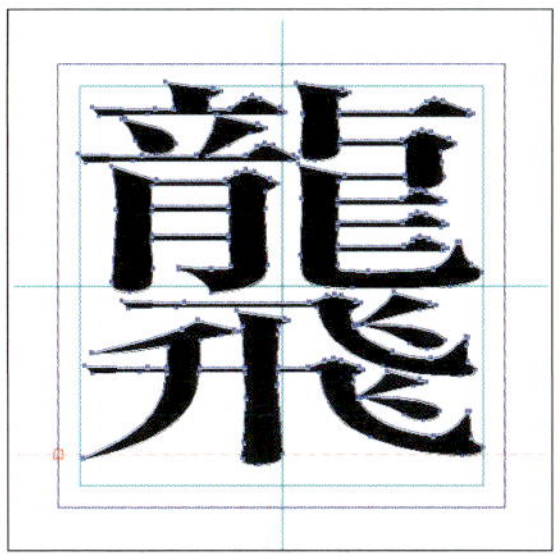

作字したらIllustrator形式で保存し、次の工程のためにEPS1.1形式のデータに変換しておく。そのための変換ツールもGAIJI TOOLSに付属する

フォント名をつける

Macintoshはフォント名で各フォントの区別を行うので、既存のフォントと重複した名前はつけられない。また、PostScriptフォントにはプログラムの内部処理用にPostScript 名が必要。それらを手助けするツールを利用し、名前を決めたら、作字したファイルをコード表に割りつける

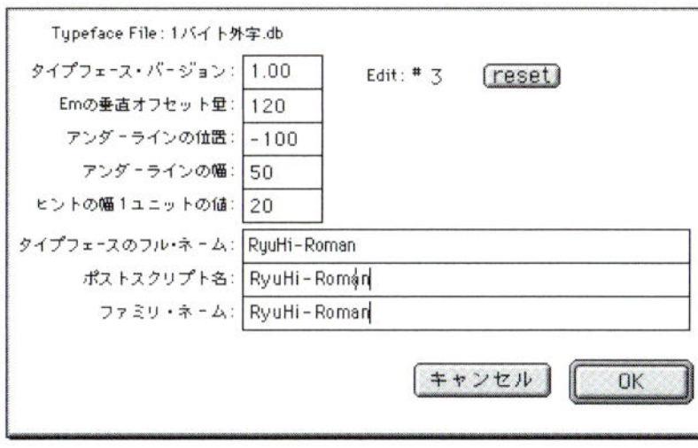

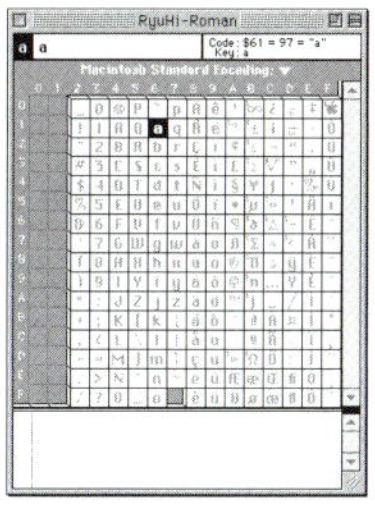

フォントデータを生成する

「外字デザイナー」画面で読み込んだ字形ファイルのパスの方向や位置を確認する。その後、[ファイル] メニュー→[フォント生成] を選べば、フォントデータとして書き出してくれる

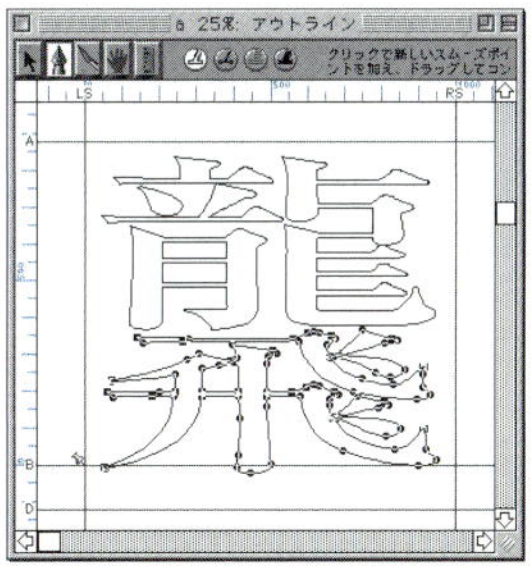

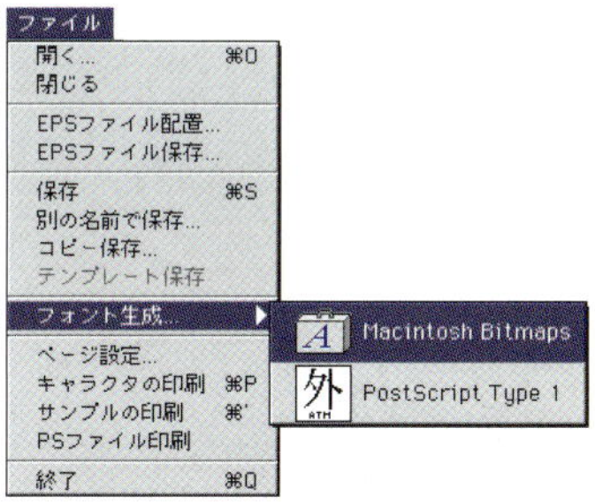

ビットマップデータを収録したスーツケースとアウトラインデータができる。これで1バイトのフォントが完成。[アップル] メニュー→[キー配列] (Mac OS 9以前) を選択し、作ったフォントを選んで入力する。なお、より精度の高いビットマップデータを自分で作ることもできる

2バイトフォントで使うには?

2バイトフォントとして使いたい場合は、Adobe Type Composer (GAIJI TOOLSに付属) を使って、既存のフォントに組み合わせて使うことになる。作成した外字用のフォントデータを、外字欄に登録し、新しいフォントとして保存する

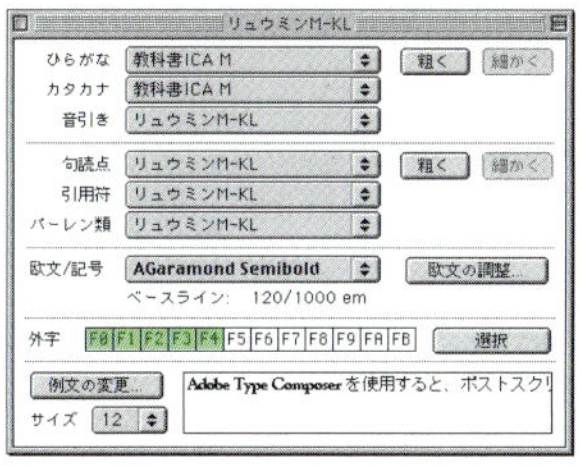

組み替えの結果、新しいフォントとしてスーツケースができる。これで作った外字を含む2バイトフォントの完成。なお、出力の際は組み替えに使用したすべてのフォントが必要

さらに知識に 磨きをかけたい人の 関連図書案内

※書籍の内容に関しては、各出版社にお問い合わせください

DTPフォント 完全理解!

和田義浩、小西ひろみ、諌山研一、
松田俊輔、亀尾敦、佐々木剛 共著
3,150円
ワークスコーポレーション

文字化け、オーバーフロー、予期せぬ斜体など、DTPに関わるうえでは避けて通ることのできないフォントにまつわるトラブルを回避するための指南書。OCFからOpenTypeまでフォーマットごとに注意すべき点や、PDFファイルにフォントを埋め込む場合の設定、現場で実際に起きうるトラブルや疑問などを詳細な解説とわかりやすい事例で紹介。

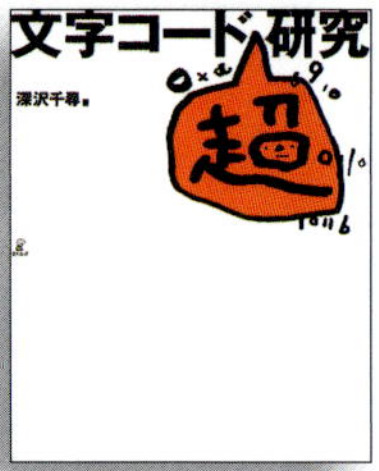

文字コード 「超」研究

深沢千尋 著
3,129円
ラトルズ

MacintoshやWindows、UNIXなど、OSのプラットフォームごとに異なる文字コードの違いにより、扱いを誤れば必ず発生する「文字化け」。コンピュータの内部でどのように文字が扱われ、それぞれのプラットフォームでどう利用されているのかを解説した書籍だ。Web開発・プログラミング向けに書かれているが、DTPでも必ず役に立つ内容となっている。

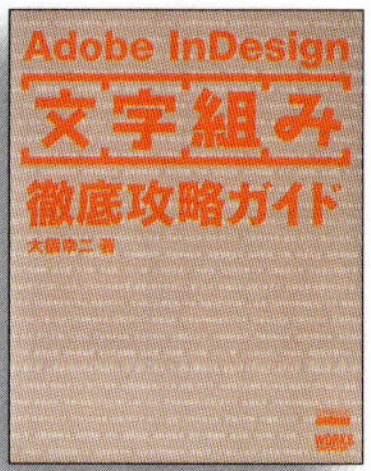

Adobe InDesign 文字組み徹底攻略ガイド

大橋幸二 著
2,625円
ワークスコーポレーション

文字組みの機能が充実している反面、細かいパラーメータの設定が多くなり、煩雑と受け取られがちなInDesignの使い方を詳細に解説している。各設定はダイアログとパラメータ、実際に文字組みをした場合の例を取り上げ、丁寧に説明されている。組み見本つきの設定ガイドや、パラメータの最適値がわかる「目的別リファレンス」など、すぐに役立つ項目が揃っている。

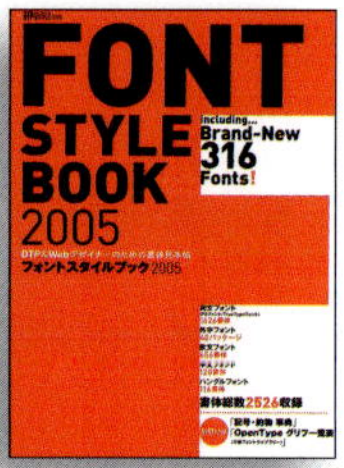

フォントスタイルブック 2005

DTPWORLD編集部 著
2,980円
ワークスコーポレーション

和文、欧文、中文、ハングルなど、2,526書体の印字サンプルを収録した国内最大級の書体見本帳。現在、国内で発売されている和文フォントがほぼすべて掲載されている。2005年度版には付録として、DTP作業に役に立つ区切り記号、記述記号、つなぎ符号などの記号・約物の一覧＆入力キーをまとめた「記号・約物事典」とOpenTypeフォントグリフ一覧表がついている。

欧文書体 その背景と使い方

小林章著
2,625円
美術出版社

欧文書体の歴史や基礎知識、場面に合わせた書体の選び方から、書体に合わせたスペーシングまでを詳しく掲載。ライノタイプ社でタイプディレクターを務める著者ならではの、深い知識に裏付けられた解説は、デザインやDTPの現場で直面する疑問の答えになる。美しい文字組みをするためには必携。

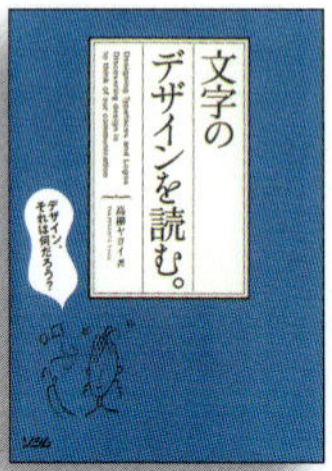

文字の デザインを読む

高橋ヤヨイ 著
1,890円
ソシム

ロゴやパッケージ、ポスターなど、さまざまなメディアで、どのような文字が選ばれて使用されているかを解説。タイポグラフィやデザイン概論となってしまいがちな内容を、書体のもつ具体的なイメージや、使用例とともにわかりやすく解説している。文字に関わる仕事をする人なら、ぜひ目を通しておきたい一冊。

書字法・装飾法・ 文字造形

エドワード・ジョンストン 著
遠山由美 訳
4,935円
朗文堂

19世紀のイギリスで起こった、伝統的手法による質の高い工芸品への回帰を目指す「アーツ＆クラフツ運動」と、その担い手の一人であるエドワード・ジョンストンの著書から、技術革新と文字造形との相関関係を読み解く。19世紀の産業革命を、現在のコンピュータの進化に置き換えることで造形のヒントを得られる。

INDIE FONTS

Richard Kegler・James Grieshaber・
Tamye Riggs 著
3,570円
ビー・エヌ・エヌ新社

世界中の書体制作会社によって作られた2,000を超えるフォントコレクション。あらゆる種類の欧文フォントをジャンル別に掲載。実践的に使えるものから、デザインのヒントを得られるものまで、グラフィックデザイナーの手助けになる内容となっている。フォントを収録した、ハイブリッド版CD-ROM付き。

7

レイアウトと組版

本を構成する要素と名称

本には、各部を指し示したり、文字や写真の扱い方を表すための用語がたくさんある。これらの意味や役割を正確に理解することが、優れたデザインやレイアウトを実現する第一歩になる。ここでは雑誌と書籍を例に、本作りに欠かせない用語を紹介しよう。

ページの基本的な要素

雑誌の誌面を開くと、さまざまな文字や写真が目に飛び込んでくる。たとえば、ある写真や文章を電話で人に示す場合、どのように表現すればよいだろうか。「表紙の向かって左の……」など、あいまいな言葉ではうまく伝わらないほど、多くの情報が誌面には詰まっている。誌面の位置、文章や写真の扱い方など、代表的な名称と役割を理解しておこう。

キャッチ
大見出しを補足し、内容の魅力を強調するためのごく短い言葉

順番
雑誌全体や特集内での位置を示す番号。ここではデザイン的なアクセントとして利用している

大見出し
この見開き(左右2ページ)のタイトルとなる短い言葉

リード
内容のポイントや読むことのメリットを簡潔にまとめた文章

小口
ノドと反対の部分、またはその余白を指す。天の小口、地の小口といった呼び方もある

天
本の上部を示す言葉。下部は「地」

補足本文
本文が長くなるのを避けるために、内容を適宜分けて解説している

ノド
本を広げた状態で、中央のとじ目にあたる箇所。余白を設ける

本文
主要な文章でレイアウトの基準となる。この雑誌は5段組みであり、その2段で実際に本文を組み、ほかのスペースを見出しや写真、キャプションに利用している

キャプション
写真や図版の短い解説文

角版写真
矩形に配置した写真のことで、切り抜きの反語

ノンブル&柱
ノンブルとはページ番号のことで、フランス語のnombreから。柱とは誌名や月号などを小さく入れたもので、検索性を高める。ノンブルと柱はセットで配置されることが多い

切り抜き写真
被写体の輪郭に沿って必要な部分のみを掲載する方法

囲み記事
コラム。本文と関連するが、やや主旨の違う記事などを差別化して収めるスペース

段間
本文の段と段の間隔を指す

月刊誌『RC WORLD』(榧出版社)

関連リンク
文字と書体 p.116
書体 p.117
記号の種類 p.216

書籍の各部を表す名称

上製本の場合は、その造形や構造を表す用語がたくさんある。これらの素材や形状、色などを選び、最適な組み合わせを考えるのがブックデザインであり、雑誌のデザインとはひと味違うセンスと経験が求められる作業だ。なお、本の内容を表す言葉は、雑誌と共通である。

角

天

チリ
表紙が中身より大きくなっている部分であり、中身を保護してくれる

表紙
中身を保護するために取りつけられた外装。外側の表面を表1、裏面を表4と呼び、中面の表側を表2、裏側を表3と呼ぶ

背
書名や著者名を記す。角背や丸背といった形状や構造があり、見た目の美しさと強度が求められる

溝
本を開きやすくするために設けられる

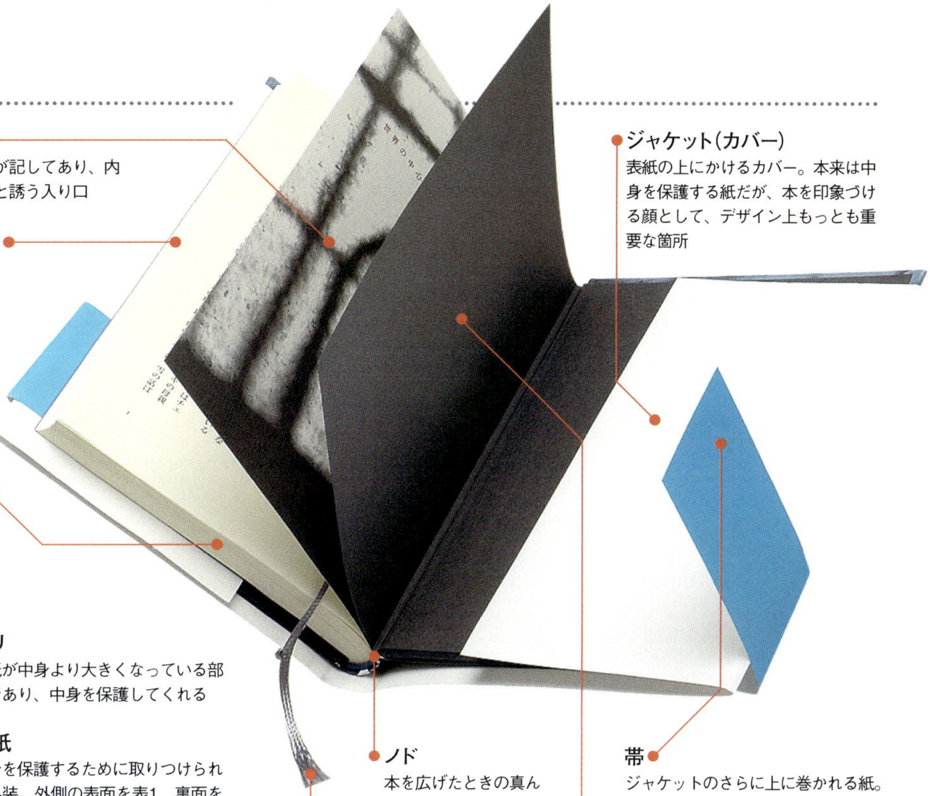

扉
書名が記してあり、内容へと誘う入り口

小口

地

ジャケット(カバー)
表紙の上にかけるカバー。本来は中身を保護する紙だが、本を印象づける顔として、デザイン上もっとも重要な箇所

ノド
本を広げたときの真ん中のとじ目

スピン
栞(しおり)として使う紐(ひも)

帯
ジャケットのさらに上に巻かれる紙。内容紹介や推薦文など、宣伝目的で利用する。腰巻きとも呼ぶ

見返し
より強固に表紙を中身に取りつけるために貼られる4ページ分の紙

『世界の中心で、愛をさけぶ』(片山恭一著　小学館)

本の内容を構成する要素

メインの料理が楽しみなのはもちろんだが、前菜やデザートがあると食事は一層楽しいものとなる。本も同様であり、主要な内容の前後を著者からのメッセージや索引などの情報ページで固めることで、1冊の本としての完成度が高まる。デザインを変えることで、見た目にメリハリを生み出すこともできる。

『手のひらの動物園』
(ごとうけい著　ピエ・ブックス)

扉

書名をあらためて表示。大扉ともいい、本編に内容を区分けするための中扉や章扉を設けることもある

序文

刊行の経緯や目的、関係者へのあいさつなど、著者からのメッセージを掲載するスペース

目次

内容の順序を一覧にしたページ。見たいページ、探しているページに素早く到達するためのガイド

本編

本の主要な内容であり、本文が続くページ。この本の場合はペーパークラフトの写真が主要な内容だ

付録

本文で紹介しきれなかった図や資料などをまとめたページ。この本では実際のペーパークラフトがつく

索引・奥付

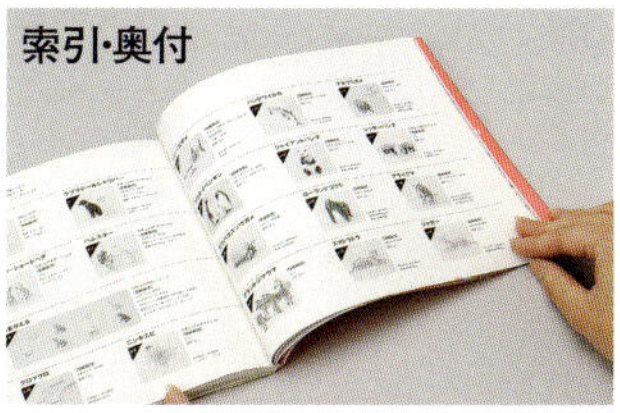

用語や作品の掲載ページをまとめた索引や、著者名、発行年月日などを記した奥付が巻末に位置する

レイアウトの基本的な進め方

実際に誌面をレイアウトする方法を紹介していこう。はじめはどのようにレイアウトを進めればよいか戸惑うだろうが、誌面の中にヒントは必ずある。段組みとそれによって示される版面は、どんな誌面でも基準になるもっとも確かな目印だ。

段組みと版面を決める

A4判でビジュアルな誌面向けの5段組み
雑誌で一般的な寸法であるA4判では、5段組みを基本とした誌面が多い。文字は右上から左下へと流れる。本文は12級前後で1行を15〜18字とし、1段に入る行数は30後半から40行程度とすることが多い

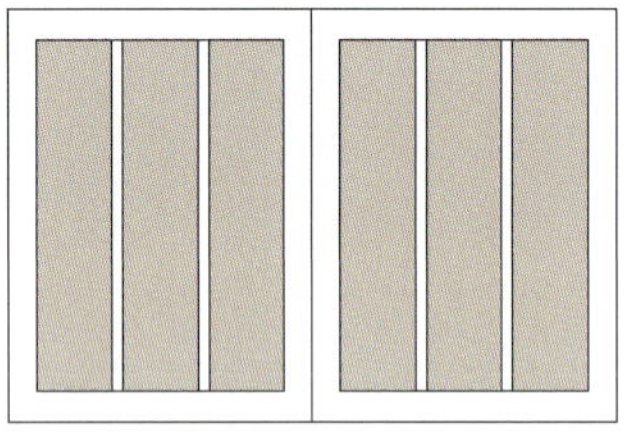

横組みの場合
文字は誌面の左上から右下へと流れる。縦組みよりも行送りを大きくしないと読みづらいので注意しよう

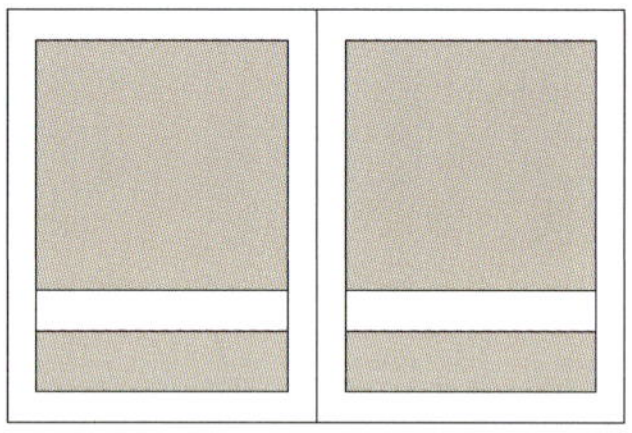

書籍の場合
四六判など判型が小さい書籍の段数は1つか2つだ。脚注などを本文の段組みとは別に設けることも多い

本文をどのように組むかを決めることが、誌面作りの第一歩となる。判型の寸法に応じて、文字の大きさと字送り、1行の文字数と行送りを決めれば、おのずと段組みが構成され、文字や写真を収めるべき版面(はんづら、はんめん)と余白が割り出される。InDesignやQuarkXPressなどのレイアウトソフトを使った作業も、これら段組みを設定することから始まる。こうした基本設計ができるようになれば、レイアウトの半ばは完成したといってもよいだろう。

一般的に段組みの数が多いほど多くの写真を整理しやすく、見出しやキャプションなどが多くても対応ができ、活発な誌面作りに向いている。逆に本文をじっくりと読ませたい場合は、段組みの数を少なくすればよい。

写真の扱いを考える

雑誌では写真は誌面の華であり、文字よりも写真を見せるレイアウトが求められることが多い。写真をレイアウトする方法は、大きく分けて角版と切り抜きとがある。いずれも、あらかじめ角版か切り抜きで扱うかを考えて撮影しておく必要がある。また、複数の写真の大小を決める場合は、それぞれを均等に扱うか、思い切って大小の差をつけるとレイアウトがまとまりやすい。

角版と切り抜き
写真を矩形で扱うのが角版で、円や任意の形に収めることもある。切り抜きは被写体の形にそって必要な部分のみを見せる方法であり、多くの写真を効果的に見せるカタログ的な誌面で多用される

大小の組み合わせ
写真の大きさは誌面の内容とも密接に絡んでくるので一概には決められない。けれども、見栄えを高めやすいのは、複数の写真を均等に扱う方法と、ある写真のみを大きくして、ほかはぐっと小さくしてメリハリをつける方法だ

関連リンク
本の構成要素 p.136
組版の基礎知識 p.150
日本語組版 p.152
製本 p.210

主な素材を配置する

ここではレイアウトの進め方を3つの工程に分けて実践してみる。まずはレイアウトソフトで段組みや天地左右の余白などを設定したうえで、必要な文字や写真などの素材を配置していこう。

この段階では、本文以外の文字の大きさや配置、写真の大小などは適当でよい。最初から細かい作業を始めてしまうとなかなか完成しない。

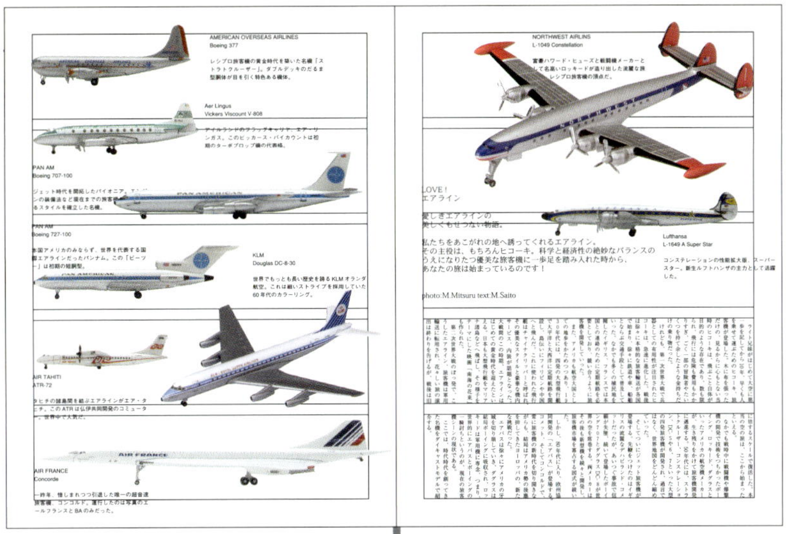

画面上でレイアウトを始める前に、あらかじめ紙のうえで大まかなイメージをまとめておくことも大切だ

文字と写真の配置を考える

必要な文字の量、写真の点数を把握したら、それぞれの位置を考えていこう。やみくもに試行錯誤するのではなく、常に段組みとそれによって示される版面のスペースを念頭に考えよう。この例では見開きで10段分あるわけだが、実際の本文は2段分で収まる。本文をどの段に配置するかが決まれば、おのずとメインのタイトルや写真の位置関係が見えてくる。

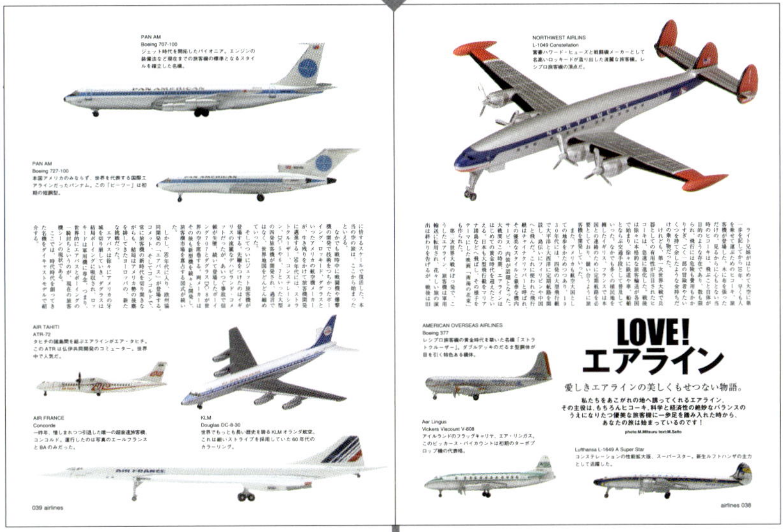

ここでは誌面の中心部に本文を配置し、その上下に写真や見出しを振り分けていくことにした

飾りや配色を考える

罫線や地色は誌面を個性的にしてくれるが、あくまでも脇役だ。文字や写真の配置を決めてから考えよう。同時に多くの作業を進めると、かえって混乱してしまう。

誌面で使う色は、その内容から連想されるイメージや写真によって決めていく。この例では、メイン写真に赤色が使われているので、それに合わせた色を大見出しに使い、飛行機らしい空色を小見出しや天に敷いた帯状の飾りにあしらった。

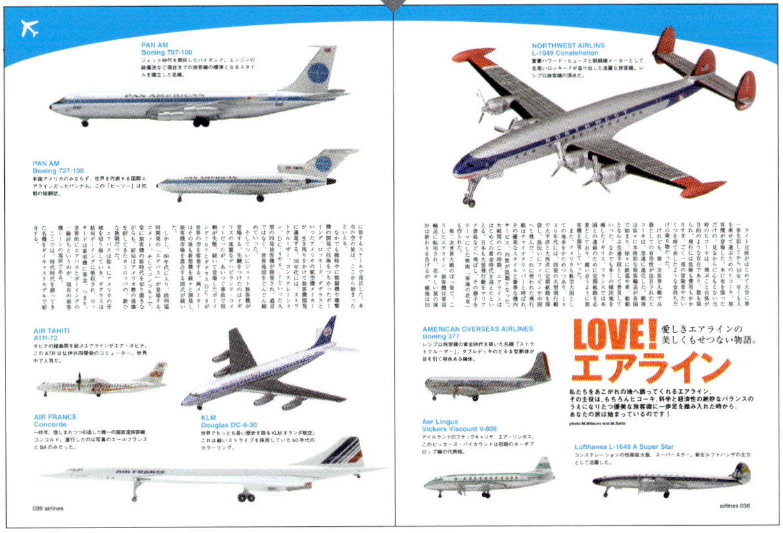

誌面では使う色の数をなるべく少なくするのも、上手にまとめるポイントだ

さまざまな レイアウトの方法

実際のレイアウトでは、さまざまに異なる量の文章や点数の写真に応じた作業が求められる。デザイナーには、どんな内容の素材でも、最も効果的なレイアウトを作る能力が求められる。文字や写真を処理するための数多くのテクニック、いわば「引き出し」が重要なのだ。

写真点数が多いときの整理方法

たくさんの写真をレイアウトする方法は、大きく分けて2通りある。1つは前ページで紹介したように、段組みを利用して整理していく方法。もう1つが写真そのものの形を利用する方法であり、切り抜き写真を使う場合に有効だ。

たとえ本文が少なくても、段組みは誌面の骨格となる。写真の配置も段組みを利用し、2段目に2点の写真、3段目にも2点といったように規則的に配置していくとまとめやすい。切り抜き写真の場合は、それぞれの写真が食い込むように配置し、余白にキャプションや見出しを入れ込むようにするとバランスを取りやすい。

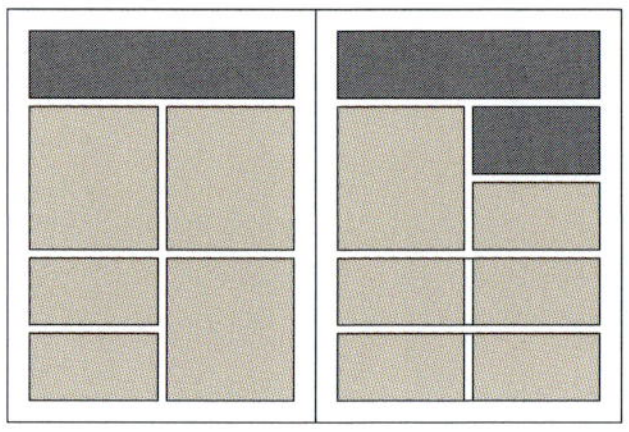

段組みの規則性を利用

一見すると気づきにくいが、各写真の位置や大きさに段組みを利用している。小さく扱う写真は1段の半分、大きく扱う写真は段組みを縦に2段分使ったスペースに相当するように調整している

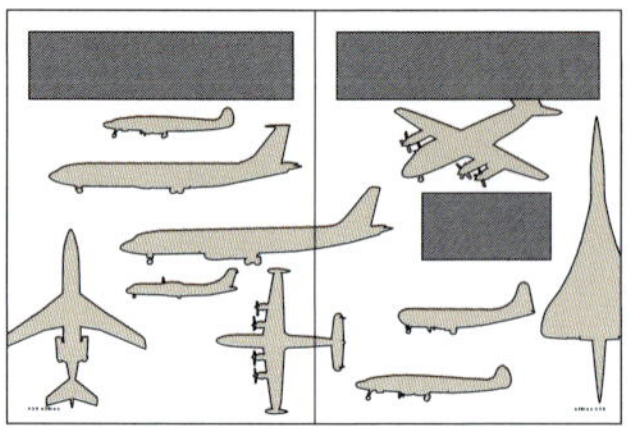

被写体の形を活かす

切り抜き写真は形そのものが変化に富んでおり、大胆にレイアウトしやすい。ただし、段組みを利用するレイアウトに比べると破綻しやすい。本文はしっかりと段組みを守り、一定の規則性を保たせるとまとめやすい

キャプションの整理方法

写真が多い雑誌などでは、その解説文であるキャプションの扱いもレイアウトの重要なポイントである。写真のなるべくそばにキャプションを配置するのが一般的だが、スペースの関係で難しいこともある。そういった場合は、複数のキャプションを1箇所にまとめ、数字や記号を合番として対照させる方法もある。

個別のキャプション

写真とキャプションの関係が明確でわかりやすいのがメリット。余白を活用すればレイアウトのアクセントにもなる

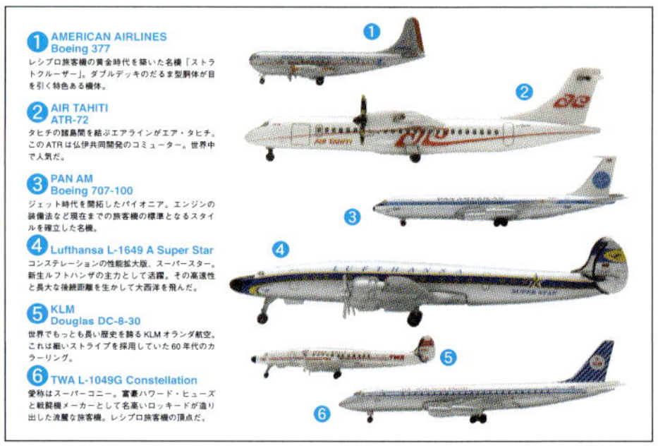

まとめたキャプション

見た目をスッキリとまとめることができる方法。写真と対照できるように、キャプションと写真の双方に合番をつける必要がある

関連リンク
レイアウトの基本 p.138
配色 p.220

ページの流れを演出する

チラシなどペラ物のレイアウトは、そのページだけでバランスよくまとめれば問題ないが、雑誌など複数のページで構成される印刷物の場合、1つの見開きだけでなく、後に続く見開きも考えたレイアウトが求められる。各見開きのイメージを統一して落ち着いた構成にするのもいいし、見開きごとに異なるレイアウト方法を盛り込んで緩急をつけるのもいい。次のページが楽しみになるような演出を考えたい。

右の例では写真をページ全面に敷く「裁ち落とし」や、ノドをまたぐ配置を行っているが、こうした場合はデータの作り方にルールがあるので注意しよう。

データ作成時の注意

断裁時の誤差や、本を開いたときの見やすさを考えた処理が必要だ

ノド部で見えづらくなることを考慮して、絵柄をダブルトリミングする
センタートンボ
仕上がり線
裁ち落としは3mm外まで絵柄を配置
トンボ

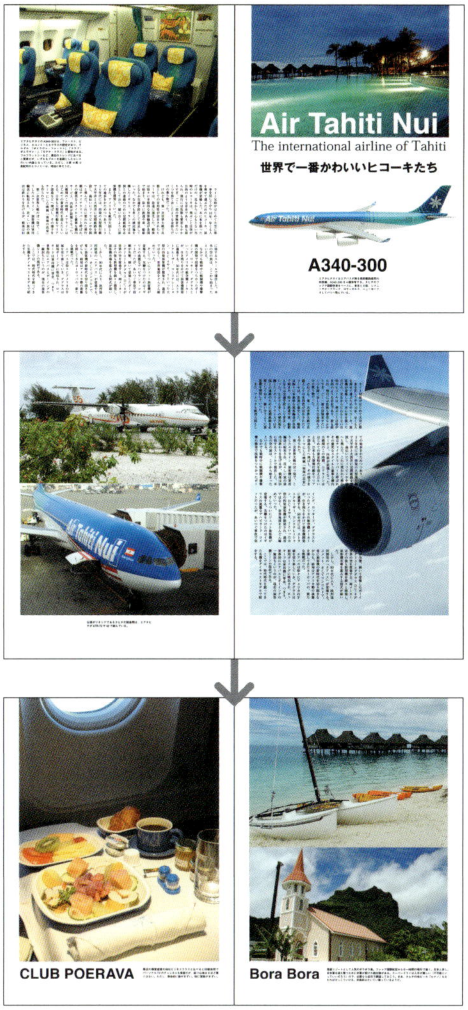
Air Tahiti Nui
The international airline of Tahiti
世界で一番かわいいヒコーキたち
A340-300
CLUB POERAVA
Bora Bora

規則性を重視

すべての見開きで、同じような位置や大きさで写真をレイアウトした例。違和感がなくシンプルにまとまるため、文字を読むこと、写真を見ることに集中できる

Air Tahiti Nui
The international airline of Tahiti
世界で一番かわいいヒコーキたち
A340-300
CLUB POERAVA
Bora Bora

メリハリを重視

各見開きで写真の大小や扱い方に強弱をつけた例。見せたい写真を強く印象づけることができ、テンポのよい誌面展開で読者を飽きさせないことを狙ったレイアウト

文字をビジュアル素材として扱う方法

写真の扱い方や罫線などの飾りを用いるだけでなく、文字そのものも視覚効果を演出する要素として使うことができる。あともうひと工夫ほしいときは、このような方法を試してみてもよいだろう。とくにDTPでは文字の表情を簡単に変えることができ、その効果を即座に知ることができるので、アイデア次第でさまざまな使い方ができる。

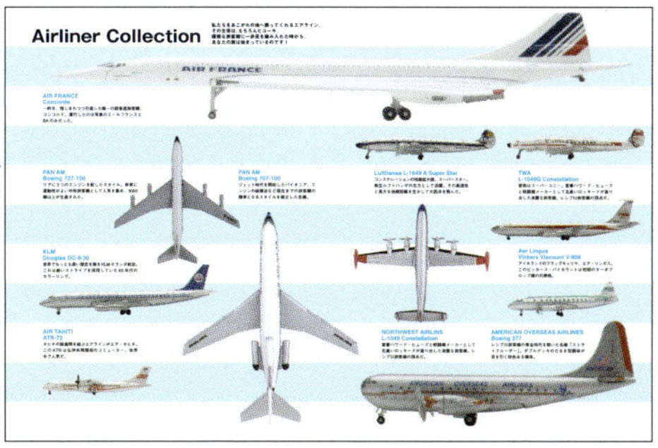
Airliner Collection

オーソドックスな方法

誌面に帯を敷いて、個性的なレイアウトを目指した例。読みやすさを損なわない色使いや、文字の配置が求められる

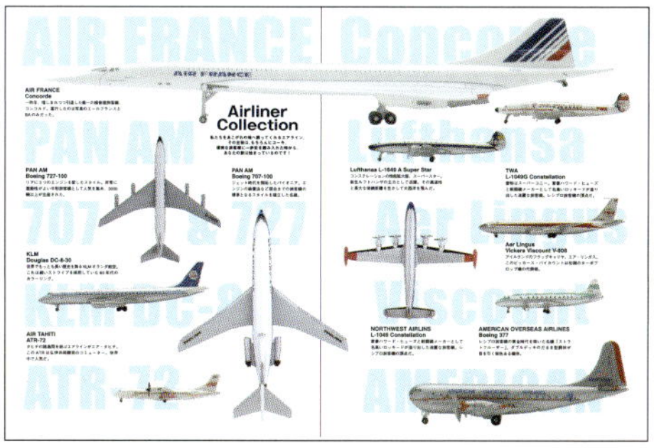
Airliner Collection

文字組みを変化させた例

帯の代わりに、キャプションの附随する小見出しを大胆にあしらった例。デザイン的には面白いが、好みが分かれるところだろう

レイアウトソフトの基本機能と特長

DTP現場でのMac OS Xへの移行にともなって、レイアウトソフトもQuarkXPressからAdobe InDesign へと移りつつある。
ここでは、現在よく使われている3つのレイアウトソフトの基本機能と特長について紹介する。

製品名
Adobe InDesign CS ●アドビシステムズ㈱

これまでQuarkXPressの独壇場だったレイアウトソフト市場に登場したInDesign。PhotoshopやIllustratorとのスムーズな連携や日本語組版機能の充実で、DTPレイアウトソフトのデファクトスタンダードを狙う。
最新版は2005年7月発売のAdobe InDesign CS2

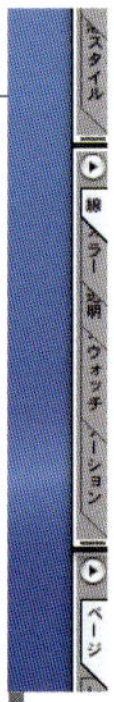

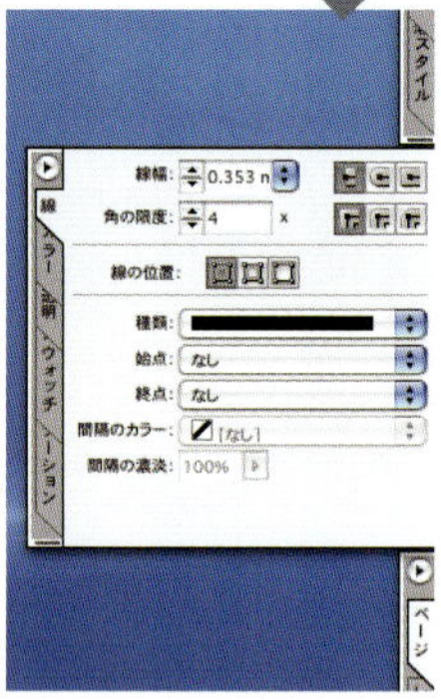

縮小可能なパレット
パレットをモニタの右端または左端に吸着可能。タブをクリックすることで、パレットの表示・非表示を切り替えられる

「ツール」パレット
オブジェクトを選択・編集・作成するためのさまざまなツールが収められている。「ツール」パレットは縦1列や横1列に設定することも可能

プレビューモード
ガイドやフレームなど、印刷されない要素を非表示にできる。プレビューモード以外にも、裁ち落としモードと印刷可能領域モードがある

コントロールバー
選択しているオブジェクトによって、内容が動的に可変する。テキストや画像など、さまざまなオブジェクトを編集するためのツール

「段落スタイル」パレット
段落に対して適用した設定を、スタイルとして登録しておくことで、ほかの段落にも簡単に同じ設定を適用できる

「情報」パレット
マウスポインタの位置や、現在選択しているオブジェクトの情報を表示する

「表」パレット
表作成時の設定を行う。ページをまたぐ表、およびヘッダ・フッタの設定も可能

「透明」パレット
オブジェクトに対して不透明度や描画モードの設定を行う。ほかにも、ドロップシャドウや境界をぼかす機能もある

「レイヤー」パレット
オブジェクトを複数のレイヤーに分けることで、重なり合うオブジェクトの編集を容易にして、効率的に作業できる

「パスファインダ」パレット
複数のパスの結合・型抜きなどを行う

表示画質の変更
画像の表示画質を、「最適化」「一般」「高品質」の中から選択可能

都市名	最高気温	最低気温	都市名	最高気温	最低気温
札幌	10.2	2.3	名古屋	15.4	4.7
仙台	12.3	4.5	大阪	16.2	5.6
東京	16.0	5.2	福岡	17.1	7.2

関連リンク
- DTP用ソフト p.054
- OpenTypeフォント p.124
- 分版 p.143
- 組版の基礎知識 p.150
- 組版 p.150
- 組版 p.152
- インキ p.194

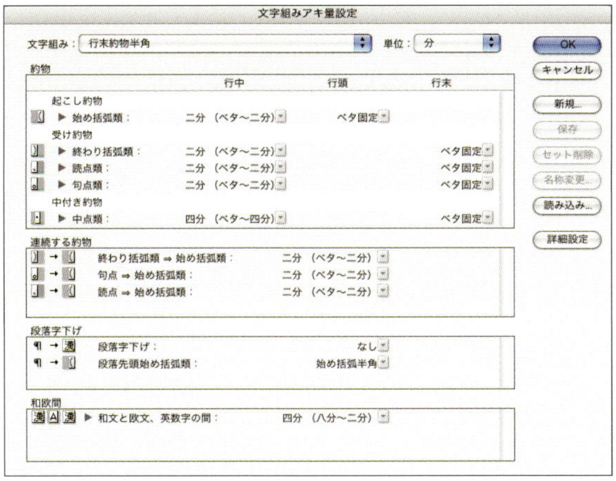

文字組みアキ量設定

文字組みを制御するための、詳細な設定を行うダイアログ。デフォルトでは14種類の設定が用意されている

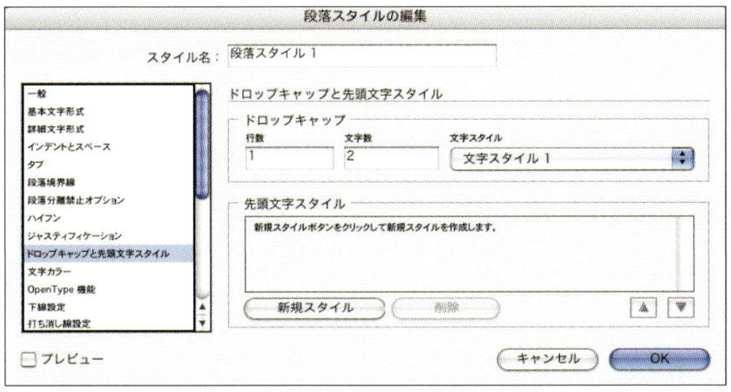

先頭文字スタイル

1つの段落スタイルに、複数の文字スタイルを入れ子にして持たせることができる。対話形式のテキストなど、段落先頭のテキスト部分のみ、異なる文字スタイルを使用したい場合に使用すると便利

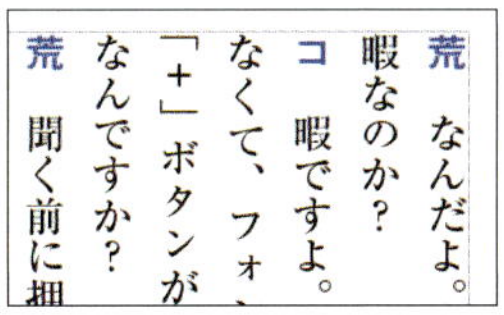

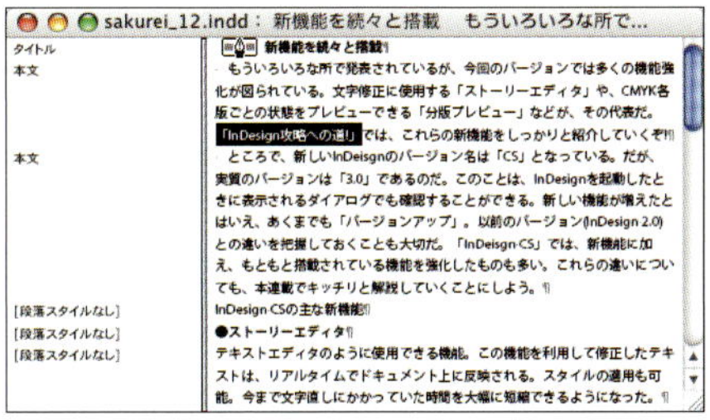

ストーリーエディタ

InDesign CS上でワードプロセッサのように機能するエディタ。テキストの追加・編集が可能で、ドキュメントにリアルタイムに反映される。長文や複雑なテキスト編集時には、作業時間を短縮することができる。また、スタイルやタグの適用も可能

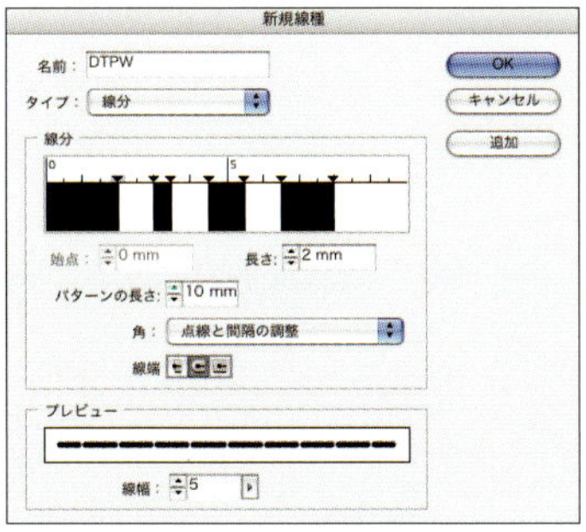

線種エディタ

新規でオリジナルの線種を作成する時に使用するダイアログ。複雑な点線やストライプも作成可能

混合インキ

「新規混合インキスウォッチ」では、特色と特色、特色とプロセスの掛け合わせができる。また、新規混合インキグループにより、特色を掛け合わせたスウォッチを、一度の操作で複数個を作成可能

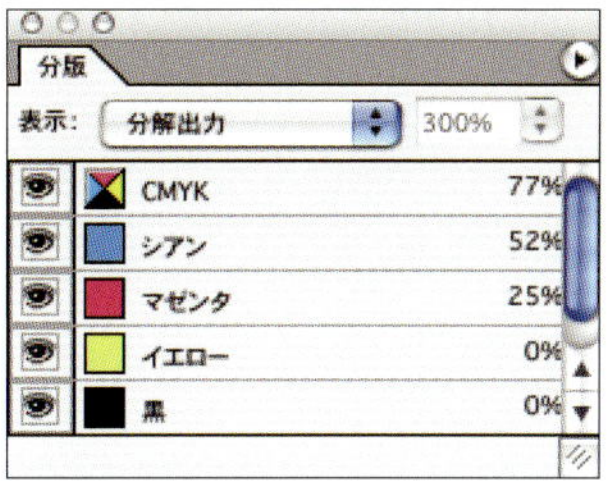

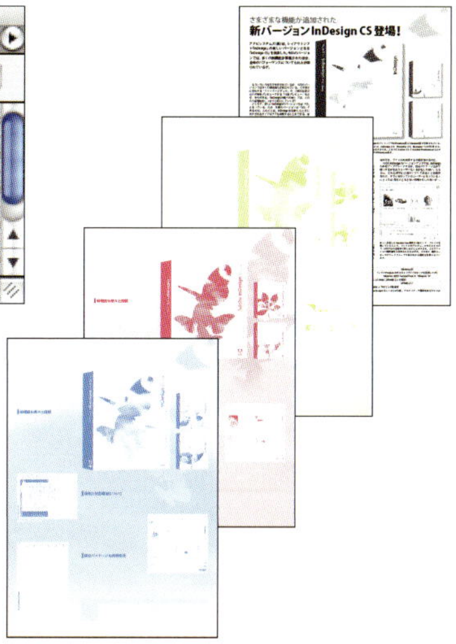

分版パレット

プロセス分版とスポット分版を表示可能。出力前に各版の状態をチェックできるため、出力時のミスを軽減するのに役立つ

InDesign CS2の新機能と特長

InDesign CSからCS2へのバージョンアップでは、InDesignを単体で使うというより、Adobe Creative Suiteという統合パッケージで、Photoshop CS2やIllustrator CS2と連携して使うことでその機能を120%活用できるようになっている。さらに、同時期に発売されたAdobe InCopy CS2（InDesignのレイアウトを保持したまま、直接書き込めるエディタのようなもの）を使用することで、ライター、編集者、デザイナー間で新しいワークフローが実現できるようになったこと、SING外字ソリューション（外字を1文字単位のフォントデータとして保存し対応アプリケーションに埋め込んで使用するため、そのグリフレットを持たない環境でドキュメントを開いても、問題なく表示や出力が可能）への対応も注目だ。

InDesign単体で見れば、全体的に新機能を多く盛り込んだというより、使い勝手をよくした細やかなバージョンアップといえる。インターフェイス自体に大きな変更点はなく、ツールパレットにポジションツールなどが追加されたのみだ。新機能では、ドロップシャドウや塗りと線といった属性を「オブジェクトスタイル」として保存できるようになったこと、ドキュメント上にあるアイテムを位置情報を保持したまま「スニペット」として書き出せるため、他の作業者とのデータのやり取りが便利になったといったところだろう。

製品名

QuarkXPress ●クォークジャパン㈱

DTP業界のスタンダードとして圧倒的な支持を誇るレイアウトソフト。
直感的で柔軟な操作はもちろん、数値管理による精度の高いレイアウトができるのが特徴。XTensionと呼ばれるソフトで機能の拡張もできる。
最新版は、OS X対応のバージョン6.5

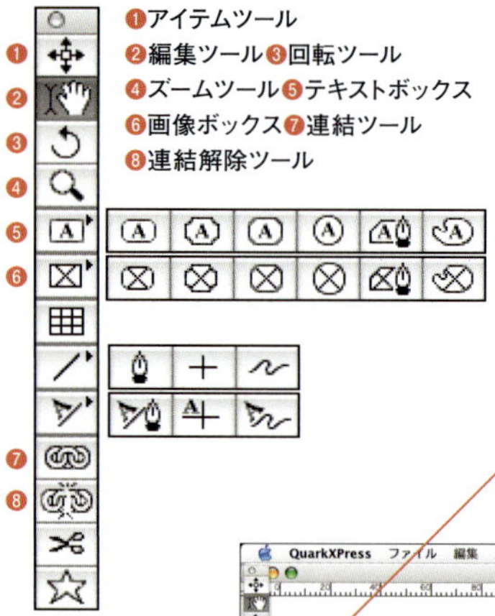

❶アイテムツール
❷編集ツール❸回転ツール
❹ズームツール❺テキストボックス
❻画像ボックス❼連結ツール
❽連結解除ツール

●「ツール」パレット
文字や画像を入れるボックスを作るツール、それらを動かしたり、入れた文字や画像を編集するツールなどの基本的なツールのほかに、ベジェ曲線を描くツールなども収納している

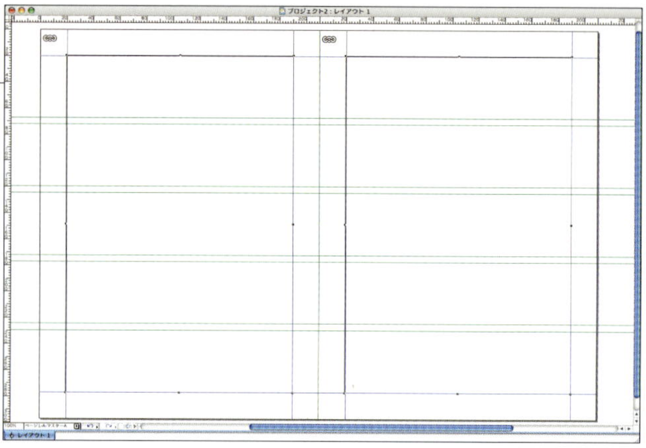

マスターページ

各ページ共通で利用するアイテム(ノンブルや柱、本文のテキストボックスなど)を配置しておくと、新規のページにはあらかじめそれらが配置される

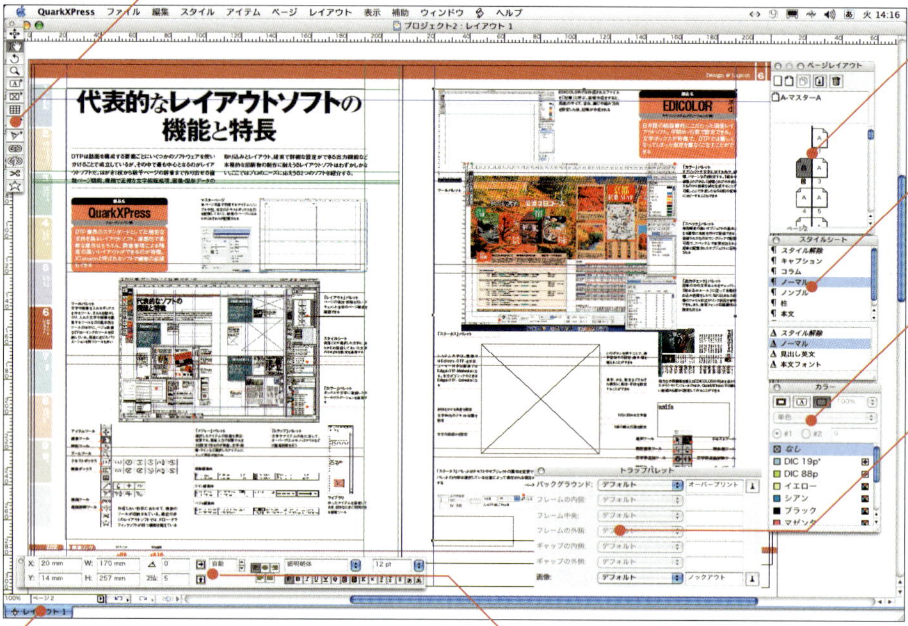

●「レイアウト」パレット
ページの追加・削除を行い、ドキュメント全体のページ構成を確認できる

●「スタイルシート」パレット
段落ごとや選択した文字に、あらかじめ登録しておいた文字のさまざまな設定を適用する

●「カラー」パレット
ボックスや文字に登録したカラーやグラデーションを適用する

●「トラップ」パレット
文字やアイテムの色に対して、オーバープリントやノックアウトなどの製版処理を行う

レイアウトタブ●
レイアウトのプロパティ、印刷用か、Web用かを切り替える機能。QuarkXPress 6.1より搭載された機能

●「メジャー」パレット
選択したアイテムの状態を表示・変更する。数値入力で位置や大きさを設定できるのが特徴。文字・画像・ラインなど選択したアイテムによって表示が変わる

新規プロジェクト

QuarkXPress 6.5では、新規ドキュメントを作成する場合、プロジェクトのレイアウトタイプを「印刷」「ウェブ」のいずれかから選べるようなった。また、同じレイアウトで、複数のレイアウトタイプを作成し、ドキュメントのレイアウトタブで切り替えて表示したり、レイアウト内の画像やテキストを共有することもできる

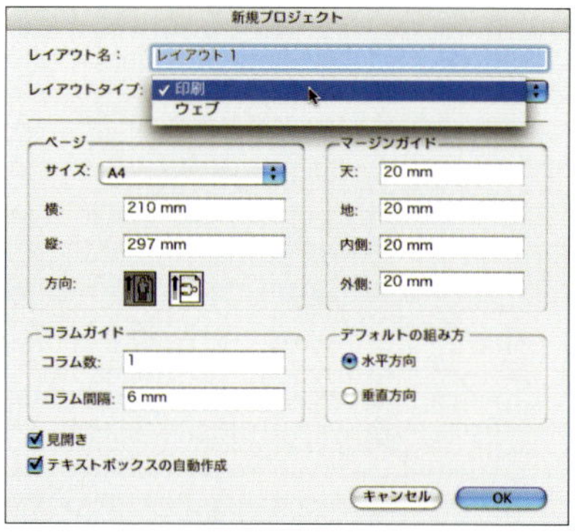

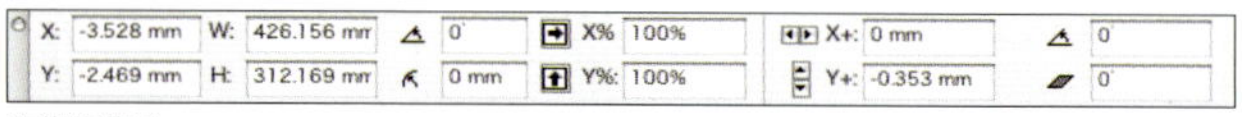

画像編集時

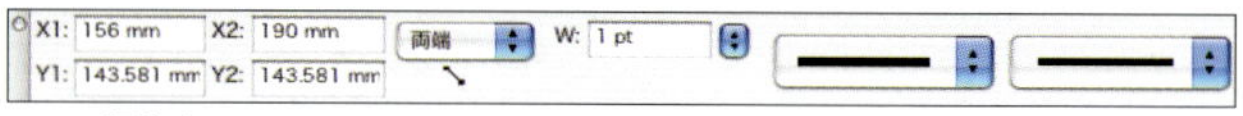

ライン編集時

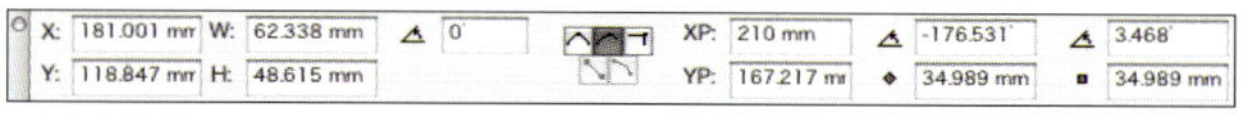

ベジェ編集時

関連リンク
DTP用ソフト p.054
トラップ p.110
OpenTypeフォント p.124
組版の基礎知識 p.150
組版 p.152
日本語組版 p.152

製品名

EDICOLOR ●キヤノンシステムソリューションズ㈱

日本語の組版機能にこだわった国産レイアウトソフト。
字詰め・行数で設定できる文字ボックスが特徴で、
DTPでは難しくなってしまった指定を難なくこなすことができる

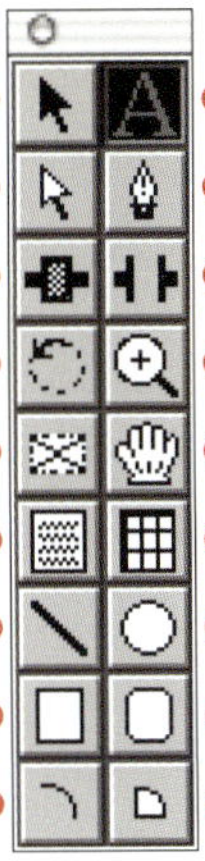

●「ツール」パレット

❶選択ツール❷テキストツール
❸図形編集ツール❹開曲線ツール
❺文字枠連結ツール❻文字枠連結解除ツール
❼回転ツール❽ルーペツール
❾画像枠ツール❿ローミング
⓫文字枠ツール⓬表枠ツール
⓭直線ツール⓮円ツール
⓯矩形ツール⓰ラウンド矩形ツール
⓱円弧ツール⓲扇形ツール

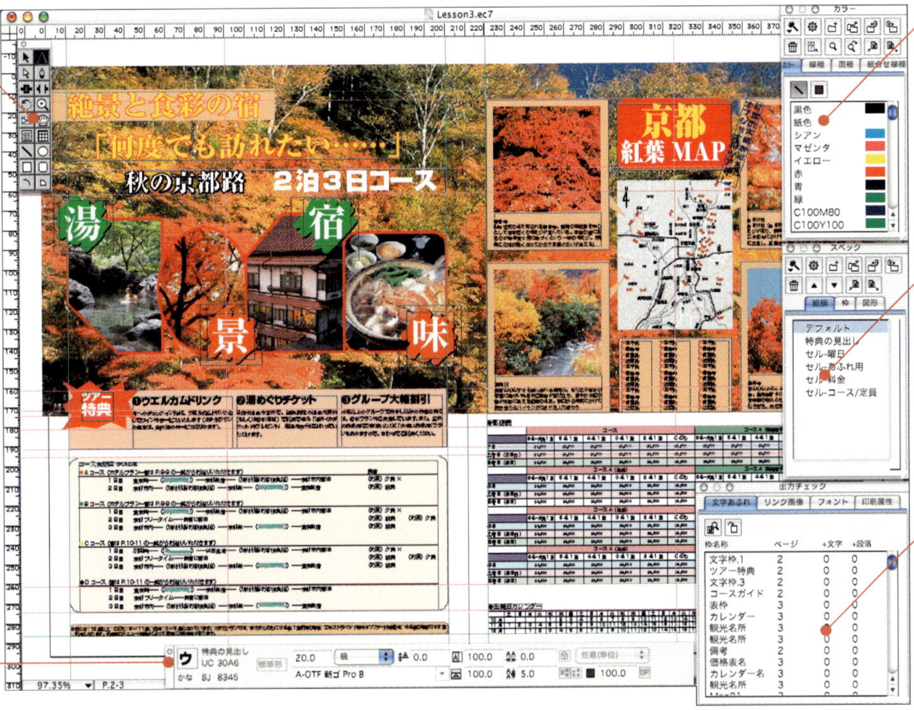

●「カラー」パレット

オブジェクトや文字に対する色や、線種、パターンなどを設定する。「組合せ線種」タブでは、「線種」タブで作成したものから複雑な線を生成することが可能。ここで作成したものは別の記事にコピーすることもできる

●「スペック」パレット

使用頻度の高いオブジェクトの基本となる属性に名前をつけて登録できる。登録されたものはワンクリックで配置可能で、スペック上で変更を加えると記事に配置されたオブジェクトに反映される

●「出力チェック」パレット

記事の中の文字あふれをチェックし、「詰め込みルール」に従って自動詰め込み処理をしたり、貼り込まれた画像のファイル形式やリンク状況を管理できる。また、使用フォント印刷属性の設定も行える

●「ステータス」パレット

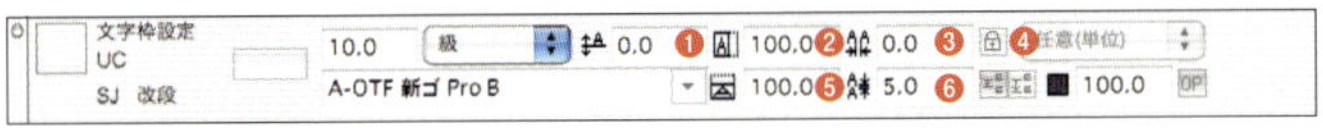

「ステータス」パレットはテキストやオブジェクトの属性を変更できる。パレットの内容は選択している対象によって表示される項目が変化する

❶ベースラインシフト❷変形率:幅❸文字間
❹文字間:可変❺変形率:高さ❻変形率:幅

「記事」を新規作成した画面

EDICOLORでは作成されたファイルを「記事」と呼ぶ。新規作成をすると、用紙のサイズ、余白、綴じや組み方向を設定した後、記事が作成される

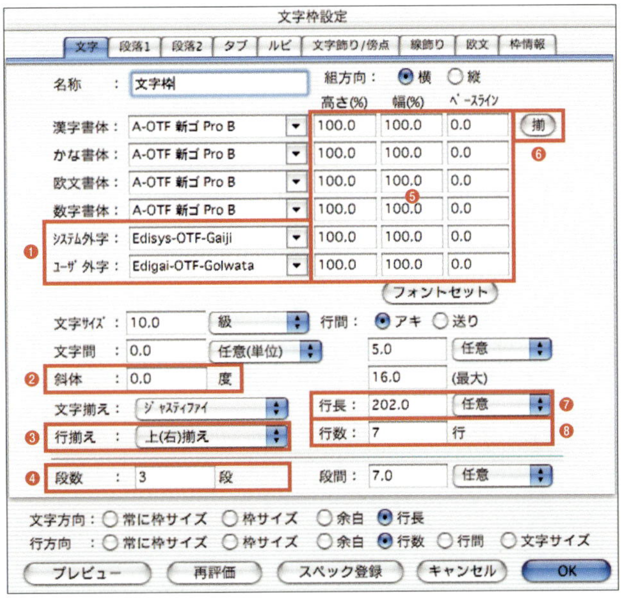

「文字枠設定」ダイアログ

❶システム外字は標準ではEdisys-OTF-gaiji、ユーザー外字は標準ではEdigai-OTF-MinIwataになる。本文がゴシックのときはEdigai-OTF-Golwataになる
❷斜体をかける角度を設定
❸文字枠内のテキスト位置を設定
❹本文の段組みを設定
❺漢字、かな、欧文などそれぞれ個別に長体・平体を設定することができる
❻このボタンを押すことで、漢字書体での設定、高さ・幅を揃えることができる
❼1行に収める文字数
❽1段の最大行数を設定

文字の大きさを表す級数とポイント

文字や記号の大きさを正確に表すための単位として、日本ではミリメートル法に基づいた「級数」、欧米で用いられてきた「ポイント」という2つが使われている。文字の大きさを正確に把握し、大小を使い分けることがデザインの第一歩だ。

ミリメートル法に基づいた「級数」

級数は日本で実用化された写真植字（写植）という機械によって生み出された文字サイズの単位だ。1級は0.25mmなので、たとえば本文で多用される12級という文字サイズは3mmということになる。必要な字数を収めるためのスペース計算など誌面設計が簡単にできるのが級数のメリットだ。1つの印刷物の中では、使う単位を級数かポイントのどちらかに統一する。

1級（Q）＝0.25mm
級　＝歯（H）

級はQとも書く。文字や行の間隔を表す場合は歯といい、Hとも書くが、同じ単位である

インチ法に基づいた「ポイント」

活字という組版技術の成熟とともに生まれた文字サイズの単位が、ポイントだ。1770年頃のフランスで1/72インチ（0.3759mm）を1ポイントと定めたが、アメリカでは1886年に0.3514mmを1ポイントとしており、日本ではJISが後者のアメリカ・ポイント・システムを採用している。歴史が長いだけに、文字の大きさを表す単位として、一般の人にもなじみ深い呼称だ。

1ポイント（pt）
＝1/72インチ
≒0.3514mm

ポイントはptなどといわれる。使い慣れたmmに換算しづらいのが難点だ

級数	ポイント	
7		あ
8		あ
9		あ
	7	あ
10		あ
	8	あ
12		あ
	9	あ
13		あ
	10.5	あ
16		あ
	12	あ
18		あ
	14	あ
20		あ
	16	あ
24		あ
	18	あ
28		あ
	21	あ
32		あ
	24	あ
38		あ

級数	ポイント	
44		あ
50		あ
	36	あ
62		あ
	48	あ
70		あ
80		あ

級数	ポイント	
60		あ
100		あ
	72	あ
120		あ

120Q＝文字サイズ＝ボディのサイズ

級とポイントによる文字の大きさ

写植や活字の時代には、使用機械や設備の事情から、すべての大きさの文字が揃ってはいなかったので、飛んでいる数字がある。DTPでは自由に決めることができるが、ここに挙げた大きさを使うのが一般的だ

関連リンク
組版の基礎知識 p.150
ルビの組み方 p.153
約物・記号 p.216

文字の大きさの使い分け方

食べ物の量や種類に応じて盛りつける皿の大きさを変えるように、文字も内容の意味や重要性によって大きさを使い分けることが必要だ。そのために、級数やポイントといった単位で、正確に大きさを区別することができるのだ。ここでは名刺を例に、文字の大きさを使い分ける方法を考えてみよう。

名刺の場合、もっとも伝えたい内容は差出人の名前であるから、名前の文字がもっとも大きくなるのが当然だ。その次に所属する会社名や部署が重要な要素となり、所在地や電話番号などの詳しい情報が続く。文字の大きさの関係も、内容に比例して大小の差をつけていることがわかるだろう。

実際のデザインで大切なのは、このように文字の大きさにランクをつけることだ。小さい文字があるから大きな文字が目立つのであり、すべてを大きくしては、すべてが逆に目立たなくなってしまう。文字の大きさを使い分けたり、配置を考えることこそが、印刷物のデザインといっても過言ではない。

文字の大きさを変える意味

文字情報がもつそれぞれの役割の違い（見出し、本文など。この例で言えば、所属部署、氏名など）を区別して表すために、最も有効的に使われるのが文字の大きさだ

7Q
所属部署を控えめにすることで、下の名前が浮かび上がる

20Q
もっとも伝えたい氏名は、ほかに比べ圧倒的に大きな文字を使っている

7Q
決まった内容は必要最低限の大きさにし、存在を主張しない

8Q
社名は上下の文字列よりもワンランク大きくし、差別化している

7Q
文字数が多い住所などは、小さい文字でコンパクトにまとめる

書体による大きさの見え方と和･欧文の違い

たとえば、同じ44級という大きさに指定した文字も、書体によって実際に感じる大きさは異なる。とくに見出しなどでは顕著になってくるので、書体に応じて大きさを微調整する必要もある。いい換えれば、小さい文字でも読みやすい書体、小さい文字だと読みにくい書体など、文字のデザインにも注目する必要があるのだ。和文と欧文でも大きさの見え方は大きく異なってくる。

書体による大きさの見え方の違い

書体による大きさの見え方の違い

書体による大きさの見え方の違い

書体による大きさの見え方の違い

書体による大きさの見え方の違い

タヒチへはAir Tahiti Nuiで飛ぶ

書体デザインによる字面（じづら）の違い

同じ明朝体でもひらがななどは書体によって懐の広さが違ったり、横組用に作られたものは、ひらがなでも漢字と同じようにボディいっぱいにデザインされているものもある。文字の級数が同じであっても、フォントのデザインによって、実際に字面が異なる。仮名と漢字、和文と欧文、それぞれフォントを違ったフォントを組み合わせることで、また違った効果が得られる

倍数で表す方法

級やポイントによる数値で文字の絶対的な大きさを表す方法以外にも、右図のように文字の大きさを相対的に表す方法もある。

全角やその半分の二分（半角）といった呼びかたは、大きさの違いが直感的にわかるので便利だ。また、二分～四分といったサイズは、文字と文字の間（字間）の量を調整する際にも使われる大きさだ。

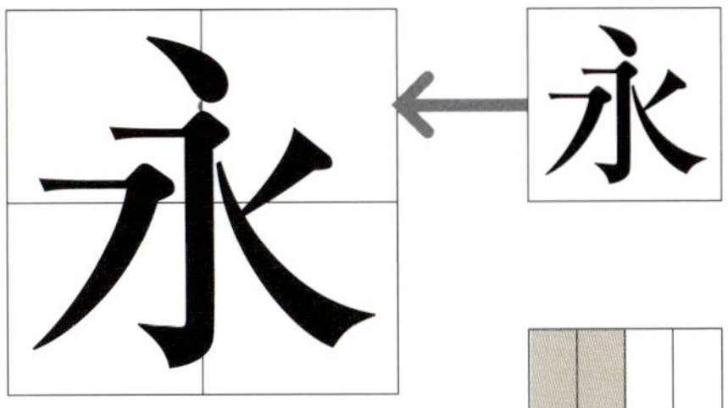

相対指定による文字サイズ

新聞の求人広告などでは、文字の大きさに「基本文字の2倍、1.5倍」という指定が使われる。また、文字間のアキや送りの調整で、全角の1/2（二分）、1/3（三分）、1/4（四分）といったスペースが使われる

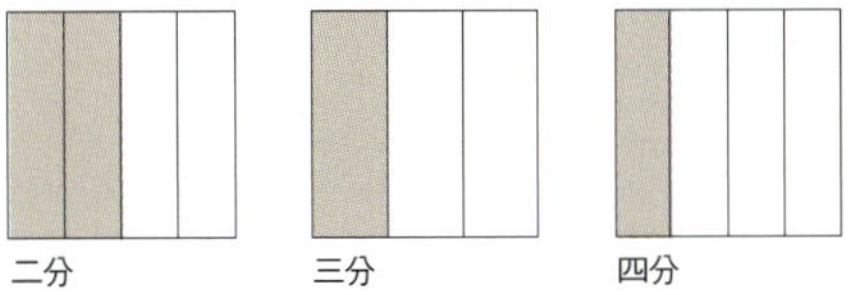

文字による表現方法の基本

文字は形を変えたり、並び方を調整することができる。DTPでは文字を図形として自由自在に変型させることができるが、印刷物の文字を変える方法には一定のルールや方法が定められている。文字による表現の基本として覚えておきたい。

文字の形を変える方法

書体や大きさの選択以外にも、文字の表情を変える方法はたくさんある。DTPではグラフィックソフトなどの機能を利用して、文字を図形として扱い、自由に形を変えることができるが、従来からある変形方法として「長体」や「平体」がある。

長体は文字の左右を縮小したもの、平体は天地を縮小したものだ。これらは写植で文字を印字していた際に、補助レンズを用いて行った変形が一般化した方法だ。こういった構造上の理由から、10%単位で4段階で変型させ、それぞれ縮小率が少ないほうから1～4番といったように指定する。こういった変型は乱用すると読みやすさを著しく損なうので、見出しなどワンポイントで効果的に使いたい。

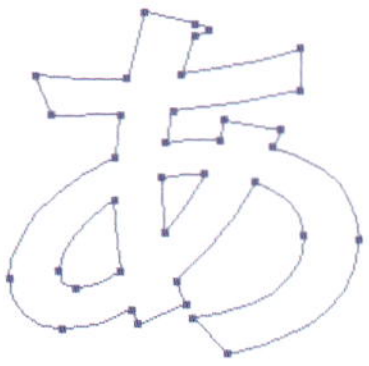

Illustratorなどグラフィックソフトではアイデア次第でどのような変型も可能だが、基本は長体・平体や斜体だ

正体

和文は正方形のボディを基準として作られている

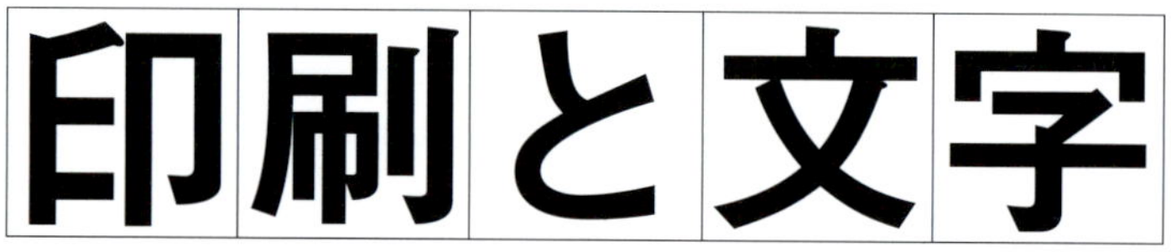
印刷と文字

長体

正体の左右を縮小して、細長くした文字。長体①、長体②と表し、10%ずつ左右それぞれが縮小される

長体①
長体②
長体③

印刷と文字
印刷と文字
印刷と文字

平体

正体の天地を縮小して、平たくした文字。はじめから天地を縮小してデザインした新聞用書体もある

平体①
平体②
平体③

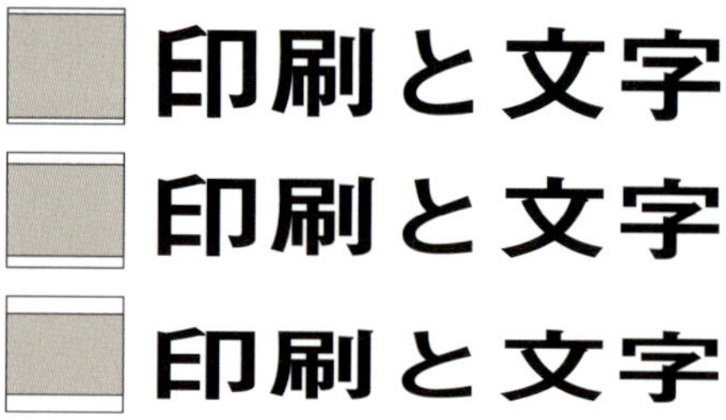
印刷と文字
印刷と文字
印刷と文字

斜体

写植で変形レンズを用いて、文字の傾きを変化させた方法。右上がり、左上がりが可能

斜体①
斜体②
斜体③

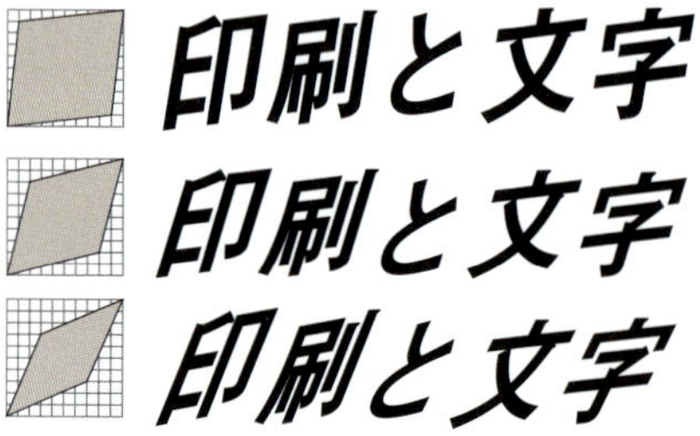
印刷と文字
印刷と文字
印刷と文字

斜体

天地のサイズはそのままで、斜めに変型。Illustratorなどグラフィックソフトで手軽に行える

斜体①
斜体②
斜体③

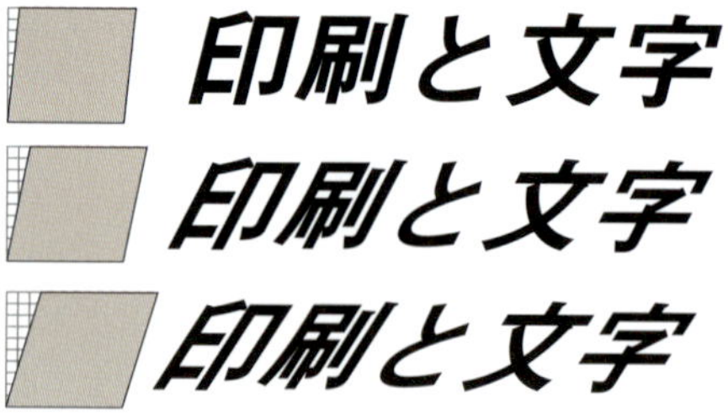
印刷と文字
印刷と文字
印刷と文字

太さを変える方法

文字の太さを変える方法には、あらかじめ用意されているウェイト違いの書体を選ぶ方法と、Illustratorなどソフトの機能で太くする方法がある。後者は線幅を数値指定することで、自由に太くすることができるが、徐々に読みにくくなるので注意が必要だ。

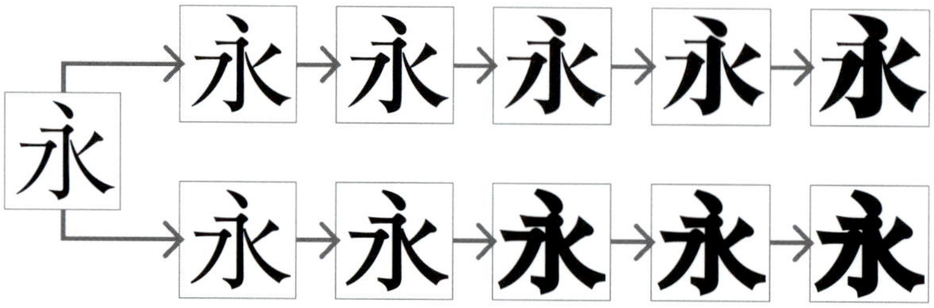
永
永
永
永
永
永
永
永
永
永
永

明朝体の場合は、太い書体を選んでも横線の細さは維持している

ソフトの機能では均一に太くなるので、徐々に細部が潰れてしまう

関連リンク
Illustrator p.102
活字 p.116
InDesign p.142
QuarkXPress p.144
組版の基礎知識 p.150
単位 p.214
活字と活版印刷 p.226

文字を並べる方法と種類

印刷物は、いとも平然と文字が並んでいるように見えるが、そこには明確な意図と技術が潜んでいる。2つ以上の文字が並ぶ場合は、その書体や大きさ、間隔はデザイナーや編集者など、作業者が考えて決めなければならないことだ。

文字の大きさは級数やポイントで表すが、文字を並べたときの次の文字までの距離や間隔も同じように表す(級の場合は歯、H)。この距離を字送りといい、間隔を字間という。

こういった文字を並べる作業を「組む」といい、「組版」という。本来は、活字を並べればそのまま印刷の版となった活版印刷の用語だが、現在ではDTPで文字を扱ったり、誌面を作り上げる作業を総称して、「組版」と呼んでいる。デザインをするうえでも組版は基本的な技術である。

ベタ組 ●文字の大きさ:38Q ／ 38H送り×11字＝418H＝104.5mm

デザインと印刷が好き！
文字の大きさ＝文字の送り

文字の大きさと字送りが同じ、つまり字間がゼロ。これが和文組版の基本となる

均等詰め(トラッキング) ●文字の大きさ:38Q ／ 36H送り×11字＝396H＝99mm

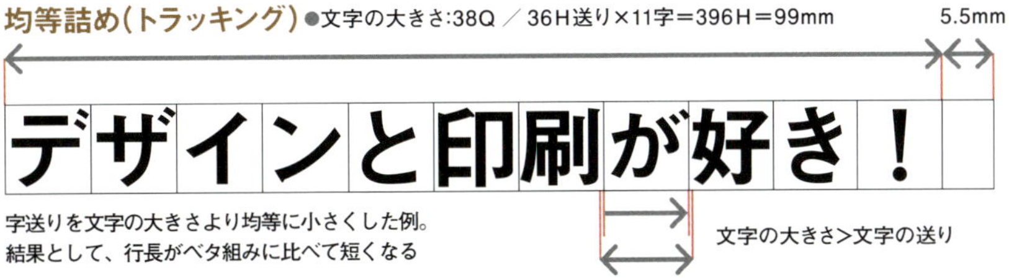
5.5mm
デザインと印刷が好き！
文字の大きさ>文字の送り

字送りを文字の大きさより均等に小さくした例。結果として、行長がベタ組みに比べて短くなる

プロポーショナル(字面)詰め(カーニング) ●文字の大きさ:38Q

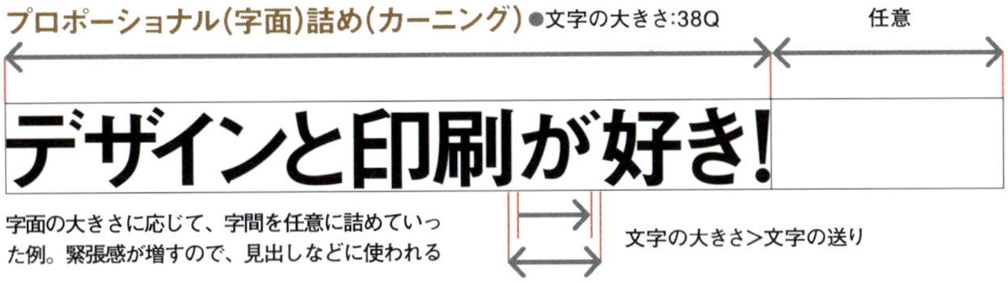
任意
デザインと印刷が好き!
文字の大きさ>文字の送り

字面の大きさに応じて、字間を任意に詰めていった例。緊張感が増すので、見出しなどに使われる

アケ組み ●文字の大きさ:38Q ／ 40H送り×10字+38Q=109.5mm

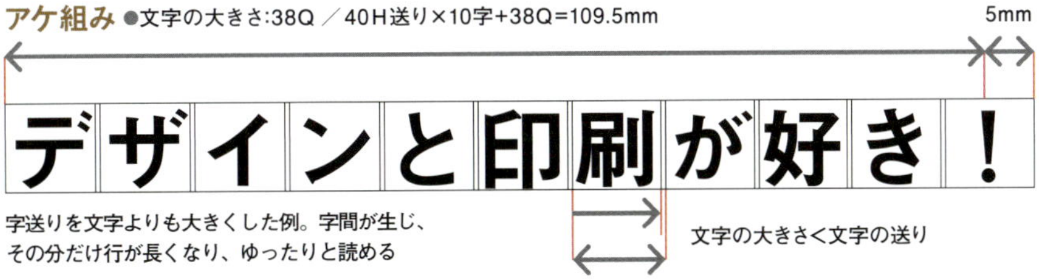
5mm
デザインと印刷が好き！
文字の大きさ<文字の送り

字送りを文字よりも大きくした例。字間が生じ、その分だけ行が長くなり、ゆったりと読める

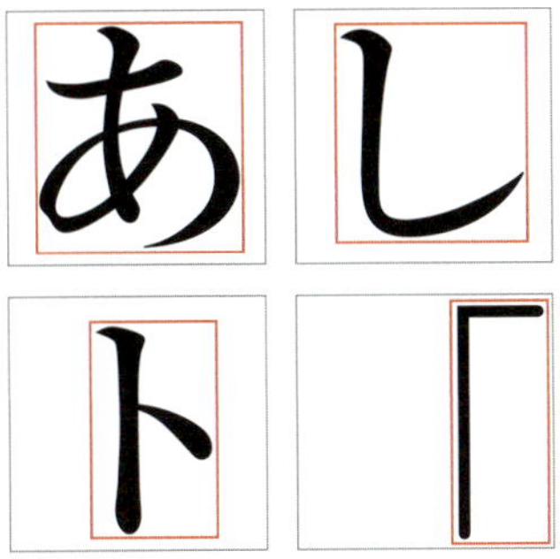
あ
し
ト
「

文字固有の字面

和文では文字の大きさは正方形だが、実際の字面とボディには隙間があるので、字送りが文字の大きさより多少小さくても、文字と文字とがくっつくことはない

行を揃える方法と種類

文字と同じように、行と行の間隔も行送りや行間といった言葉で表すが、もう一つ、行揃えという要素が加わる。左揃え(縦組みでは頭揃え)が標準だが、リードや見出しでは、視覚的なアクセントとして、右や中央に揃えることもある。

ジャスティファイは左揃えの一種で、欧文が入ったり、禁則処理の影響で行末が揃わなくなる(でこぼこする)状態を、字間を自動的に調整して解消する機能だ。このジャスティファイを使った左揃えが、本文組みの基本だ。

大空の旅を変えたのは、Boeing
747という、これまでにない超大
型のジェット旅客機だった。
(初飛行1969年)

左(頭)揃え

もっとも基本となる行の揃え方

大空の旅を変えたのは、Boeing
747という、これまでにない超大
型のジェット旅客機だった。
(初飛行1969年)

右揃え

行末を基準に揃える方法

大空の旅を変えたのは、Boeing
747という、これまでにない超大
型のジェット旅客機だった。
(初飛行1969年)

中央揃え

各行のセンターで揃える方法

大空の旅を変えたのは、Boeing
747という、これまでにない超大
型のジェット旅客機だった。
(初飛行1969年)

ジャスティファイ

字間を調整して行末を揃える方法
(改行がある行を除く)

大空の旅を変えたのは、Boeing
747という、これまでにない超大
型のジェット旅客機だった。
(初 飛 行 1 9 6 9 年)

強制

すべての行を一定の長さに揃える方法

大空の旅を変えたのは、Boeing
747という、これまでにない超大
型のジェット旅客機だった。
(初飛行1969年)

混在した例

複数の行揃え方法を駆使

写植
p.227

組版の基礎知識

文字と文字の並び方を考え、行の長さや間隔を決めていき、印刷物として多くの人に読んでもらうための体裁を整える作業が、「組版」と呼ばれる技術だ。ここでは基本的な文字の組み方と読みやすさの関係、版面の設計を解説していく。

行間と行長の決め方

本文をどのように組むかによって、書籍はもちろん、雑誌の基本的な誌面設計が決まってくる。判型の大きさ、組む方向(縦組みか、横組みか)が決まったら、本文にふさわしい書体と大きさを選び、1行に収める文字の数と間隔、行の数とその間隔、段数と段間を決め、これらによってスペースが定まる版面を判型のどこに置くかなどを、相互に関連させながら考えていく。

本文の組み方は、書体はリュウミン-Rなどの細めの明朝体、大きさは11〜14級とし、行送りは本文の大きさの1.5倍程度にするのが一般的だ。これらの諸要素を想定読者や原稿の内容によって、慎重に決めていくことになる。

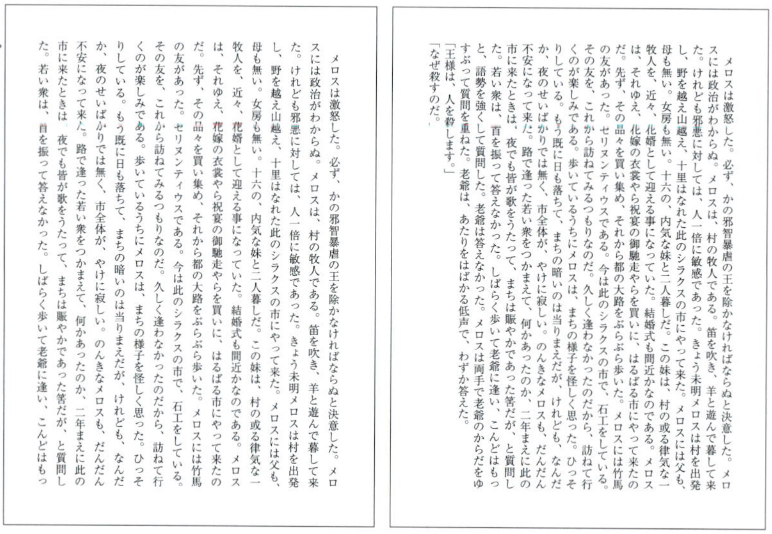

行が長い場合の読みやすさ

文字の読みやすさは、行の長さと間隔が密接に関係してくる。行が長いほど行間を広くあける必要がある。本文であれば、1行は15字から40字前後の範囲で決め、長すぎるようであれば複数の段に分けて組むことになる

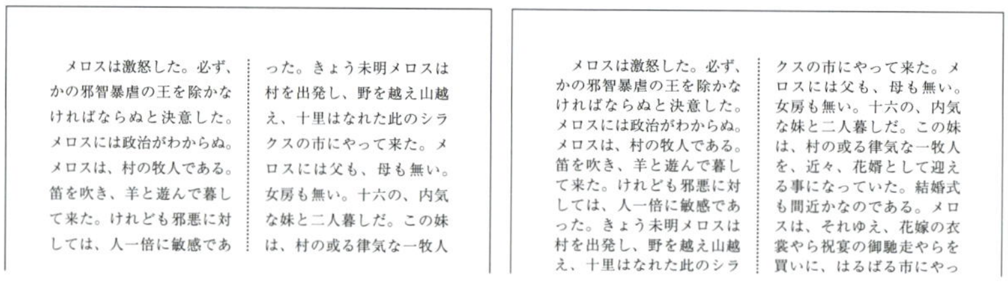

行が短い場合

本文を複数の段に分けるなどして1行の字数を少なくした場合は、行間が狭くても読んでいくことができる。なお、縦組みよりも横組みのほうが、一般的に広い行間が必要とされる

版面と文字組みの関係

判型と本文の組み方によって、版面(はんづら)と呼ばれる文字や絵柄を収めるべき部分(周囲の余白を除いたスペース)が決まってくる。段組みや段間(文字の大きさの2倍程度)、版面の大きさ、位置は印刷物の印象を決める大きな要素であり、デザインやレイアウトなど視覚的な演出と文字の組み方、読みやすさのいずれをも満足させる設定が望まれる。

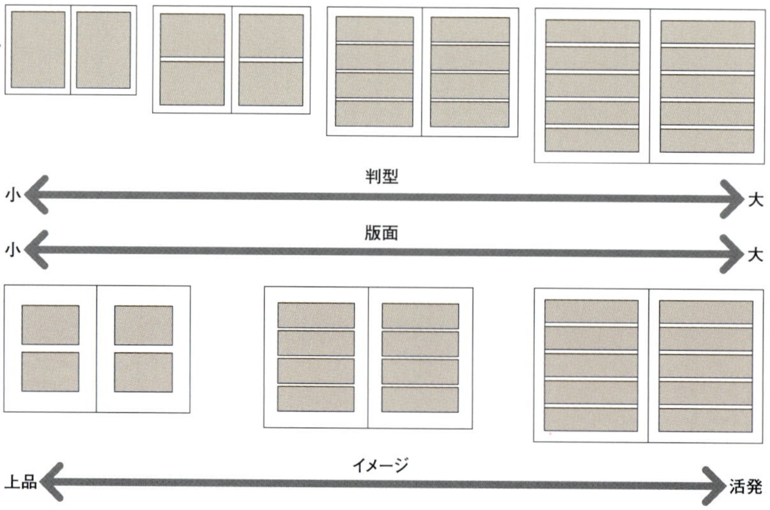

段組みの数

判型が大きいほど段組み数が多くなり、1行の文字数を抑えて読みやすさを保つとともに、写真などの情報を整理しやすい設計にするのが一般的だ

余白の広さ

文字組みの設定によって、版面の面積が決まってくる。余白が多くなると本文や写真に視線を集中させることができるが、必然的に掲載できる情報は少なくなる

関連リンク
誌面作りの流れ p.013
文字と書体 p.116
タイプフェイス p.118
日本語組版 p.152
活字と活版印刷 p.225
写植 p.227

字間と字送り

文字の組み方を、ここで再確認しておこう。書体と大きさを選んだら、字間と字送りを決める。字間はゼロ、すなわち文字の大きさと字送りの値が等しい「ベタ組み」が本文の基本である。和文では数値上は字間がゼロでも、ボディに空間があるので十分に読みやすい。なお、行揃えは禁則処理を考慮してジャスティファイに設定するが、QuarkXPressやIllustratorでは文字を収めるテキストボックスのサイズによって、字間が広がりすぎてしまう場合が多い。文字の大きさや字数を計算して、正確なサイズのテキストボックスを作成しよう。

行間と行送り

字間とは逆に、行間はあけないと読みづらくなる。その広さは文字の大きさの1.5倍から2倍程度の範囲で考え、行の長さと比例して広くしていく。ルビと呼ばれる振り仮名をつける場合は、さらに広くすることもある。こういった本文組みの体裁は、1冊の印刷物の中では1つの設定で統一するのが基本だ。

版面と余白を決める方法

本文の組み方と版面は密接な関係にあるが、ここではどのように両者を決めていくかを順を追って解説していこう。右の例では文字の大きさを選び、行の長さを決めるといったように、あくまでも本文の読みやすさを優先して組み方を考えている。逆に、余白の視覚効果や収める原稿の文字数を優先して、版面の大体の大きさや位置を決めておき、それから文字の大きさなどを調整する場合もある。なお、余白にはノンブルや柱を置くことになるので、そのスペースも考慮して版面の位置を検討しよう。

まずどんな大きさの文字を本文とするか決める。文字には大きさの単位となる「仮想ボディ」と、文字そのものを表す「字面」がある

文字を1行に何字入れるか決める。文字と文字の間（字間）は、文字の大きさと同じ「ベタ」が基本。ベタでも仮想ボディがあるため、くっつきはしない

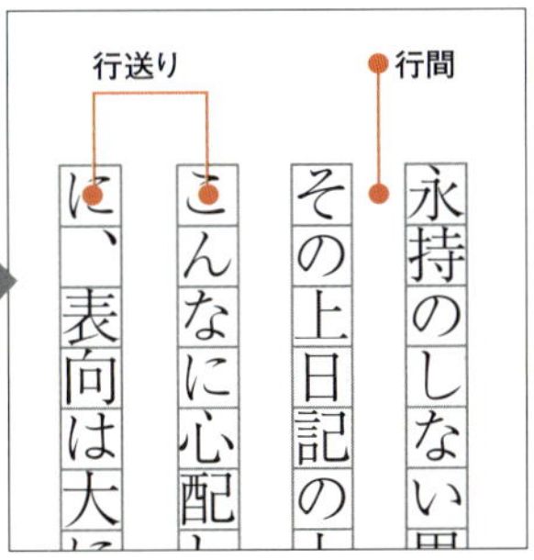

行を並べる間隔（行間ないし行送り）を決める。これは文字の大きさの1.5〜2倍が一般的。次にその行をいくつ並べるかを決める

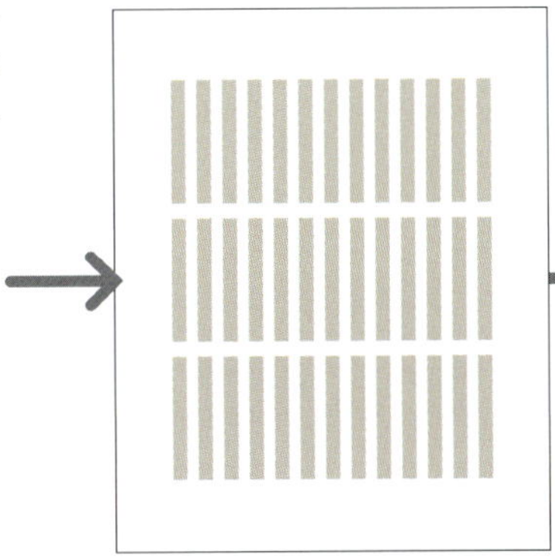

並べた行をいくつ上下（横組みの場合は左右）に作るかを決める。これが「段組み」となる。上図は3段組としたが、判型や狙う誌面イメージによって適当な段組み数は異なってくる

1ページ分の本文用段組みとそれらの間隔を足したものが、版面と呼ばれるスペースになる。版面のタテ・ヨコのサイズは、ここまでで決めてきた事柄の数値から計算できる

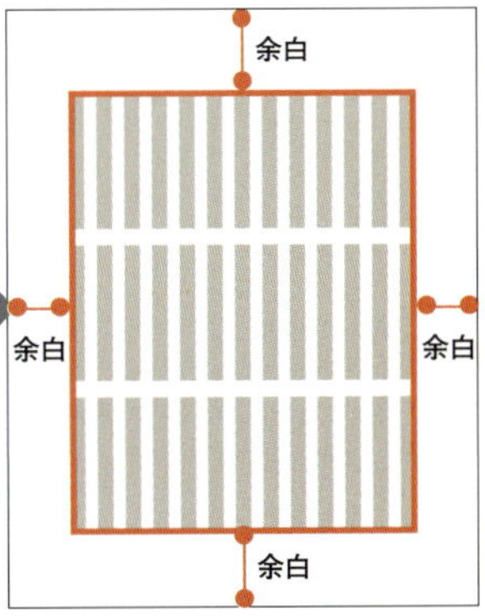

版面を誌面のどこに置くかを決める。上下左右の余白（マージン）の量は、ノンブル・柱の位置や、製本形式・全体のページ数（ノドに影響する）などによって決める

日本語組版のルール

文字の組み方には、美しさや読みやすさを損なわないために、習慣的に定められたルールがあり、そのルールに沿うように組み方を整える必要がある。それが禁則処理だ。ここでは禁則の対象や処理方法、ルビの組み方について解説する。

読みやすさを実現する禁則処理

句読点が行頭にきたり、始まりのカッコが行末に残ったりすることを避けるのが禁則処理だ。禁則の対象となる文字は、レイアウトソフトが自動的に処理してくれる(禁則文字をカスタマイズできるソフトもある)が、各出版社によって禁則の対象とする文字や記号が異なるなど、ルールは一定ではない。

見出しがページの最後に残るのも禁則であり、行の字数が少なすぎる場合も禁則処理の対象とすることが多い。ただし、あまり禁則の対象を広げると字間の調整が多くなりすぎて、かえって見栄えを損なうこともあるので注意しよう。

禁則処理の対象となる主な文字

行頭禁則文字

、	。	,	.	・	)	〕	]	}	〉	》	」	』
】	'	”	?	ゝ	ゞ	ヽ	ヾ	々	?	!	:	;
あ	い	う	え	お	や	ゆ	よ	わ				
ア	イ	ウ	エ	オ	ヤ	ユ	ヨ	ワ	カ	ケ	ー	

(網掛け)は禁則に含めず、許容することも多い

行末禁則文字

(	〔	[	{	〈	《	「	『	【	‘	“	〝

分離禁則文字

3点リーダー	2点リーダー	2倍ダーシ	
……	‥‥	——	
組数字	連数字	単位など	グループルビ
(03)	2,000	100%	麦酒《ビール》

禁則処理せず

句読点や約物、拗促音(ィ)が行頭に、行末にあると不自然な約物が行末に残っている

遠距離恋愛中の彼と久々のデート！　でも
、この季節、何を着ていけばいいのやら…
…。来てくれるので、私が案内しなくては
！　しかも、初めての映画デート。カーデ
ィガンにお気に入りのワンピでいくかな（
ワンパターン？）、新調しようかな～。

禁則処理

行頭と行末の禁則対象を処理。その結果として、字間の調整や行末の不揃いが生じているがやむを得ない

遠距離恋愛中の彼と久々のデート！　でも、
この季節、何を着ていけばいいのやら……。
来てくれるので、私が案内しなくては！
しかも、初めての映画デート。カーディガ
ンにお気に入りのワンピでいくかな（ワン
パターン？）、新調しようかな～。

分割禁止の例

くり返し記号や単位のほかにも、分けると失礼になる語句を任意に禁則の対象にすることもある

樹さんと、由紀子さんが、ご結
婚されることになりました。つ
きましては、皆様がたのあたた

樹さんと、由紀子さんが、ご結婚
されることになりました。つき
ましては、皆様がたのあたたか

わかりにくくなる語句

年号などは意味が通じにくくなるので分割禁止とする。ただし字間調整の結果、組が乱れることも多い

ペリー提督がやってきた一八五
三年から、日本には「攘夷」と
いう形で民族主義が芽生えてい

ペリー提督がやってきた
一八五三年から、日本には「攘
夷」という形で民族主義が芽生

関連リンク
Illustrator p.102
InDesign p.142
QuarkXPress p.144
行揃え p.149
文字詰め p.149
組版の基礎知識 p.150
約物・記号 p.216

禁則処理のための字間調整

行頭に句読点がきた場合などの禁則処理は、どのように行われるのだろうか。行頭にきた句読点は前の行に入れるのが標準で、その分のスペースは前の行にある約物を詰める。もし前の行に約物など詰めることができる場所がない場合は、前の行の最後の文字を次行に追い出して行頭に持ってくることになる。その分のアキは、字間を均等に広げるという処理をする。

こういった作業は各レイアウトソフトが自動的に判断・計算してくれるが、必ずしも希望通りの結果になるとは限らない。自分でも設定できるように、禁則処理の方法を覚えておきたい。

富士に、化かされたのである。私は
、あの夜、阿呆であつた。完全に、
無意志であつた。

前の行に約物があれば、そこを詰めて読点を追い込む

富士に、化かされたのである。私は、
あの夜、阿呆であつた。完全に、無
意志であつた。

あの夜のことを、いま思ひ出しても
、へんに、だるい。

詰められない場合は、均等に字間をあけて行末の1字を追い出す

あの夜のことを、いま思ひ出して
も、へんに、だるい。

ルビの組み方

振り仮名をルビといい、振り仮名をつけることを、「ルビを振る」という。ルビ文字の振り方には、親文字（被ルビ文字）の字数とルビ文字の字数によって、さまざまな方法がある。標準は、ルビを親文字の中央に揃える「中つき」だ。そのほかに頭揃えで組む「肩つき」や、片仮名ルビや熟語訓、当て字などをまとめる「グループルビ」という組み方がある。

ルビ文字の大きさは親文字の半分が標準だが、見出しなど大きな文字にルビを振る場合は、半分の大きさでは目立ちすぎるので任意の大きさに調整する。

水滴《したた》る、古くて湿っぽい宿に佇《たたず》
んでいられないので私《わたくし》はついに
暁《あかつき》の中、駈けだした。

行頭の場合は、中つきルビでも次の文字にかける。肩つきルビの場合は、常に次の文字にかける。仮名に対してもルビは1文字しかかけてはいけないので、字間をあける

前後の文字が仮名や約物であれば、ルビを前後に1字まで食い込ませる

漢字にはルビを食い込ませず、中つきの場合はルビ1文字分の字間をあける。あけた分は句読点の後を詰めて吸収。上のように肩つきルビの場合は、次の文字が漢字でなければ1文字までかけてもよい

滴《したた》る

行末にきた場合は、肩つき・中つきルビとも、前の文字が仮名や約物であれば二分まで食い込ませる

基本

日本《につぽん》

ルビの食い込み

1文字に3字以上のルビを振る場合、前後の文字が仮名であれば、ルビ1文字を上下にはみ出させてしまってよい。ルビがはみ出す場合は、中つきでは上下均等に、肩付きでは下からかける

肩つき

山車《だし》　図解《ずかい》

中つき

山車《だし》　図解《ずかい》

グループ

研究所《ラボ》　沙翁《シエークスピア》　阿爺《おやじ》

1対2対1

見出しの役割と作り方

記事の内容がひと目でわかる、読者の注意を引く、文章の区切り、読みやすさの向上など見出しの役割は大きい。見出しは内容に応じて、大・中・小とランクをつけ、本文やキャプションと差別化し、文字の大きさや組み方、配置を工夫するのが一般的だ。

見出しの種類とランク

雑誌や書籍に限らず、あらゆる印刷物に見出しが用いられる。文章の内容や構造を示し、読者が読んでいる位置を明らかにするために、見出しは大切な役割を担っている。

見出しの書体や大きさ、組み方を工夫することで、文字だけのページでもまるで写真やイラストが入っているかのように親しみやすい印象を与えることができる。また、大部な書籍では、中身を部・編・章・節などと順を追って構成する場合もあり、それらに応じて見出しの大きさにランクをつけたり、番号を付加して理解を助けることもある。

わかりやすさと見栄えを高める

見出しは大・中・小とランクづけして記事の構造を明らかにし、読者の注意を引く。雑誌ではキャッチやリードといったように使い分けることが多い

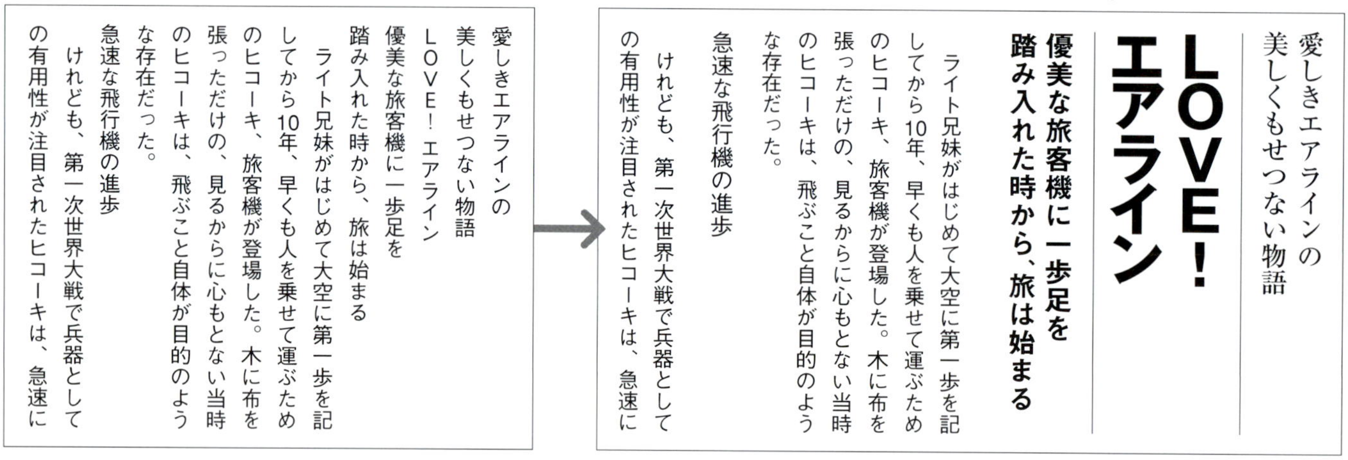

本文を基準にする行取り見出し

書籍の本文組みでは、見出しのスペースの指定に「行取り」という方法が用いられる。一定の行数をあけ、そこに見出しを入れるのだ。2行分のスペースの中央に見出しを入れたり、1行あけて次行に見出しを入れるなどさまざまな方法がある。行取りで見出しを指定すれば、本文の行送りを乱すことがないので、段の上下で行がずれたり、誌面の表裏でずれた行が透けてしまうといった問題を避けることができる。写真や図版のスペースも行取りで指定することが多い。

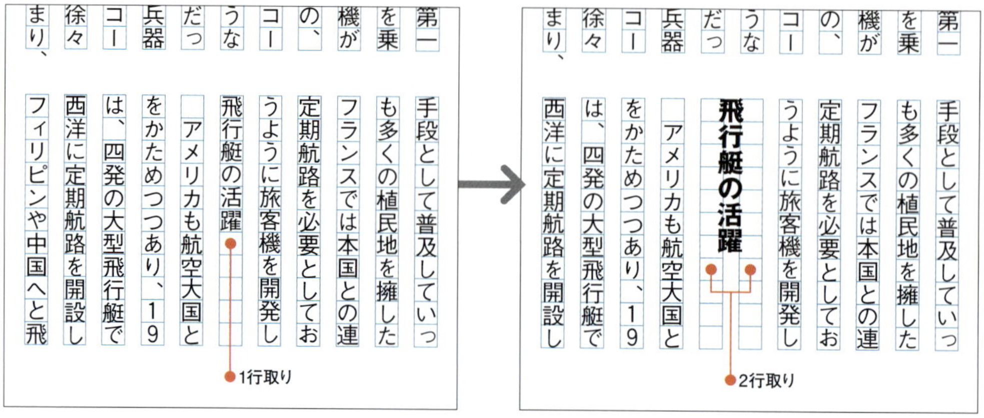

見出しのランクに応じて、2〜4行取りなど、本文をあけるスペースを大きくしていく

関連リンク　書体 p.117　記号の種類 p.216

見出しの位置

行頭や行末だけでなく、見出しの位置も禁則処理の対象となる。見出しは本文を読んでもらうために設けるわけだから、見出しだけがページの最後に残ってしまうような「泣き別れ」は避けなければならない。見出しの後には最低でも1行、できれば2行以上入っているのが望ましい。また、新聞の組版などでは、段の上下で同じ行に見出しが入ることを避ける処理もしている。なお、これら見出しの禁則はDTPでは自動処理されないので、作業者（モノによっては編集側かデザイナー）自身が注意して対応しなければならない。

左は見出しがページの最後に残ってしまった「泣き分かれ」の例。2行以上の本文が残るように調整したい。右はページの頭に本文が1行だけ残ってしまった例。これも同様だ

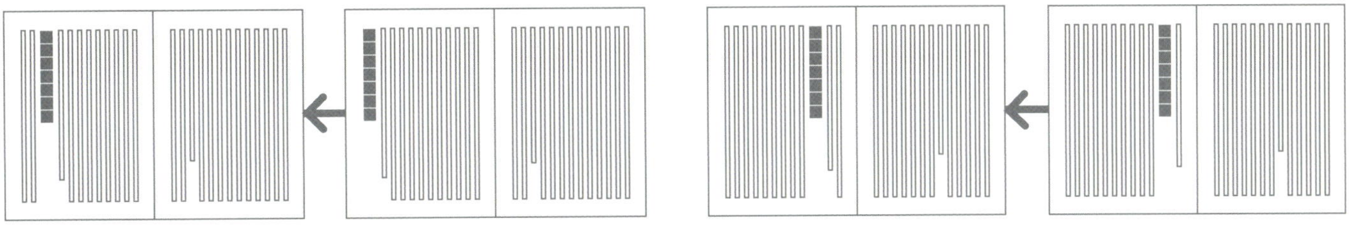

見出しで使われる文字組み

書籍では行取りで見出しを指定するのが一般的なので、見出しのデザインにも本文の行送りを乱さないような工夫が必要だ。

サイズを大きくしたり、書体を変えたりするのが手軽な方法だが、印象的な形の約物を行頭や行末に追加したり、長体や平体、斜体といったように文字を変型させる方法も効果的だ。見出しを本文に食い込ませる「同行見出し」という方法もあるが、DTPでは製作や文字の修正が難しい組み方だ。

読みやすさを演出する

読みやすさを演出する

読みやすさを演出する

読みやすさを演出する

◆……読みやすさを演出する

◉読みやすさを演出する

▌読みやすさを演出する▌

異なる書体を組み合わせたり、変型させたり、約物を追加するなどして修飾した見出しの例

実際にレイアウトする場合には、計算された文字数の範囲で見出し文字やリード文の書体や大きさを決め、写真を効果的な位置に配置し、アタリ（写真のトリミングを確定するために絵柄の範囲を決めること）を書き込み、レイアウト用紙を完成させる。ケイ線

読みやすさを演出する

ところが、DTPでは、文字の情報、写真の配置、製版の指示などのすべてはデータとして保存する。レイアウト用紙も使われないことも使われないことが多い。しかし、実際に読

本文に食い込ませた同行見出しと、1字目を大きくして見出しの役割を持たせたドロップキャップスの例

見出しをデザインする

雑誌でタイトルやリードを作り込むように、自由な発想で見出しを作ってみるのも面白い。DTPでは従来の写植や活字組版とは比較にならないほど、自由に文字の組み方や配置を決めることができる。読みやすさを考えつつ、デザインの要素として遊んでみるのもいいだろう。

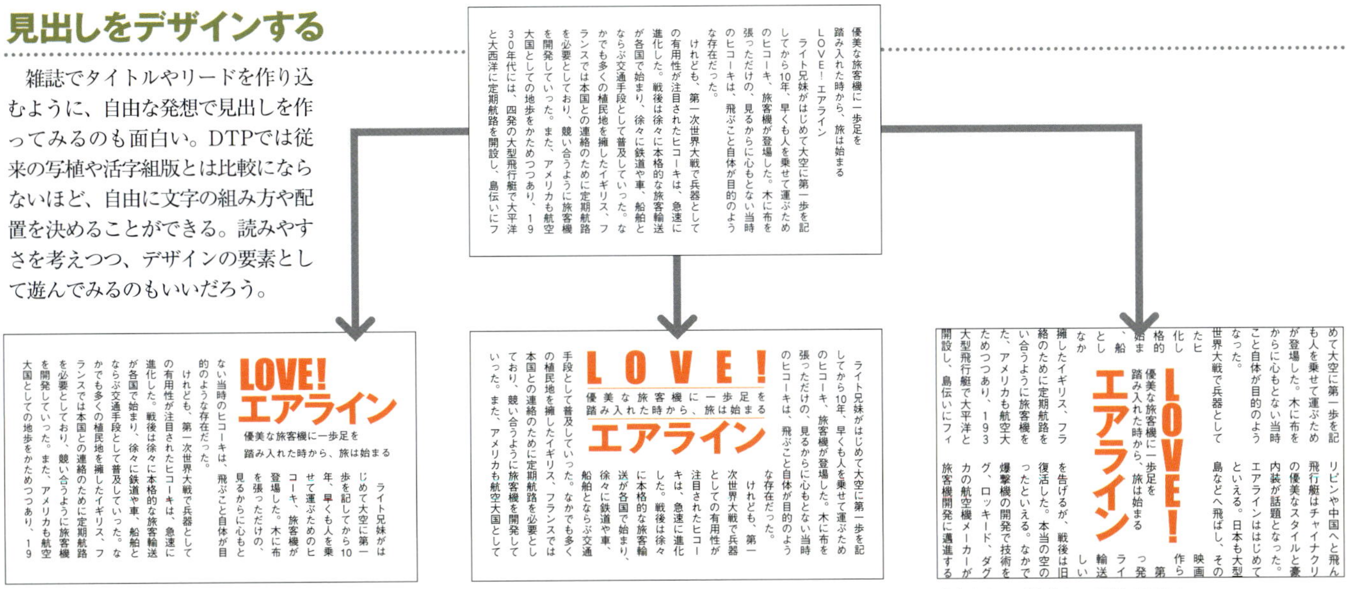

優美な旅客機に一歩足を踏み入れた時から、旅は始まる
LOVE! エアライン
LOVE! エアライン
優美な旅客機に一歩足を踏み入れた時から、旅は始まる
L O V E !
優美な旅客機に一歩足を踏み入れた時から、旅は始まる
エアライン
LOVE!
エアライン
優美な旅客機に一歩足を踏み入れた時から、旅は始まる

横組みにした大見出しや小見出しを、本文に食い込ませた

行揃えを強制割付けにして一定のスペースに収め、本文中に配置

段をまたいだ見出し。新聞では段を貫く見出しが多用される

さらに知識に磨きをかけたい人の関連図書案内

※書籍の内容に関しては、各出版社にお問い合わせください

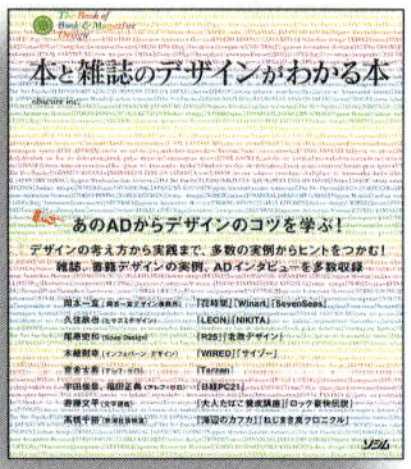

本と雑誌のデザインがわかる本

オブスキュアインク 編
1,890円
ソシム

現役の若手デザイナーや、第一線で活躍を続けるアートディレクターへのインタビューから、エディトリアルデザインの実例とヒントを学ぶことができる。現役のデザイナー、編集者はもちろん、これからエディトリアルデザインの世界に入る人にも、編集やライターを目指す人にも役に立つ一冊。

大正・昭和のブックデザイン

松原正世 編著
6,090円
ピエ・ブックス

大正から昭和初期までに刊行された書籍や雑誌の装幀と挿画を掲載。日本古来と意識と、欧米のデザインが融合した作品の数々を見ることができる。エディトリアルデザインが花開いた当時の作品は、現代のデザインにもヒントを与えてくれる。デザイナーにとっても編集者にとっても貴重な資料となる一冊。

キーワードで引くデザインアイデア見本帳

大森裕二・Far,Inc. 著
2,625円
エムディエヌコーポレーション

デザイン上のコンセプトを、そのまま目次として構成し、デザイン作業を効率良く行なうための手助けになる一冊。各章ごとにテーマに沿った書体、イラスト、写真、カラーサンプルが集められ、イメージを広げていくことができる。デザインアイデアを引き出すためのハンドブックとして上手に利用したい内容。

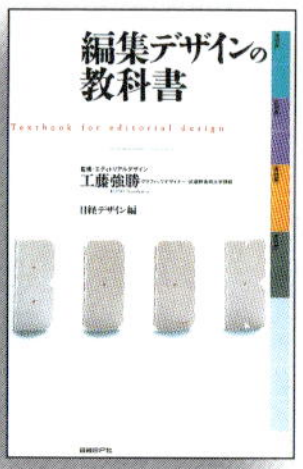

編集デザインの教科書

工藤強勝 監修／日経デザイン 編
2,730円
日経BP社

CDジャケットやフリーペーパーから雑誌・書籍まで、あらゆる印刷物のエディトリアルデザインの手法を解説。「基礎編」「応用編」「実践編」「資料編」の4つから構成されており、基本的な用語から実践で使われるテクニックまで紹介。本が流通するしくみや印刷工程を解説し、1ランク上のデザインをするための知識を得られる。デザイナー必携の一冊。

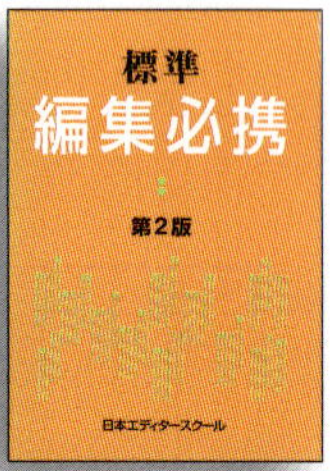

標準 編集必携　第2版

日本エディタースクール 編
2,079円
日本エディタースクール出版部

書籍の部位の名称、校正記号から制作の管理まで、本づくりをするうえで必要な原則が語られている。すべての現場でこの通りに物事が進むということはないかも知れないが、書籍を作るためのルールを知っているのと知らないのとではワークフローに大きな違いが出てくることは間違いない。出版に関わるなら職種を問わず持っているべき一冊。

FILING 混沌のマネージメント

株式会社竹尾 編
3,500円
宣伝会議

日々の生活の中で、収集され蓄積されていく物や情報が、どのように分類され管理されているかをテーマにした本。掲載されている風景やアイテムと、解説を読むことで、物が持っている「情報」を新しい視点から見ることができる。ここから得られる発想はデザインにも編集にも応用できるだろう。

眼の冒険 デザインの道具箱

松田行正著 著
2,940円
紀伊国屋書店

インダストリアルデザインや建築物、グラフィックデザイン、報道写真に至まで、あらゆるものの背景にあるコンセプトやアイデアを、さまざまな視点から読み取り解説する。デザインを考え出すためのヒントを得るには最適な一冊だ。

原弘 デザインの世紀

原弘 著
2,940円
平凡社

1930年代から80年代までに制作されたポスターや書籍、雑誌などを通して、日本におけるデザインがどのように変遷してきたかを、グラフィックデザインの第一人者である原弘が語る。日本語ならではの、タイポグラフィやエディトリアルデザインの特殊性を知ることで、進むべき方向が見えてくる。

8

ネットワーク

インターネットのしくみ

インターネットは、世界中のネットワークとコンピュータを網の目のように相互接続した世界最大のネットワークだ。一般ユーザーの接続環境が整ったことで、情報収集・配信、プレゼンテーション、Eコマースなど、高い利用価値が生まれている。

インターネットの概念図

このページの図は、あるユーザーがインターネットを介して、遠距離にあるサーバに保存された情報にアクセスしている様子を示している。

インターネットの通信経路は、プロバイダに設置されたルータという装置を介して網の目状に接続されている。1つのルートが故障しても、ほかの迂回ルートを使って通信が可能で、戦争や災害の被害に強いシステムとなっている。

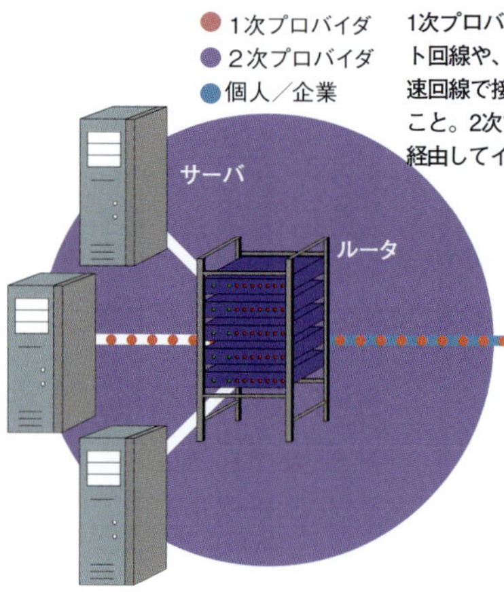
1次プロバイダ
2次プロバイダ
個人／企業
サーバ
ルータ

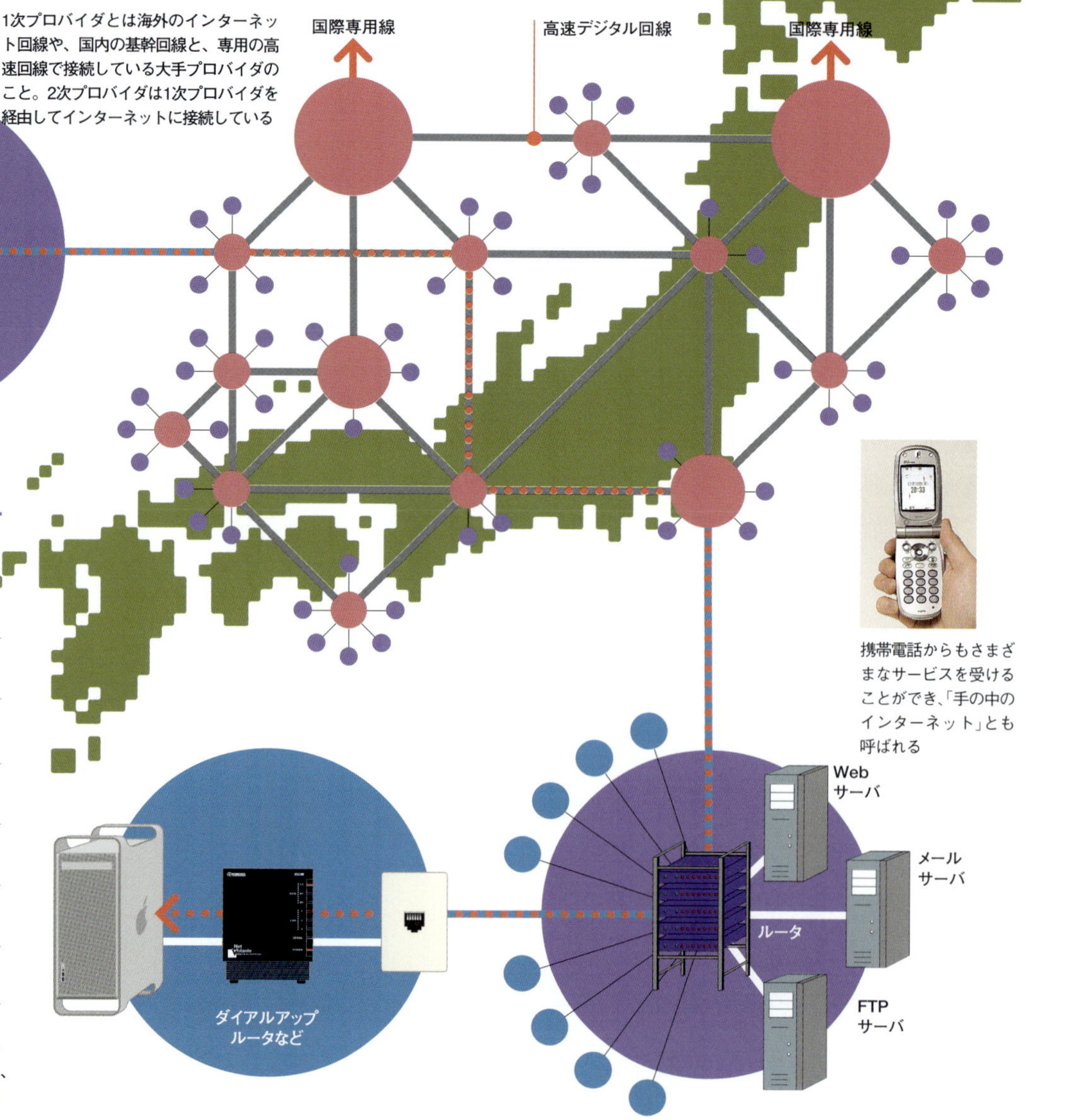
1次プロバイダとは海外のインターネット回線や、国内の基幹回線と、専用の高速回線で接続している大手プロバイダのこと。2次プロバイダは1次プロバイダを経由してインターネットに接続している
国際専用線
高速デジタル回線
国際専用線
Web
サーバ
メール
サーバ
ルータ
FTP
サーバ
ダイアルアップ
ルータなど

携帯電話からもさまざまなサービスを受けることができ、「手の中のインターネット」とも呼ばれる

通信速度の違い

アナログモデム	下り：～ 56 kbps 上り：～ 38 kbps
ISDN	下り：～ 64 kbps 上り：～ 64 kbps
ADSL	下り：～ 50 Mbps 上り：～ 5 Mbps
FTTH	下り：～ 100 Mbps 上り：～ 100 Mbps
CATV	下り：～100Mbps 上り：～100Mbps
専用線	下り：～ 1 Gbps 上り：～ 1 Gbps
PHS (8xパケット／WILLCOM)	下り：～ 256 kbps 上り：～ 256 kbps
携帯 (CDMA 1X WIN／au)	下り：～ 2.4 Mbps 上り：～ 144 kbps

デジタル回線を使用するISDNに代わって台頭したのが、その数十倍の速度を提供するADSL、CATV（ケーブルテレビ）、FTTH（光ファイバー）だ。xDSL技術は最大で52Mbps（VDSL）の通信を可能にする

関連リンク
ネットワーク p.160
ルータ p.160
サーバ p.162
LAN p.223

ADSL回線を使用する場合

月額3,000円程度で最大50Mbpsの通信速度を持つADSLは、ISDNに代わって現在、もっとも一般的なインターネットへのアクセス方法となっている。接続には、スプリッタ、ADSLモデムが必要で、複数台のマシンを接続するには、別途ブロードバンドルータやスイッチングハブが必要。最近はスプリッタ、ADSLモデム、ブロードバンドルータ、ハブなどの機能を1台で備える製品も出ている

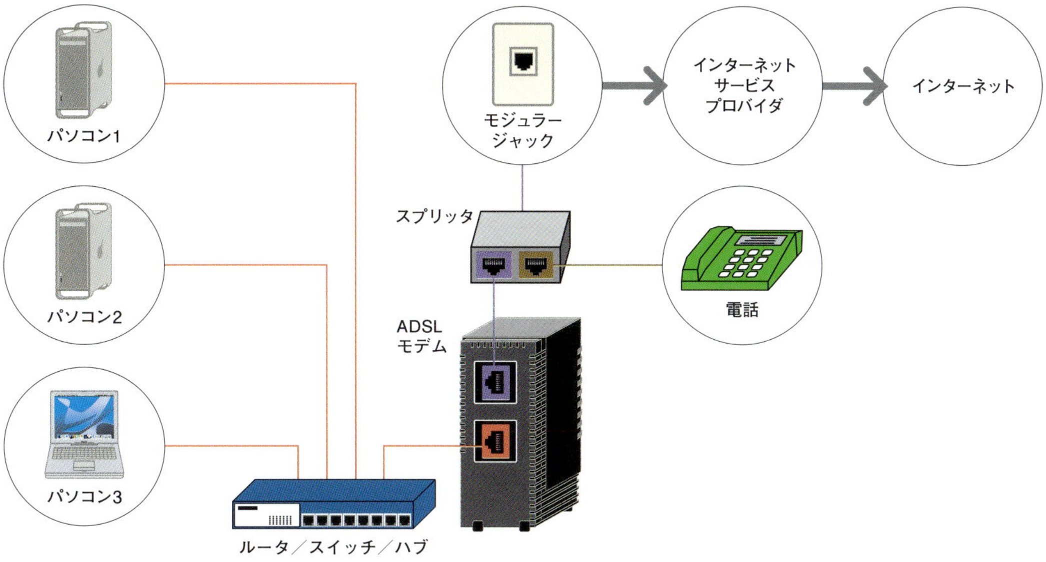

FTTHを利用する場合

光信号と通常のLANの信号を変換するメディアコンバータをNTTに設置してもらい、局との間を光ファイバーで接続する必要がある。メディアコンバータにルータを接続すると、複数のパソコンから100Mbpsのブロードバンドが利用できる

専用線を利用する場合

専用線によるインターネット接続は、接続コストが高いが常時接続であり、通信速度も～1Gbpsと高速。接続方法は基本的にISDNと同じで、DSUやTA、ルータを使用する

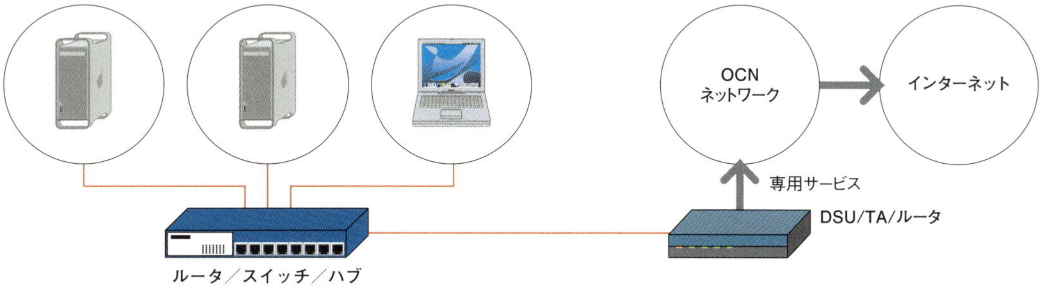

アナログ回線とモデムを使用する場合

アナログの電話回線を利用する場合は、モデムを介して回線とパソコンを接続する。通信速度は最大56Kbps。最近はモデムを内蔵するパソコンが多い

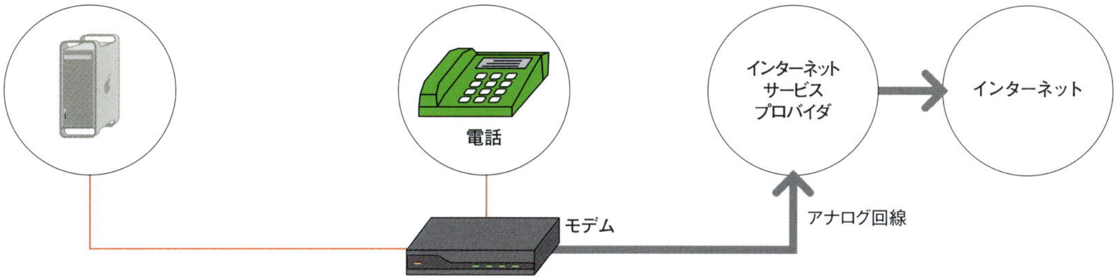

ケーブルTVを利用する場合

CATV網を利用したインターネット接続サービスの場合、ケーブルモデムのほかに、複数のパソコンを接続するためにはリピータ/ハブが必要となる。常時接続と100Mbps以上の高速性が魅力

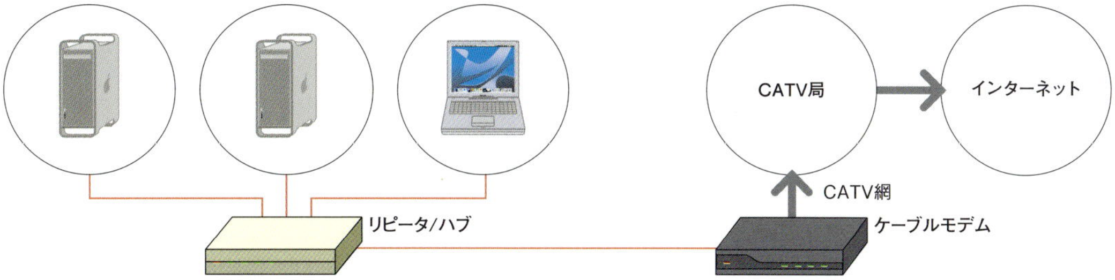

ローカルエリアネットワークの基礎知識

チームで仕事を進めることが多いDTPの現場では、パソコン間でデータをやり取りし、プリンタなどの機器を共有できるLAN（Local Area Network）の構築が欠かせない。LANでは、構築が簡単なEthernetがもっとも一般的だ。

ネットワークインターフェイスカード（NIC）の種類

パソコンは、NICを介してEthernetと接続される。Ethernetには、通信速度が10Mbpsの10Base-T規格と、100Mbpsの100Base-TX規格が使われているが、現在市販されているNICのほとんどはその両方に対応している。なお、現在のすべてのMacintoshにはEthernetポートが標準装備されているため、NICは不要だ。

拡張カードタイプ

デスクトップ型パソコンでは、拡張スロットに装着するタイプのLANカードを使用する

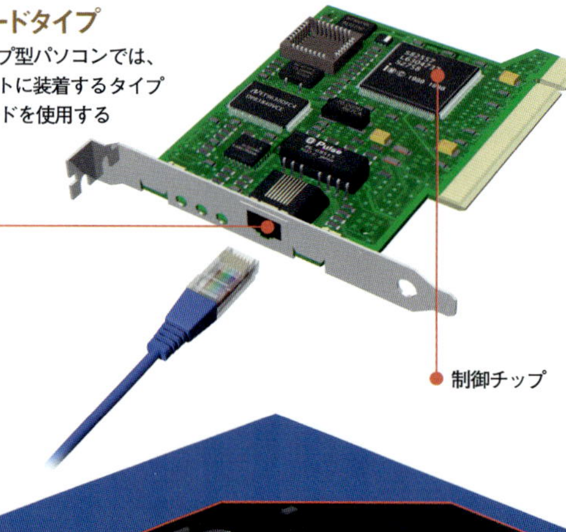

コネクタ

制御チップ

PCカードタイプ

ノート型パソコンでは、PCカードスロットに装着するタイプのNICカードを使用する。ただし最近のノート型パソコンは、NICを標準で内蔵し、LANコネクタを装備しているものがほとんどだ

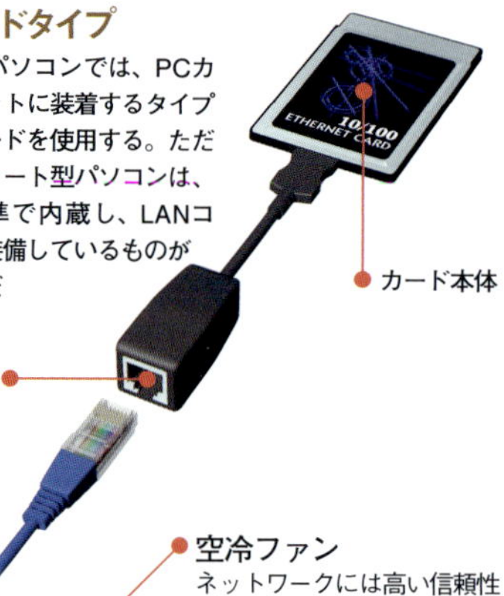

カード本体

コネクタ

スイッチングハブ

Ethernetの集配装置。ある程度の規模のLANを組むなら、複数組のパソコン間の通信を並列処理できるスイッチング機能を持つハブを使えば全体の通信効率の低下を抑えることができる。

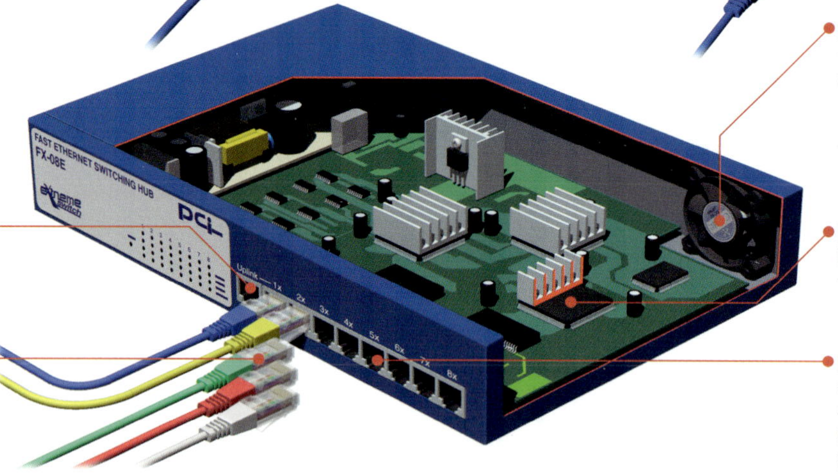

Uplinkポート
ほかのハブと接続するためのポート。Ethernetでは複数のハブをカスケード接続してポートを増やすことができる

LANケーブル
ケーブルにも種類があるが、図のツイストペアタイプが一般的。接続がわかりやすいようにするため、いろいろな色のケーブルが用意されている

空冷ファン
ネットワークには高い信頼性が要求される。高級なハブにはファンが装備され、制御チップの動作温度の上昇を防いでいる

制御チップ
Ethernetを流れる通信データの交通整理を行う

LANポート
ポートの数は、少ないもので4から、多いもので16以上。LANの規模に応じて必要な数のものを選択できる

スイッチングハブの働き

普通のハブ
1台のパソコンからの送信データは、ハブを介してほかのすべてのマシンのNICに送信される。送信先のNICだけがそれを受信してパソコンに入力する

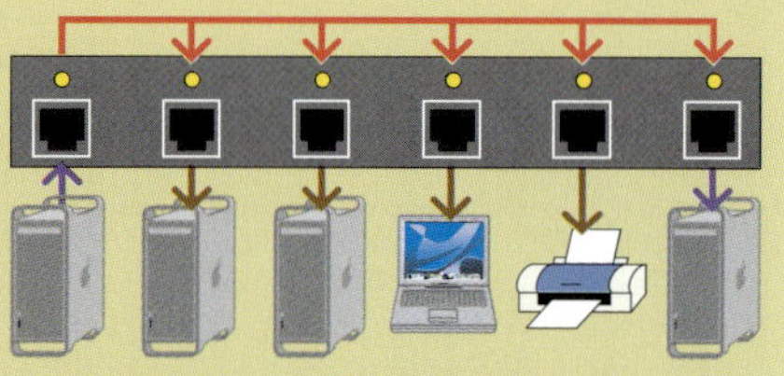

スイッチングハブ
ハブが送信元と送信先を接続し、ほかのマシンにはデータを送信しない。また、2系統以上の通信を同時に処理することができる

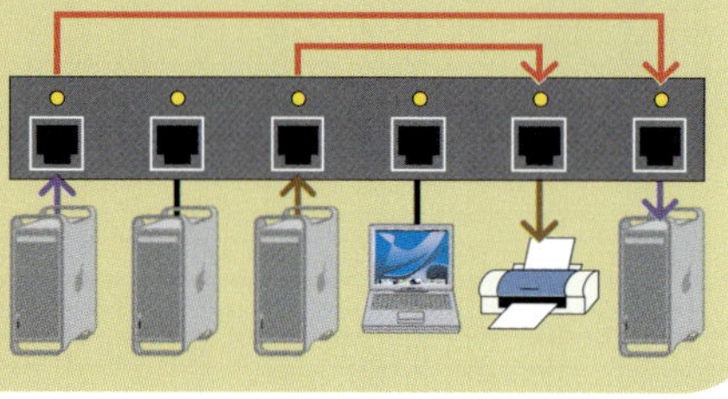

ネットワークの高速化と安定化に欠かせないスイッチングハブ

かつてはCPUの非力さから、DTPの現場では制作過程において低解像度の「アタリ画像」を使うことがほとんどだった。しかし近年、CPUの高速化によって実データを直接扱うことが多くなってきた。その結果、ネットワークのトラフィックが増大し、ファイルコピーや出力の際のネックになっている。ネットワークも10Mbpsから100Mbps、そしてGigabit Ethernetと高速化が図られているが、中継点となるハブの性能によっては十分な速度を得ることはできず、逆にボトルネックとなることだってある。ハイエンドな出力といった、巨大なデータを恒常的に扱う現場でネットワークを高速かつ安定して運用したいなら、データを効率よく送ることができる高性能なスイッチングハブを使おう。

MultiFlow 5048G（アンリツ）
Gigabit Ethernetに対応した高性能レイヤ3スイッチ。AppleTalkに対応し、MacintoshとWindowsの混在環境でも安定した運用が可能だ。中小規模から大規模ネットワークまでカバーする信頼の1台
http://www.anritsu.co.jp/

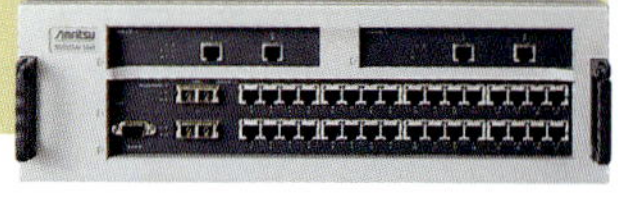

関連リンク
パソコンへの搭載 p.020
バススロット p.032
転送速度 p.033
ネットワーク送稿 p.164
10Base-T p.222
100Base-TX p.222
Ethernet p.222

インターネットへの接続

　ローカルエリアネットワークは、そのまま、インターネットへ接続することができる。接続方法は、ローカルエリアネットワークの形態によって異なる。
　ピア・トゥー・ピア型の場合は、ハブをネットワークルータへ接続する。クライアント・サーバ型の場合は、サーバをインターネットに接続する。ローカルエリアのサーバがインターネットに対応していない、あるいはインターネットに直接つなげたくない場合は、ハブからネットワークルータへ接続する。

ネットワークの形態

パソコンとプリンタなどを単純に接続したピア・トゥー・ピア型は、もっとも単純なLANの形態だ。各パソコン間のデータの交換やプリンタの共有はこれでできる。サーバ専用機を設置したクライアント・サーバ型は本格的なLANの形態だ。

ピア・トゥー・ピア型

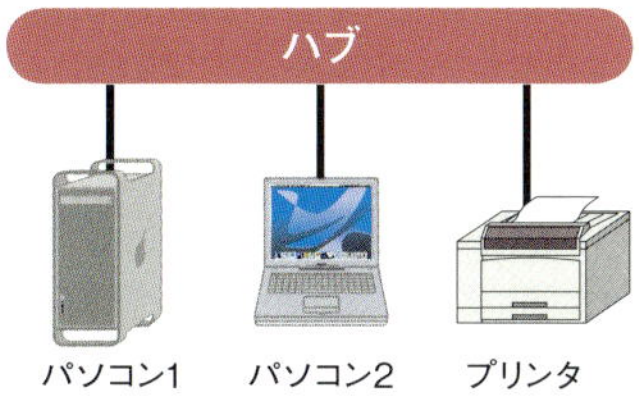
ハブ
パソコン1
パソコン2
プリンタ

クライアント・サーバ型

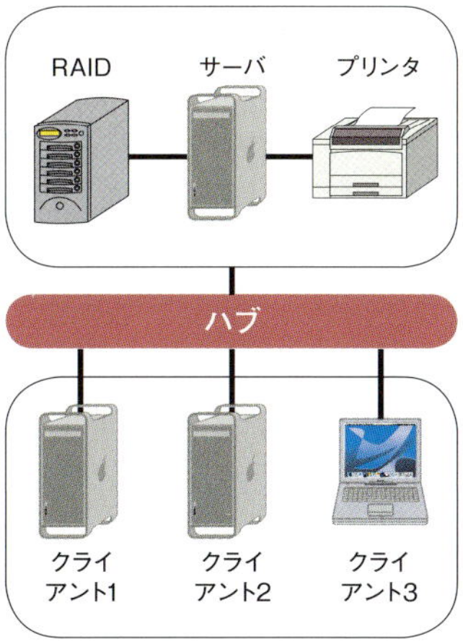
RAID
サーバ
プリンタ
ハブ
クライアント1
クライアント2
クライアント3

インターネットと専用ネットワークの違い

インターネットと専用ネットワークの決定的な差は、通信速度とセキュリティに保証があるかどうかということ。インターネットは利用自体は無料だが、いわば寄せ集めのシステム。通常個々のデータの伝送経路はユーザーの任意ではないため、ボトルネックを避けることは不可能で、どこで誰にデータを盗み見られるかわからない。
一方、専用ネットワークは営利的に運営されており、限られた範囲の設備に比較的豊富な資金を投入できる。そのため、高速な交換機を導入するなど回線品質は一定以上に保たれており、ファイアウォールやセキュリティサーバによって外部の侵入を防ぐ手段が設けられている。
反面、送信データ量ごとの課金や使用するハードウェア・ソフトウェアに対する固定費が必要になる

インターネット

全世界のサーバコンピュータが相互に接続され、少しずつサービスを提供することで成立しており、中央サーバは存在しない。分散型ネットワークの典型といえる

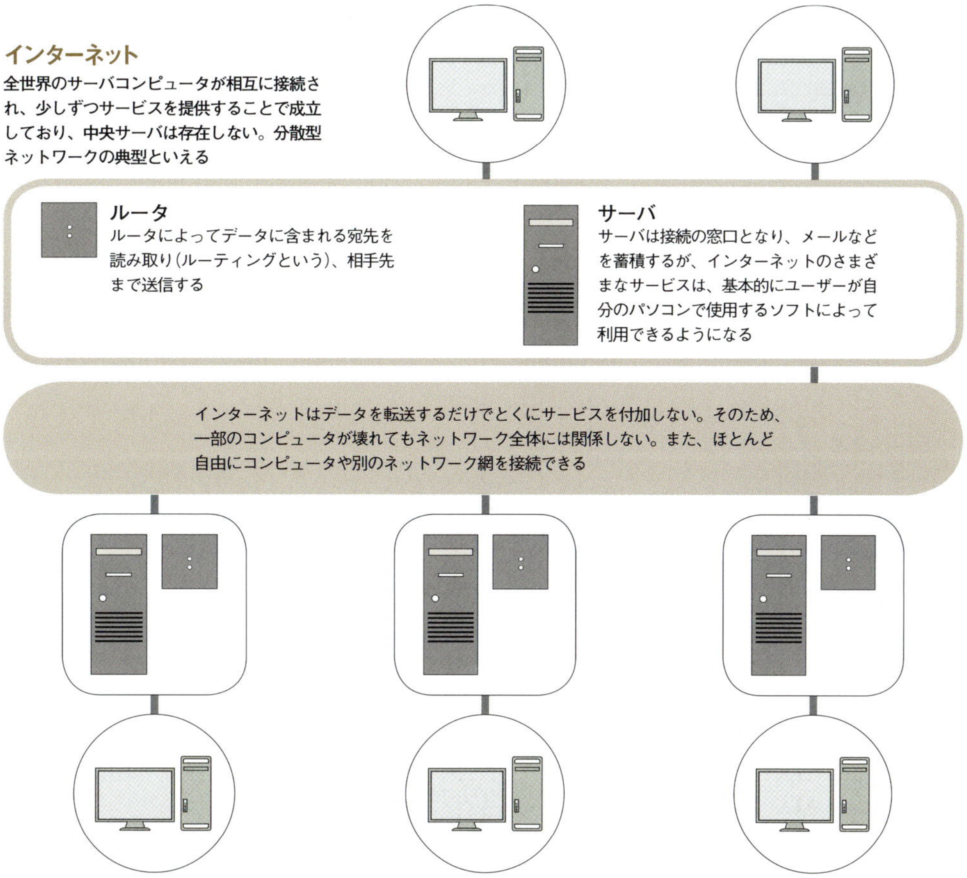
ルータ
ルータによってデータに含まれる宛先を読み取り（ルーティングという）、相手先まで送信する
サーバ
サーバは接続の窓口となり、メールなどを蓄積するが、インターネットのさまざまなサービスは、基本的にユーザーが自分のパソコンで使用するソフトによって利用できるようになる
インターネットはデータを転送するだけでとくにサービスを付加しない。そのため、一部のコンピュータが壊れてもネットワーク全体には関係しない。また、ほとんど自由にコンピュータや別のネットワーク網を接続できる

専用ネットワーク

ネットワークを運営する通信事業者などが中央サーバを設置し、ユーザーは専用線や公衆回線を通じてサーバにアクセスする。公衆回線からの場合は専用ネットワークに接続するためのAP（アクセスポイント）を経由。最近ではインターネットへの接続が可能になっているネットワークも多い

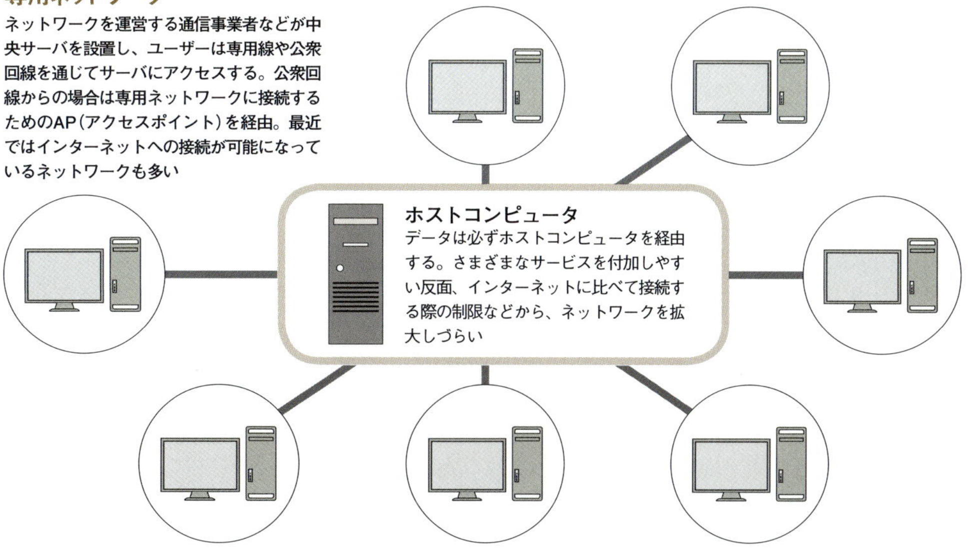
ホストコンピュータ
データは必ずホストコンピュータを経由する。さまざまなサービスを付加しやすい反面、インターネットに比べて接続する際の制限などから、ネットワークを拡大しづらい

プロトコル
p.231

サーバの役割と機能

ファイルの共有やメールの送受信、Webサイトの運営やデータベース運用など、「サーバ」はさまざまな目的で利用されている。ここではサーバの機能や基本的役割やネットワーク環境に直接接続できるストレージシステムについて触れる。

サーバが担ういろいろな機能

サーバは、ネットワーク接続されている複数のコンピュータに対してサービスを提供する。ここでいうサービスとは、ファイルやプリンタの共有、IPアドレスの発行など各種の機能を指している。

ハードウェアのしくみ自体は普通のパソコンと大差なく、小規模なネットワーク環境なら普通のパソコン1台でも十分だ。大規模ネットワークで運用するときは、膨大な処理能力をまかなうためにラックマウント型の専用機を複数設置することが多い。そこに、サーバ用ソフトウェアを組み込んで設定を行う。サーバ機能の設定は、運用目的に応じて複数のものを組み合わせるのが一般的で、その内容は会社やワークフローによって異なる。規模の大小に関わらず、サーバを管理する専任者を立てて、きちんと運営できるようにすることが、日常の業務を円滑に進める上で大切だ。

サーバにもいろいろある

ファイルサーバ

OSが標準で備えるファイル共有機能でまかなえることもあるが、多数のコンピュータがアクセスする場合は、専用機を設けたほうが効率がよい。また、Macintosh・Windows・UNIXなどさまざまなOSが混在する環境では、それぞれファイルの扱い方が異なるので、その違いを吸収して簡便にやり取りできるようにするためにファイルサーバを設けたほうが効果的だ。保存されているファイルのバックアップを兼ねる場合もあり、ディスクアレイ（RAID 5）のような記憶装置の信頼性向上も重要になる

プリントサーバ

ネットワーク上にあるプリンタを共有する時、プリンタの出力が追いつかず、ネットワークが混雑してしまうことがある。そこで、出力データを蓄えてネットワークの混雑を防ぎ、プリンタのジョブ管理を行うのがプリントサーバだ。ハードウェアRIPを搭載した専用機が多く、DTP作業には欠かせない。普通のパソコンで行うプリントサーバの場合は、USB接続のプリンタをネットワーク上で共有できるようにする機能なども備わる

データベースサーバ

住所録など各種のデータベースファイルを蓄えているサーバ。ほかのコンピュータからのリクエストに応じて、データの参照を可能にする。データベースソフトの側でも、同一のファイルに対して複数のユーザーのアクセス権を設定できるなど、ネットワークに対応した機能が必要だ

Webサーバ

Webサイトの運営を行うときに設定する。Webページのデータを保存し、ネットワークを通じてアクセスがあれば、それに応じて処理を行う。サーバ側の処理能力が足りないと、アクセスしてきたユーザーはWebページの表示が遅くなるなど、不便さを感じることになる

ストリーミングサーバ

ネットワーク上で動画の配信を行うときに設けるサーバ。扱うファイルが大容量になることが多いため、ネットワークの転送速度とハードディスクの速度はとくに重要。CPUの処理能力も高いものが要求される。配信用ソフトウェアと組合わせて運用する

メールサーバ

電子メールの送受信をする際に必要なサーバ。メールソフトの設定で、「送信サーバ」「受信サーバ」の欄に入力するのが、そのアドレスだ。会社でドメインを持っている場合は、社内に設けられていることもある

FTPサーバ

ファイルのやり取りを行うときに利用するサーバ。多くは、社内など内側で運用されるファイルサーバに対して、遠隔地とのやり取りなど広範な転送を行うときに利用することが多い。WebブラウザやFTP専用ソフトなどでアクセスする

DNS（ドメインネームサーバ）

インターネット上で利用されているIPアドレスの符号を、特定の名前に置き換える役割を担うサーバ。たとえば、「192.168.10.200」というIPアドレスを「www.works.co.jp」に置き換えるように定義しておけば、ユーザーは「www.works.co.jp」と入力することで同じ結果を得られる

ラックマウント型サーバ

ここでは、アップルコンピュータ社のサーバ専用機「Xserve」を例に、サーバ専用機のハードウェア構成を見てみよう。

Apple Xserve

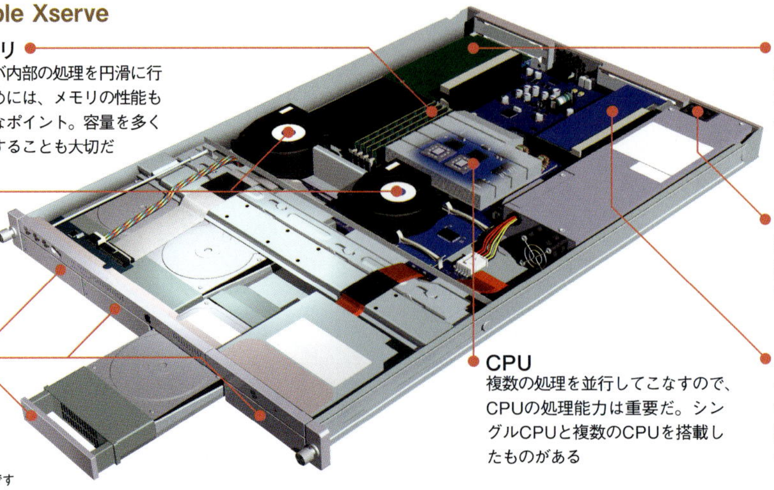

メモリ
サーバ内部の処理を円滑に行うためには、メモリの性能も重要なポイント。容量を多く搭載することも大切だ

ブロアー
狭い本体に発熱源が集中するので、内部の冷却のためにブロアーを備えるものがほとんどだ。音はかなりうるさい

ストレージ
本体前面に着脱可能なハードディスクを備える。本体が稼働していても入れ替え可能なホットスワップ対応だ

ビデオカード
本体のみで設定作業やメンテナンスを行うときに、外部モニタを接続する

電源ユニット
常に動き続けるものなので、電源ユニットの容量や耐久性も重要なポイントだ

CPU
複数の処理を並行してこなすので、CPUの処理能力は重要だ。シングルCPUと複数のCPUを搭載したものがある

ネットワークインターフェイス
1000Base-T Ethernetを採用。高い転送速度に対応できるようにしている

※このイラストはXserve（PowerPC G4プロセッサ搭載モデル）です

関連リンク
ハードディスク p.026
ネットワーク p.160
ネットワーク送稿 p.164
リモートプルーフ p.190

サーバの形態や設置方法あれこれ

普通のパソコンをサーバとして利用するときは、ほかのパソコンと同じように机の上や下に置いておくことが多い。数台までなら、専用のスペースを設けて、そこにパソコンやディスクアレイを並べておくこともある。

一方、インターネットのサービスプロバイダなどに代表される大規模ネットワーク事業者や、社内でサーバを設けている場合は、ラックマウント型の専用機をラックに納めてデータセンターと呼ばれる部屋に集中的に設置している。サーバの発熱量は台数が増えればそれだけ増えるので、ラック自体にも冷却ファンが備わっていたり、データセンター内は空調で常に気温を低めにするなど、安定した稼働のために相応の配慮がなされている。

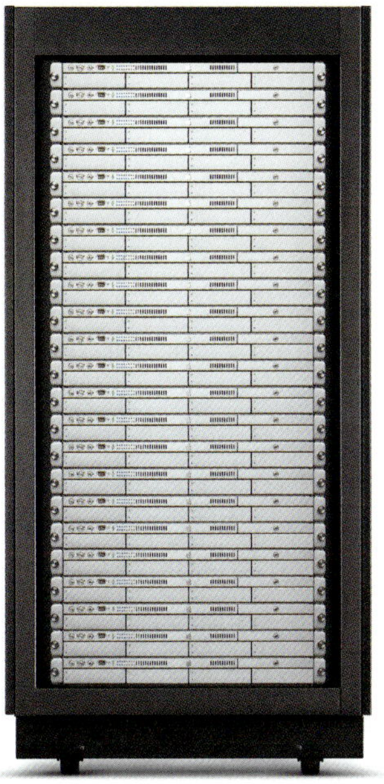

ラックにマウントした状態のXserve。処理能力が求められる場合、このような導入・設置が行われる。こうしたシステムが設置される部屋は、それ自体の稼働音や空調の音などで、たいていの場合、非常にうるさい

ネットワーク対応のハードディスク「NAS」

「NAS」とは、「ネットワーク・アタッチド・ストレージ」の略で、ネットワーク環境に直接接続できるハードディスク製品を指す。通常ハードディスクはパソコンにつないで利用するが、NASはEthernetインタフェイスを備えており、パソコンを介さずに直接設置できるのがポイントだ。パソコン＋ハードディスク＋サーバソフトウェアの組み合わせで実現されるファイルサーバの役割を、ハードディスクユニット単体として実現できる。

しくみとしては、内部にパソコンと同じようにCPUやメモリを備えており、コンピュータ内蔵ハードディスクといえる。コンピュータ部ではきちんとOSが動いており、ほかのコンピュータとの連携を行う。Macintosh・Windows・UNIXなどが混在している環境でも、それぞれに対してファイル共有機能を提供できるものがほとんどで、これも内蔵されているコンピュータとOSによって管理されている。

諸々の設定は、専用ユーティリティやWebブラウザを介して行う。エラー時にメールで通知するなど、万が一の場合に対処する機能を備えたものもある。手軽に接続して、ファイル共有を実現できる手段として、DTP作業に留まらず、さまざまな用途で活用されていくだろう。最近の製品は、容量の拡大と転送速度の高速化、信頼性の向上など着実に進化している。

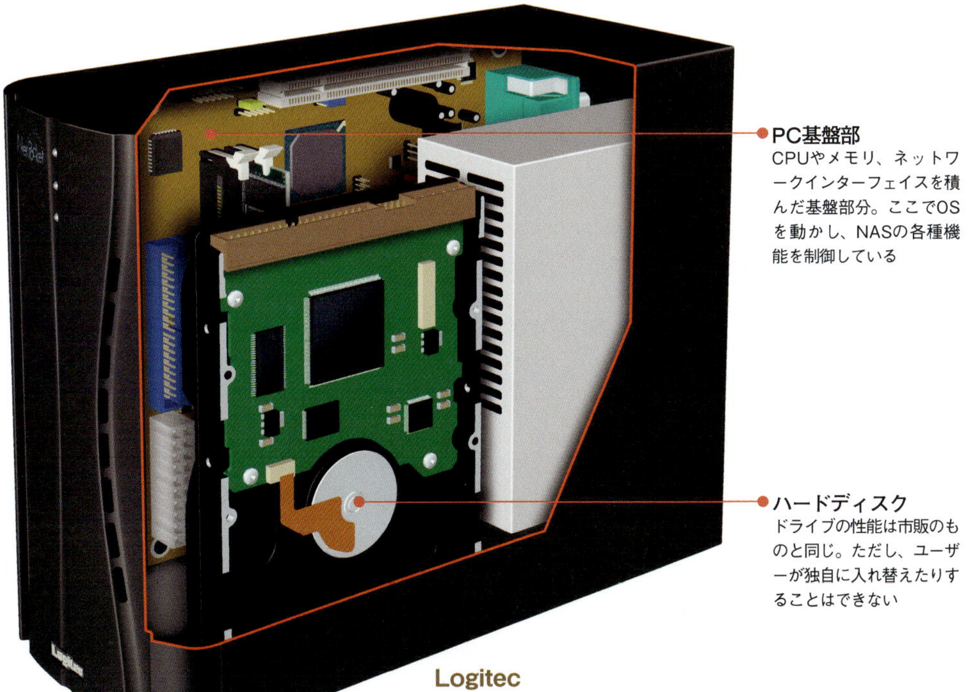
PC基盤部
CPUやメモリ、ネットワークインターフェイスを積んだ基盤部分。ここでOSを動かし、NASの各種機能を制御している
ハードディスク
ドライブの性能は市販のものと同じ。ただし、ユーザが独自に入れ替えたりすることはできない

Logitec
LHD-NAS120

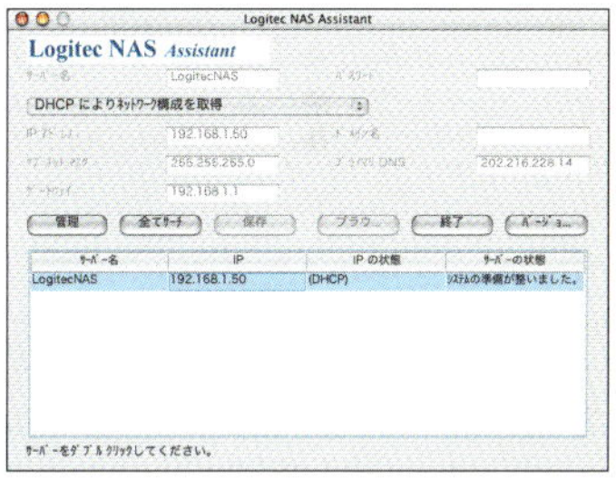
Logitec NAS Assistant

初期導入時に行う設定の一例。接続したネットワークの環境に合わせて、IPアドレスやハードディスクユニットの名称などを設定する

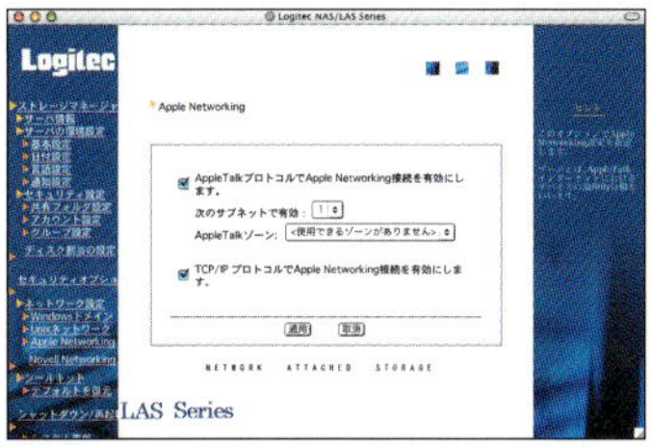
Logitec
LAS Series

導入後の各種設定・変更を行っているところ。Webブラウザを介した作業を行うものが多い。ファイル共有のアクセス権設定やエラー通知など、諸々の機能を備えていることがわかる

ネットワーク送稿のしくみ

印刷物はほとんどがデジタル環境で制作されている。専用線や光ファイバー、CATV、xDSLなどの高速な通信回線による大容量データ通信も比較的低価格での常時接続が可能となり、ネットワーク送稿を実現させる条件が揃いつつある。

ネットワーク送稿のメリット

印刷会社が制作会社から受け取ったデータを遠く離れた工場でCTP出力・印刷したり、印刷会社とクライアント・代理店の間での校正作業をスムーズに進めたりと、費用と時間を節約できるのがネットワーク送稿のメリットだ。また、同業者が仕事や生産設備を共有したり、関係者がネットワーク上で印刷データを共有しながら、制作・校正作業をリアルタイムに進めたりといったコラボレーション機能にも期待が寄せられている。

製版・印刷の現場はすでにデジタル化が進み、技術革新による効率化の速度は緩やかなものになると考えられる。今後、劇的な生産性の向上を目指すために、アナログのまま放置されてきた送稿や校正に関わるワークフローのデジタル化に注目が集まっているのだ。

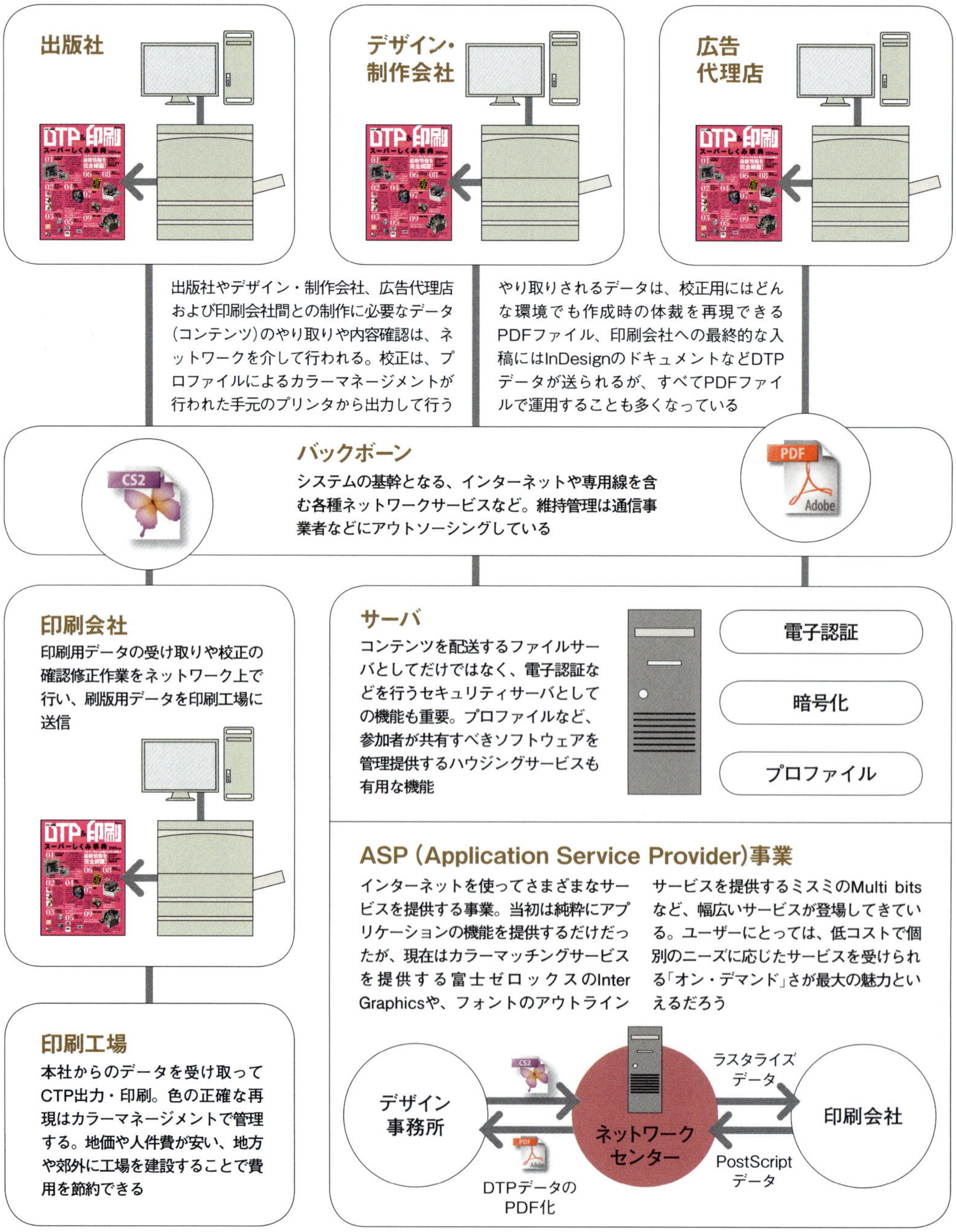

出版社
デザイン・制作会社
広告代理店
出版社やデザイン・制作会社、広告代理店および印刷会社間との制作に必要なデータ(コンテンツ)のやり取りや内容確認は、ネットワークを介して行われる。校正は、プロファイルによるカラーマネージメントが行われた手元のプリンタから出力して行う
やり取りされるデータは、校正用にはどんな環境でも作成時の体裁を再現できるPDFファイル、印刷会社への最終的な入稿にはInDesignのドキュメントなどDTPデータが送られるが、すべてPDFファイルで運用することも多くなっている
バックボーン
システムの基幹となる、インターネットや専用線を含む各種ネットワークサービスなど。維持管理は通信事業者などにアウトソーシングしている
CS2
PDF
Adobe
印刷会社
印刷用データの受け取りや校正の確認修正作業をネットワーク上で行い、刷版用データを印刷工場に送信
印刷工場
本社からのデータを受け取ってCTP出力・印刷。色の正確な再現はカラーマネージメントで管理する。地価や人件費が安い、地方や郊外に工場を建設することで費用を節約できる
サーバ
コンテンツを配送するファイルサーバとしてだけではなく、電子認証などを行うセキュリティサーバとしての機能も重要。プロファイルなど、参加者が共有すべきソフトウェアを管理提供するハウジングサービスも有用な機能
電子認証
暗号化
プロファイル
ASP(Application Service Provider)事業
インターネットを使ってさまざまなサービスを提供する事業。当初は純粋にアプリケーションの機能を提供するだけだったが、現在はカラーマッチングサービスを提供する富士ゼロックスのInter Graphicsや、フォントのアウトラインサービスを提供するミスミのMulti bitsなど、幅広いサービスが登場してきている。ユーザーにとっては、低コストで個別のニーズに応じたサービスを受けられる「オン・デマンド」さが最大の魅力といえるだろう
デザイン事務所
ネットワークセンター
印刷会社
ラスタライズデータ
PostScriptデータ
DTPデータのPDF化

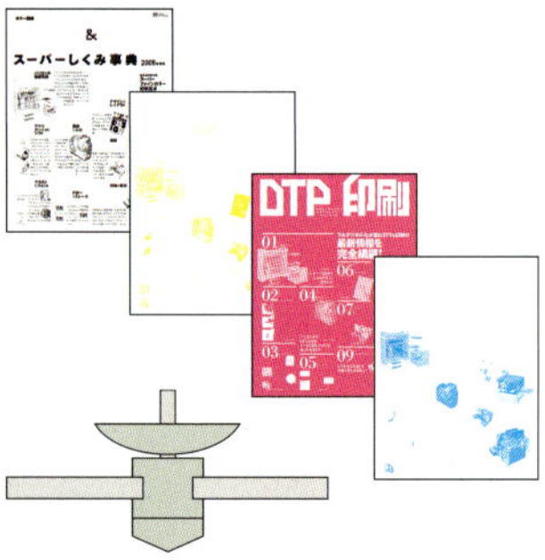

さまざまな通信手段

ネットワークを構成する通信手段は、メタル・光ファイバーケーブルのほか、携帯電話やPHS、CATV、人工衛星とさまざまであり、用途に適した速度と価格から選択することが可能

関連リンク
カラーマネージメント p.072
インターネットのしくみ p.158
通信速度 p.158
ネットワーク p.160
リモートプルーフ p.190
印刷のワークフロー p.204
PDF/X-1a p.223

WebDAVとは

WebDAV(Distributed Authoring and Versioning protocol for the WWW)は、WWWでファイルの転送に使われるHTTP 1.1を拡張し、Webブラウザを使って、クライアント側から直接Webサーバ上のファイルやフォルダを管理できるようにした仕様。Webコンテンツのオーサリングやリビジョン管理を行うことを目的に規定されたプロトコルで、インターネットで利用される技術を標準化するIETFによって定義されている。

これまでのHTTPは、Webサーバが公開しているファイルをWebブラウザへ送信するためのプロトコルだったため、クライアント側からは、Webサーバ上でファイルを操作できなかった。これに対してWebDAVは、Webサーバにファイルサーバ機能を追加した仕様になっており、クライアント側で作成した文書をサーバに送信して公開するだけでなく、サーバをクライアント側にマウントした状態で、ファイルやフォルダの複製・移動・削除を行ったり、ファイル・フォルダ管理、Webページの作成日などの付加情報の管理、ファイルのリビジョン管理、編集中の文書をほかのユーザーが書き換えることができないように保護する機能などがある。

WebDAVとWebサーバの違い

サーバ内でのファイルの修正を行う場合、FTPなどのWebサーバは、クライアント側のコンピュータへファイルをコピーし、修正後、またサーバへアップロードする。つまり、Webサーバ内で直接クライアントがファイルを開いて修正することはできない。これに対して、WebDAVの場合は、WebDAV内のファイルを直接開き修正することができるので、効率よく作業できる

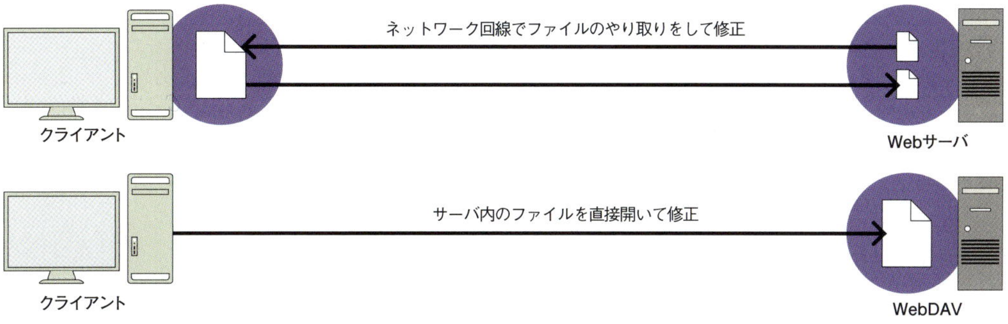

WebDAVの利用

WebDAVを利用するには、WebDAVに対応したWebサーバとWebブラウザが必要になるが、Webブラウザに関しては、最新版のWebブラウザならWebDAVに対応しているので、問題はない。

ブラウザについては、各社から使い勝手のいい専用のWebDAVブラウザがリリースされているほか、Mac OS XやWindows 2000以降では、OS自体もWebDAVプロトコルに対応している。Mac OS Xであれば、「サーバに接続」コマンドでインターネット上のWebサーバをFinder上にマウントして、Web上のドキュメントを編集することも可能。ドラッグ&ドロップなどの操作にも対応しており、ローカル側のハードディスクを使うときと全く同じように作業することができる。

またアドビシステムズ社のPhotoshop、Illustrator、InDesignなどはWebDAVに対応しており、WebDAV上にあるファイルを共有し、共同で作業できるようになっている。画像ファイルやオブジェクトなど数多くのファイルを利用する組版作業などでは、ファイル管理が一元化できるので効率よく作業することができる。さらにWeb DAVのリビジョン管理でファイルのバージョン管理も可能だ。

そのほか、マイクロソフト社のWord、Excel、PowerPointもWebDAVに対応しているので、サーバ上にファイルをおいて、共有しながら作業することもできる。誰かがファイルを使用している場合は、そのファイルは「チェックイン」されているため、「チェックアウト」するまでは使用不可にしたり、あるいは閲覧だけは許可を与えるなど、ファイル操作に対して制限を設けることもできる。

このように、WebDAVは単なるWeb上のサーバというだけでなく、DTPで活用できる技術であり、DTP専用にカスタマイズされたWebDAVサーバも登場している。

DTPターボサーバー ビジュアル・プロセッシング・ジャパン

ビジュアル・プロセッシング・ジャパン社が、DTPシステム向けに開発した専用ファイルサーバ。WebDAVのリビジョン管理や排他制御機能によって、ファイルサーバのデータをインターネット環境で完璧に共有することができる。サーバをクライアント側にマウントして、ローカルディスクのように使用することも可能。
http://vpj.co.jp/

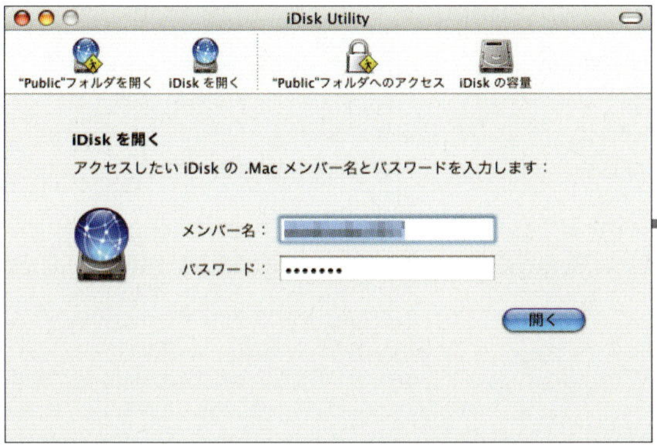

アップルコンピュータ社が提供している「iDisk」はWebDAVを利用したサービスだ。iDiskをマウントすると、自分のハードディスクのようにiDiskの中を編集することができる

さらに知識に磨きをかけたい人の関連図書案内

※書籍の内容に関しては、各出版社にお問い合わせください

Mac OS X Server 10.3 — 実践ワークグループ&インターネットサーバ構築

甲斐穣 著
4,935円
オーム社

Mac OS X Severで本格的なワークグループ、インターネットサーバの構築を検討する向きが増えている。しかしながらMac OS X Severを運用するあたって資料は少ない。そんななかで本書は、マニュアルではわかりづらいところをフォローした、初心者向けに書かれた一冊。丁寧な手順画面を多用し、非常にわかりやすく解説されている。

Windows XPでLAN&ネットワーク構築はここまでできる

岡崎俊彦 著
2,310円
秀和システム

家庭内LANのような小規模ネットワークをWindowsXPで構築するための設定ガイドブック。ワークグループを安全に多機能に活用するには？　安全かつ堅牢なネットワーク構築のノウハウからWindowsネットワークの基礎知識、SP2のセキュリティ設定まで解説している。対応OSはWindows XP Professional SP2 および、WindowsServer2003 SP1を前提に書かれている。

情報セキュリティプロフェッショナル総合教科書

日本ネットワークセキュリティ協会教育部会スキルマップ作成ワーキンググループ 著／佐々木良一 監修
3,990円
秀和システム

情報セキュリティのプロフェッショナルを目指す人たちのための教科書。情報セキュリティのプロフェッショナルをめざす人に必要な知識を16項目の大分類に体系化して、「情報セキュリティのためのスキルマップ」として整理・解説している。各章末にはテスト問題がついているので、スキルレベルのチェックが可能だ。

通信ネットワーク用語事典

秀和システム編集部 著
3,150円
秀和システム

通信ネットワーク用語事典の最新版。内容はインターネット、ネットワークインフラ、各種電話、暗号、セキュリティー等、通信／ネットワーク用語が中心で、収録語数は全5500語。今版は約400語の新規収録語に加え、過去に収録された用語についても最新情報を加筆・修正されてもの。難解な用語もクロスリファレンスで理解できる。

かんたんネットワーク入門～イラストでわかるネットワークのしくみ

三輪賢一 著
1,659円
技術評論社

インターネットの解説書を読んでも専門用語がちんぷんかんぷんという初心者にうってつけの一冊だ。基本から学びたいという人は、まずはこの入門書からスタートしてはいかがだろう？　イラストをふんだんに使って解説されており、エントリーユーザーもストレスなく学んでいける。

図解入門インターネットのしくみ

テクノクエスト 著
1,995円
アスキー

DTPの現場でインターネットはいうまでもなく不可欠である。とくにディレクションの立場にある人は、トラブル回避やサーバ構築の基本用語は覚えておいたほうがよいだろう。本書はLAN、イーサネット、パケット、プロトコル、OSI参照モデル、IPアドレス、クッキーなど、ネットワークの基礎知識から最新技術までをとりあえず、ひととおり学びたい入門者におすすめだ。

ネットワークはなぜつながるのか

戸根勤 著
2,520円
日経BP社

初心者向けにネットワークのテクノロジーをわかりやすく解説した入門書。ふだん何気なく使っているWebサイトへのアクセスが、どのようなロジックで動いているのか、知識として知っておくと新技術への理解も非常に楽になる。わかりやすい解説で、一般ビジネスマンにも人気の高い書籍だ。

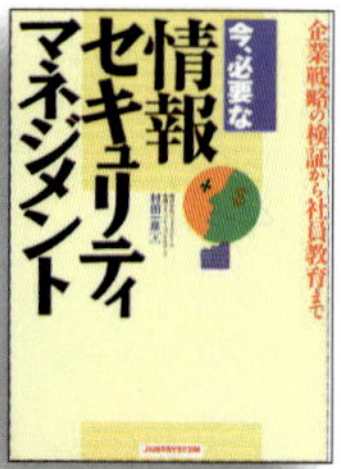

今、必要な情報セキュリティマネジメント

村田一彦 著
ジャストシステム出版部 編
1,890円
ジャストシステム

未発表の情報を扱う出版・印刷業界で、ネットワークの情報セキュリティ対策は不可欠だ。常に堅牢なシステムが要求される。情報セキュリティ対策効果があがってない、管理運営が不安という人向けに、リスクがどのようなところにあって、現在のセキュリティをどのように見直せばよいかをわかりやすく解説している。

9

出力&プリプレス

デジタルデータ出力のしくみ

DTPにより誰でも手軽にパブリッシングができるようになったが、デジタルデータがどのように処理され、出力されているかを正確に理解している人は多くないのが現状だ。ここではデジタルデータ出力の基本的なしくみと考え方を幅広く解説する。

アプリケーション

印刷物には写真・文字・イラストなどのさまざまな要素が含まれているが、それらの要素を1つのプログラム言語で表したのがPostScriptである。本格的なDTPアプリケーションソフトはすべてPostScriptを利用することを前提に作られている

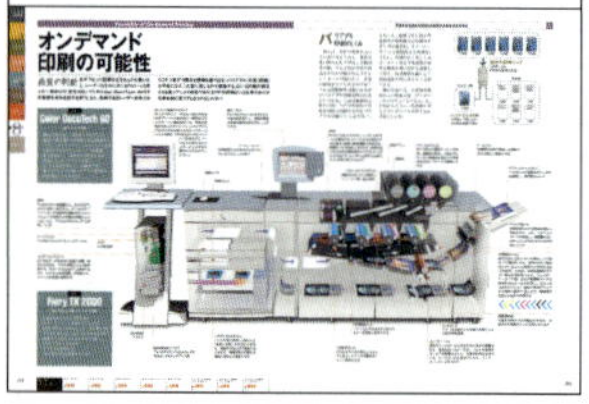

ページ記述言語

テキストやグラフィックを含んだページを表すためのプログラム言語であり、PDL（Page Description Language）と呼ばれる。DTP用途ではPostScript言語が主流。プリンタやイメージセッタで出力する一番簡単な方法は、最初からイメージをドット配列として記述してやればよいが、出力機の解像度に合わせて記述しておくことが必要だったり、データ量が膨大になったりと不都合が多い。PostScriptではドットではなくベジェ曲線を利用し、複雑な図形を出力機の解像度に依存しないベクトルデータ（関数表現したデータ）として記述している

プリンタドライバ

プリンタのメカニズム制御形式は機種ごとに異なっているため、それぞれに合わせたデータを変換するのがプリンタドライバの役目だ。PostScriptプリンタの場合は、PSドライバが各アプリケーションで作ったデータからPostScriptデータを作り出す。

Mac OS Xでは、QuartzテクノロジーによってPostScriptファイルはPDFファイルに変換されて印刷するため、プリンタ専用のドライバは不要

＋

PPD

PostScript Printer Descriptionのことで、プリンタの情報が記述されたファイル。インストールされているフォント情報から使用可能な用紙・トレイ、スクリーン角度情報まで含まれる。右図はMac OS 9の例。Mac OS Xでは、プリンタ固有の機能をPPDファイルで補足することによってプリントする

```
*PPD-Adobe: "4.3"
*FormatVersion: "4.3"
*FileVersion: "1.0"
*LanguageEncoding: JIS83-RKSJ
*LanguageVersion: Japanese
*Manufacturer: "Hewlett-Packard"
*PCFileName: "HPDJ20PS.PPD"
*Product: "(hp designjet 20ps)"
*PSVersion: "(3011.106) 1"
*ModelName: "hp designjet 20ps"
*ShortNickName: "hp designjet 20ps"
*NickName: "hp designjet 20ps"


*% ========== 5.5 Basic Device Capabilities =========
===
*ColorDevice: True
*DefaultColorSpace: CMYK
*FileSystem: True
*LanguageLevel: "3"
*Throughput: "1"
*TTRasterizer: Type42
*?TTRasterizer: "
 save
 42 /FontType resourcestatus
 { pop pop (Type42)} {pop pop (None)} ifelse = flush
 restore"
*End


*% ========== 5.6 System Management ============
========
```

RIP

ラスターデータに変換処理する専用のシステムをRIP（Raster Image Processor）と呼ぶ。専用のハードウェアとソフトウェアがセットになっているものと（ハードRIP）、ソフトウェアのみで提供され自分のパソコンやUNIXワークステーションにインストールして使用するもの（ソフトRIP）とがある。たとえば、放物線を考えてみると、ベクトルデータは$y=ax^2+b$の下側部分となり、ラスターデータは解像度（右の段々）に合わせて座標を計算した結果となる

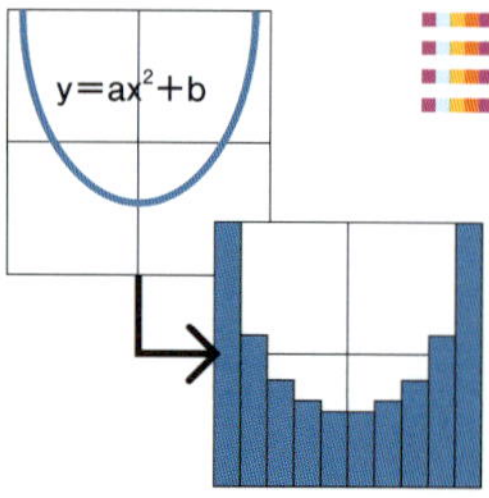

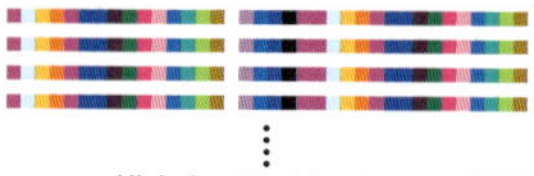

横方向に並べたドットで印刷していくタイプには、インクジェットプリンタや1列ごとに印刷できるLEDタイプのプリンタがある。実際にはCMYKなど、色分解したドットを印字していく

縦方向に並べたドットで印刷していくタイプは、ドラムタイプのハイエンドイメージセッタが代表的な出力機

プリント

インクジェットプリンタなどではCMYK（もしくはプラス数色）のヘッドが1列横に移動し、紙を上下に送って、また1列ずつ印刷する。イメージセッタなどドラムタイプのハイエンド出力機は、スピードと高精度を両立するためにスパイラル方式といって、ネジのように露光していく

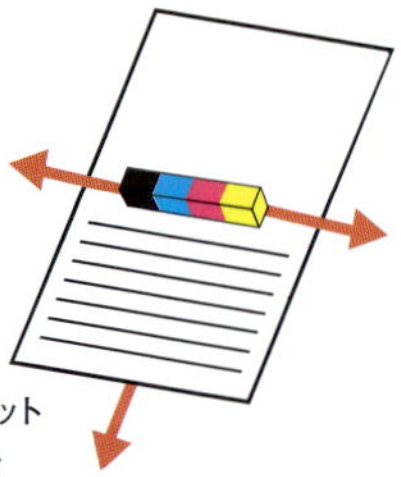

インクジェットプリンタ

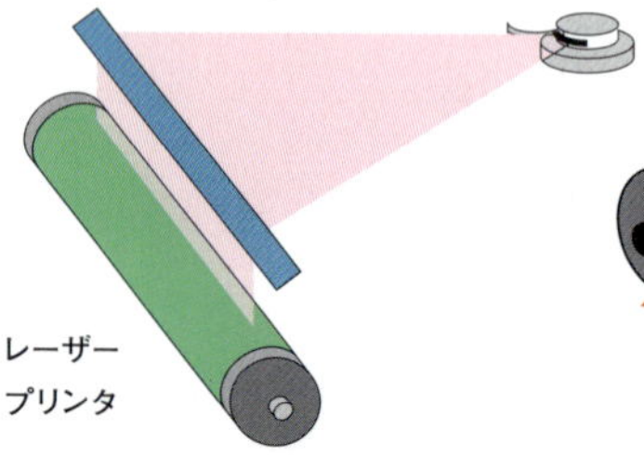

レーザープリンタ

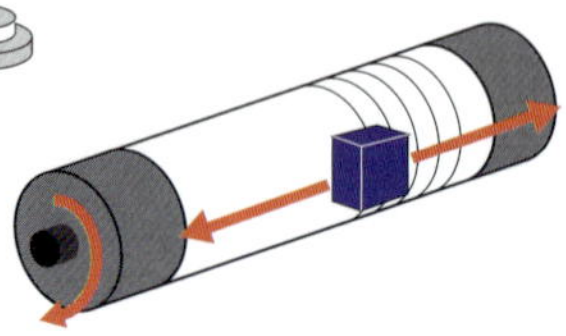

ドラムタイプのイメージセッタ、CTPなど

関連リンク
ピクセル p.078
印刷用画像データ p.106
ページ記述言語 p.170
インクジェットプリンタ p.172
イメージセッタ p.180
印刷用紙 p.194

階調は網点の大小で再現する

一部のプリンタや印刷方法を除いては、写真画像などの階調や色はそのままでは表現できない。そこで考え出されたのが階調を網点に置き換える方法だ。

網点再現することによってオフセット印刷のようにインキ自体の濃淡で階調を表現することができないものも、網点の面積比で濃淡を出すことができるわけである。

網点自体の濃度は一定でも、面積比を0〜100%まで変化させることで階調を表現する。

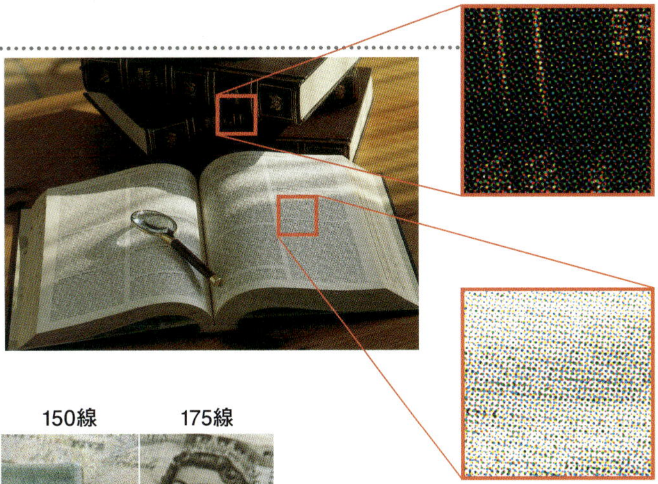

65線
85線
100線
120線
133線
150線
175線

線数によってきめ細かさが決まる

線数の大小によって印刷の仕上がりがどれだけ変わるかを表したのが左の写真。印刷技術の進歩とともに200線以上の高精細印刷が可能になり、カラー写真に匹敵する品質が得られるようになった。

用紙の平滑度によって適切な線数は変わり、新聞紙では85〜133線、コート紙を使った通常のオフセット印刷では175線が一般的である。

解像度と網点の関係

1インチに網点が何個入るかによって網点の細かさ（大小とは異なる、網点の中心が何個入るか）を表す単位、スクリーン線数（lpi: lines per inch）が決まってくる。網点の品質を決めるのは出力解像度で、理論的には1個の網点を縦16ドット横16ドットの256階調で表す。画像データの場合、網点1個を複数の画素（ピクセル）で作る。一般的には出力線数に拡大・縮小率をかけて2倍にするといわれる。65線の場合では原寸で130dpiになるが、250dpiのほうが当然品質はよくなる。実際は、最終倍率で画像解像度250dpi程度をキープすれば実用上は問題ない。

出力線数 lpi × 2 × 拡大・縮小率 = 画像解像度 dpi

出力線数 lpi × 16 = 画像解像度 dpi　256階調の表現に必要

網点は複数のピクセルで作る

最適な大きさ・形状の網点を再現するためには、1つの網点に4つ程度のピクセルが必要になる。これを線数という2次元の単位で考えると、「画像は線数の2倍の解像度が必要」となる

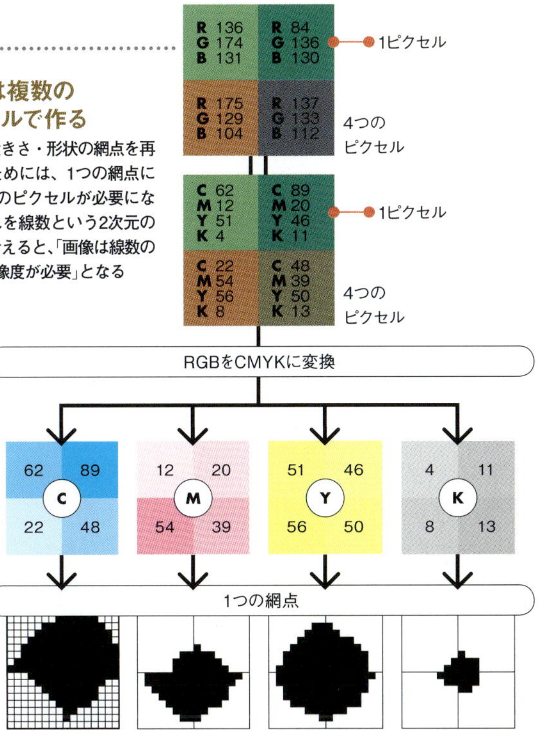

R 136 G 174 B 131
R 84 G 136 B 130
1ピクセル
R 175 G 129 B 104
R 137 G 133 B 112
4つのピクセル
C 62 M 12 Y 51 K 4
C 89 M 20 Y 46 K 11
1ピクセル
C 22 M 54 Y 56 K 8
C 48 M 39 Y 50 K 13
4つのピクセル
RGBをCMYKに変換
62 89 C 22 48
12 20 M 54 39
51 46 Y 56 50
4 11 K 8 13
1つの網点

出力解像度が同じ80dpiの場合の階調数

5線の場合は256階調を出すことができる。通常のカラー印刷は1色8ビットなので256階調が理想的。10線では網点が細かくなり、一見きれいに出力できそうだが、1つひとつの網点は64階調しか表現できない

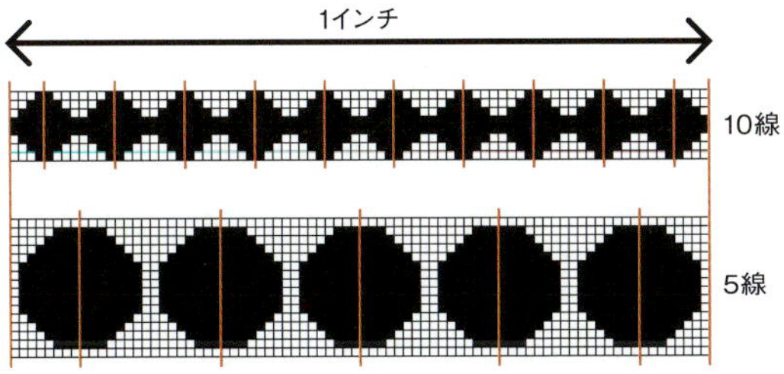

1インチ
10線
5線

PostScript・非PostScriptプリンタの出力の違い

DTPの出力形態は、OS標準の機能を利用する方法とPostScriptによる方法の2つに大別できる。ここでは、それぞれの方法によってデータが出力されるまでのしくみがどのように異なるのか整理してみよう。また、スクリーニングについても解説する。

PS出力と非PS出力

プリンタ出力には大別して、印刷内容をページ記述言語で渡し、プリンタ側のRIPでラスタライズするPostScriptのような方式と、OSが用意している画面表示用の描画機能（Macの場合は「QuickDraw」（OS 9まで）「Quartz」（OS X）、Windowsは「GDI」）をRIP代わりにしてラスタライズし、出力直前のラスターデータでプリンタに渡すだけの方法がある。

PostScriptは「デバイスインディペンデント」（機種に解像度を依存しない）とよくいわれるが、これは送られたPostScriptデータが同じでも、RIPがそのプリンタに合った解像度のビットマップイメージに展開してくれるからだ。文字出力も内蔵しているPSフォントのアウトライン情報を参照し、最適な出力を行ってくれる。

ここ数年はパソコン本体の性能が向上したことで、専用のRIPに頼らずともビットマップイメージへの展開が十分可能であり、TrueTypeフォントの解像度制限も緩和されつつあるので（Windowsにはもともと制限がない）、PostScript以外での高解像度出力も可能になりつつあるが、PostScriptもその仕様がバージョンアップして、ますます複雑な表現が可能になっている。最近ではPDF形式にも注目があつまりつつあるが、PDFファイルでもPostScriptは必要なため、しばらくの間はDTPでPostScript出力がなくなるということはないだろう。

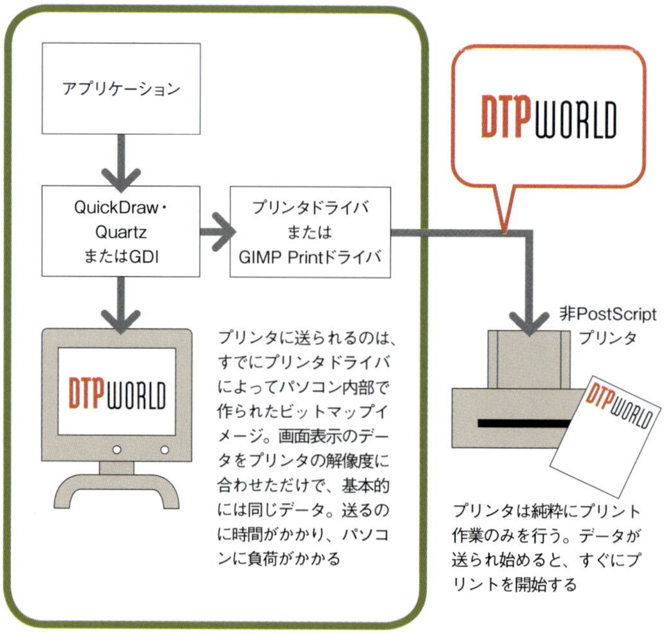

非PostScriptの場合

QuickDrawは、Mac OS 9までのMacintoshで画面に文字や図形を表示する重要な役割を担っているAPIで、このQuickDrawからの表示がビットマップになる。モニタ表示はQuickDrawの描画機能を使用して表示しているが、この機能を使用してプリンタ出力もできる。

Mac OS Xでは、QuickDrawの代わりにPDF1.4をベースにしたQuartzがPDFにレンダリング出力（描画）し、画面表示を行う。PostScript形式のファイルもきれいに表示できる。さらに、印刷もQuartzがPDFファイルをラスタライズするので、PostScriptクラスの品質で印刷可能だ。

GDIは、Graphics Display Interfaceの略で、Windowsのグラフィック描画のAPI、MacintoshのQuickDrawにあたる。アプリケーションから描画命令を受け取り、ディスプレイドライバに描画命令を出す

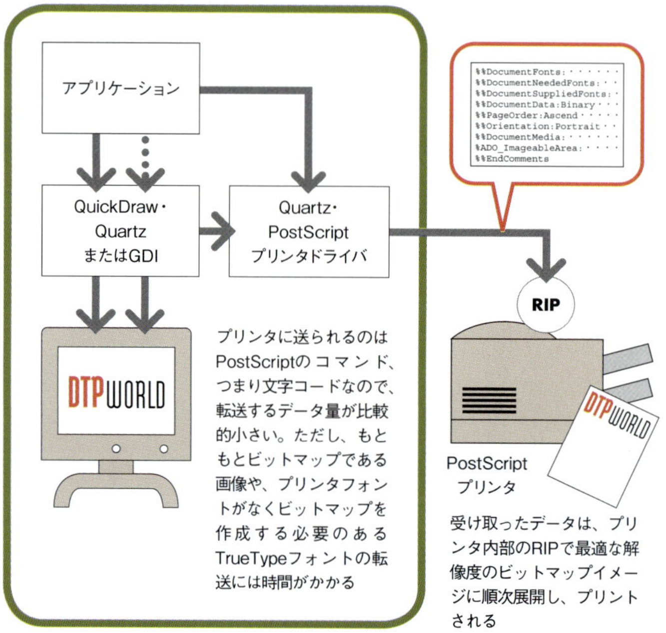

PostScriptの場合

PostScriptプリンタでは、アプリケーション自身またはLaser Writerドライバが PostScriptデータに変換してプリンタに送信し、プリンタ側のRIPでラスタライズされ出力する。ページ記述言語であるPostScriptは基本的にテキストデータであり、データ容量が軽いのが特徴だ。

Mac OS 9以前では、PostScriptを前提としているアプリケーションは、OSのAPIに頼らず画面表示できるが、そうでないアプリケーションの場合は、画面表示が粗くなっていたが、Mac OS Xでは、QuartzがサポートしているPostScriptからPDFへの変換テクノロジーを利用して、EPS（Encapsulated PostScript）やPostScriptデータをPDFに変換するので高品質な画面表示ができる。また、プリントする場合、Mac OS 9で存在していたPostScriptドライバがMac OS Xではなくなり、各プリンタ共通のプリントに関連する機能はQuartzがコントロールし、プリンタ固有の機能のみ、プリンタのPPDファイルによってコントロールするしくみになっている

関連リンク
印刷用画像データ p.106
TrueTypeフォント p.121
PostScriptフォント p.122
スクリーン角度 p.185
FMスクリーニング p.222
ディザ法 p.228

スクリーニングの種類と方法

印刷技術が網点で連続階調画像を表せるようになって、安定した画像複製が可能になり、大量複製技術のブレイクスルーとなった。連続階調による写真画像はアナログ、対して網点による印刷物はオン/オフ表現のデジタルであり、網点技術によって印刷諸条件のふらつきによるばらつきが最小に抑えられるようにもなった。

網点化することを「スクリーニング」というが、網点パターンを作る理論を「ディザ」と呼び、そのパターンをディザパターンという。

ディザには分散型のドットが無秩序に散らばる誤差拡散ディザ(プリンタで用いられる)、集合型のドットが規則的に並んだディザであるハーフトーンスクリーン(通常の印刷用の網点)、分散型のドットが規則的に並んだパターンディザの3種類がある。

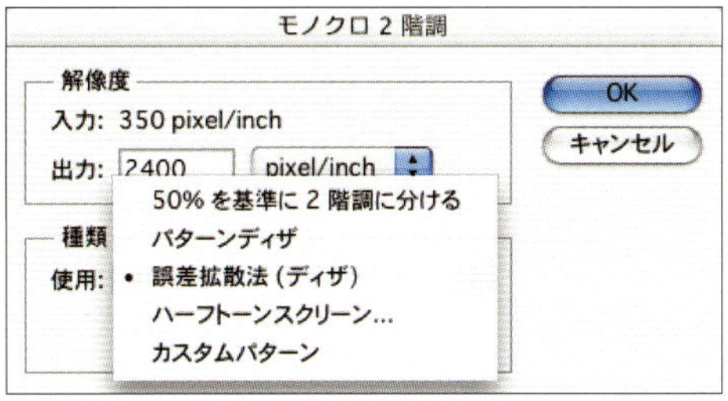

スクリーニングのシミュレーション

Photoshopでモノクロ2階調画像を扱う場合、さまざまなディザパターンを選ぶことができる。スクリーニングが異なるだけで画像品質は大きく異なってくる

元画像

50%を基準に2階調に分ける

パターンディザ

誤差拡散法(ディザ)

ハーフトーンスクリーン

ハーフトーンスクリーン

一般的な印刷で使われるスクリーニング方法であり、網点の面積の大小によって絵柄の濃淡を再現する。当初は四角形の網点(スクエアドット)を用いていたが、製版のデジタル化にともない、さまざまな網点形状が生成可能になり、トーンジャンプを防ぐ工夫が行われている。主流はラウンドドット(右図は擬似的に再現したもの)

スクエア

チェーン

エリプティカル

ラウンド

Fairdot

トーンジャンプやモアレ、細い線のかすれなど、ハーフトーンスクリーンの弱点を克服するために、大日本スクリーン製造が開発したオフセット印刷用のスクリーニング方法。誤差拡散法を取り入れ、階調を網点の面積の大小だけでなく、個数を変えることで再現(右図は擬似的に再現したもの)

ハイライト部　シャドウ部

インクジェットプリンタのしくみ

プリンタは印字方法や用紙サイズの違いなどで、さまざまな種類が存在する。ここでは比較的安価で高精細な画質が再現できるインクジェットプリンタを解説する。このタイプは技術革新がめざましく、画質だけでなく出力速度も大きく向上している。

圧倒的な高画質を再現

パーソナルユースのプリンタとしてもっとも普及しているのが、インクジェット方式のプリンタ。インクの色数を増やして色再現領域を、ノズル数を増やしてインク粒子を細かくすることで解像度を高めるなど、高画質を再現できるのが構造的なメリットだ。

また、A1～B1といったサイズに対応する大判プリンタも、インクジェット方式を採用したものが多い。こちらは出力物をポスターとして利用する場合や、面付けしたDTPデータの色校正用に使用されることが多い。

また、各社ともモデルチェンジが激しく、短期間でスペックがアップグレードしているケースも多いので、購入検討の際はサイトチェックを忘れずに行おう。

機種名

PIXUS 9900i

●キヤノン㈱

最高出力解像度4,800dpiと
高速出力を実現したA3ノビサイズ対応機。
DTPに不可欠なPostScript出力を可能にする
専用のソフトウェアRIPが対応

インクカートリッジ
CMYK、淡いフォトシアン、フォトマゼンタによる6色に、レッド、グリーンも加え、ポジフィルムと同等の色域に対応。各色のインクカートリッジは独立しており、経済的に交換できる

プリントヘッド
カートリッジから供給されたインクを熱で気化させ、4pl（plは1兆分の1リットル）と微少なインク滴を押し出す。全弾2pl/ノズル数は各色768×8列の計6,144本。高速なプリントを可能にしている

プリント用紙
周囲に余白がない写真そのものの仕上がりが得られる。高画質を再現するには、専用の光沢紙を使用する必要がある

キャリッジモーター
ヘッドユニットを左右に駆動する通常のモーターとは異なり、与えられたパルス信号に基づいて決められた角度を回転し、その回転角を保持できる。キャリッジの移動や紙送りに欠かせないモーター

駆動用ベルト
モーターの回転をキャリッジの左右移動として伝えるためのタイミングベルト

キャリッジ
インクカートリッジおよびプリントヘッドを搭載し、左右に移動しながらインクを吐出していくことで、用紙上に絵柄を再現していく

クリーニングメカ
ヘッドの表面を小さなゴムのヘラで拭ったりポンプで吸引することで、ヘッドのノズルの目詰まりを解消する

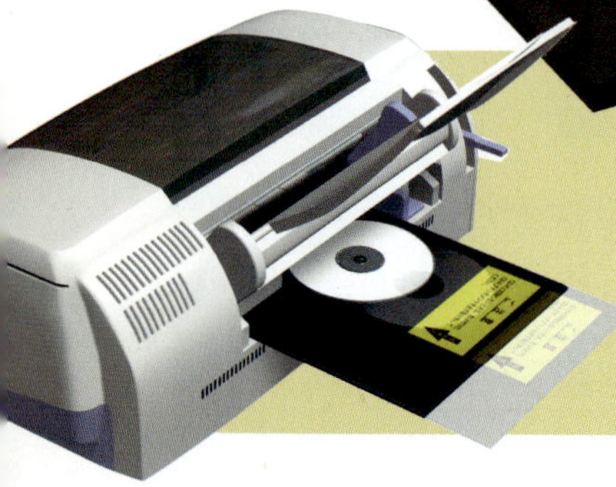

CDラベルプリント
セイコーエプソン社のカラリオシリーズなど、インクジェットプリンタにはCDのレーベル面に直接プリントできるなど、付加価値を高めたモデルもある。

関連リンク
カラーマネージメント p.072
誤差拡散ディザ p.171
色校正の基礎知識 p.186
プリンタを利用した色校正 p.188

機種名
Phaser 8400
●富士ゼロックスプリンティングシステムズ㈱

カラー /モノクロとも、最高で毎分24枚という
高速出力が可能なA4サイズ対応ページプリンタ。
特徴的な「ソリッドインク」を採用しており、
カートリッジレスのため
廃棄物が少なく環境負荷が少ないこと、
低ランニングコストであるなど、多くのメリットを持つ

オンデマンドインク加熱方式

ソリッドインクは常温では固形だが、プリント時に加熱されることで液体となり、ヘッド内部のインク室に溜められる。これをピエゾ方式でドラム上に吐出させ、用紙へと転写させる。噴出されたインクは急速に固化し、用紙上に定着する。通常のインクジェット方式ほどではないが、普通紙での再現性や速度、ランニングコストに優れる。

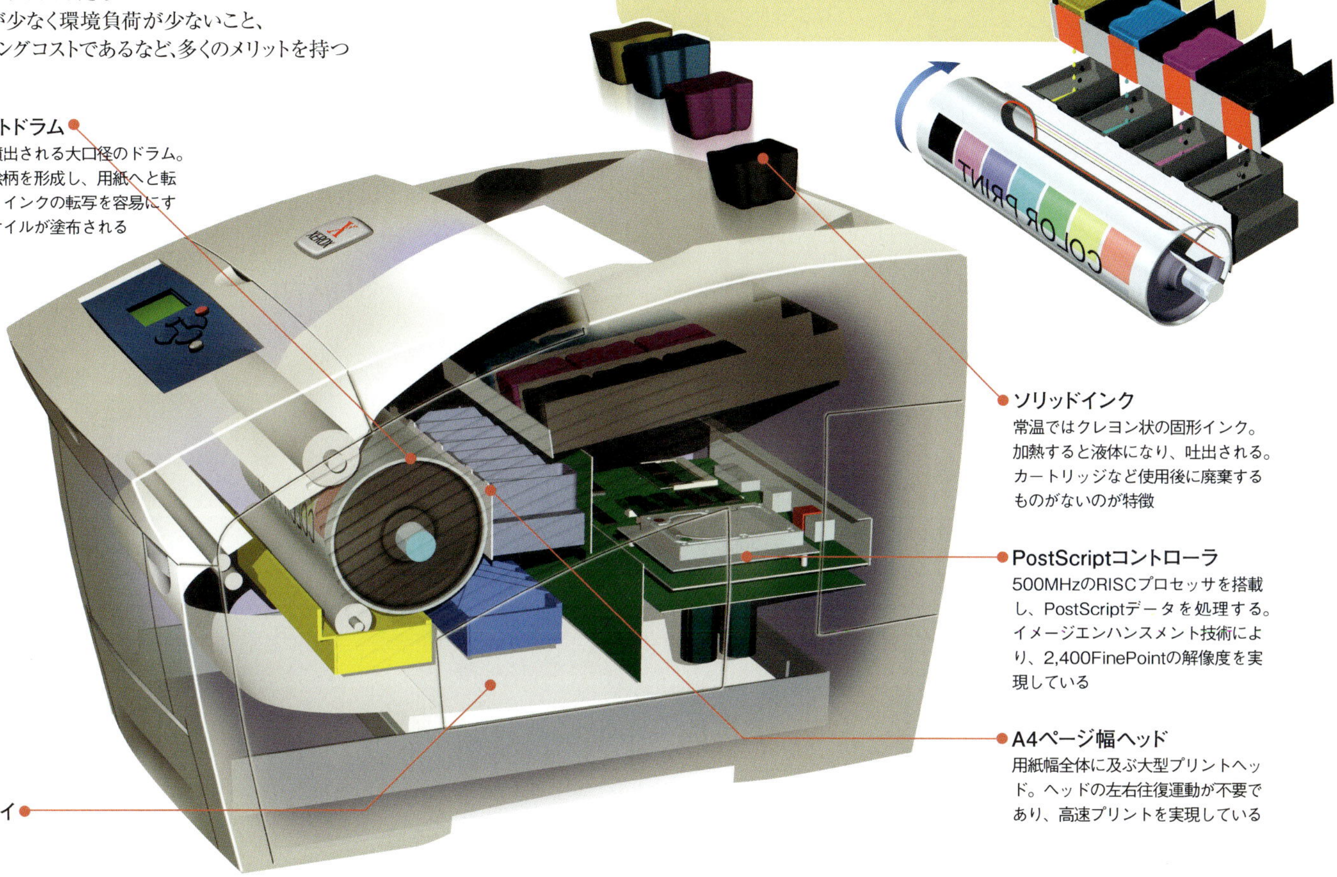

COLOR PRINT

オフセットドラム
インクが噴出される大口径のドラム。この上に絵柄を形成し、用紙へと転写させる。インクの転写を容易にするため、オイルが塗布される

ソリッドインク
常温ではクレヨン状の固形インク。加熱すると液体になり、吐出される。カートリッジなど使用後に廃棄するものがないのが特徴

PostScriptコントローラ
500MHzのRISCプロセッサを搭載し、PostScriptデータを処理する。イメージエンハンスメント技術により、2,400FinePointの解像度を実現している

A4ページ幅ヘッド
用紙幅全体に及ぶ大型プリントヘッド。ヘッドの左右往復運動が不要であり、高速プリントを実現している

用紙トレイ

サーマル式プリントヘッド

キヤノンや日本ヒューレット・パッカード社が採用するインクジェット方式。記録ヘッドに供給されたインクを、ヒーターに電圧をかけて発生した熱で気化させ、その際に発生した泡によってインク滴を押し出し、用紙へと着弾させる。構造が単純なため、ノズル数を増やして画質・解像度を上げやすいのがメリット。

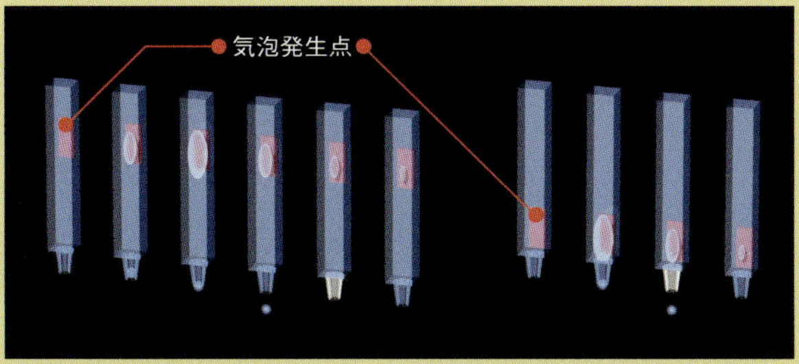

気泡発生点

従来のインク吐出システム　　新しいインク吐出システム

ピエゾ式プリントヘッド

電圧を加えると振動・変形するセラミック(ピエゾ素子)を利用して、インクを吐出させる。この代表がセイコーエプソン社のMACH方式。機械的なしくみでインクを吐出させるため、インク選択の自由度の高さと耐久性に優れることがメリット。

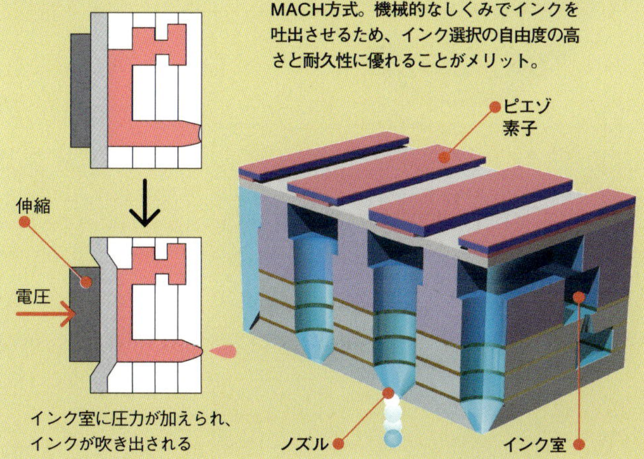

伸縮
電圧
ピエゾ素子
ノズル
インク室

インク室に圧力が加えられ、インクが吹き出される

レーザープリンタのしくみ

DTPワークの主力プリンタとなっているレーザープリンタは、もともとは電子写真方式と呼ばれ、コピー機などのために開発されたしくみである。特にカラープリンタは構造が複雑になるため高価だが、業務用としては中心的な存在となっている。

光とトナーで絵柄を再現する

帯電させた感光体に、データの絵柄に応じて光を照射させると、当たった部分の電荷が消える。これにより、目には見えないが電気的に絵柄が感光体の上に再現される。そこに帯電させておいたトナーと呼ばれる粉末を振りかけると、電荷がない部分、つまり絵柄部分に付着する。これを用紙に転写させた後、熱と圧力で定着させる。これが電子写真方式のプロセスだ。

「レーザープリンタ」と総称することが多いが、照射する光にレーザーではなくLED(発光ダイオード)を用いるタイプもある。カラーを再現するためには、トナーを供給する部分(現像ユニット)をCMYK各色分、つまり4基備える必要があるため、構造が複雑になり高価になるが、最近では著しく低価格化が進んでいる。また、現像ユニットだけでなく感光体も4基備える「タンデム方式」によって、一層の高速出力を実現するモデルも多くなってきた。

プリントの原理

DTP

帯電
感光ドラムにマイナスの静電気(電荷)を与える

露光
レーザーを照射しイメージ部分の電荷を消す

現像
マイナスに帯電したトナーは電荷がない部分に付着する

転写
用紙にプラスの電荷を与え感光ドラム上のトナーを付着させる

定着
熱と圧力を加えてトナーを用紙に定着させる

書き込み方法

LED方式

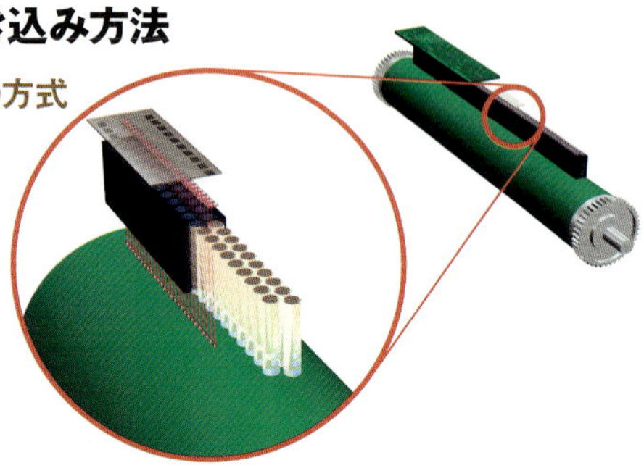

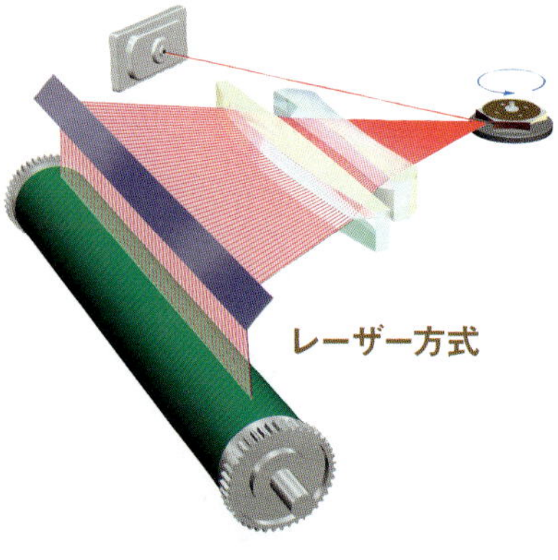

レーザー方式

カラーを再現する方法

直接転写方式

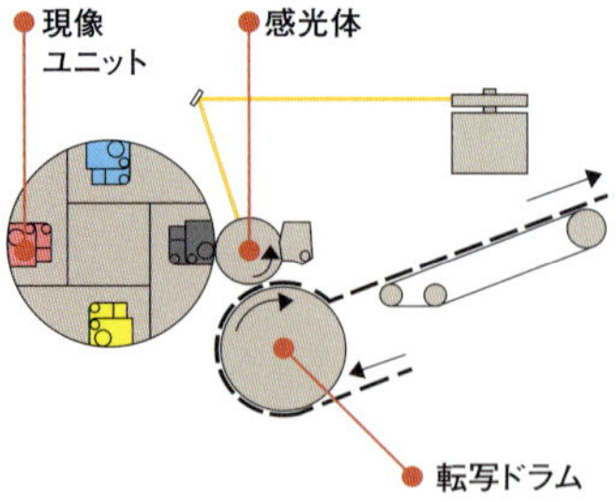
現像
ユニット
感光体
転写ドラム

転写ドラム方式

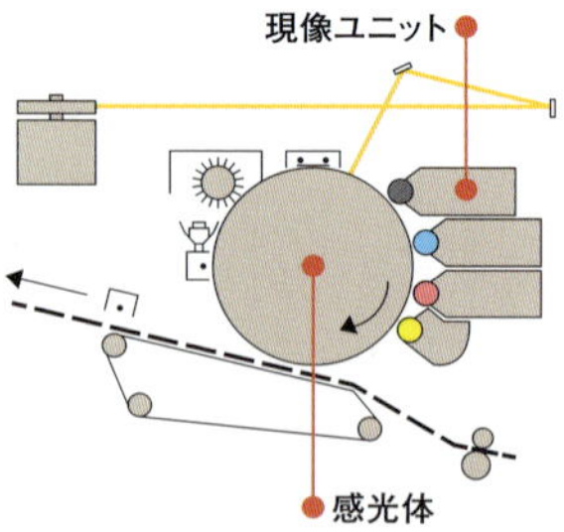
現像ユニット
感光体

転写ベルト方式

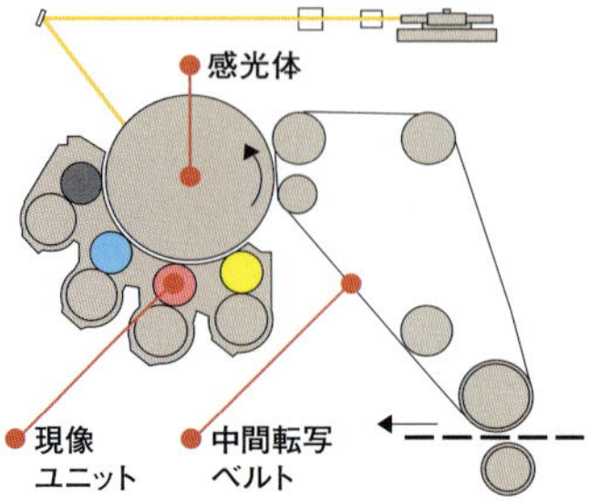
感光体
現像
ユニット
中間転写
ベルト

タンデム方式

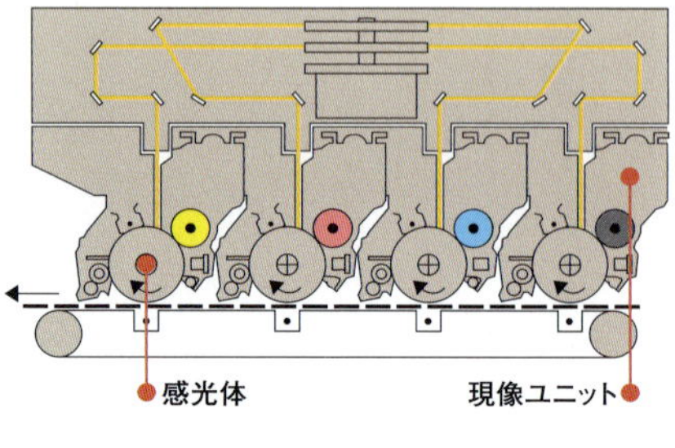
感光体
現像ユニット

関連リンク
カラーマネージメント p.072
色校正の基礎知識 p.186
プリンタを利用した色校正 p.188
オンデマンド印刷機 p.225

機種名

MICROLINE 9500PS-F

●㈱沖データ

環境保護に対する企業の取り組みに役立つ機能として、両面印刷機能とマルチページ印刷機能を装備。
また、印刷速度の向上と消費電力の低減というニーズに応えるため、低温でトナーの定着を実現する独自の「小粒径カプセルトナー」を採用。
最大出力A3ノビまで対応

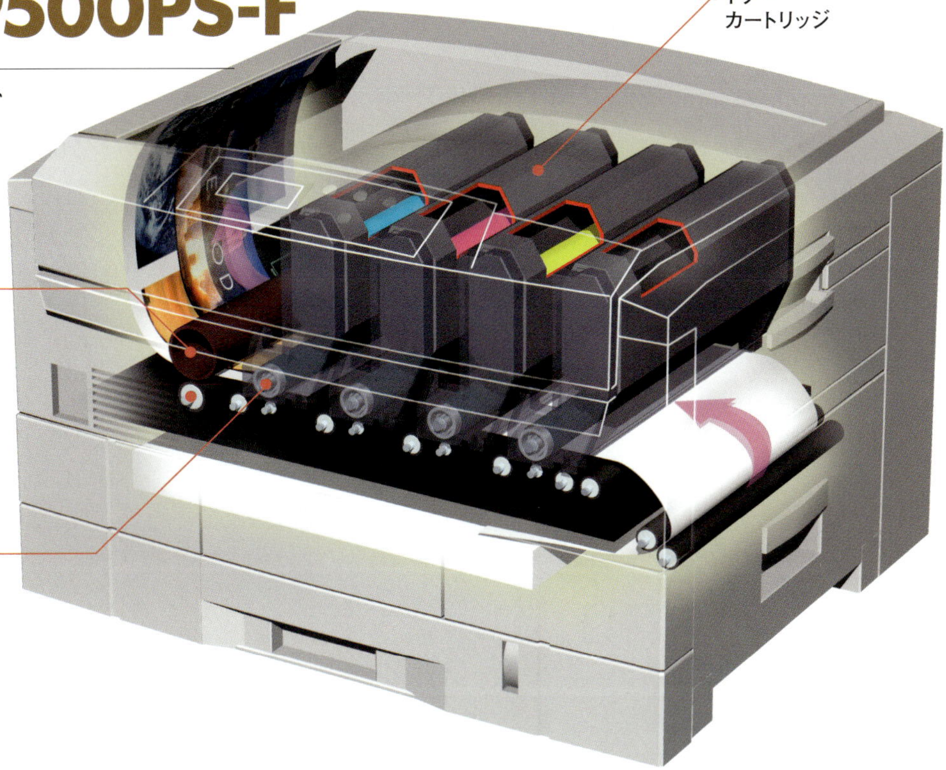

トナーカートリッジ
定着器
感光体

機種名

LP-8800C

●セイコーエプソン㈱

高速性能を常に追求し、紙送りスピードの高速化はもちろん、印刷指令から出力完了までのすべての処理をスピードアップ。
忠実な写真表現のために色再現領域を拡大。
sRGBの領域ほとんどをカバーできるため、モニタ画面で見た色に近い印刷が可能。最大出力A4サイズ

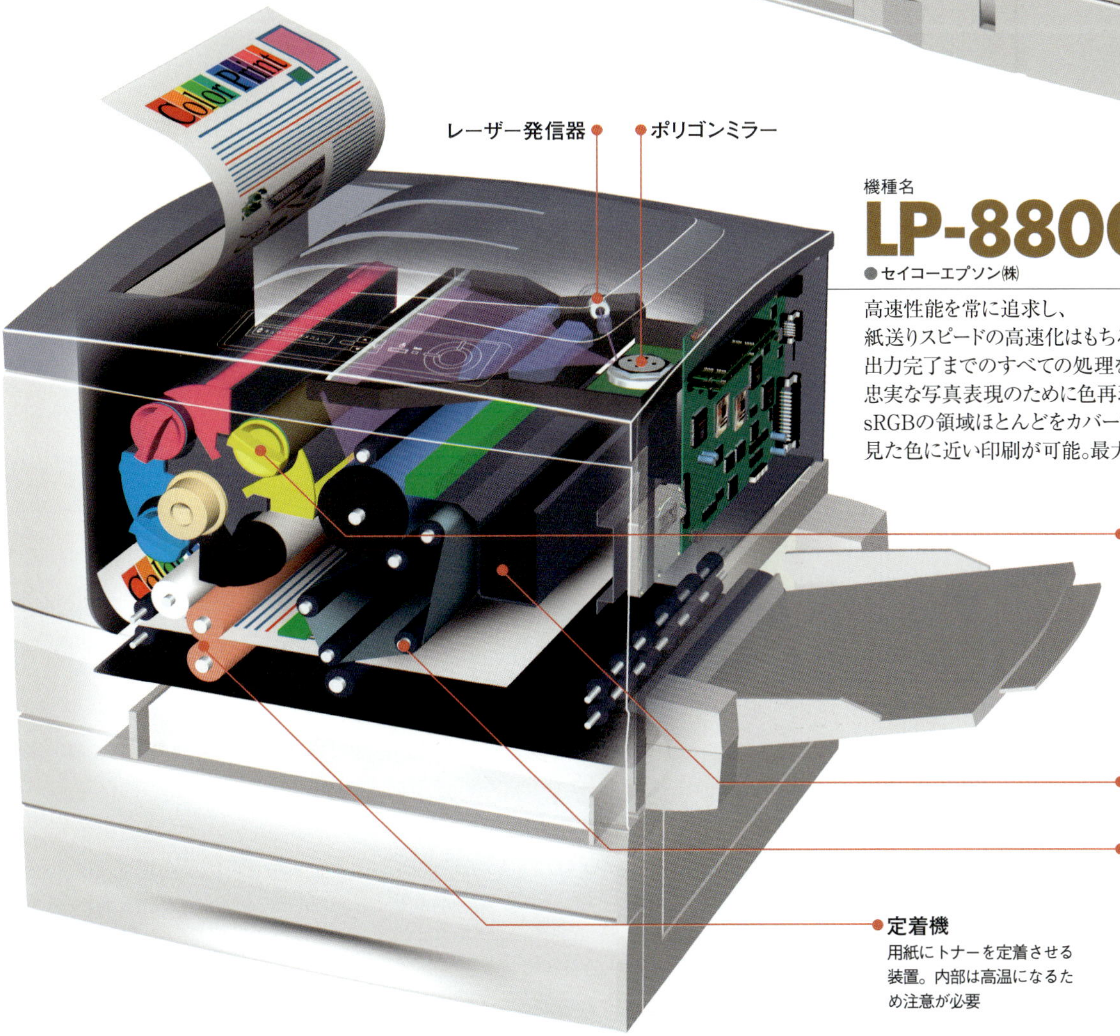

Color Print
レーザー発信器
ポリゴンミラー
E.T.カートリッジ
装着口には、セットするETカートリッジの色が示してある。カートリッジを挿入する際には必ず確認が必要
廃トナーボックス
感光体ユニット
感光体、感光体クリーナー、廃トナーボックス、帯電ローラで構成されたユニット
定着機
用紙にトナーを定着させる装置。内部は高温になるため注意が必要

熱転写と写真方式プリンタのしくみ

プリンタは目的に合わせて選ぶことが大切だ。ここではオフセット印刷に近い仕上がりが得られる熱転写方式プリンタと、写真技術を応用した高画質なレーザー露光熱現像転写方式プリンタのしくみを解説する。

熱転写方式のしくみ

ワープロ専用機のプリンタやFAXで多用されている熱転写方式は、一度に単色の印字しかできないため、以前はカラー印刷は苦手とされた。

ところが、1995年に発売されたアルプス電気のMD-2000Sは独自の溶融型熱転写方式を開発し、これまでの熱転写方式のイメージを打ち破る高画質を実現、とくにMacintoshへの対応に熱心だったため、多くのDTPユーザーに受け入れられた。また、紙だけでなくフィルムへの印字が可能であり、白や金属色など特色を使用することができるため、熱転写方式のプリンタはパッケージデザインの現場で非常に重宝されている。

プリントヘッドの構造

インクリボンに塗布された顔料系のインクをサーマルヘッド（発熱抵抗体）により加熱し、紙などに転写する。アルプス電気のMDシリーズプリンタでは、ヘッドの高密度・集積化を図り、熱制御チップの改良と熱応答性に優れたシリコン単結晶をヘッドに用いることで微妙なドットコントロールを可能にし、高精細なカラー印刷を可能にしている。インクジェットプリンタほど発色が派手ではないため、DTPでは色校正用として使われることもある。

9

● 出力&プリプレス

機種名

MICROLINE 7050c

●㈱沖データ

溶融型熱転写方式を採用し、A3ノビサイズの用紙に対応する。CMYKおよび特色インクを順次印刷する方式と水分を含まない顔料系インキにより、実際の印刷機による仕上がりに近い色再現性を実現している。耐水・耐候性・低ランニングコストのいずれにも優れ、透明なフィルムや厚紙にも対応

キャリッジ駆動ベルト
ステッピングモーターによってキャリッジを左右に往復運動させる

プリント用紙
カラー印刷の場合は、CMYKの順に1色ずつ転写する。1色の印字が終わると、いったん給紙位置まで戻り、次の色を転写する。

キャリッジ
インクカセットホルダから必要なインクカセットを自動的に選択・装着する

インクカセットホルダ
インクカセットを搭載するホルダを5つ持ち、それぞれ2巻のインクカセットを装着できる（ただし合計9巻まで）。CMYKの基本色以外に、金や銀のような特色を再現するためのインクカセットも用意されている

プリントヘッド
キャリッジに搭載されている。ヘッドの高密度・集積化（1ドットあたり約40μm）と、1ドットを16段階に制御する技術により、最高2,400dpi相当で190線（専用紙）の印刷が可能

関連リンク
線数 p.169
プリンタを利用した色校正 p.188
印刷用インキ p.194
印刷用紙 p.194

レーザー露光熱現像転写方式のしくみ

カメラ用フィルムの画像再現・現像のしくみを取り入れた方式であり、銀塩写真方式とも呼ばれるが、一般には製品の名前を取ってピクトロ方式と呼ばれることが多い。高価ではあるが、ほとんど写真と変わらない高画質を得ることができるため、出力物を作品として展示する場合や、反射原稿として使用する場合に利用される。

プリントの原理

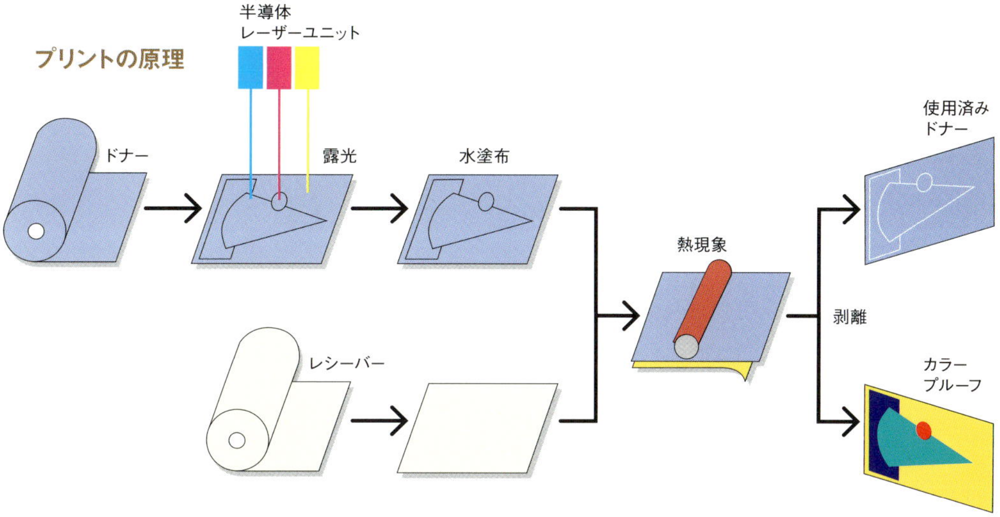

半導体
レーザーユニット
ドナー
露光
水塗布
熱現像
使用済み
ドナー
剥離
レシーバー
カラー
プルーフ

機種名

PICTROGRAPHY 4500N

●富士写真フイルム㈱

イラストなどのデジタルデータを
反射原稿として入稿する場合に、
圧倒的な支持を得ている
PICTROGRAPHY。
ネットワークインターフェイス搭載により、
生産性の向上を実現。
一体型オートキャリブレーターを採用し、
A3ワイドサイズに対応

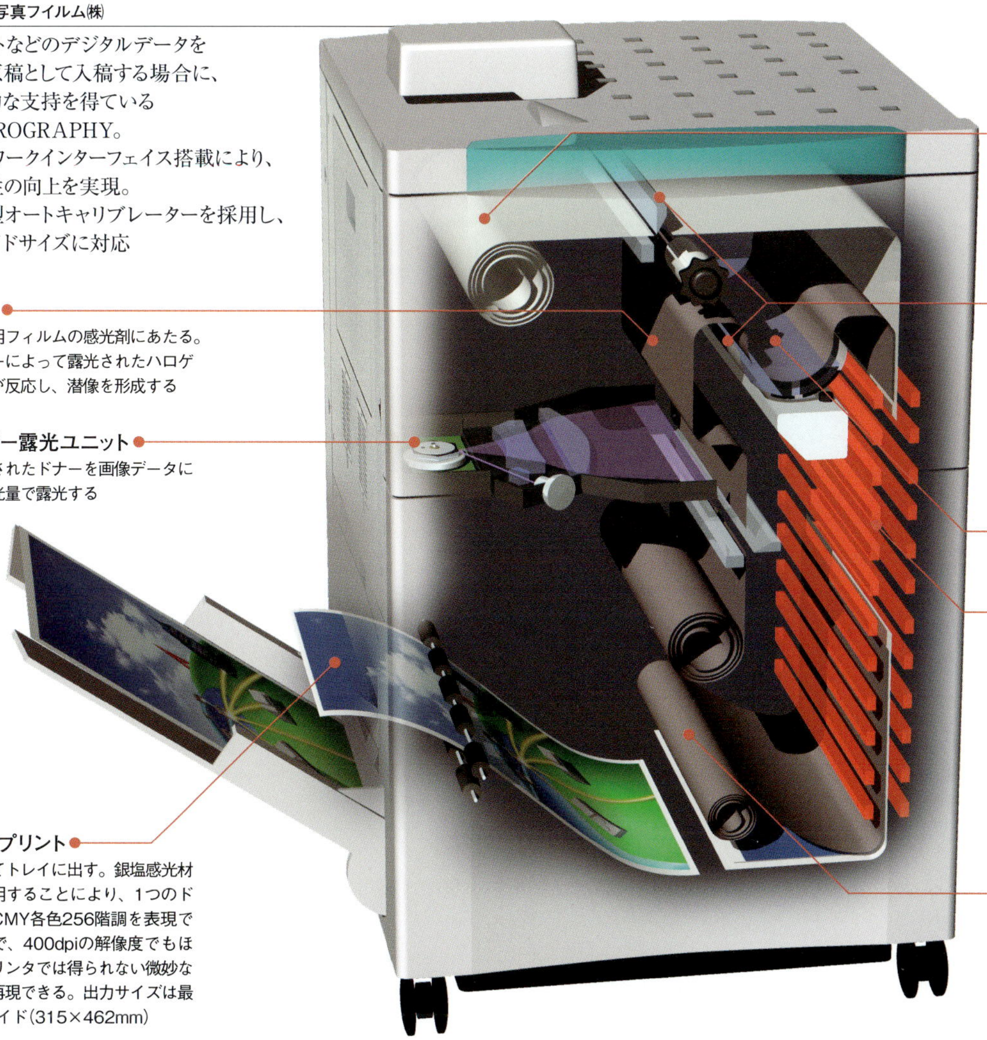

ドナー
カメラ用フィルムの感光剤にあたる。レーザーによって露光されたハロゲン化銀が反応し、潜像を形成する

レーザー露光ユニット
引き出されたドナーを画像データに応じた光量で露光する

カラープリント
乾燥してトレイに出す。銀塩感光材料を使用することにより、1つのドットでCMY各色256階調を表現できるので、400dpiの解像度でもほかのプリンタでは得られない微妙な階調を再現できる。出力サイズは最大A3ワイド(315×462mm)

レシーバー
ロールで供給される専用の印画紙を用紙として使用する。転写されることからレシーバー（受像紙）と呼ばれる

カッター
所定の寸法にレシーバー・ドナーをカットする

湿し水
ドナーを少量の水で湿らせる

熱現像転写部
ドナーとレシーバーを貼り合わせ、加熱することで現像が行われる。ドナー上に生成された色素をレシーバーに転写する

使用済みドナー
使用済みのドナーをレシーバーと剥離する。写真現像に必要な処理液は必要ないが、いっぱいになった使用済みドナーは産業廃棄物として定められた回収システムを利用する

大判プリンタのしくみと役割

A1サイズ以上の用紙にプリントできるものを、大判プリンタと総称する。画質や出力速度の向上が著しく、少数のポスターや作品作りなどで大活躍している。看板やPOP、垂れ幕などディスプレイ用品にも広く活用されている。

プリントヘッドの構造

サーマルインクジェット方式と呼ばれる方式で、Designjet やキヤノン製インクジェットプリンタで採用されている（キヤノンでは「バブルジェット」と呼ぶ）。加熱によるインクの膨張を利用して、インクを飛散させる。インク以外に稼働する部品がなく、ノズル数を増やしやすい構造である。

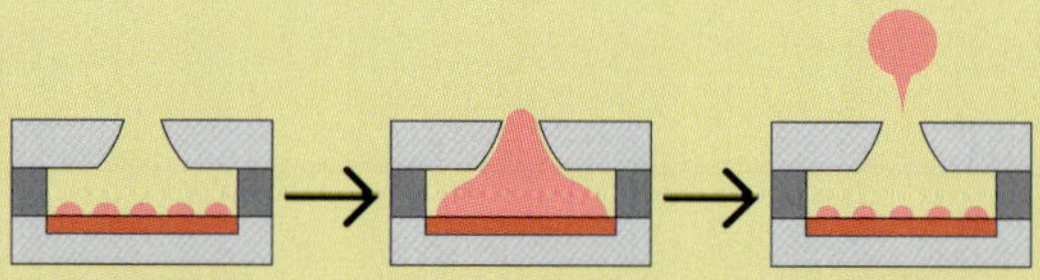

内部の電気抵抗により300℃以上までインクを加熱し、気泡を形成させる → インクドロップを形成しながら気泡状のインクが大きく成長する → インクを弾き出しながら気泡が破裂。その後、新しいインクが供給される

インク供給ホース
駆動ベルト
ガイドレール

プリントヘッド
512個のノズルを持ち、1秒間に768万回という速さでインクを噴射する。1ドットを複数回のドロップで再現することで、600dpiという出力解像度以上の高画質を発揮

インクカートリッジ
CMYKの4色に、ライトシアン、ライトマゼンタを加えた計6色インクを採用。各色とも600mlで、A1サイズ600枚分相当の出力が可能。標準装備するのは画質を重視した染料系インクだが、屋外掲示用に耐候性を高めた顔料インクも用意され、切り替えて使える

キャリッジ
6色分のプリントヘッドが並ぶ。これが駆動ベルトによって左右に移動し、プリントを行う

キャリブレーションセンサ
起動時や用紙変更時にカラーパターンをプリントし、それを計測することで安定したプリント品質を確保する。プリントヘッドのノズルが一部故障しても、ほかのノズルで補完するといった機能も持つ

出力紙
Designjet 5500には、用紙幅が1,524mm対応モデルと、1,067mm対応モデルの2機種がある。光沢フォト用紙、コート紙、耐久性が高い専用の防災クロスなど、さまざまな用紙種類をサポートする

バキュームファン
湾曲しがちな用紙を平らな面に引きつけ、常に最適な状態でプリントさせる

キャリッジ駆動モーター

クリーナー
キャリッジを収納し、プリントヘッドを清掃して保護する

プラテン
用紙を送るための、表面がゴムの大きなローラー

テンションロール

ロール紙
最長90mの用紙を取りつけ可能

巻き取りロール

機種名

Designjet 5500
●日本ヒューレット・パッカード㈱

ポスターや作品作りなどで求められるのは粒状感のない高画質だ。
また、色校正や検版といった印刷現場で求められるのは何よりも高速性だ。
Designjet 5500はこの相矛盾する要素を実現した大判インクジェットプリンタ。
PostScript RIP内蔵モデルもあり、手軽にDTPデータを出力できる

関連リンク
サーマル式プリントヘッド p.173
ピエゾ式プリントヘッド p.173
測色値 p.188
面付け p.196

大判プリンタの目的と用途

大判プリンタの用途は、ポスターや作品作りなどプリントがそのまま最終成果物となる場合と、色校正や検版など印刷までの中間生成物として出力する場合に大きく分けることができる。前者では画質が何よりも重要視され、後者では速度など生産性の高さが求められる。従来はレーザー方式のモノクロ大判プリンタが多かったが、現在はインクジェット方式が主流だ。インクジェット方式では、ノズル数の増加やインクドロップの極小化といった技術の向上により、上記いずれの用途にも応えられるものが多くなっている。

ポスターの出力

コート紙やアート紙といった一般的な用紙はもちろん、ファンシーペーパーや和紙などさまざまな種類の用紙に出力できるのが大判プリンタの魅力。ポスターなどの場合、ある程度離れて鑑賞することになるので、それほど高い画像解像度およびプリンタの出力解像度は必要ない。ただし、古い大判プリンタの中には非常にインクドットが粗い機種もある。家庭用インクジェットプリンタのような高画質を求める場合は、事前に機種や出力サンプルを確認したほうがよいだろう

和紙にプリントした例。用紙の選択が幅広いインクジェットプリンタならではの表現が可能だ

さまざまな大判プリンタ

最大印刷幅5mの VUTEk UltraVu 5300

紙はもちろんメッシュクロスや塩ビシートに、最大幅5mでプリントできる超大型インクジェットプリンタ。ノズルはピエゾ式で、インクには溶剤顔料を用い、屋外で2年間の耐候性を持つ

紙だけでなく、ビニールや布へもプリント可能で、シールやパネルに発展させることもできる特殊な大判プリンタが数多くある。バスの窓に貼ってあるような、車内からは外が普通に見えるが、外からはプリントした絵柄が見えるといった特殊なディスプレイシートを作ることも可能だ。

これらサイン・ディスプレイ業界はこれまでDTPとはつながりがないように見えたが、デジタルデータを大判プリンタで出力して作成することが多くなり、DTPと非常に近い関係になっている。

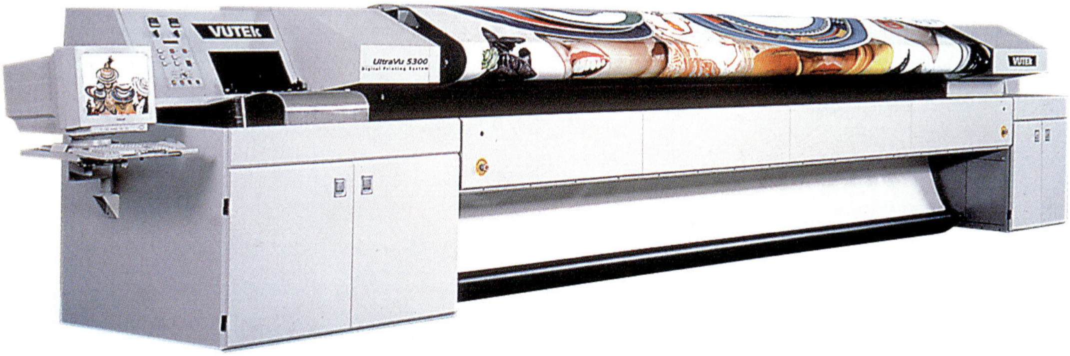

印刷物をカットする GRAPHTEC FC5100Aシリーズ

外観は一般的な大判プリンタ同様だが、印刷物の輪郭通りにカットしてくれるカッティングプロッタと呼ばれるもの。ラミネートなど表面加工がされている印刷物のカットも可能なので、大きなシール作りなどに向いている

静電・転写方式の 3Mスコッチプリントシステム

専用の透明シートに静電方式でプリントし、それをさまざまなマテリアル(素材)に転写する特殊なプリントシステム。発色のよさを維持しつつ、耐候性を高めることができる。店舗のサイングラフィックなどに用いられる

イメージセッタのしくみ

DTPデータからフィルムを直接出力することができるイメージセッタは、オフセット印刷を支える大黒柱だ。現在では、CTPが主流になってきているが、フレキシビリティの高いフィルム出力も重要な工程として位置づけられている。

機種名

Luxel IMAGESETTER F-6000

●富士フイルム グラフィックシステムズ㈱

高速スピンによりミラー面に生じるわずかなゆがみを解析し、平面性を設計した高精度スピナーミラーを採用することで毎分40,000回転という大幅なスピードアップを実現。最大記憶サイズ760×630mmで活用範囲の広いB2に対応できる

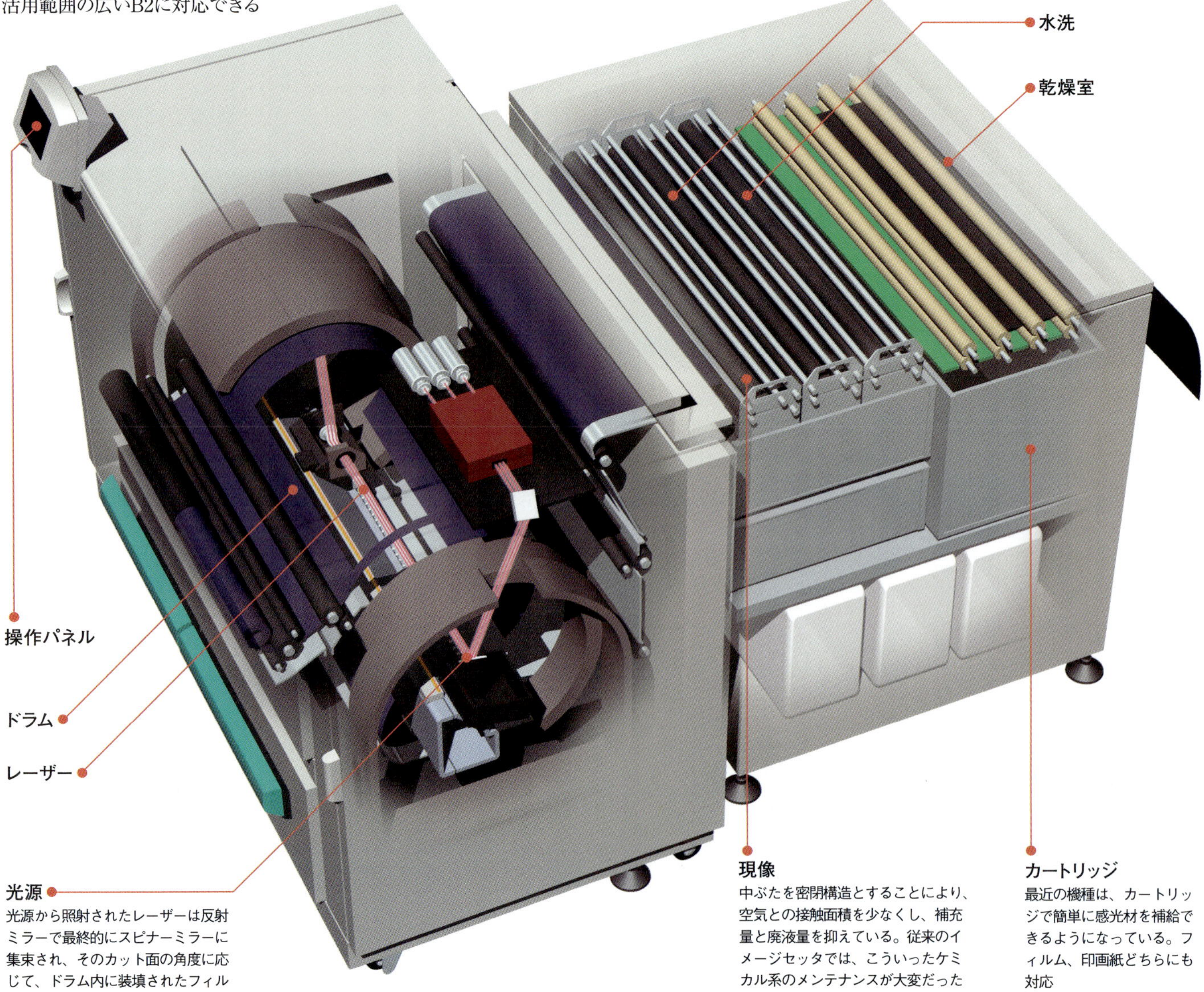

定着
水洗
乾燥室
操作パネル
ドラム
レーザー

光源
光源から照射されたレーザーは反射ミラーで最終的にスピナーミラーに集束され、そのカット面の角度に応じて、ドラム内に装填されたフィルム上に到達

現像
中ぶたを密閉構造とすることにより、空気との接触面積を少なくし、補充量と廃液量を抑えている。従来のイメージセッタでは、こういったケミカル系のメンテナンスが大変だったが、現在はだいぶ改善されている

カートリッジ
最近の機種は、カートリッジで簡単に感光材を補給できるようになっている。フィルム、印画紙どちらにも対応

関連リンク
解像度 p.078
CTPのしくみ p.182
製版フィルム p.184
PS版 p.223
オフセット印刷のワークフロー p.204

機種名

Genasett 6120

●大日本スクリーン製造㈱

最高速の露光スピードを誇るイメージセッタ。
露光時間はB1サイズで
わずか40秒(1,200dpi)である。
ドラムの特徴である優れた見当精度は
CMYK4色の「田の字」出力を可能とし、
出力時間と材料の低減を実現している

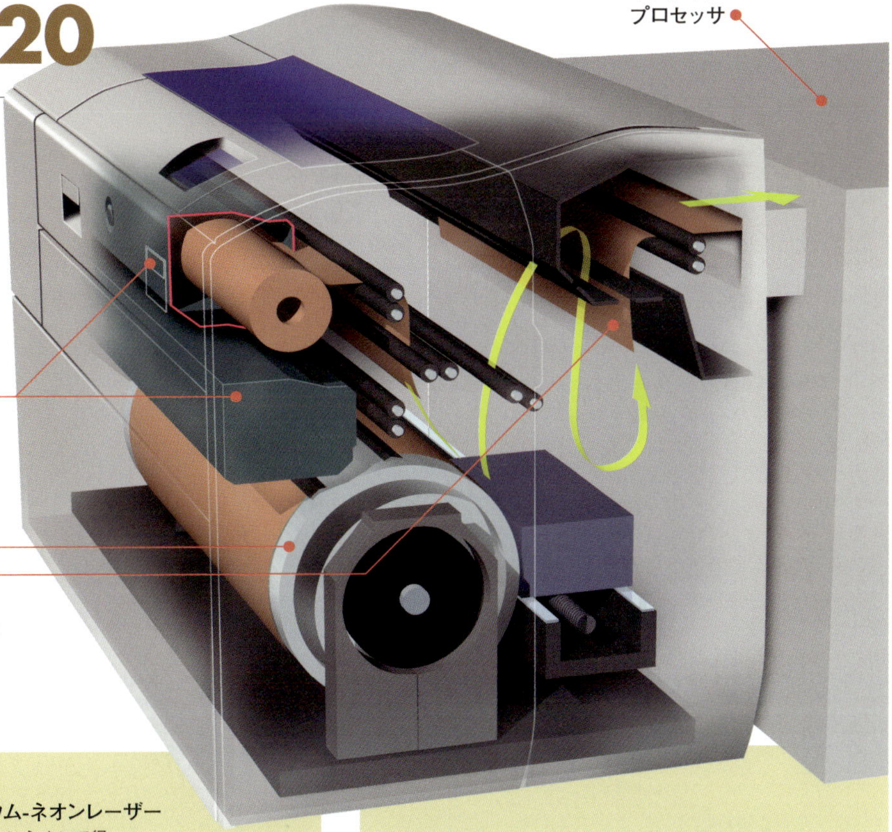

インライン
プロセッサ

デュアルサプライマガジン
2本の感光材料を同時にセットでき、サイズの使い分けやフィルムとペーパー、フレキシブルプレートによるCTPとしての使い分けが可能

カーボンドラム
特殊カーボンドラムと補正機能、新搬送システムの組み合わせで±25μmの見当精度を実現

露光済みフィルム
露光済みフィルムはインラインプロセッサ(自動現像機)に自動搬出される

キャプスタイン式イメージセッタのレコーダ部

キャプスタイン方式の特徴は、そのしくみの簡単さでコストダウンやサイズダウンが容易なことである。従来問題になっていた精度は、中型までなら実用上まったく問題にならないし、スピードもマルチビーム化で対抗している。

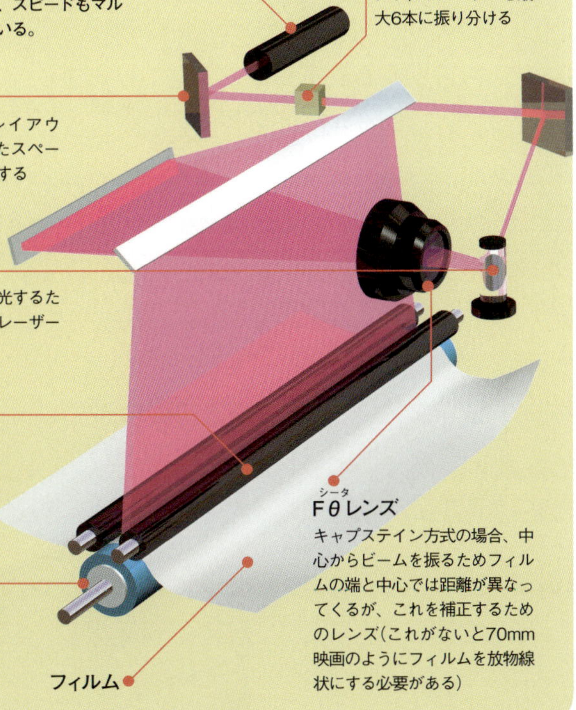

ヘリウム-ネオンレーザー
ヘリウム-ネオンで得たレーザーは波長が長いので赤く見える

マルチ周波AOM
露光速度アップのために1本のレーザーを最大6本に振り分ける

ミラー
ミラーの配置(光学レイアウト)によって、限られたスペースでレーザー光を誘導する

**レゾナント
スキャナ**
感光剤にイメージを露光するために、往復運動して、レーザー光を左右に振る装置

自重ローラー
フィルムを記録ドラムに密着させ、露光見当の精度を上げるためのもの

記録ドラム
レーザー走査と回転数を合わせるために補正装置がついている

フィルム

Fθ《シータ》レンズ
キャプステイン方式の場合、中心からビームを振るためフィルムの端と中心では距離が異なってくるが、これを補正するためのレンズ(これがないと70mm映画のようにフィルムを放物線状にする必要がある)

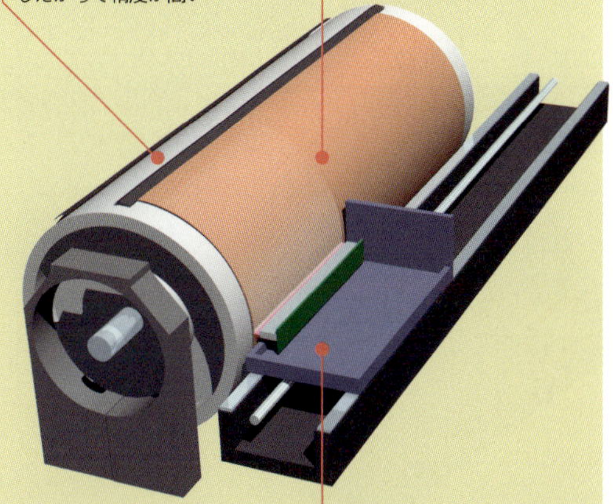

外巻ドラム
ドラムを1周させるように感光材を巻きつけるので、しっかりとねじれることなく固定できる。したがって精度が高い

感材
外巻ドラムのためフィルム、印画紙、フレキシブルプレートが選択可能

露光ヘッド
120チャンネル
LEDアレイ使用(660nm)

ドラム式イメージセッタのレコーダー部

ドラム式の良さは第一に精度である。単ページ出力から面付け出力が主流になると、大型イメージセッタはドラム式が中心になる。内面式ドラムのほうがスピード的に有利とされていたが、外面式ドラムがレーザーダイオード利用のマルチチャンネル化やドラム自体の軽量化を図ったために、スピード的な差はなくなっている。

CTPのしくみと版の種類

DTPがもたらした印刷工程デジタル化の1つの頂点といえるのがCTP（Computer to Plate）だ。もっとも手作業を要す刷版工程が一挙にデジタル化された。CTPは成長期に入ったところなので、露光方式、感材などがバラエティに富んでいる。

機種名

PlateRite 8800

● 大日本スクリーン製造㈱

独自の外面円筒レコーダ技術と高精度の光学系技術を活かした、クラス最高速（1時間あたり菊全判を30枚露光可能）のサーマルCTPレコーダ。リモートモニタリングシステムを搭載し、Webブラウザでの遠隔操作が行える

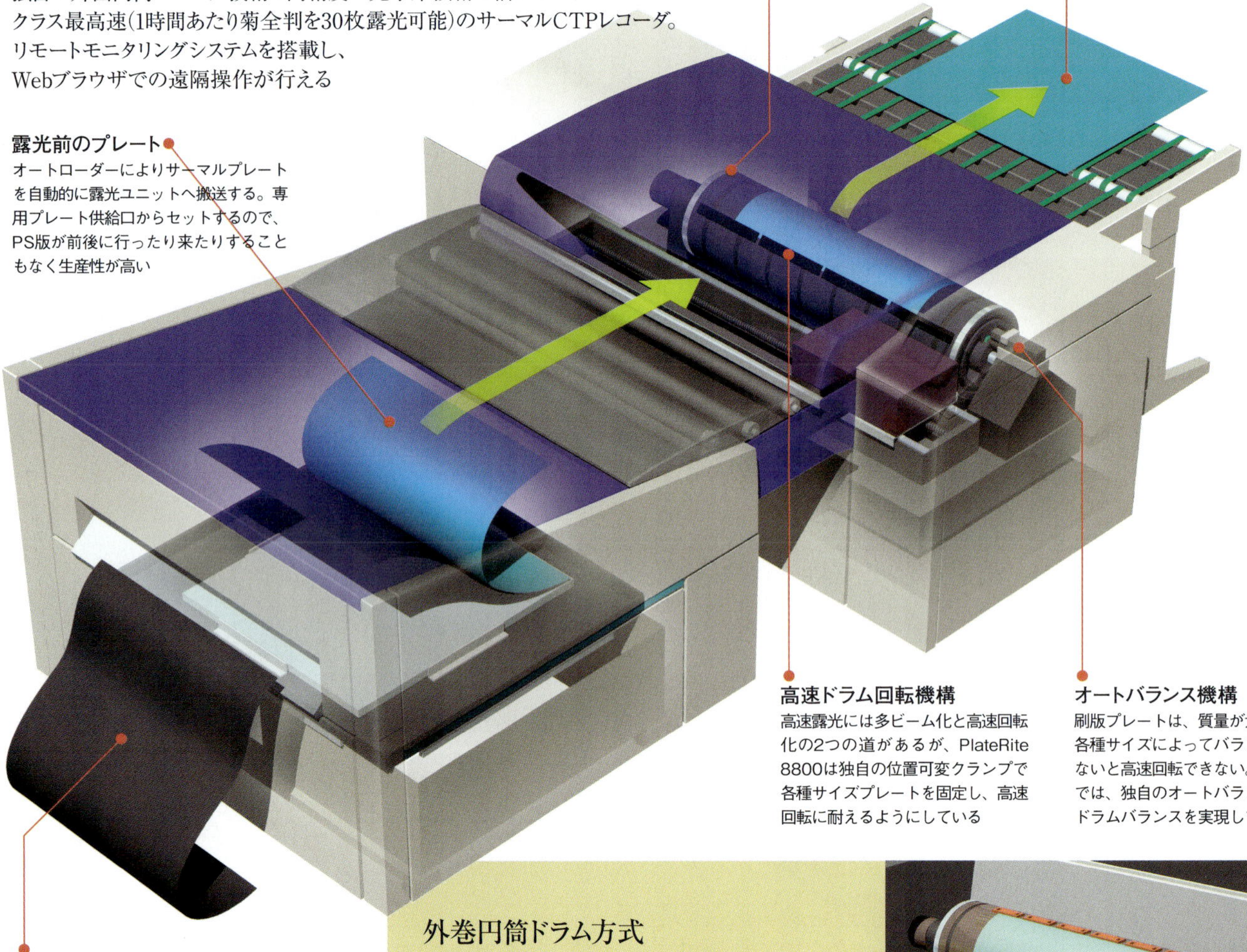

内蔵パンチ機構
露光の直前に自動で高精度なパンチング（印刷機に版を取りつけるための穴あけ）が可能。パンチはプレートサイズと印刷機種により選択可能

露光後のプレート
オートフィーダーにより自動現像機へプレートが自動搬出される。専用の搬出口により、生産性がよくなっている

露光前のプレート
オートローダーによりサーマルプレートを自動的に露光ユニットへ搬送する。専用プレート供給口からセットするので、PS版が前後に行ったり来たりすることもなく生産性が高い

高速ドラム回転機構
高速露光には多ビーム化と高速回転化の2つの道があるが、PlateRite 8800は独自の位置可変クランプで各種サイズプレートを固定し、高速回転に耐えるようにしている

オートバランス機構
刷版プレートは、質量が大きいため、各種サイズによってバランスを取らないと高速回転できない。この機種では、独自のオートバランス機構でドラムバランスを実現している

自動合紙取り機能
オプションで合紙取り機能を設定でき、合紙は自動的に廃棄エリアへ排出される。手作業で1枚ずつ合紙を取り除く手間が省け、効率よく作業を進められる

外巻円筒ドラム方式

CTPは熱で感光するため、光路長を短くしないとエネルギーが散乱してしまう。したがって、外巻円筒ドラムタイプが標準形式だが、ドラムの高速回転が難しい。

マルチチャンネルヘッド
32チャンネルIR（赤外線）レーザーダイオード採用。波長830nm、出力1W/ch、出力解像度は1,200、2,000、2,400、4,000dpiから選択できる

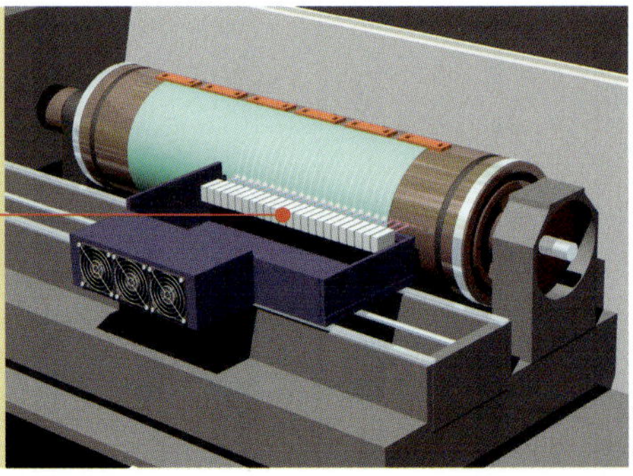

関連リンク
平版 p.198
PS版 p.223
オフセット印刷のワークフロー p.204
オンデマンド印刷 p.225

フォトポリマータイプのプレートはインキの着肉性や汚れにくさなど、従来のPS版と同様の印刷適正を備えるが、明室での作業ができないため、写真のような暗室が必要。この点では明室作業が可能なサーマルタイプが有利

機種名

Luxel PLATESETTER V-9600

●富士フイルム グラフィックシステムズ㈱

フォトポリマータイプのCTP。
光源は低コストで、長寿命のバイオレットレーザーに対応している。
富士写真フイルムではCTP用版材も開発製造しており、
フォトポリマー用プレートPN-Vの耐刷力は20万枚

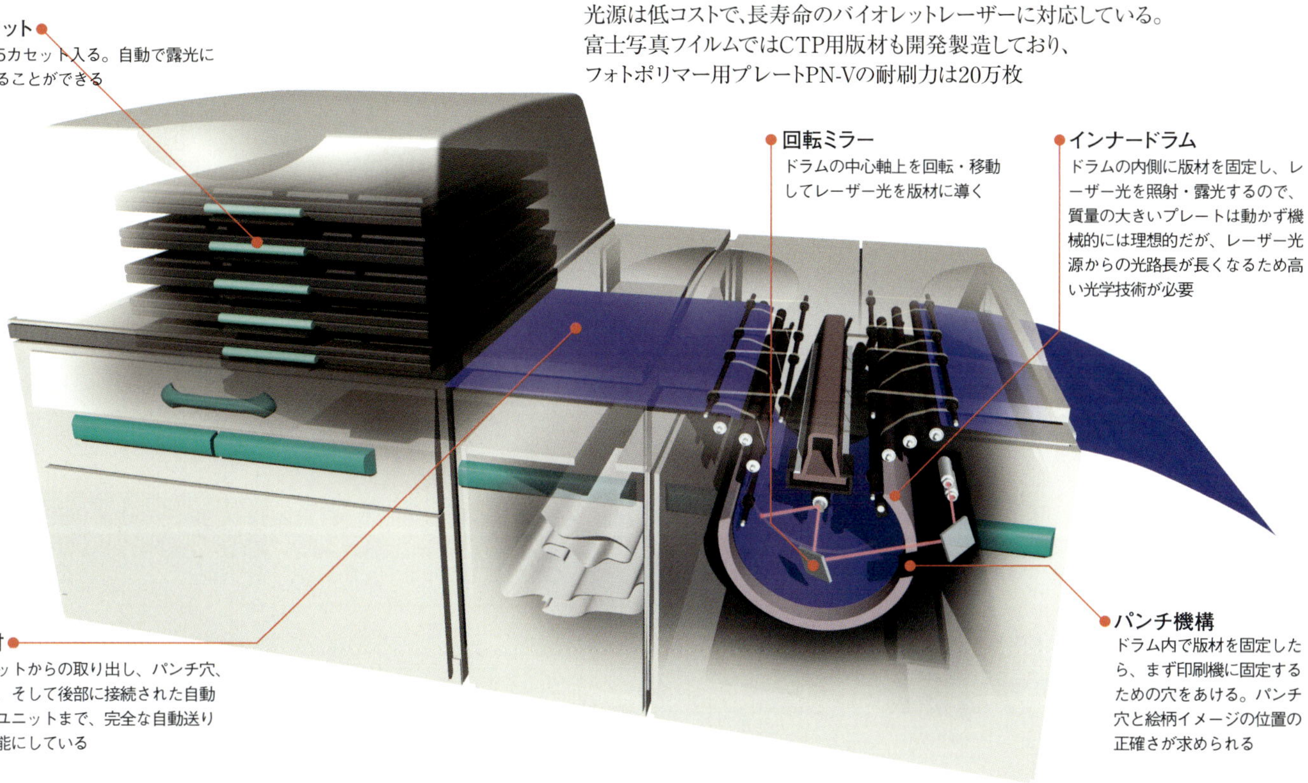

カセット
最大5カセット入る。自動で露光にかけることができる
回転ミラー
ドラムの中心軸上を回転・移動してレーザー光を版材に導く
インナードラム
ドラムの内側に版材を固定し、レーザー光を照射・露光するので、質量の大きいプレートは動かず機械的には理想的だが、レーザー光源からの光路長が長くなるため高い光学技術が必要
版材
カセットからの取り出し、パンチ穴、露光、そして後部に接続された自動現像ユニットまで、完全な自動送りを可能にしている
パンチ機構
ドラム内で版材を固定したら、まず印刷機に固定するための穴をあける。パンチ穴と絵柄イメージの位置の正確さが求められる

サーマルとフォトポリマー

サーマルプレートは、明室の取扱いが可能で、高精細適性(300L/inch・FMスクリーン)にメリットがある。現状では、サーマルプレートの市場占有率が高い。フォトポリマープレート(バイオレット対応)は、高感度を活かして、高生産性が可能。長寿命レーザーを使用でき、低コストというメリットがある。

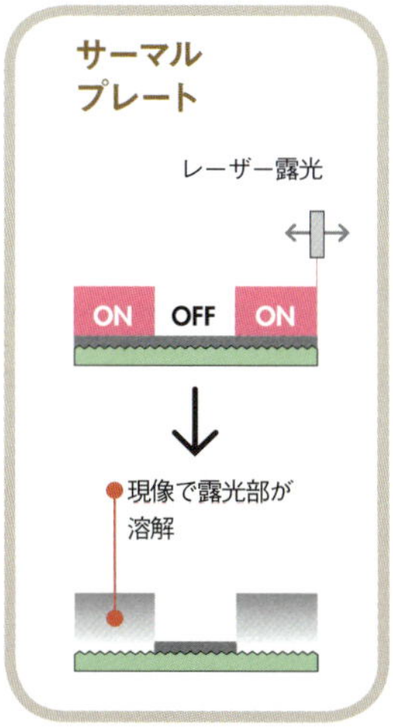

サーマル
プレート
レーザー露光
ON
OFF
ON
現像で露光部が溶解

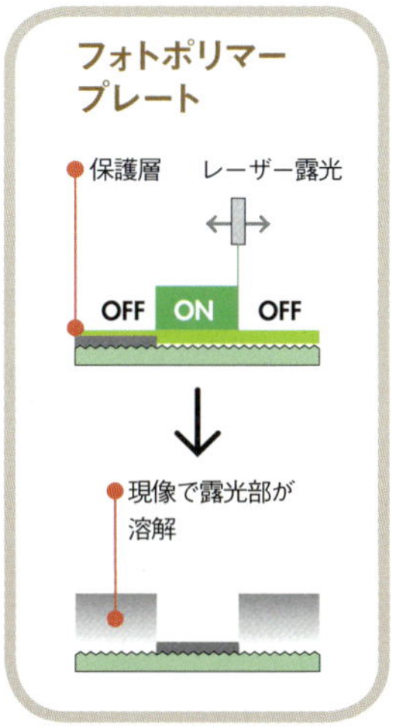

フォトポリマー
プレート
保護層
レーザー露光
OFF
ON
OFF
現像で露光部が溶解

銀塩
プレート
レーザー露光
ON
OFF
ON
現像で未露光部分に銀が浮き出て画線部となり、インキが付着する

フィルム使用の印刷結果　CTP(サーマル)の印刷結果

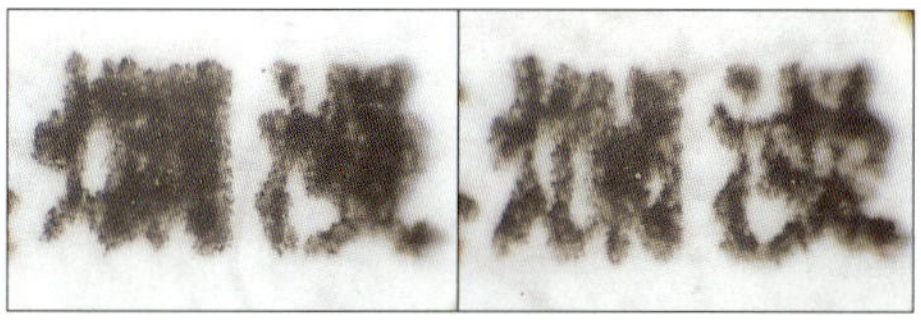

1Qの文字を40倍に拡大。輪郭の再現性に歴然と差がある

マゼンタとイエローそれぞれ1%ずつ入ったチャートを10倍に拡大。フィルムではほとんど飛んでしまっている

0.01pt
0.01pt

0.01ポイントの罫線を10倍に拡大

製版フィルムの基礎知識

製版がデジタル化されても、DTPに携わっている以上、製版という工程についてはきちんと理解しておこう。写真技法によって原稿から4枚に分解されたフィルムおよび刷版を作り出し、印刷を可能にするという基本概念はぜひ知っておきたい常識だ。

色分解製版フィルムを作るしくみ

アナログ工程ではRGBフィルタを使って色分解をしていた。写真が光を当てると黒化する性質を利用している。つまり、Rフィルタを使用すると赤い光しか通さないため、M成分とY成分が黒化し、C版のネガフィルムができたことになる。ネガを反転し、ポジフィルムを作ればC版となる。デジタルでもこの基本原理はまったく同じだ。

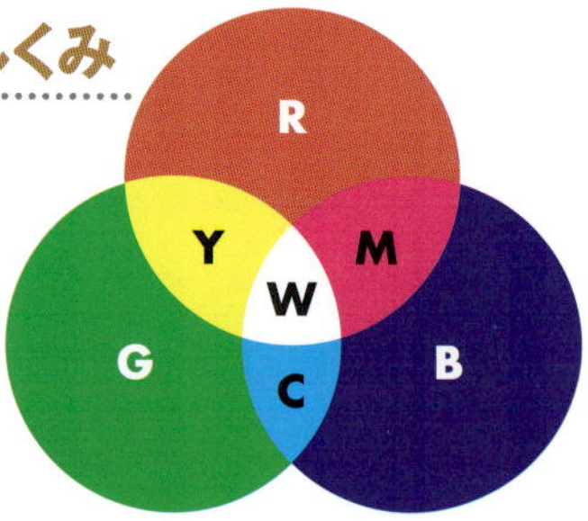

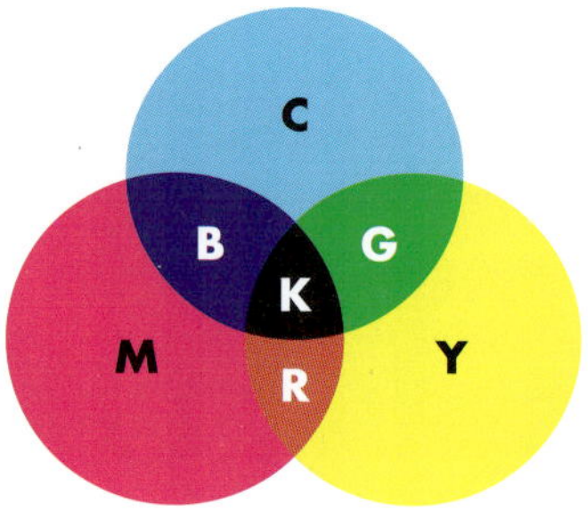

R≒Cのネガ
G≒Mのネガ
B≒Yのネガ

RGBとCMYはそれぞれの補色の関係にあり、それを利用することで分版フィルムを作り出すのが色分解であり、製版といわれる作業である

原稿

印刷原稿は通常、C、M、Y層からなる透過原稿（カラーポジ、リバーサルフィルム）もしくは反射原稿（カラープリント）を使用する

レッドフィルタ

レッドフィルタを通して分解フィルムを作成すると、イエローとマゼンタ成分が黒化した網ネガフィルムができる。ポジに反転するとC版分解ポジフィルムとなる

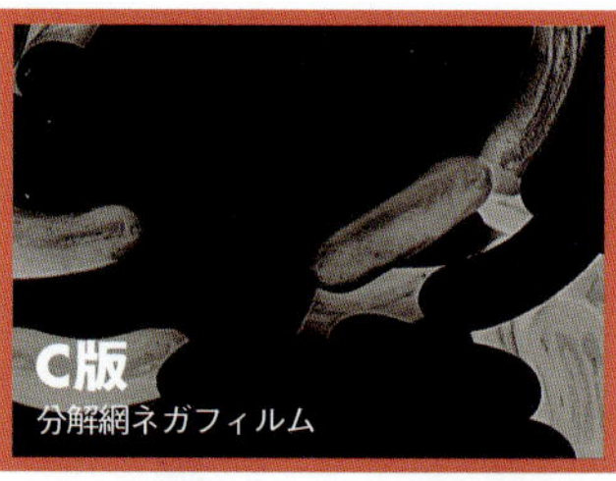

グリーンフィルタ

グリーンフィルタを通して分解フィルムを作成すると、シアンとイエロー成分が黒化した網ネガフィルムができる。ポジに反転するとM版分解ポジフィルムとなる

ブルーフィルタ

ブルーフィルタを通して分解フィルムを作成すると、シアンとマゼンタ成分が黒化した網ネガフィルムができる。ポジに反転するとY版分解ポジフィルムとなる

KはCMYの重なる部分から計算して生み出す。具体的には、CMYのうち一番小さい信号がグレー成分なので、最小信号を墨版とする

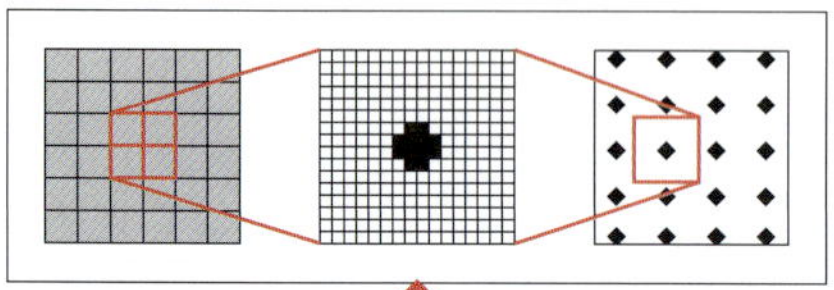

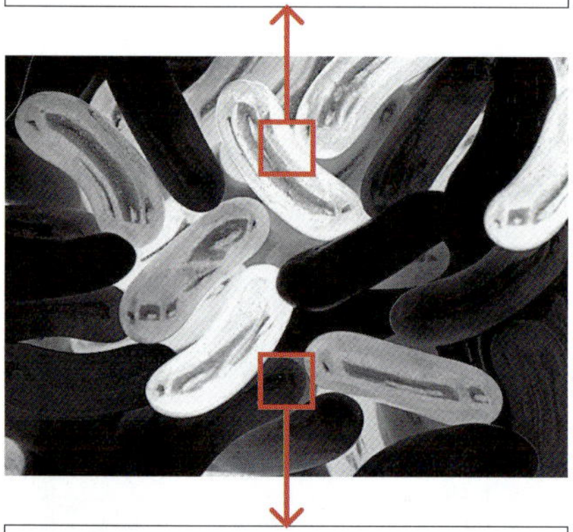

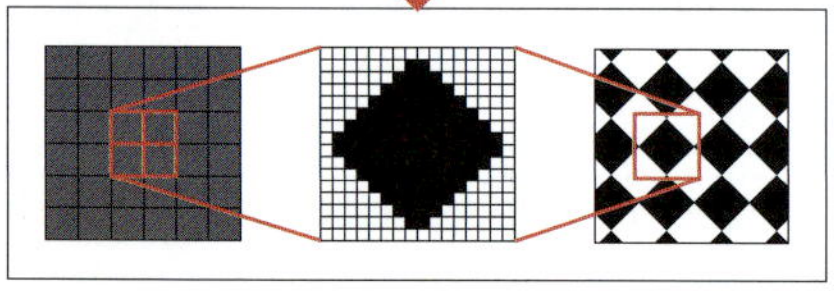

色分解と同時に階調を

網点に置き換える階調は網点の大小で表されるが、スクリーン線数によって網点の大きさが異なるので単位面積あたりの黒化率が使用される

9 ● 出力&プリプレス

関連リンク
ビットマップ画像 p.079
フィルム p.088
印刷用画像データ p.106
PhotoshopのCMYK設定 p.107
ハーフトーンスクリーン p.171
オフセット印刷のワークフロー p.204
オフセット枚葉印刷機 p.200

スクリーン角度

規則的な網点パターンが重なると、モアレという干渉縞が出る。45度離せば目立たないが、カラー印刷は4色のため、目立つCMKを30度ずつ離し、目立ちにくいYを15度にしている。

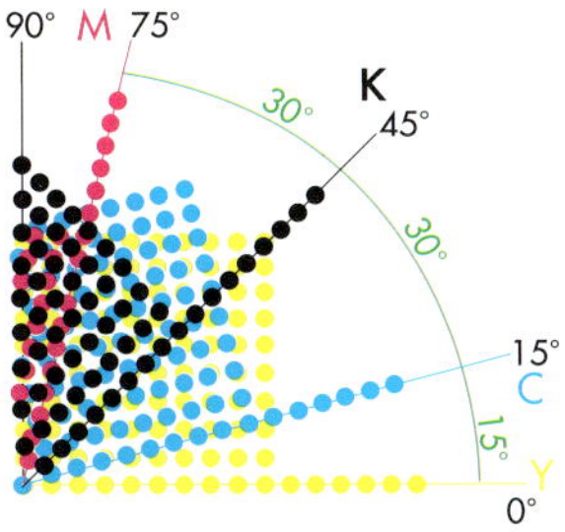

90°
M
75°
K
45°
30°
30°
15°
C
15°
Y
0°

C=15度、M=75度、K=45度(Kが一番刺激的なので網点が見えにくい45度)、Yはモアレの出る0度で妥協する

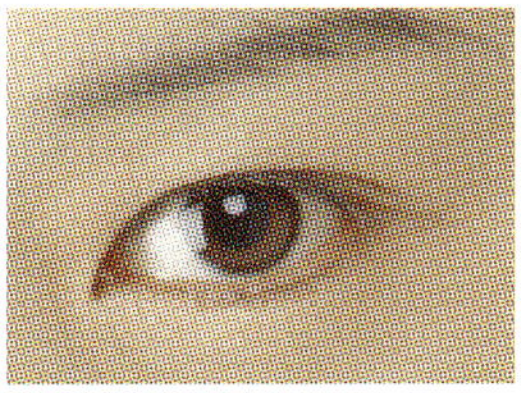

4色のスクリーン角度が同じか少ししか変えていない場合は、このようにモアレが起きてしまう

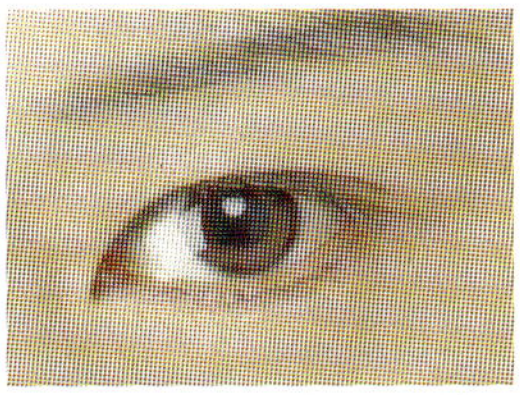

左図の通りの網点角度だが、厳密には30度ずつのモアレが見え、CMYが重なるところにはロゼッタという独特のパターンが見える

UCRとGCR

カラー印刷はC+M+Y+Kにより最大400%のインキが紙の上に乗ることになるが、300%以上になると逆に紙からブランケット(印刷機側)にインキが戻ってしまうので、シャドウ部の印刷適正改善のために、CMYが重なっているグレー成分をKインキに代用させ、インキ総量を落とすことをUCR(Under Color Removal)という。GCR(Gray Component Replace ment)は、ハイライト側からシャドウまでのグレー成分をすべてKインキに置き換えることで、2色+墨再現にして色相をずれにくくする。

UCR

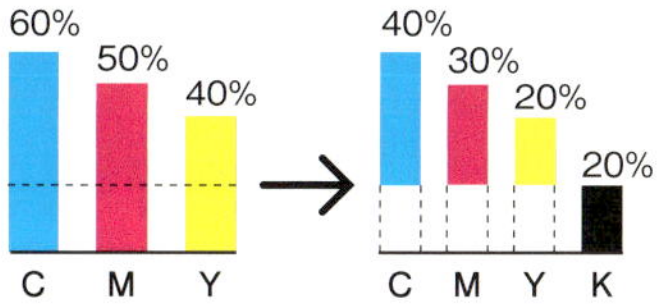

60%
50%
40%
C
M
Y
40%
30%
20%
20%
C
M
Y
K

100%GCR

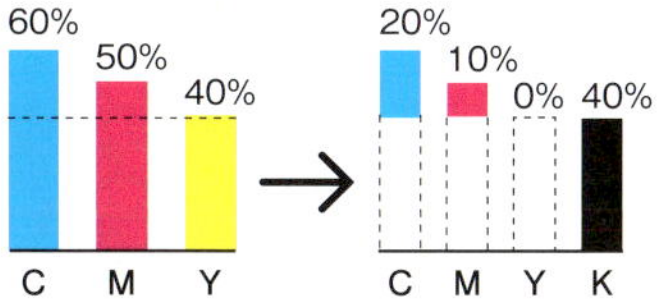

60%
50%
40%
C
M
Y
20%
10%
0%
40%
C
M
Y
K

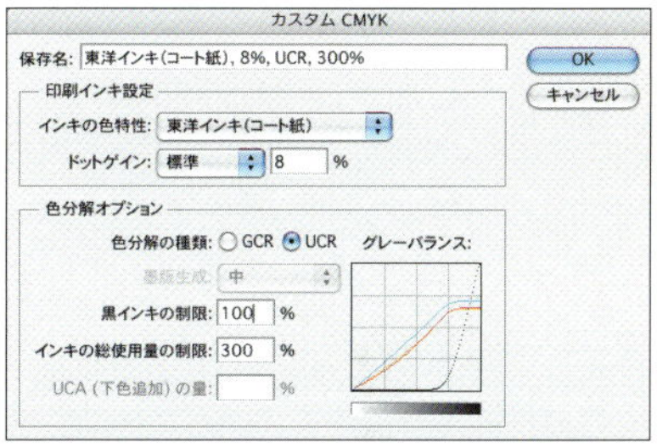

カスタム CMYK
保存名: 東洋インキ(コート紙), 8%, UCR, 300%
OK
キャンセル
印刷インキ設定
インキの色特性: 東洋インキ(コート紙)
ドットゲイン: 標準 8 %
色分解オプション
色分解の種類: GCR UCR
グレーバランス:
墨版生成: 中
黒インキの制限: 100 %
インキの総使用量の制限: 300 %
UCA (下色追加) の量: %

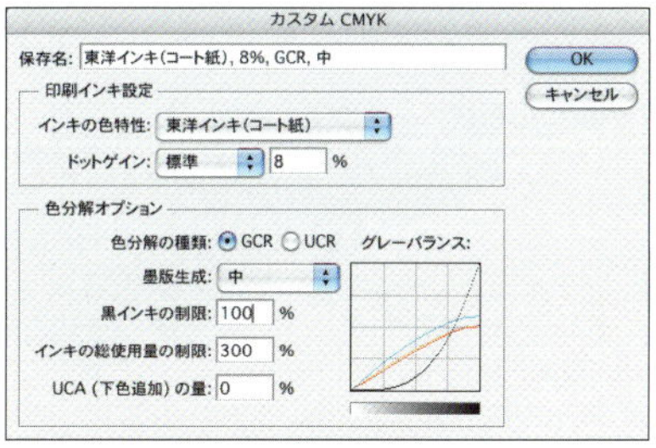

カスタム CMYK
保存名: 東洋インキ(コート紙), 8%, GCR, 中
OK
キャンセル
印刷インキ設定
インキの色特性: 東洋インキ(コート紙)
ドットゲイン: 標準 8 %
色分解オプション
色分解の種類: GCR UCR
グレーバランス:
墨版生成: 中
黒インキの制限: 100 %
インキの総使用量の制限: 300 %
UCA (下色追加) の量: 0 %

Photoshopの色設定画面

UCRはシャドウ部のみに効いているが、GCRはハイライト部からシャドウ部までグレーを墨に置換している

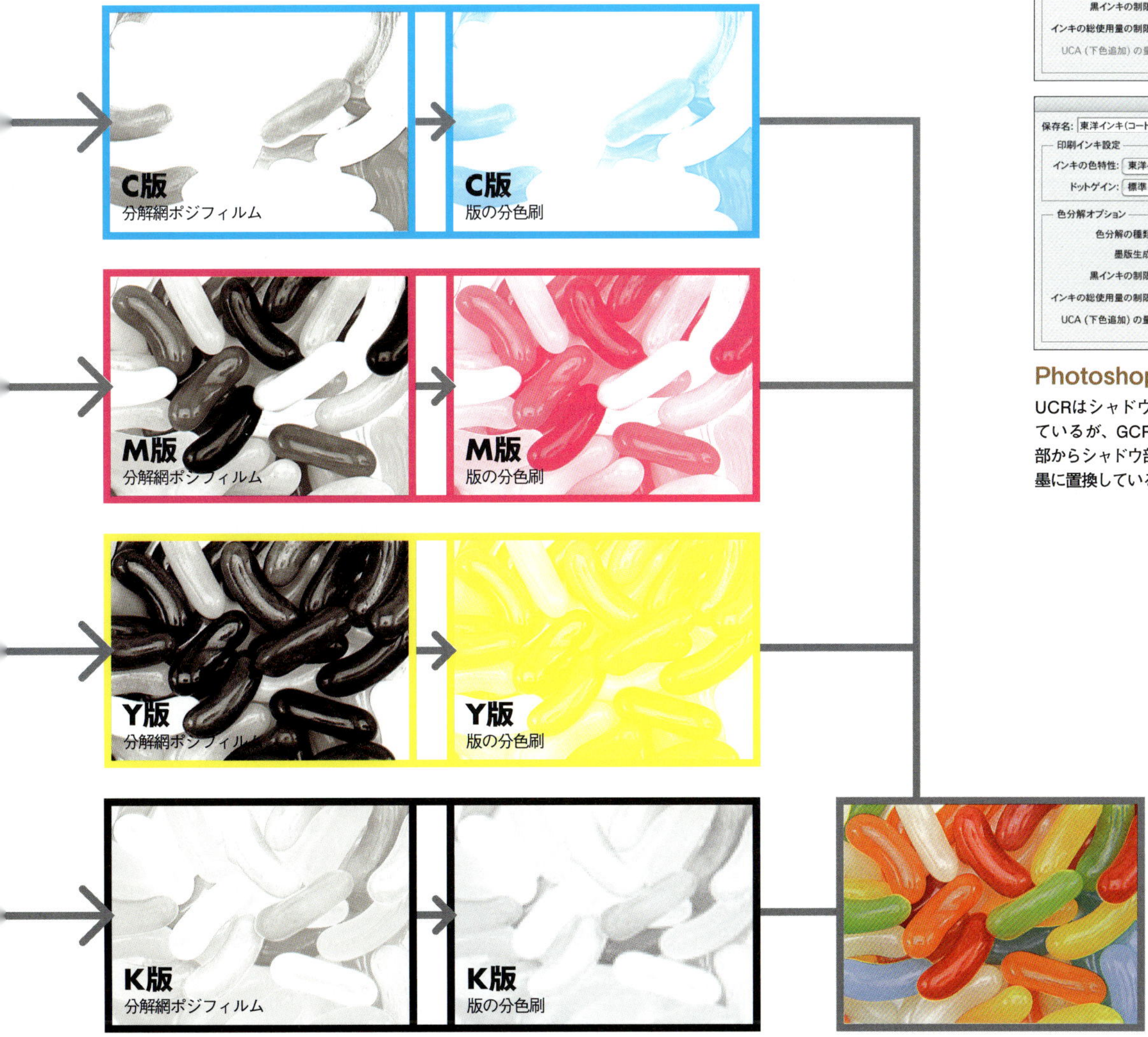

C版
分解網ポジフィルム
C版
版の分色刷
M版
分解網ポジフィルム
M版
版の分色刷
Y版
分解網ポジフィルム
Y版
版の分色刷
K版
分解網ポジフィルム
K版
版の分色刷

印刷結果

原稿の階調を網点の面積比変化に直し、シャドウ部の濃度不足を墨版を使用することで補い、全体のレンジ不足はハイライト側を重視し、シャドウ側を無視することで見栄えをよくしている

オフセット輪転印刷機
p.202

色校正の基礎知識

色校正は、実際の印刷機で刷るとコスト高のため実際のインキと使用する紙を使って平台校正機で刷られていた。しかし、昨今の需要の減少で生産中止の方向だ。とはいえ、まだまだ現役で活躍している現場も多いので、基本のしくみを覚えておこう。

機種名

4色平台色校正機

● 大日本スクリーン製造(株)

色校正機は単色機を基本に2色機、4色機がある。
イラストの4色機では全長10mにもなる。
印刷のしくみは実際のオフセット印刷機と
ほとんど同じであり、仕上がり品質も同様

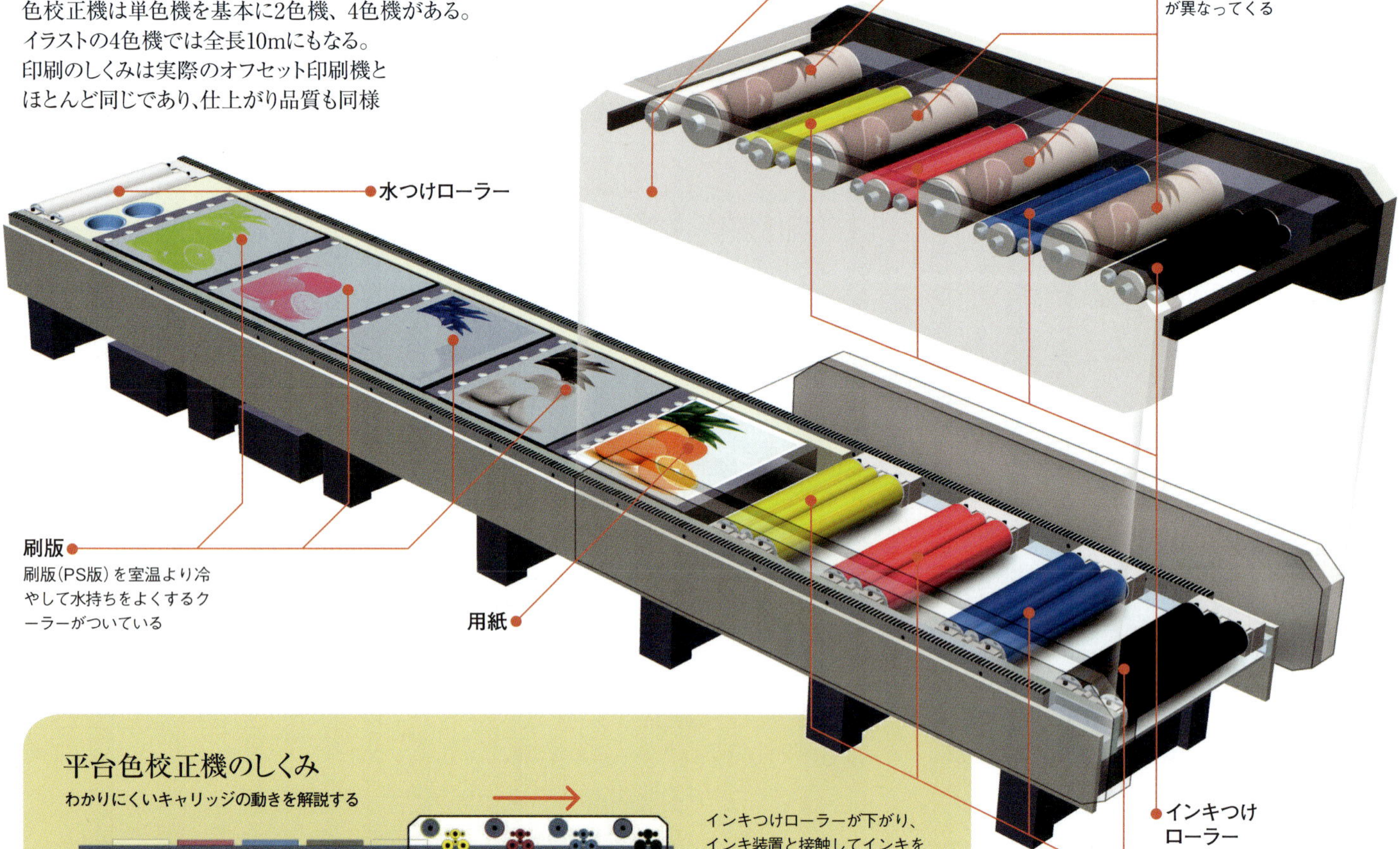

キャリッジ
印刷機では紙が動くが、平台校正機では印刷するブランケット胴ごとキャリッジが移動する
ブランケット
オフセット印刷用と同様のゴムブランケットを使用する。このブランケットの種類によってドットゲイン量が異なってくる
水つけローラー
刷版
刷版(PS版)を室温より冷やして水持ちをよくするクーラーがついている
用紙
インキつけローラー
PS版にインキをつけるために上下する機構を持つローラー。校正刷りを濃度測定し、インキ量が自動的にコントロールされる
インキング装置
インキ練りローラーでインキを一定に保つ

平台色校正機のしくみ

わかりにくいキャリッジの動きを解説する

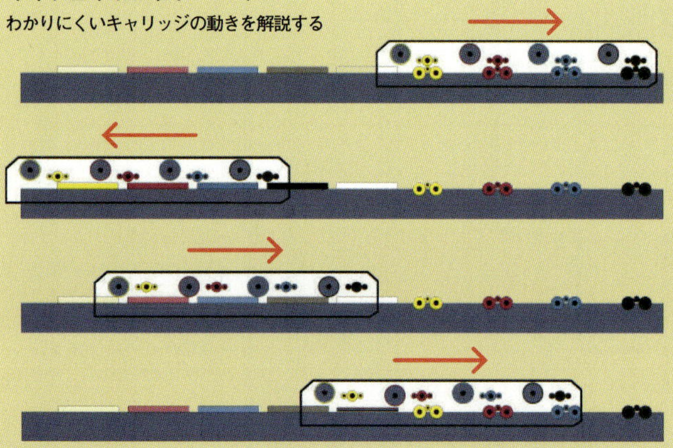

インキつけローラーが下がり、インキ装置と接触してインキを補充する

↓

キャリッジが移動し、インキつけローラーが下がり、各色のPS版にインキをつける

↓

ブランケットが下がり、PS版の各色画像がブランケットに転移する

↓

各色のブランケットが用紙位置で下がり、印刷する

関連リンク
プリンタを利用した色校正 p.188
インキ p.194
PS版 p.223
校正記号 p.218

赤字の入れ方とその意味

発注者が印刷物の上がりに対して注文をつけるのに、色校正紙に直接赤字を書き込む方法が一般的である。

印刷物にキズや汚れがついている、製版・印刷事故に関したものと、発注者の感性による、いわゆる「好き嫌い」の2種類がある。

前者は受注側が恥ずべきことで、「キズトル」「ヨゴレトル」という指定はなるべくないように製版段階で注意が必要である。白い皿や自動車のCMYバランスが悪く「赤ウキおさえる」、ハイライトを「もっと白く」、緑の葉がいかにも「ナマっぽい」(これも製版用語であるが、不自然にシアンが強いこと)のを修正する「緑自然に」、また「バックそろえる」「もっと青空に」などの指定も製版では常識といってよい。

対して、「肌を健康的に」「赤の調子を出す」「シャープに」というのは情緒的な指定だが、やりすぎないことが肝心である。

修正前の色校正紙

修正した色校正紙

カラープリンタを使った色校正

色校は印刷物で確認、が常識だったが、プリンタの画質とカラーマネージメント技術の向上でプリンタで色味確認を行うという考えが広まっている。ここではインクジェットプリンタでの色校正を紹介するが、ほかの方式でも基本的な考え方は同じだ。

安定した印刷

印刷機を調整して色味を色校正紙に合わせる、という考えが従来は主流だったが、カラーマネージメントを意味あるものにするためには、色合わせの最終目標である印刷結果を常に安定させておくことが前提となる。そのためには、CTPの利用など製版工程のフルデジタル化も求められる。

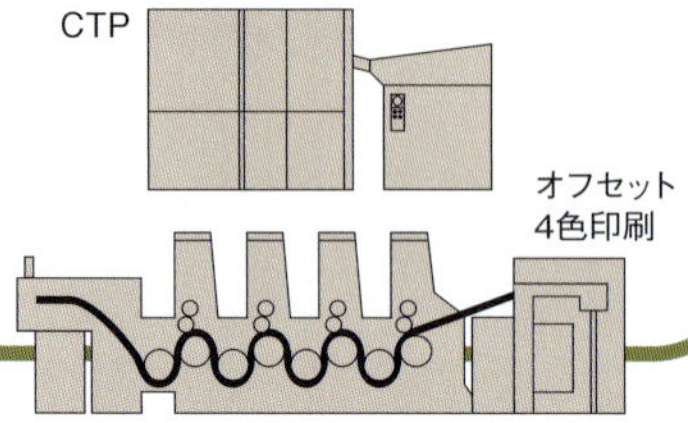

CTP
オフセット
4色印刷

インクジェットプリンタ

出力速度でカラーレーザープリンタに劣るものの、インクジェットプリンタは色の再現範囲が広く、経時変化が少ない。写真のhp designjet 20psは、キャリブレーション機能とPostScript対応ソフトウェアRIPを備える色校正向きのモデル。

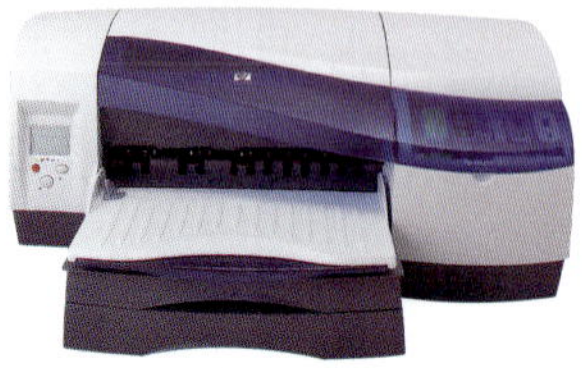

チャートの測色

正確なカラーマネージメントを行うには、自分が使用するプリンタのプロファイル、実際に印刷する印刷機のプロファイルが必要になる。プロファイル作成ツールに付属するチャートをそれぞれでプリントし、測色することでプロファイルを作る。

実際に使用する印刷機で、実際に使用する用紙に印刷したチャートを測定

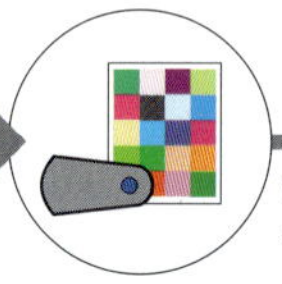

印刷で使用する用紙になるべく色・光沢が近い用紙にプリント（この際はRIPのカラーマネージメント機能をOFFにしておく）したチャートを測定

（ここではGretagMacbeth社のプロファイル作成ツール「i1 Pro」を使用）

測色値からプロファイル作成

プロファイル作成ソフトの指示に従って、測定器でチャートの各パッチを読み取っていく。それぞれのチャートの色は、Labの数値として読み取られ、チャートのデータが持つ本来のLab値と比較される。

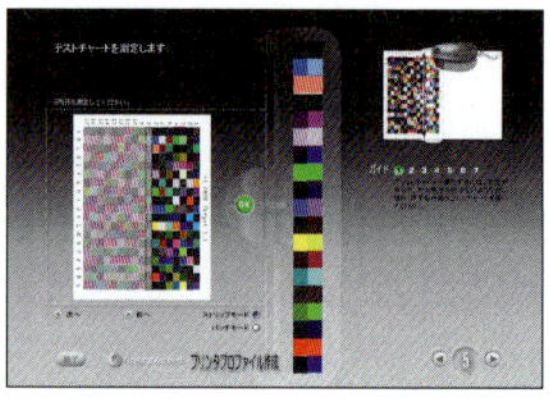

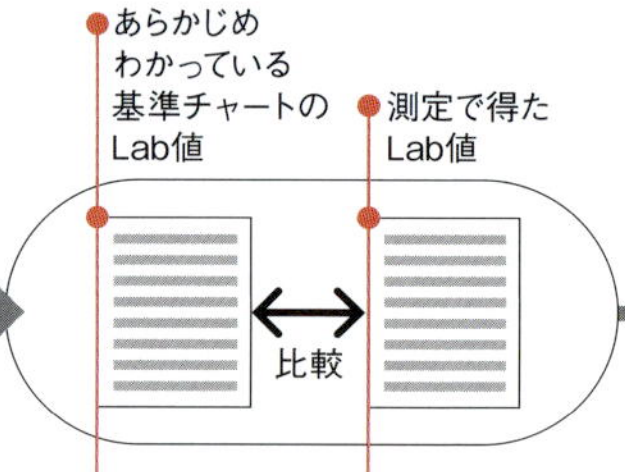

あらかじめわかっている基準チャートのLab値
測定で得たLab値
比較

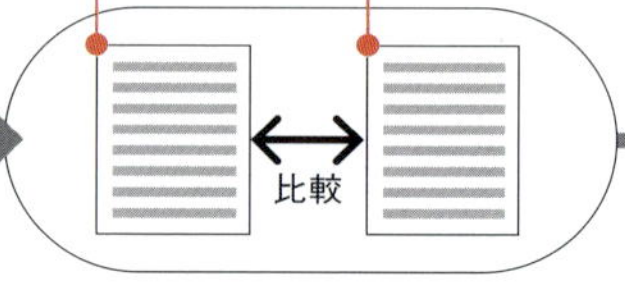

比較

プロファイルの役割と構造

カラーマネージメントに欠かせないプロファイルだが、その実態はCMYK（もしくはRGB）カラーモードのデータを適切なLabモードのデータに変換するための情報（テーブル）の集合体だ。プロファイルは「相対」「絶対」といった変換方法ごとにテーブルを備えており、PCS（プロファイル・コネクション・スペース）と呼ばれるLabモードを経て、色を調整し、正しく再現していく。

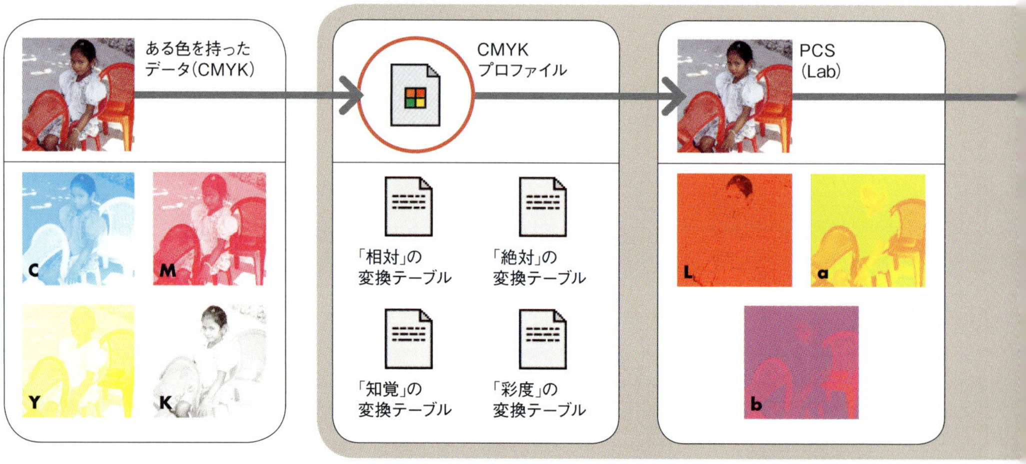

ある色を持ったデータ（CMYK）
C
M
Y
K
CMYK
プロファイル
「相対」の
変換テーブル
「絶対」の
変換テーブル
「知覚」の
変換テーブル
「彩度」の
変換テーブル
PCS
（Lab）
L
a
b

画像データのCMYK変換に利用する

作成した印刷機のプロファイルは、Photoshopのカラー設定でCMYKの作業スペースとして登録する。

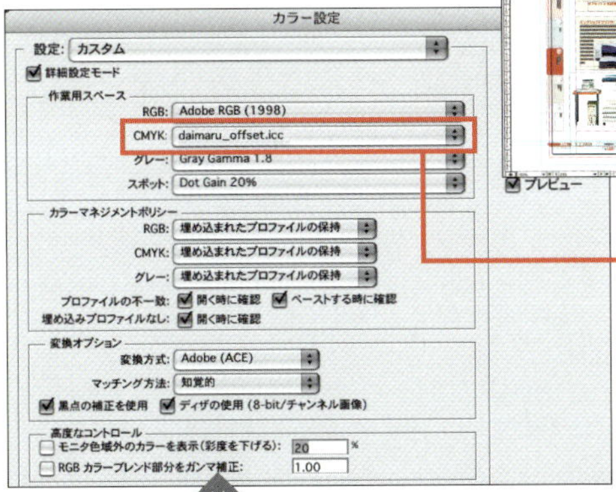

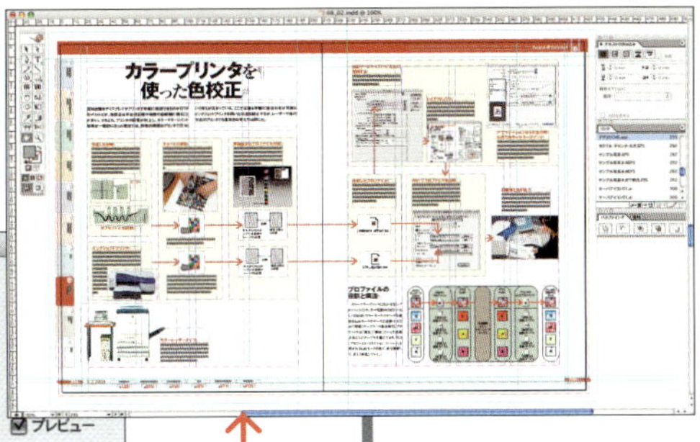

レイアウトソフト

印刷機のプロファイルを使ってCMYK変換された画像を貼り込む。QuarkXPress 4.1やInDesign CSなど最新のレイアウトソフトでは、画面表示にプロファイルを反映することもできる。

アプリケーションからの出力時に行うカラーマネージメント

プリントする際に、アプリケーションの「プリント」ダイアログでプリンタのプロファイルを指定できるものあるが、プリンタのRIPがプロファイルを利用できる場合は設定が重複してしまう。どちらかを必ずOFFにしておく。

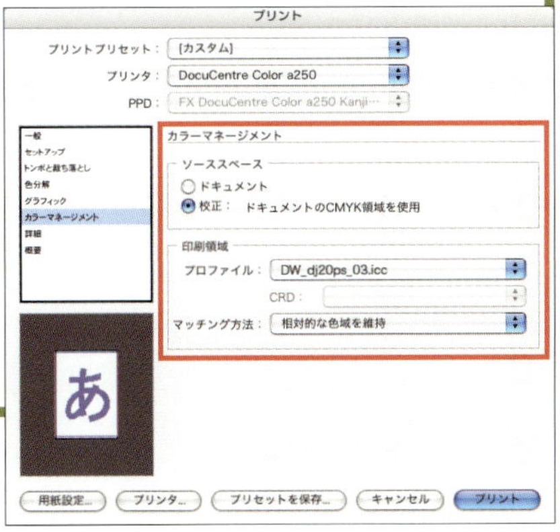

完成したプロファイル

比較の結果、その差を埋めるための補正情報が算出され、プロファイルとしてまとめられる。印刷機のプロファイルとプリンタのプロファイルでは、利用方法が異なるので注意する。

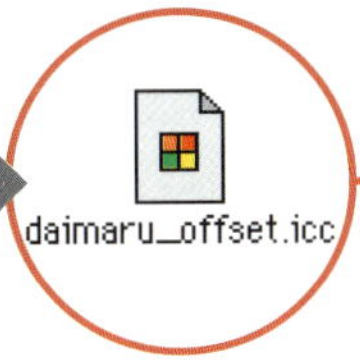

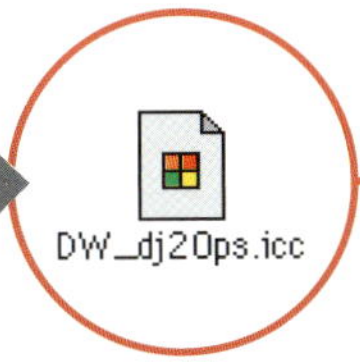

RIPでプロファイルを利用

カラーマネージメント機能を備えるRIPの場合、入力・出力と2箇所にプロファイルを設定できるのが普通だ。入力のCMYKプロファイルとして印刷機のプロファイルを、出力のプロファイルとして作成したプリンタのプロファイルを指定する。

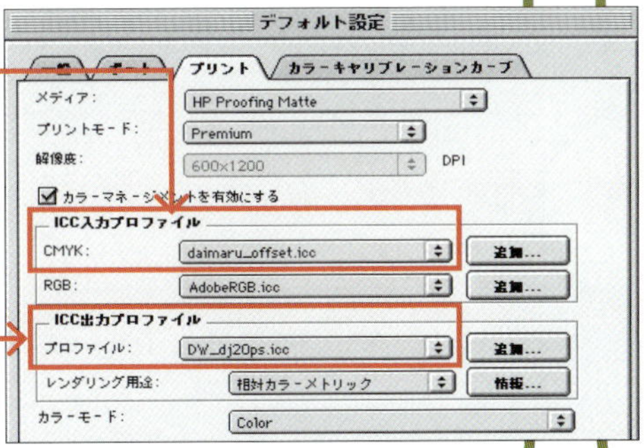

印刷物と色が合う

作成したプロファイルを画像のCMYK変換とRIPで適切に利用すれば、印刷物とプリント結果の色味が合う。なお、印刷機や用紙など条件が変わった場合は、プロファイルも改めて作る必要がある。

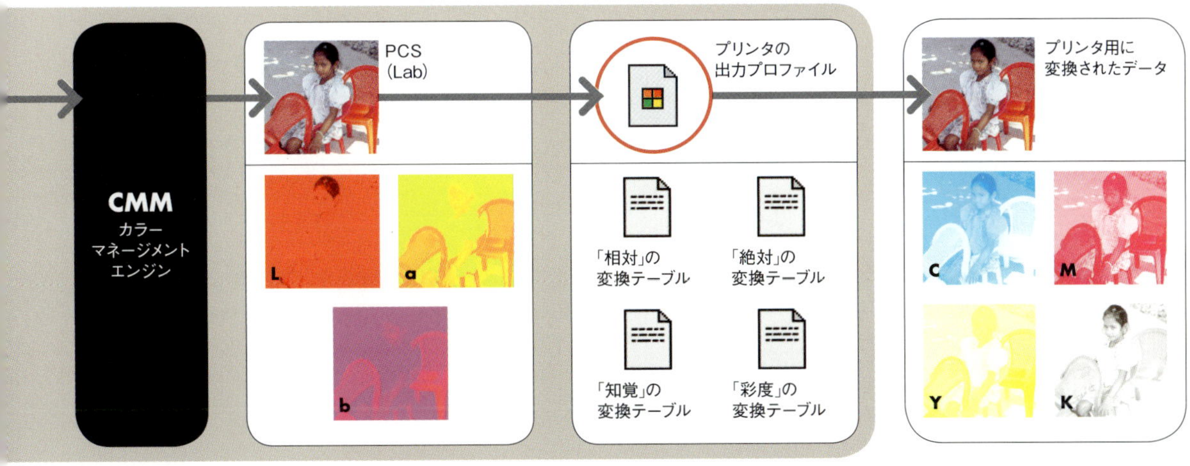

CMM（カラーマネージメントエンジン）とは

異なる2つのファイルを参照しながら、色変換の計算を行うための色変換エンジンのこと。Color Mana gement Module / Color Matching Methodの略語だ

レーザープリンタ p.174
CTPのしくみ p.182

リモートプルーフのしくみ

リモートプルーフとは、校正データ(ほとんどがPDF)をネットワーク経由でやり取りすることで、校正紙の物理的な生産と移動を排し、時間やコスト削減を可能にする。そのためには、安定した印刷環境を実現することが最重要課題といえよう。

リモートプルーフとは

リモートプルーフとは、ネットワークを利用することで色校正紙の物理的な移動を排した、新しい校正のワークフローだ。印刷所による平台校正などを出さず、校正用データを版元やクライアントにネットワーク経由で送り、そこにあるカラープリンタで出力・校正・色校正をする。

校正用データはDTPソフトのデータではなく、データ容量が圧縮されるPDFで送ることが多い。また、校正の方法は、①Acrobatの校正機能を使ってPDF上に校正を書き入れ、それを戻す、②出力紙にペンで赤入れし、それをファックスする(モノクロで戻す)、③出力紙にペンで赤入れし、それをスキャンしてデータで戻す(カラーで戻す)、あるいはこれらの方法を併用するなどがある。

色校正紙のやり取りという物理的な移動がないために、校正の期間をグンと短縮できるのがリモートプルーフの最大の魅力だが、それだけでなく、物理的移動にかかるコストの削減や、またクライアントと印刷所の距離も無視できるなどのメリットもある。

ただし、リモートプルーフにも欠点はある。カラープリンタのインクやトナーと印刷のインキの違いや用紙の違いだ。また、網点を再現することもできない。ただ、カラープリンタでの網点再現の方法としてrosetteStar Proof(ソフトウェア・トゥー)などの網点再現ソフトを利用する方法もある。

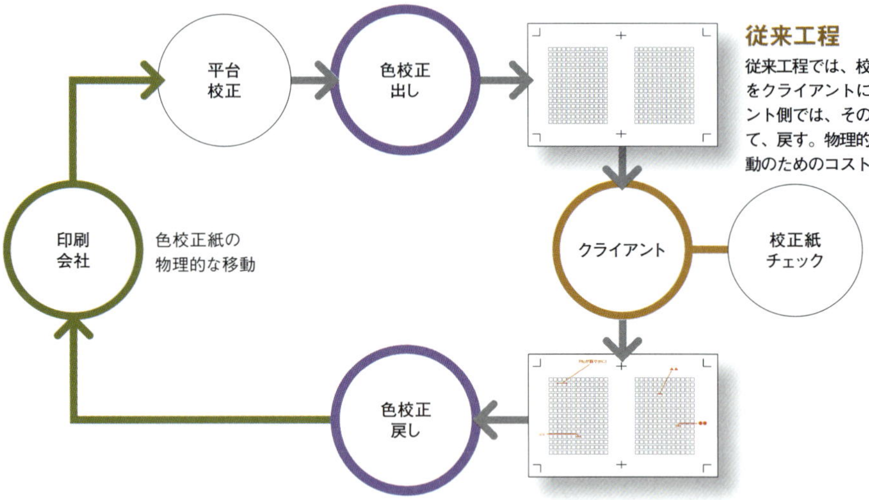

従来工程

従来工程では、校正紙を刷り、それをクライアントに届ける。クライアント側では、その校正紙に赤入れして、戻す。物理的な移動の時間と移動のためのコストが発生する

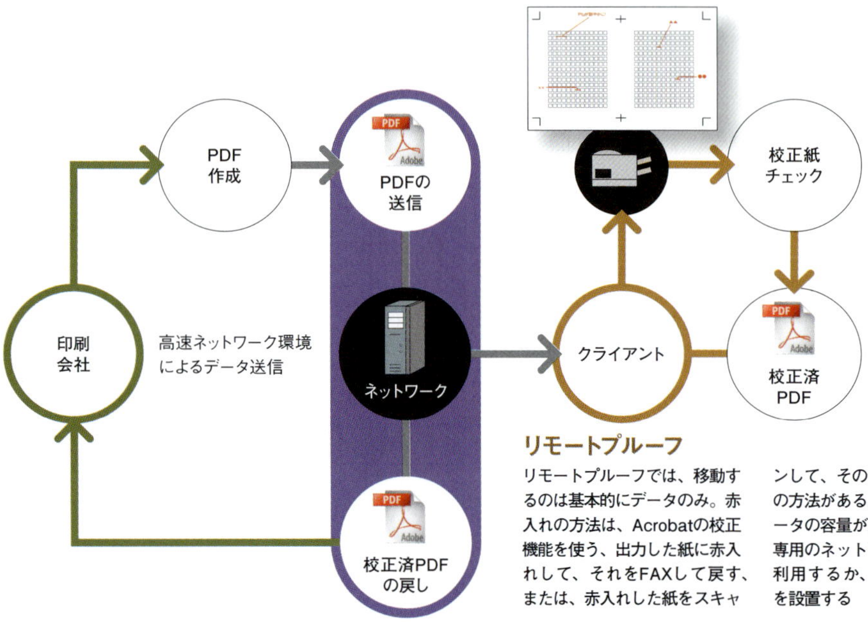

リモートプルーフ

リモートプルーフでは、移動するのは基本的にデータのみ。赤入れの方法は、Acrobatの校正機能を使う、出力した紙に赤入れして、それをFAXして戻す、または、赤入れした紙をスキャンして、そのデータを戻すなどの方法がある。やり取りするデータの容量が大きくなるので、専用のネットワークサービスを利用するか、FTPサーバなどを設置する

Acrobatの注釈機能

Adobe Acrobatには、PDF上でコメントをつけたり、フリーハンドで書き込むなどの校正(注釈)機能が用意されている。便利な機能だが、注釈を見落とすことも多いので、目立つように注釈を入れることがポイントだ。

関連リンク
PDF p.060
カラーマネージメント p.072
ネットワーク送稿 p.164
インクジェットプリンタ p.172
レーザープリンタ p.174
大判プリンタ p.178
CTPのしくみ p.182

実現するための環境

リモートプルーフを実現するには、制作・出力環境やネットワークインフラの整備が必要だ。クライアント側、印刷側、それぞれで整備しなければならないインフラと、両者が同時に整備しなければならないインフラがある。いずれもイニシャルコストはかかるが、いったん整備してしまえば、ランニングコストはそれほどかからない。工程や期間を短縮できるメリットを考えると、実現化を考えるべきだ。

印刷側が整備するインフラ

PDFの作成方法には留意が必要だ。フォントを埋め込んだPDFを作成できる環境を用意するのは当然として、PDFをAcrobat Distillerで生成するのか、それともRIPで生成するのかなども検討する必要がある。また、CTPやCIP3/4など、安定した印刷を実現する必要もある。

PDFの生成環境

Distiller、またはRIPでPDFを生成する。Trueflow(大日本スクリーン製造)などのRIPによる生成ではすべてビットマップ化したPDFを生成できるため、印刷物に近い条件のPDFが生成できる。一方、Distillerによる生成は手軽なのがメリットだ。

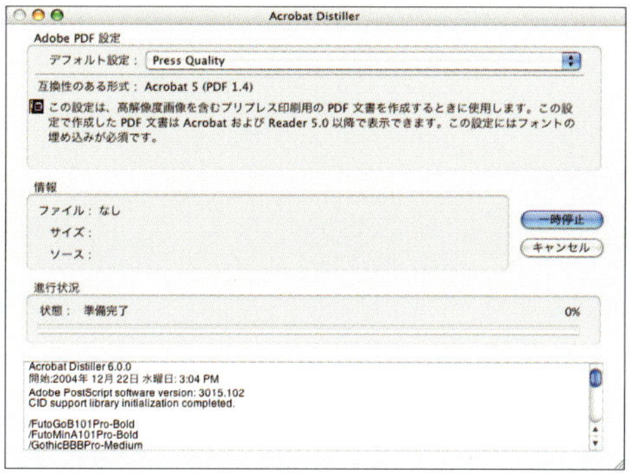

Acrobat DistillerによるPDF生成

CTPの導入

印刷の工程を安定化するための条件としてCTPの導入が必要だ。DTPデータから刷版を出力するため中間工程が省け、その分、網点の変化が少なく、品質を一定に保ちやすい。

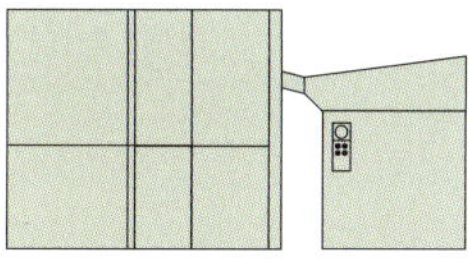

CIP3･CIP4などによる印刷の安定化

さらに印刷の工程を制御できる環境がCIP3・CIP4だ。DDCPや出力の管理、印刷のインキキーの制御だけでなく、CIP4では工程までも管理・制御する。

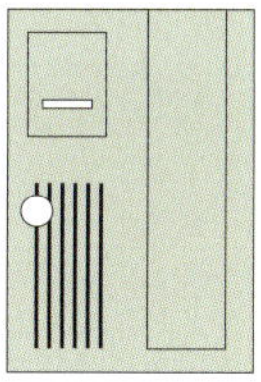

RIPによるPDF生成

クライアント側が整備するインフラ

クライアント側に設置されるカラープリンタだが、これは印刷と同じ色再現を行えるようカラーマネージメントされたプリンタが必要だ。これには、A3ノビ程度のものだけでなく、面付けの状態も確認できるB0、A0といった大判プリンタも使われる。

A3ノビ対応カラープリンタ

印刷の色再現に合わせたカラーマネージメントされたカラープリンタが必要。1ページごと、または見開きを確認するのなら、A3ノビに対応したカラープリンタを利用する。

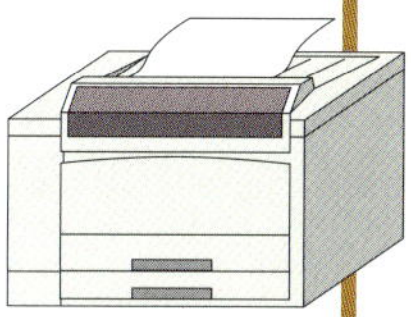

大判カラープリンタ

大きなポスターを出力したり、ページものを面付けした状態で確認するなら、B0やA0に対応した大判プリンタを利用する。大判プリンタなどの場合は、専用のRIPが必要なこともある。

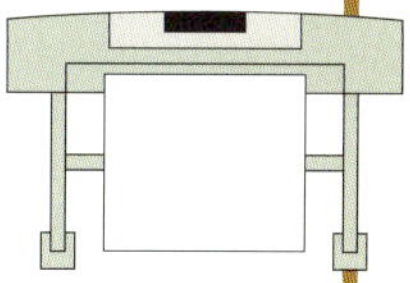

両者が整備するインフラ

両者が整備しなければならないインフラは、印刷所とクライアントを結ぶ高速ネットワーク環境だ。これはADSLや光ケーブルなどのブロードバンドを利用することになるだろう。ただし、送受信するデータが大きくなることも考えられるので、メール添付での送受信はほぼ無理。専用サービスを利用するか、FTPサーバなどを設置する必要がある。

ブロードバンド回線

ADSLや光ケーブルなどブロードバンド回線が一般的に利用できるようになった。より高速な回線が必要なら光ケーブルの利用がよいが、サービスを受けられる地域が限定されることもある。

回線の種類と最高速度の例

機種	速度(上り)	速度(下り)
ADSL	～5Mbps	～50Mbps
FTTH	～100Mbps	～100Mbps
CATV	～100Mbps	～100Mbps
専用線	～1Gbps	～1Gbps

FTPサーバ

DTPデータは画像などが多数配置されるため、PDFにしても数MB、数十MBになってしまい、メール添付による送受信は不可能だ。そのため、大容量のデータをやり取りするにはFTPサーバの設置が必要。プロバイダーなどのサービスを利用するのが簡単だ。

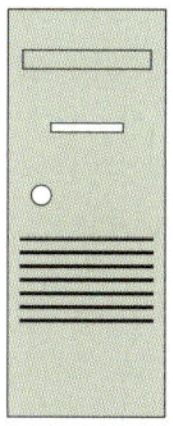

DTPデータ送受のための専用サービス

FTPサーバなどの設置が面倒な場合は、GTRAXなどのインターネットデリバリーサービスを利用する。送受の履歴がわかるので進行管理にも役立つ。
http://www.gtrax.ne.jp/

色校正の基礎知識 p.186
プリンタを利用した色校正 p.188
CIP3･CIP4･JDF p.222
網点 p.224

さらに知識に磨きをかけたい人の関連図書案内

※書籍の内容に関しては、各出版社にお問い合わせください

pdf + print 2.0 PDFプリプレス読本

Bend Zipper 著／佐藤肇 訳
2,625円
工学社

本書はDTP&プリプレスでPDFを使う手法を凝縮してまとめた本。PDFの登場初期から、ドイツのプリプレスにおける第一人者である著者が、10年以上の間プリプレス業界で活動したノウハウが詰まっている。初心者とプロフェッショナルの双方へむけて書かれた解説書だ。

最新プリンター応用技術

高橋恭介 監修
68,250円
シーエムシー出版

プリンタメーカーや印刷会社、学者などそうそうたるメンバーを著者に迎え、高速・高画質・小型化等，用途別開発が進むハードコピー出力技術の先端を探った書。開発最前線で活躍するメーカーの研究者による最新レポートが多数掲載されている。デジタル出力に関わる開発者必読！

印刷の最新常識 しくみから最先端技術まで

尾崎公治、根岸和広 著
1,575円
日本実業出版社

印刷の基本なしくみから、食品やガラス、布などにどう印刷するか、特殊な効果を出すインクや素材のいろいろ、立体に見えるための印刷方法は…などさまざまな印刷手法をわかりやすく紹介した本。印刷業界の現状や用語解説も収録されている。

よくわかる カラー校正

ディビッド・バン、ジョン・ガーガン 共著
2,447円
玄光社

製版や出力のトラブル回避を解説した本は多々あるが、この本はカラー製版に的を絞ることで専門的な内容を掘り下げて解説している。色かぶりや露出不足の写真と、それらを修正した場合の写真が掲載されたときの問題点がどこにあったのかよくわかるようになっている。やみくもに補正してしまう前に、カラー製版の原理を踏まえた処理を教えてくれる。

デジタル フォトグラフィー

ケン・ミルバーン 著
船木万里 訳
3,990円
オライリー・ジャパン

デジタルカメラの原理や撮影のための知識、思い通りのイメージに仕上げるレタッチのテクニックを詳細に解説。画像の汚れを取り除く方法から風景の合成まで、実践の中から生まれたテクニックを紹介している。重要なポイントとなる事柄は「TIPS」や「EXPERT ADVICE」としてくわしく解説。

デジタル写真 大事典

トム・アング 著
小田嶋由美子、早川真一 訳
3,990円
エム・ピー・シー

カメラの構造や基礎知識、写真撮影のためのテクニックや実践的なアドバイス、デジタル処理をするためのポイントまでを詳細に解説。最終的に出力をするまでの流れを具体的な例とともに紹介している。プロのカメラマンを目指す人だけではなく、画像処理に関わるなら、必ず役に立つ内容となっている。

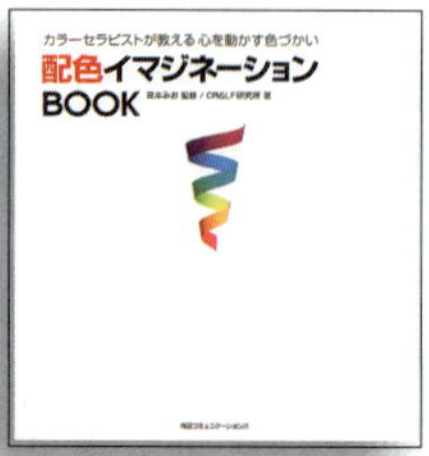

配色 イマジネーション BOOK

CR&LF研究所 著／笹本みお 監修
2,310円
毎日コミュニケーションズ

虹の7色をベースに、白、黒、グレーを加えた配色パターンを8章にわけて解説。一つの色の明度と彩度を変えながら、配色サンプルとデザインの実例を掲載。各色には「深遠」や「高尚」などのキーワードが設けられている。一般的なプロセスカラー印刷を前提に、色が選択されているので、デザインの参考になる。

プロフェッショナル デジタルプリント

発行:玄光社
2,730円

プロフェッショナルのあいだでも、日常的に利用されるようになったデジタルカメラのデータをプリントするための基礎知識と、実践的なワークフローを詳細に解説。用紙の選び方からプロファイルの設定、画像の補正や調整のためのパラメータなどを実例とともに掲載。プロとしての作品づくりに必ず役立つ内容。

10

印刷&製本

紙とインキの基礎知識

紙とインキの知識なくして、印刷物の造本設計はできない。紙の規格や寸法、重さ、表面塗工など必ず知っておきたい。画面で見ていたDTPデータの「色」を、最終的に紙に再現する色材であるインキも同様だ。まずは基本の知識をおさえよう。

紙の規格と寸法

もっとも大切なのが、サイズと重さの規格である。印刷物として仕上がったときの紙加工仕上げ寸法が、JISで決められている。印刷するときには、製本などの断裁余白が必要になるので、仕上げ寸法より少し大きな原紙寸法がある。

また、紙はどんなに切ったとしても縦と横の比率が同じになるように、1：$\sqrt{2}$(1.4)の関係となっている。

原紙寸法の規格

印刷や製本に必要な余白のため、仕上げ寸法よりわずかに大きなサイズが、原紙寸法である。A列系とB列系があり、仕上げ寸法の1番が取れる大きさを基準としている。半分に切っていくに従い、半裁、4裁、8裁と呼び、仕上げ寸法とは呼称が異なる

A列系	
A列本判(A全判)	625×880mm
菊判	636×939mm

B列系	
B列本判(B全判)	765×1,085mm
四六全判	788×1,091mm

仕上げ寸法と原紙寸法の関係

仕上げ寸法と原紙寸法の対照表である。サイズがほぼ同じで呼び名が違うので、一覧とした。たとえば、仕上げ寸法A1判(番)より原紙寸法A全判が、さらに菊全判が少しずつ大きくなっていることを表している

A列系				
A0	＜	A倍判	＜	菊倍判
A1	＜	A全判	＜	菊全判
A2	＜	A半裁	＜	菊半裁
A3	＜	A4裁	＜	菊4裁
A4	＜	A8裁	＜	菊8裁
A5	＜	A16裁	＜	菊16裁

B列系				
B0	＜	B倍判	＜	四六倍判
B1	＜	B全判	＜	四六全判
B2	＜	B半裁	＜	四六半裁
B3	＜	B4裁	＜	四六4裁
B4	＜	B8裁	＜	四六8裁
B5	＜	B16裁	＜	四六16裁

仕上げ寸法の規格

A列0番とB列0番がサイズの原点で、Aサイズは国際規格と同一であるが、Bは日本独自の規格である。半分になるに従い、1, 2, 3番となる。規格表では「番」を使い、紙製品になると「判」を使うが、意味は同じである

A0＝1.0m²＝841×1,189mm
B0＝1.5m²＝1030×1,456mm

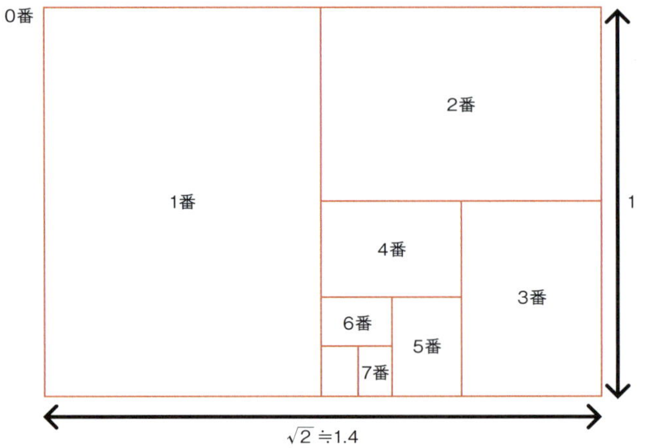

紙の重さを表す方法

紙は重さで取り引きする。重さの表示には、坪量(米坪量)と連量(キロ連量)とがある。坪量は1m²の紙の重さをグラム(g)で表したもので、A、Bなどの紙サイズとは関係なく表せる表示である。連量は全判1,000枚(1連という)の重量をキログラム(kg)で表したもの。連量は紙サイズにより変わるので、必ず全判のサイズを併記する必要がある。

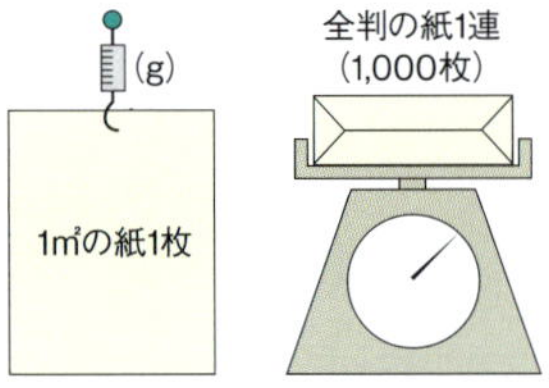

非塗工紙と塗工紙

パルプに紙質を向上させる填料(てんりょう)を加えて、紙は作られる。抄紙された紙は繊維の絡み合わせでできている。

表面に何も塗っていない状態の紙を非塗工紙という。非塗工紙は表面が粗く、白色度も足りないので、それに白色顔料をデンプンやラテックスなどの糊材で塗布したものが、塗工紙である。塗工量によって、アート紙、コート紙、微塗工紙などに分かれる。

非塗工紙

断面を見てわかるように、繊維の絡み合いだけで成り立っており、表面は粗く、平滑性がないので、カラー印刷には適さない。白紙面の光沢がないので目が疲れず、書籍などの文字印刷には最適

塗工紙

上質紙などの原紙の上に塗工層が見える。表面に塗工層があるため、平滑で白色度も高い。塗工層表面に微細な凹凸を作ることにより、白紙面の光沢の少ないダル系やマット系のアート紙となる

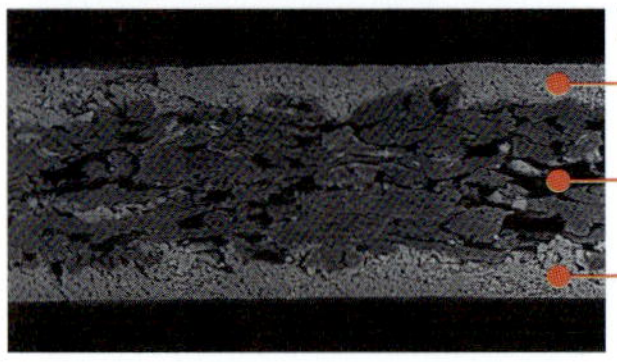

関連リンク
カラーモデル p.068
線数 p.169
印刷機の乾燥ユニット p.203
印刷トラブル p.208
用紙サイズ p.219
配色 p.220
NL規制インキ p.223

インキの製造工程と組成

インキは水や油などに溶けない顔料と、インキに流動性を与え機上から紙の上までインキを転移させ、その後乾燥するワニスから成り立つ。

顔料はインキの色のもとになるもので、求められるインキの色に応じてさまざまな種類の色を配合する。その際、顔料は色によって耐光性などの性質が変わる。

ワニスは合成樹脂とアマニ油などの植物油(乾性油)を、300℃くらいの高温の中で混合させて作る。合成樹脂の種類で、印刷後のインキ光沢などの性質は変わる。

製造工程では、ワニスとインキの色のもととなる顔料を撹拌混合し、さらに顔料の粒子を細かく分散させるため、ロールミルですりつぶす。最後に石油系溶剤や乾燥剤などを混合して、インキは出来上がる。

インキの組成

インキは、色材である顔料と、顔料を印刷機上から紙まで運び紙の上に固着させるビヒクルから成り立つ。ビヒクルはワニス(合成樹脂、植物油)、石油系溶剤などで構成される。ワニスはインキに流動性と乾燥性を与える。顔料の種類により、発色性や各種の耐候性などが変わってくる。また、ビヒクルの種類や量によって、光沢や乾燥性、こすりに耐えうる耐摩擦性など、インキのいろいろな性質を生み出す

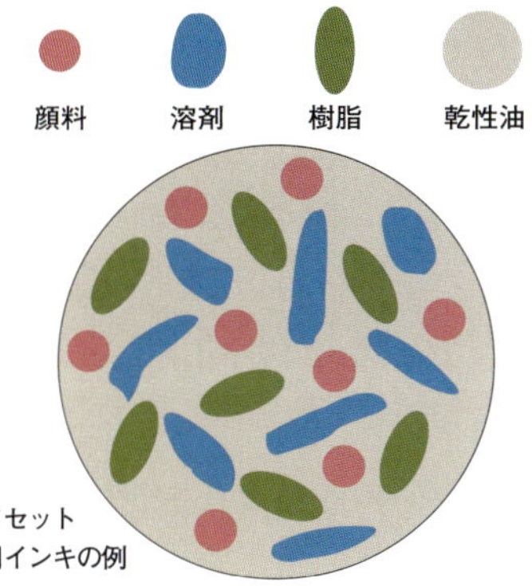
顔料
溶剤
樹脂
乾性油

枚葉オフセット
印刷機用インキの例

プロセスインキの欠陥

カラー印刷をするCMYインキのうち、CとMは色相的に完全でない。Cはわずかに M成分を、Mはわずかの Y成分を含んだインキである。Yはほぼ完全な色相を持つ。したがって、3色等量に混合するとグレーや黒のような無彩色とはならず、若干赤みを持つ。

+
+
=

余分に含まれる色成分

CMYの3原色のうち、Cは少しのM成分を、Mは少しのY成分を含んでいるため、3色の等量混合では赤みのあるグレーになってしまう

+
=

Cをわずかに加えることで真のグレーが表現できる。Photoshopのカスタム CMYK設定の画面を開いても、シアンのカーブが高まっているのがわかる

インキの基準色

パッケージなど単色で印刷するときには、プロセスインキ以外の基準色を混合した特色を使うことが多い。基準色としてC(藍)系、M(紅)系、Y(黄)系の近似色がおよそ20種類くらいある。これら3系統の色相の近い色同士の混色は鮮やかな色を、色相の離れた色の混色では濁った色となる。

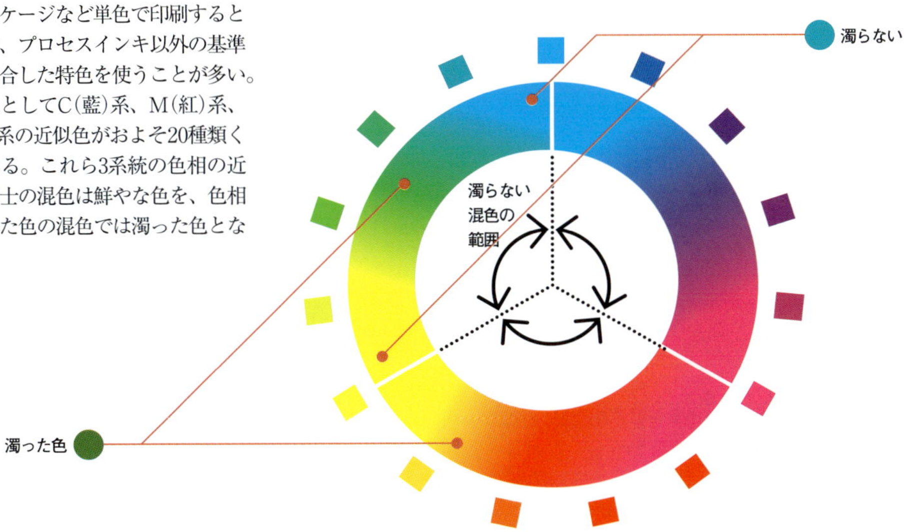
濁らない
濁らない
混色の
範囲
濁った色

特色いろいろ

基準色でも作れない特別な色もある。金、銀、パール、蛍光色などは、顔料が違うため基準色では作れない。金は真鍮の粉末を、銀はアルミの粉末を使ったインキで、金には青味から赤味までさまざまなバリエーションがある。パールは雲母の粉末を酸化チタンで処理したもので、色インキの混色でいろいろなパール色が得られる。蛍光色は赤、黄、緑系などがあり、青系は蛍光の効果が少ない。蛍光色は単独で使用する。混色すると鮮やかさがなくなる。

Japan Color p.223
色の掛け合わせ p.224
カラーチャート p.226
特色 p.229
階調 p.169
プロセスインキ p.231
連量 p.232

面付けの方法と種類

本は、紙の片面8ページ、両面で16ページを1つの単位として作られる。紙の片面に8ページをどんな順序で割りつければよいのか。この作業を、面付けという。すべて機械的に処理する製本(折りと綴じ)の手順に合わせたデータ作りが必要とされる。

面付けはなぜ大切か

印刷する際には、制作する書籍の判サイズが、できるだけ無駄なく取れるような印刷機と紙を選ぶ。印刷された刷り本は、折り機により決められた方法で2～4回折られる。したがって、あらかじめページの配置を決めておかなければならない。この作業が面付けである。

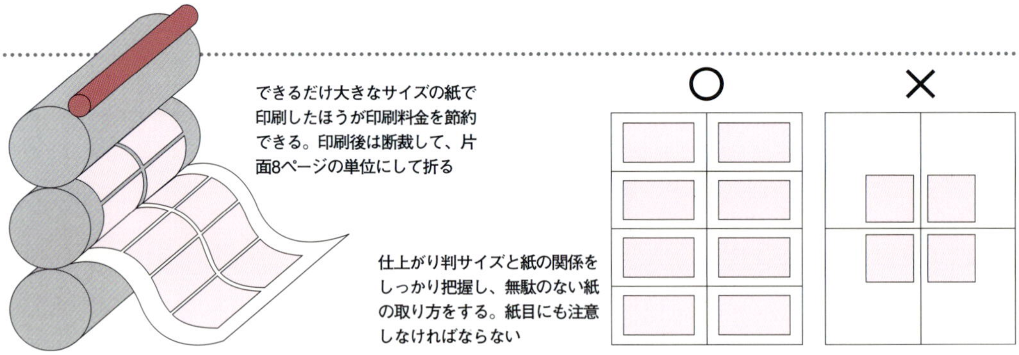
できるだけ大きなサイズの紙で印刷したほうが印刷料金を節約できる。印刷後は断裁して、片面8ページの単位にして折る
○
×
仕上がり判サイズと紙の関係をしっかり把握し、無駄のない紙の取り方をする。紙目にも注意しなければならない

組み方向と綴じ

文字が横組みか縦組みかで、綴じる背の位置が左右反対になり、印刷物を折ったときの折丁の袋部分の天地が逆になる。次に、綴じの方法でページ順に折丁を揃える丁合方法が変わる。平綴じ、無線綴じ、あじろ綴じ、糸かがりは同じ丁合方法だが、中綴じだけは丁合が変わる。したがって、中綴じかそれ以外かで面付けは変わってくる。

文字組み

文字が横組みでは本の左が、縦組みでは右が綴じられる。折丁で袋が、横組みでは天(上)に、縦組みでは地(下)になるように折られる

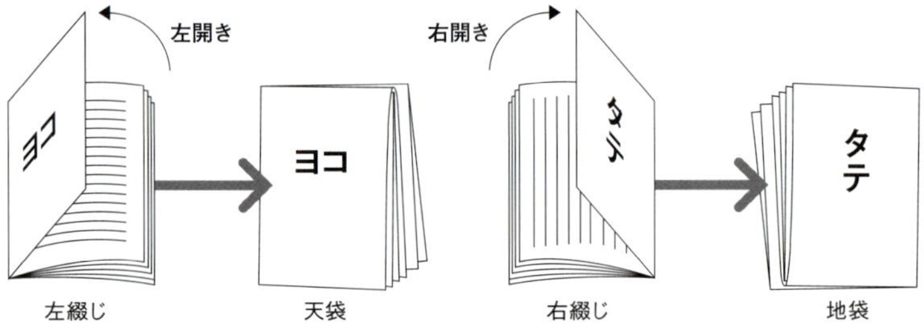
左開き
ヨコ
ヨコ
右開き
タテ
タテ
左綴じ
天袋
右綴じ
地袋

綴じの方法

平綴じなどは折丁が折り順に重ねられるが、中綴じだけは折丁を次々に中に挟み込むように丁合する。そのため面付け位置が変わってくる

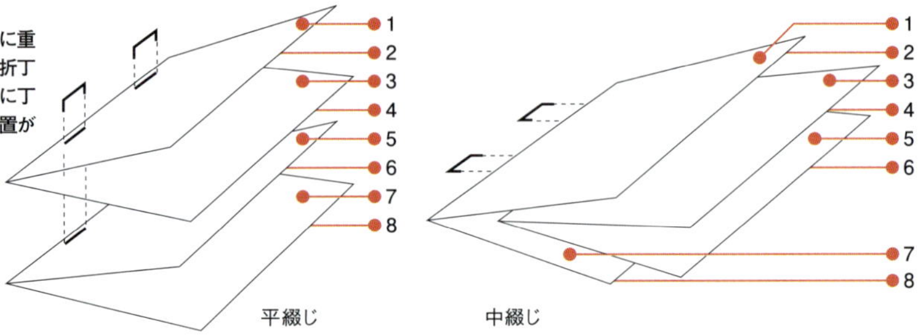
1
2
3
4
5
6
7
8
平綴じ
1
2
3
4
5
6
7
8
中綴じ

面付けの種類

裏表16ページになる台割では、表側8ページ、裏側8ページを別の版で刷る。この面付けを本がけという。片面4ページ、裏表8ページのようなページ数の少ないときは、面付けを打ち返しで行う。これは表裏同じ面付けで、刷数の半分で紙を反転させ、同じ版で裏側も刷る。後で半分に断裁すると、同じ刷り本が刷り数の2倍取れる。

本がけ(1ページから16ページ)

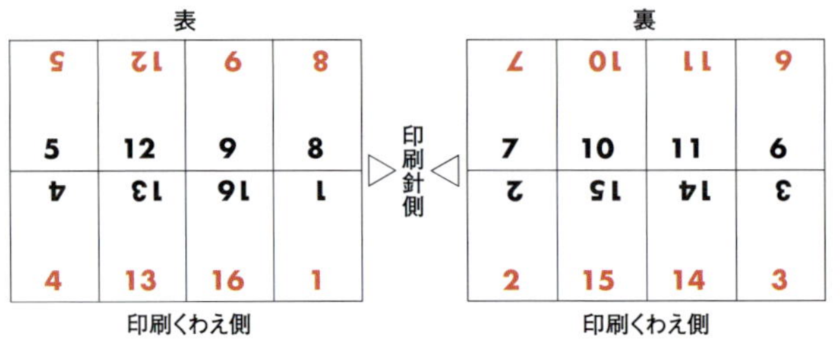
表
5 12 9 8
5 12 9 8
4 13 16 1
4 13 16 1
印刷針側
裏
7 10 11 6
7 10 11 6
2 15 14 3
2 15 14 3
印刷くわえ側
印刷くわえ側

打ち返し(1ページから8ページ)

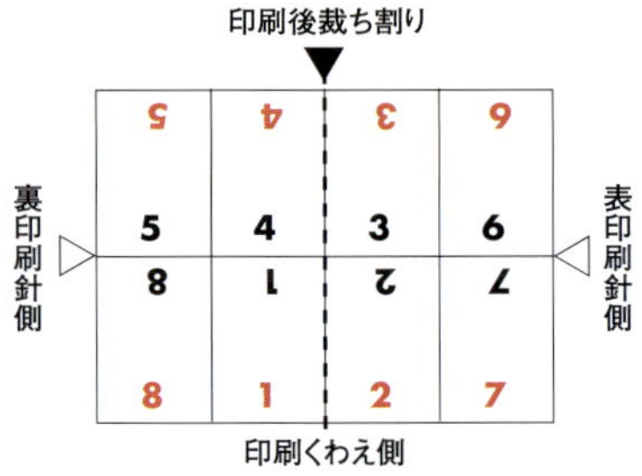
印刷後裁ち割り
5 4 3 6
5 4 3 6
8 1 2 7
8 1 2 7
裏印刷針側
表印刷針側
印刷くわえ側

(黒文字は縦組み、赤文字は横組み)

関連リンク
台割 p.013 p.228
紙の規格と寸法 p.194
オフセット印刷のワークフロー p.204
製本 p.210
用紙サイズ p.219
折丁 p.225
丁 p.228

面付けされた刷本の折り方

製本機では、決められた折り方で折丁が作られる。一般に回し折りといい、表裏16ページでは一番若いページを左下に置き、右から左に折る。次に、時計回りに90度回転させ、右から左に折る。16ページでは3回折となる。これは枚葉紙を使う場合の折り方で、輪転機では機上で折られ、断裁されるので輪転折りといい、折り順が異なる。

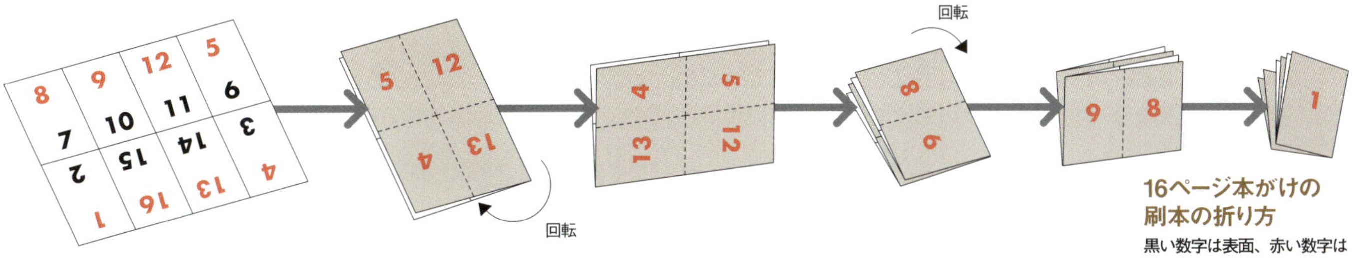

16ページ本がけの刷本の折り方
黒い数字は表面、赤い数字は裏面のノンブル

綴じ方によるレイアウト時の注意点

意外に見過ごされがちだが、綴じる方法によってレイアウトに注意が必要な場合がある。見開きにわたって絵柄を配置する場合、綴じる方法によってノド側が「喰われて」しまうので注意が必要だ。

これに対処する配置をダブルトリミングなどというが、心配であれば印刷会社に相談し、適切な方法を相談しよう。

中綴じ
ノド側への影響は少ないが、内側に位置する折では、外側の余白が小さくなるので注意が必要

無線綴じ
背から約3mmほどを削り落として糊つけするので、その分、仕上がりサイズより大きくレイアウトする。削り代は白にしておいたほうが糊つきがよい

平綴じ
背から約5mm内側を針金で綴じるので、開きが悪くなる。左右のページでノド側に掛かる絵柄は、重複するように余裕を持たせてレイアウトしたほうがよい

あじろ綴じ
無線綴じに似ているが、背は削らず、間隔を開けてスリットをあけ、そこから糊を染み込ませる。糊のつきをよくするためにノド側に1〜2mmの余白が欲しい

束(つか)、束見本 p.228
ドブ p.229
綴じ代 p.229
流れ目 p.229

代表的な4種類の印刷方法と版式

印刷方式は、印刷に使う版の種類により、凸版、平版、凹版、孔版という4つに分けられる。紙以外の材料に刷りたい、インキを厚盛りにしたい、長尺物に刷りたいなど印刷物の機能や目的により版式を選択できる。

凸版印刷のしくみ

15世紀末にドイツのグーテンベルクにより発明された活版印刷が原点である。絵柄が凸状になっている平らな版に一度に圧力をかけて印刷する平圧式(手きん印刷機)や、版を往復運動させながら円筒シリンダーで印刷を行う円圧式などがある。活字は印刷ですり減るので数千枚くらいしか刷れない。紙型鉛版で複製版を作ることで大量の凸版印刷ができる。また、漫画や写真などは写真製版法で樹脂凸版を作り、印刷する。樹脂凸版はシリンダーに巻きつけ、週刊漫画本のような粗面紙の輪転印刷に使われている。

平圧式印刷方式

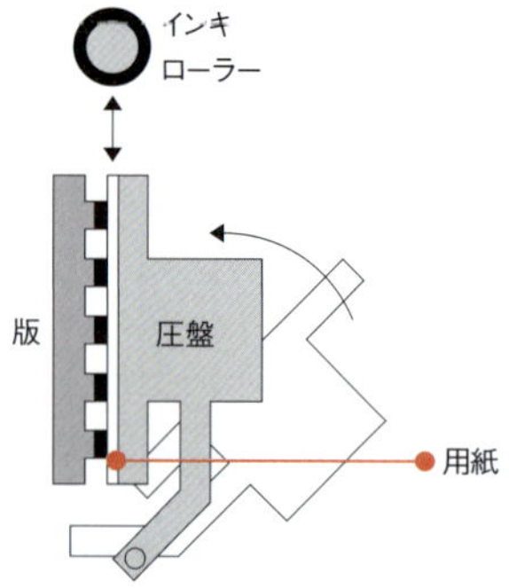

円圧式印刷方式

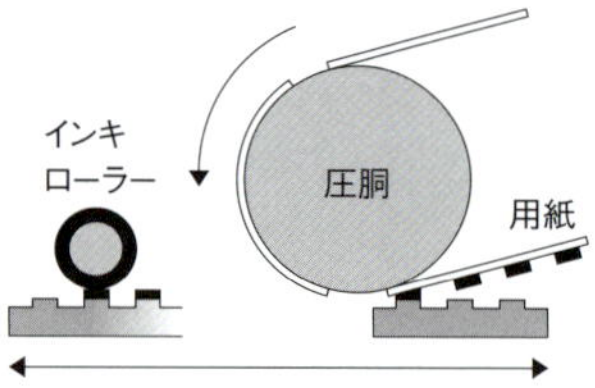

版が左右に移動してインキ供給と印刷を繰り返す

平版印刷のしくみ

18世紀末にドイツのセネフェルダーにより発明された石版(リトグラフ)が平版の原点である。油性のインキを付着させる親油性の画線部と、水を保つ親水性の非画線部が同一平面上にある。印刷の前に水で版面を湿らせ、次に油性のインキをつけると、水と油の反発作用で画線部にのみインキがついて、印刷できる。かつて、石版は版面から直接印刷したが、現在は絵柄をいったんゴムシリンダーの表面に転写してから紙に印刷するオフセット印刷が主流である。オフセット印刷は水とインキのバランスで印刷品質に影響を与える。

オフセット印刷方式

水が与えられた版の画線部だけに油性のインキがつく。そのインキはブランケット表面に転写され、圧胴により紙に印刷される

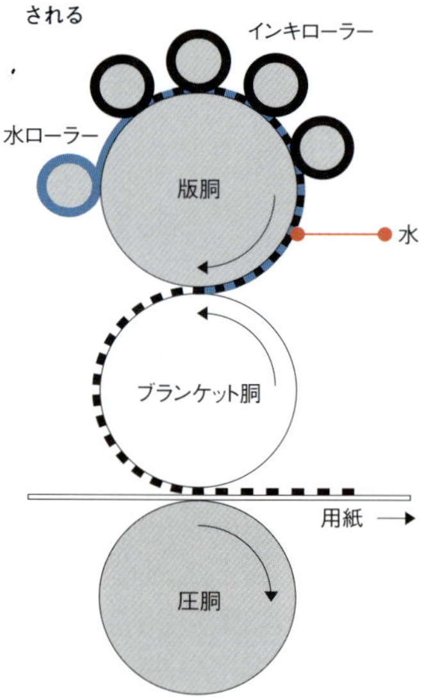

凹版印刷のしくみ

銅板に手描きの凹版の歴史は15世紀にまでさかのぼる。19世紀に英国のタルボットらにより発明された写真製版を利用したグラビア印刷が、凹版方式の主流といえる。版面全体にインキをつけ、ドクター刃により非画線部のインキをこそげ取ると、凹んだ画線部にだけインキが残る。インキは印刷後すぐに乾燥するので、大量部数のカラー雑誌や、菓子や食品などの軟包装カラー印刷に、グラビア印刷は幅広く使われている。

グラビア印刷方式

加熱によりすぐ乾くインキを版面につけ、ドクター刃で非画線部のインキをこそげ落とす。巻取紙やポリエチレンなどの軟包装材に連続高速カラー印刷ができる

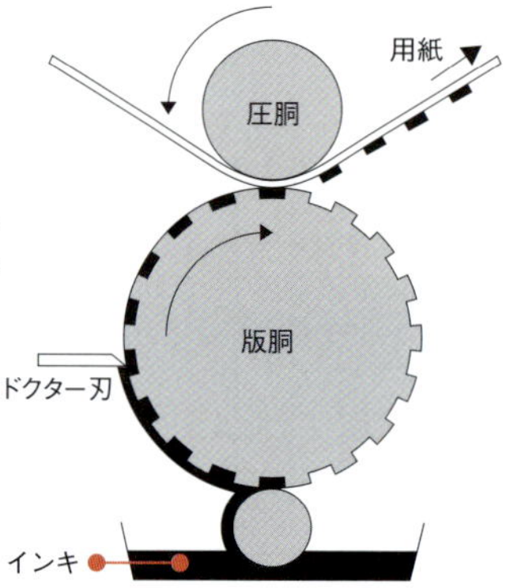

孔版印刷のしくみ

古くは謄写版が孔版印刷の原点である。100〜300メッシュのナイロンや金属糸で編まれたスクリーンを枠に固定し、非画線部に当たるスクリーンを何らかの方法で覆う。カッティング法では、絵柄部分を切り抜いた型紙を張り、写真製版法では感光液を塗布後、ポジを焼きつけ、水で洗い出す。型紙や感光液で覆われている部分からはインキが出ない。被印刷体を選ばず、紙、金属、フィルム、電子部品の配線など幅広い印刷ができるのが特徴の印刷方式だ。

インナードラム印刷方式

図は高速孔版印刷機で建材や事務印刷に使われるしくみ。円筒状に張った孔版の内側からインキを押し出す

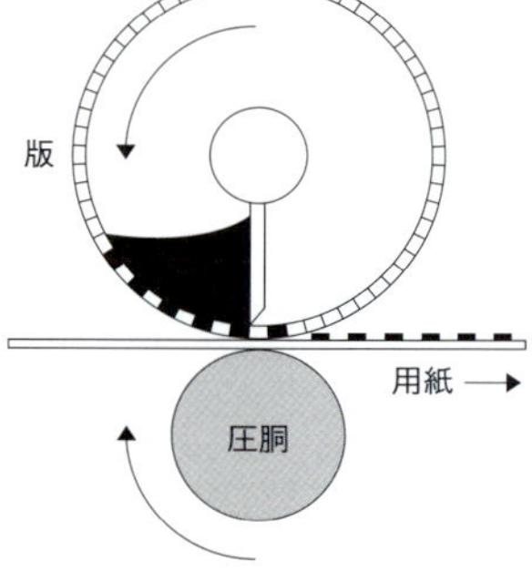

関連リンク
従来の製版工程 p.009
紙とインキの基礎知識 p.194
グーテンベルグ p.226
ゲラとゲラ刷り p.226
活字と活版印刷 p.225

凸版印刷の版式

鉛合金で作られた活字に、厚紙で作られた紙型を押しつけて雌型とする。その雌型に鉛合金を流し込むと紙型鉛版ができる。紙型を半円筒状にして、鉛合金を流し込むと円筒型の鉛版となり、新聞輪転機に使われていた。写真製版法による樹脂凸版もある。紫外線で硬化する樹脂板にネガを焼きつけ、同時に裏面からも焼きつける。弱アルカリ液で現像すると、光硬化していない部分は溶解除去され凸版ができる。

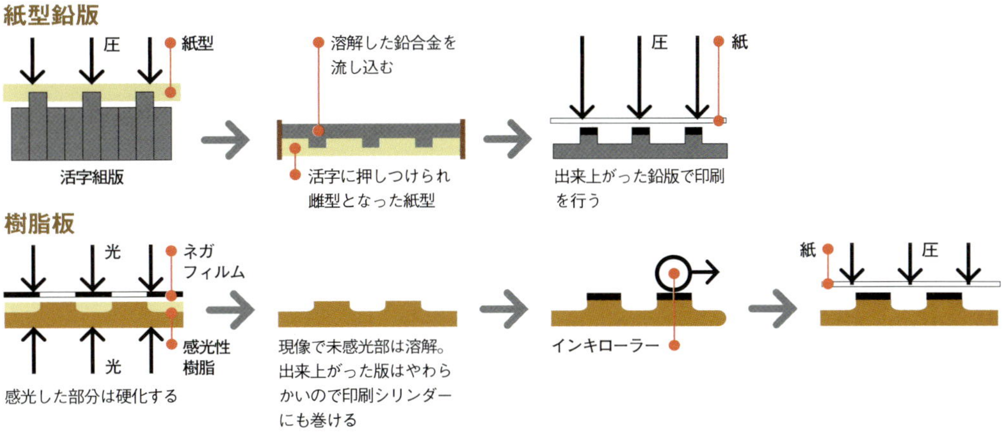
紙型鉛版
圧
紙型
活字組版
溶解した鉛合金を流し込む
活字に押しつけられ雌型となった紙型
圧
紙
出来上がった鉛版で印刷を行う
樹脂板
光
ネガフィルム
感光性樹脂
光
感光した部分は硬化する
現像で未感光部は溶解。出来上がった版はやわらかいので印刷シリンダーにも巻ける
インキローラー
紙
圧

平版印刷の版式

画線部も非画線部も全く平らな表面にある。画線部はインキを受理する物質で作り、非画線部はインキを反発させるため、水が保たれるよう微細な凹凸をつけ、これを砂目という。図はネガフィルムから版を作るPS版である。

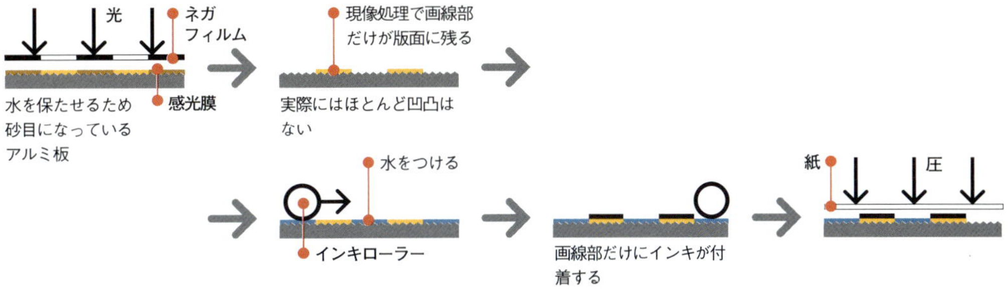
光
ネガフィルム
感光膜
水を保たせるため砂目になっているアルミ板
現像処理で画線部だけが版面に残る
実際にはほとんど凹凸はない
水をつける
インキローラー
画線部だけにインキが付着する
紙
圧

凹版印刷の版式

凹版の原点、エッチングは銅板に腐食液に耐えるグランド液を塗り、ニードル(針)で描画し、腐食液で描画部分を腐食させてグランドを除去。インキを詰め、非画線部のインキを拭き取り、湿らせた紙に印刷する。写真製版によるグラビアは、濃淡を網点の深さとサイズで表現するので、明部は小さく浅い点、暗部は大きく深い点となる。

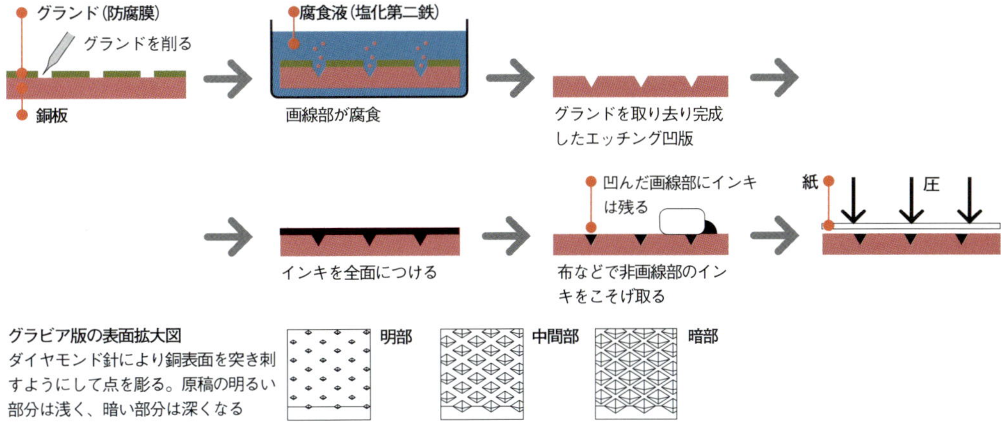
グランド(防腐膜)
グランドを削る
銅板
腐食液(塩化第二鉄)
画線部が腐食
グランドを取り去り完成したエッチング凹版
インキを全面につける
凹んだ画線部にインキは残る
布などで非画線部のインキをこそげ取る
紙
圧
グラビア版の表面拡大図
ダイヤモンド針により銅表面を突き刺すようにして点を彫る。原稿の明るい部分は浅く、暗い部分は深くなる
明部
中間部
暗部

孔版印刷の版式

枠にスクリーンを張り、紫外線で硬化する感光液を塗布。ポジの焼きつけで非画線部は光硬化し、未感光の画線部だけが水に溶けて、スクリーンの目が開く。スキージにより、画線部のスクリーンの目からインキがにじみ出し、印刷できる。

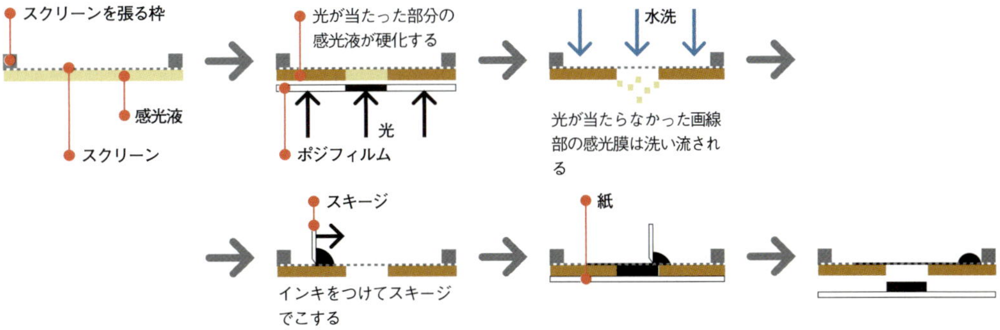
スクリーンを張る枠
感光液
スクリーン
光が当たった部分の感光液が硬化する
光
ポジフィルム
水洗
光が当たらなかった画線部の感光膜は洗い流される
スキージ
インキをつけてスキージでこする
紙

オフセット枚葉印刷機のしくみ

枚葉紙（まいようし：カット紙・シート紙）に印刷する印刷機は、片面単色機から両面8色機まである。用紙は1枚ずつ送り出され、1時間に1万枚くらいの速度で印刷できる。紙のサイズや紙厚が変わっても印刷でき、ニス引きなどの後加工ができる機種もある。

印刷ユニット

刷版の絵柄を移すブランケット胴、そこに紙を巻きつけて加圧する圧胴の3胴で成り立つ。版胴には湿しローラーと、20本前後のインキローラーが接触している。

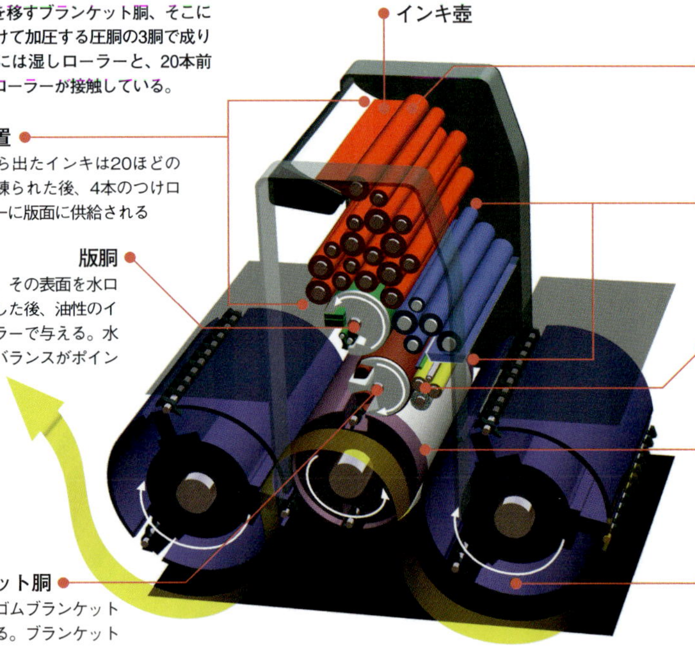

インキ壺

インキ装置
インキ壺から出たインキは20ほどのローラーで練られた後、4本のつけローラーで均一に版面に供給される

版胴
刷版を巻き、その表面を水ローラーで湿した後、油性のインキをローラーで与える。水とインキのバランスがポイント

ブランケット胴
版の絵柄はゴムブランケット面に転移する。ブランケットはゴム層やスポンジ層により微妙に圧縮され、印刷圧が生まれる

インキ元ローラー
インキ壺とインキ元ローラーにより、インキは絵柄面積に合わせて安定して供給される

湿し水装置
版面に水を与えるローラー群。湿し水は10℃くらいに冷却し、版の汚れを防ぐためエッチ液を添加する

洗浄装置
印刷終了後にブランケットに付着したインキを洗い、油と布ローラーで洗浄する装置

圧胴
紙を爪でくわえてブランケット胴に押しつける胴。多くは版胴・ブランケット胴の2倍の直径を持つ

渡し胴
印刷した紙を搬送する胴。印刷後の紙は、渡し胴のくわえ爪により、次の印刷ユニットの圧胴へと運ばれる

MASTER

両面印刷可能な枚葉印刷機

カラー印刷に最低必要な印刷ユニット数は4つだが、特色を加えた多色刷りへの対応や、両面同時にカラー印刷を行うために、印刷ユニットを増やすことも可能だ。この解説図はディック・マンローランド社の8色印刷機を参考にしたもの。高速で印刷しながら用紙を正確に反転させる装置にはアイデアと技術が凝縮されている。

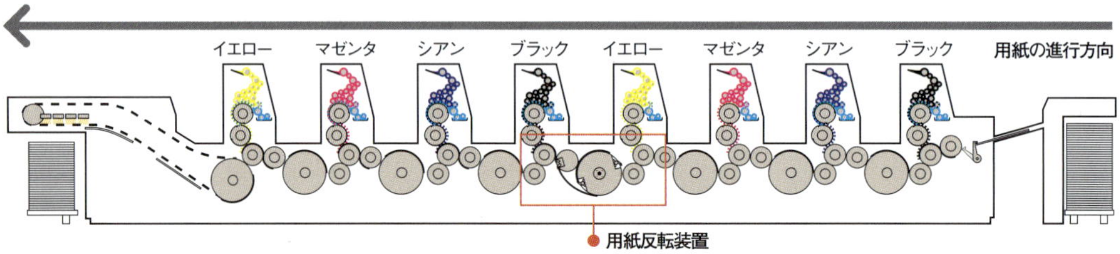

イエロー
マゼンタ
シアン
ブラック
イエロー
マゼンタ
シアン
ブラック
用紙の進行方向
用紙反転装置

片面印刷時の用紙の流れ

反転胴は渡し胴の働きをし、紙のくわえ側をそのまま渡すので、片面だけに次の色が刷り重ねられる。反転と片面の切り替えは半自動

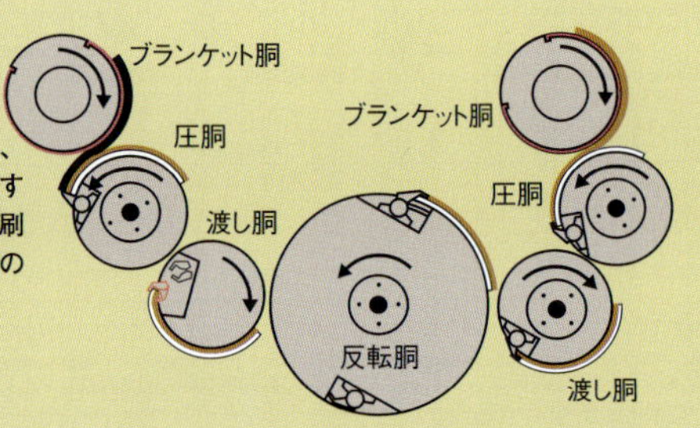

ブランケット胴
圧胴
渡し胴
反転胴
ブランケット胴
圧胴
渡し胴

両面印刷時の用紙の流れ

反転胴に巻かれた紙のくわえ尻を渡し胴の爪がくわえ、途中でくわえ替えをしながら圧胴の爪にくわえ尻側を渡す。ここで裏面が上となり両面印刷される

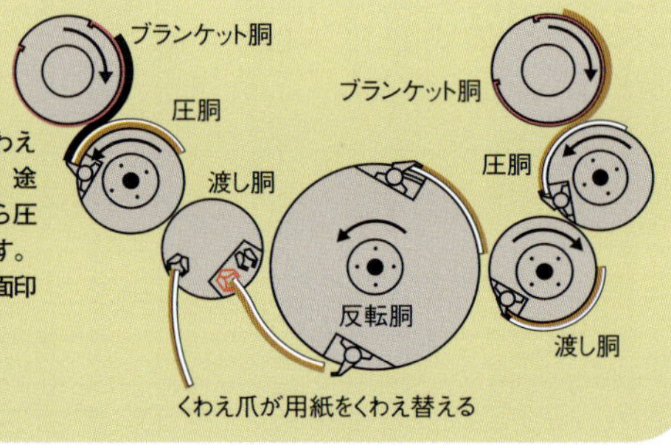

ブランケット胴
圧胴
渡し胴
反転胴
ブランケット胴
圧胴
渡し胴
くわえ爪が用紙をくわえ替える

関連リンク
CMYK画像 p.106
プロセスインキ p.195
印圧 p.225
刷版 p.227
湿し水 p.230

インラインコーティング装置

印刷ユニットのほかにニス引きユニットを取りつければ、印刷物に光沢を与えたり、マットにする加工を印刷機上で連続的に行うことができる。小回りが利く枚葉印刷機の大きなメリットといえる。

乾燥装置

排紙部にコーティング材料に合った乾燥装置をつける

ニス引きユニット

水性ニス、UVニスなどを使う。樹脂凸版をユニットに取りつければ、部分的にスポットニスをかけることもできる

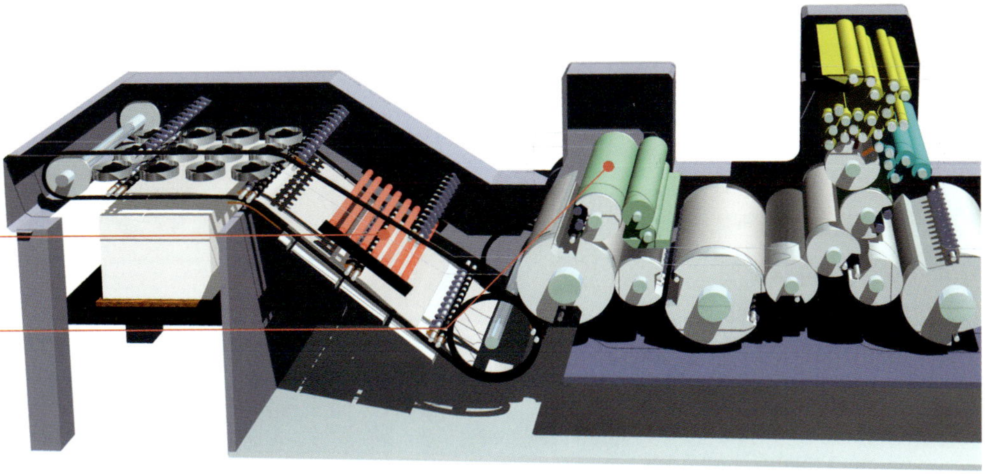

排紙装置(デリバリ)

搬送されてきた印刷紙を積み上げていく部分。裏移りしないようにスプレー粉を撒く装置を備える

最初のユニット部は紙粉やゴミの影響を受けやすいので、もっともインキ濃度が高く汚れが目立たない墨インキをはじめに刷る

給紙装置(フィーダー)

圧縮空気の吹き出しと真空の力を利用し、積まれた紙を1枚ずつ分離して、見当装置(前当と針)まで送り出す

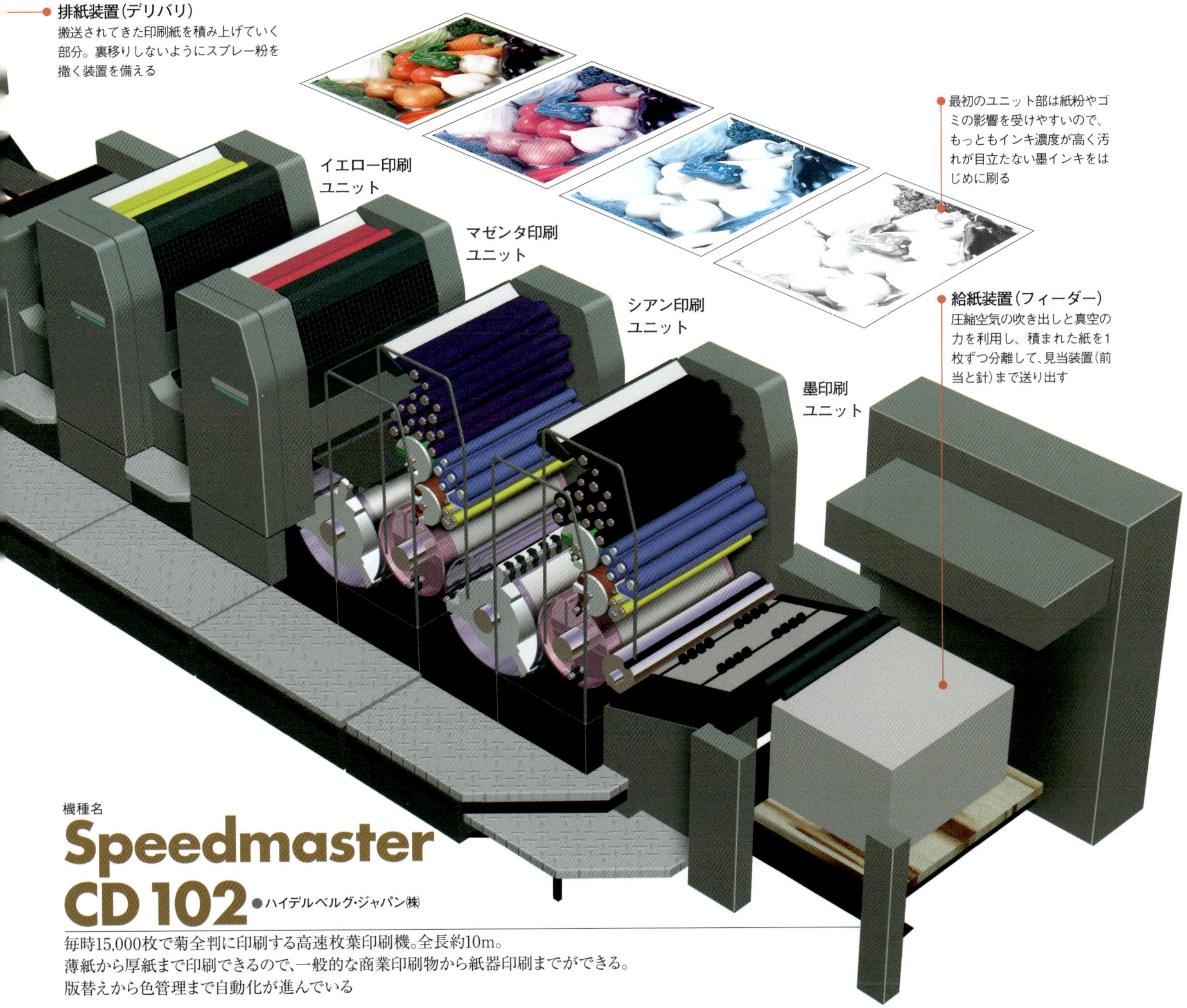

機種名

Speedmaster CD 102

●ハイデルベルグ・ジャパン㈱

毎時15,000枚で菊全判に印刷する高速枚葉印刷機。全長約10m。
薄紙から厚紙まで印刷できるので、一般的な商業印刷物から紙器印刷までができる。
版替えから色管理まで自動化が進んでいる

オフセット輪転印刷機のしくみ

枚葉(まいよう)印刷機の数倍の生産性を持つ輪転機は、巻取紙の両面に4色カラー印刷を同時に行う。印刷紙は折って断裁して排紙できるので、そのまま製本工程に回すことができる。上下2本のブランケット胴の間に紙を通して印刷するBBタイプが中心である。

印刷ユニット

BBタイプは1ユニットの上下に版胴とブランケット胴のセットが配置され、上下のブランケットの間を紙が通過し、両面同時に印刷する。それぞれの版胴には水とインキ装置がある。

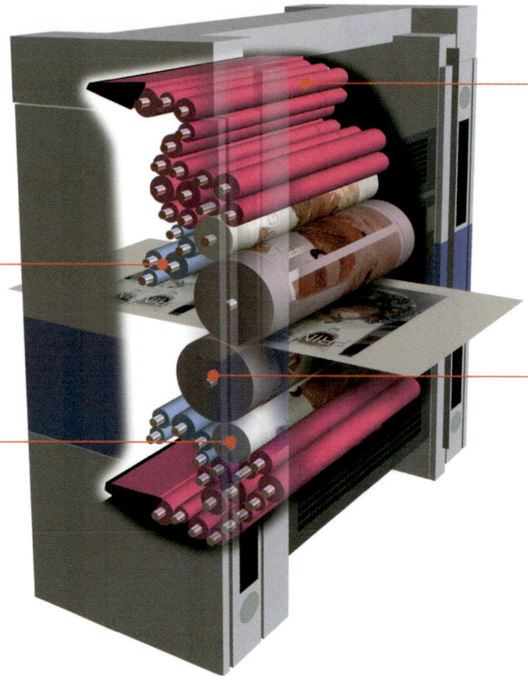

インキ装置
インキは10数本のローラーで高速に練られるが、その際の発熱を防ぐためローラーの一部には冷却水を通している

湿し水装置
非画線部の汚れを防ぐための添加剤を加えた湿し水を冷却して供給。水が多すぎるとインキは乳化する

ブランケット胴
加圧接触のショックをやわらげるため、ブランケット胴は版胴の2倍径

版胴
巻取紙への連続印刷は余白部を最小限にするため、版のくわえ部分の隙間は10mm以下になっている

機種名

SYSTEM 35 ●㈱小森コーポレーション

毎分600回転のB縦半裁機。折り部まで含めた全長は30mにもなる。刷版は半自動交換装置で、上下ユニット版交換が同時にでき、刷版絵柄に合わせたインキ量プリセット調整など、生産性向上のための工夫がされている

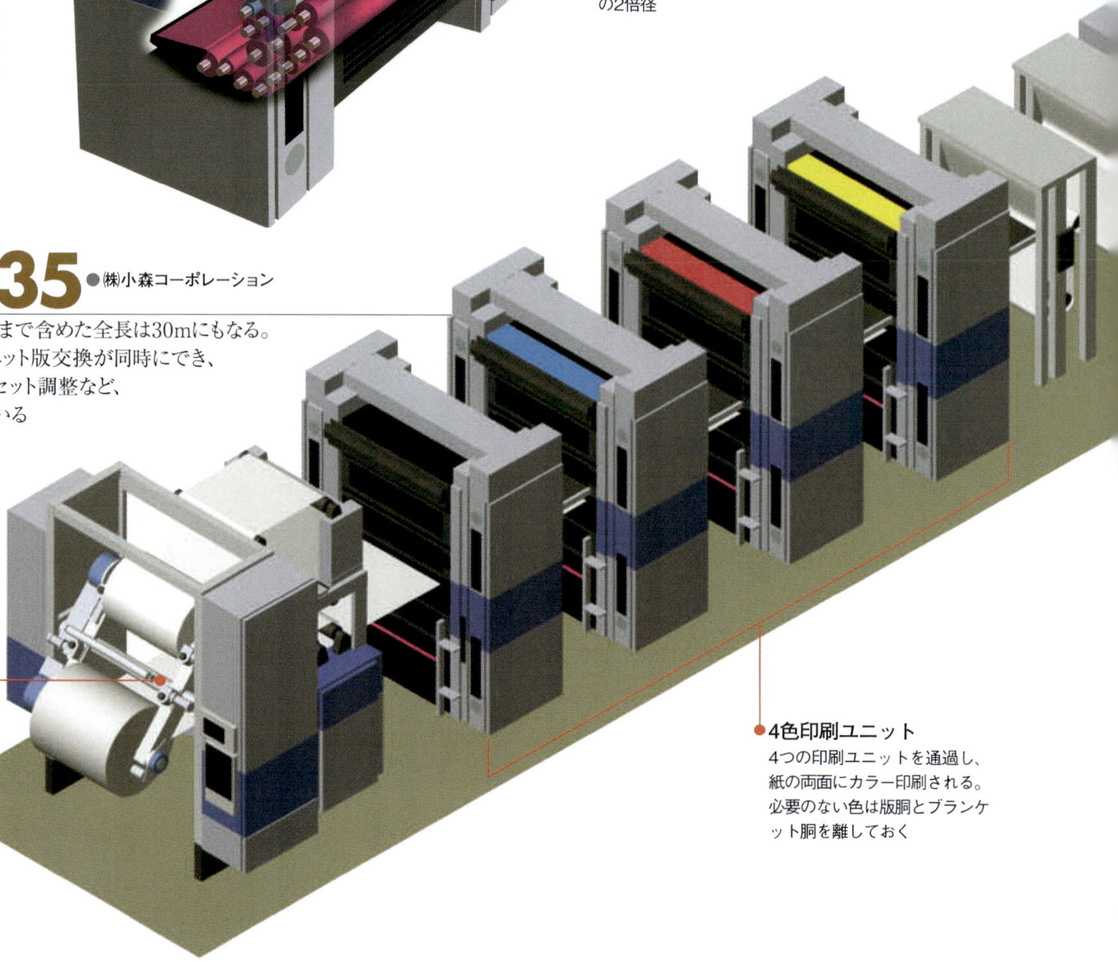

自動紙継ぎ装置
印刷速度を落とさないで巻取紙を自動的にペーストしていく装置。印刷速度を変えずに紙の走行速度だけを落として紙継ぎをする機能を持つ

4色印刷ユニット
4つの印刷ユニットを通過し、紙の両面にカラー印刷される。必要のない色は版胴とブランケット胴を離しておく

関連リンク
インキと紙 p.194
折丁 p.225
損紙 p.228
流れ目 p.229
湿し水 p.230

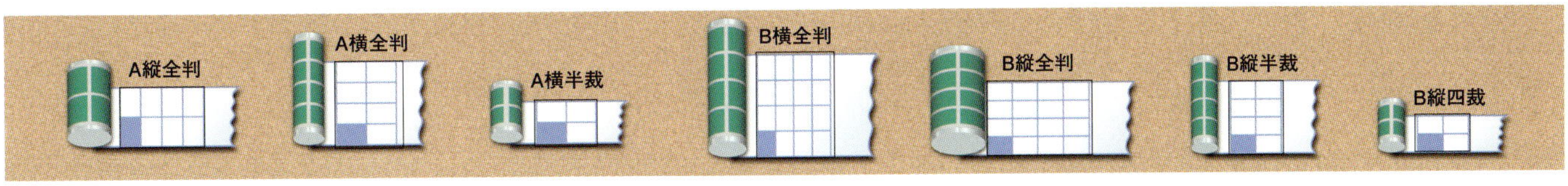

A縦全判
A横全判
A横半裁
B横全判
B縦全判
B縦半裁
B縦四裁

用紙サイズ

使用する用紙サイズは輪転機の種類によって決まる。図はA列系、B列系の機械の版胴と用紙サイズの概念図である。赤枠が用紙サイズで、ベタ塗り部分がA4またはB5を表している。書籍印刷では紙目に注意する。

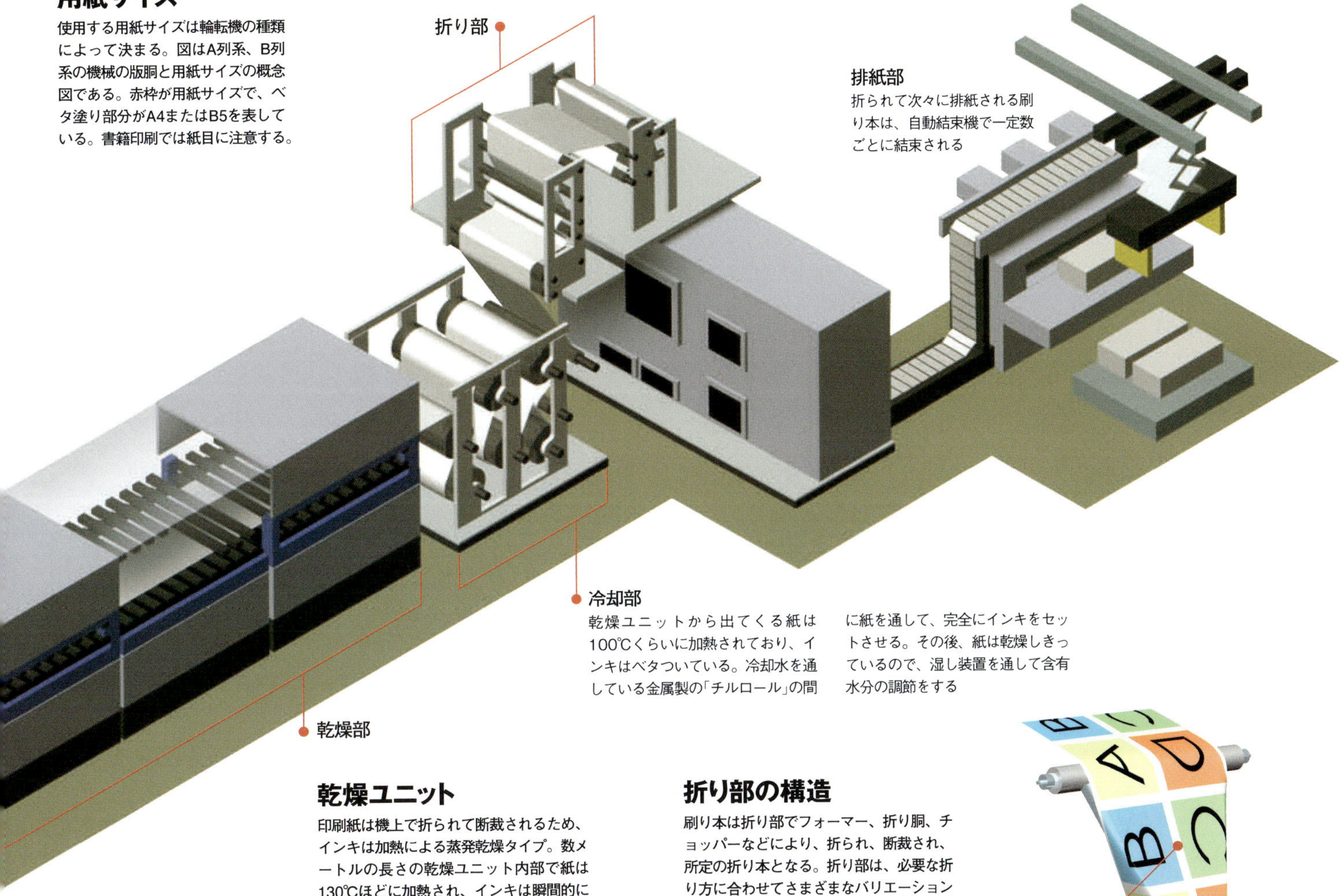

折り部
排紙部
冷却部
乾燥部

排紙部

折られて次々に排紙される刷り本は、自動結束機で一定数ごとに結束される

冷却部

乾燥ユニットから出てくる紙は100℃くらいに加熱されており、インキはベタついている。冷却水を通している金属製の「チルロール」の間に紙を通して、完全にインキをセットさせる。その後、紙は乾燥しきっているので、湿し装置を通して含有水分の調節をする

乾燥ユニット

印刷紙は機上で折られて断裁されるため、インキは加熱による蒸発乾燥タイプ。数メートルの長さの乾燥ユニット内部で紙は130℃ほどに加熱され、インキは瞬間的に乾燥する。乾燥後は冷却ローラーですぐに冷やされる。

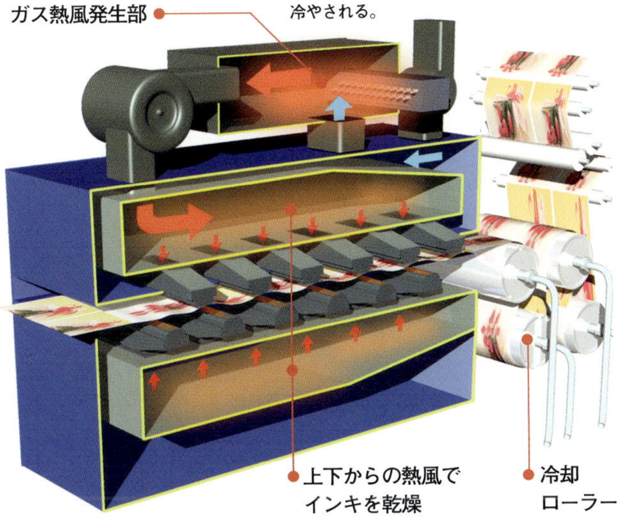

ガス熱風発生部
上下からの熱風で
インキを乾燥
冷却
ローラー

折り部の構造

刷り本は折り部でフォーマー、折り胴、チョッパーなどにより、折られ、断裁され、所定の折り本となる。折り部は、必要な折り方に合わせてさまざまなバリエーションが組める。折らないでシート出しもできる。

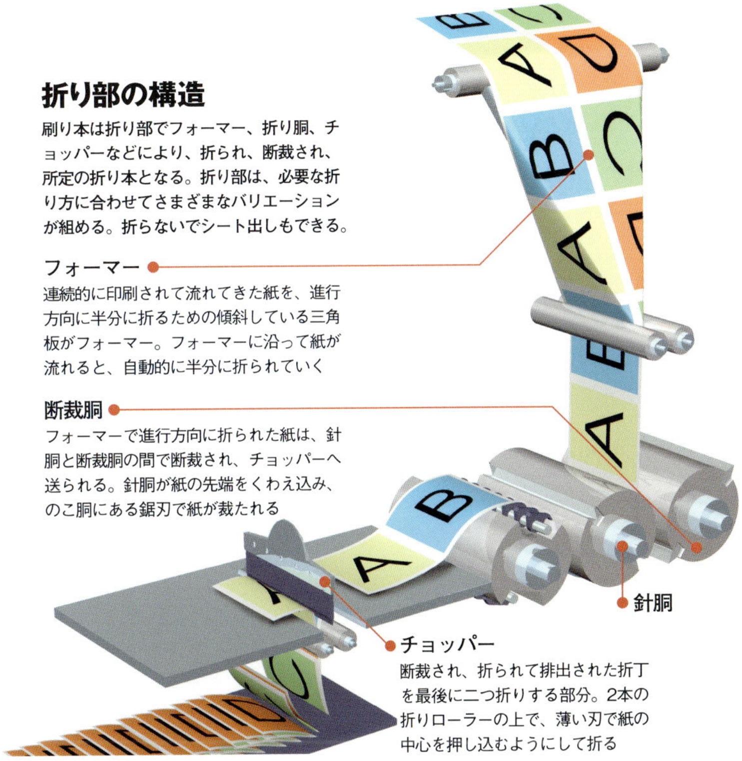

針胴

フォーマー

連続的に印刷されて流れてきた紙を、進行方向に半分に折るための傾斜している三角板がフォーマー。フォーマーに沿って紙が流れると、自動的に半分に折られていく

断裁胴

フォーマーで進行方向に折られた紙は、針胴と断裁胴の間で断裁され、チョッパーへ送られる。針胴が紙の先端をくわえ込み、のこ胴にある鋸刃で紙が裁たれる

チョッパー

断裁され、折られて排出された折丁を最後に二つ折りする部分。2本の折りローラーの上で、薄い刃で紙の中心を押し込むようにして折る

オフセット印刷のワークフロー

印刷工程をおおまかに分けると、データをフィルム出力→刷版→色校正→印刷となる。最近はデータから直接刷版を作るCTPも増えている。CTPは工程を短縮できるが、実際の運用にはノウハウが必要だ。ここではオフセットを例に印刷のワークフローを見ていこう。

データ完成から印刷までのワークフロー

ここでは、オフセットで印刷する場合のワークフローを紹介する。

データが完成したら、まず校正用にプリンタ出力でチェックし、OKになれば印刷用の出力を行う。ほとんどの場合、イメージセッタからフィルムを出力し、刷版(PS版)を作る。最近は、データからフィルムを出力せず、直接刷版を作るCTP(Computer to Plate)も増えている。CTPは製版工程が一気にデジタル化されることで工程が短縮できるが、実際の運用にはかなりのノウハウが必要だ。

印刷機にセットされた版を使って刷り上がった印刷物は、折り加工され、丁合され、断裁され、表紙がついて、1冊の書籍や雑誌になっていく。印刷機には枚葉機と輪転機があり、大量印刷では輪転機を使う。それぞれの印刷機のしくみについては、P.200からP.203を参照してほしい。

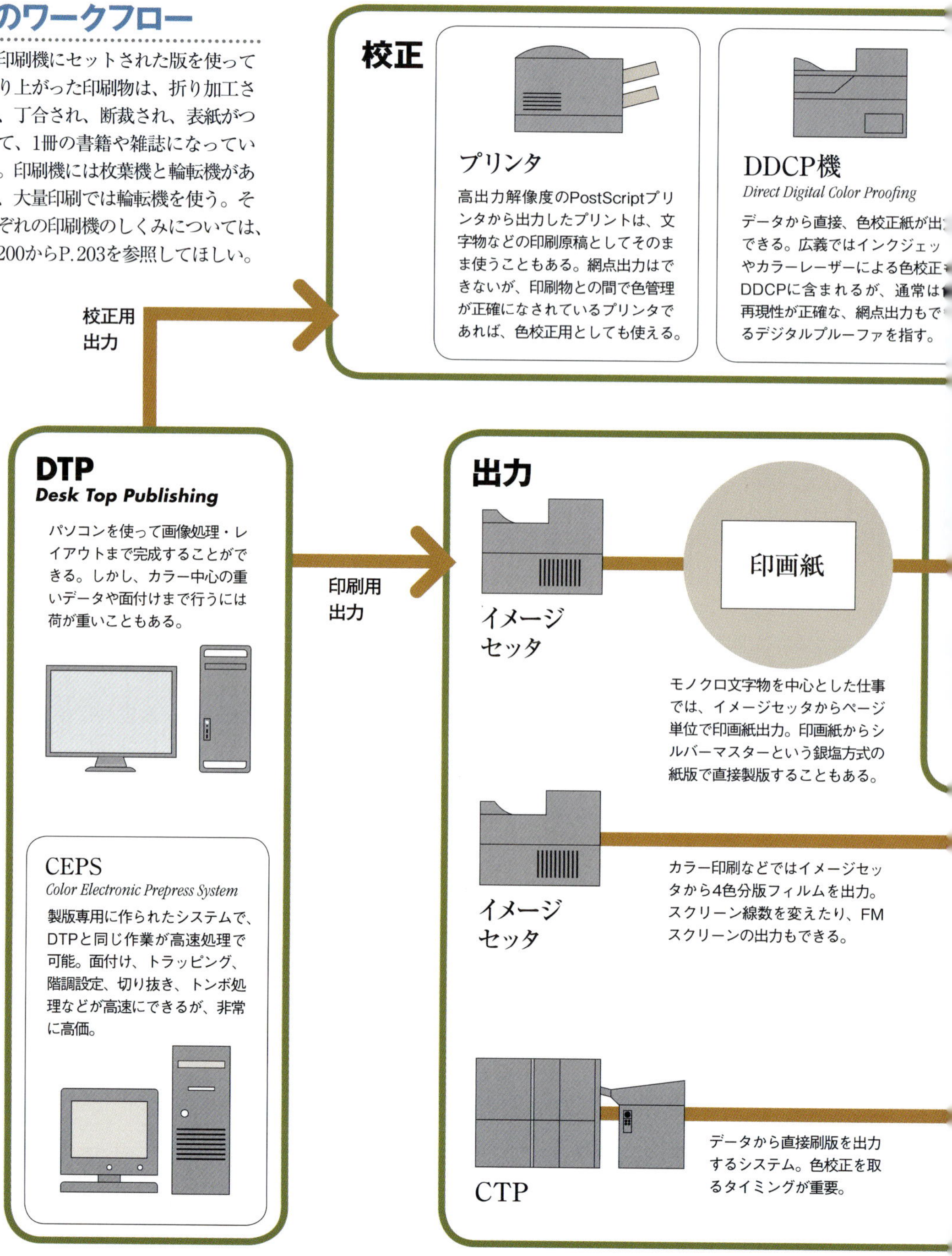

校正
プリンタ
高出力解像度のPostScriptプリンタから出力したプリントは、文字物などの印刷原稿としてそのまま使うこともある。網点出力はできないが、印刷物との間で色管理が正確になされているプリンタであれば、色校正用としても使える。
DDCP機
Direct Digital Color Proofing
データから直接、色校正紙が出
できる。広義ではインクジェッ
やカラーレーザーによる色校正
DDCPに含まれるが、通常は
再現性が正確な、網点出力もで
るデジタルプルーファを指す。
校正用
出力
DTP
Desk Top Publishing
パソコンを使って画像処理・レイアウトまで完成することができる。しかし、カラー中心の重いデータや面付けまで行うには荷が重いこともある。
CEPS
Color Electronic Prepress System
製版専用に作られたシステムで、DTPと同じ作業が高速処理で可能。面付け、トラッピング、階調設定、切り抜き、トンボ処理などが高速にできるが、非常に高価。
印刷用
出力
出力
イメージセッタ
印画紙
モノクロ文字物を中心とした仕事では、イメージセッタからページ単位で印画紙出力。印画紙からシルバーマスターという銀塩方式の紙版で直接製版することもある。
イメージセッタ
カラー印刷などではイメージセッタから4色分版フィルムを出力。スクリーン線数を変えたり、FMスクリーンの出力もできる。
CTP
データから直接刷版を出力するシステム。色校正を取るタイミングが重要。

関連リンク
出力 p.168
イメージセッタ p.180
CTPのしくみ p.182
製版フィルム p.184
色校正の基礎知識 p.186
下版と検版 p.226
入稿 p.229

原稿

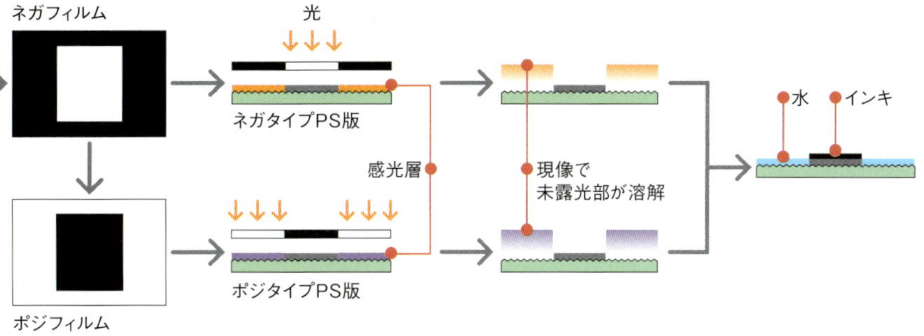

ネガフィルム
光
ネガタイプPS版
感光層
現像で
未露光部が溶解
水
インキ
ポジタイプPS版
ポジフィルム

オフセット印刷の版材

ネガフィルムを焼きつけるネガタイプPS版は、主に単色文字物を中心に使われ、感光した部分が光硬化し、画線部となる。カラー印刷用にはポジタイプPS版が使われ、感光部分がアルカリ現像液で溶解される。この版は、露光時間を増やすことで光が画線部の下に回り込み、画線が細くなる。印刷でのドットゲイン分だけ網点を小さく焼き込むことができる

ケミカル校正機

C+K、M+K、Y+Kのフィルムを組み合わせてRGBで露光し、カラー印画紙に焼き付ける。代表機「コンセンサス」から通称「コンセ」などと呼ばれる。フィルム製版の減少からケミカル校正も減少傾向だ。

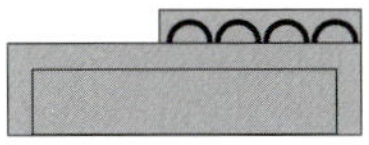

平台校正機

本機印刷物とほとんど同じ色調の印刷物ができるが、厳密にはドットゲインやインキトラッピングが異なる。現在では撤廃の方向にある。

製版

フィルム

刷版
(PS版)

集版

イメージセッタから完全に面付けされたフィルムが出力されるいまは、検版・修正作業が集版の仕事になってきた。

フィルム

出力の際にフィルムは現像されるが、現像液の管理が悪いと黒化濃度が不足し、刷版でヘアーラインや網点が飛んでしまうことがある。

CTP用
刷版

印刷

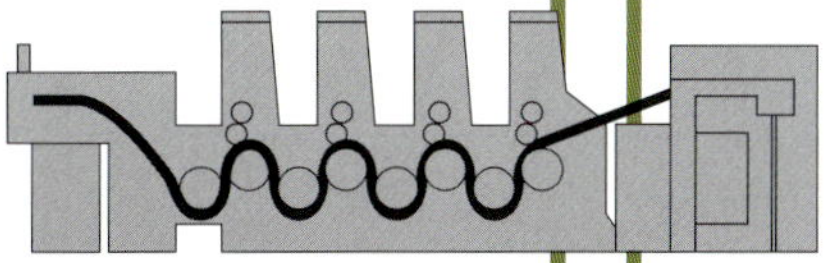

オフセット枚葉印刷機

小ロット印刷向きの枚葉機は、紙サイズや紙厚などが自由に選べる。ニス引きなどの加工もできる。また、フィルムベースなどにUVインキ印刷もでき、小回りの利く印刷機である。

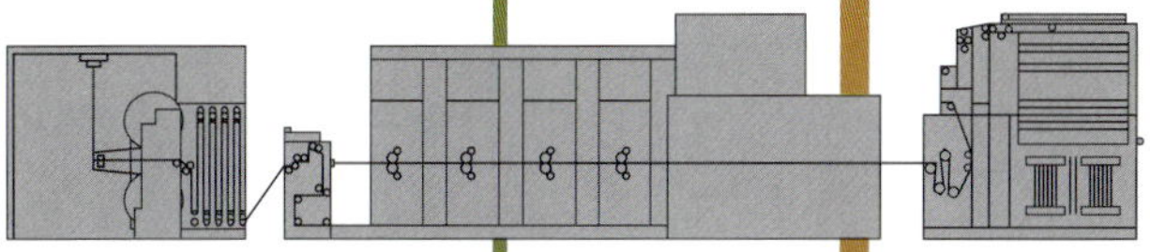

オフセット輪転印刷機

紙サイズや印刷サイズが限定されるが、枚葉機の数倍の生産性がある。印刷後すぐにインキが乾燥して、折りと断裁加工ができるので、ページ数の多い書籍類にはうってつけの印刷機。

製本

製本機

枚葉印刷物は折り機で所定の手順で折り加工をする。輪転印刷物は機上で折られて排紙される。製本できるように折られた折丁は、ページの順に丁合し、綴じて、本となる。

断裁・折り

印刷目的で変わる印刷機の種類

印刷物の用途や被印刷体によって印刷機は変わる。紙も、アート紙のような平滑な紙もあれば、ざら紙のような粗面紙もあり、同じ版式では刷ることができない。ここでは活版輪転印刷機、グラビア印刷機、特殊な用途に特化した印刷機のしくみを説明しよう。

活版輪転印刷機

週刊漫画誌のようなカサがある粗面紙には、凸版で押しつけるように圧をかけて印刷する活版輪転機を使う。墨1色の両面刷りが多いので、2組の版胴と圧胴のユニットに紙を通し、裏表を順に刷る。版は樹脂凸版を使い、版胴に巻きつけ、圧胴にはゴムシートが巻いてある。インキは粗面紙に浸透してセットされるので、乾燥装置はない。印刷された紙は折り部で折られ、断裁されて製本できるような折丁となって排紙される。

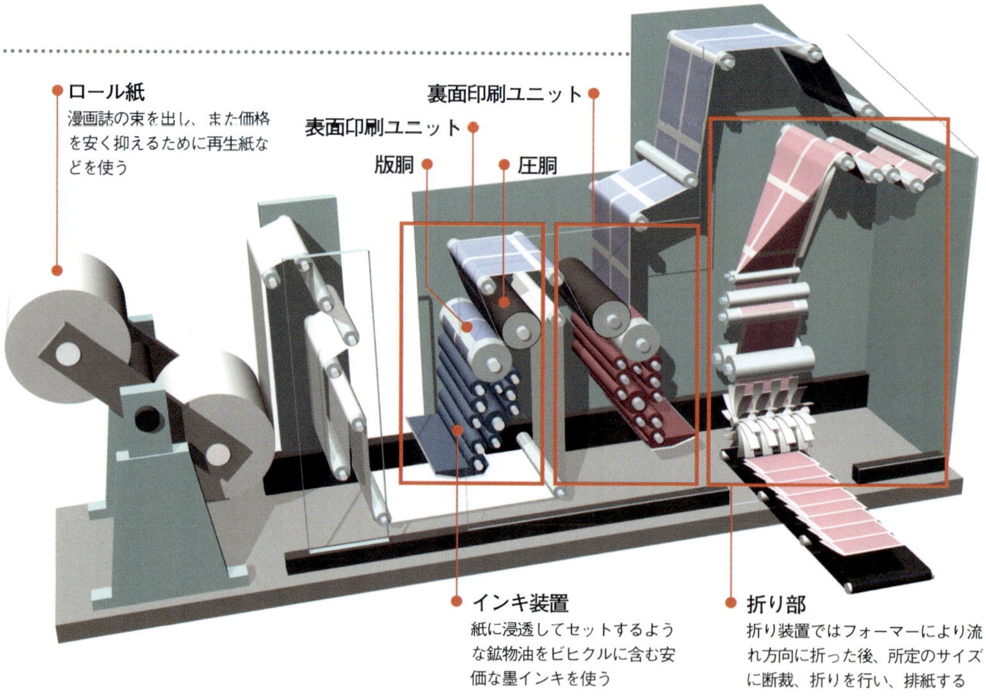
ロール紙
漫画誌の束を出し、また価格を安く抑えるために再生紙などを使う
裏面印刷ユニット
表面印刷ユニット
版胴
圧胴
インキ装置
紙に浸透してセットするような鉱物油をビヒクルに含む安価な墨インキを使う
折り部
折り装置ではフォーマーにより流れ方向に折った後、所定のサイズに断裁、折りを行い、排紙する

グラビア輪転印刷機

グラビア輪転印刷機は、雑誌などのカラー書籍印刷用、食品類の包装材を刷る軟包装印刷用、建材を刷る建材印刷用などに分かれる。書籍印刷機は8色印刷機を使い、途中で紙を反転させて両面カラー印刷を行う。軟包装印刷機は片面印刷で透明フィルムなので、白ベタの上にカラー印刷を行い、さらに特色ユニットも持つ。建材用も片面印刷である。右図は軟包装印刷機で、1分間150〜200mの高速で印刷する。

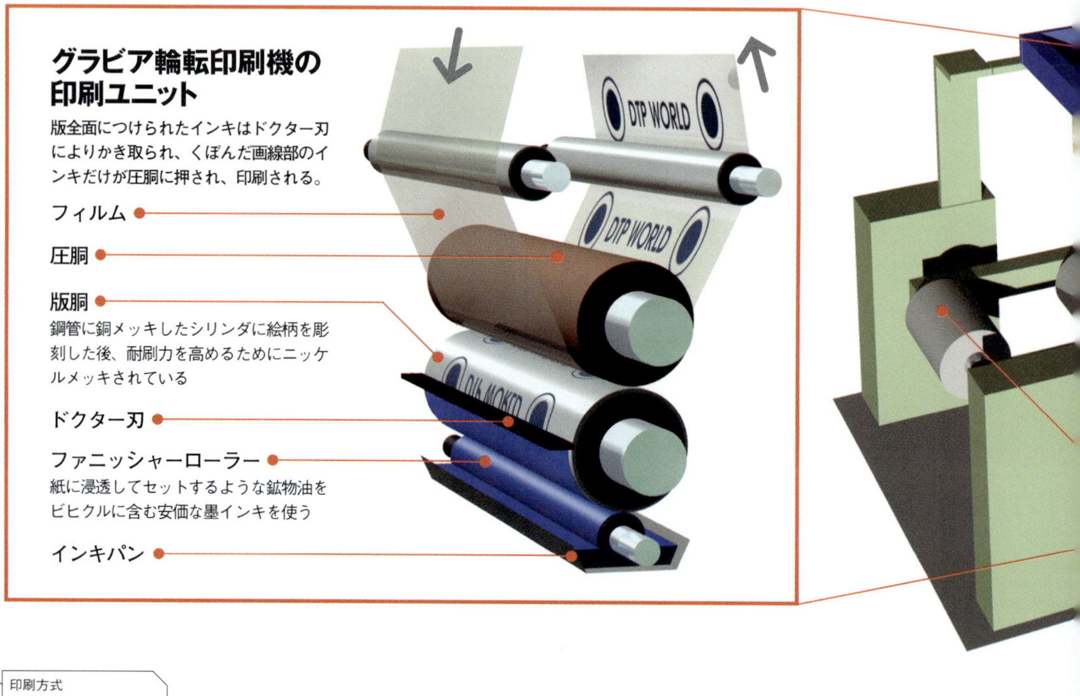
グラビア輪転印刷機の印刷ユニット
版全面につけられたインキはドクター刃によりかき取られ、くぼんだ画線部のインキだけが圧胴に押され、印刷される。
DTP WORLD
フィルム
圧胴
版胴
銅管に銅メッキしたシリンダに絵柄を彫刻した後、耐刷力を高めるためにニッケルメッキされている
ドクター刃
ファニッシャーローラー
紙に浸透してセットするような鉱物油をビヒクルに含む安価な墨インキを使う
インキパン

関連リンク
さまざまな形態の印刷物 p.016
印刷方式 p.198

特殊な用途に特化した印刷機

ジュース缶への印刷、建材への印刷など、印刷物の用途や素材に対してさまざまな印刷機がある。ここでは裏面に粘着性のあるタック紙へ印刷するシール印刷機と、ゴルフボールのような曲面に印刷するパッド印刷を取り上げる。

パッド印刷

曲面印刷をする機械で、凹版にインキをつけ、不要部分のインキはドクター刃でこそげ落とす。やわらかなゴムでできているパッドを版面に押しつけ、インキを転移させる。パッドのインキを曲面に押しつけ、印刷が完了となる。

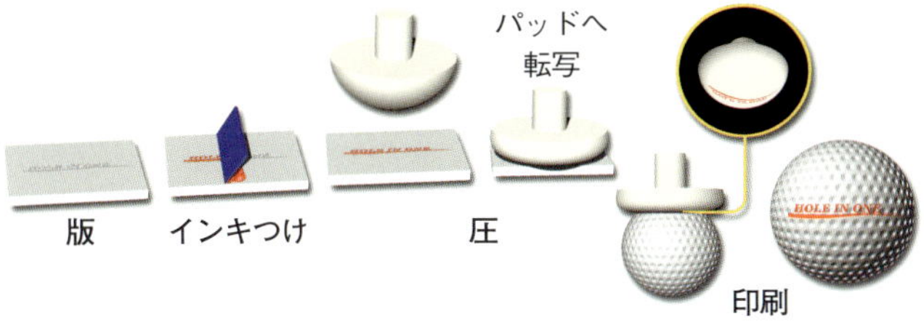

シール印刷

シール印刷の用途は広く、印刷する素材もそれぞれ違ってくる。紙には油性インキを、フィルム類にはUVインキを使い、版は樹脂凸版や亜鉛凸版を使う。カラー印刷はオフセット印刷機を使用することもある。

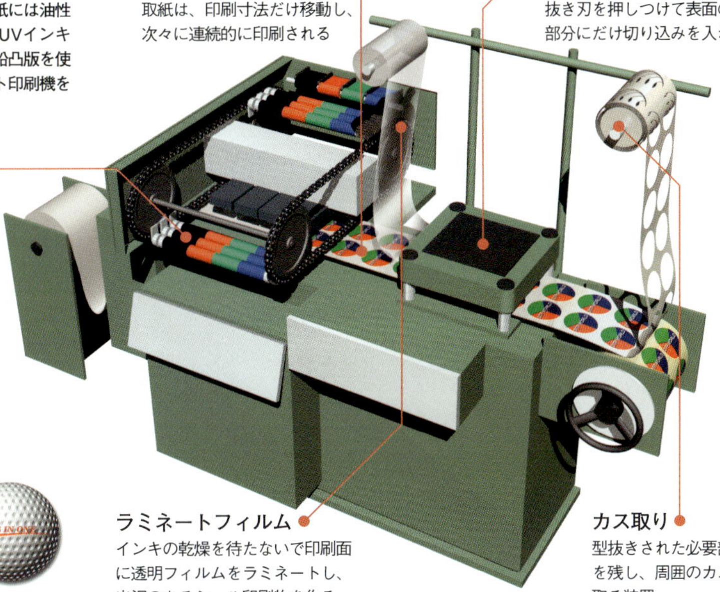

印刷された紙
印刷ユニットで印刷された巻取紙は、印刷寸法だけ移動し、次々に連続的に印刷される

ダイカット
必要なシール面の型抜きをする。抜き刃を押しつけて表面のシール部分にだけ切り込みを入れる

印刷ユニット
平面に置かれた版に、色数に合わせて区切られたインキローラーにより着肉する

ラミネートフィルム
インキの乾燥を待たないで印刷面に透明フィルムをラミネートし、光沢のあるシール印刷物を作る

カス取り
型抜きされた必要部分のみを残し、周囲のカスをはぎ取る装置

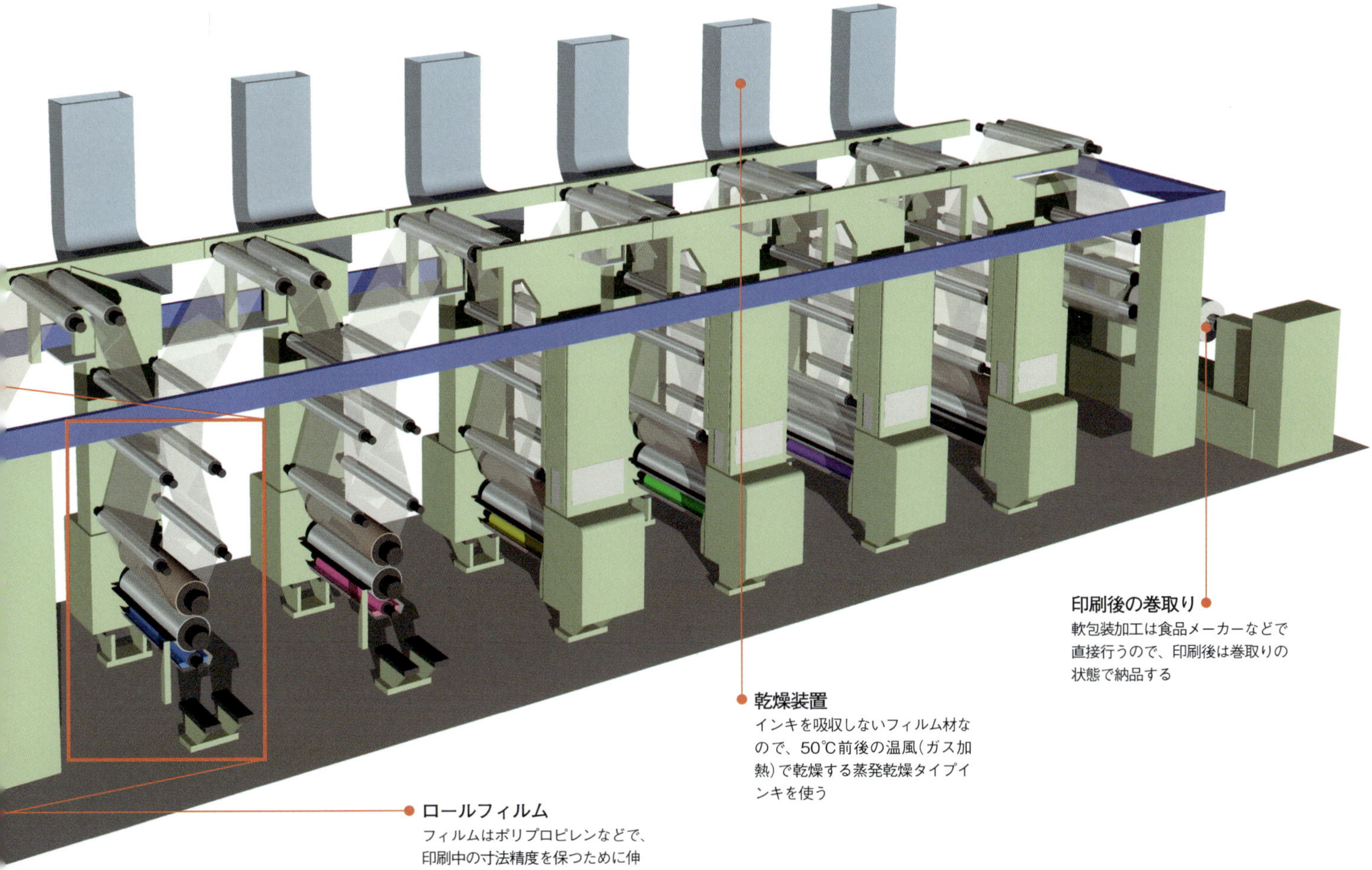

印刷後の巻取り
軟包装加工は食品メーカーなどで直接行うので、印刷後は巻取りの状態で納品する

乾燥装置
インキを吸収しないフィルム材なので、50℃前後の温風(ガス加熱)で乾燥する蒸発乾燥タイプインキを使う

ロールフィルム
フィルムはポリプロピレンなどで、印刷中の寸法精度を保つために伸びないような加工がしてある

印刷トラブルの原因を探る

DTPのRGB画像データは、1つが数十μmという網点に変換され、色はCMYKの4色となり、小さな網点にはインキが付着し、版からブランケット、そして紙へと転移していく。ここでは、その中で起きる代表的な印刷トラブルの原因を解説する。

版ずれの原因

版ずれの原因として、紙の伸縮が大きい。水を使って印刷するオフセット印刷では、微妙な紙の伸縮は避けられない。毛抜き合わせ部のトラッピング処理がされていないと、紙の伸縮で版ずれが目立つ部分が出てくる。

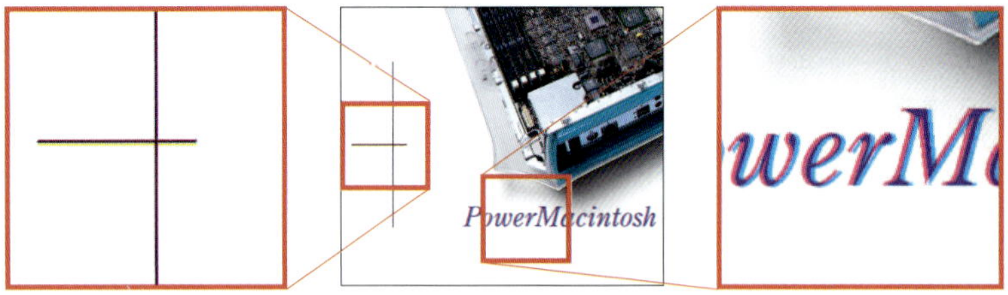

CとMの版ずれ。このように2色だけのずれは、紙の伸縮ではなく、印刷工程での操作ミスが考えられる。印刷機には紙を搬送するくわえ爪が多数あり、一部のくわえる力のバランスが崩れると、版ずれが起きることもある

カラーバランス

CMYK4色のインキ皮膜がおよそ1μmくらいの厚さで刷れていると、カラーバランスがよいカラー印刷ができる。ある色のインキが多すぎるとその色だけが強調され、色が浮き出してしまう。DTPソフト上での各種カラー設定も大きく影響する。

正常

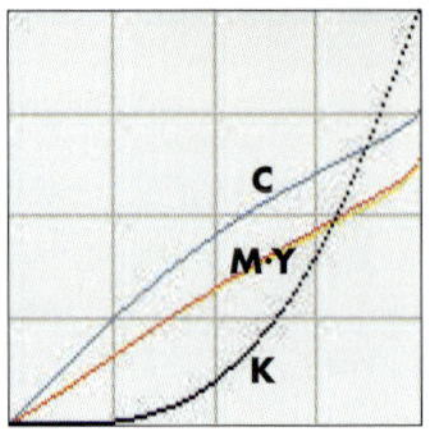

カラーバランスはグレーでチェックする。CMYが同一に設定されていると、インキの色相的な欠陥から赤みの強いグレーになる。写真階調の中間部でCを10%程度多く設定しておくと、グレーが正しく印刷される

紅浮き

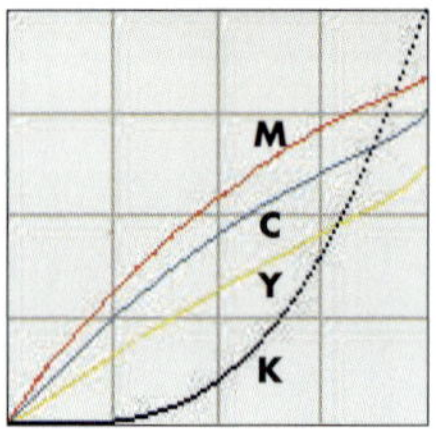

CMYが正常なインキ皮膜で刷られているとき、紅浮きがあればDTP上でのカラー設定のチェックが必要。Photoshopのカラー設定でYとMのカーブが等しく、Cだけが若干多めにあればOKである。この図ではMカーブが高すぎる

インキのトラッピング

刷り重ねられるインキが次々に正常に転移したとき、「トラッピングが良好」という。良好なトラッピングには、総インキ量が300%くらいまでが望ましいといわれる。図はYのトラッピングが悪い例で、緑の黄みが足りなくなる。

総インキ量が300%程度になるように設定する。GCRの利かせ方でシャドウ部の色調は変化する。シャドウ部はCMYを減らし、Kで調子をつける

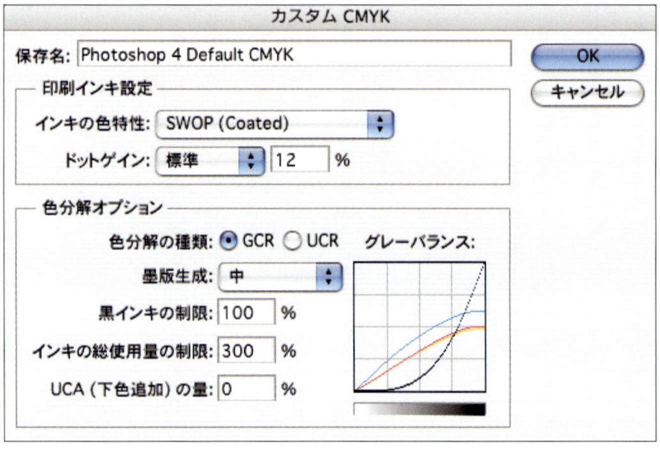

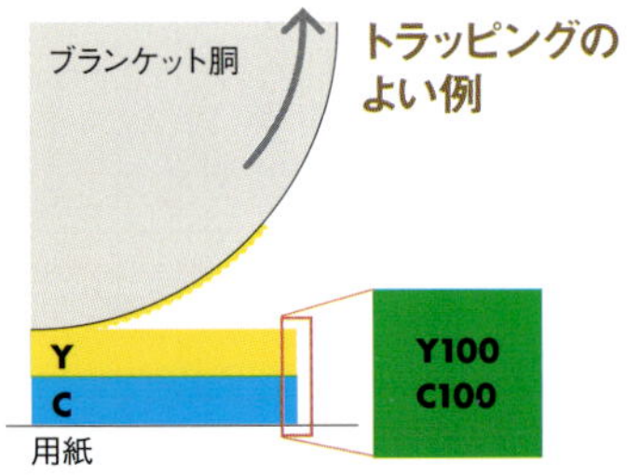

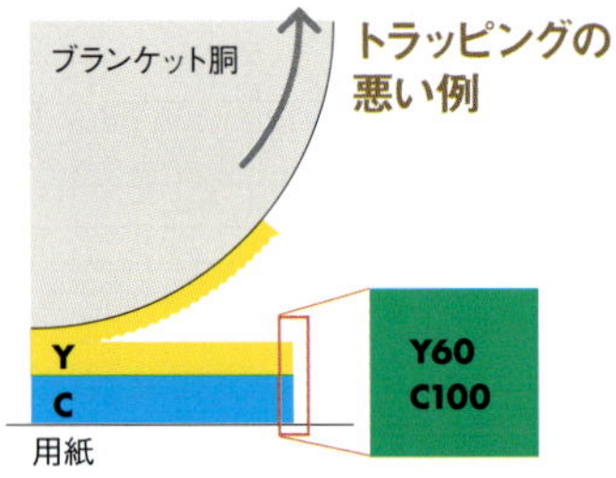

関連リンク
PhotoshopのCMYK変換 p.106
印刷用画像データ p.106
網点 p.108
トラッピング p.110
UCR·GCR p.185
インキ濃度 p.225
乳化 p.229

ドットゲインの原因

ドットゲインとは、印刷工程で版の網点より印刷物の網点が太る現象をいう。通常の印刷では、中間濃度部分のドットゲインが10〜20%となる。このことは、版で50%の網点が印刷物では60〜70%に太ることである。ドットゲインは図にあるように、版胴とブランケット胴の間でもっとも発生しやすい。印刷圧を少なめにし、インキをやわらかくしすぎないようにして印刷することで、ドットゲインは少なくできる。

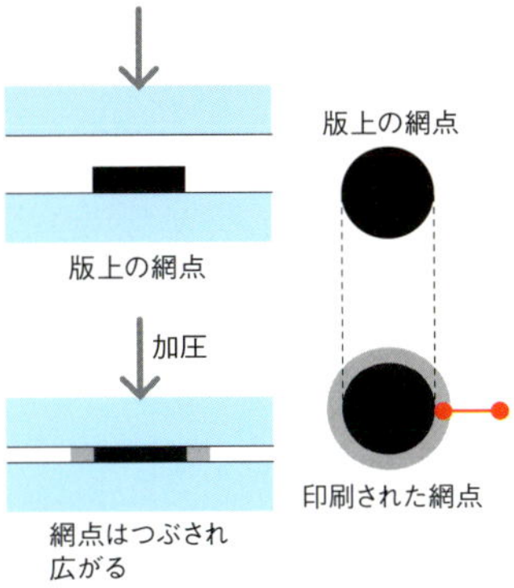

版上の網点
加圧
網点はつぶされ広がる
版上の網点
ドットゲイン分
印刷された網点

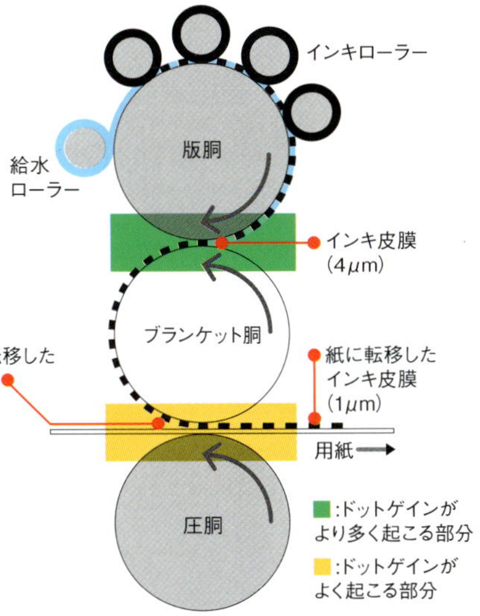

インキローラー
給水ローラー
版胴
インキ皮膜（4μm）
ブランケット胴
ゴム胴に転移したインキ皮膜（2μm）
紙に転移したインキ皮膜（1μm）
用紙
圧胴
:ドットゲインがより多く起こる部分
:ドットゲインがよく起こる部分

ドットゲインが少ない画像

ドットゲインが多い画像

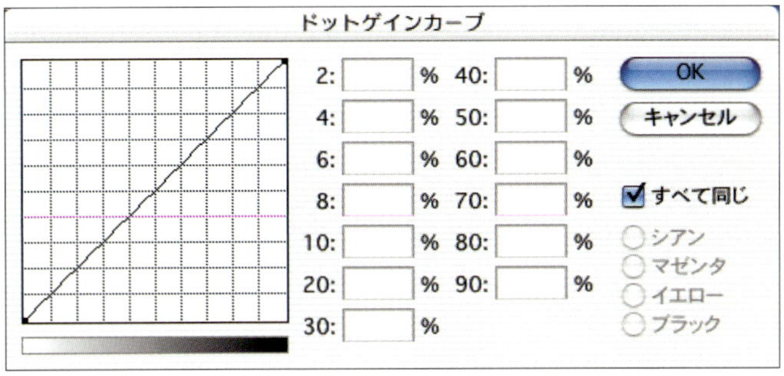

ドットゲインカーブ
2: % 40: %
4: % 50: %
6: % 60: %
8: % 70: %
10: % 80: %
20: % 90: %
30: %
OK
キャンセル
すべて同じ
シアン
マゼンタ
イエロー
ブラック

印刷でのドットゲインは防げないので、あらかじめドットゲイン量を見越して、網点が小さくなるようにDTP上で設定する。ドットゲイン量は印刷機によって異なるので、一定値にはなりにくい

ゴーストの原因

ベタの中に白抜き部分がある絵柄で、その後ろ側にあるベタ部分が濃くなることがある。白抜き部分で使われなかったインキローラー上のインキが、すぐ後ろに続くベタ部分に付着するためである。湿し水を絞ったり、インキローラーの回転方法を工夫して防ぐが、完全にはできない。

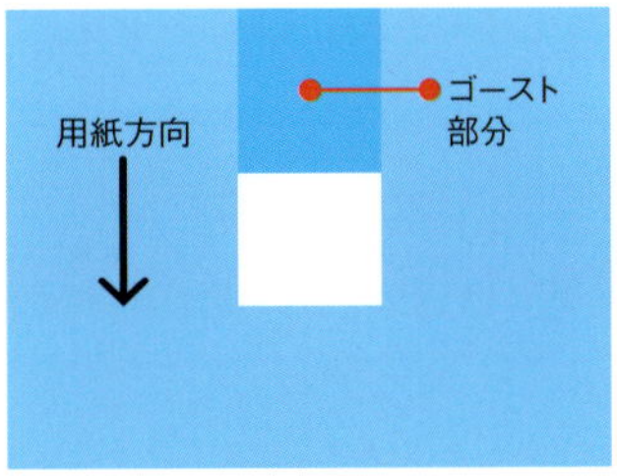

用紙方向
ゴースト部分

裏移りの原因

排紙部に積まれた印刷物の上側にある紙の裏側にインキがついて汚れてしまう現象。両面刷りのカタログ類の印刷などでは致命傷となる。印刷後すぐにセットして裏移りしにくくなるインキを使ったり、印刷物表面にコンスターチを主成分としたスプレイ粉をまいて裏移りを防ぐ。

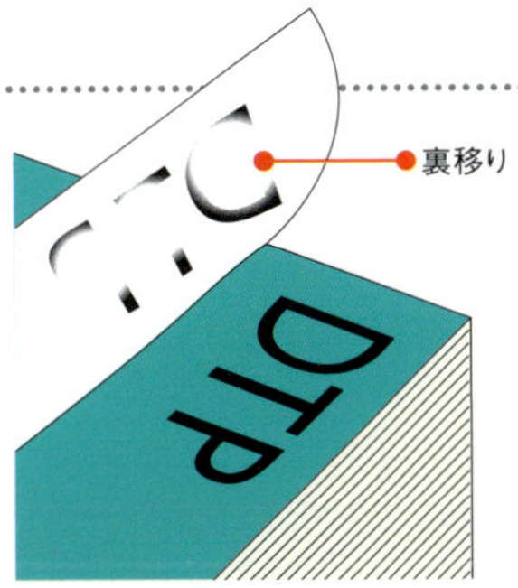

裏移り
DTP

裏抜けの原因

表側から裏面に刷った絵柄が透けて見えてしまう現象を、裏抜けという。紙が薄く、透明度の高い紙に起きやすい。通販カタログのように紙を薄くすると起きやすい事故である。薄くても不透明度が高い紙を使い、浸透性の低いインキを使うことで防ぐことができる。

DTPWORLD
裏面が透けて見える

ドライダウン p.229
ヒッキー p.230

製本のしくみと工程

製本方法には並製本と上製本とがある。西洋式の製本技術は、1873年に日本に伝わった。手間のかかる上製本に代わって、産業革命以降の英国で開発された並製本技術は、1950年代に入り、化学合成接着剤の利用で急速に伸びていった。

上製本の工程

見返し紙を中身の前後に貼った後、糸で綴じ、背を固め、三方仕上げ裁ちして本の中身(束)を作る。表紙は板紙を芯にして表紙クロス貼りし、必要に応じて箔押しで金文字などを表紙と背に入れる。中身と表紙が出来上がったら、両方を貼り合わせるが、表紙と中身は見返し紙によって結合されている。

背の形が丸い丸背や、角張っている角背があり、さらに本を美しく見せるために小口装飾を施すこともある。

特別な上製本として1冊ごとに装丁を変える諸製本、図書館の本や古文書など傷んだ本を修復する図書館製本などがある。

DTP WORLD

丁合・見返し貼り
丁合後、見返し紙を中身の前後に貼る

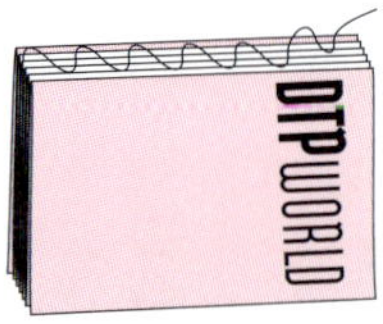
DTP WORLD

糸かがり
背をナイロン糸でかがり綴じする

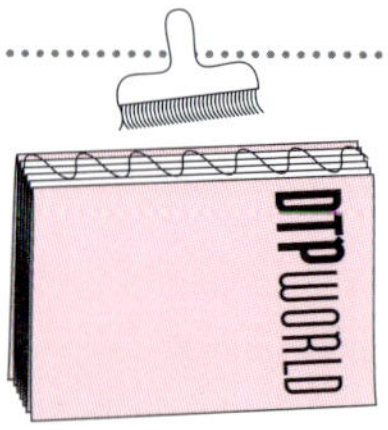
DTP WORLD

下固め
平締めで平らにした後、背を糊で固定する

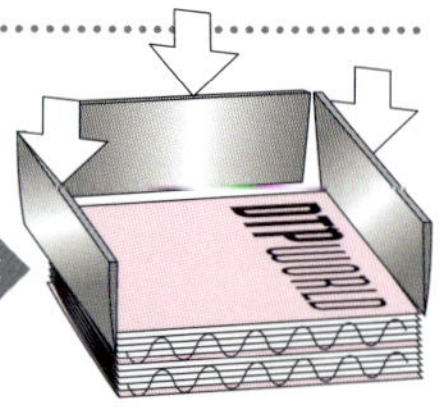
DTP WORLD

仕上げ裁ち
小口三方を指定寸法に仕上げ裁ちする

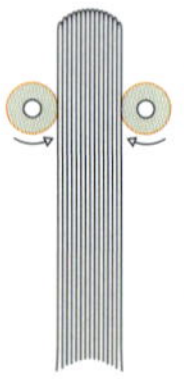

丸み出し
本の開きをよくし、形が崩れないよう背に丸みをつける。下のレベラーで突き上げ、絞りローラーにより丸く絞り上げる

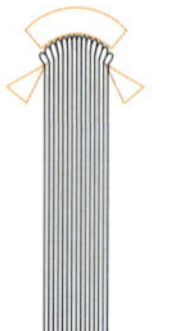

バッキング
表紙を開きやすくするため、丸み出しの終わった背の部分両側から溝をつける。角背本は、仕上げ裁ちしたらすぐにバッキング加工する

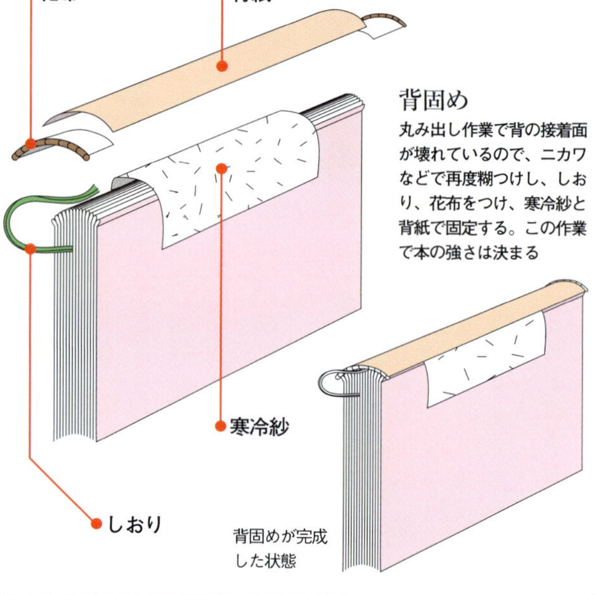
花布
背紙
寒冷紗
しおり
背固めが完成
した状態

背固め
丸み出し作業で背の接着面が壊れているので、ニカワなどで再度糊つけし、しおり、花布をつけ、寒冷紗と背紙で固定する。この作業で本の強さは決まる

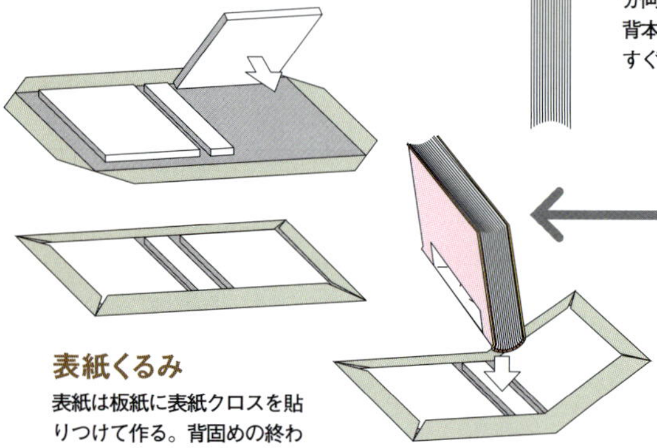

表紙くるみ
表紙は板紙に表紙クロスを貼りつけて作る。背固めの終わった中身を、溝にだけ糊をつけた表紙の上に置く

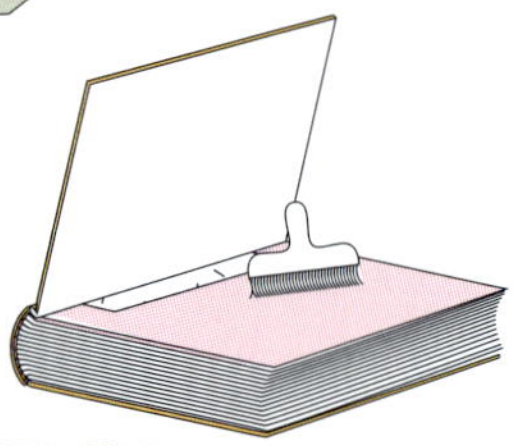

見返し糊入れ
見返し全面に糊をつけ、表紙を圧着する。裏表紙も同じ

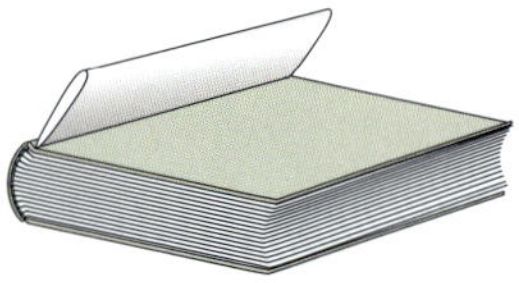

溝つけ
外側ノド部分の溝に、加熱した刃型のアイロンを押しつけ、溝をつける

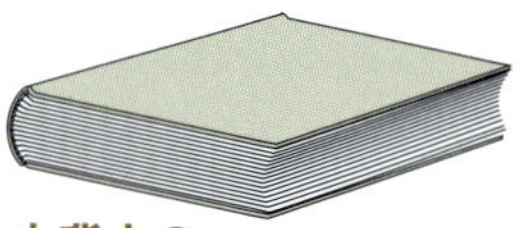

丸背本の出来上がり
これで丸背の上製本が出来上がる

関連リンク
印刷物の種類 p.016
誌面の構成要素 p.136
面付け p.196
輪転印刷機の折り部 p.203

並製本の工程

表紙も中身も同時に製本し、三方裁ちして仕上げる高速大量生産ができる製本方法。綴じ方は針金で綴じる方法と、糊（ホットメルト/180℃で溶解し、常温で固化）で接着する方法とがある。針金綴じには、平綴じと中綴じがある。糊で綴じる方法には、無線綴じとあじろ綴じがある。これらのうち、週刊誌などの中綴じと、雑誌類の無線綴じが多く使われ、平綴じは教科書など強さが求められる本の綴じに使われる。折り機で折る工程の後は自動化が進み、丁合、綴じ、表紙付け、仕上げ三方裁ちまでが一貫して機械化されている。

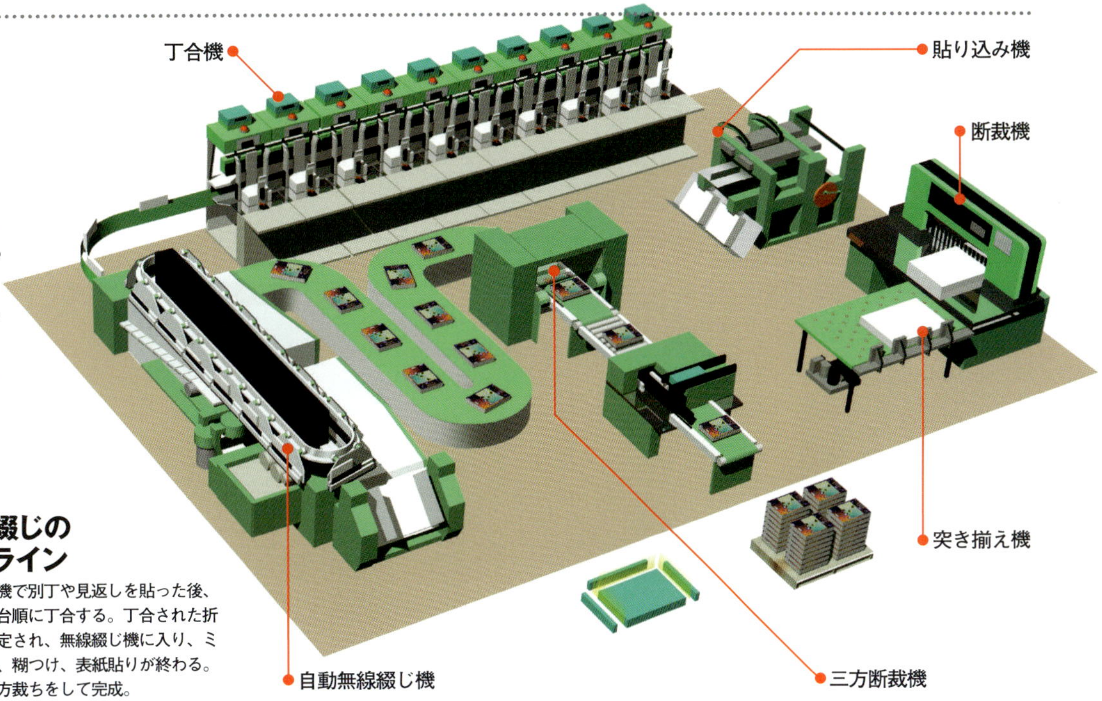

丁合機
貼り込み機
断裁機
突き揃え機
三方断裁機
自動無線綴じ機

無線綴じの製本ライン

貼り込み機で別丁や見返しを貼った後、丁合機で台順に丁合する。丁合された折り本は固定され、無線綴じ機に入り、ミーリング、糊つけ、表紙貼りが終わる。最後に三方裁ちをして完成。

無線綴じ

針金や糸などの綴じ材料を使わないで、糊で中身と表紙をいっしょに固定する。背を3mmほど削り取り（ミーリング）、さらにガリ入れでキズをつけた後に、糊をつけ、表紙も接着する

あじろ綴じ

無線のように背をすべて削らず、数mm間隔でスリット孔を開けておき、そこに糊を浸透させ、表紙も接着する。背部分があるので丈夫な本ができる

平綴じ

丁合の終わった折丁の背から約5mmを綴じ代として、2〜3カ所針金で綴じる。平綴じはノドいっぱいに開かないので、レイアウトに注意が必要である

中綴じ

ページの少ない本の綴じ方で、表紙と中身を同時に丁合し、背の部分を針金で綴じる。厚い本では、本の内側と外側で本文寸法が変わる

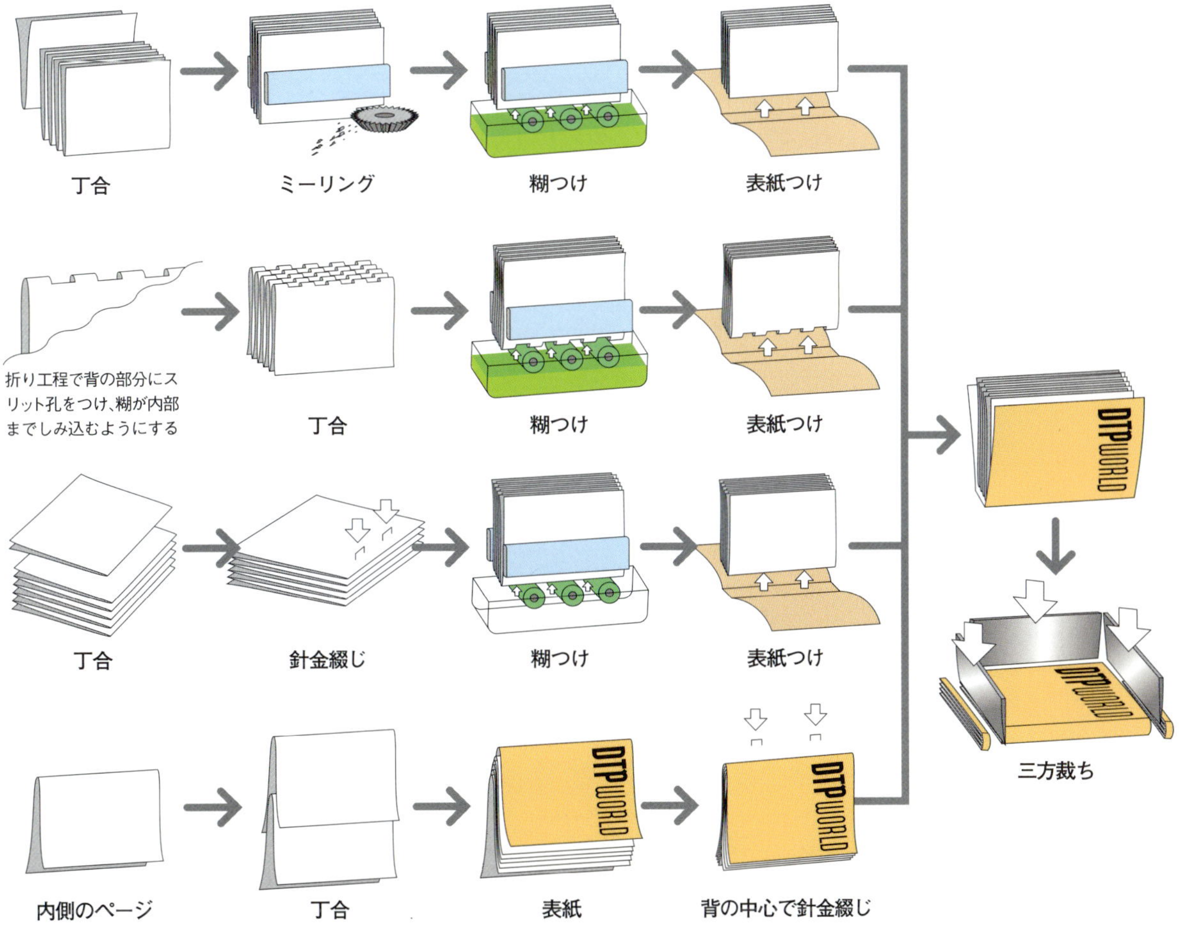

丁合
ミーリング
糊つけ
表紙つけ
折り工程で背の部分にスリット孔をつけ、糊が内部までしみ込むようにする
丁合
糊つけ
表紙つけ
丁合
針金綴じ
糊つけ
表紙つけ
内側のページ
丁合
表紙
背の中心で針金綴じ
三方裁ち

さらに知識に磨きをかけたい人の関連図書案内

※書籍の内容に関しては、各出版社にお問い合わせください

クリエイターのための印刷ガイドブック 基礎編

玄光社企画編集部 編
2,205円
玄光社

印刷物の製作工程と入稿から色校・製本までの流れを詳しく解説。DTPが浸透するうちに分業化が進んできているが、全体の流れを把握することでエラーを回避したり、より完成度の高いものが作れることを教えてくれる。あまり目にすることのない印刷会社での工程も、写真入りで詳しく書かれている。色指定のためのカラーチャートも掲載されている。

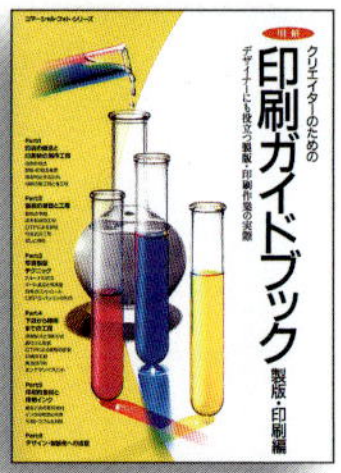

クリエイターのための印刷ガイドブック 製版・印刷編

玄光社企画編集部 編
2,205円
玄光社

印刷物の製作工程や製版の基礎知識など、いままで印刷会社が培ってきたノウハウをDTP環境向けにわかりやすく解説。従来の製版とDTPの違い、直しと検版の注意点など、製作作業に関わる人はもちろん、編集者やデザイナーなど、すべての人に適した内容になっている。基本的な知識を身につけることでDTPでのトラブルを防ぐことができる。

新版　製版・印刷はやわかり図鑑

大塩治雄・玉虫幸雄 著
2,957円
日本印刷技術協会

編集者、デザイナー、オペレーターなど作業に携わる人間が多くなるにつれ、ブラックボックス化してゆく印刷関連の技術と用語を解説。色の原理や網点の変化など文章だけではわかりづらい内容も、豊富な図版を用いて説明。この本を読んで、実際の製版ではどのような工程で作業が行われるのかを理解すれば、DTPでのエラーを回避できる。

はじめて学ぶ印刷技術[印刷・製本加工編]

小早川亨 著
2,500円
(社)日本印刷技術協会

なぜ色が見えるのかといった基礎から始まり、インキ、用紙、刷版と順を追って印刷技術を丁寧に解説。たとえば、版材ではPS版をはじめとして水なし平版、紙版、CTP用版材などを紹介し、長所・短所を述べている。印刷・製本トラブルを避けるためのレイアウトのルールについてもページが割かれており、初心者だけでなく、中〜上級者にもおすすめできる。

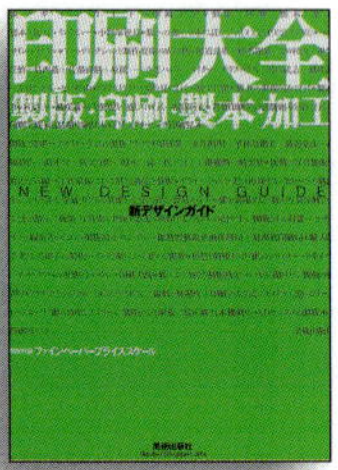

印刷大全 製版・印刷・製本・加工

「デザインの現場」編集部 編
2,625円
美術出版社

現在、日本でスタンダードになっている印刷技術を基本に解説した本。「製本と加工」、「製版と印刷」にわけて解説されている。本作りの際のアートディレクションや制作現場の成功例やデザイナー現場のルポが興味深い。そのほかデザイナー10人のノウハウなども収録している。

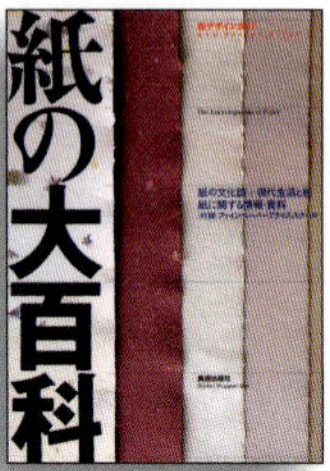

紙の大百科

2,625円
美術出版社

中国で発明された紙が世界に伝播していった歴史や、製紙技術の変遷、洋紙と用紙の違いや紙とパルプの定義など、紙に関する基礎知識を網羅。印刷用紙の種類と、その用途を具体的に記した一覧も収録されているので、ブックデザインの際に参照できる。紙に関するホームページの一覧や、全国の資料館・博物館の所在地なども掲載されている。

印刷発注のための紙の資料(2005年版)

東京洋紙店、日本エディタースクール著
525円
日本エディタースクール出版部

印刷物制作に欠かせない印刷用紙を扱うには、それなりの基本知識が必要となる。この本は、印刷発注の際に必要な 紙の情報とはどのようなものかをわかりやすく解説し、データが参照できるようになってる。印刷・洋紙の営業担当者はもちろんのこと出版・デザイン関係者もぜひもっていたい手引書だ。

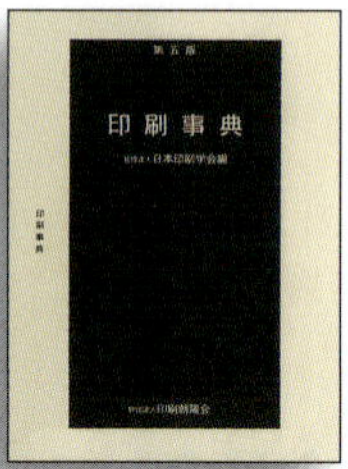

印刷事典・第五版

社団法人日本印刷学会 編
12,600円
財団法人印刷朝陽会

昭和3年設立の日本印刷学会が編纂した由緒正しい事典。収録語彙とその解説は極めて詳細で、網点やポイントなどはもちろんのこと、「セキュリティ」という言葉の印刷業界での意味や、「フーリエ変換」といった特定分野で使われる単語も掲載されている。印刷、編集、DTPに携わる人なら、それぞれの用語を正しく理解して使うために、目を通しておきたい事典。

付録
資料編

パソコンで使われるさまざまな単位

データ容量などを表す基本的な単位

CPUが2進数をベースに動作する関係で、パソコンの世界では2の10乗＝1,024を1Kとして勘定するのが習慣となっている

記号	読み	値	10の累乗	2の累乗	値
T	テラ	兆	10^{12}	2^{40}	1,099,511,627,776
G	ギガ	10億	10^{9}	2^{30}	1,073,741,824
M	メガ	100万	10^{6}	2^{20}	1,048,576
K	キロ	1000	10^{3}	2^{10}	1,024
mm	ミリ	1/1000	10^{-3}		
μ	マイクロ	1/100万	10^{-6}		
n	ナノ	1/10億	10^{-9}		

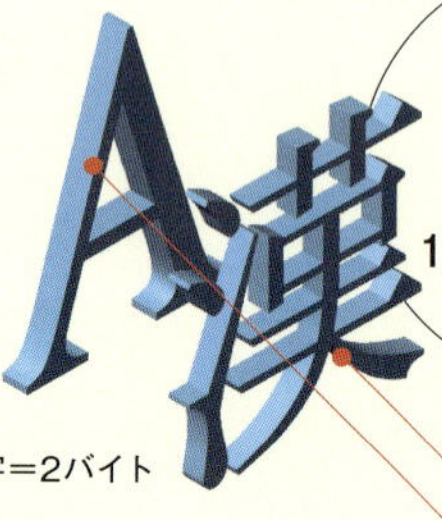

英字1文字＝1バイト(B)

漢字1文字＝2バイト

1mm^3
1バイト＝8ビット

1cm^3
1Kバイト＝
1,024バイト

10の3乗cm^3
1Mバイト＝
1,024Kバイト

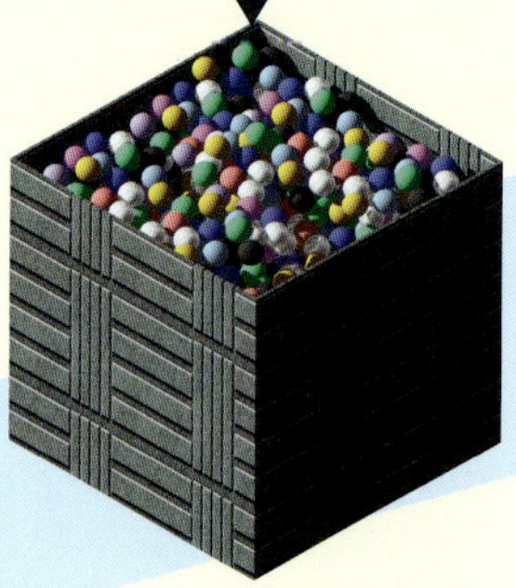

目で見るデータ容量

1バイトを1mm^3の体積として考えると、1Mバイトは10cmの立方体、1Gバイトは1mの立方体に相当する

0101011001

ビットはデータの最小単位で、2進数の1桁分。1ビットは0と1のいずれかの値をとる。8ビットの集まりを1バイト(B)と呼び、データ量を表す単位として使われる

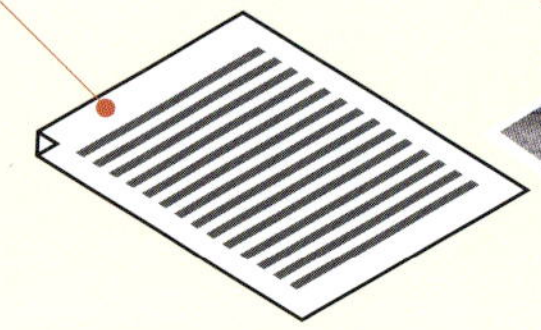

A4テキスト1ページ＝約3KB

640×480ピクセル
フルカラー画像＝1MB弱

大きさを表す単位

m
メートル

地球外周のおよそ4万分の1

inch
インチ

記録メディアのディスク径やディスプレイの大きさを表すときに使われる。
1インチ＝25.4mm

pt
ポイント

文字の大きさを指定するときに使われる。
1ポイント＝約0.35mm

Q
級数

文字の大きさを指定するときに使われる。
1級＝約0.25mm

回転数・解像度を表す単位

rpm
revolutions per minute

1分間の回転数を表す値。一般にHDDやCD-ROMは回転数が高いほど高性能

dpi
dots per inch

画像の密度を示す値。1インチの長さに含まれるドットの数で表す

lpi
lines per inch

1インチの間にある線の数(線数)を示す。とくに印刷のきめ細かさを表す際に用いられる

ppi
pixels per inch

画像の密度を示す値。1インチの長さに含まれる画素(ピクセル)の数で表す。入力装置で使用し、出力装置でのdpiと使い分ける

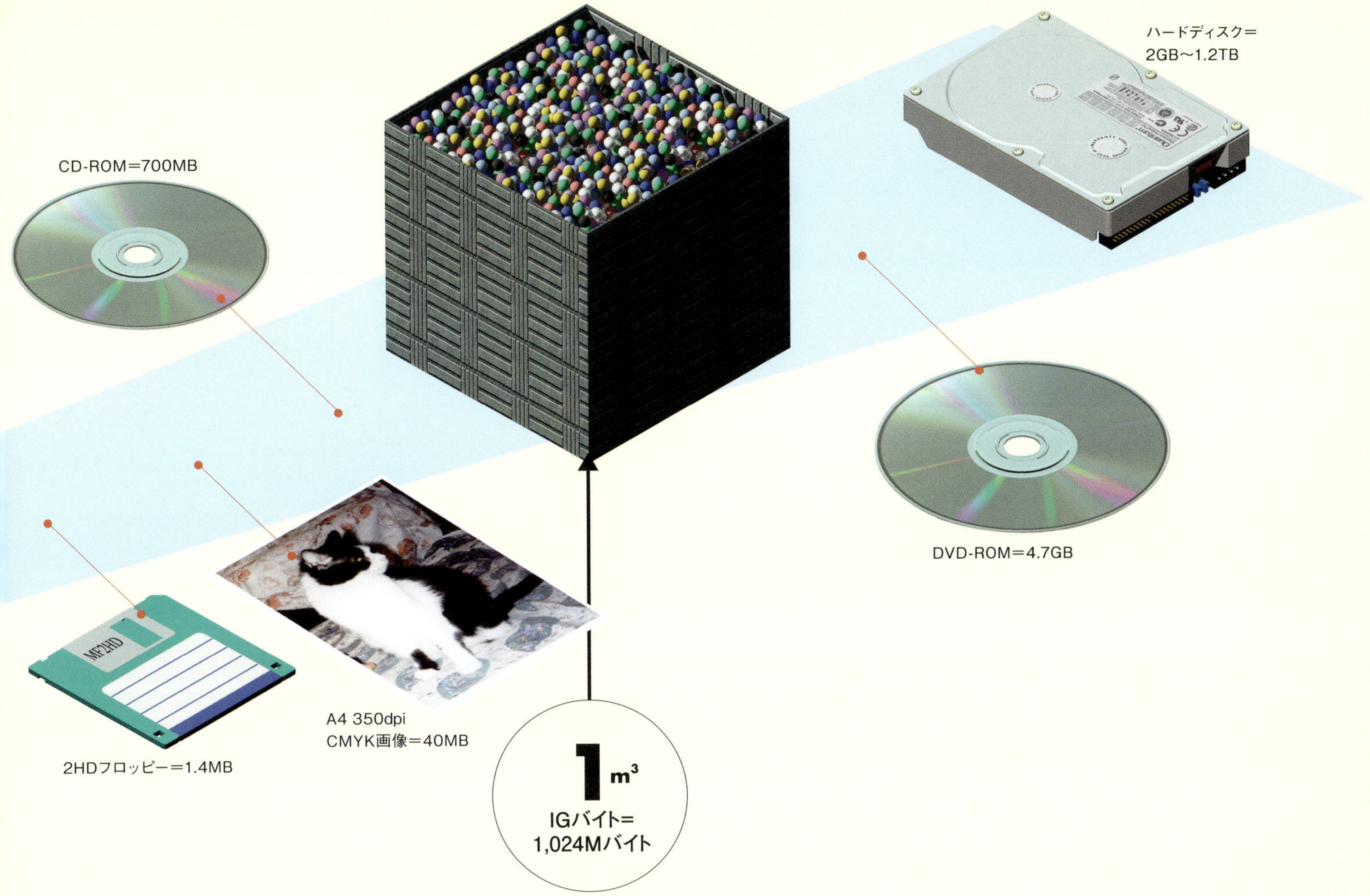
ハードディスク＝
2GB〜1.2TB
CD-ROM＝700MB
DVD-ROM＝4.7GB
MF2HD
A4 350dpi
CMYK画像＝40MB
2HDフロッピー＝1.4MB
1m³
IGバイト＝
1,024Mバイト

通信速度・データ転送速度を表す単位・値

bps
bits per second

シリアル伝送系の通信機器のデータ通信速度を表す単位。
シリアル通信では通常、1バイトの転送のために、8ビットのデータビットの前後に同期ビットやパリティビットなどを付加して通信を行う。
したがって、bps値は実際のデータ転送速度を示すわけではない

バイト/秒
revolutions per minute

PCIバスやSCSIインターフェイスなどのパラレル伝送系におけるデータ通信速度を示すときには、バイト/秒値が使われる

CPUの速度を示す単位・値

MHz
メガヘルツ

Hzは周波数を表す単位。CPUは、与えられるクロック信号に同期して動作するため、クロック信号の周波数がCPUの処理速度の目安となっている

MIPS
Million Instructions Per Second

CPUが1秒間に実行できる整数演算命令の数を、100万を単位として表した値。
ほとんどのアプリケーションは、主に整数演算命令で作られている

FLOPS
FLOating Point instructions Per Second

CPUが1秒間に実行できる浮動小数点演算命令の数を表す値。
学術計算やマルチメディア処理では浮動小数点演算が多く実行される

iCOMP
Intel COmparative Microprocessor Performance

一般的なアプリケーションを実行したときに発揮されるCPUの能力を、25MHz駆動のi486SXを100として相対的に表現した値

代表的な記号の種類と使い方

活字やフォントには、普段見慣れた文字以外にもさまざまな記号がある。句読点や括弧、数学記号など印刷物を組み上げるために必要なこれら記号類を総称して「約物」という。たとえば、括弧とひとくちにいってもその種類は多く、それぞれに慣習的に定められた名称と使用方法がある。ここでは約物の中から一般的に使用頻度が高いものを取り上げ、名称や使用方法を紹介する。記号の入力は、使用するフォント環境で大きく異なる。現在のところではMac OS Xのヒラギノ書体であれば、一般的な出版業界で使う記号のほとんどが網羅されていると考えてよい。

区切り記号

記号	名称	使用例
、	読点、テン	文章の意味の区切りや、いくつか語句を挙げた区切りなどに用いる。 漢数字の3桁ごとの区切りにも使用する
。	句点、マル	文章のはっきりした区切りや終わりにつける終止符
,	カンマ、コンマ	横組みの句点。数字の3桁区切りや欧文単語の並列区切りにも用いる
.	ピリオド、フルストップ	横組み、欧文での終止符。和文の横組みの際は、 コンマ・ピリオド、コンマ・マル、テン・マルいずれかの組み合わせで用いる
•	中黒(なかぐろ)、中ポツ	並列する語句の区切りに用いる。 漢数字の小数点や外国の人名の姓名や固有名詞の区切りにも用いる
:	コロン	欧文の記号。ピリオドで区切るよりは前後の語句に関係がある場合に用いる
;	セミコロン	欧文の記号。ピリオドで区切るよりは前後の語句に関係がある場合に用いる。 コロンよりも前後の関係が密接な意味を持つ
’	アポストロフィ	欧文の記号。名詞の所有格や語句の省略を表す場合や 1900年代の省略('99など)に用いる
!	感嘆符、エクスクラメーションマーク、雨だれ	驚き、感動、強調などを表現するために文章や語句の末尾につける。 2つ続けて使用することも多い。本来は欧文の記号
?	疑問符、クエスチョンマーク、耳だれ	疑問文や質問のほか、不確実さを感じる場合の文章、 語句の末尾につける。本来は欧文の記号

括弧類

記号	名称	使用例
(　)	パーレン、括弧(かっこ)	文章や語句の解説を入れる際に、他の文と区別するために用いる。 数式や項目の数字番号を囲むときにも使用する
((　))	二重パーレン、二重括弧	パーレンで囲んだ文章・語句の中にさらにパーレンが入る際に使用する
「　」	かぎ、かぎ括弧	文章中の会話の始めと終わりにつける。 引用文など特別に区別したい文章、語句を囲むためにも用いられる
『　』	二重かぎ、二重かぎ括弧	引用や参考にした書籍や定期刊行物を囲むために使用 (論文や作品名は普通のかぎを使う)
〔　〕	亀甲	パーレンで囲んだ文中の解説・注記などを囲むために用いる
[　]	ブラケット、角括弧	発音表記や注釈、訂正の語句を囲むために用いられる。数式にも使用
{　}	ブレース	2つ以上の項目をまとめて囲んだり、より大きなブレースで数式内の括弧類を囲む
〈　〉	ギュメ、山形	強調したい語句や引用文を囲むために用いる
《　》	二重ギュメ、二重山形	すでにギュメで囲まれた文中の語句をさらにギュメで囲む場合に用いる
【　】	墨つきパーレン	とくに強調したい見出しなどの文を囲むために用いる

‘ ’	コーテーションマーク	欧文で「　」にあたる。和文でも横組みでは用いる
“ ”	ダブルコーテーションマーク	欧文で『　』にあたる。和文でも横組みでは用いる
〝 〟	ちょんちょん、ダブルミニュート	強調したい語句を囲むために用いる

つなぎ記号

記号	名称	使用例	記号	名称	使用例
-	ハイフン、連字符	欧文である語句が2つ以上で構成されているとき、その中間に入れる。また、行末で語句が分割される場合に入れ、次行への連結を示す	—	ダーシ、ダッシュ	文を転換させる箇所に入れたり、挿入した語句を囲むために用いる
～	波形、波ダッシュ	通常のダーシよりゆるやかな文の転換、語句の強調に用いる。会話文の末尾に使用して感嘆などの感情を込める場合にも用いる	——	2倍ダーシ	ダーシは本来欧文活字だが、和文では2倍の長さで使うことが多い
…	三点リーダー	文中の省略箇所や、いい切らない表現の文末に用いる。2つ続けて……として使用することが多い	‥	二点リーダー	三点リーダーとほぼ同じ意味を持つが、あまり使われない

しるし記号

記号	名称	記号	名称	記号	名称	記号	名称	記号	名称	記号	名称	記号	名称
※	米印	●	黒丸	☆	白星、白スター	▲	黒三角	°	デグリー	′	ワンダッシュ、プライム	◉	蛇の目
⦿	丸中黒	‡	ダブルダガー、二重短剣符	★	黒星、黒スター	△	白三角	○	丸印	″	ツーダッシュ、ダブルプライム	＃	ナンバー、番号符
***	アスタリズム、三重星標	†	ダガー、短剣符	□	白四角	¶	パラグラフ、段標	◯	太丸	◇	ひし形	✓	チェックマーク
＊	アスタリスク、星標	§	セクション、章標	■	黒四角	‖	パラレル、並行符	◎	二重丸	◆	黒ひし形		

商用記号

記号	名称	記号	名称	記号	名称	記号	名称
¥	円	c/o	ケアオブ、気付	¢	セント(米)	‰	パーミル、千分比
a/c	アカウント、勘定	€	ユーロ	%	パーセント、百分率	/,s	シリング(英)
$	ドル(米)	@	アットマーク	£	ポンド(英)		

傍点(圏点)

記号
ヽヽヽ
•••∘∘∘

繰り返し記号

記号		
々	ゝ	ゞ
〳〵	〴〵	

数学記号

記号	名称	記号	名称	記号	名称	記号	名称	記号	名称
＋	プラス	＝	イコール、等号	∧	論理積	∀	普通限定子	≡	常に等しい
−	マイナス	≧	大きいか等しい	∨	論理和	≒	アバウトイコール	⊥	垂直
＞ ＜	より大きい、より小さい	≦	小さいか等しい	∠	角度	∝	比例	≢	常に等しくない
≫ ≪	より非常に大きい、より非常に小さい	±	複合	∞	無限大	∃	存在限定子	∫	積分、インテグラル
∩	集合積	×	掛ける	√	平方根	≠	等号否定	∈ ∋ ⊂ ⊃ ⊆ ⊇	部分集合
∪	集合和	÷	割る	∽	相似				

コンピュータ用語に使われる記号

記号	名称	記号	名称	記号	名称
.	ドット(ピリオドと同じ)	~	チルダ	^	キャレット
/	スラッシュ	`	バッククォート		
♯	シャープ	_	アンダーバー		

アクセント記号

記号	名称	記号	名称	記号	名称
á	アキュート、揚音符	ā	ロング、長音符	ã	ティルド、ウェーブ
ă	ショート、短音符	â	サーカムフレックス、抑揚音符	ç	スィディラ、S字音符
à	グレーブ、抑音符	ä	ディエレシス、文音符		

校正記号

誤字や脱字、語句の不正確な使い方、用語の不統一といった内容面を正したり、決められた組版方法に沿っているか、体裁が乱れていないかなどを確認する作業が校正だ。文字原稿をデータでやり取りするようになった現在では、入力ミスなどはありえないが、文字コードの違いによる「文字化け」といった新たな間違いを見つけ、正すのも校正の大切な作業だ。校正には「赤字」と呼ばれる専用の記号を用い、なるべくほかの文字にかからないようにし、最小限の記号で訂正を表現する。校正記号の数は多いが、「トル」「イキ」といった基本的な記号から覚えていこう。

主な校正記号

番号	記号	意味および例
2.1	トル	文字、記号などを取り去ってあとを詰める
2.2	トルアキ	文字、記号などを取り去ってあとをあけておく
2.3	イキ	訂正を取り消す
2.4	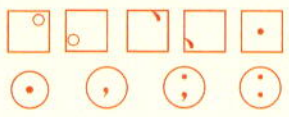	句点・読点・中黒・ピリオド・コンマ・セミコロン・コロン
2.5	オモテ ウラ	表ケイ ――――― 裏ケイ ━━━━━
2.6	ミン	みん（明）朝体（例：書体）
2.7	ゴ	ゴシック体（例：**書体**）
2.8	アンチ	アンチック体（例：ふと、太）
2.9	ポ	ポイント（例：８ポ）
2.10	□	１字分（全角）のアキ
2.11	倍	全角の倍数を表す（例：３倍）
2.12	分	全角の分数を表す（例：４分）
2.13	大 または cap	（欧文）大文字（例：TYPE）
2.14	小キャプ または s.c.	（欧文）スモールキャピタル（例：TYPE）
2.15	小 または l.c.	（欧文）小文字（例：type）
2.16	ローマン または rom	（欧文）ローマン体（例：Type）
2.17	イタまたはitalic	（欧文）イタリック体（例：*Type Type*）
2.18	ボールド または bold	（欧文）ボールド体（例：**Type Type**）

番号はJISで定めたもの。
ここに挙げた校正記号は
ほかの記号と併用することが多い

番号	記号	意味	併用記号	使用例
1.1		文字、記号などを替え、または取り去る	2.1～2.5	
1.2		書体または大きさなどを替える	2.6～2.9 2.13～2.18	
1.3		字間に文字、記号などを入れる	2.4、2.5	
1.4		転倒した文字、記号などを正しくする		
1.5		不良の文字、記号などを替える		
1.6		右付き、上付きまたは下付きにする		
1.7		字間、行間などをあける	2.10～2.12	
1.8		字間、行間などを詰める	2.10～2.12	
1.9		次の行へ移す		
1.10		前の行へ移す		
1.11		行を新しく起こす		
1.12		文字、行などを入れ替える		
1.13		行を続ける		
1.14		指定の位置まで文字、行などを移す	1.15と併用してもよい	
1.15		指定の位置まで文字、行などを移す	1.14と併用してもよい	
1.16		字並びなどを正しくする		
1.17		（欧文）大文字にする	2.13と併用してもよい	
1.18		（欧文）スモールキャピタルにする	2.14と併用してもよい	
1.19		（欧文）イタリック体にする	2.17と併用してもよい	
1.20		（欧文）ボールド体にする	2.18と併用してもよい	

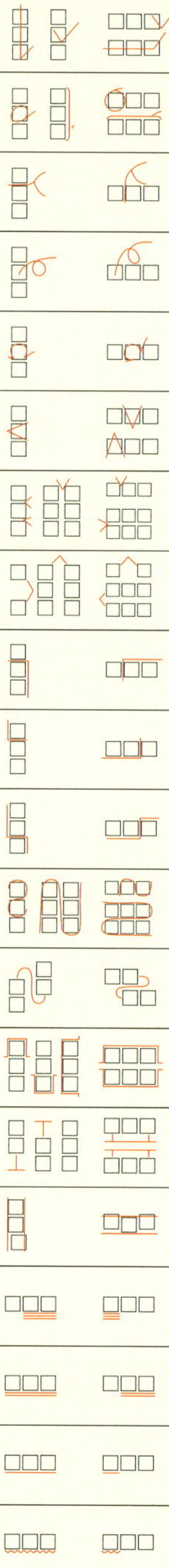

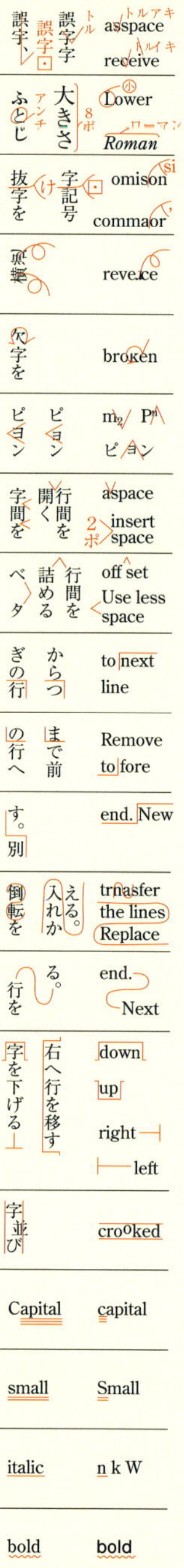

用紙とCD-ROMのサイズ

A判、B判の仕上げ寸法

大きさの比較

JIS（日本工業規格）で定められているA列やB列の寸法が、ほとんどの印刷物の仕上がり寸法の基準となる。数字が1つ大きくなるほど面積が半分になり、それぞれB列のほうが、A列よりひとまわり大きい

A列	紙加工仕上げ寸法
A0	841×1,189mm
A1	594×841mm
A2	420×594mm
A3	297×420mm
A4	210×297mm
A5	148×210mm
A6	105×148mm
A7	74×105mm
A8	52×74mm
A9	37×52mm
A10	26×37mm

B列	紙加工仕上げ寸法
B0	1,030×1,456mm
B1	728×1,030mm
B2	515×728mm
B3	364×515mm
B4	257×364mm
B5	182×257mm
B6	128×182mm
B7	91×128mm
B8	64×91mm
B9	45×64mm
B10	32×45mm

本作りで用いられる寸法

おもな原紙寸法	
A列本判	625×880mm
B列本判	765×1,085mm
四六判	788×1,091mm
菊判	636×939mm
ハトロン判	900×1,200mm

JIS規格外の加工仕上げ寸法	
AB判	210×257mm
四六判	128×186mm
菊判	150×220mm
三五判（A判40取）	84×148mm
新書判（B判40取）	103×182mm

CD-ROMの仕上げ寸法

盤面の印刷可能範囲は以前は46〜116mmまでだったが、最近では穴部分ギリギリまで（22〜116mm）印刷可能だ

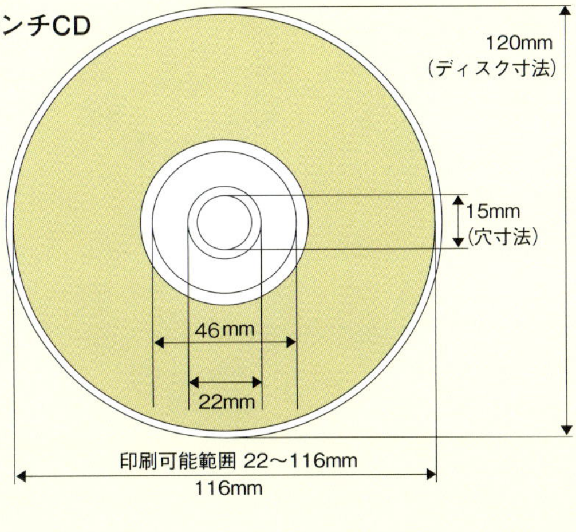
12センチCD
120mm
（ディスク寸法）
15mm
（穴寸法）
46mm
22mm
印刷可能範囲 22〜116mm
116mm

色の分類と配色

色相環とトーン

色相環とは米国のアルバート・H・マンセル(1858〜1918)が1905年に発表した表色系で、色を3つの属性、すなわち色相(色合い)、明度(色の明るさ)、彩度(色の鮮やかさ)で表現するというもの。のちに米国光学会によって改良され、現在のマンセル表色系が確立された。下図の「vivit tone」と呼ばれるものがそれである。

その下にある各色は、vivit toneに無彩色を混ぜてできる色のバリエーション。この同じ環にある色同士が同じトーン(色相のみ異なる)の色ということになる。同じ環にある色は、組み合わせた際に違和感がなく、配色の基準になる。配色を考える際に、覚えておくと便利な知識だ。

トーン図・色相環
チェックを入れないと簡易プレビューになり、開いている画像上でリアルタイムの比較ができない
暖色
vivit tone
ビビットトーン
寒色
Bright tone
Strong tone
Deep tone
Pale tone
Light tone
Dull tone
Dark tone
VeryPale tone
Light Grayish tone
Grayish tone
Dark Grayish tone
高
彩度
高
明度
低

配色の考え方

同じトーンの組み合わせによって調和がとれて無難な仕上がりが得られるが、それぞれが与えるイメージの違いを表したのが下図である。

各色をどのくらいの面積でどんな位置に使うのかによっても印象は変わるので注意したい。また、使用する色数を少なくするのも配色のポイントだ。

どんな色を使うかを決めるときは、使用する写真原稿にも配慮したい。写真の中にある色(森の写真だったら緑など)を基調に配色を考えると、誌面により一層のまとまりが出る。素材に合った配色を考えることが大切だ。

ロマンティック

やわらかい	C0 M20 Y20 K0	C0 M0 Y0 K0	C10 M0 Y30 K0
メルヘンの	C0 M10 Y5 K0	C0 M0 Y0 K0	C5 M0 Y0 K10
可憐な	C0 M5 Y5 K0	C0 M40 Y10 K0	C30 M0 Y10 K0

スイート

かわいい	C0 M10 Y100 K0	C0 M5 Y30 K0	C0 M60 Y10 K0
子供らしい	C0 M70 Y50 K0	C0 M5 Y30 K0	C50 M0 Y30 K0
楽しい	C0 M60 Y100 K0	C0 M10 Y100 K0	C90 M0 Y30 K0

カジュアル

カジュアルな	C0 M100 Y100 K0	C0 M0 Y0 K0	C100 M50 Y0 K0
華やか	C0 M10 Y100 K0	C0 M60 Y100 K0	C10 M100 Y40 K10
活動的な	C0 M60 Y100 K0	C100 M90 Y50 K0	C0 M100 Y100 K0

クラシック

円熟した	C80 M70 Y90 K0	C30 M100 Y100 K0	C80 M100 Y0 K20
伝統的な	C40 M50 Y50 K0	C70 M100 Y90 K0	C80 M70 Y90 K0
凝った	C70 M90 Y100 K0	C50 M40 Y50 K0	C100 M100 Y70 K30

クリア

さっぱりした	C30 M0 Y20 K0	C0 M0 Y0 K0	C30 M0 Y10 K0
清潔な	C50 M0 Y10 K0	C0 M0 Y0 K0	C40 M10 Y0 K0
さわやかな	C50 M0 Y40 K0	C0 M0 Y0 K0	C50 M20 Y0 K0

ナチュラル

簡素な	C0 M5 Y30 K0	C40 M20 Y50 K0	C0 M0 Y0 K30
新鮮な	C30 M0 Y90 K0	C50 M0 Y30 K0	C10 M0 Y30 K0
若々しい	C0 M20 Y100 K0	C50 M0 Y40 K0	C50 M20 Y0 K0

シック

シックな	C0 M0 Y0 K10	C60 M30 Y40 K0	C0 M10 Y0 K70
高雅な	C50 M40 Y30 K0	C10 M20 Y0 K10	C70 M40 Y20 K0
粋な	C90 M100 Y50 K0	C60 M40 Y50 K0	C0 M0 Y0 K30

モダン

合理的な	C0 M0 Y10 K60	C0 M0 Y0 K5	C100 M80 Y50 K20
りりしい	C20 M0 Y0 K30	C80 M50 Y10 K0	C0 M0 Y0 K100
格調のある	C70 M100 Y90 K0	C0 M0 Y10 K70	C100 M80 Y50 K20

配色の実例

- C30 Y30
- M30 Y10
- M15
- Y45

かわいらしく甘い感じ。春のようなやわらかい感じをイメージした配色

- C80 M80 Y100
- C40 M60 Y95 K35
- C60 M40 Y70
- C20 M20 Y70

落ち着いた伝統を感じさせるクラシックな配色

- C50 M20
- C45 Y20
- C10
- Y45

若々しくクリアではつらつとした感じ。アイスブルーで爽やかさを強調

「DTP&印刷」関連用語集

10Base-T
通信速度が10Mbpsで、ツイストペアタイプのLANケーブルを使用するEthernetのこと。同軸ケーブルを使う10Base-2規格は、いまは使われなくなった。

100Base-TX
通信速度が100Mbpsで、ツイストペアタイプのLANケーブルを使用するEthernetのこと。Fast Ethernetとも呼ばれる。

1000Base-TX
通信速度が1,000Mbpsで、ツイストペアタイプのLANケーブルを使用するEthernetのこと。Gigabit Ethernetとも呼ばれる。

35mm判
一般的なロールタイプの写真フィルムサイズ。1カット(コマ)ずつにカットされていない状態をスリーブと呼ぶ。1カットずつを厚紙やプラスチックの枠にはめこんで保存する。この状態をマウントという。

Adobe Creative Suite
アドビシステムズ社が発売している、Photoshop、Illustrator、InDesign、Acrobat、GoLiveを統合したパッケージ商品名。CS(シーエス)と呼ばれる。最新版のCS 2(2005年7月現在)では、これまでPhotoshop に搭載されていたファイルブラウザの進化形であり、それぞれのアプリ間の連携のためのハブの役目を果たすのBridgeが登場。ストックフォトサービスもついた。

ACE
Adobe Color Engine の略で、アドビシステムズ社が開発したカラーエンジンのこと。カラーマネージメントシステムで、ICCプロファイルを使い、異なる機器間でのカラースペースの変換を行う際に用いられるソフトウェアモジュールとして機能する。Illustrator、Photoshop、InDesignといったアドビシステムズ社のソフトウェアではいずれもACEが採用されており、これを利用することで統一的なカラー環境が構築できる。

Adobe RGB
米アドビシステムズ社が1998年に提唱した実用的なRGB色空間の定義。色再現範囲(色域)がsRGBなどに比べて広く、印刷などへの適合が高い。

AppleScript
アップルコンピュータ社が開発した、Mac OS環境に付属のスクリプト言語のこと。Finderはもちろん、対応しているソフトウェア上の操作を自動化することが可能で、ソフトによっては実際に操作した一連の手順を記録したプログラム化もできる。

ASCII
American Standard Code for Information Interchangeの略で、ANSI(アメリカ規格協会)が定めた文字コードの体系のこと。コンピュータで使われる文字コードとして標準的に使用されている。1バイトで表すことのできる英数字や記号、制御コードのみが定義されており、2バイトの日本語文字(ひらがな、漢字)は含まれない。文字データのみで構成されているファイル(テキストファイル)のことをASCIIファイルと呼ぶこともある。

ATM
Adobe Type Managerの略。アドビシステムズ社が開発したフォントユーティリティ。Type1フォントのアウトラインを利用してモニタ上に滑らかなラインのフォントを表示する。Mac OS X からは不要。ATMは無償のユーティリティのATM Light(アドビシステムズ社のサイトなどから入手)とパッケージ商品のATM Deluxeの2種類だったが、ATM Deluxeは2005年4月で販売を終了した。

ATMフォント
Mac OS 9までの画面表示用のPSフォントの通称。ATMと組み合わせて使用する。フォントがインストールされていても、ATMがないと、ビットマップ同様、ジャギーになってしまう。OS 9 環境までで使うCIDフォントはプリンタ用フォント、ATMフォントという製品ラインナップで販売されている。

CCD
電荷結合素子と呼ばれる光を電気信号に変える撮像素子。デジタルカメラやスキャナに広く採用され、いま現在、デジタル撮像素子として多く採用される。低ノイズで高画質だが消費電力が多い。

CEPS
Color Electronic Prepress Systemの略。印刷製版業界で使われているレイアウトスキャナ・システムに代表される商業印刷カラー画像処理システム。画像処理だけで、文字版は別処理となる。

CIDフォント
アドビシステムズ社が提唱した、OCFフォント(ほとんどのフォントベンダーでの販売が終了)に代わって登場した和文PostScriptフォントフォーマット。アウトライン化やPDFへのエンベッド(埋め込み)に対応し、異体字や詰め情報などを持っている。

CIE Lab、CIE xy
CIE(国際照明委員会)が定めた表色系。色を輝度(L)と2つの色度(a,b)で3次元的に表したのがLab、Labを計算によって平面に表現したのがCIE xy。

CIP3
International Cooperation for Integration of Prepress, Press and Postpressの略。印刷の前工程だけをデジタル化しても印刷・製本段階がシステム化されていないと意味がないという見地から、Prepress(製版)、Press(印刷)、Postpress(後加工)をデジタルで統合した概念。

CIP4
International Cooperation for the Integration of Processes in Prepress, Press and Postpress の 略。CIP3にProcessesを加え、ワークフロー全体の管理が可能になるよう発展させたもの。

Classic
Mac OS X上で作動するMac OS 9環境のこと。Mac OS 9以前にのみ対応のアプリケーションを動かす互換環境として用意されている。互換性は完全とはいえず、アプリケーションや周辺機器の一部は動作しないので注意が必要。

CMM
Color Management Module / Color Matching Methodの略。異なる2つのファイルを参照しながら、色変換の計算を行うための色変換エンジン。

CMYK
シアン(Cyan)、マゼンタ(Magenta)、イエロー (Yellow)の色の3原色にブラック(blacK)を加えた色の構成要素のことでプロセスカラーとも呼ばれている。CMYを重ねていくと明るさが下がり、すべてを加えると黒になるのが減法混色という。しかし、現実には黒ではなくにごった茶色になるため、CMYKとは別にK版(墨版)を用意する。4色刷りのカラー印刷は通常このCMYKのインクで刷られている。

ColorSync
米アップル社が開発した、カラーマネージメント技術。1993年発表。バージョン2.5からはWindows版やWebブラウザのプラグインも登場。

CTP
Computer To Plateの略で、コンピュータで作成されたデータを、プレートセッタという機器を通し、直接刷版として出力するシステムのこと。ダイレクト刷版ともいう。フィルム出力の工程がカットされることで、短納期化やコスト削減などにつながるとともに、版の精度も向上する。

CTS
「電算写植」のこと。もともと、日本語組版を前提として生み出されたシステムで、昨今のDTP環境と比較すると、よりクローズドな専用データ環境。ここ数年でオープン化が進み、Macintoshで作成されたデータやビジネス系ソフトのデータも取り込めるように改善されてきている。1960年頃に新聞用に開発されたのが始まり。現在でも多くの新聞の現場で現役稼働している。

DCS
Desktop Color Separationの略。クォーク社が提唱したDTPのための画像フォーマットで、1つの画像にCMYKの4版分とプレビューデータや、CMYK各ファイルへのリンク情報などが記録されている。マスターファイルの計5つのEPSファイルとして保存するもの。5つのファイルを1つのファイルにまとめたDCS 2.0という形式もある。

DDCP
Direct Digital Color Prooferの略。作成されたレイアウトデータを直接紙にカラー印刷する、色校正用のデジタル出力機のこと。従来の平台校正やケミカルプルーフなどに比較して、非常に精度が高いというメリットがある。近年は、CTPやオンデマンド印刷用の校正システムとしても重要性を増してきている。

DIMM
Dual In-line Memory Moduleの略。DRAM増設用のメモリモジュールの一種。2枚をセットにして増設する必要があったSIMM(Single In-line Memory Module)に対し、1枚単位での増設が可能。現在、パソコンのメモリはDIMMが主流となっている。

dpi
dots per inchの略。1インチ当たりのドット数を意味し、画面表示や印刷の解像度を表す単位として使われる。ドットとはモニタやプリンタに出力される文字や画像を構成する最小の点のことで、たとえば72dpiであれば1インチの幅に72の点が含まれていることになる。モニタ表示は72dpi、印刷は350dpiが一般的。

EfiColor
EFI社が開発したカラーマネージメントシステムのこと。利用するためには、これに対応したアプリケーションとEfiColorを扱うための各出力機器に固有の色特性データ、EfiColor Device Profileが必要になる。

em・en
いずれも欧文文字の横幅を表す言葉で、各フォントごとにemは「M」、enは「n」の横幅分の幅を意味する。和文でいうとemは全角、enは半角に相当する。また、それぞれの幅の分だけ空白を空けることを、「emスペース」、「enスペース」という。

Ethernet
イーサネット。コンピュータ同士を接続して小規模なネットワークを構築するLANの規格の1つで、現在、LANの主流となっている。10BASE-T、100BASE-TX、1000BASE-Tなどの種類がある。

FMスクリーニング
印刷の版を作成する際に、ドット(網点)の大きさを変えることで画像の階調を表現していた従来のAMスクリーニングに対し、ドットの密度を変えることで濃淡を表現する手法のこと。モアレが発生せず、より繊細な色表現が可能になるといったメリットがある。

FTP
インターネット上でファイルなどのデータを転送するプロトコルの1つ。作成したWebページをWebサーバ上に転送する際にはFTPクライアントソフトを使用する。Fetch(Macintosh)、FTP Explorer (Windows)などが有名。

GUI
グラフィカル・ユーザー・インターフェイス(Graphical User Interface)の略。視覚的に操作を行う画面構成などを指して、このように呼称する。コンピュータでは、マウスポインタで目的のファイルを選択するといった操作方法が一般的。銀行窓口にあるタッチパネル式キャッシュ端末の操作画面もGUIの範疇に入る。Mac OSとWindowsは固有のものが用意されているが、UNIXやLinuxではいくつかのバリエーションがあり、ユーザーによって実装が異なる場合もある。

HSB
色を定義する方式の1つ。Hue(色相)、Saturation(彩度)、Brightness(明度)の3つの要素についてそれぞれ値を設定し、色を表現する。QuarkXPressやPhotoshopなどではRGB、CMYKと並んでカラーモデルの選択肢の1つとなっている。

HSVやHSLというのも同じもの。色相、彩度、明度は、「色の三要素」と呼ばれる。

HTML

Hyper Text Markup Languageの略。WWWのシステムで、Webページを構成するために用いられる言語のこと。テキスト文書中に、文字の書式、画像の配置、ハイパーリンクの設定などを「タグ」として埋め込み、Webブラウザがこのタグを解釈してWebページとして表示する。

IBM選定文字

記号、ギリシャ数字のほかに、360文字程度のJISに収録されていない漢字(外字)が選定されている。Windows 98の標準フォントであるMS明朝、MSゴシックでは、FA40～FC4B(シフトJIS)までに割り当てられている。これ以外では、ダイナフォントの製品には登録されているようだ。

ICC

International Color Consortium: 国際カラーコンソーシアムのこと、プロファイルの標準化を規定する委員会。カラーマネージメントでプロファイルというときは、ICC規格のプロファイル(ICCプロファイル)を指す。

IEEE

米国電気電子技術者協会(The Institute of Electrical and Electronics Engineers)。アイトリプルイーと読む。日本のJISに相当し、各種の規格を提唱している。IEEE1394もその1つだが、ほかにLANの規格のIEEE802が有名。

IPアドレス

IPはInternet Protocolの略。インターネット上におけるコンピュータの所在地を表す情報のこと。32ビットで表されるID番号で、同じIPアドレスはネットワーク上に1つしか存在しない。数字だけの表示ではサイトの内容がわかりづらいことから、ドメインネームシステム(DNS)によって、アドレスを文字で表したドメイン名が使用される。

ISBN

国際標準図書番号。どの国の、何という出版者の、どのようなタイトルの出版物かを検索できる番号を決めるシステム。日本ではこれらに発行形態の情報などを加えた「日本図書コード」を使っている。OCR-Bという書体で印刷するものと、「書籍JANコード」と呼ばれるバーコードで印刷するものの2種類がある。

Japan Color

日本の標準印刷色の規格のこと。現在運用されているのは、『Japan Color色再現印刷2001』で、他の標準として標準インキ、標準用紙、ベタ色標準測色値、ベタパッチ色見本がある。Japan Colorには、Adobe Acrobat6.0以降に添付されているJapan Color 2001Coated(コート紙用)や同Uncoated(非コート紙用)などのICCプロファイルがある。

Japan Color 2001 Coated

Japan Color 2001コート紙の規格に合わせて作られたプロファイル。Acrobat 6.0 Professonalにはじめて付属されたが、現在はアドビシステムズ社のサイトから無料ダウンロードできる。いままで、CMYKからCMYKに変換できるプロファイルはあったが、RGBからCMYKにまともに変換できるプロファイルはJapan Colorのものでは、存在しなかった。それらを考慮に入れたプロフィルが初めてリリースされたことは、大きな意味を持つ。

JISコード

ASCIIコードを拡張し、2バイトで日本語のかなや漢字をサポートした文字コード体系のこと。JIS(日本工業規格)が制定したのでこの名がある。英数字の部分はASCIIコードと同じ。英数字と日本語文字の境界には制御コード(エスケープシークエンス)が必要となる。現在は、漢字コードの割り当てをずらして(シフトさせて)、エスケープシークエンスを不要にしたシフトJISコードが一般的に使用されている。

JMPAカラー

社団法人日本雑誌協会(JMPA)が策定した雑誌広告における基準カラー。DDCP(色校正)の基準色として提案されている。

Lab値

ある色の見た目を、絶対的色空間であるLabの中の値として表現したもの。CMYKやRGBの値が同じ色はデバイスによって見え方が異なるが、Lab値が同じ色はどんなデバイスで見ても見た目の色が一致する。このため、Lab値で表現された色のことを「デバイスインディペンデントカラー」とも呼ぶ。

LAN

Local Area Networkの略。1つの建物や部屋などの限られた範囲内で構築されたネットワークのこと。ファイルの管理や印刷のためのサーバを設置するクライアント／サーバ型、すべてのコンピュータを同列に接続するピアツーピア型など、いくつかの種類がある。MacintoshにはLANを構築するための機能が標準装備されているが、それ以外のパソコンではLANボードやカードを増設しなければならない場合が多い。

NL規制インキ

ネガティブ規制インキの略。食品包装紙などには有害物質を含むインキを使用してはならない。そのため、インキメーカー各社は約100物質を有害化合物と指定し、これらを含むインキをNL規制インキとした。

OpenTypeフォント

OpenTypeフォントとは、アドビシステムズ社とマイクロソフト社の共同開発によりPostScriptフォントとTrueTypeフォントを融合させ、WindowsでもMacintoshでも使えるようにした新しいフォント形式。OTFともいう。

OCFフォント

Original Composite Font。PostScriptフォントで、CIDフォントの前に主流だったフォント形式。ほとんどのフォントベンダーで販売とサポートを終了している。

PCリサイクル法

資源有効利用促進法に基づき、家庭用パソコンもメーカーによる自主回収・リサイクルの対象とされた。平成15年10月1日以降に販売されたものは、リサイクル料が価格に上乗せされるため、メーカーによる無償回収となる。

PDF/PDF X-1a

PostScriptをベースに米アドビ社によって開発された、電子文書のためのフォーマットである。閲覧表示のみならAdobe Readerというソフトウェアが無償配付されている。プラットフォームに依存しないので、文書のやり取りやインターネット上に文書を公開するためのデファクトスタンダードとして広く活用されている。PDF/Xは、出力側に伝えるバージョンや画像、文字などに関するPDF生成の取り決めで、ISO基準(ISO15930)で制定された印刷、プリプレス用のフォーマット。現在日本で主に使用されているのはPDF/X-1a。

PostScript

米アドビ社が開発したページ記述言語。DTPで広まったページ記述言語のデファクトスタンダード。図形や文字に含まれる曲線をベジェ曲線で表現し、どんなサイズでもなめらかな線で出力できる。そのため出力機の解像度に依存せず精度の高い文字とグラフィック表現が可能。

PostScriptフォント

アドビシステムズ社がページ記述言語「PostScript」用に開発したフォント形式。DTP用の高品位フォントとしてプリンタやイメージセッタに搭載され、広く普及した。

PostScriptプリンタ

PostScriptプリンタの内部は、CPU、メモリ、ハードディスクなどパソコン本体同様の構成となっている。ハードディスクは和文フォントをインストールする。CPUやメモリは受け付けたPostScriptデータをラスタライズするために必要となる。このPostScriptプリンタの精度をさらに高めて、写植と同程度のクオリティを得られるのが、イメージセッタである。

PSファイル

PostScriptファイルのこと。ピーエスファイルと呼ぶ。Adobe PS、PS Printer、Laser WriterなどのPostScript対応プリンタドライバを使って、アプリケーションから書き出したファイルのこと。

PS版

3～5μmの砂目立てをしたアルミ板に、紫外線により感光する感光層を塗布したもの。オフセット印刷の版材としてもっとも一般的なものである。

Quartz

Mac OS Xが備えている2次元の画面描画のためのしくみ。アドビシステムズ社のPDFの技術が盛り込まれており、PostScript命令での描画も可能。各アプリケーションから直接PDFファイルを書き出すこともできるが、一部互換性などの問題があることが報告されている。

RAID

Redundant Arrays of Inexpensive Diskの略。ディスクアレイともいう。複数のハードディスクを同時に使用して、データを保存する際の信頼性や速度を高めたもの。データの書き込み方式などによって、RAID0からRAID5までのレベルがある。

RAWデータ

RAWは英語で「生の」という意味。RAW(ロー)データは、各デジタルカメラに内蔵されているCMOSやCCDで得た何も処理をしていない「生のデータ」のこと。一般のグラフィックソフトで開くことができないが、専用ソフトを使うことによって露出補正、ホワイトバランスの調整などのより細かな画像処理が可能。ただし、画像処理するためには、撮影された状況など詳しい情報が必要なため、一般的には、カメラマン自身で扱うためのデータといえる。

RGBカラー

8bitのグレースケール画像を3チャンネ合わせて、それぞれにレッド／グリーン／ブルーを割り当てることで、フルカラー画像を表現することができる画像形式。1,677万色を表現できる。しかし、それぞれのカラーの定義により画像の色味が変わってしまうため、機器依存してしまうという欠点がある。

RIP

Raster Image Processor。Post Scriptなどのページ記述言語で記述されたデータをプリンタなどで出力するためにビットマップに展開する(ラスタライズ)装置のこと。通常はプリンタなどの出力装置に内蔵されている。最近ではコンピュータにソフトウェアとして組み込み、文字や画像などをビットマップに展開して出力装置に送るソフトウェアRIPも普及している。網点の形状はRIPで作られるため、階調の再現性に大きく関係する。

sRGB

IECが定めるRGBの標準規格。コンピュータデバイスでの仕様を想定して定義されているため、使われている範囲が広いが、色再現範囲が比較的狭い欠点がある。

TCP/IP

Transmission Control Protocol/Internet Protocolの略。もともとはUNIX用に開発されたネットワークプロトコルだが、インターネットの標準プロトコルであることから急速に普及が進み、さまざまなコンピュータが混在したLANなどにも採用されている。

TeX

テフ、テックと読む。おもに学術文書の分野で利用されている文書処理システム。複雑な数式や化学式を含む文書の表示・印刷に適しており、数式を扱うDTPにも利用されている。

Tiger

Mac OS 10.4の製品名。最新OSの10.4では検索機能が強化され、「Spotlight」という検索エンジンを使うことで、手作業で探せない情報が見つけ出せるようになった(2005年7月現在)。

TrueTypeフォント

アップルコンピュータ社が開発したアウトラインフォントフォーマットで、マイクロソフト社にもライセンス供与され、Macintosh、Windowsの双方でOSの基本フォントとして用いられてきた。

TWAIN

画像入力のための装置と、ソフトウェアに関する規格。スキャナやデジタルカメラ、ソフトウェアがこの規格に対応していれば、ソフトウェアからの操作で、機器から直接コンピュータに画像を取り込むことができる。

Type1フォント
PostScriptフォントの標準的なフォーマットの1つ。低解像度のプリンタで小さいサイズでも読みやすく出力するためのヒンティング機構を備えていることや、ATMによるアウトライン表示が可能であるといった特徴がある。

UCR
Under Color Removal: 下色除去のこと。4色カラー印刷のシャドウ部でCMYが重なってグレーになる部分を墨インキに置き換えて、インキ総使用量を減らして印刷適性を上げること。

Unicode
アップルコンピュータ社、IBM社、マイクロソフト社などが中心となって提唱した文字コード体系。これまで各国言語ごとに異なっていた文字コードを、主要な言語をすべて統一的なコード体系で表すことを目的としている。従来、欧文は1バイト、日本語や中国語などは2バイトで表されていたが、Unicodeではすべての文字が2バイトで表される。

UNIX
AT&T社のベル研究所で開発されたOS。主にワークステーション用のOSとして知られているが、スーパーコンピュータからパソコンまで、さまざまなコンピュータで利用されている。ネットワーク機能と高い安定性を持ち、サーバとして利用されることも多い。

URL
Uniform Resource Locatorの略。インターネットに接続されているコンピュータ(サーバ)やその内部のデータにアクセスするための所在地情報のこと。使用するプロトコル(http、ftpなど)に始まって、以下、サーバ名やフォルダ名、ファイル名などが「/」で区切られて表記される。

USM
アンシャープマスクのこと。ぼけマスクを作成して、階調差があるピクセルの境界線に重ね、濃いほうはより濃く、薄いほうはより薄くすることでシャープネス効果を得るフィルター。ぼけマスクの半径と重ねる階調差を決めるしきい値と濃度差を決める適用量の3つのパラメータを調整して効果を与える。

Windows 2000
Windows NTの後継製品として登場したビジネス向けのWindows。クライアント用/サーバ用などいくつかのパッケージがある。サーバ向けのパッケージでは、管理機能や自動バックアップ機能など、基幹業務向けの機能強化とアップグレードが施された。現在でも利用者数は多い。一般のパソコン用OSとしても十分に使える。

Windows Me
Windows Millenium Editionのこと。実質的にはWindows 98のアップグレード版で、外観をWindows 2000とほぼ共通化し、デジタルビデオ・オーディオ関連の機能などを追加している。

Windows NT
Windows New Technologyの略。基幹サーバやビジネス向けとしてリリースされた。最終バージョンは4.0で、アップデートを施すService Pack(SP)がいくつか提供されている。いまでも運用しているところは相応にある。

Windows XP
Windows Me 、Windows2000の後継として、2001年11月に発売したWindows用OS。詳細はP.52参照。

WWW
World Wide Webの略。インターネットに接続されたコンピュータで情報を共有するためのしくみの1つ。情報を公開したい側は、インターネット上のWWWサーバに、HTML形式で記述されたテキストや画像データを置いておく。一方、この情報を入手したいクライアント側では、Safari Netscape NavigatorやInternet ExplorerなどのWebブラウザからリクエストを出してサーバのデータをダウンロードし、ブラウザ上にレイアウトされた形で閲覧するというしくみになっている。また、ハイパーリンクと呼ばれる機能によって、関連性のあるページや他のサイトに一瞬にしてジャンプすることが可能である。

XML
eXtensible Markup Languageの略。SGMLのサブセットとして開発されたマークアップ言語。ユーザーが独自のタグを定義できる点が大きな特徴の1つで、データベース的な利用電子商取引など、さまざまな分野への応用が期待されている。

ΔE
色差を表す指標がΔE(デルタ・イー)と呼ばれる。この値が大きいほど、色差が大きく、色が違って見える。ISOでは印刷のベタ色のΔE許容値を6以下と定めている。

アウトライン
アウトラインフォントの文字形状を表す輪郭線のこと。IllustratorやQuarkXPressなどでは、ATMフォントやTrueTypeフォントの文字のアウトライン情報をもとに、その輪郭線の形のオブジェクトを作成することができる。この操作を、「文字をアウトライン化する」という。

アクセス速度
ハードディスクのヘッドが動く時間(シークタイム)、ディスクが回転する時間(サーチタイム)、データを転送する時間(データトランスファタイム)の3つを合計した時間から求められる速度。

アセンダライン
小文字にはエックスハイトより上に突き出す文字がある。この部分をアセンダと呼び、この高さをアセンダハイトという。アセンダは、「b」「h」などの文字にあり、普通、その高さは一定である。この位置をアセンダラインと呼ぶ。

圧縮率
もとのファイルからどれくらい圧縮できるかという比率のこと。一般に、非可逆圧縮より可逆圧縮のほうが、そしてテキストより画像のほうが、圧縮率が低い。データの内容によって圧縮方法を使い分けたい。ちなみに、テキストファイルには非可逆圧縮はない。

網切れ
トーンジャンプに似た現象で、グラデーション部を印刷したときに、網点がつかずに紙が直接出てしまうことで、グラデーションの連続性が損なわれる現象。

網点
印刷物で色の濃淡や明暗の階調を表すために使われる点のこと。その階調は点の大きさと白地部分の比率で表現され、濃さの度合は単位面積に対する網点の面積で表され、パーセントで表示する。網点の集合はhalftone screen。個々の点はhalftone dot。

網点除去
印刷された画像をスキャンすると網点がスキャン時の画素と干渉し、モアレ模様が発生して画像が縞っぽくなることがある。モアレ除去機能のついたスキャナではこれを利用し、一般のスキャナでは300dpi以上の解像度で取り込んでから、ぼかし(ガウス)をかけ、縮小する。最後に軽くUSMをかけるといった工程でモアレを改善できる。

アラート
システムが発する警告のこと。間違った操作を行ったときや、ユーザーに対して注意を促したいときには、アラート音と呼ばれる警告音が発せられる。このとき、何らかの説明を必要とする場合は、同時にアラートボックスと呼ばれるメッセージも表示される。

アルファチャンネル
デジタル画像処理を行う場合にはRGBの各チャンネルに色を分解して行うが、このときにRGBのほかにさらに作業用などに用いられる補助チャンネルのことを指す。たとえば、合成写真を作るときなどには、「マスク」と呼ばれる抜き版を作り特定の部分を覆いかぶせる「マスキング」という手法を用いるが、このときにRGBのほかのチャンネルを用意して、アルファチャンネルとして使用する。このため、「マスクチャンネル」と呼ばれることもある。

アンシャープマスク
印刷用にスキャニングされた画像に対して施される処理。スキャナなどで画像を取り込む際に、画像のシャープネスを向上させるための機能のこと。スキャナで取り込んだデータの信号でシャープネスに差があるものを反転合成して、輪郭をはっきりとさせて強調する。本来は製版スキャナの内部でハードウェア的に行われていたが、現在ではPhotoshopなどのフォトレタッチソフトを使ってソフトウェア的に行える。

アンチエイリアス
文字や図形の輪郭線がジャギー(ギザギザ)になるのを目立たなくするための機能。ドットとドットの間を中間色で擬似的に再現して、線が滑らかに表示されるようにする。

イニシャライズ
ハードウェアやソフトウェアを初期化すること。特にMacintoshの場合、ハードディスクなどの初期化(論理フォーマット)を意味することが多い。この作業を実行することで、ディスクへのデータの書き込みや読み出しが行えるようになる。

イメージセッタ
ページレイアウトソフトなどで作成したデータから、製版のためのフィルムや印画紙を出力する装置。通常、PostScript RIPが接続されており、ラスタライズされたイメージデータを1,200～4,000dpi程度の高い解像度で出力する。CTPの普及に伴い、現在は減少傾向。

色域
特定の色体系が表現できる色の範囲。また、特定の入出力機器、モニタやインキなどの表現可能な色領域。人間の目で確認できる色範囲より普通のモニタの色再現範囲は狭く、通常のプロセスインキの再現範囲はさらに狭い。

色温度
色温度の単位は「°K」でケルビンと呼ばれており、ケルビン温度ともいう。それぞれの温度によって色が違うため、撮影時のライティングでは、色温度が最も重要になる。昼間の基準となる光の色温度は5,500°Kで、白熱電球は3,000°K、ローソクは2,000°Kぐらい。

色濃度計
色濃度計では色は測定することができない。CMYKあるいはRGBの一次色の濃度特性しか測定できないので、主にキャリブレーション用途などに使われている。

色数
デジタル画像で使用されている色の数。1画素で表現できる色の数で示す場合が多く、必要なメモリ量で表現する場合もある。256色の場合は8ビットカラー、約1,670万色(正確には16,777,216色)の場合は24ビットカラーとなる。人間の目は約65,000色(16ビットカラー)程度しか認識できないとされているため、後者は俗にフルカラーとも言われる。

色空間
色の範囲を二次元、または三次元で表現したもの。二次元の色空間としてはCIExy色度図、三次元ではCIE Lab立体などが色空間の代表的なモデルである。DTPではLabを利用することが多い。

色校正刷り
印刷する前に校正用として試し刷りすることをいう。色校正刷りの方法には、色校正刷り専用機(校正機)を用いる場合、実際の印刷機(本機)と印刷インキを用いる場合(本機校正)、ケミカル処理する簡易校正機を用いる場合がある。チラシや雑誌類など媒体生命の短い印刷物は、品質よりコストが優先するため、色校正刷りをカットする傾向がある。

色玉
出力データのトンボの外側に配置しておくCMYK各色の玉(円)のこと。特色を使う場合は特色の色玉も入れる。それぞれには「C」、「M」、「Y」、「K」の文字も入れておくとよい。インキ濃度管理に用いるとともに、1枚1枚の出力がそれぞれ何色の版かもわかるようにしておきたい。

色の掛け合わせ
CMYK4色の中から選んだ平網を掛け合わせて刷り重ねると、さまざまな中間色が得られる。いわゆるチント処理のことを「掛け合わせ」という。2次色の掛け合わせでは鮮やかな色が、3次色の掛け合わせでは濁った色が作られる。

色の三属性
色相、明度、彩度を色の三属性と呼ぶ。

HSV(Hue、Saturation、Value)、HSL(Hue、Saturation、Lightness)、HVC(Hue、Value、Chroma)などとも呼ぶ。

色の三要素

色の三属性ともいわれ、色相(色あい)、彩度(鮮やかさ)、明度(明るさ)のことをさす。色を表現するもっとも基本的な要素。色相は色の波長のことで、赤色とか黄色とかの色自体の区別のことをさす。色相はカラーホイールと呼ばれる循環系の角度で表される。彩度はシャープな色、くすんだ色など色の鮮やかさや鈍さを表すもので、グレーが0、純色は100で表される。明度はグレースケールと同じでもっとも明るい白を100、暗い黒を0としている。この三要素を体系的に立体モデルとして表現したものにマンセル表色系などがある。

色分解

カラー印刷では、通常CMYKの4色それぞれに版を作るため、オリジナルのイメージをこの4つの色に分解する必要がある。特色(スポットカラー)を使用している場合は、さらに版の数も増えることになる。色分解されたイメージは、それぞれの色ごとに出力され、印刷工程へと回される。また、連続調のカラー原稿などをスキャナなどを使って、R・G・Bの3種類の色成分に分けること。モニタ上ではRGBの光を照射して減法混色によって色を再現する。

色補正

画像の色のトーンや濃淡を調整し、印刷に適したものに補正する操作。カラーコレクションなどともいう。具体的には、Photoshopなどの画像処理ソフトで、「色調補正」などのコマンドを利用して行う。

印圧

版面から用紙にインキを転移させる際に加える圧力のこと。オフセット印刷の場合は、ゴムブランケットを版胴に加圧圧縮するという工程が加わる。印圧の程度は、ゴムブランケットの圧縮量で表すことが多い。圧が強すぎるとドットゲインが大きくなる。

インキ使用量

印刷におけるプロセスカラー(CMYK)のインキの使用量がどれくらいかということ。日本でのインキ総使用量は、だいたい300〜360%程度に設定されていることが多い。欧米では、この値は300%の設定がよく使われる。

インキ濃度

CMYKの印刷の濃さは、色濃度計で測定した色濃度で管理している。CMYそれぞれの補色のRGBフィルタを通して反射量を測り、濃度として表示する。通常、CMKは1.6〜1.8程度、Yは1.0の濃度となる。ただし、Y濃度が1.0または1.5くらいで表示される濃度計がある。これはBフィルタの特性が変わっているためで、濃度計の種類によってY濃度だけ数値が変わるので注意が必要。

インクジェットプリンタ

細いノズルからカラーインクを紙に吹き付けて印刷を行う方式のプリンタのこと。比較的低価格ながら近年ではクオリティも向上しており、コンシューマー向けの製品でも、専用紙を使えば本物の写真に近い品質のカラー印刷が可能となっている。これに伴い、DTPのワークフローにおいても、カラーカンプや簡易色校正など、応用可能な範囲が急速に広がってきている。

印刷濃度

印刷でいう濃度とは、網点の大きさのことではなく、紙の上に乗ったインキの厚み(膜厚)のことを指す。しかし、インキの厚みは標準で1ミクロン程度なので、厚みを計ることが難しいため、インキがどのくらい太ったのかを濃度に換算している。よって、印刷されたインキの濃度を計って、標準より大きければインキが厚くなっており、細っていればインキは薄くなっていることになる。

インターフェイス

パソコンと周辺機器をつなぐシステム。回路の物理的な仕様や、データ転送の規格などを含めてインターフェイスという場合が多い。

インデント

ページレイアウトソフトやワープロソフトなどの機能で、行の先頭位置や終端の位置を変更する設定のこと。通常は段落単位で設定し、同じ段落の行はすべて同じインデント位置になるが、1行目のみ、以降の行と異なるインデント位置を設定できるようになっているソフトが多い。

ウェイト

書体の文字の線の太さのこと。フォント名にはウェイトを表す言葉が含まれていることも多い。たとえば同じ系統のデザインで太さが違うフォントには、基本のフォント名の後に、ライト(L)、レギュラー(R)、ミディアム(M)、ボールド(B)、エクストラボールド(EB)などのウェイト名が表記される。また、ウェイトは「W3」「W5」「W9」のように数値で表される場合もある。

ウェットトラッピング

印刷機は、CMYKの4つのインキを順番に高速に紙に印刷しているため、前に印刷したインキがよく乾かないうちに次のインキを印刷していくことになる。インキがよく乾いていない状態でさらに次のインキをのせようとすると、インキが100%転写されない現象が発生することがある。この現象をウェットトラッピングと呼ぶ。

エコマーク

一般公募デザインから選ばれた「私たちの手で地球環境を守ろう」という気持ちを表したマーク。エコマーク事業として、1989年から㈶日本環境協会が、環境に配慮した商品に「エコマーク」をつけることを認めている。エコマークは登録商標で、申込者と協会の間で契約を結んだ商品にだけつけることができる。たとえ印刷用紙がエコマーク認定紙であっても、そのまま印刷物にエコマークを表示することはできない。

エックスライン

欧文小文字の高さはほぼ小文字の「x」の高さと同じなので、これをエックスハイト(x-height)という。また、その位置をエックスライン、またはミーンライン(mean line)という。

エンコード

電子メールでファイルなどを送るときは、いったんテキストの形に翻訳して送り出す、その変換方式のこと。逆に、エンコードされたものを元のファイルに戻すことを「デコード」という。OSによって標準的なエンコード方法が異なるため、電子メールソフトで添付ファイルを送るときに、受信相手の使用OSに合わせたエンコードを選んで送信する。

エンベッド

PDFファイルにフォントのアウトラインデータを埋め込むこと。フォントを埋め込んであれば、そのフォントがない環境で開いても、正しく表示・印刷できる。DTPではこれまで出力センターや印刷会社にないフォントは事実上使えなかったが、そうしたフォントの問題については、エンベッドしたPDFを最終原稿にすれば解決できる。

エンボス加工

ある形で紙に浮き上がらせたような模様をつける加工。凸状の樹脂版と、凹状の金属板の間に紙を挟んで、加圧する。薄い紙やコシのない紙は、再びもとに戻るのでエンボス効果は出ない。上製本の表紙などに、箔をつけないで、文字などを押しつけて凹み加工するのは空押しという。

大刷り

記事内容、紙面レイアウトを最終チェックするためにプリントアウトされる用紙。サイズを含めて、見た目は新聞そのもの。新聞社用に、製図用のA1サイズのレーザープリンタの解像度を改良したものを大刷り機として用いているケースが多い。現在はカラー面の増加などによって、インクジェットプリンタを用いるケースもある。新聞社の校閲部が大刷りを手に、紙面内容の最終チェックに目を光らせる。

オフセット印刷

オフセット印刷は、印刷する用紙の形態で大別すると、平判(ひらばん)の紙に一枚一枚印刷するオフセット枚葉印刷と、ロール状の巻取に連続して印刷するオフセット輪転印刷がある。処理としては、まず面付けされた原稿から印刷用の版を作る。版自体に凹凸がない刷版を使用するため、平版印刷ともいわれる。作られた版の親水性・親油性を利用して油性インクで印刷する。一般には、水と油(インキ)の反発性により、インクがのる画線部とのらない非画線部とに分け、版に付いたインクをブランケットと呼ばれるゴム状のローラーの上に転写(オフ)し、そのブランケットから紙に印刷する(セット)しくみによって印字しているため、「オフセット印刷」と呼ばれている。

折り

印刷された用紙をページ順になるように折る製本作業のこと。1折によって用紙と判型に応じて8ないし16、32ページになる。そのため、「折り」が本のページ数を決める単位にもなっており、折りの倍数で総ページ数を決める。

折丁

ページものの印刷物の場合、8ページ、16ページ、32ページなどの単位でまとめて印刷される。この単位を折といい、実際に折ったときにページが順番通りに並ぶように配置されている。この折った状態のことを折丁という。

オンデマンド印刷

顧客の注文を受けてから、必要な部数だけ印刷するシステムのこと。従来はコストと納期の問題で難しかったが、DTPシステムの発達とデジタル印刷機によって少部数からの高精細印刷が可能となっている。

カーニング

視覚的に均等に見えるように文字の幅によって文字間を詰めて組むこと。詰める量(カーニング量)はフォントの種類や大きさによって変化するため計算により求めることはできない。そのため、あらかじめ組み合わせに応じたカーニング量を求めておいた「カーニングテーブル」を用意する必要がある。

解像度

画像やプリンタなどのきめ細かさを表す指標で、dpi(またはppi)という単位で表される。dpiは1インチ当たりにいくつの点(ドット)があるかを表すもので、この値が大きいほど精細な画像を表現することができる。ただし、画像データの品質を決めるのは最終的には全体のドット(ピクセル)の数であり、いくら解像度が高くても、画像のサイズが小さければドットの数も少なく、用途的には限定されてしまう。この画像のサイズを変更して大きく扱おうとしても、ドットの数は一定なので、解像度は逆に下がることになる。

階調

画像の最も明るい(薄い)部分から最も暗い(濃い)部分までの変化の段階のこと。たとえば白と黒だけなら2階調であり、一般的なコンピュータでは256階調(8ビット)まで扱うことができる。RGBの各色についてそれぞれ256階調に変化させることができる場合、256×256×256で1,677万7,216色(フルカラー)が扱えるということになる。

画素

デジタル画像を構成する最小単位のブロック。ピクセルとも呼ぶ。画素には大きさの概念がないので、出力時に出力解像度を設定することで画像の大きさが決まる。

仮想ボディ

日本語の文字全体がぴったりと収まる正方形の枠よりもひと回り大きな正方形の領域のこと。ボディというのは、もともとは活字で、文字が彫られている正方形の面のことを意味しているが、写植やデジタルフォントでは実体としてのボディはないことから、仮想ボディと呼ばれている。複数の文字が並んだとき、仮想ボディの分だけは必ずスペースがあくため、ベタ組み(字間0で組むこと)にした場合でも文字と文字がくっついてしまうことがない。なお、文字に直接接する正方形の領域は「実ボディ」と呼ばれる。

型抜き

函やシール印刷物を仕上げの型通りに打ち抜くこと。型抜きに使う抜き刃は、ゼンマイ刃と呼ばれる鋼鉄板の片側を削って刃をつけたものを指定の形に曲げて、厚いベニヤ板に埋め込んだもの。

活字と活版印刷

鉛合金の四角柱の先端に文字や記号を彫り込んだ「活字」を活字棚から拾い集め(文選)。指定通りに組んでいく(植字)工程を経て印刷用の版を作り、印刷機に組み付けて印刷する。すべて職人の技術に頼る部分が多い。写植とオフセット印刷の普及によって衰退した。

カットアンドペースト

選択した文字列やオブジェクトを切り取り、別の書類などに貼り付ける操作のこと。Macintoshでは切り取る操作を「カット」、貼り付ける操作を「ペースト」というが、日本語版のWindowsでは「切り取り」、「貼り付け」と訳されている。カットした文字列やオブジェクトは、クリップボードと呼ばれるメモリ上の領域に一時的に保存される。文字列などを元の位置に残したままクリップボードにコピーし、別の書類などに複製を貼り付ける操作は「コピーアンドペースト」と呼ばれる。

紙見本

各メーカーから各種の見本帳を出している。本文用紙や装丁用紙などに使う紙を選ぶ際に参考にする。

ガモット

モニタやプリンタなどの個々のデバイスが表現できる色の範囲(演色範囲)のこと。

ガモットマッピング

あるガモットの中で表現されている色を、異なる大きさを持つ別のガモットの中の色に変換する際、変換前と変換後のガモットの広さの違いから起こる、近似色への置き換えのこと。

カラーキャリブレーション

モニタやプリンタ、スキャナといった入出力機器の状態は時間経過とともに変化するため、一定の色再現を保つことが難しい。カラーキャリブレーションとは、こうした入出力機器の色再現を、正しい状態に補正する作業のことをいう。たとえば、モニタのキャリブレーションでは、ガンマ、白黒点、カラーバランスの調整を行う。プリンタではCMYKそれぞれの濃度調整を行う。

カラースペース

色空間とも呼ばれる。あるデバイスで再現できる色を色度図にマッピングしたときに得られるエリアから名づけられた。デバイスに頼らない仮想的なものも存在する。

カラーチップ

色指定の際に添付される紙片。通常は大日本インキ化学工業のDICや東洋インキ製造のTOYOなどの色見本帳からチップを取って色指定する。通常は、特色(スポットカラー)扱いとなるためプロセスカラーとは別の版を使用し、コストも余分にかかる。モニタに表示される色は実際の色見本とはずいぶん違うので注意が必要だ。ちなみにプロセス4色の組み合わせによる濃度変化の色見本帳はカラーチャート(Color Chart)と呼ばれる。

カラーチャート

色見本帳。シアン、マゼンダ、イエロー、ブラックの掛け合わせで生じる色を確認し、指定するときの参考にする。各インキメーカーが発行している。

カラーパレット

MacintoshやWindowsなどのOSが基本的に使用する色のセットのこと。MacintoshとWindowsのカラーパレットはいずれも256色だが、構成は若干異なっている。Webページをデザインする場合などは、両者に共通している216色(Webセーフカラー)を利用することで、いずれの環境でも色が変わることなく表示させることができる。

カラープルーフ

色校正のこと。分版された製版フィルムから銀塩写真方式で校正紙を作る簡易校正、平台校正機と呼ばれる小型の印刷機で印刷する平台校正、本番の印刷と同じ条件で印刷する本機校正などの種類がある。近年では、レイアウトされたデータを直接出力するDDCPと呼ばれる出力機もよく利用されているほか、印刷物の種類によっては、カラープリンタからの出力を色校正の代用にするケースもある。

カラーマネージメント

コンピュータで色を設定した基準にあわせるためのカラーの情報管理のこと。詳細はP.72参照。

カラーワーキングスペース

グループワークでクリエイティブ作業をするときにベースとなるカラースペースを共有化しようというもの。米アドビ社から標準化の1つの考え方として提案された。元々は、RGBのカラースペースはモニタのカラースペースであり、これではモニタの数だけ固有のカラースペースが存在していた。これでは色の共有化は難しいためデバイスとカラースペースを分離して考えるしくみを提唱した。アドビ社では印刷用途向けのカラーワーキングスペースとしてAdobe RGBを推奨している。

カンプ

カラーの仕上がり見本のことで、カラーカンプともいう。クライアント(発注主)にデザインを確認してもらうために中身にはダミー原稿を入れて作成する場合や、すべて実際の原稿で組版を終え、製版・印刷工程に入る前の最終確認を目的として作成する場合など、印刷物の種類や進行の手順、クライアントの意向などによって作成のタイミングは異なる。

ガンマ補正

画像をより自然に表示するための補正操作のこと。ガンマとは画像の階調の応答特性を表す数値のことであり、画像の入出力装置はそれぞれ固有のガンマ値を持っている。画像を入力から出力まで一貫して同様な色合いで表現するために、全体のガンマ値が1になるよう調整することをガンマ補正という。

記憶色

写真や印刷の世界などで使われる用語。人の記憶の中にある色は、実際に見た色よりも鮮やかな色彩に創色される傾向がある。たとえば夕焼けは赤い、青空は青い、森林は緑といったように。そこでフィルムやデジカメやプリンタなどは、実際の色を再現させることよりも、この記憶色を再現させるような色補正がなされている。記憶色＝実際の色というわけではない。色作りの特徴は、メーカーやターゲット別の機種により異なっている。

期待色

撮影者やその画像を扱う編集者は、自分たちが描いている色のイメージを出力サイドに伝え、それらしく見える色を印刷所が処理して作ってくれることに期待する。期待色とは、このときの双方の主観的なあるいは感覚的な要素がかなり入り込んで作られる色のことを指す。記憶色と同等に扱われる場合もある。

キャップライン

欧文大文字の高さはほぼ一定で、これをキャップハイト(capital height)といい、その位置をキャップラインという。

キャリブレーション

個体差や経年変化などが原因で起こるデバイスの状態のふらつきを抑え、目標とする状態(標準状態)になるようにデバイスを調整すること。キャリブレーションには、デバイスを機械的(物理的)に調整するハードウェアキャリブレーションと、コンピュータ側に調整のためのデータ(テーブルなど)を保持し、そこでデバイスのふらつきを制御するソフトウェアキャリブレーションがある。

行揃え

行の中で、文字列をどの位置を基準に揃えるかという設定のこと。横組みの場合、左揃え、右揃え、中央合わせ(センタリング)などの種類がある。また、行の左端から右端までに文字を均等の間隔で配置する均等割付(強制割付)、やはり両端に揃えるものの複数行に渡る場合には最後の行だけ左揃えにする両端合わせ(ジャスティファイ)といった揃え方もある。なお、これらの用語はソフトによっても異なる。

銀塩

フィルムの感光材料である銀をハロゲン化した状態を指す。一般的に銀を用いてケミカル工程で写真画像を得る感光材料の俗称。ハロゲン化銀。

禁則処理

「、」(テン)、「。」(マル)、閉じカッコなどは行の先頭に置かず、逆に起こしカッコなどは行の末尾に置かない、といった日本語組版におけるルールのこと。前者を行頭禁則、後者を行末禁則という。ページレイアウトソフトやワープロソフトなどでは、通常、自動的に禁則処理を行ってくれるようになっており、ソフトによっては禁則のルールをユーザーが設定できるものもある。

グーテンベルク

1399(?)〜1468年。活版印刷の発明者で、最古の活版印刷物『42行聖書』を制作した。それまでも粘土、木、陶器、銅、鉄などを使った活字が各国で作られていたが、グーテンベルクは母型と鋳型による鉛合金製活字の鋳造、平圧印刷機、油性インキなど近代印刷術に必要なすべてをセットで開発した。「活版印刷の父」とも呼ばれている。

組版

もともとは活版の版を作成する作業のこと。現在では、ページレイアウトソフトなどで文字や図版をページに配置していく作業のことも組版と呼ぶ。

クライアント

クライアント－サーバ型のネットワークで、サーバにリクエストを送ってサービスの提供を受ける側のコンピュータのこと。また、一般用語として、発注主(顧客企業)のことをいう。

グラデーション

ある色(濃度)から別の色まで、連続的に階調を変化させた表現のこと。Illustratorなどのソフトでは、塗りつぶしの設定の一種として、開始色と終了色を指定するだけでグラデーションが実現できるようになっている。複数の色または濃度を連続的に変化させる表現なので、立体的なオブジェクトを表現するときに欠かせない。色や濃度変化の度合い、方向、形状などを複雑に設定できるものが多い。Illustratorではグラデーションをさらに拡張した「グラデーションメッシュ」を使うことができる。

クリッピングパス

画像の切り抜きを指定するための輪郭線のこと。Photoshopでは、ベジェ曲線でパスを作成し、切り抜く範囲を指定することができる。このデータをEPS形式で保存するとクリッピングパスも含めることができ、QuarkXPressなどに取り込んだ際、パスで囲まれた範囲だけが表示・印刷される。

クリップアート

素材イラスト。グラフィックソフトに付属、あるいは素材集として市販されているロイヤリティフリーのデータを指すことが多い。

グリフ

字形。文字の実際の形のことで、フォントを構成する要素の1つ。

グレースケール

灰色(モノクロ中間色)の階調、または灰色の階調のみをもったイメージ(グレースケールイメージ)のこと。一般に白から黒を256段階で表現するため1つの画素について8ビットが必要。

黒(シャドウ)つぶれ、白(ハイライト)とび

黒や白の微妙な階調が同じ調子に揃ってしまい、トーンの差を確認できない状態。スキャン入力時のつぶれはヒストグラムで確認し、端が切れている場合にはシャドウポイントやハイライトポイントを変えて、レンジを設定し直してスキャンする。画像補正時にもつぶれの原因となることが多いので、トーンカーブの両端の処理には十分注意する。

罫線

もともと活字組版で線を印刷するために用いた薄い金属板のこと。この板の幅や形を変えた「飾り罫」も作られ、さまざまな線の印刷を可能にした。現在では情報の整理やデザインのアクセントに用いられる線状のアイテムを罫線と総称している。

下版と検版

文字組版が終わり、レイアウト済みの画面はプリンタなどで出力され、校正される。面付け結果は、青焼きや大型プリンタで出力し、チェックを受ける。すべてがOKとなれば、刷版工程に送る。この段階が下版である。下版後の直しは基本的に行わない。検版は、刷版を作る前のフィルムや、印刷前のPS版などに誤りがないかを調べる作業をいう。検版で誤植などを見落とし、本などの最終製品になってからミスを発見したのでは、莫大な損失となる。

ゲラとゲラ刷り

本来の言葉の意味は、活字で組み上がった1ページ分の版を乗せるB4判ほどの大きさの浅い箱が「ゲラ(galley)」。ゲラに乗せた1ページ分の版から校正用に印刷したものをゲラ刷りという。校正紙のこと。DTPでの編集・校正段階では、通常はレイアウトデータをPostScriptプリンタなどで出力したものをゲラとして使用する。

原色

他の色同士の混合では作り出せない色のこと。逆に、原色同士の混合から作られる色を2次色、2次色同士の混合から作られる色を3次色という。

光源色

光源(それ自身で発光しているもの)から出る光の色。

号数活字

明治初年に本木昌造らが、当時使われていた鯨尺の1分を5号(10.5ポイント相当)と定め、これを基本として大きさを表した活字の単位。もっとも大きい初号(42ポイント相当)から、1号〜8号(4ポイント相当)までである。1962年にJIS規格がポイントを採用するまで、日本の活字組版の主流だった単位。

黒体

入射するすべての電磁波(光は電磁波の一種)を完全に吸収し、反射も透過もしない物質のことで、現実には存在しない理想的(仮想的)なもの。また、物体から射出される電磁波を総称して「放射」といい、同じ温度のすべての物質の中では黒体からの放射が最大となる。

混植

和文に英数字や欧文が入った文章を組むこと。和文とのアキを調整したり、行末の不揃いを調整する必要が生じる。

コンテンツ

出版用語としては「目次」を表す言葉だが、近年ではWebサイトなどに掲載されている「内容」を意味することが多くなっている。また、QuarkXPressの4.0以降でも、ボックスに含まれる「内容」(テキストまたは画像)を意味する用語として、「コンテンツ」という言葉が使用されている。

コントラスト

画像の最も明るい部分と暗い部分の差のこと。コントラストを上げるとハイライト部分とシャドウ部分が強調されて中間の階調が減少する。コントラストを下げると中間調が増える。通常コントラストの調節には、フォトショップで、「トーンカーブ」や「レベル補正」を使う。

コントラスト比

画面の真っ白な表示部分と、真っ黒な表示部分の輝度の比。

コンピュータウイルス

ユーザーが気づかないうちに自分のコンピュータにコピーされ、自律的に増殖していくプログラムのこと。感染したコンピュータに何らかの害を与えることが多く、さらにメールなどを介して、他のコンピュータへと感染範囲を拡大していく。インターネット環境の普及によって、以前とは比べものにならないほど短い期間で、広い範囲に増殖していくようになっている。なお、コンピュータウイルスを発見・駆逐するプログラムはワクチンと呼ばれる。

サーバ

クライアント－サーバ型のネットワークで、クライアントコンピュータからのリクエストを受けて各種のサービスを提供するコンピュータのこと。LAN上で使用されるサーバとしては、プリント処理を受け持つプリントサーバや、ファイルを管理するためのファイルサーバなどがある。また、インターネットに接続されているサーバとしては、WWWサーバやPOPサーバ、SMTPサーバ、FTPサーバなどがある。

彩度

色の鮮やかさや鈍さといった色の彩やかさを表す。saturationの頭文字Sの記号で表す場合もある。彩度を上げると、色環上の同心円のある点を半径に沿って内周から外周へ移動することになり、彩度を下げるとはその逆に相当する。彩度0は無彩色のグレーとなる。色は、グレーが少ないほど、彩度が高くなるため、画像の印象は、色の彩度によって変わってくる。

作業スペース

アプリケーションが利用するRGBやCMYKのカラーの色域のことである。Photoshop、Illustrator、InDesignで設定でき、これにはプロファイルを指定する。プリプレス向け設定のデフォルトは、RGBが「Adobe RGB」、CMYKが「Japan Color 2001 Coated」となっている。

刷版

「さっぱん」と読む。文字が表す通り、印刷機にかけられる版のこと。

刷了

「さつりょう」と読む。指定された必要枚数の印刷物を刷り終わったこと。

サブセット

大文字小文字合わせても100字に満たないアルファベットに比べ、日本語はひらがな、カタカナ、漢字と、非常に文字種が多い。そういった文字種の多い言語のために考えられたのがサブセットだ。フォントを埋め込む際、その文書に使っている頻度の高い文字だけを埋め込む。ひらがなが文章の半分近くに使われる日本語の場合、サブセットすることでPDFの容量がかなり軽くなる。

サムネール

画像データやページのイメージなどを、小さいサイズで一覧表示する機能のこと。thumb nailとは「親指の爪」という意味で、本来は小さなアイデアスケッチなどをさす言葉。

三原色

割合を変えて混ぜ合わせることによってあらゆる色を表現することができる3つの基本的な色のこと。光の三原色は赤、緑、青であり、すべてを混ぜ合わせると白になる。また、色材の三原色はシアン、マゼンタ、イエローであり、すべてを混ぜ合わせると黒になる。ただし、印刷のインキとしては、C、M、Yの3色だけでは完全な黒を表現することはできず、実際には黒のインクを加える必要がある。

三原色説

網膜に存在する光の受容器は3種類あれば事足りると考え、その三原色を「赤、緑、菫(すみれ)」とした。1801年イギリスの物理学者ヤングが仮説を発表、1894年ドイツの生理・物理学者ヘルムホルツが生理学的に補強し完成。「ヤング・ヘルムホルツの三原色説」ともいう。

色相

赤、青、黄などのような色み、色合いの違いを尺度化したもの。

色相対比

同じ色なのに、組み合わせによって違った色に見える現象のこと。色相対比は補色を組み合わせたときが一番激しくなり、同じ色なのに、ピンクと組み合わせた赤と、補色である緑と組み合わせたときとでは、違って見えてしまう。

字形・字体

字形とは、文字通り、デザインされた文字の形状そのもののこと。一方字体というのは文字の骨格のようなもので、デザイン的な要素は含まれない。また、「高」と「髙」のように本来同じ文字であっても外形的には別の文字として認識され得る文字は、それぞれ別の字体(異字体)となる。

自己解凍型

相手がその圧縮・解凍ソフトを持っていなくても、ダブルクリックすれば自動的に解凍を行う形式の圧縮ファイルのこと。

字面

デジタルフォントで言えば、仮想ボディの内側で実際に文字がデザインされている領域を字面(じづら)といい、インキが乗って印刷される範囲でもある。同じサイズを指定しても、フォントのデザインによって字面は異なる。

シャープネス

マッハバンドという目の錯覚を利用し、輪郭部をより黒く、より白くしてハッキリ見せる効果のことで。光学的なUSM(アンシャープマスク)と電気的なピーキングがある。印刷物では濃度域が原稿(カラーポジ)より狭いため、見劣りしないようにシャープネス効果をかける必要がある。

写植

ガラスの文字盤に光を当て、レンズによって拡大縮小して文字を印画紙に露光するしくみ。写真植字の略。戦後から活版に代って長く印刷用文字組版として主流であったが、DTPの登場から20年たった現在、写植文字を使った印刷物はほとんど見かけなくなった。DTPで使われているフォントの多くは写植文字をデジタル化したものだ。

視野角

液晶ディスプレイでは、見る角度によって画面の色調や明るさが変化し、ある程度以上の角度では画面がほとんど見えなくなる。画面が十分に認識できる範囲の角度を視野角という。

ジャギー

画面表示や印刷時に、文字や画像の線がギザギザに見えてしまうような状態をいう。ドローグラフィックのオブジェクトやアウトラインフォントの場合はどんなに拡大しても滑らかに表示されるが、ビットマップ画像やビットマップフォントは、適正なサイズよりも拡大するとジャギーが発生してしまう。

集版

ページ単位で作成されたフィルムを、面付けの順序に従ってフィルムスペースに配置する作業。この作業も、集版システムやページレイアウトソフトなどで、コンピュータの画面上で行うことができる。

出力

コンピュータで処理されたデータを外部に送り出すこと。DTPでは、特にプリンタやイメージセッタでの印刷を意味することが多いが、モニタへの表示も出力である。また、記憶装置への書き込みも、一種の出力と考えることができる。

出力解像度

デジタル画像をプリント、印刷する際にデジタル画像のピクセルを、出力原寸1インチあたり何ピクセル配置するかを決める単位(dpi)。これを決めないと画像の大きさが決まらない。

商業印刷物

カタログ類、ポスターなどのカラー印刷物の総称。これに対し、書籍など文字を中心とした印刷物をページ物、封筒や伝票類などを端物などと呼ぶ。

書体

デザイン的に統一された、ひと揃いの文字、またはそれらの表示・印刷に使用されるひとまとまりのデータやプログラムを書体という。また、ある基本デザインをもとにして、ウェイト(線の太さ)、幅、スラント(傾斜)、スタイル(装飾)などを変えて作成された一群の書体をファミリーという。たとえば、ヘルベチカ・ローマン、ヘルベチカ・ライト、ヘルベチカ・ボールド、ヘルベチカ・ブラック、ヘルベチカ・オブリーク、ヘルベチカ・ボールド・オブリークは、いずれもヘルベチカ・ファミリーに属する書体である。

書体見本

各社が発売している書体をまとめた見本帳。使う書体を選んだり、新たな書体を購入する際の参考にする。

シンプルテキスト

Simple Text。Mac OS 9までに標準搭載されているテキストエディタ。検索・置換機能を備え、フォントを選択して文字のスタイルやサイズを指定するごくシンプルなテキストエディタだが、画像や音声を取り込むこともできる。

スキャナ

写真や手描きイラストなどの原稿を、光学的にデジタルデータに変換する入力装置のこと。フラットベッドスキャナ、35mmフィルムスキャナ、ドラムスキャナなどの種類がある。

スクリーンショット

コンピュータの画面をそのまま画像データとして保存したファイルのこと。画面キャプチャ、スクリーンダンプともいう。コンピュータの解説書や作業マニュアルなどでよく使われる。Macの場合、command＋shift＋3で画面全体、command＋shift＋4で指定した範囲のスクリーンショットが、それぞれファイルとして保存される。

スクリーン角度

カラー印刷では、CMYK各版の網点を重ね合わせて色が表現されるが、網点は規則正しく配列されているため、同じような並び方の版を重ねると互いに干渉し合い、モアレが発生してしまう場合がある。そこで、各版を少しずつ回転させることで、モアレの発生を防ぐ。この回転の角度のことを、スクリーン角度と呼ぶ。通常はC15°、M75°、Y0°、K45°になっている。モノクロの印刷物の場合でも、網点を45度回転させることで、網点が目立たなくなるという効果がある。

スクリーン角度
ハーフトーンスクリーンのセルの並びの角度のこと。カラーの図柄を印刷するときには、まずCMYKの単色に分解し、それぞれの網ポジまたは網ネガにし、それらを掛け合わせることによって図柄を再現する。そのときに網点の重なり方によってはモアレが生じてしまうが、それを回避するためにそれぞれの版の網点の配列に一定の角度差をつける。30度ずつずらすとモアレが目立たなくなるが、CMYKは30度ずつずらすとそのうち2色は90度差になってしまい具合が悪いので、もっとも目立たないY版をM版とC版の中間に15度の角度で入れるのが基本。

スタイルシート
ページレイアウトソフトなどに用意されている機能。段落または文字単位で、フォント、文字サイズ、文字飾りなどの文字書式や、行間、行揃えなどの段落書式を、一括で設定することができる。見出し類やコラムなど、何カ所にも同じ書式を設定する必要がある場合、スタイルシートを利用することで手間を省くことができる。また、Webページの見栄えやレイアウトを整えるために考案されたCSS(Cascading Style Sheet)も、単にスタイルシートと呼ばれることが多い。

スペクトル
波長によって光を分けることを分光、分光によって得られた波長の帯をスペクトルという。

スポットカラー
スポットカラーとは特色のこと。日本ではDICカラーやTOYOカラー、米国ではPANTONEカラーなどが有名。

刷り出し
印刷が始まって、最初のほうに刷られた印刷物のこと。サンプルとして抜き出され、色などに問題がないかチェックされる。一部抜きともいう。

制御文字
テキストデータ中にあって、文字表示以外の特別な意味を持たされた制御文字。コントロールコードともいう。ETXは「end of text」、BSは「back space」のように、制御内容がある程度決まっているコードもあるが、そのコードによってどのような動作をするかは解釈するソフトウェアによる。

製本様式
加工形態には、さまざまな折り形態や製本様式(綴じ形態)がある。仕上がりサイズやページ数、さらに使用目的、配布対象によって選択しなければならない。また最終の加工形態によって制作方法が異なり、料金の計算方法も異なる。主な折り形態にはニッ折り、巻三ッ折り、観音折り、ジャバラ折り、DM折りなど。主な製本様式(綴じ形態)には中綴じ、無線綴じ、あじろ綴じ、平綴じ、糸かがりなどがある。

背丁
折丁の背の部分に刷り込む文字や記号のこと。製本の際、折丁の順番を間違えることのないように入れておくもの。同じ目的で、黒い四角形などを折丁の順番ごとに少しずつずらして刷り込むが、こちらは背標と呼ばれる。

背標
刷り本の区別のため、書名、折り番号などを背の上部に印刷したもの。折丁の順序を見分けるために、折丁の背に刷り込まれる。台の順に位置をずらしてつけてあるため、正しく丁合されていると段階的にベタのマークが見え、乱丁、落丁が一目でわかるしくみになっている。

背割れ
印刷後の乾燥温度が高く、紙の水分がなくなり、折ったときにその部分が弱くなり割れる現象。乾燥温度をできるだけ低く抑え、乾燥後の折りに入る前に、湿し装置で紙を湿らせることで回避できる。

全角文字
和文文字の1文字分の横幅を全角という。したがって、全角文字とは和文のことと考えてもよいが、文字コード体系とは無関係である。デジタルフォントでは、和文の全角漢字やひらがなは2バイトで表現されるが、一部2バイトの半角文字もある。

線数
印刷の精度を表す指標で、線状に配置された網点の1インチ当たりの数のこと。単位は線またはlpi(lines per inch)。線数が多いほどきめ細かな表現が可能になるが、適正なスクリーン線数は印刷する紙や印刷方法の条件によってほぼ決まるため、一概に線数が多いほど仕上がりもよいとはいえない。

選択範囲
画像の一部だけを修正するためには何らかの方法で選択範囲(マスク)を作る必要があり、自然な合成や色調補正を行うためには必須の作業。Photoshopには数多くの選択用ツールが用意されている。また、ベクトルオブジェクトであるパスを作成して、それを選択範囲に変換することもできる。

損紙
印刷ミスで見当不良や色調不良、汚れなどがある紙は商品とならない。これらが損紙となり、ヤレともいう。輪転機では、刷り始めに色調や見当合わせのために一定量の損紙が出る。

ダイアログボックス
コマンド操作の中で、詳細な設定を行う場合などに使用される小ウィンドウのこと。たとえば、ワープロソフトなどの書式設定のダイアログボックスでは、選択した文字のフォントやサイズ、文字飾りといった書式を一括で設定できることが多い。Macintosh、Windowsとも、通常は「OK」というボタンをクリックすると設定を完了し、「キャンセル」というボタンをクリックすると設定を中止して、いずれもダイアログボックスを閉じる。

ダイナミックレンジ
本来は信号の再現能力を表す数値で、最小値と最大値の比率をdB(デシベル)という単位で表す。デジタル画像においてはビット数で表現され、ダイナミックレンジの値は、機器がどれだけ細かい信号(またはビット数)まで再現できるかを示し、実質的に利用できる分解能の高さを意味している。アナログデータをデジタル化する場合は、量子化ビット数が大きいほどダイナミックレンジは広くなる。

ダイヤルアップ接続
アナログ電話回線やISDN回線を経由して、必要なときだけインターネットに回線を接続すること。

台割
「だいわり」と読む。本は普通16ページ単位で制作し、これを台割1台という。使用する印刷機、用紙サイズから何面付けかが決まると、用紙1枚から何ページ取れるかがわかる。それらから本1冊分の台数が決まり、各台の内容を計画したものが台割。台割は造本設計の設計図にあたる。

ダウンロード
PSプリンタなどに「フォントをインストールする」、「フォントのアウトラインデータを送信する」という2つの意味で使われる。OCFやCIDフォントの場合は、プリンタにフォント名を送り、プリンタフォント使って出力する。OpenTypeフォントはプリンタフォントがなくても、アウトラインデータが送信され出力される。これを「ダイナミックダウンロード」という。

多色印刷
本来、多色印刷といえば、CMYKの4色インキを使用した印刷物のことである。現在、多色という場合は、5色以上のカラー印刷を指す場合が多いようだ。本文で使っている多色印刷とは、多色(化)印刷と考えればよい。

多色高精細印刷
より色再現域の広い5色以上の多色印刷。とくに注目されているのがヘキサクローム。「ヘキサ」とは「6」を意味する言葉だが、PANTONE社は、従来のCMYKにO(Orange)とG(Green)の2色を追加し、計6色のインキ特性を規定することによって、グローバルスタンダードとしての標準化をなし得ている。正式には「パントン・ヘキサクローム」と呼び、「パントン・ヘキサクローム・コンソーシアム」も発足された。

タブ
tabキーで入力できる特殊コードのこと。通常、行内での文字位置を揃えるために使用される。レイアウトソフトやワープロソフトなどでは、タブ位置で左揃えや右揃え、中央揃えなどを設定できるものが多い。また、タブ区切りのテキストは、表計算ソフトやデータベースなどの間のデータ交換にもよく使用される。

タブ区切り
項目と項目の間をタブ(「Tab」キーで入力するキャラクターコード)で区切ったテキスト形式。行末(1データの最後)は改行する。どのデータベースソフトでもサポートしている形式なので、データのやり取りに使われる。同じようにデータベースで汎用性の高いテキスト形式にCSV形式(項目がカンマで区切られている)がある。

ダミー
原稿が完成していない状態でレイアウトのデザインやカンプの作成を先行して進める場合に、おおよその仕上がりイメージをつかむため、仮に入れておく文字や図版、写真などのこと。

丁
奇数ページと偶数ページの2ページ分のペラを1丁と呼ぶが、本来、和本の言葉。和紙に印刷する和本は袋綴じのため、二つ折りにした1枚を1丁といい、版木は左右ページが彫られた。ページという言葉は洋式製本からきた外来語である。

束(つか)、束見本
表紙を除いた本の中身の厚さ。書籍出版の企画段階で、その本の仕上がりを予想するために、見本用として白紙で作った本を束見本という。束見本は本紙を使用し、表紙も出来上がりと同じにする。

ディザ法
白黒2つの階調で連続階調を表現するための手法の1つ。もとの画像の画素の階調に応じて一定の規則に従って白黒を生成してゆく。黒白の出現頻度によって人の眼には中間調として再現される。

ディスプレイ・キャリブレータ・アシスタント
これまでAdobe Gammaで行ってきたブライトネス調整やガンマ補正は、Mac OS Xのディスプレイ・キャリブレータ・アシスタントで行うことができる。補正の方法はこれまでのモニタ調整アシスタントと同じように、ディスプレイのコントラストを調整した後に、スライドバーを使ってカラーパターンにある背景の縞模様と中央の画像の濃度が同程度になるように操作する。調整が終わった後に名前をつけて保存すれば、使用しているモニタと環境に合った専用のプロファイルを作ることができる。

ディセンダライン
小文字の中にはベースラインより下にはみ出すものがある。この部分をディセンダと呼び、その高さをディセンダハイトという。ディセンダは、「g」「p」「y」などにある。普通、高さは一定であり、その位置をディセンダラインと呼ぶ。

データコンバート
データ形式を変換すること。たとえば、あるワープロソフトで作成されたデータを、別のワープロソフトで読み込める形式にしたり、開けるソフトが限定されている画像データを、汎用性の高い形式のデータにすることなどをいう。データのコンバートは、変換前のデータを作成したソフトで開いて別の形式で保存し直したり、専用のコンバートソフトを利用して実行する。

テキストファイル
文字データだけで構成されたファイルのこと。ワープロの文書のような書式や文字装飾などの情報を含まないデータで、プレーンテキストとも呼ばれる。機種やOSを問わず利用することができる汎用性の高いデータだが、改行コードについてはOSによって異なるため、変換作業が必要となることもある。なお、テキストファイル以外のコンピュータのファイルは、すべてバイナリファイルと呼ばれる。

テクスチャ
織物、金属、大理石、木目といった模様のこと。グラフィックソフトで作成した図形の塗りつぶしや3Dオブジェクトの質感を表現するために利用されるほか、デスクトップやWebページなどの背景としても使われている。

デジタイザ
広義では、位置情報などを数値化してパソコンに入力する装置のこと。一般にはタブレットの別称。CADなどで使われる大型の装置をデジタイザ、グラフィック用の比較的小型の装置をタブレットと呼ぶことが多い。

デジタル印刷機
文字通りデジタルデータから直接印刷用紙に印刷する印刷機のことで、ネットワークプリンタとしてLANに組み込めば、パソコンからダイレクトに出力できるため、プリント経費の削減が図れるといわれている。少量からの低ランニングコスト、多枚数プリントもハイスピード処理、高耐久性、パソコン接続によるオンデマンド・ネットワーク化、オンラインによるシステム化など、ネットワーク社会において、今後ますます期待されている印刷機だ。

デフォルト
ソフトウェアやハードウェアに関する諸設定について、初期状態で設定されている値や選択肢を意味する。たとえば、プリンタドライバやソフトウェアの印刷設定では、用紙サイズはA4がデフォルトになっていることが多い。通常は出荷時設定と同義だが、ソフトによってはデフォルトの値をユーザーが変更することも可能。初期値とも。

電子出版
通常の紙媒体ではなく、インターネットやCD-ROMなどの「メディア」を介して流通し、パソコンやその他のデジタル情報機器上で読まれることを前提とした出版物のこと。文字情報だけでなく、音声や映像といったマルチメディア情報を埋め込めることも大きな特徴の1つ。

テンプレート
同じような内容のドキュメントをいくつも作成する場合に、共通する部分のフォーマットだけをあらかじめ作成しておいて、何度でも利用できるようにしたもの。多くのアプリケーションではテンプレート専用のファイル形式が用意されており、この形式で保存したファイルを開いた場合、自動的に名称未設定の新規ドキュメントとなる。

透過原稿
図版原稿のうち、光を透過する素材のもの。すなわち、ポジフィルムやネガフィルムのこと。

トーンカーブ
画像の入力時の濃淡と出力時の濃淡(出力ターゲットが印刷の場合は網点のパーセンテージ)の関係を表したグラフのこと。Photoshopなどでは、このトーンカーブを操作してチャンネルごとに調整を行うことができる。

トーンジャンプ
連続階調であるはずのトーンが、あるところで異なる色になってしまったり、なくなってしまったりすること。現象としてはバンディングに似ている。

特色
カラー印刷では基本的にCMYKの4色のインキの組み合わせによってすべての色を表現するが、それとは別に使用する特定の色のインキを特色という。CMYK方式では表現しづらい特殊な色を出すために使用するほか、1色や2色の印刷でも使用される。通常、DICやTOYOなどの色見本帳から指定する。CMYK方式による色表現をプロセスカラーと呼ぶのに対して、スポットカラーとも呼ばれる。

綴じ代
平綴じまたは穴開けをするための余白のこと。DTPでレイアウトするときは、制作時から、平綴じや穴開けする本は綴じ代を考慮しておく。

ドット
モニタやプリンタなどの出力装置で、文字やグラフィックを表現する際の最小単位である「点」のこと。モニタの解像度を表す単位として、たとえば「640×480ドット」のように使われることもある。

ドットゲイン
印刷インキが紙に転写される際に、刷版の網点の大きさよりも印刷物の網点のほうが大きくなる現象のこと。力をいれて印鑑を押印するとインキが潰れて文字が太くなってしまうように、これと同じ現象が、印刷時にも発生しているということ。

ドブ
断裁の際のズレを考慮した、仕上がり線から3mm程度の余白のこと。二重に引かれているトンボの外側の線は、このドブの範囲を表している。

ドメインネーム
「http://www.wgn.co.jp」といったドメインネームは、数値で表されるIPアドレスをわかりやすい文字列に置き換えたもの。この変換を行うのがDNSサーバだ。ドメインネームは世界で1つ。新たに登録しようとしても、同じものがあるならば別のものを考えなければならない。ドメインネームの管理は各国のネットワークインフォメーションセンターが行っており、日本では日本ネットワークインフォメーションセンターが行う。

ドライダウン
印刷物の濃度が、印刷後、次第に下がっていく現象。印刷直後のインキ皮膜は濡れていて平滑であるが、次第に紙に吸収され、また乾燥により平滑性が失われる。平滑であるほうがインク濃度が高く計算される。

ドライバ
周辺機器を利用するためのソフトウェアのこと。デバイスドライバともいう。記憶装置やプリンタなどを使用するためには、多くの場合、専用のドライバが必要となる。ドライバは、通常、周辺機器に添付されて販売されている。また、最新のOSに対応したドライバの最新バージョンを、メーカーのWebサイトからダウンロードできることも多い。

ドライブ
記憶装置、特にその記憶媒体(ディスク)の部分を除いた駆動装置のこと。フロッピーディスクドライブ、ハードディスクドライブ、CD-ROMドライブなどがある。1つの物理ドライブにパーティションを区切って複数の領域に分割した場合、OSの管理上は、それぞれの領域が1つのドライブとして扱われる。このようなOSから見た論理的なドライブのことをボリュームともいう。

トラッピング
印刷の際に版ズレが生じると、色と色の間が白く抜けてしまう場合がある。このような事態が起こらないよう、隣り合う色のいずれかを少し拡張して、一部を重複させて印刷する処理のことをトラッピングという。なお、色が重なり合う場合に、バックになる色の重複する部分を白く抜くことをノックアウト(ヌキ)、抜かないで重ねて印刷することをオーバープリント(ノセ)という。

トリミング
写真などの画像データの一部だけを取り出して使用すること。具体的な操作としては、不要な部分を捨てる(Photoshopなどで必要な部分だけを切り取る)方法と、不要な部分を隠す(QuarkXPressなどの画像ボックス内で調整する)方法がある。また、画像の中の特定の人物や物などを、その形状に沿って切り抜きたい場合は、クリッピングパスなどを使用する。

ドロー
グラフィックデータの描画方式、またはその方法で作成されたデータの形式のこと。グラフィックをドットの集まりとして表現するペイントに対し、線や図形などのオブジェクトを組み合わせることでグラフィックを構成する。ドロー系のグラフィックソフトで作成されたオブジェクトは輪郭線の太さや塗りつぶしの色などの情報を持っており、拡大・縮小してもジャギーが発生しない。代表的なドローグラフィックソフトとして、Illustratorがある。

ドロップシャドウ
立体的な表現を行うために、オブジェクトにつける影。

トンボ
レジスタマークとも呼び、印刷の位置合わせを正確にするために、版下・フィルム・版面に付けられる見当合わせのための目印のこと。一般に十字マークを細字で付けるが、その形がトンボに似ているためこう呼ばれる。また、折りの基準を示す「折りトンボ」、断裁の位置基準を示す「断ちトンボ・角トンボ」などの目印もある。

流れ目
用紙の流れ目は、用紙を選択する際に注意すべき重要な要素。紙を構成する繊維の向きを「流れ目」(見積項目上では流目と表記)と呼ぶ。「流れ目」は抄造工程で形成される。紙の製造時に、ワイヤー上に噴流された原料は、ワイヤーの進行方法に高速で引っ張られながら脱水される。そこで、パルプ繊維の多くが進行方向に沿って配列され、定着する。これが紙の「流れ目」となり、紙の特性(伸縮)に影響を及ぼす。折り加工が発生したとき、折り方向と同じ流れにしないと製本能率が落ち、かつ仕上がり体裁が悪くなり、納品できないこともある。厚紙や印刷後加工がある場合には、とくに注意が必要。

乳化
オフセット印刷で湿し水と油性のインキが混ざり合った状態をいう。版の汚れを防ぐために過剰な水を与えたり、インキの盛りを多くしすぎると、インキの乳化は起こる。乳化したインキで刷るとインキの転移性が落ち、印刷の色が薄くなったり、印刷面に光沢がなくなったりする。

入稿
印刷物制作に必要なすべての素材が印刷原稿。原稿用紙に書かれた文字や文字データ、カラー写真、下書きを含む図版類など、アナログ、デジタルを問わずすべてが印刷原稿である。それらの原稿が製版・印刷工場に入ってくることを入稿という。

乳剤
フィルムや印画紙に塗布されている感光する性質を持った薬剤のこと。乳剤はある程度大量にタンクのようなものの中で製造されるが、別々のタンクで作った乳剤の品質を完全に一致させることはできない。同じタンクの中で作った乳剤を使ったフィルムには同じ番号(乳剤番号)が記載される。これはフィルムの品質が同一であることを意味する。

入力解像度
画像をコンピュータに入力する際に、オリジナルの原稿(フィルムなど)をどのくらいの細かさで取り込むかを決める単位。原寸1インチあたりのピクセル数(dpi)で表現する。

念校
一般的には、校了、責了になる前に念のためにする校正、またはその校正紙のことをいう。ここでは、データがデジタルで入校されるために、印刷会社で念のためにする校正のことを指し、現在、制作会社に確認として送られているが、JMPAカラー管理体制が整えば、必要がなくなると思われる。

濃度計
測色機キャリブレーションの際に多く使われる色の濃度を測定する光電計測機のこと。最近では、分光測色計が使われることもある。

ノンブル
ページものの印刷物(書籍、雑誌など)で、ページの下部など版面の外の部分に印刷されるページ番号のこと。

バーコード
さまざまな製品に印刷されて、価格や販売状況などを管理するための符号。印刷物での利用は、雑誌や書籍に印刷される「日本図書コード」と、郵便物の受取人の住所などを表す「バーコード付郵便物」などがある。

ハードディスク
コンピュータで使用される代表的な記憶装置。フロッピーディスクやCD-ROMなどは記憶媒体と駆動装置が分かれているが、ハードディスクは記憶部と駆動部が一体化している。内蔵型と外付け型があり、現在販売されているパソコンにはほぼすべてにハードディスクが内蔵され、OSを組み込んで起動できるようになっている。また、アプリケーションソフトや作成したデータも、通常は内蔵ハードディスクに保管する。

ハーフトーン
網点によって表現された連続階調画像。網点の占める面積によって濃度表現を行う。
ハイキー
一般的な調子再現に比べ、オーバーめの明るい表現をしてある写真画像。
バイナリファイル
バイナリとは2進数のこと。2進数形式で記録されているファイルをバイナリファイルという。プログラム、アプリケーションで作成したデータファイルなど、テキストファイル以外のすべてのファイルはバイナリファイルである。
ハイファイ印刷
4色のプロセスインキでは、表現できない色を補う特別なインキを付加した高品位印刷技術。
パイプライン
CPUは、1つの命令の実行を、フェッチ、デコード、エクゼキューション、ライトバックなど、複数の段階に分けて処理する。これらの処理をベルトコンベアに見立てて、連続する命令の処理を流れ作業的に行うことをパイプラインという。
ハイブリッドCD-ROM
同じCD-ROMをMacでもWindowsでも開けるようにしてあるもの。Macintosh用のHFSフォーマットと、Windows用のISO9660フォーマットに対応したライティングソフトを使って作成できる。
バクダン
放射状に広がった星形のオブジェクトの俗称で、チラシでは装飾として大活躍するアイテム。派手な色に塗り、また形状も目立つので、注目させたい値段や売り文句の地などに敷く場合が多い。
パケット通信
データをパケットという小さなまとまりに分割して1つ1つ送受信する通信方式。パケットにはデータ本体のほか、送信先のアドレスや誤り訂正符号などの制御情報がヘッダとして付加されている。分割することで通信回線の占有をなくし、柔軟に経路選択が行えるため、一部に障害が出てもほかの回線で代替できる。
柱
ページものの印刷物(書籍、雑誌など)で、ページの上下の余白部分に印刷される書籍名、章節などの見出し、月号といった情報を入れる。
パス
一般的なコンピュータ用語としては、特定のファイルが存在するディスクとフォルダ階層の位置を示すための情報のこと。たとえばMacintoshでは、「Macintosh HD」というディスクの「会社情報」フォルダの中にある「当社地図」ファイルは、「Macintosh HD:会社情報:当社地図」や「Macintosh HD/会社情報/当社地図」のように「:」や「/」で区切って表される。この「Macintosh HD:会社情報」までをパス名という。また、DTPやグラフィックの分野では、Adobe Illustratorなどのドローグラフィックソフトで描かれた直線や曲線のことをパスと呼んでいる。
バッチ処理
バッチとは「一括」という意味。一連の作業をあらかじめコンピュータに登録しておき、大量のデータを一括で自動的に処理することをいう。
バリアブル処理
バリアブルには「変えられる」という意味もあるが、プリントに至る処理としては「変数」という意味になる。ページの一部分が変数になっていて、各ページごとに異なる内容が代入されて印刷されるものである。
半角文字
全角文字の半分の横幅を持つ文字を半角文字という。便宜上、1バイト文字を半角と呼ぶことが多いが、等幅明朝などを半角相当の文字幅を持つフォントを除いて1バイト文字はプロポーショナルな文字幅であるため、半角文字と呼ぶのは厳密には正しくない。
判型
印刷物の大きさのこと。JIS規格ではA列とB列が定められており、A1は841×594mm、B1は1,030×728mmで、以下、A2、A3のように数字が増えていくに従って、長いほうの辺を2分の1にした大きさになる。また、菊判、四六判などは日本に古くからあった判型だが、現在でも書籍などによく使われている。
版下
製版を行うために作成された原稿のこと。DTPの場合、レイアウトソフトなどで作成したデータをイメージセッタで印画紙に出力して作成する。この版下を製版カメラで撮影してフィルムを作成するが、現在はレイアウトデータから直接フィルムや刷版に出力するほうが一般的である。
反射原稿
図版原稿のうち、光を反射する素材のもの。すなわち、写真の紙焼きや、紙に描かれたイラストや図版などをいう。
版面
ページ上で、上下左右の余白(マージン)を除いた、本文などが印刷される領域のこと。ページものの印刷物の場合、写真や図版などを配置する場合も、基本的にはこの版面の中に収めるようにする。一方、柱やノンブルなどの要素はマージンの部分に配置する。
バンディング
連続階調であるはずのトーンが、帯状にステッピングしてしまうこと。現象としてはトーンジャンプに似ている。
ハンドル
あるオブジェクトや選択した範囲を移動・変形・回転させるため、つかむように選択するポイント。
ピクセル
pixel。「picture element」を略して作られた言葉。画像を構成する最小単位である「点」のこと。画像を構成するピクセルの数は、解像度(単位はdpiまたはppi)×縦サイズ×横サイズ(ともに単位はインチ)で求められる。
被写界深度
ピントを合わせた位置の前後の、ピントが合っているように見える範囲。その範囲が狭いと「被写界深度が浅い」といい、範囲が広い場合は「被写界深度が深い」という。被写界深度はピント位置の前よりも後ろに広く、絞りを絞りこむとそれにつれて被写界深度は深くなる。
ヒストグラム
8bitの画像で0～255の階調に対してピクセルがどのくらい分布するかを相対模式図化したグラフ。画像のステータスを見るときに大変便利なツール。
湿し水
オフセット印刷において、版に与えられる水のこと。平らな刷版上にある画線部と非画線部を区別し、画線部だけにインキを付着させるために、インキと反発する力のある水を非画線部に与える。
ヒッキー
印刷中にインキの小さな乾燥皮膜などが、ゴミとなって版面に付着して起こる現象。版面のゴミはわずかに凸状になっているので、その周縁部分にはインキがつかない。そのため、印刷物に小さな白いリング状にヒッキーが現れる。
ビットとバイト
コンピュータで情報量を表す単位。最小単位である1ビット(bit)を8つまとめた情報量が1バイト(Byte)。1ビットで0か1の2種類の情報を表すので、1バイトは2の8乗である256種類の情報を表すことができる。つまり2バイトは16ビットであるため、2の16乗である65,536種類の情報を表すことができる。
ビットマップ
点(ドット)で構成された画像のこと。ペイント系のグラフィックソフトで作成された画像は、ビットマップ形式のデータになる。また、アウトライン情報がなく、文字を点で構成する情報しか持たないフォントのことをビットマップフォントという。
ビットマップフォント
画面表示用フォントで、特定の文字サイズでしか滑らかに表示されない。それ以外のサイズで表示するとフォントの輪郭はギザギザなジャギーになる。
ビット深度
1画素に割り当てられたビット数。1ビットの持てる階調数。1ビットで階調数2、8ビットで階調数256、15ビットで約3万2千、24ビットで1,670万、36ビットでは約687億の階調表現が可能。
ビューワ
ポジなどフィルム写真の色調や構図、ピントを確認するための照明台。正確に色を見るため、色温度が調整された蛍光管を備えていなければならない。
描画モード
ペイントツールを使う場合や画像を重ね合わせる際に、ピクセルの合成方法を変えることができる。通常モードでは新しく作成した色や重ねた色がそのまま表示されるが、もとの色と掛け合わせたり(乗算モード)、反転させる(スクリーンモード)ことなどができる。
平台校正機
平台校正機とは、平らな台の上に印刷用の版と紙を移動方向に並べてセットし、その上を「ブラン胴」と呼ばれるローラー状の物を回転させていく。その際、印刷用の版の上に乗った印刷インキがブラン胴の回転面に付着し、さらに回転してその印刷インキを紙に転写していく方式。
ファイアウォール
直訳すると「防火壁」。つまり、LANの内部と外部の間(サーバ上)に設ける、セキュリティ保護のためのプログラムやシステムのことを指す。
ファイル圧縮
ファイルを転送するときの送信時間の短縮や、保管の際のディスク容量の節約などを目的に、ファイルのデータサイズを小さくすること。同じデータが連続している部分を符号化するなどのアルゴリズムが用いられる。圧縮されたファイルはそのままでは元のアプリケーションで開くことができず、解凍という処理を行う必要がある。Macintoshの代表的な圧縮／解凍ツールとして、StuffItなどがある。
ファイル形式
コンピュータのデータを保存するためのファイルの形式のこと。各々のアプリケーションによって、いくつものファイル形式が存在する。画像ファイルには多くのファイル形式があるが、アプリケーションによって扱えるものと扱えないものがある。その場合にはそのアプリケーションが扱える形式にデータコンバートしなければならない。異なる機種でデータ交換する場合には、どの機種でも扱えるようなファイル形式にするように注意しなければならない。
ファイル名
Mac OS 9以前では31文字、DOSでは英数字8文字＋ピリオド＋拡張子3文字、Windows、Mac OS Xではパスを含めて255文字(すべて半角での数)までのファイル名をつけることができる。Windowsでのファイル名には、￥、バックスラッシュなど、Mac OS Xではコロンなど、プログラム言語上で特別な意味を持つ特定の文字は使うことができない。
フィルタ
データを一定の規則に従って抽出、または変換・成型するプログラムの総称。プラグイン形式で、特定のアプリケーションソフトに機能を付加するタイプのプログラムが多い。たとえば、QuarkXPressには、ワープロなど特定のデータ形式のファイルを、その書式ごとテキストボックスに読み込むことができるフィルタが何種類か用意されている。また、Photoshop やIllust ratorでは、画像の中の選択した範囲に一定の処理を加えるフィルタが使用できるようになっている。
フォーマット
ページレイアウトソフトなどで作成するデータの基本的な書式のこと。また、ハードディスクなどの記憶装置をOSで使用できるよう初期化することもフォーマットという。
フォトレタッチ
写真の修正作業のこと。DTPでは、画像データに対して色の補正、汚れの除去、合成などの操作を行うことをいう。代表的なフォトレタッチソフトとして、Photoshopがある。
フォント
「溶かされたもの、鋳造されたもの」という意味のフランス語のfonteを起源にもつ言葉で、もともとは、ある基本デザインをもとに特定のサイズ用に設計・鋳造された、ひと揃いの金属活字(主に欧文)を意味していた。しかし現在では、コンピュータを使って文字を自由に拡大・縮小・変形して画面表示や印刷出力を行えるようになったため、フォントという言葉は「特定の書体の文字一式を何らかの方法で記述した、ひとまとまりのデータないしはプログラム」といった意味で用いられるにいたっている。後者の意味を強調する場合は「デジタルフォント」ともいう。

フォントの埋め込み
Acrobatでドキュメントからを作成する際、使用されているフォントの情報をPDFファイルに同梱すること。これによって、そのフォントが組み込まれていないコンピュータでPDFファイルを開いたときでも、本来のフォントのイメージでドキュメントを確認・印刷することができるようになる。フォントのエンベッドともいう。

物体色
物体から反射または透過する光の色。色度座標などで表される。

プラグイン
それ単体では機能せず、特定のアプリケーションに機能を組み込む形で動作するプログラムの総称。通常、アプリケーションによって指定されたフォルダに入れておくだけで動作するが、アプリケーション側で登録のための操作や何らかの設定を行う必要がある場合もある。なお、QuarkXPressでは同様の追加プログラムをXTension(エクステンション)といい、さらにソフトによってはアドインと呼ぶ場合もある。Illustratorなどに多い。

プラズマディスプレイ
プラズマディスプレイパネル(PDP)は、超小型の蛍光灯を無数に並べたものだといってよく、発光の原理も蛍光灯と同じである。PDPは画素自体が光を放つ自己発光型のディスプレイであるため、液晶ディスプレイのように視野角が狭いとか、応答速度が遅いといった問題がはじめからない。薄型で、大型の業務用ディスプレイや家庭用大画面テレビでの用途が主だ。

プラットフォーム
アプリケーションなどが動作する基盤となるハードウェアやOSなどのこと。ソフトウェアや周辺機器などが複数のプラットフォームに対応していることをマルチプラットフォームという。また、複数のプラットフォーム向けに同じアプリケーションがリリースされていて、それによって作成したデータが異なるプラットフォーム間で互換性を持つことを、クロスプラットフォームという。

ぶら下げ組み
句読点を行末からはみ出して組むことを許容する方法。行頭の禁則処理が減るので、字間を一定に保ちやすい。読点(、)と句点(。)のみ行末からはみ出すので、「風鈴組み」ともいう。

プリフライト
フライトチェックともいう。本来の意味は、飛行機が離陸する前に行うチェックのこと。転じてDTPでは、最終的な出力を実行する前にフォントや画像のリンクといった各種設定のチェックを行い、ケアレスミスによる再出力などを防ぐことを意味する。InDesignには、こうしたチェックを行うための機能が用意されているが、さらに詳細なチェックを行うためのプリフライトソフトウェアも販売されている。

プリプレス
印刷(press)の前工程全般のこと。具体的には組版、製版、刷版といった作業だが、さらにその前の企画やデザイン、編集段階まで含める考え方もある。DTP環境の進化に伴ってこの工程もデジタル化が進んでおり、現在では「デジタルプリプレス」と呼ばれるワークフローが一般化している。また、DTPという言葉自体、DeskTop PublishingではなくDeskTop Prepressの意味で使われることもある。

プリンタフォント
PostScriptプリンタなどで高品質な出力を行うために使用される、アウトライン情報を持ったフォントデータのこと。通常、プリンタ内部のROMやハードディスクなどに組み込まれている。フォントのアウトライン情報をプリンタ側で持つことにより、パソコン側の負担が減り、出力データの転送も短時間で済む。

プレビュー
ドキュメントの印刷時のイメージを画面で確認する機能。InDesignではテキストフィールドなどを非表示にするプレビューモードがある。Illustratorの場合は通常の表示画面がプレビューモードであり、パスだけを表示するアウトライン(アートワーク)モードに画面を切り替えることもできる。また、EPS形式の画像ファイルなどは、ページレイアウトソフト用の画面表示に使用する低解像度の画像データを持っており、これもプレビュー画像という。

ブレンド
複数の図形の間に、両者の中間となる図形を任意の数だけ発生させる機能。形だけでなく色も適用されるため、複雑なグラデーションを作ることができる。ほとんどのドロー系ソフトが備える機能。

ブロードバンド
「広帯域」という意味。CATVやADSL、光通信のような高速・常時接続型のインターネット接続サービスのことを指す。これに対して、従来のISDNやアナログ電話回線などはナローバンド(狭帯域)と呼ばれる。

ブローニー
中判ロールフィルムのサイズの代名詞。幅が60mmの規格でカメラ側の撮像サイズによって4.5×6cm、6×6cm、6×9cmなどのフォーマットに対応する。同じロールフィルムでもフォーマットに合わせた巻き上げの長さが変わるので、各種のサイズの撮影が可能となる。

プロセスインキ
印刷によるカラー再現のためのインキで、減法混色の三原色CMYに補助色としてKを加えた4基本色からなる。反対語は特色インキ。

プロセスインキの耐光性
CとKは耐光性が強いが、YとMは耐光性がない。10日間ほど太陽光にさらされただけで退色してくる。パッケージなどには超耐光性のYとMを使うと、太陽光下でも退色しにくくなる。

プロトコル
コンピュータ間で通信を行う際の約束事。通信手順、通信規約などともいう。インターネットの標準プロトコルはTCP/IPであり、接続している各コンピュータがすべてこのプロトコルに対応することで、相互にデータのやり取りが可能になっている。

プロファイル
個々のデバイスが持つ色空間の情報を記述し、デバイス色と絶対的色空間との変換の橋渡しを行うファイル。

プロポーショナルフォント
各文字ごとに、それぞれの形状に応じて横幅が異なるフォントのこと。欧文フォントのほとんどがこのタイプだ。たとえば「I」の横幅は狭く、「W」は広く表示される。反対に、どの文字も同じ横幅になるフォントをモノスペースフォントという。

分光反射率曲線
ある物体の表面に光が当たったとき、どれだけの割合の光が吸収され、どれだけの光が反射したかを可視光の波長全域にわたって求めたものを分光反射率という。横軸に波長、縦軸に分光反射率をとったグラフが分光反射率曲線となる。

分光測色計
物体表面からの反射光や物体内部を通過する透過光の分光データを測色する計測機のこと。分光データは、色を規定するもっとも正確なデータとされ、スペクトル波長に沿って計測され、分光曲線の形で視覚化することができる。

分版
カラー印刷で使用するCMYKの各プロセスカラーや、特色などのスポットカラーに版を分けること。InDesignでは、「分版」パレットで各版の状態をチェックできる。

分離・分割禁止
禁則処理の1つ。分離禁止は組み合わせ数字などをベタ組みにすることで、字間をあけるときも分離禁止の語句はベタ組みを保つ。分割禁止は2行に分けずに組むこと。

ペイント
グラフィックデータの描画方式、またはその方法で作成されたデータの形式のこと。線や図形などの組み合わせとして表現されるドロー系データに対し、グラフィックをドットの集まりとして構成する。ドローに比べて精細なグラフィックを描画することができるが、修正がしづらく、拡大するとジャギーが発生するなどのデメリットもある。なお、この形式のデータはラスターデータとも呼ばれる。

ページ記述言語
ページプリンタ(ページ単位で印刷するプリンタ)を制御するための言語のこと。PDL(Page Description Language)ともいう。代表的なページ記述言語として、PostScriptがある。

ページ物
ページ割りされ、製本・加工される印刷物のこと。それに対して、製本加工や綴じ加工を必要としない1枚ものの印刷物を、ペラ物、端物という。

ベースライン
文字の下部は、このベースラインに接するようにデザインされる。欧文と和文を混在させた場合は、通常ベースラインを揃えることでバランスを取る。

ベジェ曲線
2点を結ぶ曲線を定義する方法の1つ。開始点、終了点と、曲線の曲がり方を決定する方向点によって、曲線の形状が決定される。PostScriptでは、フォントの輪郭を含むすべての線がベジェ曲線によって定義されている。Illustratorでは、マウスのクリックやドラッグによってベジェ曲線を描画することができる。

ペラ物
製本加工や綴じ加工を必要としない1枚ものの印刷物。端物ともいう。それに対して、ページ割りされ、製本・加工される印刷物のことをページ物という。

補色
色相環で向かい側にある色のことで反対色などと呼ばれることもある。たとえば赤と青緑、黄色と青紫などが補色関係になる。補色同士を混ぜ合わせたとき無彩色になるものを、とくに物理補色と呼ぶ。

補色関係
光の加法混色によって特定の白色を作ることができる2つの色同士を、補色関係にあるという。たとえば、CとR、MとG、YとBがこの関係になる。CはRの補色であるといってもよい。補色は余色ともいう。減法混色は、Cインキ(=Rの補色、−R成分)によって反射光のR成分をコントロールしている。CMYのような補色インキのほうが、三原色であるRGBインキより管理しやすい。

ホワイトバランス
参照光のバランスでの色温度のずれを補正するデジタルカメラの機能。

マージン
ページの中で、本文が印刷される領域(版面)の上下左右の余白の部分のこと。ノンブルや柱もこの部分のいずれかに配置する。

枚葉機
巻取紙を製紙工程で1枚ごとの紙葉に断裁した「枚葉紙」を使って印刷する印刷機。枚葉機の特徴は、生産性の面では輪転機に及ばないが精密な印刷が可能なこと。カタログやポスター、パンフレット、写真集などの印刷に適している。

マスク
画像に対して、描画やフィルタ処理などいろいろな編集処理を、特定の部分にのみ適用する機能。マスクの度合いは多くの場合、8bit256階調で表される。Photoshopのマスク機能にはクイックマスクやレイヤーマスクなどがある。

マルチタスク
タスクとは、コンピュータ上で処理される作業の単位として用いられる言葉。複数のアプリケーションプログラムを同時に利用できることをマルチタスク環境と呼んでいる。現在主流のオペレーティングシステムの多くは、マルチタスク環境を実現している。

マンセル表色系
標準化された色票(マンセル色票)を使って色の基準として用いるシステム。1905年、Albert H.Munsellによって発案された。色相、明度、彩度の三属性を尺度とし、その値によって順序化してある。この三属性を一覧できるよう立体モデルとしたものはマンセル色立体と呼ばれる。この立体の各断面をチャート化し、色票として用いる。JIS準拠の標準色票としても採用されている。

未定義外字領域
JISのコード表で文字が定義されていない領域。この策定外領域に、コンピュータメーカーやフォントメーカーが独自に文字を配置したため、ここに収録された文字は互換性がない。「機種依存文字」とも呼ばれ、WindowsとMacintosh間での文字化けの原因となる。

無彩色
白・灰(グレー)・黒のように、色味をまったく持たない色のこと。色味がないので、どんな色とも調和する。

無線LAN
ケーブルの代わりに赤外線や電波を使ってデータを送受信する。部屋中に長いケーブルを引き回す面倒さがないこと、ノート型パソコンの場合は室内のどこに移動しても通信可能なことがメリット。無線LANを使用するには、クライアント側のコンピュータに無線LAN用のカード、そしてそのクライアント側のコンピュータと通信するための無線LANの基地局となるベースステーションが必要。最近のノート型パソコンは無線LANカードが標準装備されている機種が増えている。

明度
反射物体について色の明るさの度合いを尺度化したもの。色相にかかわらず比較できる、反射率の高い白色面を基準にした相対的な明るさ。明度が高いほど白に近づき、明度が低いほど黒に近づく。

面付け
最終的に折丁にしたときにページ順に並ぶように、8ページや16ページなどの単位でページを配置すること。版下を作成した場合は、大きな台紙に版下を貼り付けて撮影し、製版フィルムを作成する。現在は、レイアウトデータの状態で面付けまで行ってフィルム出力するのが一般的で、面付けのためのソフトもある。

モアレ
規則正しく分布した網点、または線が重なり合ったときに生じる干渉縞。カラー印刷で各版を刷り重ねするとき、重なり合う各版のスクリーン角度が15度以下になるとモアレが目立つ。モアレは網点と印刷の絵柄や、万線などの幾何学模様の重ねでも発生する。

文字スケール
透明フィルムに級数やポイントなど単位に応じた文字の大きさが印字してあり、実際の印刷物や校正紙に重ねることで文字の大きさや行送りを確認するための道具。

文字セット・エンコーディング
あるフォントについて、そのすべての文字の字形まで明確に定義されたものを文字セットという。また、あるフォントについて、その文字の割り当てを決める文字コードの種類をエンコーディング(符号化方式)という。たとえば、リュウミン L-KLのPostScriptフォント名はRyumin-Light-83pv-RKSJ-Hだが、この「83pv」が文字セットを、「RKSJ」がエンコーディングの種類(シフトJIS)を表している。

文字セットの数
2バイトなら65,536文字まで区別できるはずだが、実際にはいろいろな制約からその一部しか利用していない。2バイト文字は文字通り1バイトの数字2桁で表されるが、それぞれ制御コードにあたる00〜1Fの範囲と、8ビット目がオンになる80以上のコード、それにDELコードにあたる7Fも使用しない。このため、2121〜7E7Eまでの範囲にある、94×94の8,836文字にしかエンコーディングできない。

文字化け
文字コードの違いによって、表示・印刷される文字が、作成者の意図していたものとは変わってしまうことをいう。たとえば、PostScriptフォントとTrueTypeフォントは外字エリアのエンコーディングが異なり、フォントを変更したときには文字化けが発生する。

モノクロ
白と黒の2値によって構成される画像を表現する用語。グレースケール(256階調)と同じ意味で用いられることもある。

約物
句読点やコロンなど語句を区切る符号や括弧類、数学記号や単位など、記号類を総称して約物(やくもの)という。必要に応じて作ったり、特殊なフォントに含まれるマーク類も約物の1種。句読点や括弧類は禁則処理の際に字間調整の対象となる。

用紙判型
用紙判型とは、用紙のサイズ別の名称を指す。主な用紙のサイズには、主にA規格仕上げ(A4、A5判など)の印刷物に適用する「A列本判(A判)」「菊判」と、B規格(B4、B5判など)に適用する「B列本判(A判)」「四六判」がある。上質紙やアート・コート紙など一般紙では各サイズが市販されているが、ファンシーペーパーでは1種類のサイズしか販売していないことがあり、用紙の選択ではどの用紙判型(サイズ)があるかをあらかじめ確認しておくことが重要。

拗促音
拗音と促音のことで、行頭禁則の対象となる。拗音は「チョ」「シュ」「キャ」など。促音は「とっぱん(凸版)」「なっとう(納豆)」「ラッコ」など、「っ」や「ッ」で表す音。ルビでは拗促音も小文字ではなく全角で振るのが一般的だ。ただし、行頭禁則からは除外する場合も多い。

四原色説
1878年ドイツの生理学者へリングが発表。黄色を特別な色と考え、赤、緑、青、黄を基本色として、網膜には赤—緑物質、黄—青物質、白—黒物質という3種の受光器(視物質)があり、これらの物質が合成・分解されることで色を感じるとする。

ラフレイアウト
レイアウトの簡単なイメージを、とりあえず紙などに描いてみること。自分の中で最終的な仕上がりのイメージを固めたり、クライアント(発注主)やデザイナーとの打ち合わせで互いの意図を確認し合うために使用される。ラフスケッチ、あるいは単にラフともいう。

乱丁、落丁、取り込み
折丁を台順に丁合をするとき、正しく丁合されずにページ順が乱れることがある。折丁の順が乱れることを乱丁、ある折丁が欠落するのが落丁、同じ丁をダブって丁合することを取り込みという。いずれも背票で確認ができる。

隆起印刷
印刷面を凸状に隆起させる加工で、スクリーン印刷により発泡インキで印刷した後、加熱により隆起させる方法がある。名刺など文字部分を隆起させる方法をバーコ印刷といい、印刷面が乾燥しないうちに樹脂粉末を散布し、熱で溶かすと文字が隆起したように見える。

粒状性
写真や印刷物の、荒れてざらついて見える状態に対する主観的印象の度合い。粒状性が良い／悪いと表現する。粒状性の悪い例には、カラーポジから高倍率に拡大した際のハイライト部などがある。

リレーショナルデータベース
あるファイルのレコードが、ほかのデータベースファイルの値と連動できるようなタイプのデータベースのこと。ほかのファイルから値を参照することで、何度も入力訂正する手間を省くと同時に、より複雑なデータを1つのデータベース上で処理しやすくなる。

リンク
DTPではおもにレイアウトデータに配置された画像データとレイアウトデータがひもづけられている状態をいう。レイアウトデータで配置画像が見当たらない場合は「リンクが外れている」などと表現する。またページレイアウトソフトで、複数のテキストボックス(テキストフレーム)でひとつながりのテキストが共有されていることをいう。

輪転機
巻取紙を高速で印刷する印刷機。紙のサイズや印刷サイズが限定されるが、高い生産性を誇る。連続的に印刷されて流れてきた紙が進行方向に対して半分に折られ、所定の単位で鋸歯を有する断裁胴部分で紙が裁たれる。

ルーペ
拡大鏡。比較的低倍率で広い範囲を拡大する写真用のものと、20倍以上で印刷物の網点を確認するものとがある。

ルーラー
DTPソフトで、ウィンドウの上端、左端に表示されている定規のこと。ルーラーは表示／非表示を切り替えることができ、また、起点(0の位置)をドラッグで変更することができる。

ルビ
ポイント制が体系化される前は、ルビーやブレビア、キャノンなど宝石や固有名詞などで文字の大きさを表していた。しかし、系統だった大きさの組み合わせがないため、より合理的なポイントや号数活字が登場すると廃れた。五号活字の振り仮名用だった七号活字の大きさがルビーに相当したことから、振り仮名を「ルビ」と呼ぶ慣習のみが残った。

レイアウト
文字や写真をどのように配置するか決めること。デザインが用紙や写真の選定などまでを含むことに対し、レイアウトは指定の素材から最大限に視覚上の効果を引き出す作業である。割りつけともいう。

レイヤー
オブジェクトを何重にも重ね合わせた複雑なグラフィックを操作するときなどに便利な機能。いわば作業画面の上に透明なフィルムを何層にも重ねて敷いているようなもので、このレイヤーの各層に、前後関係に従って各オブジェクトを配置していく。そして、それぞれのレイヤーごとに、オブジェクトのロック／ロック解除や表示／非表示を切り替えたり、レイヤーの前後関係を入れ替えたりすることができるようになっている。DTPで使われるアプリケーションでは標準的な機能となっている。

レタッチ
画像の加工・修正のこと。Photoshopも別名レタッチソフトともいわれている。レタッチの主な処理は、明暗レベルの調整、色相・色合いの調整、画像のシャープネス処理など。

連量
用紙にはいろいろな判型(サイズ)が存在するほか、判型ごとに何種類かの厚みがある。用紙の厚みを注文するとき、たとえば「四六判で何mmの紙を注文します」とはいわない。紙の表面は凹凸があり、厚みを測っても正確に計測できないからである。このような理由で厚みを表現する代わりに、まとまった単位の枚数の重量で表現する。この単位は1,000枚がほとんどで(500枚または100枚単位もある)、この1,000枚単位を1連と呼び、1連の重さを称して「連量」と呼称している。

ローキー
一般的な調子再現に比べ、アンダーめの暗い表現をしてある写真画像。

露出補正
撮影時に適正な露出を得るためにカメラやレンズ、現像時のロスを加味して、補正すること。デジタルカメラでは撮影データに施すこともある。

ロゼッタ
網点が並び合って形成される円形パターンの一種。CMYK4版を特定のスクリーン角度、スクリーン線数、ドット形状で重ね合わせたときに形成されるもので、肌ものなどではとくに嫌われる。230線以上のスクリーン線数では比較的目立たない。

割注
補足説明をするために、本文中に小さな文字で組んだもの。通常は、括弧で囲んだ2行のテキストを使用する。

索引
INDEX

と

な

に

ね

の

は

ひ

ふ

DTPワークの全体を把握してマネージメント力を高める

社団法人
全日本能率連盟
登録資格

DTP検定II種にチャレンジしてみよう!

DTP検定II種とは?

印刷物制作の全工程を総合的に管理・監督するディレクターとしての能力を評価する検定です。

仕様決定、表現方法決定、スタッフ選定などの業務フロー決定場面。原稿・素材データ・レイアウトデータの作成依頼、出力指示などの実作業場面。印刷・加工、納品チェックまでを含んだ後工程場面。DTPディレクターには、どの場面においても的確な判断・指示・確認ができることを求められます。また、多くのスタッフと協力して業務を進めますのでWindowsとMacintoshの違いや各種アプリケーションソフトの特性などを理解し、トラブルなく出力・印刷・加工できる状態に仕上げる対応力も必要です。DTP検定II種ではそのような印刷に関する総合的な知識を問われます。

注）DTP検定には他に実務作業者向けのDTP検定I種（プロフェッショナルDTP）、Microsoft Wordユーザー向けのDTP検定III種（ビジネスDTP）があります。

●DTP検定II種取得者に求められる能力

1. 仕様や制作工程を決定し、必要な体制を整えることができる
2. 情報を整理･分析し、レイアウトの表現方法を決定できる
3. 素材データ、レイアウトデータの作成指示を的確に行うことができる
4. 出力･印刷･加工の指示と品質確認を的確に行うことができる

DTP検定II種はこんな方へおすすめです

編集者、印刷物のプランナー･ディレクター

シチュエーションや相手の環境へ臨機応変に対応できるスキルが身に付くので、無駄の無い最短時間での作業を進行できるようになります。

印刷物発注者（広報･宣伝担当者、事務など）

正確で効率の良い印刷物制作ワークフローを指示できることで、コスト削減を実現します。

DTPユーザーを顧客に持つ企業の方

印刷物制作の全工程を把握することで、お客様の目線に合わせた早急なトラブル原因の究明、実践的なトラブル回避のためのルール作りが可能になります。

デザイナー、オペレーター

スピードや正確さが要求される制作現場において、いかに適切な判断を下せるかを客観的に判定するので、作品だけでは評価が得にくい即戦力としての実力を証明できます。

受験者データ

●DTP検定受験者数推移（人）

●合格率

（2004年度のDTP検定II種受験者数と合格率）

合格率 32%　受験者 2679人

［お問い合わせ］
受験概要、詳細については下記まで
DTP検定事務局
〒108-0023
東京都港区芝浦4-12-38 平野ビル6F
（株式会社ワークスコーポレーション内）
電話:03-5427-6690 FAX:03-5427-6471
E-mail:info@dtpkentei.jp
URL:http://www.dtpkentei.jp

DTP&印刷
しくみ事典

編者 ワークスコーポレーション エデュケーション編集部

2005年9月7日　初版第1刷

発行人●**主森武**
編集人●**宇佐美浩一**
編集●**花山寿子**
装幀・本文デザイン●**比嘉デザイン、野島麻星**
3D テクニカルイラスト●**大島 篤**
校正●**奥村順子**
DTP●**うさ工房**
発行・発売●**株式会社ワークスコーポレーション**

〒108-0023　東京都港区芝浦4-12-38　平野ビル5F
電話：03-5427-6456／FAX：03-5427-6594（編集）
電話：03-5427-6461／FAX：03-5427-6593（販売）
http://www.wgn.co.jp

印刷●**大丸印刷株式会社**

■読者アンケート募集

本書に関するアンケートを、下記弊社Webサイトにて行っております。今後の書籍制作の参考にさせていただきますので、ぜひともご回答ください。

URL：http://www.wgn.co.jp/reader/
パスワード：dtpsikumi
※URLにアクセスしてパスワードを入力すればアンケート画面が表示されます。

ISBN4-948759-77-5

執筆（五十音順）

伊藤 哲／大島 篤／太田温乃／郡司秀明／小早川 享／坂本 綾／須貝 弦／島崎肇則／土屋和人／フレア／船橋弘路／三谷 森／茂木葉子／森 裕司／吉田浩章／ランディング

協力・資料提供（敬称略）

アップルコンピュータ㈱／アドビシステムズ㈱／アンリツ㈱／㈱アート・スキャナ・サービス／イー・エフ・アイ㈱／㈱イーフロンティア／インテル㈱／エヌ・ティ・ティ・コミュニケーションズ㈱／㈱エルゴソフト／㈱沖データ／キヤノン㈱／キヤノンシステムソリューションズ㈱／キヤノン販売㈱／クオークジャパン㈱／グラフテック㈱／クレオジャパン㈱／㈱幻冬舎／㈱恒陽社／コダック ポリクローム グラフィックス㈱／コニカミノルタグラフィックイメージング㈱／㈱小池製作所／㈱小森コーポレーション／㈱写研／㈱ジャストシステム／㈱シマンテック／セイコーエプソン㈱／㈱シータス／㈱ジャパン プリント システムズ／㈱ソフトウェア・トゥー／ソニー㈱／ソフトバンクBB ㈱／大日本スクリーン製造㈱／大丸印刷㈱／㈱大丸グラフィックス／田村嘉章／㈱テイク／デル㈱／㈱ナナオ／㈱ニコン／西口詩帆（プレステージ）／日本アイ・ビー・エム㈱／日本ヒューレット・パッカード㈱／日本ポラデジタル㈱／㈱バッファロー／㈱ハママツ／ハイデルベルグ・ジャパン㈱／㈱ビジュアル・プロセッシング・ジャパン／弘田写真事務所／富士写真フイルム㈱／富士ゼロックスプリンティングシステムズ㈱／富士ゼロックス㈱／富士フイルム グラフィックシステムズ㈱／プラネックスコミュニケーションズ㈱／マイクロソフト㈱／三井情報開発㈱／三井物産㈱／三菱電機㈱／山本慶子／ラムバス㈱／㈱ライブドア／ロジテック㈱

参考文献

『マックの謎 2』●日経MAC 編／日経BP社
『Mac OS 進化の系譜』●柴田文彦著／アスキー
『印刷ガイドブック DTP 基礎編』●玄光社編集部編／玄光社
『印刷ガイドブック ハイテク編』●玄光社編集部編／玄光社
『編集デザインの教科書』●工藤強勝監修・日経デザイン編／日経BP 社
『レイアウト事典Part1』●内田広由紀編／視覚デザイン研究所
『DTP テクニカルキーワード250』●東陽一著／日本印刷技術協会
『プリンター材料の開発』●高橋恭介、入江正浩監修／シーエムシー
『製版・印刷はやわかり図鑑』●大塩治雄、玉虫幸雄共著／日本印刷技術協会
『図解印刷技術用語辞典』●大日本印刷㈱編／日刊工業新聞社
『カラーイラスト印刷技術』●印刷学会出版部編／印刷学会出版部
『早わかり印刷の知識』●日本印刷新聞社編／日本印刷新聞社
『出版事典』●出版事典編集委員会編／出版ニュース社
『印刷工学便覧』●日本印刷学会編／技報道出版
『JIS ハンドブック色彩 1994』●日本規格協会編／日本規格協会
『文字に生きる』『文字に生きる』●編集委員会編／写研
『デジタル大事典』●日経BP 社出版局編／日経BP 社
『上手に付き合う印刷用紙』●野村忠義著／日本印刷新聞社
『印刷物製作の基礎知識』●印刷出版研究所
『オフセット印刷技術』●日本印刷技術協会
『写真製版技術入門』●日本印刷技術協会
『標準編集必携』●日本エディタースクール編／日本エディタースクール出版部
『オフ輪ガイド』●日本印刷技術協会
『フォントの常識事典』●近藤龍太郎著／日本実業出版社
『DTP 大全』●藤岡康隆著／きんのくわがた社
『DTP 出力講座 フォント攻略編』●上高地仁著／翔泳社
『JAGDA 教科書コンピュータグラフィックス編』●日本グラフィックデザイナー協会教育委員会編／六耀社
『コンピューター・デザイニクス』●デザイニクス フォーラム著／グラフィック社
『現代デザイン事典』●勝井三雄、田中一光、向井周太郎 監修／平凡社
『編集印刷 デザイン用語辞典』●関善造著／誠文堂新光社
『Macintosh グラフィックス』●柴田文彦著／ BNN
『Macintosh の理屈』●冨山学著／アスキー
『Graphic Technology（印刷技術）における標準化』●ISO/TC130 国内委員会／日本印刷学会
『PostScript チュートリアル&クックブック』●Adobe Systems 著／アスキー
『PostScript プログラム・デザイン』●Adobe Systems 著／アスキー
『図解カラーマネージメント 実践ルールブック2005-2006』●MD 研究会＋ DTPWORLD 編集部編／ワークスコーポレーション
『Graphics File Formats』●D. Murray, William Van Ryper
『The File Formats Handbook』●O'ReillyGuenter Born